C·H·Beck
PAPERBACK

Der Kalte Krieg ist Vergangenheit, aber erst jetzt zeichnet sich ab, was er für die Welt bedeutet hat: Ein halbes Jahrhundert lang hat die Angst vor dem Atomkrieg die Politik bestimmt. Weit über hundert Kriege außerhalb Europas haben viele Millionen Menschen das Leben gekostet. Politiker, Künstler, Intellektuelle, ja die gesamte Bevölkerung in Ost und West standen im Bann der ideologischen Auseinandersetzung. Bernd Stöver beschreibt erstmals diese totale und globale Dimension des Kalten Kriegs. Nachdem sich allmählich die Archive öffnen und wir immer mehr auch über die Arbeit der Geheimdienste wissen, ist ein neuer Blick auf die politisch-militärische Entwicklung möglich. Das Buch geht darüber hinaus dem wissenschaftlich-technologischen Wettlauf und dem Wettstreit der Wirtschaftssysteme nach, dem Krieg um die Rohstoffe und dem propagandistischen Kampf um die Köpfe der Menschen. Dabei richtet sich der Blick immer auch auf die «Dritte Welt», die zwischen kapitalistischem und kommunistischem Block zerrieben wurde. Dass wir bis heute an den Folgen zu tragen haben und erst allmählich aus dem Albtraum eines totalen Kriegs der Welten erwachen, zeigt das Schlusskapitel.

Bernd Stöver lehrt nach Stationen in Bielefeld und Washington D.C. als Professor Neuere Geschichte mit Schwerpunkt Globalgeschichte an der Universität Potsdam. Bei C.H. Beck erschienen von ihm u.a. «United States of America. Geschichte und Kultur» (2. Auflage 2013), «Geschichte des Koreakriegs» (3. Auflage 2015), «Geschichte Kambodschas» (2015) sowie zuletzt «CIA. Geschichte und Skandale» (2017).

Bernd Stöver

Der Kalte Krieg

1947–1991

Geschichte eines radikalen Zeitalters

C.H.Beck

Dieses Buch erschien zuerst 2007 in gebundener Form im Verlag C.H.Beck.
Broschierte Sonderausgabe 2011

Für die Neuausgabe in C.H.Beck Paperback wurde der Band durchgesehen und aktualisiert.

Mit 40 Abbildungen und 6 Karten

1. Auflage in C.H.Beck Paperback. 2017

Gesetzt aus der SwiftEF und MetaPlus: Janß GmbH, Pfungstadt
Druck und Bindung: Druckerei C.H.Beck, Nördlingen
Umschlagabbildung: Nukleartest in Nevada am 15. April 1955, © Corbis
Printed in Germany
ISBN 978 3 406 70611 0

www.chbeck.de

Für Naam

Inhalt

Ideologie und Atomwaffen

Der Begriff des Kalten Krieges stammt aus dem Jahr 1946, wurde 1947 als öffentliches politisches Schlagwort geläufig und ab 1950 auf beiden Seiten des «Eisernen Vorhangs» so üblich, dass er in der Literatur bis heute Tausende von Titeln geprägt hat. Es erstaunt daher ein wenig, dass eigentlich alles an ihm mit einem Fragezeichen zu versehen ist: seine Herkunft, sein Anfang und sein Ende, sein Inhalt, und nicht zuletzt seine exakte Definition. Dies mag neben vielen anderen Gründen vielleicht auch daran liegen, dass schon das Bild, das die Metapher vermittelt, erkennbar schief ist. Je kälter der Kalte Krieg in seinen verschiedenen Phasen war, desto näher war der Konflikt an der militärischen Auseinandersetzung, die seit den fünfziger Jahren den begrenzten, seit den Sechzigerjahren den globalen Atomkrieg mit einschloss.[1] Gräbt man nach dem Ursprung des Begriffs, zeigt sich, dass die dahinterstehende Vorstellung tatsächlich von Anfang an eng mit der Entwicklung der neuesten und zerstörerischsten Waffe zu tun hatte, die bisher von Menschen erfunden worden war. «Die Bombe» ließ nichts von dem, was bis dato galt, unberührt.

Der Begriff des Kalten Krieges stammte, wie eine in vielen Zeitungen veröffentlichte Meldung der Nachrichtenagentur *Associated Press* schon 1950 enthüllte, keineswegs von dem bekannten Journalisten Walter Lippmann, den die meisten wegen seiner 1947 veröffentlichten Broschüre *The Cold War* für den Erfinder hielten, sondern von Herbert B. Swope, einem Journalisten und Mitarbeiter des langjährigen Präsidentenberaters, Bernard M. Baruch. Die in den Jahren des Ersten Weltkriegs begonnene Zusammenarbeit mit Baruch führte Swope 1946 auch in die US-Delegation bei der «Kommission zum Studium internationaler Kontrolle der Atomenergie» der Vereinten Nationen (UNO).[2] Ihre Aufgabe war, auszuhandeln, ob und inwieweit sich die Sowjets, die früher oder später im Besitz von Nuklearwaffen sein würden, sich in eine globale Abmachung zur Nichtverbreitung von Atomwaffen einbinden lassen würden. Das Vorhaben beruhte auf einer von Großbritannien, den USA und Kanada bereits im November 1945 verabschiedeten Atomcharta: Eine internationale Kontrolle sollte alle Vorhaben überwachen, die auf der neuen Kerntechnik fußten. Es waren diese Verhandlungen zwischen der amerikanischen und der sowjetischen Delegation, die Herbert Swope, der am Ende des Ersten Weltkriegs 1918 manchmal noch als «Roter» und Sympathisant der Sowjets gegolten hatte,[3] schließlich zu der Vorstellung führten, dies sei nun wirklich «der Kalte Krieg». Dahinter stand bereits die Furcht, dass ein zukünftiger Krieg früher oder später ein nuklearer sein werde, wie Baruch später in seinen Memoiren ausdrücklich bestätigte.[4]

Das gesamte Jahr zwischen den Atombombenabwürfen auf die japanischen Städte Hiroshima und Nagasaki im August 1945 und den von Baruch am 14. Juni 1946 vorgelegten amerikanischen Vorschlägen war von apokalyptischen Szenarien geprägt gewesen, die auch vor der Öffentlichkeit ausgebreitet wurden. US-Präsident Truman hatte bereits in seiner Rundfunkansprache am 9. August 1945, als die zweite Atombombe gerade Japan getroffen hatte, ausdrücklich von der Gefahr eines Dritten Weltkriegs gesprochen, der nach seiner Auffassung auch nuklear geführt werden würde.[5] Zeitschriften wie *LIFE* hatten bereits unmittelbar danach Nuklearkriegsszenarien ausgebreitet, die später auch von deutschen Magazinen wie *Der Spiegel* nachgedruckt wurden.[6] Auch die Elite amerikanischer Atomphysiker, die zuvor am sogenannten Manhattan-Projekt, der Entwicklung der ersten Atombombe, beteiligt gewesen war, hatte 1946 in einer Broschüre unter dem Titel *One World or None* eine apokalyptische Zukunft entworfen, falls es nicht gelingen würde, das gegenseitige Misstrauen zwischen «Ost» und «West» zu überwinden. Die Wissenschaftler leiteten aus der Erfindung der Atombombe ab, dass alle Kriterien bisheriger Nationalstaatspolitik dadurch aufgehoben seien. Vor der nuklearen Zerstörung schütze nur der radikale Austausch aller Geheimnisse in dieser Waffentechnik und die internationale Zusammenarbeit.[7] Albert Einstein, dem später das Bonmot zugeschrieben wurde, er wisse zwar nicht, wie der Dritte Weltkrieg geführt, wohl aber, wie der Vierte ausgetragen werde: mit Stöcken und Steinen,[8] gehörte dazu, aber auch J. Robert Oppenheimer, der wissenschaftliche Kopf hinter der Entwicklung der ersten Atombombe. Die vorge-

DAS WORT VOM «KALTEN KRIEG» Bernard Baruch, Herbert Swope, UN-Generalsekretär Trygve Lie und John Hancock in einer Sitzungspause bei den UN-Atomenergieverhandlungen 1946. Im Hintergrund sieht man Robert Oppenheimer, der sich zu einem der entschiedensten Verfechter der Atomwaffenkontrolle entwickelte. Die harten Verhandlungen inspirierten Herbert Swope zu seiner Wortschöpfung «Kalter Krieg», die ab 1947 um die Welt ging.

brachten Ideen und Planungen zielten auf eine harmonische Zusammenarbeit mit den Sowjets, um nicht nur die Gefahren zu kontrollieren, sondern auch die Chancen der neuen Technik zu nutzen. Dem psychologischen Klima entsprach der apokalyptische Tenor der Rede, mit der Baruch am 14. Juni 1946 den amerikanischen Vorschlag zur Atomwaffenkontrolle präsentierte.

Aus Sicht der UdSSR, die seit 1943 – nicht zuletzt mithilfe zugespielter Informationen aus den amerikanischen Labors – an der Entwicklung von Kernwaffen arbeitete, war der Baruch-Plan nicht nur unannehmbar, sondern eine schlichte Provokation. Die Annahme hätte nicht nur das Vorhaben, waffentechnisch mit den USA gleichzuziehen, gefährdet. Eine Ablieferung der bisherigen Ergebnisse «an die Amerikaner» wäre darüber hinaus einer Selbstentwaffnung gleichgekommen, wie Dimitri Skolbetsin, einer der sowjetischen Unterhändler, später betonte.[9] Seit Mitte des Krieges befürchtete Stalin, der Westen werde ihn mit «der Bombe» politisch erpressen können. Trumans Verhalten seit Kriegsende, nicht zuletzt während der Potsdamer Konferenz, erschien ihm als Bestätigung. So war es kein Zufall, dass der sowjetische Diktator nur elf Tage nach dem letzten Atombombeneinsatz in Japan am 20. August 1945 das offizielle Dekret unterschrieb, welches den amtierenden Geheimdienstchef, Lawrenti Berija, zum Chef eines Nuklearwaffenprogramms machte. Mit entsprechendem Druck auf alle Beteiligten gelang es fast auf den Tag genau vier Jahre später, 1949, die erste sowjetische Atombombe zu zünden. In der Zwischenzeit spielten die Sowjets auch am Verhandlungstisch auf Zeit. Sie präsentierten in den monatelangen Gesprächen mit den Amerikanern diverse Gegenvorschläge, die wiederum den USA unannehmbar erschienen. «Wir sollten unter keinen Umständen unsere Waffe wegwerfen», hatte Truman Baruch eingeschärft, «solange wir nicht sicher sind, dass der Rest der Welt nicht gegen uns rüsten kann».[10] Die Verweigerung der USA gegenüber seinen Vorschlägen bot wiederum Moskau weitere Argumente gegen Washington. Am 17. September 1946 schließlich teilte ein frustrierter Baruch Truman mit, er sehe überhaupt keine Möglichkeit mehr, die Ansichten des Westens mit denen der Sowjets in Einklang zu bringen. Am 30. Dezember 1946 nahm die Atomenergiekommission der UNO ohne die Stimmen der UdSSR und Polens den Baruch-Plan zwar an. Die Stimmenthaltung Moskaus machte den Konsens der anderen Staaten allerdings wirkungslos. Wenig später reichte Baruch am 4. Januar 1947 seinen endgültigen Abschied ein. Drei Monate später folgte seine Rede, die als erste öffentliche Präsentation des Begriffs «Kalter Krieg» gelten darf. Im Abgeordnetenhaus von Columbia, der Hauptstadt des US-Bundesstaats South Carolina, verwendete er zum ersten Mal die Wendung seines Mitarbeiters Herbert Swope, um den Konflikt mit den Sowjets als «eine neue Art von Krieg» zu beschreiben.[11] «Wir sollten uns nicht täuschen», so hatte Baruch unter anderem ausgeführt, «wir sind heute inmitten eines Kalten Krieges. Unsere Feinde sind sowohl außerhalb als auch innerhalb des Landes.»[12] Das sei bereits eine Vorstufe des militärischen Konflikts. Nur wenig später erschien im Herbst 1947 schließlich die für die Verbreitung des Begriffs dann folgenreichste Veröffentlichung: die 62-seitige Broschüre des prominenten

New Yorker Journalisten Walter Lippmann, die nun zum ersten Mal den Titel *The Cold War* trug.[13] Der politisch den Republikanern nahestehende Lippmann, der sich publizistisch in einer Art Dauerfehde mit der Truman-Administration befand, hatte zuvor in der *New York Herald Tribune* eine Serie von kritischen Artikeln gegen die *Containment Policy* publiziert, die dieser Band jetzt versammelte. Den Begriff des Kalten Krieges suchte der Leser allerdings vergeblich. Dass er im Titel auftauchte und in gewisser Weise wohl auch als Verkaufsargument eingesetzt wurde, macht allerdings deutlich, wie bekannt er in der Öffentlichkeit bereits war. Was Lippmann persönlich unter einem «Kalten Krieg» verstand, den er in seinem Text als «speziellen» oder auch «eigenen Krieg» *(Particular War)* bezeichnete, erläuterte er ausführlich: gegnerische Obstruktionspolitik, diplomatischer Krieg, Propaganda und geheime Infiltration.[14] Und auch Lippmann betonte das revolutionär Neue an dieser Auseinandersetzung. Der Kalte Krieg werde geführt, weil ein militärischer Konflikt – «ein ausgewachsener Weltkrieg mit Atombomben und dem ganzen Rest», wie er schrieb – für die Sowjetunion noch nicht machbar sei.

Mit Lippmanns schmalem Band zur Kritik der Eindämmungspolitik trat der zwar sachlich ungenaue, nichtsdestoweniger aber emotional zutreffende Begriff des Kalten Krieges seit Herbst 1947 seinen Siegeszug an. Wenig später konnten die Zuschauer der *Paramount-Wochenschau* am 1. Januar 1948 hören, Stalin habe den «härtesten politisch-moralischen, wirtschaftlichen Krieg der Geschichte, einen Kalten Krieg» begonnen. Die Verbündeten folgten nur wenig später: Im französischen *Le Figaro* tauchte der Begriff *la Guerre Froide* zum ersten Mal am 8. Februar 1949 auf. Fachzeitschriften wie das in der Bundesrepublik erscheinende Periodikum *Außenpolitik* richteten kurz darauf sogar eigene Rubriken unter dem Titel ein. Wenig später wurde der Begriff auch im sowjetisch kontrollierten Ostmitteleuropa üblich. In der DDR erschien 1950 die deutsche Übersetzung von *The Cold War in Germany* aus der Feder des australischen Journalisten Wilfred G. Burchett. Im folgenden Jahr fand der Begriff sich dann auch auf dem sowjetischen Buchmarkt *(Cholodnaja Woina)* und seit 1955 auch als Definition in der *Großen Sowjetenzyklopädie*, wo man ihn im Verlauf der nächsten Jahrzehnte hin und wieder inhaltlich anpasste, aber in seiner Grundaussage unangetastet ließ: Die Amerikaner und der

Westen zielten mit der Auslösung des Kalten Krieges auf die Beherrschung der Welt.[15]

Bezeichnenderweise entwickelten sich auch die Deutungen, die die historische Forschung in den 45 Jahren der Auseinandersetzung zur Entstehung und Dynamik des Kalten Krieges vorlegte, aus den politisch motivierten Schuldzuweisungen der Anfangsjahre. Es macht daher Sinn, sie als zeitgebundene Erklärungen, als «historische Meistererzählungen» *(Master Narratives)* zum Konflikt zu begreifen.[16] So sollte der Kalte Krieg verstanden und vermittelt werden, so sollte er in der Erinnerung bleiben.

(1) Nach der *traditionellen Vorstellung*, der frühesten Erklärung, war aus westlicher Sicht für die Entstehung und Forcierung des Kalten Krieges die marxistisch-leninistische Ideologie mit ihrem Anspruch auf die Weltrevolution verantwortlich. Diese habe die Sowjetunion prinzipiell auf einen aggressiven Kurs gegenüber dem Westen festgelegt. Pragmatische Annäherungen in Entspannungsphasen seien zwar möglich gewesen, nicht jedoch eine Abschwächung des Expansionsdrangs. Wichtige Vertreter dieser Auffassung kamen aus der amerikanischen Regierung: George Kennan, der «Erfinder» der dann von der Demokratischen Partei weiterentwickelten Eindämmungspolitik *(Containment Policy)* und John Foster Dulles, der Schöpfer des republikanischen Gegenentwurfs, der Befreiungspolitik *(Liberation Policy)*. Das sowjetische Pendant der traditionellen Interpretation des Kalten Krieges, das spiegelbildlich die westlich-amerikanische Verantwortung für den Kalten Krieg betonte, lieferte dann Andrej Schdanow in seiner berühmten «Zwei-Lager-Rede» am 30. September 1947. Hier stand der «Imperialismus» im Mittelpunkt.

(2) Die in der westlichen Forschung ab den Sechzigerjahren als sogenannte *revisionistische Erklärung* kursierende Deutung entsprach auf den ersten Blick im weitesten Sinne der sowjetischen bzw. der marxistisch-leninistischen Interpretation des Kalten Krieges seit der frühen Nachkriegszeit. Sie entstand zunächst in den USA als Kritik an der traditionalistischen Schule, aber auch als Gegenposition zur Außenpolitik der Eisenhower-Jahre. Als der erste Band der revisionistischen Schule, William A. Williams' *The Tragedy of American Diplomacy*, 1959 erschien, befand sich die Welt nach der nur kurze Zeit zurückliegenden Doppelkrise um Ungarn und Suez mit der Zweiten Berlinkrise bereits wieder auf Konfron-

tationskurs. Die Revisionisten – neben Williams zum Beispiel Gabriel Kolko, David Horowitz oder Gar Alperovitz – unterstrichen ausdrücklich die amerikanische Verantwortung für die Entstehung des Kalten Krieges.[17] Die Sowjetunion sei aus dem Zweiten Weltkrieg geschwächt hervorgegangen und habe dem wirtschaftlich überlegenen Westen, insbesondere den USA und ihrer forcierten «Politik der Offenen Tür», nahezu hilflos gegenübergestanden. Neben der ökonomischen Überlegenheit wurde hier ausdrücklich das amerikanische Atomwaffenmonopol der ersten Nachkriegsjahre als Argument für die amerikanische Verantwortung herangezogen.[18] Stalins Politik sei weniger von imperialen Vorstellungen ausgegangen als von der Bewahrung und Sicherung des bestehenden Staates, der kontinuierlich gefährdet gewesen sei. Für die Traditionalisten und andere Kritiker indes diskreditierte sich diese Interpretation bereits durch die Übernahme sowjetischer Deutungen.

(3) Beide Positionen näherten sich seit den Siebzigerjahren in der sogenannten *postrevisionistischen Interpretation* des Kalten Krieges an: Sie geht davon aus, dass gerade die angenommene Bedrohung durch die Gegenseite für die rasante Dynamik der Auseinandersetzung maßgeblich war. Kontinuierlich habe die verfehlte Wahrnehmung falsche Entscheidungen produziert. Als Vertreter dieser These gelten zum Beispiel Wilfried Loth oder Daniel Yergin.[19] Auch diese Forschungsrichtung war deutlich von der aktuellen Entwicklung des Kalten Krieges beeinflusst. Seit der Kubakrise 1962, die die Welt so nah wie nie zuvor an den Atomkrieg geführt hatte, waren deutsch-deutsche und internationale Entspannungsbemühungen erfolgreich. Sie hatten bis 1972 auch zur Unterzeichnung des ersten Vertrags zwischen den Supermächten zur Begrenzung Strategischer Waffen geführt. Vor diesem Hintergrund machte die These Sinn, eine verfehlte Kommunikation habe zum Kalten Krieg geführt und die Überwindung von Misstrauen ermögliche die Annäherung der Gegner. Tatsächlich können die Postrevisionisten für sich verbuchen, dass vieles, was man nach der Öffnung bisher verschlossener Archive in den Jahren nach 1991 zutage förderte, in die Richtung wies, dass der Verlauf des Kalten Krieges nicht zuletzt durch massive Kommunikationsprobleme gefördert wurde. Gerade sein Ende – etwa der Wandel des Gorbatschow-Bildes im Westen – zeigt deutlich, wie stark die

Überwindung von eingefahrenen Perzeptionsmustern zur Beendigung des Kalten Krieges beitrug.

Dennoch stieß auch diese Interpretation auf Kritik. Tatsächlich muss man natürlich fragen, ob die Einschätzungen der Gegenseite wirklich so konsequent falsch waren wie unterstellt. Schloss nicht schon der Universalanspruch der beiden Ordnungsentwürfe den jeweils anderen kategorisch aus? Wurde nicht trotz der Abrüstungsverhandlungen alles versucht, das gegnerische System weiterhin zu unterminieren, und zwar nicht nur im eigenen Machtbereich, sondern auch an den entlegensten Peripherien des Konflikts? Wo konnte es eine Fehlinterpretation der jeweiligen gegnerischen Vorstellungen bei der gigantischen nuklearen Aufrüstung geben, die schließlich militärisch sinnvoll nicht mehr eingesetzt werden konnte und in der Lage war, nicht nur die gesamte Erdbevölkerung mehrfach zu vernichten, sondern die Erde auf Dauer unbewohnbar zu machen?

Alle drei Antworten auf die Frage, *warum* dieser Konflikt begann und mit aller Härte und vollem Einsatz der Kräfte bis zum Ende geführt wurde, blieben zeitgebundene Teilerklärungen. So wie die traditionelle und revisionistische Erklärung jeweils einseitige Schuldzuweisungen vornahmen, schloss der kommunikationstheoretische Ansatz des Postrevisionismus weitgehend die Möglichkeit aus, dass der Kalte Krieg ein klassischer Machtkonflikt war, der nicht aus Versehen oder aufgrund von Verständigungsproblemen, sondern bewusst und kalkuliert in Eskalationen und Deeskalationen geführt wurde, weil er ausgefochten und siegreich beendet werden sollte. Gerade für diese Annahme sprach jedoch immer vieles. Das 1956 von Chruschtschow präsentierte Schlagwort von der «Friedlichen Koexistenz» war bekanntlich niemals ein Friedensangebot an die andere Seite und galt insbesondere nicht für die Systemauseinandersetzung in der Dritten Welt. International wurde die Koexistenz trotz aller Bekenntnisse zu keiner Zeit ein nachhaltig verfolgtes Konzept und blieb selbst in den kommunistischen Staaten heftig umstritten. Wie stark der unterhalb der Atomschwelle mit allen Mitteln geführte Kalte Krieg tatsächlich als «Krieg» wahrgenommen worden war, machten nicht zuletzt die Diskussionen um Sieger und Besiegte nach dem Ende des Konflikts deutlich.[20] Zwar blieb die amerikanische Auffassung, den Kalten Krieg für sich entschieden zu haben, umstritten. Doch angesichts der Selbstauflösung der Sowjetunion im Dezember 1991 – 69 Jahre nach ihrer Gründung und nach 45 Jahren teils am Rande des Atomkriegs – wusste jeder, dass hier ein Kampf zweier sich ausschließender globaler Ordnungssysteme, ein «Krieg der Welten», beendet worden war, den das «Sozialistische Weltsystem» nicht überlebt hatte. Dies ist die Basis für die (4.) mentalitätsgeschichtlich-empirische Interpretation.

Die wichtigsten Probleme einer Gesamtinterpretation des Kalten Krieges liegen in der Tendenz, den Konflikt nach wie vor eher fragmentarisch und zum Teil noch immer ideologisiert zu betrachten. Notwendig ist, die in der Regel einzeln betrachteten Teile des global und tendenziell total geführten Kalten Krieges wieder zusammenzusetzen – sie zu defragmentieren. Zudem gilt es, die stets zeitgebundenen, politisch wie geografisch standortabhängigen und subjektiven Interpretationen und Wahrnehmungen als solche zu historisieren. Was das bedeutet, kann man an sechs Bereichen deutlich machen.

(1) Einheit der Epoche des Kalten Krieges. Der Streit um die Frage, ob der Kalte Krieg als eine Einheit oder als eine Aufeinanderfolge mehrerer Kalter Kriege zu betrachten sei, ist so alt wie der Konflikt selbst. Insbesondere in erhofften oder tatsächlichen Entspannungsphasen des Konflikts wurde sein Ende regelmäßig erklärt; zum ersten Mal bereits im Februar 1949, als aus dem Kreml leichte Zeichen einer Entschärfung zu kommen schienen.[21] Kontinuierlich wurden in den folgenden Jahrzehnten immer wieder das Ende und häufig unmittelbar danach wieder der Neubeginn des Konflikts ausgerufen. Der Blick aus dem Jahr des Untergangs der UdSSR 1991 macht die Einordnung jenseits der vielen subjektiven zeitgenössischen Einschätzungen einfacher. Es gab keinen ersten, zweiten und dritten Kalten Krieg, sondern Konflikt und Entspannung verliefen über seine gesamte Dauer gleichzeitig. Die Auflösung der Sowjetunion beschloss offiziell eine Auseinandersetzung, die ebenso amtlich mit zwei «Kriegserklärungen» der USA am 12. März und der UdSSR am 30. September 1947 begonnen und durch teilweise ineinander übergehende Eskalations- und Entspannungsphasen geführt hatte. Sieben Phasen lassen sich erkennen: Formierung und offizielle Eröffnung (1945/47), Blockbindung (1947/48–1955), Eskalation und Stilllegung in Europa (1953–1961), Verlagerung in die Dritte Welt (seit 1961), Entspan-

nung (1953–1980), Rückkehr zur Konfrontation (1979–1989) und schließlich die Auflösung des Ostblocks (1985–1991). Der Kalte Krieg erweist sich rückblickend als Einheit, als eine Epoche.

(2) Sonderstellung des Kalten Krieges im Ost-West-Konflikt. Nach der lange Zeit gängigen Definition war der Kalte Krieg ab 1947 ein Teil der Ost-West-Konfrontation seit der Russischen Oktoberrevolution 1917. Die Wurzeln dieses Konflikts reichten bis in das 19. Jahrhundert. So nahmen Zeitgenossen bereits Teile des Krimkriegs zwischen 1854 und 1856 als Konfrontation zwischen Ost und West – zwischen «asiatisch-russischer» und «europäisch-zivilisierter Welt» – wahr. Seit der Russischen Revolution war dieser traditionelle machtpolitische Konflikt durch eine ideologische Komponente ergänzt und in der Wahrnehmung der Zeit zu einem «Weltbürgerkrieg» ausgeweitet worden – ein Begriff, der dann vor allem auch in den Fünfzigerjahren üblich war.[22] In neueren Nachschlagewerken ist diese sinnvolle Unterscheidung zwischen dem Kalten Krieg und dem Ost-West-Konflikt zum Teil nicht mehr übernommen worden. Prinzipiell ist es nicht falsch, da der Begriff des Ost-West-Konflikts umfassend für die Zeit nach 1917 gilt. Allerdings verschleiert die unbestimmte Bezeichnung die spezifische Qualität der Auseinandersetzung ab 1947, die sich erheblich von dem bis dahin geführten Konflikt unterschied. Konflikte gab und gibt es viele. Der Kalte Krieg jedoch war ein permanenter und aktiv betriebener «Nicht-Frieden», in dem alles das eingesetzt wurde, was man bisher nur aus der militärischen Auseinandersetzung kannte. Hinzu kam das, was bisher gänzlich unbekannt gewesen war und bereits 1946 den Erfinder des Begriffes bewegt hatte: Dieser «Nicht-Frieden» konnte, als beide Seiten schließlich begannen, immer mehr und größere Nuklearwaffen zu bauen, binnen Stunden zu einem unbegrenzten atomaren Krieg werden und einen Großteil der Menschheit vernichten. Bezeichnenderweise wurde bereits seit dem letzten Drittel der Vierzigerjahre eine lebhafte Debatte darüber geführt, ob der «Zwischenzustand» des Kalten Krieges als eigener Sachverhalt in das Völkerrecht aufgenommen werden solle.[23] Die Tatsache, dass der Kalte Krieg tatsächlich in 45 Jahren niemals zu einem Atomkrieg führte, brachte in den späten Achtzigerjahren noch einmal die pointierte Gegenthese hervor: Der Kalte Krieg sei gar kein Krieg gewesen, sondern das Gegenteil, ein «langer Frieden».[24] Tatsäch-

lich kann nicht bestritten werden, dass die *Overkill*-Kapazitäten den großen Atomkrieg zwischen den beiden Hauptkontrahenten und ihren Bündnispartnern als nicht mehr führbar erscheinen ließen und an den Ausgangspunkten und eigentlichen Zentren des Kalten Krieges – in Europa, in den USA und in der UdSSR – eine militärische Auseinandersetzung verhindert wurde. Die These wird allerdings zum blanken Zynismus, wenn man gleichzeitig berücksichtigt, dass die Kriege stattdessen in den Peripherien geführt wurden. In bestimmten Regionen der Dritten Welt herrschte über die gesamte Dauer des Kalten Krieges ein permanenter militärischer Konflikt.[25]

(3) Totalität und Ubiquität des Kalten Krieges. Nicht nur in der Wahrnehmung, sondern vor allem in seiner Praxis entwickelte sich der Kalte Krieg in Richtung eines «totalen» oder auch «absoluten Krieges», wie ihn Arthur Koestler schon 1945 in Anlehnung an Clausewitz nannte.[26] In ihm kam mit Ausnahme der atomaren Waffen auf beiden Seiten tendenziell alles materiell und immateriell Verfügbare zur Anwendung oder wurde zumindest bereitgestellt, um diesen Konflikt zu gewinnen. Gleichzeitig okkupierte der Kalte Krieg direkt oder indirekt sogar Bereiche, die auf den ersten Blick wenig mit ihm zu tun hatten. Der Kalte Krieg war eine weitgehend entgrenzte politisch-ideologische, ökonomische, technologisch-wissenschaftliche und kulturell-soziale Auseinandersetzung, die ihre Auswirkungen bis in den Alltag zeitigte.

Das zentrale Paradoxon des Kalten Krieges war somit die Vorstellung, sich in einem «totalen Krieg» zu befinden, den man aber im Gegensatz zu den bisher bekannten Phasen «totaler Kriegsführung» nicht mit Aufbietung *aller*, das heißt auch militärischer Mittel führen konnte und die Mehrheit auf diese Weise auch nicht führen wollte. Gleichzeitig sah man sich aber genötigt, sich auf den Eventualfall des großen militärischen Konflikts umfassend vorzubereiten. Dazu gehörten die Suche und Anwerbung von Bündnispartnern, die Reklamierung von tatsächlichen oder prospektiven Interessengebieten, die Fabrikation, Erweiterung und ständige Modernisierung von wirtschaftlichen, technischen, militärischen, zivilen und politischen Ressourcen und nicht zuletzt sie Herstellung oder Erzwingung innerer Geschlossenheit. Milliarden wurden investiert, um auch die Funktionsfähigkeit einer politischen und militärischen Führung in einem möglichen Atomkrieg zu gewährleisten. Die Bunkeranlagen des Kalten Krieges stellten in Qualität und Quantität alles in den Schatten, was der Zweite Weltkrieg hervorgebracht hatte. Bis weit in die Bündnisstaaten hinein wurde eine Debatte um das Überleben im Atomkrieg geführt, die nachhaltig auch die Mentalität des Kalten Krieges bestimmte.[27] Besonders anschaulich lässt sich die Totalität und Ubiquität des Konflikts dort nachvollziehen, wo der Konflikt angeblich unpolitische Bereiche berührte oder sogar zeitweilig okkupierte, so etwa die Kulturpolitik. In den einzelnen Gesellschaften führte der totale Konflikt darüber hinaus zu deutlichen Polarisierungen. Annäherungen an die jeweils andere Seite oder Neutralität blieben nicht nur in der Sowjetunion und in den USA bis zum Schluss verdächtig. Für dieses Phänomen eines «inneren Belagerungszustands» unter dem angenommenen Druck von außen wurde bereits in den Fünfzigerjahren der Begriff des «Kalten Bürgerkriegs» geläufig, der in jüngeren Darstellungen wieder aufgenommen wurde.[28] Gerade hier wird erkennbar, dass der Kalte Krieg eigentlich nur Kombattanten kannte – Teilnehmer auf dieser oder jener Seite. Anschauungsunterricht bot im Osten etwa die Behandlung von Dissidenten oder sonstigen «Verrätern». Im Westen gehörte dazu das Verhalten gegenüber tatsächlichen oder vermeintlichen Sympathisanten der anderen Seite, so etwa gegenüber der Friedensbewegung.

(4) Bipolarität und Multipolarität des Kalten Krieges. Die Frage, ob der Kalte Krieg tatsächlich als ein bipolarer Konflikt anzusehen sei, ist seit den Sechzigerjahren gestellt worden.[29] Was auf den ersten Blick so unmittelbar einleuchtend erscheint, dass es Eingang in viele Darstellungen gefunden hat, erweist sich bei näherem Hinsehen als nicht zutreffend. *Für* die Auffassung spricht, dass sich an seinem Beginn und im folgenden grundsätzlichen Konflikt zunächst zwei «Supermächte» gegenüberstanden, die sich durch unvereinbare, absolut gesetzte Ideologien und ihre unbestreitbare Hegemonie in den jeweiligen Bündnisblöcken auszeichneten. Zu «Supermächten» wurden sie allerdings erst durch die Verbindung mit militärischer Macht: Die Unterhaltung großer, mobiler und ständig global einsatzbereiter Armeen sowie der Besitz und der ständige Ausbau von immer stärkeren Nuklearwaffen mit Erst-, Zweitschlag- und *Overkill*-Kapazitäten ließen die USA und die UdSSR nahezu unangreifbar werden. Andere ehemalige «Groß-

mächte», selbst wenn sie wie Frankreich oder England im Besitz von Atomwaffen waren, schrumpften im Vergleich dazu zu Nationen mittlerer Stärke. Gestützt wurde das Bild eines Zweikampfs zusätzlich dadurch, dass bereits der Ost-West-Konflikt, aber insbesondere auch die beiden Weltkriege als Auseinandersetzung zweier Blöcke betrachtet worden waren. Auch innenpolitisch bot die simplifizierende Darstellung Vorteile. Die sowjetische Vorstellung der «Zwei Lager» war ebenso eingängig wie die im Westen gängigen Antagonismen «Freiheit» und «Unfreiheit» oder «Demokratie» und «Diktatur». Nicht zuletzt drängten die Supermächte auf die bipolare Zuordnung und insbesondere auf den Abschluss von globalen Bündnissen, da Neutralität oder gar Blockfreiheit als Ausdruck politischer Unzuverlässigkeit galt.

Gegen die Auffassung, dass der Kalte Krieg eine rein bipolare Auseinandersetzung war, spricht am deutlichsten, dass dies schon wenige Jahre nach dem offiziellen Beginn des Kalten Krieges 1947 nicht mehr der Realität entsprach. Als eine dritte, jedoch neben den Hauptkontrahenten sekundäre Macht konnte sich das kommunistische China etablieren, welches sich rasch westlichem, dann auch Moskaus Einfluss entzog und darüber hinaus versuchte, die Blockfreienbewegung (*Nonaligned Movement*, NAM) zu dominieren. 1964 stieg Peking in den Kreis der Atommächte auf und konnte 1967 sogar seine erste Wasserstoffbombe zünden – fast ein Jahr vor Frankreich. Aber auch der 1954/55 entstandenen Blockfreienbewegung gelang es, sich als ein Pol in der Weltpolitik zu etablieren. Die NAM-Staaten konnten über Jahre erfolgreich zwischen den drei anderen Blöcken arbeiten und in der zweiten Hälfte des Kalten Krieges sogar zeitweilig den Ölpreis wirkungsvoll als Waffe einsetzen. Inwieweit man die UNO als eigenen Machtblock im Kalten Krieg begreifen kann, ist ebenso erklärungsbedürftig.[30] Die von den Siegermächten bis zum Juni 1945 in San Francisco verabredeten gemeinsamen Grundlagen einer «Weltregierung» wurden rasch von den nationalen Interessen und dem Machtpoker der Supermächte eingeholt. Die Generalversammlung präsentierte sich in der Öffentlichkeit häufig eher als Bühne für den effektvollen Schlagabtausch der Supermächte, weniger als machtvoller Akteur. Trotz aller Schwächen präsentierten sich die Vereinten Nationen aber jeweils dann als wirkungsvoller Machtblock im Kalten Krieg, wenn sich ihre jeweiligen Generalsekretäre als starke

Persönlichkeiten erwiesen. Dies zeigte sich 1950 im Koreakrieg, 1956 während des Suezkonflikts oder 1990/91 im Krieg gegen den Irak. Die Grenzen des Engagements wurden hier durch den chronischen Geldmangel der Vereinten Nationen gesetzt.

Außer der Tatsache, dass zumindest vier oder fünf «Blöcke» des Kalten Krieges auszumachen sind, widerspricht es dem Bild der schlichten Bipolarität, dass sich innerhalb der einzelnen Blöcke oder auch blockübergreifend transnationale, nationale und innerstaatliche *Subsysteme* herauskristallisierten, die den Verlauf des Kalten Krieges zeitweilig erheblich beeinflussten. Sie passten kaum mehr in das Schema klarer dualistischer Konfrontation, wenngleich sie natürlich alle auf irgendeine Weise direkt oder indirekt mit dem Hauptkonflikt verbunden blieben. Als Beispiel kann man hier die gesamtdeutsche Politik nennen, die zeitweilig erstaunlich unberührt von der Interessenlage der Supermächte eigene Wege verfolgte und schließlich erheblichen Einfluss auf den Verlauf des globalen Konflikts gewann. So fand ein Teil der Entspannungspolitik ihren Ursprung viel deutlicher in den nationalen Interessen des deutsch-deutschen Sonderkonflikts als im Antagonismus der Supermächte. Aus den Anfängen der Entspannungspolitik in Berlin ab 1963 wurde am Ende des Jahrzehnts die bundesrepublikanische Ostpolitik, die bezeichnenderweise gegen amerikanische Widerstände *und* Misstrauen im Ostblock durchgesetzt werden musste. Ähnliche *Subsysteme* des Kalten Krieges mit spezifischen Interessenlagen jenseits der großen Blöcke waren auch innerhalb der organisierten Dritten Welt auszumachen. Hier konnte man zum Beispiel zwischen Staaten mit Atomwaffenbesitz und entsprechend offensiver Außenpolitik und Staaten ohne Zugang zu Nuklearwaffen oder zwischen Ländern mit wichtigen Rohstoffvorkommen und solchen ohne Ressourcen unterscheiden. Dass darüber hinaus ethnisch-religiöse Gegensätze, die an sich wenig mit den Fronten des globalen Konflikts zu tun hatten, den Kalten Krieg nachhaltig beeinflussten, zeigte der über Jahrzehnte geführte Sonderkonflikt zwischen dem mehrheitlich hinduistischen Indien und dem islamischen Pakistan. Überdies kann man die politischen Interessen und Aktivitäten einiger weltweit organisierter Religionsgemeinschaften als nationale oder transnationale *Subsysteme* des Kalten Krieges begreifen. Zwar ordneten sich einige Religionen oder Konfessionen seit dem Beginn des Konflikts offiziell einer Seite zu, so etwa der Vatikan. Darüber hinaus gab es allerdings eine Vielzahl von Versuchen von Religionsgemeinschaften, jenseits der politischen Blockinteressen zu arbeiten. Dazu gehörten in Teilen zum Beispiel die Kirchen im geteilten Deutschland, die sich auf beiden Seiten etwa für die Abrüstung engagierten. Jenseits der Blöcke arbeiteten aber auch die radikalethischen katholischen «Befreiungskirchen» in der Dritten Welt und seit den siebziger Jahren zunehmend auch der Islam.[31] Seit 1979 entzog sich der iranische «Gottesstaat» zunächst allen internationalen Beziehungen und versuchte erst nach dem Ende des Kalten Krieges, sie wieder aufzubauen.

Nicht zuletzt kann man auch private Organisationen als nationale oder supranationale *Subsysteme* des Kalten Krieges verstehen.[32] Dazu gehörten politische *Pressure Groups*, so das amerikanische *Committee on the Present Danger*, aber auch zahlreiche Lobby-Gruppen, die sich speziell für die Interessen der «Dritten Welt» einsetzten. Zu ihnen lassen sich auch die im engeren Sinn als *Non-Governmental Organization* (NGO) tätigen Verbände rechnen, über die während des Kalten Krieges die Industriestaaten bis zu sechzig Prozent ihrer Entwicklungshilfe abwickelten, aber auch die nicht staatlich gebundenen und zum Teil illegal tätigen internationalen Menschenrechts-, Umwelt- oder «Befreiungsorganisationen». So entwickelten sich zum Beispiel *Amnesty International* oder auch *Greenpeace* zeitweilig zu wirksamen Gewichten gegen Blockinteressen. Wie störend etwa die Umweltorganisation *Greenpeace* für die französische Regierung war, zeigte sich am 10. Juli 1985, als das Schiff *Rainbow Warrior* nach Demonstrationen gegen Nukleartests im Bereich des Mururoa-Atolls vom französischen Geheimdienst versenkt wurde.

(5) Ganzheitlichkeit des Kalten Krieges. Der Kalte Krieg wurde global, gleichzeitig aber regional und lokal geführt und er reichte bis in die persönlichen Biografien. Er hatte deutliche Zentren und Peripherien. Das Problem ist daher, einerseits alles zu erfassen, was dazu gehört, andererseits keine künstlichen Verbindungen zu suggerieren. Bestimmte politische, ökonomische, soziale oder kulturelle Entwicklungen gehörten eher entfernter zum Kalten Krieg oder partizipierten nur partiell an ihm. Mit Recht ist zu fragen, in welcher Weise etwa die «Kleinen Kriege» in der Dritten Welt zum Blockkonflikt gehörten.

Ein Beispiel wie der seit 1977/78 und über das Ende des Kalten Krieges andauernde Konflikt zwischen Somalia und Äthiopien um die ostafrikanische Region Ogaden kann die teilweise verdeckten Beziehungen deutlich machen. Dass dieser an sich regionale Krieg inhaltlich eigentlich *wenig* mit der globalen Auseinandersetzung zu tun hatte, da er im Kern ein innerafrikanischer, teilweise lediglich ein Konflikt der rivalisierenden Clans war, der nur temporär an den Ressourcen des Kalten Krieges partizipiert hatte, zeigte sich, als er sich auch nach 1991 nicht beenden ließ. Dass der Konflikt *viel* mit dem Kalten Krieg zu tun hatte, demonstrierte das hohe Engagement der Supermächte und seine Folgen. Die Entspannungspolitik wurde «im Wüstensand von Ogaden begraben», wie der Sicherheitsberater Präsident Carters, Zbigniew Brzezinski, später in seinen Memoiren feststellte.[33]

(6) Differenzierung und Pluralität der Geschichte des Kalten Krieges. Es liegt auf der Hand, dass ein global geführter Konflikt, der fast alle Staaten der Welt einbezog, nicht aus der Perspektive eines Beteiligten geschrieben werden kann. So unterschiedlich wie die Orte des Kalten Krieges ist notwendigerweise auch die kollektive und individuelle Verortung im Konflikt. Zwangsläufig war fast jeder am Ende der etwa zwei Generationen dauernden globalen Auseinandersetzung ein Zeitzeuge, der sich selbst in die Erzählung vom Kalten Krieg positiv oder negativ einbinden konnte. Wie unterschiedlich dies sein kann, zeigt der Blick auf den Einzelfall. Für den in der Blockfreienbewegung organisierten Teil der beteiligten Nationen spielte beispielsweise der Mauerbau im geteilten Deutschland, der wiederum für Europa und die Supermächte eine zentrale Zäsur des Kalten Krieges bildete, keine wesentliche Rolle.[34] Ein Westeuropäer aus Großbritannien, Frankreich oder Portugal hat zwangsläufig andere Erinnerungen an den Konflikt als ein Bürger aus den Staaten des ehemaligen Ostblocks. Erinnerungen in den USA unterscheiden sich natürlich auch von jenen ehemaliger Sowjetbürger. Selbst innerhalb der einzelnen beteiligten Gesellschaften, ja sogar innerhalb der einzelnen Milieus konnten Erinnerung und politische Verortung unterschiedlich sein. Wie sie sich unterschieden, zeigt nicht zuletzt die Gedenkkultur. In den USA entstand eine in Teilen kritische, dennoch aber mehrheitlich positive Erinnerung. Relativ rasch wurde in den USA dafür gesorgt, dass in die angesehene Liste des *National Register of Historic Places* Dutzende

von *Cold War Resources* als offizielle «Erinnerungsorte» aufgenommen wurden. Dass die sowjetisch-russische Erinnerung an den Kalten Krieg dagegen viel stärker vom Verlust der einstigen Supermachtrolle und einem Gefühl der Niederlage geprägt ist, zeigt das Fehlen solcher Gedenkorte. Die offizielle Identitätssuche *(Identičnost)* ist zu einer vorkommunistischen «russischen Idee» zurückgegangen, die nun auch die Zeit des Ost-West-Konflikts in eine gesamtrussische Geschichte einzuordnen sucht.[35] Noch komplizierter sind die Erinnerungen im 1990 vereinigten Deutschland. Hier tat man sich bereits mit der Erhaltung zentraler Monumente, so etwa Teilen der Mauer und militärischer Hinterlassenschaften, schwer. Eine der zentralen Fragen nach dem Ende des Konflikts ist daher, wie eine Erzählung des Kalten Krieges auszusehen hat, in der sich alle Beteiligten in angemessener Weise erkennen können. Die Epoche des Kalten Krieges kann daher eigentlich nur als eine globale, multilineare und auf vielfache Weise politisch, kulturell, wirtschaftlich-sozial verflochtene Geschichte erzählt werden, in der sich gleichzeitig die unterschiedlichen historischen Erfahrungen und politischen Sichtweisen wiederfinden.[36]

1. Der Weg in den Kalten Krieg 1917–1945

Der Ost-West-Konflikt: Im Jahrhundert der Ideologen

Zeitgenossen wie der französische Philosoph und Politiker Alexis de Tocqueville (1805–1859) sahen bereits im 19. Jahrhundert einen Konflikt zwischen den aufstrebenden Mächten USA und Russland voraus. Bezeichnenderweise glaubte Tocqueville in seiner berühmten Darstellung *Über die Demokratie in Amerika* (1835), dass der wichtigste Auslöser der ideologische Gegensatz sein werde: Das idealistisch verstandene demokratische Prinzip in den Vereinigten Staaten stehe dem monarchischen Prinzip unvereinbar gegenüber.[1] Tatsächlich war die berühmte außenpolitische Rede des amerikanischen Präsidenten James Monroe aus dem Jahr 1823, die dann zwanzig Jahre später völkerrechtlich zur «Monroe-Doktrin» umgedeutet wurde und auch während des Kalten Krieges eine wichtige außenpolitische Leitlinie blieb, eine politische Kampfansage der Demokratie an die «Despoten» gewesen. Monroe hatte sich allerdings vorwiegend – aber ganz im Verständnis des «permanenten Krieges», wie ihn die Französische Revolution entwickelt hatte – gegen die befürchtete Einmischung der Heiligen Allianz auf der Seite Spaniens gegen die südamerikanischen Kolonien sowie gegen Russlands Expansionsbestrebungen an der Nordwestspitze des amerikanischen Kontinents aussprechen wollen. Er postulierte dafür ein prinzipielles Interventionsverbot europäischer Mächte in diesem Raum.[2] In den Ausführungen des US-Präsidenten von 1823 wie in der späteren Monroe-Doktrin war zudem noch ein zweiter Aspekt enthalten, der den ideologisch-politischen Konflikt unterstrich und erweiterte. Monroe hatte in einer aus der Rede entfernten Passage der griechischen Befreiungsbewegung, die damals gegen das Osmanische Reich kämpfte, die ideologische Unterstützung der USA zugesichert. 1830 erfolgte eine solche Erklärung auch für die polnische Freiheitsbewegung. In der ungarischen Revolution 1848/49 waren die Vereinigten Staaten sogar die einzige Nation, die die Unabhängigkeitserklärung der neuen Regierung unter Lajos Kossuth diplomatisch anerkannte. In der Praxis blieben solche Erklärungen allerdings im 19. Jahrhundert weitgehend ohne Folgen. Washington war weder politisch noch militärisch in der Lage, diesen Versprechen wirklich Taten folgen zu lassen. Dennoch waren es diese Traditionen, die vor allem in den Anfangsjahren des Kalten Krieges als Begründung herangezogen wurden, wenn es um Konzepte ging, die «Versklavten Nationen» in Osteuropa von der sowjetischen Herrschaft zu lösen.[3]

Der ideologische Gegensatz zwischen Russland und den USA verschärfte sich im 19. Jahrhundert noch einmal erkennbar in den 1880er Jahren, als nach der Ermordung von Zar Alexander II. die Unterdrückung revolutionärer Bewegungen in Russland zunahm. Besonders intensiv zeigte sich der ideologische Gegensatz jedoch nach der Russischen Oktoberrevolution 1917. Der Westen versagte den Bolschewiki jede Anerkennung. Die «Vierzehn Punkte», das Friedensprogramm des amerikanischen Präsidenten Woodrow Wilson im Januar 1918, waren daher nicht nur ein westliches Konzept gegen die Monarchien der Mittelmächte, sondern auch gegen die Bolschewiki und ihre «Diktatur des Proletariats».

Der ideologische Konflikt zeigte sich hier bereits in seinen Grundzügen. Der globale Anspruch beider Weltanschauungen war ebenso offensichtlich wie der Ansatz zur Blockbildung. Die Bolschewiki kannten nach der Kapitulation vor den Deutschen in Brest-Litowsk im März 1918 nur noch Gegner oder Verbündete der Revolution. An das Deutsche Reich, das 1917 durch finanzielle und logistische Unterstützung die Arbeit Lenins in Russland erst ermöglicht hatte, musste die für die Versorgung der eigenen Bevölkerung überaus wichtige Ukraine abgetreten werden. Sie wurde kurz darauf von deutschen Truppen besetzt. Auf welcher Seite die westlichen Alliierten – vor allem Frankreich, Großbritannien und die USA – standen, war spätestens dann klar, als diese im Verlauf des nun rasch eskalierenden und bis 1921 andauernden Russischen Bürgerkriegs zugunsten der antikommunistischen «weißen» Truppen eingriffen. Die treibende Kraft hinter den Interventionen war Frankreich, das 1918 hoffte, damit die Ostfront gegen Deutschland reaktivieren zu können. Nach ersten kleineren Einheiten, die bereits im Frühjahr 1918 in russischen Häfen gelandet waren, wurden am 2. August des Jahres britische Marineverbände in Archangelsk und wenig später 35 000 amerikanische Soldaten im sibirischen Wladiwostok ausgeschifft. Auch japanische und tschechoslowakische Einheiten beteiligten sich an den bis 1920 fortgesetzten Interventionen. Zur selben Zeit starteten westliche Geheimdienstoperationen gegen die Bolschewiki. Vor allem britische Nachrichtendienste standen 1918 hinter einer Reihe von Attentaten und Putschversuchen. Am bekanntesten wurde das sogenannte «Lettische Komplott», bei dem der britische Geheimdienst MI 6 und das Außenministerium in London mithilfe der lettischen Wachmannschaften im August 1918 Lenin und Trotzki zu ermorden versuchten.[4]

Die Hauptwaffe gegen die Bolschewisierung Europas hatte Wilson allerdings in seiner neuen Weltordnung gesehen, in die bis zum Friedensschluss in Brest-Litowsk zunächst Lenins «Neues Russland» eingebunden werden sollte. Für den Völkerbund als wichtigste Institution der geplanten globalen, theoretisch gleichberechtigten Neuordnung fand sich allerdings selbst in den USA keine Mehrheit. Wilson und die Demokraten erlitten bei den Wahlen im November 1920 eine gravierende Niederlage, und mit ihr kippte das Konzept des «Internationalismus» *(Internationality)*. «Wir streben keine Beteiligung daran an, die Schicksale der Welt zu lenken», verkündete sein Nachfolger Harding in seiner Antrittsrede 1921.[5] Bis weit in die Dreißigerjahre konzentrierte man sich deutlicher auf innenpolitische Probleme. In der Außenpolitik herrschte zwar eine «isolationistische» Grundposition. Gleichwohl engagierten sich die USA auch in der Zwischenkriegszeit in internationalen Sicherheitsfragen.

Während die 1922 gegründete «Union der sozialistischen Sowjetrepubliken» (UdSSR) von Deutschland, dem großen Verlierer des Ersten Weltkriegs, diplomatisch anerkannt wurde, entschieden sich die USA erst 1933 unter Franklin D. Roosevelt zur Aufnahme von offiziellen Beziehungen. Im August 1920 fasste ein von Präsident Wilson abgezeichnetes Memorandum die Gründe für die Skepsis Washingtons zusammen: «Es ist für die Regierung der Vereinigten Staaten nicht möglich, die gegenwärtigen Machthaber in Russland als eine Regierung anzuerkennen, mit der Beziehungen wie zu anderen befreundeten Regierungen fortgesetzt werden können. [...] Entgegen seinem Willen ist die Regierung der Vereinigten Staaten davon überzeugt worden, dass das gegenwärtige Regime in Russland auf der Negation aller Prinzipien von Ehre und gutem Glauben aufbaut [...].»[6] Die Ablehnung der Bolschewiki war auch unter den folgenden US-Regierungen Konsens und wurde auch von Wilsons Nachfolgern, den Präsidenten Harding, Coolidge und Hoover, unverändert mitgetragen. Sie folgten Wilson ebenso in seiner Auffassung, dass die Diktatur in der Sowjetunion, wie alle undemokratischen Regierungen, im Grunde genommen schwach sei, da ein tiefer Gegensatz zwischen Führung und Bevölkerung bestehe. Vom republikanischen Abgeordneten Elihu Root kam 1921 sogar die Forderung, Russland müsse aus der Gemeinschaft zivilisierter Staaten ausgeschlossen werden, wenn es nicht in der Lage sei, sich seiner undemokratischen Regierung selbst zu entledigen.[7] Im selben Jahr wurde Russland auch nicht mehr zur Abrüstungskonferenz in Washington eingeladen.

Probleme resultierten nicht nur aus den unterschiedlichen Weltanschauungen. Weitere Schwierigkeiten ergaben sich aus der von den Bolschewiki verweigerten Kredittilgung und der fehlenden Entschädigung für die Enteignung amerikanischer Firmen. Seit 1922 unterhielt Washington allerdings eine kleine Gesandtschaft in der lettischen Hauptstadt Riga, die regelmäßig über die Sowjetunion berichtete. Diese bis zur sowjetischen Annexion Lettlands 1940 erstellten Meldungen der «Rigaer Sektion» hatten bereits deutlichen Einfluss auf den späteren Kalten Krieg.[8] George Kennans Anschauungen über die Sowjetunion und den Kommunismus, die zusammen mit den Erfahrungen in seiner Moskauer Zeit ab 1933 dann Grundlage für seine 1946 vorgelegten einflussreichen Ideen zu einer «Eindämmungspolitik» gegenüber der UdSSR wurden, waren hier geprägt worden. So vermerkte er 1944 nicht nur, es sei für den Westen wichtig zu begreifen, dass die Kommunisten im Kreml ebenso expansiv seien wie die Zaren,[9] sondern riet gleichzeitig seinem Vorgesetzten, Botschafter Averell Harriman, der später zum außenpolitischen Berater Trumans berufen wurde, man solle die US-Bevölkerung schon jetzt psychologisch darauf vorbereiten, dass die UdSSR der kommende Feind der Vereinigten Staaten werde.[10] «Heimgekehrt in die komfortablen Westgrenzen des guten Zaren Alexej», hieß es auch in Kennans Memorandum vom Mai 1945, «konnte der Bolschewismus gefahrlos die russischen politischen Überlieferungen des siebzehnten Jahrhunderts wiederaufleben lassen: den uneingeschränkten autokratischen Zentralismus, die byzantinische Schule des politischen Denkens, die selbstgenügsame Absonderung von der westlichen Welt und sogar die mystischen Träume vom ‹Dritten Rom›. [...] In der kurzen Zeitspanne von zwei Dekaden hat der Sowjetstaat inzwischen ein gut Teil der Geschichte des Zarentums der letzten zwei Jahrhunderte nachvollzogen. [...] Bei Kriegsende ähnelte seine Stellung ganz erstaunlich der Alexanders I. am Ende der napoleonischen Ära.»[11] Bei genauerem Hinsehen erkennt man in diesen Ausführungen jene Befürchtungen wieder, die auch US-Präsident Monroe gegenüber der Heiligen Allianz gehegt hatte. Die UdSSR als Nachfolger des ehemals zur Heiligen Allianz gehörenden Zarenreiches trat in dieser Vorstellung dessen imperiales Erbe an.

Die sowjetische Regierung lavierte seit 1922 zwischen revolutionärem Anspruch und Arrangement mit den großen Mächten. Wesentlich wichtiger als die USA waren in den Zwanzigerjahren die Europäer, und hier insbesondere England, Frankreich und nicht zuletzt Deutschland. Mit London und Paris misslang der Versuch der Annäherung, während Moskau und Berlin bereits mit dem Vertrag von Rapallo 1922 nicht nur diplomatische Beziehungen festschrieben. Die Kooperation erstreckte sich später auch auf eine enge militärische Zusammenarbeit von «Schwarzer Reichswehr» und «Roter Armee». Aber nicht nur dies verstärkte die Distanz der übrigen Mächte gegenüber der UdSSR. Für tiefes Misstrauen sorgte auch die von Lenins Nachfolger Stalin öffentlich immer wieder betonte sowjetische Vorreiterrolle für die Weltrevolution. Parallel zu den Versuchen der diplomatischen Anerkennung machte der sowjetische Diktator auch in den Zwanzigerjahren unmissverständlich deutlich, dass die UdSSR alles tun werde, um die «gesetzmäßigen Widersprüche des Kapitalismus» zu ihren Gunsten zu verstärken.[12] Stalin blieb zeitlebens von dieser «Regel» überzeugt, wie der als generös verstandene Vorschlag seines Außenministers Molotow an die US-Regierung im Januar 1945 deutlich machte, die Überschüsse der amerikanischen Wirtschaft abzunehmen, um die nach dem alliierten Sieg im Zweiten Weltkrieg absehbare Überproduktionskrise des Westens zu verhindern.[13] Seit den zwanziger Jahren war es die «Kommunistische Internationale» (*Komintern* bzw. KI), die unter anderem auch Streiks in westlichen Staaten unterstützte. Die Spendensammlung der *Komintern* für englische Bergleute am 1. Mai 1926, die kurz danach in einen langen Ausstand traten, führte schließlich zum Abbruch der britisch-sowjetischen Beziehungen.

Die Anti-Hitler-Koalition im Zweiten Weltkrieg

Die Beziehungen zwischen den USA und der UdSSR blieben bis zum Zweiten Weltkrieg schwach. Bis zur Weltwirtschaftskrise hatte es private amerikanische Geschäftsbeziehungen zur UdSSR gegeben. Den Sowjets ging es dabei vor allem um Technologietransfers aus dem Westen. Sie importierten insbesondere Maschinen für die forciert angegangene Industrialisierung ihres Landes und exportierten dafür Nahrungsmittel sowie Roh- und Brennstoffe, die zunächst auch in den USA abgenommen wurden. Der Börsenkrach 1929 brachte zunächst ein Handelsembargo für sowjetische Einfuhren. Auch während des zweiten sowjetischen Fünfjahresplans ab 1933 nahm die Außenhandelsquote der UdSSR beständig weiter ab. Sie fiel 1937 auf den einstweiligen Tiefstand.[14] Eine grundlegende Änderung brachten erst die nach dem deutschen Angriff auf die Sowjetunion 1941 einsetzenden US-Hilfslieferungen.

Politisch-ideologisch herrschte in den Vereinigten Staaten der Zwischenkriegszeit eine antikommunistische Grundstimmung. Sie speiste sich primär aus dem Gegensatz von nahezu ungebremstem Kapitalismus, Individualismus und Wettbewerb im eigenen Land und den die USA erreichenden Nachrichten über die «Diktatur des Proletariats» in der Sowjetunion. Gleichwohl blieb am Ende der Zwanziger- und auch in den Dreißigerjahren, die als die «Rote Dekade» in den USA bezeichnet wurden, eine gewisse intellektuelle Begeisterung für sozialistische und kommunistische Ideen verbreitet. Den Hintergrund bildete vor allem die schwache ökonomische Entwicklung, die bis weit in die Dreißigerjahre anhielt und noch 1938 für etwa zehn Millionen Arbeitslose und entsprechend große soziale Probleme sorgte. Bekannte Schriftsteller wie Ernest Hemingway schrieben zeitweilig für kommunistische Zeitschriften, und ein erheblicher Teil der literarischen Elite der USA pflegte zumindest einen schwärmerischen Umgang mit dem Marxismus. Tatsächlich vertraute auch die US-Bundespolitik schon unter Präsident Hoover nicht mehr ausschließlich dem freien Spiel des Marktes. Staatliche Arbeitsbeschaffungsmaßnahmen und sozialpolitische Reformen prägten auch das *New-Deal*-Programm des 1933 gewählten Präsidenten Franklin D. Roosevelt. Dazu gehörte die nun gesetzlich vorgeschriebene Kooperation von Arbeitgebern, Arbeitnehmern und Gewerkschaften. Auch rhetorisch war sozialistisches Gedankengut präsent. Der Berater des Präsidenten und «Vater des *New Deal*», der prominente Jurist Louis Brandeis, wetterte gegen Monopole und Kapitalisten.[15] Auch radikalere Programme kursierten, an denen sich ebenfalls Prominente beteiligten: Der Schriftsteller Upton Sinclair bewarb sich für den Gouverneursposten im US-Bundesstaat Kalifornien mit dem Slogan *End Poverty in California* («Beendet die Armut in Kalifornien»).[16]

Die Reformen des *New Deal* waren nicht nur Konservativen verdächtig. Kommunistische Ideen blieben in den USA trotz prominenter Unterstützung ein Außenseiterphänomen. Die 1919 gegründete amerikanische kommunistische Partei (CPUSA), die sich in den Dreißigerjahren auf die Gründungsväter und die Tradition der Unabhängigkeitserklärung berief, konnte niemals mehr als etwa 100 000 Mitglieder versammeln. Roosevelts *New Deal* selbst blieb so lange ohne durchschlagende Wirkung, bis im Vorfeld des Zweiten Weltkriegs und dann vor allem nach dem Kriegseintritt der USA 1941 die öffentliche Nachfrage sprunghaft anstieg. Dass Roosevelts Politik von seinen Gegnern zeitweilig erfolgreich als kommunistisch diffamiert werden konnte, zeigte eindringlich eine der Grundängste der amerikanischen Gesellschaft: die Furcht vor einer schleichenden Unterwanderung mit undemokratischem Gedankengut zur Zerstörung des *American Way of Life*. Sicher ist, dass Roosevelt die eigentliche Bedrohung eher im Nationalsozialismus sah. Hitler rückte für ihn sogar in die Position eines persönlichen Gegners. Isolationistische oder gar deutschfreundliche Strömungen in den USA verurteilte der Präsident lange vor der deutschen Kriegserklärung an die USA im Dezember 1941 als Illoyalität gegenüber dem eigenen Land. Die Verfolgung richtete sich in den USA aber seit 1940 auch gegen Kommunisten. Die Landesverratsbestimmungen des sogenannten *Smith Act* wurden bis 1945 sogar weit häufiger gegen «kommunistische Bestrebungen» angewandt als gegen Nationalsozialisten. Man hat im Rückblick darin häufig die Grundlegung des *McCarthyism* der Fünfzigerjahre gesehen.

Außenpolitisch blieben die USA bis zum Dezember 1941 gegenüber den Achsenmächten formal neutral. Roosevelt glaubte zwar, dass ein Beiseitestehen in dem sich abzeichnenden Konflikt nicht möglich sein werde, faktisch war er jedoch zunächst an das Neutralitätsgesetz von 1935 und durch den weitverbreiteten Isolationismus in den USA gebunden. Der Versuch, diese Stimmung im Lande aufzubrechen, begann mit seiner «Quarantäne-Rede» am 5. Oktober 1937. Auch wenn dieser Ankündigung zunächst keine Taten folgten und der Isolationismus sogar noch zunahm, ging die Quarantäne-Vorstellung bereits in die gleiche Richtung wie zehn Jahre später die *Containment*-Politik. Roosevelts Rede kreiste um den Leitgedanken, man müsse die undemokratischen, expansiven Nationen unter Quarantäne stellen, um sie an einer weiteren Ausbreitung zu hindern.

Dass die Quarantäne-Politik eine gewichtige langfristige Zielrichtung hatte, bestätigte Roosevelt im kleinen Kreis. Es ist sicherlich zu stark pointiert, wenn man folgert, er habe den Kriegseintritt der USA gegen die Achsenmächte angestrebt, wie einige Autoren immer wieder behauptet haben. Sicher ist allerdings, dass der Präsident bereits vor 1939 klarstellte, dass die USA die Westmächte im Falle einer drohenden Niederlage unterstützen würden. Die Lieferung von Zerstörern an Großbritannien im September 1940 und das «Leihen» von Waffen nach dem *Lend-and-Lease-Act* (Pacht-und-Leih-Gesetz) vom März 1941 begründete Roosevelt ausdrücklich mit dem Kampf der Demokratie gegen die Diktatur. Für alle sichtbar widersprachen diese Lieferungen eindeutig den internationalen Neutralitätsregeln, obwohl die USA nach außen bis zum Dezember 1941 an ihrem offiziellen Status als nicht Krieg führende Nation festhielten. US-Marineminister Knox räumte zudem vor einem Senatsausschuss im September 1941 ein, dass US-Kriegsschiffe auch ohne Angriff der Gegenseite Wasserbomben auf deutsche U-Boote warfen – eine Maßnahme, die immerhin zuließ, dass man den Krieg mit Deutschland billigend in Kauf nahm.[17] Offiziell hießen allerdings auch sie noch Neutralitätspatrouillen *(Neutrality Patrols)*.

Inwieweit die Furcht vor einer deutschen Atombombe in Roosevelts Politik eine entscheidende Bedeutung spielte, ist nur zu vermuten. Immerhin hatte Albert Einstein den amerikanischen Präsidenten am 11. Oktober 1939 über die Möglichkeit informiert, dass Hitler in den Besitz einer solchen «Superbombe» kommen könnte, und erst nach dem Krieg war klar, dass die Deutschen aus verschiedenen Gründen keine einsatzfähige Nuklearwaffe hergestellt hatten. Unmittelbar nach dem deutschen Angriff auf die Sowjetunion sandte Roosevelt im Juli 1941 einen seiner engsten Mitarbeiter, Harry Hopkins, nach Moskau, um amerikanische Unterstützung anzubieten. Es war ein «unnatürliches Bündnis», wie alle wussten, und es kam nur zustande, weil man Hitler zu diesem Zeitpunkt für die größere Gefahr hielt. Die deutsche Wehrmacht überrannte in den ersten Monaten die Rote Armee und stand bereits im Oktober 1941 vor Moskau. Bis Ende des Jahres lieferten die USA rund 350 000 Tonnen Güter, um den Zusammenbruch der UdSSR zu verhindern. Insgesamt stellten die Amerikaner den Sowjets bis 1945 Kriegsmaterial im Wert von rund 2,6 Milliarden Dollar zur Verfügung.[18] Auch für die Briten war der Schulterschluss mit Stalin, trotz aller vorangegangenen Probleme, keine Frage. Die wichtigste Aufgabe, betonte Churchill wenige Tage vor dem japanischen Angriff auf den US-Marinestützpunkt Pearl Harbor und der folgenden auch deutschen Kriegserklärung an die USA, bestehe darin, «ein für alle Mal die deutsche Gefahr zu beseitigen».[19]

Das «unnatürliche Bündnis» der demokratischen Staaten mit dem sowjetischen Diktator war nur als Zweckbündnis bei gegenseitiger ideologisch-politischer Zurückhaltung zu erhalten. Beide Seiten wussten dies und vermieden während des Krieges nach Möglichkeit alles, was zu einem politischen Sprengsatz werden konnte. Man wollte Kompromisse, wie beide Seiten immer wieder deutlich machten. «Wir müssen Hitler schlagen, jetzt ist nicht die Zeit, sich zu streiten und Anklagen zu erheben», versicherte Churchill dem sowjetischen Botschafter Iwan M. Maisky im April 1943, als die deutsche Propaganda teilweise erfolgreich versuchte, mithilfe der durch den NKWD begangenen Morde an 4000 polnischen Offizieren bei Katyn einen Keil in die alliierte Koalition zu treiben.[20] Dieser Wille, die Koalition fortzuführen, zeigte sich nicht zuletzt während der Kriegskonferenzen. In der Liste der Gegner blieb Deutschland an erster Stelle, auch als das zunächst erfolgreiche japanische Ausgreifen im ostasiatisch-pazifischen Raum seit Dezember 1941 die dortige amerikanische Position und dann das britische *Empire* ernsthaft zu bedrohen schien.

In der Kriegsführung konnten sich die Angloamerikaner am 30. September 1943 in der sogenannten Deklaration von Moskau mit Stalin auf das wichtigste Ziel einigen, nämlich die Achsenmächte zur bedingungslosen Kapitulation *(Unconditional Surrender)* zu zwingen. Als zwei Monate später Stalin während der Konferenz von Teheran (28. 11.–1. 12. 1943) zum ersten Mal persönlich mit Roosevelt zusammentraf, wurde ihm auch die Eröffnung einer zweiten Front für den Mai 1944 zugesagt. Der sowjetische Diktator stimmte im Gegenzug zu, etwa drei Monate nach dem Kriegsende in Europa in den Krieg gegen Japan einzutreten, von dem man zunehmenden fanatischen Widerstand erwartete. Den Alliierten schien es damals sogar möglich, dass die Japaner selbst dann ihren Widerstand fortsetzen könnten, wenn ihre Hauptinseln besetzt worden seien. Schätzungen gingen davon aus, dass dann der Krieg in Asien im schlechtesten Fall noch bis 1949 dauern könne. Während des Treffens in Jalta im Februar 1945 wurde deshalb ein großzügiges Paket für den sowjetischen Einsatz in Ostasien geschnürt. Die UdSSR sollte für ihr Engagement die 1905 vom zaristischen Russland an Japan verlorenen Gebiete zurückerhalten: die Kurilen und den Süden von Sachalin. Zusätzlich wurde Stalin die Kontrolle der Mongolischen Volksrepublik sowie von Teilen der Mandschurei und von Korea zugestanden, und nicht zuletzt sollte auch der Hafen von Port Arthur wieder von der Sowjetunion als Flottenstützpunkt genutzt werden dürfen. Die Kompromissbereitschaft ging sogar so weit, dass die USA es vermieden, die strikt antikommunistische chinesische *Kuo-min-tang*-Regierung (KMT) und ihren Führer Tschiang Kai-schek darüber zu informieren. Als die KMT die Jalta-Abmachungen dann ablehnte, wurde Tschiangs Zustimmung nicht nur erzwungen, sondern er darüber hinaus sogar veranlasst, einen offiziellen Freundschafts- und Bündnisvertrag mit Stalin abzuschließen. Der Pakt wurde am 14. August 1945, knapp eine Woche nach dem sowjetischen Eintritt in den Krieg gegen Japan, unterzeichnet.[21] Er berücksichtigte vollständig die sowjetischen Interessen. Allerdings war die hier von Stalin unterzeichnete Verpflichtung, sich nicht in die inneren Angelegenheiten Chinas einzumischen, bereits zu diesem Zeitpunkt das Papier nicht wert. Wie in den Vereinbarungen für Europa war auch in den Festlegungen für Ostasien bereits der Kern des Konflikts für den kommenden Kalten Krieg enthalten.

Auch für die politische Nachkriegsordnung war – soweit möglich – Übereinstimmung gesucht worden. Roosevelt und Churchill akzeptierten schon Ende 1943 während der Konferenz von Teheran die sowjetischen Annexionen in Osteuropa, die Stalin 1939 mit Hitler ausgehandelt hatte: Der sowjetische Diktator durfte die Baltischen Staaten und das damals besetzte Ostpolen behalten. Polen sollte dafür mit den deutschen Ostgebieten entschädigt werden. Auf einer späteren Besprechung in Moskau – diesmal ohne Roosevelt – konnte man sich im Oktober 1944 sogar auf genauere Einflusssphären in Ost- und Südosteuropa einigen. Hier waren von Churchill seine später berühmt-berüchtigten Prozentangaben handschriftlich auf einem Zettel notiert und von Stalin einzeln abgehakt worden. Der sowjetische Einfluss sollte in Rumänien 90, in Bulgarien 75, in Ungarn und Jugoslawien 50 und in Griechenland 10 Prozent betragen.[22] Auch in anderen Fragen war gerade dieses Treffen für Stalin sehr erfreulich. Unter anderem wurde ihm die Auslieferung sowjetischer Staatsbürger zugesagt, die sich als Kriegsgefangene, Verschleppte oder zum Teil auch freiwillig in Deutschland befanden, und die Stalin unterschiedslos als Verräter ansah. Die geheimen Absprachen dazu während der sogenannten «Tolstoi-Konferenz» wurden in ihren Einzelheiten erst in den siebziger Jahren öffentlich bekannt und lösten dann erbitterte Debatten aus. Tatsächlich waren die Ausgelieferten zum großen Teil hingerichtet worden oder im GULag-System verschwunden.

Auch in der Deutschlandfrage waren die interalliierten Abmachungen zunächst nicht wirklich fundamental unterschiedlich geblieben: Die Teilung des Deutschen Reiches – das *Dismemberment* – schien seit 1941 eine gemeinsame Basis zu bieten, die für alle Alliierten Vorteile bereithielt. Entsprechend behandelte man die Frage während der Kriegskonferenzen. In Jalta konnte diese Option 1945 noch als alliierter Konsens behandelt werden, ehe sie kurz danach zum ernsthaften Streitpunkt wurde. Amerikaner und Briten entdeckten bei näherer Betrachtung doch mehr Nach- als Vorteile einer Aufteilung Deutschlands in Kleinstaaten. Man fürchtete unter anderem eine Stärkung des Nationalismus, aber

MARKIEREN DER INTERESSENSPHÄREN Das Dokument zeigt die bei einem Treffen zwischen Stalin und Churchill in Moskau im Oktober 1944 geschlossene interne Abmachung zur Aufteilung Osteuropas. Roosevelt nahm an dieser Konferenz nicht teil. Die von Churchill auf dem Papier vermerkten Prozentangaben wurden von Stalin einzeln abgehakt.

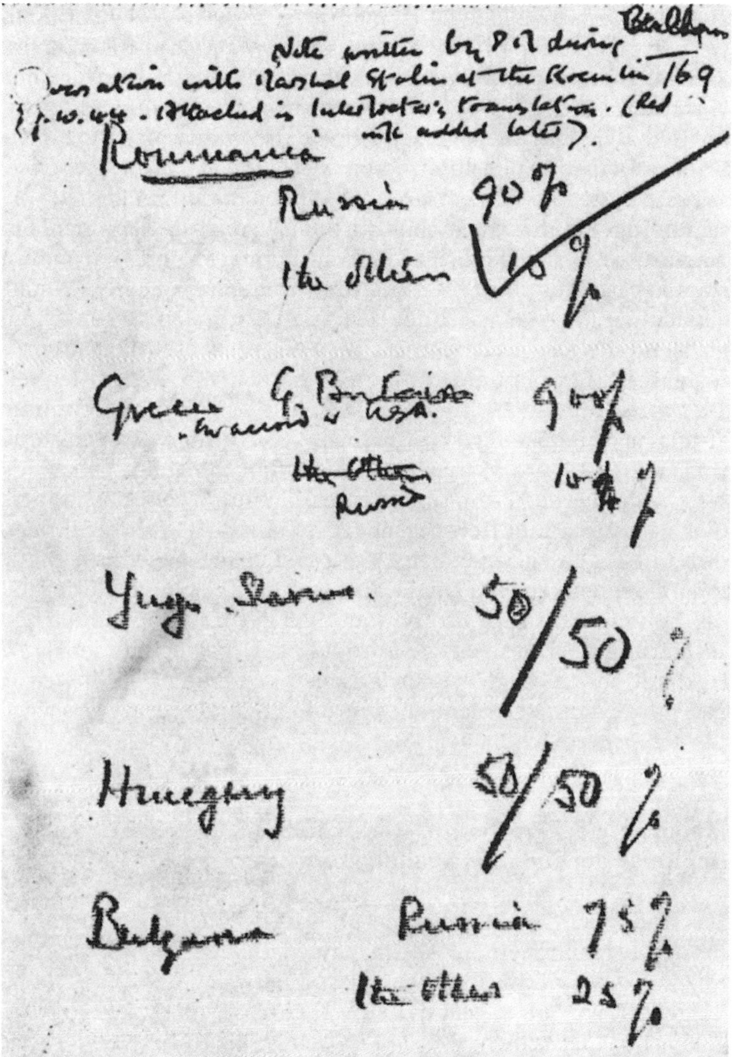

Note written by P.M. during
conversation with Marshal Stalin at the Kremlin 169
9.10.44 – Attached is interpreter's translation. (Red
ink added later).

Roumania

Russia 90%

The others 10%

Greece G. Britain 90%
(in accord w USA)

~~The others~~ 10%
Russia

Yugoslavia 50/50%

Hungary 50/50%

Bulgaria Russia 75%

The others 25%

auch die Gefahr, solche Reststaaten ständig wirtschaftlich unterstützen zu müssen. Die misstrauischen Sowjets vermuteten in der Kehrtwendung der Westmächte allerdings eine antisowjetische Verschwörung: Man wolle, so notierte Molotow in einem Bericht, die UdSSR in der Öffentlichkeit gezielt als Verantwortliche für die Teilung Deutschlands diffamieren.[23]

Besonders stolz war Roosevelt persönlich darauf, in Jalta die Zustimmung Stalins zur Gründung der Vereinten Nationen am 25. April 1945 im kalifornischen San Francisco und sein Einverständnis zur Zusammensetzung des sogenannten Sicherheitsrats erreicht zu haben. Tatsächlich war auch Stalin den Westmächten während des Krieges demonstrativ in einigen wesentlichen Punkten entgegengekommen. Im Mai 1943 hatte er die vom Westen seit 1919 misstrauisch als Zentrale der Weltrevolution beargwöhnte *Komintern* offiziell aufgelöst. Auch der sogenannten *Atlantic Charter* vom August 1941, die das Selbstbestimmungsrecht der Völker, die freie Wahl der Regierungsform, eine Ablehnung von Annexionen, Gewaltverzicht und freien Handel als Prinzipien der Nachkriegsordnung festgeschrieben hatte, schloss sich der sowjetische Diktator im September 1941 an. Er stimmte darüber hinaus während der Konferenz in Jalta im Februar 1945 der inhaltlich ähnlichen «Erklärung über das befreite Europa» zu. Der Bruch dieser «Jalta-Deklaration» im Zuge der sowjetischen Besetzung Ostmitteleuropas wurde dann zu einem der zentralen Gründe für das Zerwürfnis der Siegermächte 1944/45.

Markierung der Fronten: Der Bruch der alliierten Koalition 1944/45

Das wohl wichtigste Zeichen dafür, dass bei aller nach außen demonstrierten Einheit die Westmächte Stalin eigentlich nicht trauten, war das Atomwaffenprojekt. Das Misstrauen wurde durch die aufgedeckten Spionageaktivitäten während des Krieges weiter verstärkt. Tatsächlich war Stalin seit 1943 durch sowjetische Spione, zu denen unter anderem der deutschstämmige Atomwissenschaftler Klaus Fuchs gehörte, immerhin so gut über das sogenannte Manhattan-Projekt informiert, dass ihn Trumans Andeutungen während der Potsdamer Konferenz, man habe eine neue

Waffe entwickelt, nicht mehr beeindrucken konnten. «Bei der Gelegenheit», bemerkte Truman später zu diesem denkwürdigen Gespräch am 24. Juli 1945, «erwähnte ich gegenüber Stalin, wir hätten eine neue Waffe mit ungewöhnlicher Zerstörungskraft. Der russische Premier zeigte keinerlei besonderes Interesse. Alles, was er sagte, war, dass er froh sei, das zu hören, und er hoffe, man werde sie ‹erfolgreich gegen die Japaner einsetzen›.»[24] Indes, auch die Sowjets verhielten sich nicht anders. Wichtige Geheimdienstnachrichten übermittelte Stalin seinen Verbündeten nur in Ausnahmefällen. Dies betraf selbst Fragen der militärischen Kooperation, wie der Chef der US-Militärmission in der Sowjetunion, General John R. Deane, nach dem Krieg in seinen Memoiren beklagte.[25] Als besonders ärgerlich empfanden es aber vor allem die Amerikaner, dass die sowjetische Regierung den enormen Umfang der westlichen Hilfe offensichtlich gegenüber der Bevölkerung bewusst verschwieg. Mittlerweile weiß man natürlich auch, dass die als großes Zugeständnis Stalins gefeierte Auflösung der *Komintern* 1943 faktisch nicht erfolgte. Sie blieb als eine eher unscheinbare «Abteilung für Internationale Information» (OMI) unter dem Dach des Zentralkomitees der KPdSU bestehen. An sie knüpfte die Kominform als Nachfolgeorganisation 1947 an. Unter der Leitung Georgi Dimitrows gab die Abteilung während des Zweiten Weltkriegs kontinuierlich Instruktionen an die kommunistischen Parteien im gesamten besetzten Europa weiter. Solche Anweisungen – etwa zur Bildung einer kommunistisch kontrollierten «Nationalen Front» in den einzelnen Ländern, die sich zunächst auf die Spielregeln des parlamentarischen Systems einlassen sollte – hörten wiederum die Briten seit 1943 kontinuierlich ab. Sie sorgten bereits damals für erhebliche zusätzliche Beunruhigung.[26] Der wohl massivste Zusammenstoß zwischen westlichen und sowjetischen Interessen ereignete sich jedoch im Zusammenhang mit der Befreiung Polens.

Als sich am 1. August 1944 die polnische Untergrundarmee, die sogenannte Heimatarmee *(Armia Krajowa)*, in Warschau gegen die deutschen Truppen erhob, war dies eine der sichtbarsten Stufen jener grundsätzlichen Krise, die die «Großen Drei» bis 1947 in den offiziell erklärten Kalten Krieg führte. Stalins Intentionen waren nur zu offensichtlich, als er die Spitzen der Roten Armee bis zur Niederschlagung des Aufstands am 2. Oktober 1944 anhalten und zum Teil sogar umkehren ließ. Auch jede Hilfestellung bei den Versuchen der Westalliierten, den Aufständischen Hilfe zukommen zu lassen, wurde verweigert. Den Hintergrund dieses Eklats bildete nicht nur das traditionell problematische sowjetisch-polnische Verhältnis. Stalin fürchtete vor allem eine Stärkung der polnischen Widerstandsbewegung, die die von ihm geplante Nachkriegsordnung unnötig verkomplizieren könnte. Kurz vor dem Aufstand hatte Stalin im Juli 1944 ausdrücklich klargestellt, dass er für die Nachkriegszeit nur das prosowjetische «Lubliner Komitee» akzeptieren werde, keinesfalls aber die seit 1940 in London weilende bürgerliche Exilregierung unter Stanislaw Mikołajczyk. Tatsächlich wurde sie zwar von den Westmächten präferiert, war aber ihrerseits zunächst ebenfalls zu fast keinem Zugeständnis gegenüber Moskau bereit. Im Exil hatten vor allem die 1943 auftauchenden Nachrichten über das sowjetische Massaker an polnischen Offizieren bei Katyn die Ablehnung verschärft.

Die Umstände der Niederschlagung des Warschauer Aufstands 1944 sprengten zwar nicht das Anti-Hitler-Bündnis, beeinflussten es aber nachhaltig negativ. Die Illusionen, politischen Einfluss in Polen zu erreichen, schwanden, wie ein Memorandum von US-Außenminister Edward R. Stettinius am 31. Oktober deutlich machte: «Nachkriegspolen wird unter starkem sowjetischen Einfluss stehen», schrieb er an Roosevelt. In dieser Situation könnten die Vereinigten Staaten eigentlich nur noch darauf hoffen, dass ein wenig Einfluss über Handel, Investitionen und Informationen möglich bleiben werde.[27] Roosevelt selbst äußerte «tiefste Enttäuschung». Stalin hatte in der Zeit danach verstärkt den Kontakt zu den Westmächten gesucht. Seine Zustimmung zur Jalta-Erklärung im Februar 1945 und seine dort demonstrativ gezeigte Gesprächsbereitschaft über Polen mag auch der Einsicht entsprungen sein, den Verbündeten wieder etwas entgegenzukommen.

Neben den Problemen um Polen wuchs seit Mitte 1944 bis Kriegsende das gegenseitige Misstrauen, die Verbündeten könnten sich doch noch mit den Deutschen auf einen Separatfrieden einigen. Dabei spielte einerseits das Attentat auf Hitler am 20. Juli 1944 insofern eine wichtige Rolle, als die deutsche Propaganda danach ausführlich vor allem die Beziehungen der Verschwörer zum Westen publik machte. Andererseits hatte in dieser Phase auch die deutsche Regierung eine Reihe von Geheimkontakten zu den

Westmächten, die bei Bekanntwerden für erhebliche Spannungen zwischen den Westalliierten und Stalin sorgten. Den Höhepunkt erreichten diese im Frühjahr 1945, nachdem sich deutsche Truppen am 28. März 1945 den Amerikanern in Italien ergeben hatten. Ausgehandelt worden war die aufsehenerregende Kapitulation zwischen dem SS-General Karl Wolff – immerhin zuvor lange Jahre Chef des Persönlichen Stabes von Himmler und nun Bevollmächtigter General der Deutschen Wehrmacht in Italien –, dem Schweizer Geheimdienst und dem US-Geheimdienst OSS. Diese von den Amerikanern «Sunrise» genannte Operation belastete die Anti-Hitler-Koalition auch deshalb aufs heftigste, weil die USA die von den Sowjets geforderte Beteiligung an den Verhandlungen abgelehnt hatten. In einem teils wütenden, teils höhnischen Briefwechsel warf Stalin den Amerikanern ein antisowjetisches Komplott vor.[28] Er selbst hatte allerdings wenige Monate zuvor ebenfalls die Verhandlungen mit Rumänien, die schließlich am 12. September 1944 zum Waffenstillstand führten, vor den Westmächten geheim gehalten. Ein nicht weniger aufgebrachter und seit Jalta gesundheitlich noch schwerer angeschlagener Roosevelt wies noch kurz vor seinem Tod am 12. April 1945 die sowjetischen Vorwürfe energisch zurück. In der Tat scheiterten alle späteren deutschen Friedensbemühungen, auch jene, die Außenminister Ribbentrop mit Wissen Hitlers im Februar/März 1945 über den Vatikan lancierte. Deutlich hatte insbesondere Ribbentrop noch einmal auf die bekannten Sorgen der Westmächte gesetzt. «Stalin», hieß es in seinem Schreiben vom 16. Februar 1945 an die Westmächte, «wird sich mit dem, was er bisher erreicht hat, nicht begnügen. [...] Nach deutscher Meinung ist es naiv und unrealistisch zu glauben, dass es den Engländern und Amerikanern – wenn Deutschland mit ihrer Zustimmung vom Bolschewismus niedergeworfen wäre – gelingen könnte, die Pläne Stalins durch Abmachungen über die Verteilung von Besatzungszonen in Deutschland usw. zu blockieren. Selbst wenn Stalin auf solche Abmachungen auf der Konferenz der Großen Drei eingegangen ist, so ist das reine Taktik, die nichts an seinem Plan ändert, die Bolschewisierung Europas und seine vollständige Unterwerfung unter die Herrschaft des Kremls zu erreichen. [...] Nur die Zusammenarbeit der Weltmächte, welche die Kriegsbündnisse ersetzen muss und an der Deutschland aktiv teilzunehmen wünscht, wird imstande sein, einen dritten Weltkrieg zu verhindern.»[29] In Deutschland übersah man, dass der wichtigste Nenner des alliierten Zusammenhalts die Vernichtung des Nationalsozialismus blieb. Erst nach dem Tod Hitlers wurde öffentlich deutlich, wie zerbrechlich das Bündnis schon immer gewesen war.

Die Konferenz von Potsdam – offiziell eigentlich Konferenz von Berlin –, die am 17. Juli 1945 begann und am 2. August mit einem gemeinsamen «Kommuniqué» und bezeichnenderweise nicht mit einem völkerrechtlich verbindlichen «Abkommen» endete, war daher sichtbarer als alle vorangegangenen gemeinsamen Verhandlungen vom Konflikt gekennzeichnet. Auf westlicher Seite nahm als Nachfolger des im April verstorbenen Roosevelt dessen ehemaliger Vizepräsident, Harry S. Truman, teil. Er wurde durch den am 1. Juli neu berufenen Außenminister James Byrnes unterstützt, der bereits als Roosevelts «Yalta front man», wie es damals hieß, an den Verhandlungen auf der Krim mitgewirkt hatte. Truman war zwar von seinem Vorgänger nicht über alles informiert worden, seinem Ärger über das sowjetische Vorgehen in Ostmitteleuropa machte er jedoch schon kurz nach seinem Amtsantritt gegenüber Außenminister Molotow Luft. Auch in Potsdam hielt Truman mit seinem Missfallen nicht hinter dem Berg. Als er anlässlich der Konferenzeröffnung als Vorsitzender das Wort ergriff, war eines seiner ersten Themen die Missachtung der Jalta-Deklaration durch die Sowjets. Auch Stalin zeigte sich verärgert. Er verstand den unmittelbar nach Kriegsende in Europa am 8. Mai 1945 verfügten amerikanischen Lieferungsstopp als besonderen Affront. Tatsächlich war dies wohl lediglich die bürokratische Folge aus dem überflüssig gewordenen Leih-und-Pacht-Abkommen für Europa gewesen, zeugte aber doch von wenig psychologischem Gespür. Die Lieferungen für den sowjetischen Bedarf in Ostasien betraf dies nicht, und auch die anderen wurden etwas später wieder aufgenommen.

Der britische Premier Churchill und sein Außenminister Eden nahmen nur zeitweilig an der Konferenz teil. Sie wurden infolge der Niederlage der britischen Konservativen am 28. Juli durch den neuen Premierminister der *Labour Party*, Clement Attlee, und seinen Außenminister Ernest Bevin ersetzt. Wie auch Truman waren die beiden Neuen außenpolitisch wenig erfahren. Die vierte westliche Siegermacht, Frankreich, konnte in Potsdam noch nicht teilnehmen. Paris hatte aber bereits am 1. Mai dem alliierten Kontrollsystem in Deutschland zugestimmt und erkannte am 4. August auch das «Potsdamer Kommuniqué» an. In eine eigene Besatzungszone im Norden Berlins rückten die Franzosen Mitte August 1945 ein, nachdem bereits im Juli das Saarland wirtschaftlich an Frankreich angeschlossen und auch ein Teil von Rheinland-Pfalz als Besatzungsgebiet übergeben worden war. Am 10. September 1945 nahm Frankreich dann an der ersten Konferenz des alliierten Rates der Außenminister teil.[30]

Wie problematisch die Situation schon im Vorfeld der Potsdamer Konferenz war, verdeutlichte auch die Antwort Trumans auf den Vorschlag Churchills vom 12. Mai 1945, zunächst untereinander ohne Stalin zusammenzukommen. Truman hatte zwar dem Treffen zugestimmt, aber ausdrücklich betont, angesichts des ohnehin vorhandenen Misstrauens in Moskau sei es wichtig, nicht zusätzlich den Verdacht von vorherigen westlichen Absprachen zu wecken. Auch deshalb war der ehemalige Sonderbeauftragte Roosevelts, Harry Hopkins, von Truman noch im Mai nach Moskau geschickt worden. Bis zu seiner Rückkehr in die USA am 6. Juni gelang es Hopkins, der noch das meiste Vertrauen Stalins genoss, wichtige Probleme im Vorfeld zu lösen. Stalin stimmte schließlich einer gemeinsamen Abschlusskonferenz zu. Auch Hopkins hatte in Moskau allerdings darauf hingewiesen, dass die öffentliche Meinung im Westen sich gegen die Sowjets wende. Offensichtlich überzeugte dies auch den Diktator.[31]

Wo die einzelnen Streitpunkte lagen, fasste ein gemeinsames angloamerikanisches Memorandum im Juni 1945 zusammen. Neun Problemfelder, die sich in verschiedene Einzelfragen aufgliederten, zeigten deren weit über Europa hinausweisende Dimension. 1. Polen: Modalitäten der Übernahme deutscher Gebiete. 2. Deutschland: Besatzungszonen, Verwaltungen, Reparationen, Verschleppte und Vertriebene *(Displaced Persons)*, Versorgung. 3. Österreich: Einrichtung von Besatzungszonen, Regierungsbildung, Versorgung. 4. Jugoslawien: Regelung der Grenzfragen zu Österreich und Italien. 5. Balkan: Verhalten der Sowjets in Rumänien, Bulgarien und Ungarn. 6. Persien: Truppenabzug der Sowjets und Briten. 7. Italien, Griechenland, Türkei: Neufestlegung westalliierter Interessen, Friedensvertrag mit Italien. 8. Sowjetische Forderungen nach Zugang zum Meer: Ostsee, Dardanellen, Persischer Golf. 9. Sowjetische Verletzung der Jalta-Deklaration. 10. Palästinafrage.[32]

Potsdam war keine Friedenskonferenz für Gesamtdeutschland, sondern ein Abschlusstreffen für das Ende des Krieges gegen Hitler. Eine Friedenskonferenz mit Deutschland gab es nicht mehr. Sie wurde 1990 durch die «Zwei-Plus-Vier-Verhandlungen» der beiden Hauptsiegermächte mit den zwei deutschen Staaten ersetzt. Dennoch – oder wahrscheinlich eher deswegen – entwickelten sich alle Fragen, die in Potsdam offenblieben oder unzulänglich geklärt wurden, zum Problem des entstehenden Kalten Krieges. In der Deutschlandfrage einigte man sich nach langen Diskussionen schließlich auf der Basis der Beratungen während der Kriegskonferenzen auf fünf offizielle Beschlüsse, die als die «vier Ds» – Demilitarisierung, Denazifizierung, Dezentralisierung und Demokratisierung – zum Schlagwort wurden: (1.) Beseitigung von Nationalismus und Militarismus. (2.) Aufteilung Deutschlands bis zum endgültigen Friedensvertrag in vier Besatzungszonen, wobei die Gebiete jenseits der Oder-Neiße-Linie unter sowjetische bzw. polnische Kontrolle fallen sollten. (3.) Umsiedlung der Deutschen aus den deutschen Ostgebieten sowie aus Polen, der Tschechoslowakei und Ungarn. (4.) Etablierung örtlicher deutscher Selbstverwaltungen und Zentralbehörden unter Aufsicht des alliierten Kontrollrats. (5.) Wirtschaftliche Einheit, aber Kontrolle der Industrie sowie Auflösung der Kartelle, Syndikate und Trusts. Reparationen sollten aus den jeweiligen Zonen entnommen werden, wobei die UdSSR wegen der Verwüstung weiter Teile ihres Staatsgebiets zusätzlich weitere industrielle Ausrüstungen entnehmen durfte.

Wesentlich mehr blieb allerdings offen. Schon über «welches Deutschland» man Beschlüsse fasste, war ungeklärt. Trumans pragmatisch gemeinter Vorschlag, «vom Deutschland von 1937» zu sprechen, um den «Anschluss Österreichs» und die weiteren Vorkriegsexpansionen 1938/39 auszuschließen, wurde nicht weiter diskutiert und schließlich als nicht verbindlich angesehen. Ohne Rechtskraft waren auch die Festlegung auf die Oder-Neiße-Grenze als polnische Westgrenze sowie die Abtretung Ostpreußens. Die Einigung auf eine «ordnungsgemäße Überführung deutscher Bevölkerungsteile» aus Ostmitteleuropa erwies sich bereits in Potsdam als Makulatur, da die Vertreibung der Deutschen ebenso wie die Neuansiedlung von ebenfalls vertriebenen Ostpolen in den geräumten Gebieten bereits eingesetzt hatte. Wirkliches Interesse an der humanitären Katastrophe, die damit verbunden war, kam in Potsdam nicht auf. Ähnlich emotionslos verhielten sich die Westmächte in Bezug auf die in Potsdam vom sowjetischen Außenminister Molotow erneut angeschnittene Frage, wie mit den noch im Westen weilenden sowjetischen Staatsbürgern umzugehen sei, die die UdSSR zurückzuführen wünsche. Insgesamt befanden sich bei Kriegsende etwa fünfeinhalb Millionen Sowjetbürger in Deutschland und Westeuropa. Etwa die Hälfte davon waren Kriegsgefangene, aber es fanden sich auch verschleppte «Ostarbeiter». Eine besondere Gruppe waren Angehörige von Freiwilligenverbänden, die für die Deutschen gekämpft hatten und von den angloamerikanischen Truppen gefangen genommen worden waren. Die Mehrheit wurde mithilfe der Westmächte zurückgeführt, teils gegen ihren ausdrücklichen Willen. Die Vereinigten Staaten, so hatte das US-Außenministerium schon im Januar 1945, also vor der Konferenz in Jalta, den Sowjets mitgeteilt, hätten kein Verlangen, sowjetische Staatsbürger vor der Rückkehr in die Sowjetunion zu schützen.[33] Stalin sah sie unterschiedslos als Kollaborateure, und entsprechend wurde mit ihnen verfahren. Rund zwanzig Prozent der Zurückgebrachten wurden zum Tode verurteilt, sechzig Prozent zu teilweise hohen Haftstrafen im GULag; nur zwanzig Prozent blieben unbehelligt.[34] Ein Teil derjenigen, die sich aus Zufall oder mit einer Portion Glück der «Repatriierung» entziehen konnten – und dies waren nicht zuletzt die aktiven Kollaborateure –, organisierte sich dann in den folgenden Jahren als antikommunistische Emigration. Sie gestaltete etwa über Rundfunkstationen maßgeblich die westliche Propaganda im Kalten Krieg mit.

Angesichts der Realitäten, die nach Potsdam geschaffen wurden, ist es sicherlich müßig, darüber zu streiten, ob die gemeinsamen Beschlüsse auch ohne die folgende große abschließende Friedenskonferenz als völkerrechtlich verbindlich anzusehen waren. Die Sowjetunion bestand auf dieser Auslegung. Die Westmächte wiederum beharrten auf der Auffassung, es handele sich lediglich um ein Konferenz-Kommuniqué und nicht um eine Friedensregelung. Für den Verlauf des sich anbahnenden Kalten Krieges war dieser juristisch feine Unterschied von immenser Bedeutung. Unter anderem ließ er faktisch die «Deutsche Frage» offen.

In Potsdam wurde nur wenig über den noch verbissen geführten Krieg in Ostasien gesprochen. Allerdings verabschiedeten die drei Siegermächte am 26. Juli einen gemeinsamen Aufruf an Japan mit der Aufforderung, sich bedingungslos zu ergeben. Auch hier war es als ein deutliches Zeichen für den Zerfall der Kriegskoalition zu werten gewesen, dass die Sowjets an der Ausarbeitung dieser «Potsdamer Erklärung» schon nicht mehr beteiligt worden waren. Auch die sowjetische Forderung nach einer eigenen Besatzungszone in Japan wurde schlicht abgelehnt. Angesichts dessen, was die Sowjets bereits an vollendeten Tatsachen in Ostmitteleuropa geschaffen hatten, konnte man dies als ein klares Bekenntnis dafür werten, diesen Raum bereits für den kommenden Konflikt mit den Sowjets zu sichern.

Globale geopolitische Vorentscheidungen: Die Sicherung von Räumen

Vor allem Churchill hatte im Vorfeld der Potsdamer Konferenz immer wieder seine Besorgnis über die Gefahr der Sowjetisierung Europas zum Ausdruck gebracht. Vieles entsprach wortwörtlich dem, was er später in seiner berühmten Rede im amerikanischen Fulton am 5. März 1946 ausführte. «Die Lage in Europa» schrieb der britische Premier am 12. Mai 1945 an Truman, «beunruhigt mich zutiefst. [...] Ich habe mich stets um die Freundschaft der Russen bemüht; aber ihre falsche Auslegung der Jalta-Beschlüsse, ihre Haltung gegen Polen, ihr überwältigender Einfluss auf dem Balkan bis hinunter nach Griechenland, [...] die von ihnen inspirierte kommunistische Taktik in so vielen anderen Ländern und vor allem ihre Fähigkeit, lange Zeit große Armeen im Felde stehen zu lassen, beunruhigen mich ebenso sehr wie Sie. [...] Ein Eiserner Vorhang ist vor ihrer Front niedergegangen. Was dahinter vorgeht, wissen wir nicht. Es ist kaum zu bezweifeln, dass der gesamte Raum östlich der Linie Lübeck-Triest-Korfu schon binnen kurzem in ihrer Hand sein wird. [...] Die Aufmerksamkeit unserer Völker aber wird sich mit der Bestrafung Deutschlands, das ohnehin ruiniert und ohnmächtig darnieder liegt, beschäftigen, so dass die Russen, falls es ihnen beliebt, innerhalb sehr kurzer Zeit bis an die Küsten der Nordsee und des Atlantik vormarschieren können.»[35] Churchills weitere Äußerungen in diesem Zusammenhang zeigen darüber hinaus, dass er keinesfalls nur an Europa dachte, sondern global. In einem kurz zuvor ebenfalls an Truman gerichteten Telegramm betonte er ausdrücklich, man müsse diese «Fragen unter den Hauptmächten als Ganzes» diskutieren.[36]

Dass 1944/45 eine geografisch-politische Teilung der Welt im Gespräch war, machten auch andere deutlich. In einem Brief an Charles Bohlen – später US-Botschafter in Moskau – dachte auch George Kennan kurz vor der Konferenz in Jalta laut darüber nach, ob es nicht viel sinnvoller sei, Europa offen in Einflusssphären aufzuteilen – «wobei wir uns aus der russischen Sphäre und die Russen sich aus unserer heraushalten». Man müsste dann allerdings Ost- und Südosteuropa abschreiben, die endgültige Teilung Deutschlands akzeptieren und eine westeuropäische Föderation unter Einschluss der westlichen Hälfte Deutschlands bilden.[37] Auf sowjetischer Seite hatte Stalin seine geopolitischen Interessen in dem im Mai 1945 geführten Gespräch mit Harry Hopkins, insbesondere in Bezug auf Polen, deutlich gemacht. Für Russland sei es «von lebenswichtigem Interesse, dass Polen sowohl stark als auch freundschaftlich eingestellt sei», um zukünftige deutsche Invasionen abzuhalten.[38] Stalin dachte an eine Sicherheitslinie, eine «geostrategische Magistrale».[39] Wo diese Linie verlief, zeigte sich erst in der Praxis der Besatzungspolitik, das heißt, im Grad der politischen «Gleichschaltung» und Sowjetisierung. Polen stand außerhalb jeder Diskussion und war für Stalin so entscheidend, dass er dafür auch den Konflikt mit London und Washington riskierte. Finnland war das genaue Gegenteil.[40] Hier genügte es Stalin, dass das Land, welches immerhin ab 1941 im Bündnis mit Deutschland den Krieg gegen die Sowjetunion mitgetragen hatte, seine Zuverlässigkeit zusicherte. Finnland durfte eine eigenständige Regierung und sogar ein demokratisches System westlicher Prägung einrichten. In der Nachsichtigkeit Stalins spielte allerdings nicht zuletzt eine Rolle, dass er hier eine Sowjetisierung schlicht für unmöglich hielt. Die finnischen Kommunisten, die sich im sowjetisch-finnischen «Winterkrieg» 1939 klar gegen ihn gestellt hatten, waren einfach zu unzuverlässig.

Entsprechend wenig wurde auch Österreich in die unmittelbare sowjetische Sicherheitszone einbezogen. Der 1938 immerhin unter großer öffentlicher Zustimmung an das Deutsche Reich angeschlossene Alpenstaat wurde, als er im Juli 1945 unter Viermächtekontrolle geteilt wurde, von Stalin nur als peripherer Rand des eigenen Machtbereichs betrachtet, der neutralisiert und von Deutschland getrennt keine Gefährdung der sowjetischen Sicherheit bedeute.[41] Auch dabei spielten wieder Stalins persönliche Ansichten die wichtigste Rolle. Hier war es vor allem das Vertrauen in den ersten sozialdemokratischen Staatskanzler und späteren Bundespräsidenten Karl Renner. Dieser hatte sich nicht nur bereits am 3. April 1945 den Sowjets freiwillig zum Regierungsaufbau zur Verfügung gestellt, sondern erwies sich auch als unkompliziert in der Zusammenarbeit mit den Kommunisten. Im ersten provisorischen Kabinett wurden ihnen allein drei Ministerien zugestanden. Selbst nachdem die KPÖ bei den österreichischen Wahlen im November 1945 gegenüber der konservativen Österreichischen Volkspartei (85 Mandate) und den Sozialdemokraten (76 Mandate) mit nur vier Mandaten politisch geradezu einbrach, war ihr noch ein Ministerium zugestanden worden. Stalin blieb bei seiner Ansicht, wenngleich die Konflikte, auch mit Renner, zunahmen. Kommunistische Putschversuche in Österreich, wie sie zwischen 1947 und 1950 stattfanden, unterstützte Moskau genauso wenig wie in Finnland.[42]

Wie mit jenen Ländern umgegangen wurde, die im Zweiten Weltkrieg auf deutscher Seite gekämpft hatten und gleichzeitig unverzichtbare Teile des sowjetischen Sicherheitskordons darstellten, zeigte sich an den Beispielen Rumänien, Bulgarien und Ungarn.[43] Hier wurden Sowjetisierung und Gleichschaltung mit Härte vorangetrieben. Westliche Einmischungen blieben unerwünscht. Wie wichtig Rumänien geopolitisch war, konnte man daran ablesen, dass die Sowjetisierung unmittelbar 1944 begann, obwohl praktisch keine Kommunisten vorhanden waren. Der KP-Chef des Landes, Gheorghe Gheorghiu-Dej, sah sich sogar gezwungen, zunächst mit Bürgerlichen, vor allem mit der gegnerischen Bauernpartei unter Juliu Maniu, zusammenzuarbeiten. Als ab 1947 diese Hilfe nicht mehr notwendig war, wurde Maniu, der sich ausdrücklich für die Beteiligung am amerikanischen Marshall-Plan ausgesprochen hatte, entmachtet und zu lebenslanger Haft verurteilt. Er starb 1953 im Gefängnis. Die Bindung an Moskau garantierte ab 1947 «Stalins Statthalterin» in Rumänien, Ana Pauker. Auch in Bulgarien beseitigte man bekannte Antikommunisten bereits Anfang 1945, um mögliche Widerstände bereits im Vorfeld zu ersticken. Unter Georgi Dimitrow, dem Chef der ehemaligen *Komintern* und ihrer Nachfolgeorganisation, wurde das Land nach den gefälschten Wahlen im November des Jahres zu einem unproblematischen Teil des von Stalin geforderten Sicherheitskordons. Bis 1947 war jegliche Opposition gnadenlos zerschlagen. In Ungarn ging man ebenso hart vor, nachdem sich Ende 1945 die bürgerliche Partei der Kleinlandwirte als überraschend stark erwiesen und zunächst nur wenig Spielraum für die ungarische KP gelassen hatte. Nach Verhaftungen, die auch hier vor allem auf dem Vorwurf der Verschwörung und des Hochverrats beruhten, brachten Neuwahlen 1948 schließlich die gewünschte kommunistische Mehrheit der Sozialistischen Arbeiterpartei (USAP). Wie wichtig das Land, das traditionell als eines der militärischen Einfallstore nach Osteuropa galt, geostrategisch blieb, zeigte sich, als Chruschtschow den Ungarischen Aufstand 1956 gnadenlos niederschlagen ließ.

Aus den restlichen Staaten, die als von deutscher Herrschaft befreite Länder unter sowjetische Herrschaft gerieten – Jugoslawien, Albanien und die Tschechoslowakei –, drohte nach Stalins Auffassung 1944/45 keine Gefahr.[44] Jugoslawien schien durch Tito, Albanien durch Enver Hoxha und die Tschechoslowakei durch den nachgiebigen bürgerlichen Staatspräsidenten Edvard Beneš und die in Moskau instruierten Kader der KP keine Gefahr zu bilden. Aus Jugoslawien zogen die sowjetischen Truppen bereits im März 1945 ab. Nach den Wahlen im November 1945 begann dann 1946/47 die «Selbst-Sowjetisierung» des Landes. Es war die aus Stalins Sicht zu eigenständige Außenpolitik Titos, die dann 1948 zum Bruch führte. In Albanien war es das Vertrauen zu Hoxha, das das Land aus Stalins Sicht unkompliziert machte. Die albanische Führung setzte tatsächlich bis zur Öffnung des Eisernen Vorhangs 1990 konsequent auf das Modell Stalin. Hier brach man 1961 sogar die Beziehungen zur UdSSR unter Chruschtschow ab, nachdem dort ab 1956 eine Entstalinisierungsdebatte begonnen worden war. Stattdessen setzte Albanien auf die politische Kooperation mit China, das gegenüber der Entstalinisierung ebenso kritisch geblieben war.

Auch in der Tschechoslowakei war das geopolitische Interesse der UdSSR unübersehbar. Ab 1944 hatten sich die zumeist im Exil befindlichen Parteien neu organisiert. Auf die Regierungsbildung hatte die Sowjetunion seit März 1945 dezidiert Einfluss genommen. Das berüchtigte Regierungsprogramm von Košice (dt. Kaschau) war in Moskau ausgearbeitet worden. In der ČSR zweifelte bei Kriegsende kaum jemand daran, dass die Sowjetunion eine wichtige Rolle für die Zukunft des Landes spielen werde, obwohl gleichzeitig gewisse Hoffnungen auf den Amerikanern ruhten, die 1945 noch bis vor Prag vorgerückt waren. Wie stark die Hoffnungen blieben, zeigte sich 1947 auch in dem Wunsch, am Marshall-Plan teilzunehmen, und schlaglichtartig noch einmal im Juni 1953 während des antikommunistischen Pilsener Aufstands. Auch weil die tschechoslowakischen Sympathien nach Westen gerichtet waren, nutzte die KPČ die 1947 einsetzende Wirtschaftskrise für einen Anfang 1948 durchgeführten Staatsstreich. Er machte die Tschechoslowakei endgültig zu einem Satellitenstaat im Sicherheitskordon der UdSSR.

In den von den Westmächten befreiten oder besetzten Gebieten Europas ging es kaum weniger um Geo- und Sicherheitspolitik. Das geostrategische Interesse lag eindeutig auf jenen Gebieten, von denen man annahm, dass kommunistische Machtübernahmen möglich seien: Griechenland, Italien, Frankreich und nicht zuletzt Deutschland. In Griechenland griffen die Briten im Dezember 1944 aktiv ein, um die griechische Nationalregierung unter Georgios Papandreou und die Monarchisten der EDES (Griechische Nationale Befreiungsarmee) gegen die kommunistischen Verbände der EAM (Nationale Befreiungsfront) und der ELAS (Griechische Volksbefreiungsarmee) zu unterstützen. Dennoch eskalierte der Konflikt weiter. Noch bis 1949 konnten sich kommunistische Partisaneneinheiten, die unter anderem Hilfe aus Jugoslawien erhielten, in Nordgriechenland halten.[45] Erst ab diesem Zeitpunkt galt das Gebiet aus westlicher Perspektive als gesichert. Auch in Italien war die Situation seit der umstrittenen Kapitulation der deutschen Truppen 1945 aus westlicher Sicht zunächst kompliziert geblieben. Die Westmächte befürchteten hier ebenfalls eine kommunistische Machtübernahme durch eine «fünfte Kolonne» Moskaus. Italien stand 1945 nach Meinung vieler Beobachter vor dem offenen Bürgerkrieg. Tatsächlich war die italienische Linke, die Kommunisten (PCI) wie die Sozialisten (PSI), außergewöhnlich stark. Unter der Führung Palmiro Togliattis hatte auch die PCI klare Anweisung aus Moskau, zunächst mit der christdemokratischen Regierung unter Ministerpräsident Alcide De Gasperi zusammenzuarbeiten. Ab 1947 fand dann jener berühmte, von den Sowjets wie den Amerikanern finanzierte Wahlkampf statt, der zu einer Art Schlacht zwischen Kommunismus und Demokratie stilisiert wurde und aus dem im April 1948 schließlich die von den USA unterstützte *Democrazia Cristiana* als die dauerhafte Regierungspartei der italienischen Nachkriegszeit hervorging. Sie stellte bis 1981 ununterbrochen den Ministerpräsidenten.

Die Situation in Frankreich war ähnlich. Auch hier wurde ein Bürgerkrieg zunächst als wahrscheinlich angesehen. Die Lage konnte allerdings entschärft werden, als die 1944 an Charles de Gaulle übertragene Führung der Zivilverwaltung von den Kommunisten unter Maurice Thorez akzeptiert worden war. Wie stark die Linke tatsächlich war, zeigte sich in den Wahlen zur Verfassunggebenden Versammlung am 26. Oktober 1945. Die kommunistische PCF, die sozialistische SFIO und die linkskatholisch-christdemokratischen Volksrepublikaner (MRP) wurden zu den drei stärksten Parteien. Die 1945/46 zunächst vereinbarte Koalition platzte Mitte 1947, als die Kommunisten aus der Regierungsverantwortung ausgeschlossen wurden. Unmittelbar danach rollte eine Streikwelle durch das Land, die eindeutig aus Moskau gesteuert war. Erst vor diesem Hintergrund votierte schließlich eine Mehrheit der Franzosen für den Westen.[46]

In Deutschland, dem Ausgangspunkt des Zweiten Weltkriegs, trafen die geostrategischen Interessen der Siegermächte am deutlichsten aufeinander. Eine Teilung des Landes, wie sie 1949 dann durch die «doppelte Staatsgründung» erfolgte, war 1945 keineswegs eine ausgemachte Sache.[47] Das geopolitische Sicherheitsinteresse der Sowjets wie der Amerikaner verlangte ein Deutschland, das nach zwei Weltkriegen keine Gefahr mehr sein durfte. Ob es dafür einer Sowjetisierung, einer Westbindung oder einer Neutralisierung Deutschlands bedurfte, blieb zunächst offen. Immerhin zeigt die Entsendung von drei kommunistischen Kadergruppen in die SBZ im Sommer 1945, dass es Moskau darauf ankam, eine politisch kontrollierte Regierung zu etablieren. In ähnlicher Weise forcierten die Westmächte in ihren Besatzungszonen den Aufbau von Institutionen, die am westlichen Demokratieverständnis orientiert waren. Zuviel politische Eigenständigkeit der Deutschen wollten 1945 allerdings weder die Sowjets noch die Angloamerikaner. Noch herrschte vor allem Misstrauen gegenüber den Deutschen. «Revolution wird nicht geduldet» – diesen Satz eines Vertreters der

Militärregierung aus den Westzonen konnten auch die Amtskollegen im Ostteil Deutschlands unterschreiben.[48]

Außerhalb Europas kollidierten die geostrategischen Interessen der Siegermächte im Nahen und Mittleren Osten, speziell in der Türkei und im Iran, aber schließlich auch in der Palästinafrage. Das Interesse Stalins an einer Revision der türkischen Ostgrenze (Kars/Ardahan) und an einer Änderung des 1936 geschlossenen «Meerengenvertrags von Montreux», der der Türkei erlaubt hatte, die Ausgänge des Schwarzen Meeres, den Bosporus und die Dardanellen, wieder zu befestigen, war 1945 kein Geheimnis. Als die Forderungen aus Moskau im folgenden Jahr drängender wurden, reagierten die USA allerdings sofort massiv mit der Entsendung eines amerikanischen Flottenverbands ins östliche Mittelmeer. Die Türkei, so machte auch eine entsprechende US-Note an die UdSSR deutlich, werde notfalls mit Waffengewalt verteidigt.[49] Nur wenig weiter südöstlich prallten die Interessen im Iran noch direkter aufeinander.[50] Der Iran war seit 1941 von britischen und sowjetischen Truppen gemeinsam besetzt worden, um den westalliierten Nachschub in die Sowjetunion zu gewährleisten, insbesondere aber die Ölfelder am Persischen Golf zu sichern. Auch die Amerikaner signalisierten schon seit den Dreißigerjahren ein zunehmendes Interesse an diesem Raum – unter anderem hatte Roosevelt 1945 deswegen mit dem saudi-arabischen König Ibn Saud konferiert. Garant für die Sicherung des Iran für den Westen sollte Schah Mohammed Reza Pahlewi sein. Er war bereits 1941 anstelle des aus alliierter Sicht zu deutschfreundlichen Vaters eingesetzt worden und wurde bis zum Ende der Siebzigerjahre, vor allem durch US-Unterstützung, an der Macht gehalten. Ende 1945 hatte sich die Situation verschärft, als Stalin begann, Druck auf die iranische Regierung auszuüben, um Ölfördergenehmigungen zu erhalten. Moskau nutzte dafür die marxistische *Tudeh*-Partei im Iran und eine eigens gegründete «Demokratische Partei». Im Dezember gelang es iranischen Separatisten tatsächlich, mit dieser Unterstützung im Norden, dem aserbaidschanischen Teil Irans, eine autonome kommunistische Regierung zu bilden. Die iranische Zentralregierung in Teheran verstand dies natürlich als illegale Teilung ihres Staatsgebiets und rief im Januar 1946 mit Unterstützung der Briten die Vereinten Nationen an. Stalin hatte dennoch den Druck schrittweise weiter erhöht. Truppen der Roten Armee marschierten schließlich ins Landesinnere des Iran und erzwangen von Premier Ahmad Qavam die Zustimmung für eine sowjetisch-iranische Ölgesellschaft und für eine Teilautonomie des Nordens, die sogenannte Volksrepublik Gilan. Die Amerikaner waren alarmiert. Truman sah für dieses Vorgehen überhaupt «keine Rechtfertigung». In Potsdam sei man gezwungen gewesen, den sowjetischen Forderungen zuzustimmen, schrieb er an Byrnes, hier sei man es aber nicht.[51] Tatsächlich beugte sich Stalin dem gemeinsamen Druck der Westmächte. Ab dem 25. März 1946 zog sich die Rote Armee wieder aus dem Iran zurück und auch der Autonomiestatus des Nordiran wurde rückgängig gemacht. Warum Stalin nachgab, blieb lange ungeklärt. Neu freigegebene Dokumente zeigen, dass Moskau hier vergleichbar zum Fall Finnland handelte. Stalin zog sich nicht zuletzt deswegen zurück, weil er auch im Iran keinen Ansatzpunkt für eine kommunistische Revolution sah. Dies teilte er am 8. Mai 1946 auch dem Premier des autonomen Nordiran und Führer der dortigen Demokratischen Partei, Jaafar Pishevari, mit, der seit Februar vergeblich versucht hatte, die Muslime im Iran von der Notwendigkeit eines «Heiligen Krieges» gegen die Zentralregierung Qavam zu überzeugen.[52] Das Land blieb für Moskau ein Sicherheitsproblem. Sowohl der bis 1979 unter US-Einfluss gehaltene Iran als auch der danach installierte islamistische «Gottesstaat» bargen aus Moskauer Sicht ernste Risiken für den Sicherheitsgürtel der Sowjetunion.

Auch die Palästinafrage, die bereits das angloamerikanische Memorandum im Juni 1945 als Problem angesprochen hatte, zeigte rasch ihre aktuelle Brisanz. In Potsdam war die Erörterung auf Wunsch der USA zwar nicht erfolgt, weil man ohne französische Beteiligung und ohne Vertreter der dortigen Staaten nicht diskutieren wollte. Erst nachdem die Briten der UNO 1947 die Lösung dieser Frage übertrugen, konnte am 29. November 1947 mit 33 gegen 13 Stimmen und zehn Enthaltungen die Teilung Palästinas beschlossen werden. Kurz darauf wurde am 14. Mai 1948 der Staat Israel gegründet. Das geteilte Palästina wurde sofort zum permanenten Konfliktherd, in dem sich unmittelbar die Fronten des Kalten Krieges spiegelten. Der Westen unterstützte Israel, der Ostblock die Palästinenser und die arabischen Staaten. Anfängliche Moskauer Sympathien für Israel wurden zugunsten der Beziehungen zu den arabischen Staaten zweitrangig.[53]

Außer in Mitteleuropa und im Nahen Osten trafen die UdSSR und die USA im Sommer 1945 in Ostasien als direkte Konkurrenten aufeinander.[54] Der Eintritt der Sowjetunion, der bereits in Jalta vereinbart und während der Potsdamer Konferenz – trotz zunehmender amerikanischer Bedenken – noch einmal bestätigt worden war, war angesichts der fanatischen japanischen Kriegsführung 1944/45 von den USA eigentlich als unverzichtbar betrachtet worden. Stalin stellte im Sommer 1945 rund 1,5 Millionen Soldaten zur Verfügung. Nachdem die UdSSR gemäß der Absprachen am 8. August 1945 zunächst in der japanisch besetzten Mandschurei, dann auch im Norden des von den Japanern annektierten Korea einmarschiert war und schließlich auch die seit 1905 an Tokio abgetretene Insel Sachalin sowie die seit 1875 japanischen Kurilen in Besitz nahm, standen sich auch hier Westen und Osten direkt gegenüber. Die Kapitulation der Japaner nach dem Einsatz der Atombomben am 6. und am 9. August 1945 veränderte die Bedingungen dann schlagartig. Tokio akzeptierte am 14. August die «Potsdamer Erklärung» und stellte zwei Tage später die Kampfhandlungen ein. Damit entfielen auch die Gründe für den sowjetischen Beistand auf dem ostasiatischen Festland und erst recht bei der Besetzung Japans. Washington ließ dies die Sowjets auch spüren. «Ich muss sagen», vermerkte Stalin in einem kurzen, aber wütenden Schreiben an Truman, «dass ich und meine Kollegen nicht erwartet hatten, dass Ihre Antwort so aussehen würde.» So behandele man allenfalls Besiegte. Den von den USA gewünschten Stützpunkt auf den Kurilen werde man unter diesen Voraussetzungen jedenfalls nicht zur Verfügung stellen.[55]

Im machtpolitischen Vakuum nach der japanischen Niederlage war es nun das geopolitisch überaus wichtige China, in dem sich der Wettlauf zwischen Amerikanern und Sowjets entfaltete. Das Land war zwar nach der japanischen Besetzung verarmt und zerstört, ging aber fast ohne Atempause 1945 wieder in den bereits in den dreißiger Jahren tobenden Bürgerkrieg über. Strategisch befanden sich die von Moskau unterstützten Kommunisten um Mao Tse-tung im Vorteil, da sie während der japanischen Besatzung hinter der Front operiert hatten. Die von den USA geförderten Truppen der *Kuo-min-tang* waren dagegen fast ganz in den Westen abgedrängt worden. Zusätzlich begünstigte die Eroberung der Mandschurei durch die Sowjets 1945 Mao. Geopolitisch waren am

Ende des Bürgerkriegs eindeutig die Sowjets im Vorteil, da Maos 1949 gegründete «Volksrepublik China» sich zunächst weiter eng an Moskau orientierte. Für die Amerikaner war das chinesische Festland dagegen verloren. Die *Kuo-min-tang* wichen auf die Insel Taiwan (Formosa) aus, wo Tschiang Kai-schek am 1. März 1950 seine eng an die USA angelehnte Republik China (Nationalchina) einrichtete. Der Konflikt zwischen beiden Teilen Chinas blieb bis weit über das Ende des globalen Kalten Krieges 1991 erhalten.

Die ohnehin komplizierte geopolitische Lage in Ostasien wurde zum gleichen Zeitpunkt noch zusätzlich dadurch verschärft, weil mehrere Kolonialmächte – Briten, Franzosen und schließlich sogar die Niederländer – begannen, ihre durch den Zweiten Weltkrieg verlorenen Kolonien wiederzubesetzen. Diese militärischen Interventionen und politisch-geografischen Entscheidungen verstärkten hier bereits bestehende Konflikte in den Staaten am Rande des Kalten Krieges weiter und zogen sie teilweise mit in den globalen Konflikt. Dies wurde ab 1945/46 in Französisch-Indochina, dann auch im britisch kontrollierten Malaya und im zunächst niederländisch kontrollierten Indonesien sichtbar. In allen diesen Fällen gingen die zunächst als verspätete Kolonialkriege geführten Konflikte nahezu ansatzlos in «kleine Kriege» an der Peripherie des Kalten Krieges über.[56] Wie stark die geopolitischen Entscheidungen der europäischen Kolonialmächte die dortigen Konflikte über Jahrzehnte beeinflussen konnten, zeigte sich aber auch in der bis 1947 britisch verwalteten Kolonie Indien. Die Teilung in das vorwiegend hinduistische Indien und das islamische Pakistan mit einem ungeklärten Status von Kaschmir und Ostpakistan führte zu einem blutigen Sonderkonflikt, der über die gesamte Dauer des Kalten Krieges anhielt. An ihm partizipierten schließlich auch die Supermächte. Insgesamt gesehen erwiesen sich alle diese Vorhaben zur Rückgewinnung von Kolonialgebieten nicht nur als politischer Anachronismus, sondern förderten einen teilweise religiös unterfütterten, immer aber radikalen Nationalismus, der sich schließlich auch zu einem ernsthaften Problem für die Supermächte entwickelte.

Mobilisierung für den Kalten Krieg: Die Sicherung von Ressourcen

Die geostrategische Sicherung von Räumen wurde 1944/45 von Maßnahmen zur Sicherung von Ressourcen begleitet. Eines der bemerkenswertesten Phänomene der Endphase des Zweiten Weltkriegs war wohl, dass sowohl die Amerikaner als auch die Sowjets im Hinblick auf die möglicherweise nah bevorstehende Auseinandersetzung mit dem Noch-Verbündeten begannen, nicht nur Interessensphären abzustecken, sondern auch nach Technik, Spezialisten und militärisch oder politisch nutzbarem Wissen zu fahnden. Schon 1947 bezifferten die USA die Summe der von ihnen häufig verdeckt abgezogenen technischen Reparationen auf rund zwei Milliarden Dollar.[57] Wenngleich von sowjetischer Seite bisher keine genauen Zahlen vorliegen, wird man von einer ähnlichen Größenordnung ausgehen können. Auch darin spiegelten sich die Stufen des Zerbrechens der Allianz wider.

Anders als die Sowjets, die verstärkt nach Nukleartechnik fahndeten, konzentrierten sich die Amerikaner hauptsächlich auf die deutschen Raketenspezialisten und weitere militärische und wissenschaftliche Eliten. Atomwissenschaftler wurden zwar auch von US-Stellen eingesammelt und interniert. Dies geschah aber angesichts der viel weiter fortgeschrittenen amerikanischen Nukleartechnik häufig nur, um sie nicht an die Sowjets zu verlieren. Zu Werner Heisenberg, der ebenso wie seine Kollegen Otto Hahn, Max von Laue, Carl Friedrich von Weizsäcker oder Walther Gerlach durch Zielfahnder des Pentagon im Rahmen der sogenannten *Alsos Mission* aufgespürt und interniert worden war, vermerkte der für das Manhattan-Projekt zuständige US-General Leslie Groves später in seinen Memoiren: «Heisenberg war einer der führenden Physiker auf der Welt, und zur Zeit des Zusammenbruchs Deutschlands war er uns mehr wert als zehn Divisionen Deutscher. Wäre er in russische Hand gefallen, hätte er sich als unschätzbar für sie erwiesen.»[58] Spätestens nachdem die Briten deutsche Atomwissenschaftler in der Internierung abgehört hatten *(Operation Epsilon)*, war klar, dass die Elite der Atomphysik in Deutschland, entgegen allen Befürchtungen, nicht in der Lage gewesen war, eine einsatzfähige Atombombe für Hitler zu konstruieren.[59] Ob dies nun bewusster politischer Widerstand gewesen war, wie Heisenberg zu Protokoll gab, oder nicht, ließen auch die daraus entstandenen sogenannten *Farm-Hall*-Protokolle offen.[60] Unzweideutig war, dass die Deutschen durch den Mangel an Schwerem Wasser (Deuterium) gravierende Fertigungsprobleme gehabt hatten. Mittlerweile sind allerdings Hinweise aufgetaucht, die nahelegen, dass möglicherweise dennoch einer kleineren Forschungsgruppe um den SS-General Hans Kammler und die Physiker Kurt Diebner und Walther Gerlach die Herstellung eines Sprengkörpers gelang, der wie eine Art Neutronenbombe gewirkt haben soll. Das unterkritische nukleare Material scheint 1944 auf Rügen und noch einmal im April 1945 auf dem Truppenübungsplatz Ohrdruf in Thüringen zur Explosion gebracht worden zu sein. Außer Zeitzeugenberichten weisen unter anderem amerikanische Aktennotizen und ein vom sowjetischen Leiter des Atomprogramms, Igor V. Kurtschatow, für Stalin verfasster Bericht aus dem März 1945 darauf hin.[61] Das Interesse der Alliierten daran hielt sich indes in Grenzen. Eine bombenfähige Kettenreaktion, die US-Physiker im Test *Trinity* am 16. Juli 1945 erzeugten, war den Deutschen nachweislich nicht gelungen.

Bei den Amerikanern blieb so das Interesse an der deutschen Raketentechnik am deutlichsten. Zum einen war sie und insbesondere ihr technischer Leiter, Wernher von Braun, schon damals eine Art Mythos. Zum anderen bestand in den letzten Kriegsmonaten die Sorge, die noch nicht besiegten Japaner würden aus Deutschland Technik zur Weiterführung des Krieges erhalten. Tatsächlich fanden die in Thüringen vorrückenden Amerikaner Belege dafür, dass noch im März 1945 japanische Spezialisten in den Dessauer Junkers-Werken Pläne für Flugzeugturbinen eingesehen hatten.[62] Zudem waren bei Kriegsende im Atlantik deutsche U-Boote mit dem Ziel Japan aufgebracht worden, die Pläne für Raketen und Düsenjäger sowie die dazugehörigen Techniker an Bord hatten.[63] Zwischen 1945 und 1950 wurden in den amerikanischen Geheimoperationen *Overcast* und *Paperclip* Tausende deutscher Fachleute in die USA gebracht.[64] Auch die Ende Juni 1945 gemäß alliierter Vorabsprachen aus Mitteldeutschland abziehenden US-Truppen sorgten noch dafür, dass rund 1500 Techniker und Wissenschaftler nach Westen abtransportiert wurden, um nicht für die Sowjets nützlich zu werden.[65] Mitgenommen wurden aus Deutschland schließlich rund einhundert fertige Raketen des Typs V-2, ebenso sogenannte Fliegende Bomben (V-1), die später auch bei den Sowjets die Grundlage für die Entwicklung von Marschflugkörpern *(Cruise Missiles)* bildeten, eine Unzahl von Einzelteilen und Tonnen von wissenschaftlichen Unterlagen. Alles wurde in die USA geschafft, wo bereits im November 1944 im Rahmen des *Hermes*-Programms die Auswertung begonnen hatte. Dort befanden sich schließlich 118 Personen aus dem engeren Kreis der deutschen Raketenproduktion.[66]

Ein typisches Beispiel für die Vorgehensweise der Amerikaner bei deutschen Experten aus der Raketentechnik war neben dem Fall Wernher von Braun, der am 19. September 1945 in die USA gebracht und dort später mit der weiterentwickelten V-2, der *Redstone*, zum Vater der amerikanischen Raketenprogramme wurde, der Fall des deutschen Artilleriegenerals Walter Dornberger.[67] Aus seiner Karriere erschließt sich noch deutlicher, wie wichtig für die USA die prospektive Erschließung von personellen Ressourcen für den Kalten Krieg war. Dornberger, der bezeichnenderweise erst 1947 ausgeflogen wurde, war ein größeres politisches Problem als von Braun. Er war direkt in die Verbrechen in den Konzentrationslagern verwickelt gewesen. Seine führende Stellung im thüringischen Werk Dora-Mittelbau bei Nordhausen, wo Tausende von Zwangsarbeitern in der Raketenproduktion gestorben waren, wurde in dem Moment nebensächlich, als mit dem offiziellen Beginn des Kalten Krieges 1947 politische Rücksichtnahmen noch deutlicher beiseitegeschoben wurden. In den Fünfzigerjahren war Dornberger dann führend an der Entwicklung der Interkontinentalraketen (ICBM) beteiligt. Wie gravierend sich dabei auch die öffentliche Meinung änderte, zeigt ein Vergleich. Als man Ende 1946 US-Bürger dazu interviewte, ob man auch «Nazis» rekrutieren solle, um für den Kampf gegen die Sowjetunion gerüstet zu sein, hielt dies über die Hälfte der Befragten für eine «schlechte Idee».[68] Elf Jahre später – auf einem der Höhepunkte des Kalten Krieges, als die Sowjets 1957 mit dem *Sputnik* den ersten Satelliten ins All geschickt hatten – nahmen allerdings die meisten Amerikaner an, die Sowjets seien deswegen auf dem Gebiet der Raketentechnik weiter, weil sie mehr deutsche Techniker rekrutiert hätten.[69]

Wie stark alles bereits von Überlegungen um die zukünftigen Fronten des kommenden Kalten Krieges diktiert war, erschließt sich auch aus den amerikanischen Bemühungen um militärisches Expertenwissen. Wernher von Braun war bereits zwischen Kriegsende und seiner Übersiedlung in die USA im September 1945 die Gelegenheit gegeben worden, seine Vorstellungen über die militärische Verwendung von Raketen in Denkschriften niederzulegen. In den USA präzisierte er dies im April 1946 mit dem Vorschlag, eine Rakete zu entwickeln, die in der Lage sein sollte, einen atomaren Sprengkopf zu tragen *(Project Comet)*.[70] Militärisches Expertenwissen war aber vor allem von den einschlägigen deutschen Militärs abgefragt worden, die insbesondere über den Krieg gegen die UdSSR Auskunft geben sollten. Die Sowjetunion war bei Kriegsende nicht nur für den US-Geheimdienst, sondern eben auch für die militärischen Planungsgruppen unbekanntes Gebiet geblieben. Dies zeigte sich in zum Teil fantastischen Über- und Unterschätzungen der sowjetischen Möglichkeiten. Ironischerweise waren es nicht zuletzt die deutschen Experten, die diese Überschätzungen noch weitertrieben. Befragt wurden Generäle wie Franz Halder, der bis Ende 1941 Generalstabschef des Heeres gewesen war, Erich von Manstein, den man bis zum Frühjahr 1944 als Oberbefehlshaber der 11. Armee ausschließlich in der Sowjetunion verwendet hatte, oder Walter Warlimont, der Stellvertreter des Chefs des Wehrmachtsführungsstabs. Welche Hoffnung wiederum die Deutschen bei dieser Zusammenarbeit antrieb, fasste Hermann Teske, ein Mitarbeiter Halders, 1952 zusammen. Man habe zwar nicht daran geglaubt, dass man «zusammen mit den Amerikanern [...] westliche Operationspläne gegen Sowjetrussland» erstelle. Aber man sei überzeugt gewesen, dass man «hier seinen großen, 200-jährigen Auftrag bewusst seinem Nachfolger, dem derzeitigen Beschützer des Abendlandes und der christlichen Kultur» überantwortete. Die «Übergabe der reichen Erfahrungen des ältesten Generalstabes der Welt an den Westen bedeutete auch ohne eine politisch-strategische Richtung die eindeutige Einreihung in die Kräfte des Abendlandes».[71]

Wahrscheinlich weitaus größere Bedeutung als dieses Material hatte für die Amerikaner der Chef der ehemaligen Generalstabsabteilung «Fremde Heere Ost» (FHO), Reinhard Gehlen. Auch er stellte sich unmittelbar nach Kriegsende im Mai 1945 den Amerikanern. Und auch er wusste bereits, wonach die US-Stellen fahndeten. Seine mitgebrachten Dienstunterlagen brachten nicht nur die so dringend erforderlichen Informationen über die Sowjetunion. Insider versicherten, dass bis zu 70 Prozent der US-Geheimdienstinformationen am Beginn des Kalten Krieges aus dem FHO-Bestand stammten.[72] Darüber hinaus verstärkten sie das bei den Amerikanern sich nun durchsetzende negative Bild über die Sowjets. Dazu trug nicht zuletzt bei, dass Gehlen immer wieder versicherte, dass der deutsche Angriff 1941 Stalins Plänen nur um wenige Zeit zuvorgekommen sei.

Zu den wohl geheimsten, weil politisch anrüchigsten Tätigkeiten der Amerikaner in dieser Konstituierungsphase des Kalten Krieges gehörte allerdings die Rekrutierung von mutmaßlichen Kriegsverbrechern. Der Fall des Ukrainers Mikola Lebed wies eine deutliche Parallele zu den Fällen Gehlen und Dornberger auf.[73] Lebed stammte aus der Führung der mit den Deutschen im Zweiten Weltkrieg kollaborierenden antikommunistischen «Organisation Ukrainischer Nationalisten» (OUN). Er war zugleich Mitbegründer ihres militärischen Arms, der «Ukrainischen Aufständischen Armee» (UPA), gewesen und wurde – politisch am brisantesten – verdächtigt, aktiv an der Ermordung der europäischen Juden beteiligt gewesen zu sein. Angesichts dieser Biografie stellte sich auch Lebed erst dann den US-Stellen zur Verfügung, als der Kalte Krieg offiziell geworden war. Mitte 1947 übergab er seine Geheimdienstunterlagen. Zwei Jahre später wurde auch er unter Umgehung der Einwanderungsbestimmungen anonym in die USA gebracht. Lebed gehörte damit zu jener Gruppe antikommunistischer Spezialisten aus deutschen Diensten, die im Rahmen der von George Kennan geführten *Operation Bloodstone* seit 1948 gezielt gesammelt und für eine Verwendung in der Sowjetunion vorbereitet wurden. Tatsächlich wurde Lebed schließlich zu einer der wichtigsten Verbindungsstellen zwischen antikommunistischen Emigrantenorganisationen und der US-Regierung. Auch anderes OUN-Personal verwendete man einschlägig weiter. Ihr ehemaliger Chef, Stepan Bandera, auf dessen Initiative in der Bundesrepublik der radikale «Antibolschewistische Block der Nationen» (ABN) als eine der langlebigsten antikommunistischen Lobby-Gruppen im Kalten Krieg entstand, wurde später von Gehlen für den westdeutschen Bundesnachrichtendienst (BND) angeworben.

Im Vergleich zu den US-Stellen interessierten sich die Sowjets, als sie deutsches Reichsgebiet betraten, zwar unter anderem auch für die gesamte Rüstungsindustrie, überproportional stark jedoch für die Nukleartechnik.[74] Im Vorgehen bestanden nur wenige Unterschiede. Auch sie sammelten in jenen Gebieten, die – wie der Westteil Berlins – später vertragsmäßig an die Westmächte zu übergeben waren, alles ein, um keinesfalls militärisch nutzbares Material zurückzulassen. Auch bei ihnen war eine Fülle von Stellen zuständig, die mit teils gleichlautenden Aufträgen die eroberten Gebiete durchsuchten. Dazu gehörte die sogenannte Koval-Gruppe aus dem Volkskommissariat für Schwermaschinenbau, aber auch der NKWD, der zentral für die Nukleartechnik verantwortlich zeichnete. Stalin hatte Geheimdienstchef Lawrenti Berija am 20. August 1945 zum Leiter des Atomprogramms ernannt. Die Suchaktion selbst führte wie auf amerikanischer Seite ein General: Awrami Saweniagin. In die Hände des NKWD fielen zunächst jene Teile der deutschen Atomforschung, die nicht nach Westen evakuiert worden waren. Dazu gehörte unter anderem der Versuchsreaktor in Kummersdorf. In Berlin stießen die Sowjets nur noch auf wenige Einrichtungen. Was sie fanden, wurde, wie die Institute für physikalische Chemie und Elektrochemie oder für Biochemie, Chemie und Silikatforschung, komplett eingepackt und in die UdSSR geschickt. Zum Teil waren ihre ehemaligen Leiter gleich dabei. Auch die sowjetischen Zielfahnder sorgten sich, wie ihre amerikanischen Gegenspieler, dass die deutschen Experten zum Gegner überlaufen könnten.

Wie politisch nachsichtig auch die Sowjets in solchen Fällen sein konnten, belegte der Fall des Direktors des Instituts für physikalische Chemie und Elektrochemie, Peter Adolf Thiessen. Der Chemiker Thiessen war als Mitglied des Reichsforschungsamts und der Preußischen Akademie der Wissenschaften nicht nur ein klangvoller Name in der Wissenschaftslandschaft des Dritten Reiches gewesen, sondern er war als mehrfach dekorierter «Alter Kämpfer der NSDAP» auch politisch hoch belastet. Ohne Probleme wurde Thiessen jedoch von den Sowjets im Schnelldurchgang entnazifiziert. Dankbar revanchierte er sich dafür, indem er den Kontakt zu anderen einschlägigen deutschen Spezialisten herstellte. Auf seine Fürsprache ging unter anderem die erfolgreiche Rekrutierung des Leiters der Siemens-Forschungsabteilung, des Physik-Nobelpreisträgers Gustav Hertz, und des Physikers Manfred von Ardenne durch die Sowjets zurück. Andere Spezialisten holte man sogar eigens aus den Kriegsgefangenenlagern zurück, so Max Steenbeck, einen Fachmann für Isotopentrennung. In seinen später in der DDR vorgelegten Memoiren berichtete auch Steenbeck über das geradezu verzweifelte Interesse der Sowjets an seinen Forschungen: «Eines Tages kamen zwei sowjetische Offiziere zu mir und fragten, was ich über Atombomben wisse. Die Amerikaner hätten diese über Japan eingesetzt, mehr konnten sie mir nicht sagen. Natürlich kannte ich wie die meisten Physiker damals das Prinzip der Uranspaltung, die Kettenreaktion und die dabei frei werdende Energie, aber keine Details.»[75] Den Sowjets reichte damals diese Antwort schon. Der abgemagerte Physiker wurde unverzüglich besser versorgt und später in die Sowjetunion gebracht, wo auch er in der Kernforschung eingesetzt wurde. Insgesamt etwa einhundert deutsche Physiker, vorwiegend aus der Kernphysik, waren schließlich in der UdSSR versammelt. Nicht alle mussten erst überzeugt oder zwangsweise deportiert werden. Einige, wie Hertz, waren Verfolgte des NS-Regimes gewesen, für andere, etwa für Ardenne, war die Zusammenarbeit mit den Sowjets der Preis, um die eigene Arbeit fortsetzen zu können. Zu jenen, die gegen ihren Willen in die UdSSR verschleppt wurden, zählte Nikolaus Riehl von der «Auer-Gesellschaft» im brandenburgischen Rheinsberg, die für Uranproduktion im Dritten Reich zentral zuständig gewesen war. Riehl wurde zum Aufbau der sowjetischen Uranindustrie in Elektrostal bei Moskau eingesetzt. Sie griff kurz danach auch auf Vorkommen in der SBZ zurück. Das Uran, das die Sowjets am 29. August 1949 in ihrer ersten Atombombe verwandten, kam dann tatsächlich aus den Stollen der berüchtigten Wismut AG in Thüringen, wo unter anderem Zwangsarbeiter den dringend benötigten Rohstoff abbauten. Technisch kopierten die Sowjets damals die amerikanische Produktionsweise, die, wie Riehl später berichtete, durch einen am 12. August 1945 verbreiteten US-Bericht mit dem Titel *Atomic Energy for Military Purposes* – den sogenannten «Smyth Report» – den Wissenschaftlern in der UdSSR bekannt wurde.[76] Zusammen mit den Informationen, die den Sowjets durch ihren Spion Klaus Fuchs aus der amerikanischen Forschungsanstalt Los Alamos zugetragen worden waren, waren die entscheidenden Wissenschaftler des sowjetischen «Uran-Projekts» unter der Leitung von Igor Kurtschatow schließlich in der Lage, den Rückstand zu den Amerikanern aufzuholen. Riesige Anlagen

– wie die «geheimen Städte» Arsamas-16 (Sarow) und Tscheljabinsk-40 (später -65) bei Kyschtym – wurden ab 1946 durch Häftlinge aus dem Boden gestampft. Das Planungsziel, die Bombe zum siebzigsten Geburtstag Stalins am 21. Dezember 1949 fertigzustellen, konnte schließlich sogar übertroffen werden. Am 29. August 1949 wurde die erste sowjetische Atombombe mit dem Namen *Tatjana* (US-Bezeichnung: *Joe-1*) erfolgreich gezündet.

Während der deutsche Beitrag zur sowjetischen Atombombe insgesamt eher begrenzt blieb, sah dies in der Raketenproduktion völlig anders aus. Auch das war eine Parallele zu den USA. Nach dem Abzug der Amerikaner hatten sowjetische Wissenschaftler – unter ihnen der damals noch unter NKWD-Bewachung stehende spätere Staringenieur Sergej Koroljow – im Juni 1945 die verbliebenen deutschen Produktionsanlagen in Thüringen besichtigt. Die unzerstörten Werke der deutschen Flugzeug- und Raketentechnik in Nordhausen wurden zum Grundstock der zunächst dort belassenen sowjetischen Raketenproduktion, in der Koroljow die wissenschaftliche Leitung übernahm. Von deutscher Seite wurde hier Helmut Gröttrup, ein enger Mitarbeiter Wernher von Brauns aus Peenemünde, eingesetzt. Da man Probleme bei der Geheimhaltung, vor allem aber auch die Flucht der deutschen Spezialisten nach Westen fürchtete, entschieden sich die Sowjets allerdings nur wenige Monate später, alles in die UdSSR zu verlagern. Mit der minutiös vorbereiteten, wenn auch in der Praxis teilweise chaotisch durchgeführten *Operation Osoawjachim* in der Nacht vom 21. auf den 22. Oktober 1946 wurde nicht nur das deutsche Personal abtransportiert. Kurz danach wurden auch alle Produktionsanlagen abgebaut und die Reste systematisch zerstört. Die Flugzeugindustrie verlagerte man ins sowjetische Industriezentrum Kuibyschew, wo in den kommenden Jahren auch die ersten atomwaffenfähigen Bomber entstanden. Raketenforschung und -produktion fanden nun unter anderem auf der Insel Gorodomlia im Seligersee und in Podlipki bei Moskau statt. Podlipki wurde schließlich auch zum Standort für das zentrale Raketenforschungsinstitut der Sowjetunion («NII 88»). Bis 1947 gelang es auch den Sowjets, eine einsatzfähige Kopie der deutschen V-2 herzustellen, die hier R-1 *Pobeda* (Sieg) hieß. Als 1949 die erste sowjetische Atombombe einsatzfähig wurde, war mit der R-14 zumindest auf dem Papier auch eine erste sowjetische Trägerrakete konstruiert.[77] Die Serienproduktion begann allerdings erst zehn Jahre später, und die erste wirklich erfolgreiche sowjetische Interkontinentalrakete, die R-16 (DIA/NATO-Code: SS-7 *Saddler*), konnte erst 1961 nach erheblichen technischen Problemen in Dienst gestellt werden.

Inwieweit die Sowjets wie die Amerikaner deutsche Experten für die strategische Planung rekrutierten, ist weit schwieriger zu rekonstruieren. Unbestritten ist, dass gefangen genommene deutsche Generäle seit 1943 gezielt verhört wurden und wie ihre Kollegen im Westen Denkschriften verfassten. Interessant genug waren sie. Feldmarschall Friedrich Paulus etwa, der nach der Kapitulation der 6. deutschen Armee in Stalingrad in sowjetischer Gefangenschaft Berichte verfasste, war vor seiner Verwendung als Planungschef für den Krieg gegen die Sowjetunion unter anderem als Chef des Stabes im Krieg gegen Frankreich eingesetzt worden. Zwar rissen Gerüchte über eine sowjetische «Paulus-von-Seydlitz-Armee» in den ersten Nachkriegsjahren nicht ab, was speziell die Amerikaner sorgenvoll beobachteten. Zu einem Einsatz von Paulus durch die Sowjets als Experten für die Kriegsführung gegen den Westen oder Ähnliches kam es aber nicht.[78] Im Fall des ehemaligen Wehrmachtsgenerals Vincenz Müller, der sich wie Paulus oder von Seydlitz im Bund deutscher Offiziere (BdO) und im Nationalkomitee Freies Deutschland (NKFD) engagiert hatte, sah dies schon anders aus. Der sich politisch als äußerst anpassungsfähig erweisende Müller brachte es bis 1956 zum Stellvertretenden Verteidigungsminister der DDR. Im Zuge der vom SED-Politbüro im Februar 1957 beschlossenen Entlassung aller ehemaligen Wehrmachtsoffiziere wurde er allerdings 1958 in den Ruhestand versetzt.[79] Dieser – wenn man so will – vorsichtige Umgang in der Einbindung belasteten Personals war auch in anderen Bereichen zu beobachten. Das ostdeutsche Ministerium für Staatssicherheit (MfS) beispielsweise verzichtete, wie der sowjetische Geheimdienst, völlig auf einschlägig nationalsozialistisch belastetes hauptamtliches Personal.[80] Wenn es sich allerdings lediglich um zeitweilig beschäftigte Agenten handelte, wurde auch hier nicht so genau hingesehen.

2. Strategien für eine totale Auseinandersetzung 1945–1947

Die Befreiung vom Kommunismus

Gerüchte über einen Krieg zwischen den Westmächten und der Sowjetunion waren seit 1945 verbreitet. Bereits einen Monat nach der deutschen Kapitulation berichtete der sowjetische Geheimdienst über Gerüchte in der Sowjetunion, nach denen «Amerika Russland den Krieg erklärt» habe.[1] Ähnliches wusste die Journalistin Margret Boveri Anfang September 1945 aus Berlin zu berichten, wo die Runde machte, die SBZ solle von den Westmächten bombardiert werden.[2] Im Januar 1946 notierte der in Dresden lebende Hochschullehrer Victor Klemperer in seinem Tagebuch, Gerüchte besagten, die Amerikaner seien auf dem Weg nach Osten und auch britische Truppen habe man bereits mobilisiert.[3] Nur wenige Monate später meldete der Journalist Isaac Deutscher, auch unter Polen werde nun die Auffassung vertreten, ein Krieg des Westens gegen die UdSSR stehe unmittelbar bevor.[4]

Für die Entstehung des Kalten Krieges ist von Bedeutung, dass dieses öffentliche Klima auch die politischen und militärischen Planungsgremien auf beiden Seiten beherrschte. Seit Roosevelts Tod waren im Westen die antikommunistischen Reflexe wieder deutlich in den Vordergrund getreten. Truman vermerkte im Januar 1946, er sei jetzt überhaupt nicht mehr der Meinung, dass man mit den Sowjets «länger auf Kompromisse spielen» solle.[5] Die zwischen Kriegsende und 1947 vorgelegten ersten Entwürfe für eine globale Strategie, die dann rasch auch in die öffentlichen Debatten der amerikanischen Wahlkämpfe gerieten und sich zusätzlich radikalisierten, waren durchgängig offensiv. Die hektische Suche nach einer Erfolg versprechenden Strategie orientierte sich in den USA deutlich an den Erfahrungen mit dem Nationalsozialismus. Das Negativbild schlechthin blieb die britische *Appeasement*-Politik. Beschwichtigung, so war die übereinstimmende Vorstellung amerikanischer Politik im Jahr 1945/46, sei der direkte Weg in den Dritten Weltkrieg. Dies machte Truman ebenso deutlich wie der im November 1945 zum Stabschef berufene Dwight D. Eisenhower, der 1953 auch die Nachfolge Trumans als Präsident antrat. Auch John F. Kennedy, der 1946 als demokratischer Abgeordneter seinen ersten Wahlkampf bestritt, war dieser Auffassung und hielt ab 1961 auch als Präsident daran fest.[6]

Die grundsätzliche Annahme in den USA, dass Nationalsozialismus und Bolschewismus auch in ihrer Aggressivität vergleichbar seien, fußte auf der hier seit dem Hitler-Stalin-Pakt von 1939 heiß diskutierten Totalitarismustheorie. Die Tatsachen sprachen, so die fast einhellige Meinung, für die Auffassung, dass Stalin so handeln werde wie Hitler. Der außenpolitische Experte der Republikanischen Partei, John Foster Dulles, zum Beispiel glaubte, den entscheidenden Hinweis auf die weitere sowjetische Außenpolitik in Stalins Schrift *Fragen des Leninismus* gefunden zu haben, die ebenfalls 1939 erschienen war. Dieser sprach er ähnliche Aussagekraft wie *Mein Kampf* zu.[7] Hitlers Buch wurde zum selben Zeitpunkt von der Anklage des Internationalen Militärtribunals in Nürnberg immerhin als direkte Anleitung zur Eroberung der Welt gewertet.

Deutlichster Ausdruck dieser Rückkehr zum traditionellen Feindbild wurde das bereits erwähnte, im Februar 1946 aus der US-Botschaft in Moskau nach Washington gesandte «Lange Telegramm» George F. Kennans. Dass dessen radikale Schlussfolgerung, mit der Sowjetunion und dem Kommunismus könne es aufgrund der diametral unterschiedlichen politischen Kultur keinen *Modus Vivendi* geben, sich in den dortigen Regierungskreisen rasch durchsetzte, hatte neben den «Tatsachen» der sowjetischen Politik in Ostmitteleuropa wohl auch damit zu tun, dass selbst der gegenüber Stalin häufig nachsichtige Roosevelt kurz vor seinem Tod von der Notwendigkeit der «Eindämmung» der Sowjets gesprochen hatte. Zustimmung signalisierten alle wichtigen politischen Institutionen. Der als einflussreicher antikommunistischer Hardliner bekannte Marineminister James Forrestal sorgte dann sogar dafür, dass Kennan seine Gedanken im Juni 1947 noch einmal ausführlich, aber anonym in der angesehenen Zeitschrift *Foreign Affairs* unter dem Titel *The Sources of Soviet Conduct* (Die Grundlagen sowjetischen Verhaltens) veröffentlichen konnte.

Am 12. März 1947 stellte Truman in einer Rede vor beiden Häusern des US-Kongresses die Eindämmungsstrategie zum ersten Mal offiziell vor. Aktueller Anlass war der seit August 1946 eskalierende Bürgerkrieg in Griechenland. In der Ansprache ging es zwar vordergründig lediglich um die Gewährung von 400 Millionen Dollar Wirtschafts- und Militärhilfe für die Region. Deutlich stellte die Rede aber den bisherigen gemeinsamen Kampf gegen «totale Regierungsformen» in den Mittelpunkt und verwies auf die Gefahr, dass bei Duldung der kommunistischen Expansionen nicht nur die Freiheit anderer Staaten, sondern nicht zuletzt die USA selbst bedroht seien. Eines der vornehmsten Ziele der eigenen Außenpolitik sei es immer gewesen, so führte Truman aus, Verhältnisse zu schaffen, unter denen man selbst, aber auch andere Nationen in der Lage seien, ein Leben nach eigenen Vorstellungen und frei von Zwang zu führen. Darin habe auch der eigentliche Beweggrund der USA gelegen, sich am Krieg gegen Deutschland und Japan zu beteiligen. Ohne Stalin direkt zu erwähnen, kam Truman dann auf die Situation im sowjetisch beherrschten Ostmittel- und Südosteuropa zu sprechen. «Den Völkern einer Reihe von Staaten der Welt wurde vor kurzem gegen ihren Willen ein totalitäres Regime aufgezwungen. Die Regierung der Vereinigten Staaten hat wiederholt gegen den in Verletzung des Jalta-Abkommens ausgeübten Zwang und die Einschüchterung in Polen, Rumänien und Bulgarien Protest erhoben. Ich muss außerdem feststellen, dass in einer Reihe anderer Länder eine ähnliche Entwicklung vor sich gegangen ist. [...] Sie stützt sich auf Terror und Unterdrückung, kontrollierte Presse und Rundfunk, von vornherein bestimmte Wahlen und auf die Unterdrückung der persönlichen Freiheit. Ich bin der Ansicht, dass wir den freien Völkern beistehen müssen [...]. Man braucht ja nur einen Blick auf die Landkarte zu werfen, um festzustellen, dass das Weiterbestehen und die Integrität der griechischen Nation in erweitertem Sinne von ernstester Bedeutung sind. Wenn Griechenland unter die Kontrolle einer bewaffneten Minderheit kommen sollte, so würde dies sofortige und schwerwiegende Auswirkungen auf die benachbarte Türkei haben. Verwirrung und Unruhen könnten sich leicht auf den gesamten Nahen Osten ausdehnen. Wir müssen sofort und entschlossen handeln. [...] Ich vertraue darauf, dass der Kongress dieser Verantwortung geradewegs ins Gesicht sieht.»[8] Mit großer Mehrheit schloss dieser sich den Ausführungen an.

Trotz der grundsätzlichen Zustimmung der Republikanischen Partei, bedrohten Ländern Hilfe zu leisten, war ihre Kritik an der

DIE AMERIKANISCHE «KRIEGSERKLÄRUNG» ZUM KALTEN KRIEG: DIE TRUMAN-DOKTRIN
Trumans Ansprache am 12. März 1947 vor beiden Häusern des US-Kongresses war die offizielle Kriegserklärung der USA an die Sowjets im Kalten Krieg. Obwohl es formal lediglich um eine finanzielle Unterstützung ging, war es das globale amerikanische Hilfsversprechen an alle Länder, die von kommunistischer Machtübernahme bedroht waren.

Strategie der Eindämmung heftig. Das noch 1947 präsentierte Gegenmodell der «Befreiungspolitik» *(Rollback/Liberation)*, das vor allem die Präsidentschaftswahlen 1948 und 1952, aber auch die Kongresswahlen 1950 beherrschte, war vom republikanischen Außenpolitikexperten John Foster Dulles entwickelt worden, den Eisenhower dann 1953 auch zum Außenminister berief. Wichtigstes Unterscheidungsmerkmal war nach seiner Darstellung die Überwindung der Passivität. Während die *Containment*-Politik der Demokraten warte, bis sich Moskau entscheide, weiter zu expandieren, greife die *Liberation Policy* den Kommunismus in seinem eigenen Machtbereich an. Die Unterstützung von Regimegegnern, die Förderung von Umsturzversuchen, aber auch schlichter wirtschaftlicher Druck könne nicht nur eine weitere Expansion verhindern, sondern den Kommunismus in die Defensive drängen und ihn möglicherweise sogar als globale Gefahr beseitigen. Die heftige Kritik verdeckte allerdings, dass jenseits aller parteipolitischen Querelen beide Konzepte eng miteinander verwandt waren. Auch Kennan hatte intern stets seiner Hoffnung Ausdruck gegeben, die UdSSR werde durch die Eindämmungspolitik allmählich die Kontrolle über Osteuropa verlieren und in ein «paar Jahren Teile von ihm ausspeien».[9] Dennoch kritisierte gerade er in den folgenden Jahren die Befreiungspolitik auf das heftigste. Ihre Grundannahmen seien nicht nur kindisch, sondern spielten mit dem Atomkrieg.

Das negative Urteil der Demokraten und vor allem Kennans verliert allerdings an Gewicht, wenn man berücksichtigt, dass unter seiner Leitung bereits 1947 ein «Politischer Planungsstab» eingerichtet worden war, der in den folgenden Jahren auch die Umsturzversuche in kommunistischen Staaten plante und koordinierte. So war es keine Überraschung, dass beide Strategien bis 1953 zu einer integrierten *Containment-Liberation*-Strategie zusammenwuchsen, die bis über das Ende des Kalten Krieges hinaus Bestand hatte.[10] Als der amerikanische Nationale Sicherheitsrat (NSC) im Juli 1953 die Ergebnisse für eine Präsentation zusammenfasste, hatte man sich deutlich auch für eine Verstärkung der direkten Eingriffe in den gegnerischen Machtbereich im globalen Kampf gegen den Kommunismus ausgesprochen. Bis weit in die Achtzigerjahre hinein wurden kontinuierlich geheime Operationen auch in den ostmitteleuropäischen Satellitenstaaten durchgeführt, wenngleich sich ihr Schwerpunkt ab Mitte der Fünfzigerjahre bereits deutlich in die Dritte Welt verlagerte. Die Grenze für solche Eingriffe sollte jeweils dort gezogen werden, wo Eindämmung und Zurückdrängung zu risikoreich wurden und der Atomkrieg in greifbare Nähe rückte.

Unabhängig von diesen erst später und zum Teil nur intern erkennbaren Differenzierungen der amerikanischen Strategie für den Kalten Krieg zeigte schon die Resonanz auf die Truman-Rede 1947, dass vor allem auch die Öffentlichkeit den globalen Konflikt nun für offiziell eröffnet hielt. Binnen Kurzem meldeten sich bei den Amerikanern nun Dutzende von zum Teil eigens gegründeten Organisationen, um sich für den Kampf gegen den Kommunismus zur Verfügung zu stellen. Allein in den Westzonen Deutschlands und dann in der Bundesrepublik residierten in den Fünfzigerjahren über zweihundert antikommunistische Befreiungsgruppen, die sich zum Großteil auf die von Truman propagierte amerikanische Offensive beriefen.[11] Nicht alle datierten ihre Gründung wie das *Slovak Liberation Committee* des ehemaligen Justizministers der von Deutschland abhängigen Slowakei, Ferdinand Durčanský, auf den Tag der Truman-Rede. Fast alle aber beriefen sich auf die USA. Wenige Monate später konterte die Sowjetunion.

Der Kalte Krieg als globaler Klassenkampf

Ebenso wie die amerikanischen Planungen gingen Stalin und seine engen Berater von den Erfahrungen der Vergangenheit und den «Tatsachen» der Gegenwart aus. Auch im Kreml stand der Erste und Zweite Weltkrieg im Mittelpunkt, und auch die Intervention der Westmächte im Russischen Bürgerkrieg ab 1918 behielt ihre Bedeutung. Diese Erfahrungen wurden in gewisser Weise kanonisiert. In den frühen Jahren des Kalten Krieges, die auch die letzten Lebensjahre Stalins waren, fielen die politischen Entscheidungen in der Sowjetunion immer häufiger im kleinen Kreis. In Stalins Datscha bei Kuncevo kamen jeweils alle wichtigen Vertreter des sowjetischen Systems auf «Einladung» zusammen. Neben Berija, Chruschtschow, Malenkow, Molotow und einigen anderen gehörte dazu nicht zuletzt der für den frühen Kalten Krieg maßgebliche «Chefideologe» Andrej Schdanow. Darüber hinaus war diese Zeit des «Spätstalinismus» – im Gegensatz zur Epoche des «Großen Vaterländischen Krieges» – wieder deutlich von der kommunistischen Ideologie gekennzeichnet. Wie in den Dreißigerjahren galt in allen wichtigen Bereichen – Innen- und Außenpolitik, Wirtschaft, Gesellschaft, Kultur und Wissenschaft – allein der Sowjetmarxismus als gültige Maxime. Wenn man so will, war dies ähnlich wie in den USA eine Rückkehr zu traditionellen Feindbildern. In der UdSSR kehrte man zu den Vorstellungen vor dem gemeinsam «mit dem Klassenfeind» geführten Krieg gegen Hitler zurück und zielte auf eine klare antiwestliche Abgrenzung, um die Reihen nach innen zu schließen. Dem Zusammenschluss gegen die Deutschen während des Zweiten Weltkriegs, der zur Konsolidierung und zu einem enormen Kräfteschub geführt hatte, folgte nun der antiwestliche. Diese Integrationsmechanismen wurden durch die auch im Westen deutlicher erkennbare Ideologisierung des Konflikts weiter verstärkt.[12]

Auch in der Sowjetunion begleiteten verschiedene amtliche Verlautbarungen den Übergang in den offiziell erklärten Kalten Krieg. Stalin hatte am 9. Februar 1946 in einer auch im Westen stark beachteten Rede vor dem Obersten Sowjet Lenins These von der Unvermeidlichkeit von Kriegen mit dem Kapitalismus ausdrücklich bekräftigt. Auch die fast genau ein Jahr später in Moskau gehaltene Wahlrede seines Außenministers Molotow, in der dieser den Zusammenhalt der Sowjetbürger während des Zweiten Weltkriegs als Vorbild für kommende Herausforderungen würdigte, gehörte zu diesen vorbereitenden Verlautbarungen.[13] In diesem Zusammenhang hatte Molotow ausdrücklich die «kriegshetzerischen Abenteurergruppen» und «unersättlichen Imperialisten» im Westen mit ihrem «nicht ungefährliche[n] Geschwätz über einen ‹dritten Weltkrieg›» angegriffen. Als zentrales Sprachrohr Stalins galt allerdings Andrej Schdanow, der Leningrader Parteisekretär und «Chefideologe» im Politbüro, dessen Grundsatzreden zur Innen- und Außenpolitik sogar seinen Namen trugen: die *Ždanovščina.* Bis zu seinem Tod 1948 wurde er sogar als möglicher Nachfolger Stalins gehandelt.

Für die sowjetische Strategie im Kalten Krieg waren vor allem zwei seiner Ansprachen bedeutsam. Bereits im August 1946 hatte Schdanow in einer deutlich auch gegen den Westen gerichteten Rede vor Schriftstellern in Leningrad den «Kosmopolitismus» verdammt. Diese Rede hatte insofern unmittelbare Folgen für die Fronten im Kalten Krieg, als sie das tiefe Misstrauen gegenüber westlichen Einflüssen, das Stalin ohnehin hegte, nun zur offiziellen Linie erklärte. Alle bisherigen Annäherungen – und zwar insbesondere jene, die während der sowjetisch-amerikanischen Kooperation stattgefunden hatten – verfielen jetzt dem politischen Verdikt. Noch deutlicher auf die Außenpolitik bezogen war die Ende September 1947 durch Schdanow überbrachte Antwort Stalins auf Trumans «Kriegserklärung» vom 12. März. Im Rahmen der Ankündigung, als Nachfolger der 1943 aufgelösten *Komintern* ein «Kommunistisches Informationsbüro» *(Kominform)* zu gründen, präsentierte Schdanow hier die sogenannte «Zwei-Lager-Theorie». Trumans «*Containment*-Rede» wurde gleich mehrfach als Ursache genannt. Inhaltlich entsprach das, was Schdanow mitteilte, grundsätzlich den Äußerungen Stalins vom 9. Februar 1946: Mit dem Ende des Zweiten Weltkriegs seien zwei Weltlager entstanden. Das «imperialistisch-antidemokratische» des Westens stehe dem eigenen «antiimperialistisch-demokratischen» unvereinbar gegenüber. Da sich die von den USA geführten Staaten, zu denen Schdanow die Westzonen Deutschlands, den Iran, den Nahen Osten und Japan rechnete, nach dieser Interpretation bereits auf einen neuen Krieg vorbereiteten, wurde es der eigenen Seite zur Aufgabe gemacht, ebenfalls aufzurüsten. Als Verbündete betrachtete Schdanow die Länder «der neuen Demokratie», darunter Rumänien, Ungarn, aber auch Finnland, und darüber hinaus einige Kolonialstaaten. Erwähnt wurden das erneut niederländisch verwaltete Indonesien, das von den Franzosen wieder übernommene Vietnam und die kurz zuvor in die Unabhängigkeit entlassene ehemalige britische Kolonie Indien. Auch Ägypten und Syrien zählte Schdanow dazu, weil sie als Mitglieder der 1945 gegründeten Arabischen Liga nicht nur seit Kriegsende von französischen und britischen Truppen befreit, sondern auch durch den antijüdischen Konsens gegen die bevorstehende Staatsgründung Israels geeint waren. Nicht zuletzt spiegelte Schdanows Aufzählung eine der größten Befürchtungen Stalins wider: die Verschwörung gegen die Sowjetunion und die Einkreisung durch ein feindliches Bündnis. «Bereits während des Zweiten Weltkrieges», so hatte Schdanow dazu ausgeführt, «wuchs in England und den USA ständig die Aktivität der reaktionären Kräfte, die danach strebten, das gemeinsame Vorgehen der alliierten Mächte zu hintertreiben, den Krieg in die Länge zu ziehen, die UdSSR ausbluten zu lassen und die faschistischen Aggressoren vor einer vollständigen Zerschmetterung zu retten. Die Sabotierung der Zweiten Front durch die angelsächsischen Imperialisten mit Churchill an der Spitze spiegelte klar diese Tendenz wider, die im Grunde genommen eine Fortsetzung der ‹München-Politik› unter neuen veränderten Verhältnissen darstellte.»[14] Truman habe «mit dem alten Kurs Roosevelts gebrochen» und treibe nun die Aggression gegen die Sowjetunion «in allen Richtungen vor: 1. militärisch-strategische Maßnahmen, 2. die wirtschaftliche Expansion, 3. den ideologischen Kampf».

Mit der «Zwei-Lager-Theorie» war der Kalte Krieg nun von beiden Seiten offiziell erklärt worden und zeigte bereits unmittelbar da-

DIE «KRIEGSERKLÄRUNG» DER UDSSR: DER KALTE KRIEG ALS GLOBALER KLASSENKAMPF DER «ZWEI LAGER» Andrej Schdanow lieferte zur Eröffnung des Kommunistischen Informationsbüros (Kominform) im September 1947 die Antwort Stalins auf Trumans Ansprache vom 12. März. Der Kalte Krieg war offiziell eröffnet.

nach eines seiner charakteristischen Merkmale. Der Ausgrenzung in dem einen folgte mit einer geradezu gespenstischen Automatik die Aufnahme in das andere Lager. Am Beispiel Jugoslawiens und seines Staatschefs Tito demonstrierte Stalin nur ein Dreivierteljahr später, dass tatsächlich alle Abweichungen aus dem eigenen «Lager» – auch und insbesondere der sogenannte Nationalkommunismus – den Bruch mit Moskau zur Folge haben würden. Ähnlich gelagert war zwanzig Jahre später die sogenannte Breschnew-Doktrin, die eine grundsätzlich eingeschränkte Souveränität der mit der Sowjetunion verbündeten Staaten festschrieb. Zu einem militärischen Einmarsch in den angeblich abtrünnigen Staat, wie er 1968 in der ČSSR durchgeführt wurde, kam es zwar 1948 in Jugoslawien nicht, wohl aber zu massivem Druck, der nicht nur das Land selbst traf, sondern alle seine vermeintlichen Parteigänger. Die Reaktion im Westen verlief ebenfalls nahezu automatisiert. Hier wurde Tito als der Held gefeiert, der dem Diktator in Moskau getrotzt habe. Der vermeintliche «Deserteur» aus dem anderen Lager wurde hier mit offenen Armen empfangen und erhielt ab 1949 erhebliche materielle Unterstützung. Dass die Gründe für das Zerwürfnis zwischen Stalin und Tito viel komplexer waren und der jugoslawische Staatschef ganz und gar nicht freiwillig aus dem Ostblock schied, sondern um seinen Verbleib zunächst verzweifelt kämpfte, wurde zwar bereits 1949 bekannt, aber ignoriert. Eines jedoch machte diese Episode deutlich: Der Konflikt, den man jetzt den Kalten Krieg nannte, erzeugte nicht nur eine regelmäßige und zumeist voraussehbare, sondern immer auch eine umfassende Reaktion.

Krieg der Weltordnungen

Als 1947 der Kalte Krieg offiziell wurde, war er bereits tendenziell ein totaler Konflikt, der alle Bereiche des öffentlichen und zunehmend auch des Privatlebens berührte. Dass er ein permanenter und aktiv betriebener «Nicht-Frieden» war, in dem die Auseinandersetzung politisch-ideologisch, ökonomisch, technologisch-wissenschaftlich, kulturell-sozial und militärisch geführt wurde, und seine Auswirkungen sich bis in den Alltag zeigten, war bereits in diesem Jahr das Thema einschlägiger Veröffentlichungen. Eigentlich brauchte der durchschnittlich Informierte diesseits oder jenseits des Eisernen Vorhangs nur eine Zeitung aufzuschlagen, und er konnte den «totalen Konflikt» an täglich neuen Beispielen verfolgen. Geografisch standen 1947 zwar die aktuellen Konfliktherde in Europa sowie dem Nahen und Fernen Osten im Mittelpunkt, die Möglichkeit einer weiteren Ausdehnung war aber allgegenwärtig. Walter Dirks, einer der Herausgeber der *Frankfurter Hefte*, merkte in einer Glosse zum Thema «Berichte vom Kalten Krieg» drei Jahre später ironisch an, angesichts dieses psychologischen Klimas lese sich bereits der tägliche Wetterbericht wie eine Kriegsberichterstattung. «Es stand manchmal sehr bedrohlich, es war von einem Kampf von seltenem Ausmaß die Rede, die nordsibirische Kaltluft stieß immer wieder erneut nach Westen vor, überschritt die Elbe, bildete Keile, die Gegensätze verschärften sich [...].»[15]

Einer jener Autoren, die 1947 nicht nur besonders drastisch die Globalität und Totalität des Konflikts beschworen, sondern eine überdurchschnittlich breite Leserschaft im Westen, nicht zuletzt in Westdeutschland erreichten, war James Burnham. Der damals

42-jährige amerikanische Professor für Soziologie blieb für die nächsten Jahrzehnte einer der wichtigsten und am meisten rezipierten Theoretiker des Kalten Krieges. Bemerkenswerterweise hatte der 1905 in Chicago geborene Burnham seine politische Sozialisation, wie eine Reihe anderer einschlägiger Antikommunisten des Kalten Krieges, als überzeugter Marxist begonnen. Jahrelang war er sogar Mitarbeiter Leo Trotzkis gewesen, der als Stalins Rivale 1927 politisch ausgebootet und 1940 im Exil ermordet worden war. Auch bei Burnham hatten die Moskauer Schauprozesse in den Dreißigerjahren den Bruch mit dem Kommunismus zur Folge gehabt. Mit *The Struggle for the World* (Der Kampf um die Welt) erschien 1947 dann seine erste programmatische Arbeit zum Kalten Krieg. Hier malte er seine These, man befinde sich in einem realen «Dritten Weltkrieg», detailliert aus.[16] «Wir leben in etwas, was Lenin korrekt als das ‹Zeitalter der Kriege und Revolutionen› beschrieben hat, in der Mitte einer großen Weltrevolution.» Aus diesem Blickwinkel erschienen ihm alle sowjetischen Maßnahmen als Stufen eines groß angelegten «Planes». Hier fügten sich alle Einzelereignisse – wie der Chinesische und der Griechische Bürgerkrieg oder auch die Irankrise – bruchlos ein. Die These des Dritten Weltkriegs war für Burnham so zentral, dass er ab 1955 in der von ihm mitherausgegebenen Zeitschrift *National Review* eine gleichnamige Kolumne einrichtete, die die Leser regelmäßig über die neuesten Entwicklungen auf dem Laufenden hielt. Wie weit die politische Wirkung Burnhams tatsächlich reichte, wurde vielen erst im letzten Jahrzehnt des Kalten Krieges bewusst, als US-Präsident Ronald Reagan ihm 1983 die höchste zivile Auszeichnung der USA, die *Medal of Freedom*, verlieh und sich in der Laudatio ausdrücklich zu seinen Thesen bekannte. Sie hätten nicht nur seine persönlichen politischen Auffassungen, sondern vor allem die US-Politik mehr als alles andere geprägt.[17]

Unabhängig davon, wie man zu Burnham stand, in einer Auffassung hatte er bereits 1947 recht. An bestimmten Orten auf der Welt und in einigen speziellen Bereichen war die umfassende Qualität der Auseinandersetzung deutlich stärker zu spüren. Hautnah militärisch erfahrbar war der Kalte Krieg im Iran, in China und in Griechenland. Aber auch in Westeuropa, insbesondere im geteilten Deutschland, in Frankreich und Italien, schienen die nationalen kommunistischen Parteien 1947 tatsächlich zum großen

Schlag auszuholen. Selbst der außergewöhnlich harte Winter 1947 gab dem Kalten Krieg neuen Schub, weil sich die ohnehin schwierigen Versorgungsprobleme vervielfachten. Die in diesem Jahr stattfindenden Streiks, etwa in den Werken des französischen Automobilherstellers Renault, zeigten aber noch etwas anderes: Der Kalte Krieg hatte nicht nur für alle erkennbar das öffentliche Leben erreicht, sondern vor allem die Wirtschaft – jenen Bereich, dessen Erholung in den ersten Nachkriegsjahren mehrheitlich als vorrangig gesehen wurde und der gleichzeitig am empfindlichsten auf Störungen reagierte. Die Streiks bei Renault machten gleichzeitig deutlich, dass die ökonomisch-sozialen Forderungen mit politischen Zielen verknüpft waren, die weit über den nationalen Rahmen hinausgingen. Im Dezember 1947 befanden sich nicht nur fast drei Millionen französische Arbeiter im Ausstand, sondern zum ersten Mal seit dem Zweiten Weltkrieg erschütterten wieder politische Anschläge das Land. Sie konnten zwar nicht immer den Kommunisten direkt zugeordnet werden, in der öffentlichen Wahrnehmung aber erschienen sie eindeutig aus Moskau gesteuert.

Ängste, dass etwa wirtschaftliche, soziale oder auch humanitäre Probleme dem politischen Gegner in die Hände spielen könnten, waren aber nicht auf den Westen beschränkt. Bekanntlich ging das 1950 in der DDR gebildete Ministerium für Staatssicherheit aus der zuvor nach sowjetischem Vorbild entstandenen «Hauptverwaltung zum Schutz der Volkswirtschaft» hervor, die unter anderem Sabotage bekämpfen sollte. Tatsächlich zielten die seit Ende der Vierzigerjahre aus den Westzonen Berlins und aus Westdeutschland verübten Anschläge – etwa der Kampfgruppe gegen Unmenschlichkeit (KgU) – häufig auf die Wirtschaft. Speziell Stalin blieb überzeugt, dass der Westen und hier insbesondere die Amerikaner ihre ökonomische Überlegenheit nutzen würden, um ihre politische Macht auszudehnen. Entsprechend massiv wandte er sich gegen Vorschläge der USA, von denen er annahm, sie würden die Sowjetunion unter dem Vorwand der ökonomischen Hilfe politisch in die Ecke drängen.

Tatsächlich machte gerade die von den Amerikanern 1947 nachdrücklich verstärkte Wirtschaftshilfe für Europa, insbesondere der sogenannte Marshall-Plan, deutlich, dass ökonomisch-soziale, humanitäre und politische Ziele eng miteinander verknüpft waren.

Die umfassende Ausrichtung der Hilfe war die Antwort auf eine als total begriffene Herausforderung. Die Entscheidung für das Programm war, wie US-Außenminister George Marshall, der Nachfolger von James Byrnes, unterstrich, nach dem Scheitern der alliierten Außenministerkonferenz in Moskau im März und April 1947 gefallen.[18] Diese Treffen, die noch auf die Potsdamer Absprachen zurückgingen und eigentlich die Friedensverträge und den Übergang in die Normalität der Nachkriegszeit vorbereiten sollten, waren seit 1945 immer wieder geplatzt. Stalin verbat sich regelmäßig westliche Einmischungen in Ostmitteleuropa, die Westmächte blockierten größere sowjetische Mitsprache in Mittel- und Westeuropa, vor allem in der westdeutschen Industrie. Zwar konnten nach langem Hin und Her im Februar 1947 noch die Friedensverträge mit Finnland, Rumänien, Bulgarien und Italien unterschrieben werden. Nach der erneut unbefriedigend verlaufenden Konferenz in Moskau, von der Marshall Ende April 1947 frustriert zurückkehrte, war der US-Außenminister mehr denn je von der Richtigkeit der Auffassung überzeugt, das wirtschaftlich-soziale Chaos in Europa sei ein von den Sowjets geschickt genutztes Schlachtfeld des Kalten Krieges. «Der Patient stirbt, während die Ärzte beraten», hieß es drastisch in Marshalls kurz danach übertragener Rundfunkrede.[19]

Auch während seiner berühmten Rede an der Harvard-Universität am 5. Juni 1947, in der er offiziell das «Europäische Wiederaufbau-Programm» (ERP) ankündigte, das später seinen Namen trug, unterstrich Marshall ausdrücklich noch einmal die Totalität der Bedrohung und die Notwendigkeit einer entsprechend umfassenden Antwort. Ein wirtschaftlich-sozialer Absturz Europas werde das politische Chaos zur Folge haben und damit den Sieg des Kommunismus. Das Angebot, Kredite und Waren bereitzustellen, ging an alle Staaten, die es annehmen wollten – «alles westlich von Asien», wie Marshall einige Tage nach der Harvard-Rede noch einmal deutlich machte.[20] Wer genau hinhörte, konnte jedoch im Rekurs auf die Truman-Doktrin vom 12. März den antikommunistischen Vorbehalt heraushören. «Unsere Politik richtet sich nicht gegen irgendein Land oder irgendeine Doktrin, sondern gegen Hunger, Armut, Verzweiflung und Chaos.»[21] In den internen Schreiben wurde Klartext gesprochen. George Kennan unterstrich hier bereits im Mai 1947, man müsse die Angebote so formulieren, dass die sowjetischen Satellitenstaaten durch die gestellten Bedingungen sich entweder von vornherein selbst ausschlössen oder aber bei Annahme gezwungen seien, auch die politischen Vorstellungen zu übernehmen.[22] Tatsächlich herrschte in den westlichen Planungsgruppen die Vorstellung, die UdSSR und ihre Satelliten könnten die Hilfe gar nicht akzeptieren, ohne gleichzeitig ihre politische Kontrolle aufzuweichen. Um so überraschter war man, als die Sowjets am 27. Juni 1947 bei den ERP-Verhandlungen in Paris mit einer 89-köpfigen Delegation erschienen. Es zeigte sich allerdings, dass Molotow und seine Gruppe schnell wieder abreisten, als sie sich nicht mit ihrer Forderung durchsetzen konnten, die Kredite ausschließlich bilateral zu vergeben.[23] Den übrigen ostmitteleuropäischen Interessenten am ERP wurde die Teilnahme ausdrücklich untersagt. Wie ernst Stalin dies meinte, machte er gegenüber der Tschechoslowakei deutlich, die ihr Interesse an US-Krediten besonders nachdrücklich angemeldet hatte. Der erboste Stalin beorderte Außenminister Jan Masaryk sogar persönlich nach Moskau, wo dieser seine Zusage offiziell zurückzunehmen hatte. Zwischen Ost und West folgte ein propagandistischer Schlagabtausch. Unter anderem gehörte der Marshall-Plan zu den zentralen Angriffszielen Schdanows während seiner Ansprache im September 1947.

Rückblickend wurde das Europäische Wiederaufbauprogramm mit seiner enormen propagandistischen Begleitung zur psychologisch wichtigsten Station auf dem Weg zur politischen Bindung Westeuropas – und nicht zuletzt eben Westdeutschlands – an die USA. Der ökonomische Erfolg war allerdings ebenfalls nicht zu unterschätzen, obwohl in der Realität vorangegangene Wiederaufbauprogramme wesentlich umfangreicher gewesen waren. Entgegen der eher negativen Wahrnehmung der Zeitgenossen setzte der wirtschaftliche Aufschwung bereits 1947 ein. Als man später nachrechnete, wurde deutlich, dass sogar ein Großteil der ab 1948 für Europa bereitgestellten rund 17 Milliarden Dollar gar nicht mehr abgerufen worden war, weil das Geld nicht mehr benötigt wurde.[24] Immerhin veranlasste der durchschlagende psychologische Erfolg des ERP die USA noch Ende 1947, ein ähnliches Programm für Tschiang Kai-schek zusammenzustellen, das sich allein in diesem Jahr auf rund 338 Millionen Dollar belief.[25]

Im Rückblick fügte sich auch Stalins Ablehnung des Marshall-

Plans 1947 in eine antiwestliche Tradition. Schon gegenüber der Einführung einer neuen Weltwirtschaftsordnung 1944, des sogenannten «Bretton-Woods-Systems» mit einem Internationalen Währungsfonds (IWF/IMF), einer Internationalen Bank für Wiederaufbau und Entwicklung (IBRD) sowie der Festlegung, dass der US-Dollar als globale Leitwährung zu betrachten sei, war er zutiefst misstrauisch gewesen. Tatsächlich hatte die UdSSR 1945 die Abmachung nicht unterschrieben, weil sie die Zustimmung als ein Zeichen der Unterwerfung deutete. Im selben Jahr sorgte Stalin – wie später im Fall des ERP – dafür, dass auch die meisten von der UdSSR abhängigen Staaten nicht am Bretton-Woods-System teilhaben konnten. In Kennans «Langem Telegramm» wurde diese Verweigerung ausdrücklich als Beleg sowjetischer Aggression verstanden, als Zeichen, dass die UdSSR «die Sowjetunion und die angrenzenden sowjetisch beherrschten Gebiete zu einer autarken Einheit zu machen» gewillt sei.[26] Mit dem Rückzug der UdSSR war das Weltwährungssystem nun eindeutig westlich dominiert.[27] Selbst nach dessen Zusammenbruch 1973 bestimmte die politische Dominanz der USA weiterhin die Spielregeln. Das von der UdSSR 1949 gegründete Konkurrenzsystem für den Ostblock, der Rat für gegenseitige Wirtschaftshilfe (RGW bzw. COMECON), blieb ein schwacher Verbund. Erst fünfzehn Jahre später gab es eine gemeinsame Bank und mit dem bilateral abgerechneten Transfer-Rubel schließlich auch eine eigene Währung. Seit den Siebzigern wurde ein Teil des Handels innerhalb des Ostblocks sogar wieder in Dollar abgewickelt.[28]

Dass die Auseinandersetzung 1947 bereits eine umfassende Dimension erreichte, zeigte sich nicht zuletzt in jenem legendären italienischen Wahlkampf, der nicht nur zu einer Schlacht zwischen den Weltanschauungen stilisiert, sondern für die Amerikaner zur eigentlichen Geburtsstunde ihres schließlich global geführten Geheimdienstkrieges im Kalten Krieg wurde. Insbesondere die USA hatten auf das Vorziehen des eigentlich erst für 1948 geplanten Wahlkampfs gedrängt, weil sie befürchteten, Italien könnte aufgrund der zunehmenden Stärke der italienischen KP, der PCI unter Palmiro Togliatti mit ihren rund 1,76 Millionen Mitgliedern, zu einem Satellitenstaat Moskaus werden. Togliattis Nähe zu Stalin war bereits rein äußerlich kaum zu übersehen, und auch sonst prangten in diesem Jahr auf vielen Mauern Porträts des sowjetischen Staats- und Parteichefs, der hier vertraut *Baffone* – der Schnauzbart – genannt wurde. «Wir hatten alle den Eindruck, dass der Wind in unsere Richtung wehte», erinnerte sich später der ehemalige PCI-Minister Fausto Gallo.[29] Gerade die Kommunisten konnten im Wahlkampf nicht nur auf das Scheitern des Faschismus und die Verdienste ihres Widerstands gegen die deutsche Besetzung bauen. Vor allem im ländlichen Süditalien mit seiner bedrückenden Armut war die brennende soziale Frage, für deren Lösung sich die PCI besonders engagierte, unübersehbar. Kampflos wollten die USA den Wahlsieg allerdings nicht den Kommunisten überlassen. Neben der Drohung, Italien vom Marshall-Plan auszuschließen, setzten die Amerikaner auf die geheime Förderung der Christdemokraten. Ihre finanzielle Unterstützung von etwa zehn Millionen US-Dollar kam vorwiegend aus geheimen «Reptilienfonds», die pikanterweise aus beschlagnahmten Guthaben der ehemaligen Achsenmächte angelegt worden waren.[30] Auch Spenden der italoamerikanischen Gemeinden in den USA wurden gezielt verwendet. Das Geld floss in Plakataktionen, Rundfunksendungen oder auch in einschlägige antikommunistische Filme, die man selbst in den entlegensten Gebieten vorführte. Parallel dazu gab es umfängliche Briefaktionen aus dem Ausland, mit denen etwa Italoamerikaner ihre Landsleute zur Wahl der Christdemokraten aufriefen.

Die umfassende Dimension, die der Kalte Krieg angenommen hatte, zeigte sich in Italien nicht zuletzt in der direkten politischen Beteiligung der katholischen Kirche, die sich hier mithilfe der auch in anderen Staaten tätigen *Katholischen Aktion* auf der Seite der Christdemokraten engagierte. In Italien setzte der Vatikan auf den dortigen Führer dieser Laienorganisation, Luigi Gedda, auf dessen Vorschlag hin der italienische Wahlkampf als eine Art «Heiliger Krieg» gegen die «atheistischen Kommunisten» geführt wurde. Selbst die Exkommunizierung wurde als Druckmittel eingesetzt. Tatsächlich erwies sich diese Arbeit in der vom Katholizismus tief geprägten italienischen Gesellschaft als überaus wirkungsvoll. Am 18. April 1948 zeigte der christdemokratische Sieg in beeindruckender Weise, dass sich der umfassende Einsatz gelohnt hatte. Schon wenig später wurde diese «totale» Auseinandersetzung der Ideologien auch Thema zahlreicher Satiren.

Entsprechend den vermeintlich totalen Ansprüchen des globalen Krieges wurden ab 1947 auch die Institutionen auf beiden Seiten angepasst. So war bereits die in diesem Jahr aufgebaute Verwaltung für den Marshall-Plan (ECA) nicht mehr allein für Europa, sondern unter anderem auch für China zuständig. Mindestens ebenso wichtig wurde die umfassende Umgestaltung der geheimdienstlichen, militärischen und politischen Institutionen, für die ebenfalls das Jahr 1947 zum Schlüsseldatum wurde. Mit dem in diesem Jahr in den USA verabschiedeten *National Security Act* wurde der grundlegende Versuch unternommen, den Apparat der Nationalen Sicherheit für die aktuellen Bedürfnisse neu zu strukturieren. Dazu gehörten unter anderem die Koordination der politischen und militärischen Organisation, der Neuaufbau der Geheimdienste, die Einbeziehung der noch in den Kinderschuhen steckenden Psychologischen Kriegsführung, aber auch die Heranziehung diverser fremder und privater «Dienste». In den USA entstanden daraus unter anderem zwei der wichtigsten Institutionen des Kalten Krieges: das bereits erwähnte NSC als Beratergremium für den Präsidenten und die CIA als global tätiger Nachrichtendienst, der zugleich einen wesentlichen Teil der «schmutzigen Seite» dieses Krieges übernahm.

Bezeichnenderweise stellte zum gleichen Zeitpunkt auch Stalin die ebenfalls zersplitterten sowjetischen Institutionen auf die «totalen» Ansprüche des Kalten Krieges um. Dies betraf auch hier die Organisation der Geheimdienste.[31] Bereits im November 1945 waren der sowjetischen Staatssicherheitsbehörde NKGB bisher unbekannte Aufgaben zugeteilt worden, die charakteristisch für den Kalten Krieg waren: Außer für den Schutz der eigenen war der NKGB nun auch für das Auskundschaften fremder Atomprogramme zuständig. Im Herbst 1947 schuf man aus Teilen der 1946 anstelle des NKGB geschaffenen Staatssicherheitsbehörde MGB und der armeeeigenen Hauptverwaltung Aufklärung (GRU) einen neuen Auslandsnachrichtendienst, das Informationskomitee (KI). Mit ihm erhielt das Außenministerium größeren Einfluss auf die Geheimdienstoperationen außerhalb der UdSSR. Nach weiteren Umstrukturierungen übernahm 1954 das berühmt-berüchtigte KGB umfassend die geheimdienstlichen Aufgaben der Sowjetunion. Aber nicht nur zwischen den Geheimdiensten wurde der Kalte Krieg nun ausgetragen, sondern auch in den internationalen Organisationen, die eigentlich nach dem Ende des Zweiten Weltkriegs gemeinsam zum Zweck der Friedenserhaltung gegründet worden waren.

Die Idee der Kollektiven Sicherheit

Die Geschichte der Vereinten Nationen ist die Geschichte der Suche nach einer kollektiven, systemübergreifenden und globalen Strategie, um Konflikte im Vorfeld zu verhindern oder gemeinsam zu lösen. Am Anfang standen angloamerikanische Absprachen für die Nachkriegszeit, vor allem die sogenannte Atlantik-Charta 1941. Sie führten am 1. Januar 1942 zunächst zur «Erklärung der Vereinten Nationen», den Krieg gegen die Achsenmächte gemeinsam zu Ende zu führen. Während des Jahres 1943 kam man auch mit Stalin überein, eine internationale Organisation zur Erhaltung des internationalen Friedens und der internationalen Sicherheit zu schaffen, die auf der souveränen Gleichheit aller friedlichen Staaten beruhen sollte. Treibende Kraft der Idee blieb bis zu seinem Tod im April 1945 US-Präsident Roosevelt. Sein damaliger Außenminister Cordell Hull umschrieb 1943 die Hoffnungen folgendermaßen: «Es wird fortan keine Notwendigkeit mehr geben für Einflusssphären, für Allianzen, für Machtgleichgewichte oder irgendeine andere dieser sonderbaren Maßnahmen, durch die in der unglücklichen Vergangenheit die Staaten versuchten, ihre Sicherheit zu gewährleisten oder ihre Interessen zu fördern.»[32] Als die Westmächte zusammen mit Stalin und denjenigen Staaten, die die Erklärung bis dahin unterzeichnet hatten, am 26. Juni 1945 die Charta der Vereinten Nationen in San Francisco paraphierten, stand das Ereignis allerdings bereits deutlich unter dem Zeichen des Bruchs in der Kriegskoalition. Weißrussland und die Ukraine waren, obwohl sie Mitgliedstaaten der UdSSR waren, auf Druck Stalins als eigene UNO-Mitglieder aufgenommen worden, um das Stimmenverhältnis zugunsten Moskaus zu verbessern. Die polnische Regierung hingegen, die als 51. und letztes Gründungsmitglied die UNO-Charta unterzeichnet hatte, durfte auf Veranlassung Stalins nicht anwesend sein.

Die UNO sollte die Fehler des alten Völkerbundes vermeiden, wies aber ebenfalls Geburtsfehler auf. Erst während des Kalten

Krieges sollte sich zeigen, wie hinderlich die Kompromisse aus der Gründerzeit in der Praxis waren. Die Vereinten Nationen blieben immer nur so stark, wie ihre Mitglieder es wollten. Dies zeigte sich im Besonderen im sogenannten Sicherheitsrat, jenem Organ, das laut UNO-Satzung die «Hauptverantwortung für die Wahrung des Weltfriedens und der internationalen Sicherheit» (Art. 24) tragen sollte.[33] Ihm gehörten schließlich fünf Großmächte (USA, Großbritannien, Frankreich, UdSSR und China) an sowie sechs (ab 1965: zehn) weitere, von der Generalversammlung mit Zweidrittelmehrheit gewählte nicht ständige Mitglieder. Wie in der sogenannten Jalta-Formel 1945 vereinbart, zählte hier nur die gemeinsame Entscheidung der ständigen Mitglieder. Das hieß aber gleichzeitig auch, dass jedes Veto einer Großmacht eine gemeinsame Entscheidung blockierte. Die UNO, deren Generalversammlung ab 1953 in dem markanten Gebäude in New York tagte, entwickelte sich daher zwangsläufig zum Kampfplatz der Blöcke des Kalten Krieges. Bereits 1946 und 1947 legte die UdSSR jeweils sieben Mal ihr Veto ein, vor allem wegen des Griechischen Bürgerkriegs.[34] Einsprüche der anderen Mitglieder waren im Vergleich zur UdSSR eher die Ausnahme. Großbritannien und Frankreich legten ihr Veto wiederholt in der Palästina- oder der Südafrika-Frage ein, Großbritannien allein mehrfach wegen der britischen Kolonie Rhodesien. In den folgenden Jahren war es insbesondere auch die Aufnahme von neuen Mitgliedern, die ein Politikum darstellte. Nicht nur den ehemaligen Feindstaaten verweigerte man lange die Mitgliedschaft, sondern die Sowjetunion verhinderte auch die Aufnahme von Ländern wie Ceylon (1948) oder Kuwait (1961), weil sie den Westen bei Abstimmungen stärken konnten. Weit weniger häufig sprachen sich die anderen ständigen Mitglieder gegen Neuaufnahmen aus. Die USA votierten 1975 etwa gegen die Aufnahme des wiedervereinigten Vietnam und China sprach sich 1955 gegen die Zulassung der Mongolei aus. Auch wem die in Artikel 4 der UNO-Charta vorgeschriebene Eigenschaft «friedliebend» zuerkannt werden sollte, konnte im Einzelfall lange strittig bleiben und Neuaufnahmen verzögern. Die beiden deutschen Staaten wurden erst 1973 Mitglieder der Vereinten Nationen.

Einer der offensichtlichsten Geburtsfehler der UNO war jedoch die nur indirekte Berücksichtigung der Dritten und Vierten Welt, die man später als die sogenannten Entwicklungsländer zusammenfasste. Zwar war ein eigener Wirtschafts- und Sozialrat für diese Gebiete zuständig. Er sah sich aber lediglich befugt, Empfehlungen abzugeben, Konferenzen zu organisieren oder Kommissionen einzusetzen. Die mit Artikel 71 der UNO-Charta offiziell eingeführten Nichtregierungsorganisationen (NGO) hatten ebenfalls nur eine beratende Stimme. Später konnten immerhin eigene NGO-Foren eingerichtet werden, etwa für Frauen und Umwelt. Noch gravierender aber war, dass Kolonialstaaten in dieser Definition gar nicht vorkamen. Die UNO-Charta stellte 1945 lediglich die Existenz solcher «Hoheitsgebiete ohne Selbstregierung» (Art. 73) fest. Es war zudem möglich, in die Unabhängigkeit entlassene Gebiete nach Artikel 82 als «strategische Zone» zu definieren und dem Sicherheitsrat direkt zu unterstellen. Erst im Dezember 1960 verabschiedete die UNO dann die berühmte Resolution 1514, die «Erklärung über die Gewährung der Unabhängigkeit an koloniale Länder und Völker», in der ausdrücklich das Recht auf Unabhängigkeit sowie die Überzeugung unterstrichen wurde, dass «das Fortbestehen des Kolonialismus [...] dem Ideal der Vereinten Nationen von einem weltweiten Frieden entgegensteht».[35] Aber auch dies war keineswegs unumstritten: Neun Staaten stimmten dagegen, unter ihnen auch die USA, Großbritannien und Frankreich. Alle drei befürchteten, dass die freigegebenen Gebiete sich auf die Seite der Sowjetunion oder der Blockfreienbewegung stellen würden. Im Zuge der am Beginn der Sechzigerjahre verstärkt fortgeführten Dekolonisierung bildeten ehemalige Kolonien schließlich sogar die Mehrheit in der UNO. Allein zwischen 1945 und 1974 kamen 87 neu gegründete Staaten hinzu. Afrika war daher ab 1966 in der Lage, drei der zehn Sitze im Sicherheitsrat einzunehmen.

George Kennan hatte alles bereits in seinem «Langen Telegramm» 1946 befürchtet. «Moskau», hieß es dort, «sieht die UNO nicht als einen Mechanismus für eine stabile Weltgemeinschaft [...], sondern als eine Arena, in der man die eigenen Ziele mit Aussicht auf Gewinn verfolgen kann.»[36] Das stimmte nur zum Teil, weil auch am Rande von UN-Vollversammlungen Konflikte gelöst werden konnten, wie sich 1949 in der Ersten Berlinkrise zeigte. Darüber hinaus waren die Befugnisse der UNO bei Einigkeit der großen Mächte beachtlich, wobei die Übereinstimmung hin und wieder auch durch die Nichtanwesenheit der jeweiligen Vetomacht hergestellt werden konnte. Als der Sicherheitsrat Nordkorea nach dem Angriff auf den Süden am 25. Juni 1950 einstimmig verurteilte, gelang dies nur, weil Stalin das Gremium zu diesem Zeitpunkt boykottierte und China noch nicht aufgenommen war. Grundsätzlich war der Sicherheitsrat in solchen Fällen befugt, zunächst diplomatische, dann auch gewaltsame Mittel zur Beilegung eines Konflikts zu ergreifen. Er konnte militärische Operationen befehlen, delegieren oder auch selbst durchführen. Alle Mitglieder der UNO hatten dafür der Verpflichtung zugestimmt, dem Sicherheitsrat Streitkräfte zur Verfügung zu stellen. Schon 1949 wurden UN-Streitkräfte erfolgreich in Indonesien eingesetzt, um den Kolonialkrieg der Niederländer zu beenden. Nach dem Koreakrieg bewährten sie sich 1956 auch am Suezkanal.

Inwiefern UNO-Interventionen erfolgreich waren, lässt sich nur am Einzelfall belegen. Manche Einsätze endeten positiv, weil parallel dazu politischer Druck auf die Beteiligten ausgeübt werden konnte. Die Drohung der USA etwa, die Unterstützungen aus dem Marshall-Plan zu streichen, war für die niederländische Regierung 1949 ein mindestens ebenso wichtiges Argument, sich aus Indonesien zurückzuziehen, wie der bewaffnete Einsatz von UN-Truppen. Aber gerade in den strategisch wichtigen Zonen des Kalten Krieges, etwa im Nahen Osten und in Afrika, konnte die Aufbietung von «Blauhelmen» häufig die weitere Eskalation nicht verhindern. So führte der UN-Einsatz in Angola 1975/76 gegen die südafrikanische Intervention zwar kurzfristig zum Rückzug der südafrikanischen Truppen. Der eigentliche Konflikt, an dem sich schließlich auch die Supermächte beteiligten, konnte aber erst mit dem Ende des Kalten Krieges 1991 beendet werden.[37] Zusammenfassend zeigt sich, dass die Wirkung der UNO bei Auseinandersetzungen zwischen Ost und West, den sogenannten Interkoalitionskonflikten, und bei Problemen innerhalb der Blöcke (Intrakoalitionskonflikten) eher gering war.[38] Kleinere Erfolge bei Streitfällen zwischen den Blöcken konnte die UN allerdings 1946 in der Irankrise verbuchen, als die Sowjetunion zum Rückzug gezwungen wurde. Beim im Rückblick größten und gefährlichsten Interkoalitionskonflikt des Kalten Krieges, der Kubakrise 1962, konnten die Vereinten Nationen zwar vermitteln, doch das eigentliche Management zur Beilegung wurde von Kennedy und Chruschtschow geleistet. Auch bei Intrakoalitionskonflikten blieben die UN-Chancen gering. Die USA ließen Einsätze auf dem amerikanischen Doppelkontinent ebenso wenig zu wie die UdSSR etwa in Ostmitteleuropa. So wurde der Einsatz der UNO während der Krise in Guatemala 1954 von den USA in der gleichen Weise als Eingriff in interne Angelegenheiten verhindert, wie die UdSSR Pläne ablehnte, während der Aufstände im Ostblock 1953 und 1956 Truppen der Vereinten Nationen in die DDR und nach Ungarn zu entsenden. In einigen Intrakoalitionskonflikten waren UN-Einheiten aber auch ausdrücklich erwünscht, so im Zypern-Konflikt zwischen den beiden NATO-Mitgliedstaaten Griechenland und Türkei 1974. Hier wurde der Einsatz zugelassen, weil die NATO damals befürchtete, ein eigener Schlichtungsversuch könnte sogar das Bündnis sprengen.

Die Stärken der UNO wurden im Kalten Krieg häufig durch die Machtpolitik der Großmächte vernebelt. Insgesamt gesehen konnte sich die UNO überall dort durchsetzen, wo die Supermächte glaubten, sie zum eigenen Vorteil nutzen zu können. Ansonsten, so hatten die in Westdeutschland erscheinenden *Frankfurter Hefte* bereits 1949 festgestellt, gelte es, «allen Zynikern, die in der UNO nur ein Forum für leeres Gerede sehen wollen [...], entgegenzuhalten [...]: es geht in der augenblicklichen Lage nicht darum, schnelle Lösungen zu erzielen, so notwendig sie wären (sie sind aber nicht zu erreichen), sondern spätere Lösungen nicht unmöglich zu machen; es geht nicht darum, die Welt zusammenzuleimen, sondern ihr völliges Auseinanderbrechen zu verhindern.»[39]

3. Die Teilung der Welt 1948–1955

Die Krisen in Berlin, Jugoslawien und Korea

Weltweit erwiesen sich vor allem zwei Krisen als die entscheidenden Beschleuniger der Blockbildung: Die Erste Berlinkrise 1948/49 sowie der Krieg im geteilten Korea zwischen 1950 und 1953. Sowohl die sowjetische Blockade der Westzonen Berlins als auch der von der UdSSR mitgeplante Überfall Nordkoreas auf Südkorea waren aus Moskauer Sicht Versuche, klare Fronten für die kommende Auseinandersetzung zu schaffen und gleichzeitig die Verletzlichkeit des Westens zu testen. Aus westlicher Sicht waren sie nur weitere Aggressionen Stalins, aus denen man erneut ableitete, dass der Kommunismus allein auf Konsequenz und Härte reagiere. Diese Einstellungen wurden zu einer festen Größe westlicher Strategie bis zum Ende des Kalten Krieges. In beiden Krisen rückten die Lager enger zusammen. Die formalen Vertragsabschlüsse zur Blockbildung zogen sich allerdings noch bis 1955 hin.

Der Beginn der Ersten Berlinkrise hing eng mit den Notwendigkeiten zusammen, die auf den Marshall-Plan zurückgingen. Eine Voraussetzung für den Erfolg des ERP in Westeuropa und überhaupt des Wiederaufbaus waren klare ökonomische Verhältnisse. Insbesondere brauchte man auf beiden Seiten Deutschlands eine Währungsreform, die in den Westzonen am 20. Juni 1948 begann. In der SBZ erfolgte sie drei Tage später. Die Einführung des neuen Geldes im Westteil Berlins war dann auch der Beginn der sowjetischen Blockade. Entsprechend lautete die Begründung Moskaus. «Im Zusammenhang mit der separaten Währungsreform in den westlichen Besatzungszonen Deutschlands», hieß es in der öffentlichen Erklärung vom 18. Juni 1948, sehe man sich gezwungen, «zum Schutze der Interessen der Bevölkerung und der Wirtschaft der sowjetischen Zone sowie zur Vorbeugung einer Desorganisation des Geldumlaufs» den Interzonenverkehr zu unterbrechen.[1] Da die Behinderungen der freien Versorgung Berlins aufgrund von angeblichen technischen Störungen jedoch bereits Anfang

1948 begonnen hatten, liegt man nicht falsch, wenn man sie als Versuch betrachtet, für die erwartete Auseinandersetzung klare Fronten zu schaffen. Am 24. Januar war ein britischer Militärzug an der Kontrollstelle Marienborn zum ersten Mal an der Weiterfahrt gehindert worden. Am 20. März verließ der sowjetische Vertreter, Marschall Sokolowski, den Alliierten Kontrollrat, drei Monate später boykottierte man auch die gemeinsame *Kommandantura*. Ab Ende Juni zog Stalin die Schlinge fast vollständig zu: Bahntrassen, Binnenschifffahrt und Straßen wurden unterbrochen, zuletzt auch die Stromversorgung gekappt. Außer der Verbindung in den Ostteil Berlins, den die Sowjets aus politisch-propagandistischen Gründen offen ließen, waren allein die durch interalliierte Verträge gesicherten Luftkorridore nicht von der Sperre betroffen. Hier vermutete Stalin wohl zu Recht, dies werde zum militärischen Konflikt führen. Aber auch ohne direkte militärische Auseinandersetzungen demonstrierte die Erste Berlinkrise, dass man sich hier in einer Art Krieg befand: Die Bevölkerung einer halben Stadt mit rund 2,1 Millionen Einwohnern wurde durch Unterbindung ihrer lebensnotwendigen Einrichtungen bis hin zur Abwasserentsorgung und Energielieferung zu einer belagerten Stadt, ihre Bewohner zu Geiseln. Dies kannte man bis dahin nur aus militärischen Konflikten. Entsprechend war auch die Rhetorik. In einer berühmten Ansprache am 11. Juli 1948 zog der gewählte, aber von den Sowjets am Amtsantritt gehinderte Oberbürgermeister für Gesamt-Berlin, Ernst Reuter, dann auch einen bemerkenswerten Vergleich mit dem Zweiten Weltkrieg: «Wir in Berlin sind das Stalingrad der deutschen Freiheit! An diesem Punkte werden die Wellen sich brechen [...].»[2]

Die Westmächte waren 1948/49, ebenso wie in der zehn Jahre später folgenden Zweiten Berlinkrise, gewillt, ihre Rechte in der Stadt – und damit auch die Existenz von Westberlin – zu verteidigen. Am 28. Juni 1948 fiel die offizielle Entscheidung Trumans, die amerikanische Präsenz in Berlin aufrechtzuerhalten. Sowohl 1948/49 als auch 1958/61 wurde eine Aufgabe der Stadt mit einer gravierenden Niederlage im globalen Konflikt mit dem Kommunismus gleichgesetzt. Als man im Juli 1948 die Amerikaner in einer repräsentativen Erhebung befragte, waren rund achtzig Prozent dafür, amerikanische Truppen in Berlin zu belassen, selbst wenn dies Krieg mit den Russen bedeute.[3] In einer mit giganti-

DIE ERSTE BERLINKRISE 1948/49 Die Luftbrücke der Westalliierten für Westberlin war nicht nur die Versorgung einer Millionenstadt, sondern vor allem das Versprechen, den Westteil Berlins gegen die Sowjets zu halten, selbst wenn es zu einem Atomkrieg kommen würde. Zumindest die Drohung stand 1948/49 im Raum.

schem Aufwand aufrechterhaltenen Luftbrücke versorgten die Westmächte die Stadt, bis die Sowjets die Zufahrtswege wieder öffneten. Vom finanziellen Standpunkt aus sah der maßgeblich von General Lucius D. Clay organisierte «Berlin-Lift» wie ein grandioses Verlustgeschäft aus. Politisch-psychologisch war er allerdings unbezahlbar. Die Westmächte hatten gezeigt, dass sie bereit waren, für den Verbleib einer fremden Stadt im eigenen Lager einen Krieg zu riskieren. Westberlin wurde damit zu einem politischen Symbol. Spätestens jetzt waren für alle die Fronten klar.

Für die Wahrnehmung des Kalten Krieges spielte eine wesentliche Rolle, dass bereits in dieser ersten gravierenden Krise Nuklearwaffen eine deutliche, wenn auch letztendlich eher symbolische Rolle spielten. Unmittelbar mit Beginn der Blockade hatte man in den USA und Großbritannien begonnen, über den Einsatz militärischer Mittel zu diskutieren. Nachdem erste Überlegungen, militärisch gesicherte Konvois auf dem Landweg nach Berlin zu schicken, rasch verworfen worden waren, wurde entschieden, zumindest einige weitere der als «Atombomber» bekannten Boeing B-29 nach Westdeutschland und Großbritannien zu verlegen. Die Verbände, die unter der Verantwortung des neu gegründeten amerikanischen «Strategischen Luftkommandos» (SAC) und ihres damals gerade berufenen Befehlshabers Curtis LeMay standen, flogen noch im Juli 1948 zu ihren neuen Stützpunkten und wurden dort in ständiger Alarmbereitschaft gehalten. LeMay, unter dem das SAC dann zu einer der zentralen Einrichtungen des Kalten Krieges aufgebaut wurde, war auch den Sowjets kein Unbekannter. Insbesondere Clay war überzeugt, dass Moskau vor allem die US-Luftwaffe fürchtete.[4] Tatsächlich versetzten die Sowjets ihre Luftabwehr jedesmal in Alarmbereitschaft, wenn sie über B-29-Flüge Kenntnis erhielten. Die häufig kolportierte Annahme allerdings, Truman habe tatsächlich mit dem Gedanken an einen Einsatz von Nuklearwaffen im Kampf um Berlin gespielt, ist eine Legende. Zwar sind auch von Clay Bemerkungen überliefert, die deutlich machen, dass der Einsatz von Atomwaffen vorgesehen war, falls sich die Berlinkrise unkontrollierbar ausdehne. Dies bezog sich jedoch regelmäßig auf die Annahme, dass dann bereits ein militärischer Konflikt zwischen den USA und der UdSSR begonnen habe. Andere wurden deutlicher: Clays Stabschef Clarence Huebner schlug intern den demonstrativen Abwurf einer Atombombe vor, um die Sowjets einzuschüchtern.[5] Auch Churchill spielte damals mit diesem Gedanken.[6] Notwendig wurde dies alles nicht mehr. Angesichts der gelungenen Versorgung der Stadt auf dem Luftweg hob Stalin am 12. Mai 1949 die Blockade Westberlins wieder auf.

Für die Unnachgiebigkeit der Westmächte in Berlin 1948/49 war es nicht unbedeutend gewesen, dass Stalin durch den sich parallel zur Berlinkrise entwickelnden Streit mit Tito unter Druck stand.[7] Latente Konflikte zwischen beiden während des Krieges hatten ihre Fortsetzung seit 1946 gefunden, als Jugoslawien trotz anderslautender Weisungen aus Moskau die in Griechenland tätigen kommunistischen Partisanen unterstützte, die gegen die griechische Regierung kämpften. Stalin hatte dieses Vorgehen vor allem aus pragmatischen Erwägungen scharf kritisiert. Der entscheidende Grund für das sowjetisch-jugoslawische Zerwürfnis war jedoch wohl ein anderer Teil von Titos eigenständiger Außenpolitik gewesen: seine Planungen für eine Balkanföderation mit Albanien und Bulgarien. Aus Stalins Sicht hätte sie nicht nur den sowjetischen Einfluss auf Osteuropa erheblich gemindert, sondern die bisher unbestrittene Führungsrolle Moskaus empfindlich in Frage gestellt. Als Tito sich auch noch Stalins Ansinnen widersetzte, sein Verhalten der üblichen «Selbstkritik» zu unterziehen, beschloss das *Kominform* am 27. Juni 1948, seinen ständigen Sitz von Belgrad ins rumänische Bukarest zu verlegen. Dort wurde am folgenden Tag – nicht zufällig dem Jahrestag der serbischen Niederlage gegen die Osmanen im Jahr 1389 – der Ausschluss Jugoslawiens vereinbart. «Das Informationsbüro ist der Meinung», hieß es im Beschluss, dass «die [...] nationalistischen Elemente offen die Oberhand gewonnen haben, dass die Führung der Kommunistischen Partei Jugoslawiens mit den internationalen Traditionen der [...] Partei gebrochen und sich auf den Weg des Nationalismus begeben hat».[8] Die Folgen schienen zunächst dramatisch. Alle bestehenden Handelsverträge Jugoslawiens mit anderen Ostblockstaaten wurden gekündigt oder nicht mehr erfüllt. Parallel wurde Jugoslawien mit Kominform-Propaganda überschüttet.

Zur Klarstellung der jugoslawischen Position und um das daraus erwachsende Missverständnis der US-Politik deutlich herauszustellen, bleibt festzuhalten, dass Tito nicht etwa einen Bruch mit Stalin anstrebte, geschweige denn freiwillig aus dem Ostblock ausschied. Die noch monatelang andauernden Beteuerungen des jugoslawischen Staatschefs, er sei in Moskau missverstanden worden, zeigten ein völlig anderes Bild. Dass Tito auch nach dem Hinauswurf immer wieder seine Frontstellung gegenüber dem Kapitalismus betonte, machte klar, dass er keinesfalls eine antikommunistische Kehrtwendung vollzogen hatte. Nichtsdestoweniger war man unter den Bedingungen des Kalten Krieges sowohl im Osten als auch im Westen davon überzeugt. Der sowjetische Verteidigungsminister Bulganin etwa bezeichnete die Jugoslawen im September 1949 als «böswillige Deserteure aus dem Lager des Sozialismus zum Lager des Imperialismus und Faschismus».[9] Auch eine zwei Monate später verabschiedete neue Kominform-Resolution hielt den «Übergang der Tito-Clique zum Faschismus» für erwiesen.[10] Allerdings blieb in diesem Fall selbst die sowjetische Drohung, die «Bruderstaaten» würden einmarschieren, völlig wirkungslos. In der Sowjetunion und den moskautreuen Satellitenstaaten war die Rebellion Titos allerdings der Startschuss für eine allgemeine Jagd auf «Agenten des Westens» und «Titoisten».

Aber auch im Westen hielt man die Vorgänge fälschlicherweise für ein freiwilliges Ausscheiden Jugoslawiens aus dem Ostblock. Hier reagierte man mit einer erstaunlichen Doppelstrategie. 1949/50 liefen die Hilfsmaßnahmen für Tito an, und bis 1963 wurden rund 2,2 Milliarden US-Dollar allein in Jugoslawien investiert.[11] Sie sollten nicht nur eine «Belohnung» für Tito, sondern auch ein Anreiz für andere Staaten sein, die mit der Möglichkeit eines «nationalen Weges» spielten. Zusätzlich wurde Jugoslawien 1949 zum Ziel einer der ersten Verdeckten Operationen, die entgegen der von der US-Regierung vorgegebenen Linie das Ziel hatte, im Rahmen der *Rollback Policy* eine Revolution in Jugoslawien auszulösen, um das Land vom Kommunismus zu befreien.[12] Eine solche Parallelstrategie der US-Behörden hat es im Kalten Krieg nur in Jugoslawien gegeben, und sie stieß bei Bekanntwerden auf heftige Kritik.

Trotz eindeutiger Drohungen war es während der Berlin- und der Jugoslawien-Krise noch nicht zum militärischen Schlagabtausch gekommen. Dies änderte sich 1950 in Korea. Pläne zur Wiedervereinigung des seit 1945 geteilten Landes waren in den sowjetisch-amerikanischen Verhandlungen 1946 endgültig gescheitert. Unmittelbar danach hatten die USA die Korea-Frage an die UNO übergeben. Die kurz danach unter internationaler Kontrolle veranstalteten freien Wahlen konnten allerdings nur im Südteil stattfinden. So gab es ab August 1948 eine prowestliche «Republik Korea» unter Rhee Syngman, der im Krieg als Chef der koreanischen Exilregierung in den USA amtiert hatte. Im Norden etablierte sich im September des Jahres eine prosowjetische «Demokratische Volksrepublik Korea» unter Kim Il Sung. Ausgebildet in China und der UdSSR, war der nordkoreanische Diktator in den Dreißigerjahren am Aufbau einer antijapanischen Guerillabewegung beteiligt gewesen und schließlich mit der Roten Armee nach Korea zurückgekehrt. Vorstellungen, den jeweils anderen Staat zu «befreien», gab es auf beiden Seiten, und entsprechende Zusammenstöße an der Grenze gehörten seit dem Abzug der Besatzungsmächte zur Tagespolitik. Die Invasion jedoch, die am 25. Juni 1950 um vier Uhr mor-

DER ERSTE «KLEINE KRIEG» DES GROSSEN KALTEN KRIEGES Der Krieg in Korea war einer der ersten großen Stellvertreterkonflikte des Kalten Krieges, und auch hier spielte ein möglicher Atomwaffeneinsatz rasch eine wichtige Rolle. Während der Krieg militärisch lediglich den Status quo bestätigte, waren die weltweiten Auswirkungen immens. Die eigentlich Betroffenen des Krieges waren allerdings wieder einmal die Zivilisten. Der Krieg kostete nach konservativen Schätzungen etwa vier Millionen Menschen das Leben und zwang Millionen zur Flucht.

gens mit rund 200 000 nordkoreanischen Soldaten begann, ging weit über die vorangegangenen Scharmützel hinaus und sorgte auch im fernen Europa sofort für Invasionsängste.

Heute weiß man, dass die Sowjetunion an der Vorbereitung der Invasion beteiligt war und auch der 1949 siegreich aus dem Bürgerkrieg hervorgegangene Mao Tse-tung den Plänen Kim Il Sungs zugestimmt hatte. Es war vielleicht tatsächlich die gescheiterte Initiative in Berlin, die Stalin zu seinem Entschluss brachte – doch lud ihn wohl vor allem der Abzug der US-Truppen aus Südkorea ein, wie man seinen bekannt gewordenen Äußerungen entnehmen kann.[13] Einige Autoren mutmaßen sogar, dass Stalin Korea als

Sprungbrett gegen die Japaner nutzen wollte, denen er nach den Erfahrungen der Vergangenheit ebenso wenig traute wie den Deutschen.[14] Anders allerdings als in Moskau und Peking vermutet, reagierte der Westen auch in diesem Fall schnell und eindeutig. Ohne den vorherigen Beschluss des US-Kongresses abzuwarten, rief Truman den UN-Sicherheitsrat an. Da die UdSSR das Gremium wegen der fehlenden Berücksichtigung Chinas gerade boykottierte, konnte das UNO-Mandat bereits am 27. Juni ausgestellt werden. Später wurden die US-Truppen von einer breiten Koalition anderer Staaten unterstützt. Zunächst jedoch half dies nur wenig. Bis zum August 1950 überrannten die Nordkoreaner den Süden fast vollständig. Erst als die UN-Truppen am 15. September unter dem Befehl des mittlerweile 70-jährigen US-Generals Douglas MacArthur die legendäre Invasion bei Inch'ŏn in der Nähe der Hauptstadt Seoul starteten, gelang es mit großem Materialeinsatz nicht nur, die Armee Kim Il Sungs zurückzuwerfen, sondern sogar die Grenze zum Norden zu überschreiten. Die nordkoreanische Hauptstadt P'yŏngyang wurde eingenommen, und schließlich konnten die UN-Truppen bis zur chinesischen Grenze am Fluss Yalu vordringen. Über die Bedeutung der Überschreitung der Grenze zwischen Nord- und Südkorea am 38. Breitengrad ist viel gestritten worden. War dies gleichzeitig der Übergang von herkömmlicher Eindämmungs- zur Befreiungspolitik? Die Einschätzung, dass dahinter eher die *Liberation Policy* stand, wurde nicht nur durch vorherige Äußerungen MacArthurs unterstrichen, sondern auch durch die Darlegung der US-Position in der UNO am Tag vor der Invasion Nordkoreas. Der amerikanische Botschafter Warren Austin betonte dort, die USA gingen davon aus, dass diese Grenze weder *de jure* noch *de facto* eine Existenzberechtigung habe.

Auch während des militärischen Konflikts in Korea zeigte sich wiederum die besondere Bedeutung, die die Nuklearwaffen im Kalten Krieg besaßen. Gleichzeitig wurde ausdrücklich demonstriert, dass die amerikanische Strategie zur Befreiung vom Kommunismus nicht die Schwelle zum Atomkrieg überschreiten sollte. Als es nach Erreichen des Yalu im November 1950 zu jenem groß angelegten Gegenangriff Nordkoreas unter Beteiligung von zunächst 200 000 «freiwilligen» Chinesen kam, der nun wieder die UN-Truppen zu einem überstürzten Rückzug bis zum 38. Breitengrad zwang, hielt MacArthur den Einsatz von amerikanischen Nuklearwaffen zwar für zwingend notwendig. Er konnte sich aber gegenüber Truman nicht durchsetzen. Man weiß mittlerweile, dass Mao durchaus damit rechnete, dass die Amerikaner auch chinesische Städte bombardieren könnten. Allerdings war ihm die Möglichkeit, die USA aus Korea zu vertreiben, diesen Einsatz wert.[15] Tatsächlich eroberten die nordkoreanisch-chinesischen Streitkräfte im Januar 1951 erneut Seoul. In dieser Situation, in der es für MacArthur um die Fortsetzung des begonnenen antikommunistischen «Befreiungskriegs» ging und er nun dringend um den Einsatz von Nuklearwaffen ersuchte, stoppte Truman die militärische Eskalation des Konflikts. Er unterstrich dies mit der Absetzung MacArthurs am 11. April 1951. Warum nicht nur der Atomkrieg, sondern auch der Konflikt mit China vermieden werden sollte, machte der Vorsitzende der Vereinigten Stabschefs, General Omar Bradley, einen Monat später vor einem US-Untersuchungsausschuss deutlich. «Rotchina ist nicht die mächtigste Nation, die die Weltherrschaft anstrebt. Offen gesprochen, nach Meinung der Vereinigten Stabschefs würde uns eine von dieser Annahme ausgehende Strategie in den falschen Krieg hineinziehen – am falschen Ort, zur falschen Zeit und gegen den falschen Feind.»[16] Das wurde zur grundsätzlichen Entscheidung für die Dritte Welt.

Danach rührte sich in Korea militärisch nur noch wenig. Der Konflikt wurde zu einem Stellungskrieg mit zum Teil hohen Verlusten. Im Juli 1951 begannen erste Friedenssondierungen, aber erst am 27. Juli 1953 schwiegen die Waffen. Die im Waffenstillstand von P'anmunjŏm vereinbarte Grenze verlief nach Millionen Opfern wieder am 38. Breitengrad. Die sogenannte «DMZ» *(Demilitarized Zone)* bewahrt bis heute den ursprünglichen Charakter des Kalten Krieges, den die innerdeutsche Grenze ebenso wie die ehemalige DMZ in Vietnam seit Langem verloren haben: eine vom normalen Leben weitgehend geräumte, propagandistisch von beiden Seiten genutzte, militärisch gesicherte, weitgehend «tote Zone», die über mit Stacheldraht gesicherte Checkpoints zwar erreicht, aber nicht durchquert werden kann. Unter der Erde fanden die Südkoreaner in den Jahrzehnten nach dem Koreakrieg immer wieder sogenannte Invasionstunnel, die von Nordkorea aus in den Süden führten. Allein drei wurden zwischen 1974 und 1978 entdeckt – bezeichnenderweise ausgerechnet in der Phase des Kalten Krieges, als die Supermächte zu Abrüstungs- und Entspannungsverhandlungen gekommen waren. Die Tunnel erlaubten es nach südkoreanischen Schätzungen, binnen einer Stunde bis zu 30 000 Soldaten vom Norden in den Süden zu schicken.[17]

So frustrierend ergebnislos der Krieg in Korea auch zu enden schien, global hatte der Konflikt massive Auswirkungen auf den Kalten Krieg, der generell an Dynamik gewann. Der Fall Korea machte aber in den folgenden Jahren noch etwas anderes deutlich: den Wert der Entspannungspolitik. Eben weil sie hier nicht stattfand, sondern im Gegenteil die Konfrontation sogar beständig zunahm, während global die *Détente* Erfolge zeitigte, belegte dies, dass die Politik der Stärke jedenfalls nicht zu Annäherungen und erst recht nicht zur Wiedervereinigung führte. Erst lange nach dem Ende des Kalten Krieges vereinbarten beide Staaten eine gemeinsame Wirtschaftszone, die nach deutschem Vorbild eine allmähliche Normalisierung einleiten sollte, aber immer wieder geschlossen wurde, zuletzt 2016. Darüber hinaus bewiesen aber beide koreanische Staaten nach dem Waffenstillstand 1953, welchen handfesten Nutzen der globale Konflikt haben konnte. Ökonomische Hilfen der jeweiligen Blöcke flossen nahezu automatisch, wenn die Spannungen in Korea zunahmen.

Die Formierung der Blöcke

Die Lehren aus den Krisen zwischen 1948/49 und 1950 bis 1953 schienen für beide Seiten eindeutig. Nicht nur auf eine Gefährdung des eigenen Imperiums, sondern auch auf die punktuelle Ausdehnung der gegnerischen Herrschaft war mit Entschlossenheit zu reagieren. Bereits Monate vor dem Überfall Nordkoreas hatte George Kennans Nachfolger in der amerikanischen Planungsbehörde PPS, Paul Nitze, ganz in der Tradition des «Langen Telegramms» ein schließlich im September 1950 von Truman abgezeichnetes Grundsatzpapier für den Kalten Krieg formuliert. NSC 68 wurde die wohl folgenreichste amerikanische Richtlinie für die fünfziger Jahre, die unter anderem festschrieb, dass es keinen grundlegenden Unterschied mehr zwischen einer Strategie für den militärischen Konflikt und der Strategie für den Kalten Krieg gab.[18] Im Westen waren bereits während der Ersten Berlinkrise Verhandlungen zu einem Verteidigungsbündnis begonnen worden. Am 4. April 1949 wurde auf der Grundlage des 1948 geschaffenen Brüsseler Beistandspakts zwischen Großbritannien, Frankreich und den Benelux-Staaten die «North Atlantic Treaty Organization» (NATO) geschaffen, die in den folgenden Jahren dann Vorbild für ein globales Netz von Beistandspakten wurde. In ihr vereinbarten zunächst elf westeuropäische Staaten und die USA, dass ein Angriff auf einen der Unterzeichner gleichbedeutend sei mit einem Krieg gegen alle.[19] 1952 traten auch die Türkei und Griechenland bei, 1955 die Bundesrepublik Deutschland und 1982, als 16. und letztes Mitglied während des Kalten Krieges, Spanien. Ein Rückschlag traf das Bündnis 1966, als Frankreich im Konflikt um nationale Rechte die NATO verließ. Auch Griechenland kündigte 1974 aufgrund der Kontroverse mit dem NATO-Mitglied Türkei um Zypern seine Mitgliedschaft, trat aber 1980 wieder ein. Dass nach dem Ende des Kalten Krieges auch ehemalige Ostblockstaaten in das Bündnis integriert wurden, wurde für viele Beobachter zu einem der sichtbarsten Zeichen, dass der Westen in diesem Konflikt gesiegt habe. Die NATO, die in ihrem Selbstverständnis immer auch ein politisches Wertebündnis war, das aber auch wirtschaftliche Interessen verband, fand ihre Ergänzung in verschiedenen Abkommen, etwa über die Einrichtung von Stützpunkten, Flug- und Raketenbasen, aber auch in weiteren bilateralen Verträgen der USA, etwa mit Südkorea (1953), mit Taiwan (1954) oder Japan (1961).

Es waren der Koreakrieg und die damit verbundenen Ängste, welche die NATO-Erweiterung schneller als geplant vorantrieben. Davon profitierte vor allem die gerade entstandene Bundesrepublik, die über ihren militärischen Beitrag nicht nur ihre Souveränität, sondern auch den Eintritt in andere politische und wirtschaftliche Zusammenschlüsse im Westen erreichte. Die Briten hatten seit 1948 über einen westdeutschen Verteidigungsbeitrag nachgedacht, und namentlich Churchill mahnte noch vor Beginn des Krieges im Fernen Osten zur Aufstellung von Einheiten. Bundeskanzler Adenauer setzte sich dafür über die erhebliche innenpolitische Kritik gegen eine «Wiederaufrüstung» hinweg und bot kurz nach Beginn des Koreakrieges einen westdeutschen Wehrbeitrag an. Schon im September 1950 wurde dafür eine eigene Koordinationsstelle – das «Amt Blank» – eingerichtet. Gleichzeitig begann der Aufbau eines «Bundesgrenzschutzes». Verzögerungen gab es einerseits durch die verständlichen Befürchtungen der Franzosen und andererseits durch den Versuch, auf Beschluss des NATO-Rates eine national gemischte «Europaarmee» zu schaffen, in die die deutschen Truppen lediglich eingebunden sein sollten. Diese nicht zuletzt vom französischen Ministerpräsidenten René Pleven mitinitiierte «Europäische Verteidigungsinitiative» (EVG) scheiterte allerdings 1954 im französischen Parlament. Für die westdeutsche Souveränität erwies sich dieser überraschende Rückschlag indes als Glücksfall. Bereits im Mai 1952 war mit dem Deutschlandvertrag das Besatzungsstatut aufgehoben worden. Über den Umweg der neu gegründeten und am Modell der 1948 entstandenen «Organisation der Amerikanischen Staaten» (OAS) orientierten «Westeuropäischen Union» (WEU) konnte die Bundesrepublik dann bereits 1955 Mitglied der NATO werden. Gleichzeitig erhielt sie ihre fast vollständige Souveränität. Mit der 1956 offiziell gegründeten Bundeswehr wurde auch der versprochene westdeutsche Verteidigungsbeitrag geliefert. Kurz danach rückte die Bundesrepublik auch in die gemeinsamen politisch-wirtschaftlichen Zusammenschlüsse Westeuropas. Die Unterschrift unter die Römischen Verträge 1957 legte das Fundament für die während des Kalten Krieges erfolgreich zusammenwachsende Europäische Wirtschaftsgemeinschaft (EWG). Auch deren Attraktivität für den Osten zeigte sich nach 1991: Binnen weniger Jahre traten ihr zahlreiche ehemalige Ostblockstaaten bei. Zunächst jedoch blieb auch die EWG ein Instrument des Kalten Krieges. Erster Präsident wurde ein Westdeutscher, der dem Konflikt einen besonderen Stempel aufdrückte: Walter Hallstein. Seine als Staatssekretär im Auswärtigen Amt 1955 formulierte Doktrin, dass jeder Staat, der die DDR anerkenne, mit dem Abbruch der diplomatischen Beziehungen seitens der Bundesrepublik zu rechnen habe, gehörte bis zum Ende der Sechzigerjahre zu den außenpolitischen Waffen gegen den Ostblock.

Die Blockbildung war 1955 auch in Ostmitteleuropa abgeschlossen. Hier wirkten sich die Erste Berlinkrise und der Konflikt in Korea ähnlich aus. Am 14. Mai 1955 wurde der Warschauer Pakt unterzeichnet. Mit ihm verpflichteten sich die der Kontrolle der UdSSR unterstehenden ostmitteleuropäischen Staaten zu «Freundschaft, Zusammenarbeit und gegenseitigem Beistand» im Falle eines bewaffneten Angriffs.[20] In ihn wurde 1956 auch die Natio-

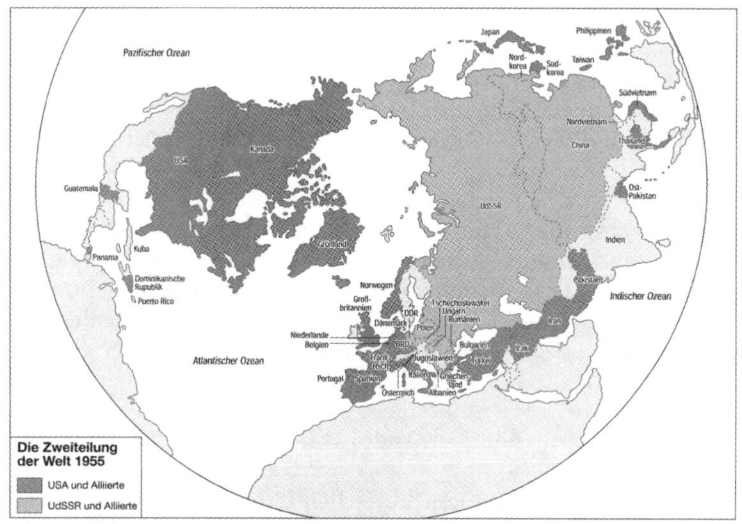

DIE GLOBALE DIMENSION DES KALTEN KRIEGES Die Teilung der Welt, 1955

nale Volksarmee (NVA) der DDR eingebunden, die aus der sogenannten Kasernierten Volkspolizei (KVP) hervorgegangen war. Wie die NATO blieb auch der Warschauer Pakt von der Hegemonialmacht dominiert. Bis zur Auflösung am 1. April 1991 stand an seiner Spitze sogar ununterbrochen ein sowjetischer General. Aber auch hier traten einzelne Mitglieder aus. Albanien verließ aus Protest gegen den Einmarsch der Warschauer-Pakt-Staaten in der ČSSR 1968 das Bündnis. Weitere Konflikte ergaben sich unter anderem aus dem sowjetisch-chinesischen Konflikt, in dessen Folge man ab 1966 keine gemeinsamen Beschlüsse über Vietnam mehr verabschieden konnte. Auch hier ergänzten bilaterale Verträge das Bündnissystem, so etwa der 1955 geschlossene Beistandspakt mit Finnland.

Auch in Asien beschleunigte der Koreakrieg 1950 die Gründung von militärisch-politischen Bündnissen, die ebenfalls durch bilaterale Verträge ergänzt wurden. Die Parallelorganisationen zur amerikanisch dominierten NATO für Asien entstanden im Zeitraum 1951 bis 1955 mit dem ANZUS-Pakt (Australien, Neuseeland, USA), der SEATO (Australien, Frankreich, Großbritannien,

Neuseeland, Pakistan, Philippinen, Thailand, USA, Südvietnam, Kambodscha, Laos) und dem Bagdad-Pakt (Großbritannien, Pakistan, Iran, Irak, USA). Wie in Europa ging es dabei zunächst noch um eine «doppelte Eindämmung».[21] So sollte etwa der ANZUS-Pakt nicht nur ein Verteidigungsvertrag gegen kommunistische, sondern auch eine Sicherung vor japanischen Aggressionen sein. Die Ähnlichkeit mit den ersten west- und ostmitteleuropäischen Bündnisverträgen, die nicht zuletzt auch auf einen Schutz vor Deutschland zielten, war offensichtlich. Und wie in Europa, wo die beiden Teile Deutschlands in die Paktsysteme eingebunden und damit kontrollierbar waren, hatte die Einbeziehung des ehemaligen Aggressors Japan in das amerikanisch dominierte asiatische Sicherheitssystem 1951 (Friedens- und Sicherheitsvertrag von San Francisco) eindeutigere Feindbilder zur Folge. Durch seine nun deutlicher werdende antichinesische Stoßrichtung wurde der ANZUS-Pakt für weitere asiatische Staaten attraktiv, so etwa für Thailand, das kontinuierlich chinesische Angriffe und kommunistische Unterwanderung befürchtete. Militärisch hingegen blieb das Bündnis wenig schlagkräftig und wurde 1984 durch die Suspendierung der amerikanischen Beistandspflicht gegenüber Neuseeland vor dem Hintergrund eines Streits über Atomwaffen im pazifischen Raum zusätzlich geschwächt. Schon 1971 war das Bündnis durch den ebenfalls antikommunistisch orientierten ANZUK-Pakt mit Australien, Neuseeland, Großbritannien, Malaysia und Singapur ergänzt worden.

Auch die 1954 in Parallele zur NATO als antikommunistisches Schutzbündnis gegründete SEATO war längst nicht so erfolgreich wie ihr atlantisches Pendant. Die südostasiatische Vertragsgemeinschaft, der wie ihrem Vorbild ein eigener «Rat» sowie verschiedene zivile Dienststellen zugeordnet waren, litt noch stärker an inneren Streitigkeiten ihrer Mitglieder. Nachdem 1972 Pakistan nach dem Sieg der eher linken Reformregierung um Ali-Khan Bhutto ausgeschieden war, stornierten bis 1975 auch Frankreich, Thailand und die Philippinen ihre Mitgliedschaften. 1977 zerfiel das Bündnis daraufhin ganz. Als erfolgreicherer Ersatz fungierte der 1967 gegründete – eigentlich nichtmilitärische – ASEAN-Pakt, der sich schließlich über Südostasien bis nach Südkorea (1989) erweitern konnte. Auch er entwickelte sich, vor allem seit der Invasion Vietnams in Kambodscha 1979, zu einem Sicherheitsbündnis, das sich insbesondere gegen China richtete. Um so bemerkenswerter war die Wandlung nach dem Ende des Kalten Krieges, als China nach 1991 seinen Einfluss auf die ASEAN-Staaten ausdehnen konnte.

Der seit 1955 forcierte Abschluss weiterer Abkommen zwischen den USA und asiatischen Staaten beruhte dann auf den weiteren Bemühungen der USA, die gürtelartig um die Sowjetunion verlaufenden bi- und multilateralen Sicherheitspakte durch ein Vertragssystem für den Nahen und Mittleren Osten zu schließen. Dieses Vorhaben scheiterte allerdings am Widerstand Ägyptens und des arabischen Nationalismus. Übrig blieb schließlich nur das 1955 geschlossene, als Bagdad-Pakt bekannte Türkei-Irak-Abkommen, dem im selben Jahr auch Großbritannien, Pakistan und der Iran beitraten. Nach dem Austritt des Irak 1959, der bereits zuvor die Sitzungen boykottiert hatte, war auch das nun CENTO genannte Paktsystem zunehmend schwächer geworden, obwohl die USA demonstrativ, wenngleich nur indirekt, beitraten. Eine Beistandspflicht gab es nicht. 1979 löste es sich nach der Iranischen Revolution ganz auf. Trotz zahlreicher durch die USA abgeschlossener bilateraler Verträge blieb der Mittlere Osten damit ohne Anschluss an ein gemeinsames antikommunistisches Paktsystem.

Im Gegensatz zu den USA, die trotz Rückschlägen weltweit erfolgreich multilaterale Paktsysteme arrangieren konnten, gelang dies der UdSSR nicht. Außerhalb des Warschauer Paktes, der sich als Vertragssystem auf Ostmitteleuropa konzentrierte, schloss Moskau nur bilaterale Verträge. Noch vor der Gründung des Warschauer Paktes war 1946 ein Beistandsvertrag mit der Mongolischen Volksrepublik zustande gekommen. 1950 wurde ein weiterer mit Maos Volksrepublik China geschlossen, der allerdings zehn Jahre später wieder zerbrach. 1955 kam ein ähnlicher Vertrag auch mit Afghanistan zustande, dessen Nachbar Pakistan zum selben Zeitpunkt auf den Westen setzte. Der Vertrag mit Kabul hatte 25 Jahre später insofern besonders gravierende Folgen, als er eine der Voraussetzungen für den sowjetischen Einmarsch 1979 bildete. Weitere bilaterale Verträge in Asien wurden 1961 mit Nordkorea und 1979 mit Vietnam geschlossen.

Neben den Bündnisverträgen, die ganz Europa, Asien und Australien in die jeweiligen Blöcke einbezogen, waren ab 1947/48 auch für Süd- und Mittelamerika kollektive Beistandsabkommen geschlossen worden. Im August 1947 vereinbarten 21 amerikanische

Staaten im Pakt von Rio de Janeiro einen interamerikanischen Verteidigungsvertrag, der auf die Tradition der Monroe-Doktrin zurückging.[22] Als letzter Staat ratifizierte 1950 Argentinien das Bündnis, in dem ein Angriff auf ein Mitglied ebenfalls als Aggression gegen alle verstanden wurde. Gerade der «Rio-Vertrag» machte zudem in besonderem Maße die globale Dimension sichtbar. Geografisch umfasste er, wie es im Vertragstext hieß, alle Gebiete des Doppelkontinents zwischen «Nordpol einschließlich Grönlands, ostwärts des amerikanischen Kontinents unter Einschluss des Karibischen Meeres zum Südpol, von dort ostwärts Hawaii einschließlich der Alëuten zum Nordpol». Ein knappes Dreivierteljahr später folgte als Fortsetzung die Gründung der Organisation Amerikanischer Staaten (OAS). Auch sie verstand sich als Bündnis der «Demokratie [...] gegen den Kommunismus», wie es in dem 1948 im kolumbianischen Bogota geschlossenen Vertrag ausdrücklich hieß.[23] Es entbehrte nicht der Ironie, dass die Vertreter der einzelnen Staaten während der Verhandlungen einen handgreiflichen Eindruck von den Fronten des Kalten Krieges erhielten, über die sie gerade debattierten. In bürgerkriegsähnlichen Straßenschlachten zwischen Linken und Rechten, die der Ermordung eines populären linksliberalen Präsidentschaftskandidaten folgten, stürmte eine aufgebrachte Menge schließlich auch den Sitzungssaal der Panamerikanischen Konferenz, der ebenso wie die US-Botschaft in Brand gesetzt wurde.

Dass die OAS sich vor allem als antikommunistisches Paktsystem verstand, machten auch die folgenden Konferenzen deutlich. Die «Caracas-Resolution» 1954, deren Hintergrund die aus US-Sicht besorgniserregende Machtübernahme der Linken in Guatemala bildete, stellte kategorisch fest, dass die Bildung einer kommunistischen Regierung auf dem Doppelkontinent in Zukunft als Angriff gewertet werde und Sanktionen der OAS nach sich ziehe. «Die Beherrschung oder Kontrolle der politischen Einrichtungen irgendeines amerikanischen Staates durch die kommunistische Bewegung, die damit auf diese Hemisphäre das politische System einer außerkontinentalen Macht ausdehnt, würde eine Bedrohung der Souveränität und der politischen Unabhängigkeit der amerikanischen Staaten darstellen und den Frieden Amerikas gefährden und daher Beschlüsse und entsprechende Maßnahmen in Übereinstimmung mit den bestehenden Verträgen hervorrufen.»[24]

In der gleichen Diktion wurde 1962 auch die kubanische Revolution verurteilt. Wie stark auch hier interne Spannungen die Wirksamkeit der Organisation beeinträchtigten, zeigte sich beispielhaft am 1965 gegründeten antikommunistischen «Zentralamerikanischen Verteidigungsrat» (CONDECA), der ab 1969 in regionale Streitigkeiten abrutschte.

Der afrikanische Kontinent geriet für die Hauptkontrahenten weitaus später und nur indirekt als Reaktion auf eine vermutete gegnerische Machtausdehnung ins Blickfeld. In Teilen spielten – etwa im Kongo-Konflikt – zwar auch Bodenschätze eine Rolle, faktisch aber ging es darum, Gebiete nicht in die Hand der anderen Seite fallen zu lassen. Daran orientierte sich später auch die Entwicklungspolitik, die mit der umfassenden Dekolonisierung seit den Sechzigerjahren zu einer schlagkräftigen Waffe im Kalten Krieg wurde. Es war nicht zuletzt diese eher konzeptfreie Politik, die es möglich machte, dass ausgerechnet in Afrika die längsten Konflikte des Kalten Krieges mit umfassender materieller Beteiligung auch der Supermächte geführt wurden.

In welcher Weise Afrika ein Teil der Formierung der Blöcke wurde, deutete sich im Norden des Kontinents bereits unmittelbar nach dem Ende des Zweiten Weltkriegs an. Nach der Besetzung Nordafrikas durch die Westalliierten hatte Stalin 1944 versucht, auf Libyen und Ägypten Einfluss zu gewinnen. Unter anderem forderte er die Übergabe des westlichen Mandats über Libyen. Eine Einflussnahme wurde der UdSSR schließlich möglich, weil der antiisraelische arabische Nationalismus, der sich teilweise mit dem politischen Islamismus und der ab 1955 aktiven Blockfreienbewegung vermischte, gezielt Kontakte zur Sowjetunion suchte. Gerade deswegen bemühten sich wiederum die USA seit 1951 verstärkt, Nordafrika in das Paktsystem für den Nahen und Mittleren Osten einzubeziehen. Erst 1958 jedoch richteten die USA ein eigenes «Afrika-Büro» in ihrem Außenministerium ein und unterstrichen damit ihr Interesse am Schwarzen Kontinent. Die Möglichkeiten für den Westen verschlechterten sich mit der seit den Sechzigerjahren in großem Umfang einsetzenden Dekolonisierung, die den antiwestlichen Vorbehalt gegen die ehemaligen Kolonialherren entscheidend stärkte. Es war aber nicht nur dieser Reflex. Für viele der zum Teil völlig unvorbereitet in die Unabhängigkeit entlassenen Staaten südlich der Sahara erschien der sozialistische Weg die erfolgversprechendere Option. Dies galt etwa für Tansania, Sambia, Angola, Moçambique oder auch Äthiopien, wo sich ein Afro-Marxismus schließlich am deutlichsten durchsetzte und der Ostblock einen seiner wichtigsten Stützpunkte fand.[25]

In Afrika und im angrenzenden Nahen und Mittleren Osten galt zudem die «Arabische Liga» ab 1950 als kollektives Verteidigungs- und Wirtschaftsbündnis.[26] Bereits 1944/45 auf den alliierten Konferenzen von Kairo und Alexandria gegründet, richtete sie sich vor allem gegen Israel und damit auch gegen den Westen. Gründungsstaaten waren neben Ägypten der Jemen, Saudi-Arabien, der Irak, Libanon, Syrien und Transjordanien. 1953 trat auch Libyen bei, bis 1961 der Sudan, Tunesien, Marokko und Kuwait, später auch Algerien. In der Liga spielte der politische Islamismus zum Teil die Rolle einer Integrationsideologie. Mehrfachmitgliedschaften waren dabei auch in Afrika üblich. Mitglieder der Arabischen Liga waren außer in der 1955 gegründeten, global organisierten Blockfreienbewegung auch in der 1963 entstandenen Organisation der Afrikanischen Einheit (OAU) vertreten. Allerdings blieb die panafrikanische Bewegung zerstritten und war nie in der Lage, im Kalten Krieg eine ernsthafte politische Rolle zu spielen.[27]

China: Eine dritte Weltmacht entsteht

Der Konflikt in Korea, der den Kalten Krieg so dramatisch beschleunigte, war auch deshalb militärisch unbefriedigend verlaufen, weil die US-Regierung den großen Konflikt vermeiden wollte – nicht zuletzt wegen China. Die Gründung der Volksrepublik am 1. Oktober 1949 nach dem Sieg Maos war in Washington nicht nur als Stärkung des «kommunistischen Blocks», sondern vor allem als «Verlust Chinas» wahrgenommen worden. Dieser Vorwurf beherrschte über Jahre auch die amerikanischen Wahlkämpfe. Der Besuch des US-Präsidenten Richard Nixon im Februar 1972 wurde entsprechend als die wieder erreichte «Öffnung Chinas» gefeiert. Nichtsdestoweniger war die scharfe Zäsur nach der Staatsgründung «Rot-Chinas» absehbar gewesen, weil die Fortsetzung des Chinesischen Bürgerkriegs in den ersten Jahren des Kalten Krieges bereits als Stellvertreterkrieg zwischen den USA und der UdSSR ausgefochten worden war.

DIE DRITTE WELTMACHT FORMIERT SICH: MAO-KULT Der am 1. Oktober 1950 gefeierte erste Jahrestag des kommunistischen Sieges im Chinesischen Bürgerkrieg. Die Formensprache orientierte sich deutlich am Personenkult um Stalin. Die durch Chruschtschow eingeleitete Entstalinisierung in der Sowjetunion war insofern ein harter Schlag für die Führung in Peking und wurde hier als peinlicher Gesichtsverlust wahrgenommen.

Der Sieg der Kommunisten in China schien Moskaus Machtbereich enorm zu erweitern. Darauf deutete auch der bereits am 14. Februar 1950 geschlossene bilaterale Vertrag über «Freundschaft, Bündnis und gegenseitigen Beistand» mit Peking hin. Aber trotz der nach außen demonstrierten Einheit des «sino-sowjetischen Blocks», in dem Stalin und dann Chruschtschow zunächst die Rolle des «ältesten Bruders» einnahmen, waren die traditionellen Spannungen niemals ganz überwunden worden. Sie gingen zunächst vor allem auf die Ausbootung der stalintreuen Gruppen in der chinesischen KP im Jahr 1935 zurück. Außer über personelle und ideologische Fragen stritt man sich auch über den Verlauf der gemeinsamen Grenze am Amur und Ussuri oder um den Besitz der Ostchinesischen Eisenbahn in der Mandschurei, die der UdSSR bei Kriegsende zugefallen war und die Mao zurückforderte. Das konfliktträchtige Verhältnis zwischen Peking und Moskau eskalierte dann unter Chruschtschow, wobei aus chinesischer Sicht der berühmte XX. Parteitag und die dort vollzogene Abrechnung mit Stalin eine gravierende Verschlechterung bedeuteten. Angesichts des deutlich am Stalinismus orientierten Mao-Kults musste die Entstalinisierung nicht nur als Gesichtsverlust, sondern wie ein gewollter politischer Affront wirken. Dennoch entwickelte sich bis zum endgültigen Bruch seit 1960 eine zeitweilig enge Kooperation. Die UdSSR wuchs in dieser Phase zum wichtigsten Außenhandelspartner Chinas heran.

Die amerikanische China-Politik setzte seit 1949 auf Eindämmung und Isolation Maos. «Rot-China» wurde die diplomatische Anerkennung durch die USA und lange Zeit auch durch die anderen westlichen Industrienationen versagt. Bereits 1951 wurde die Embargopolitik auf Maos Reich ausgedehnt. Ihr schlossen sich auch die NATO-Staaten und Japan an. Chinesische Auslandsguthaben wurden eingefroren, mit der Folge, dass Peking noch stärker an die Sowjetunion heranrückte. Die USA konzentrierten sich seit dem Koreakrieg zunächst auf Taiwan. Tschiang Kai-scheks am 1. März 1950 eingerichtete Republik China war zwar alles andere als demokratisch, aber sie stand auf der Seite des Westens. Washington blieb gewillt, den Inselstaat «unter allen Umständen zu verteidigen», wie John F. Kennedy 1960 formulierte.[28] Wie die Volksrepublik China zunächst von der UdSSR, blieb Taiwan zunächst von den USA ökonomisch völlig abhängig.[29] Dies änderte sich erst nach der Aufnahme offizieller Beziehungen zwischen Washington und Peking in den Siebzigerjahren allmählich, insbesondere als Tschiang Kai-scheks Sohn Tsching-kuo 1978 die Präsidentschaft übernahm. Anfang der Sechzigerjahre aber bezahlten die USA immerhin drei Viertel des taiwanesischen Nationalhaushalts. Mit dieser Hilfe wuchs die Insel zu einer der führenden Industrienationen des Fernen Ostens. Gleichzeitig bauten die USA das Land, wie Westdeutschland, Südkorea und zeitweilig Südvietnam, zu einem antikommunistischen Frontstaat aus. Von Taiwan aus sendeten zum Teil die gleichen antikommunistischen «Befreiungssender», die auch Stationen in Westeuropa betrieben, unter anderem nach China und Nordvietnam.

Der Bruch Pekings mit Moskau entwickelte sich zunächst von der übrigen Welt weitgehend unbemerkt und trat erst offen zutage, als sich der Kalte Krieg ab 1961 zunehmend aus Europa in die Dritte Welt verlagerte. Nach der von China als peinlicher Gesichtsverlust wahrgenommenen Entstalinisierung zeichnete sich am Ende des ersten chinesischen Fünfjahresplans 1956/57 ab, dass auch das zunächst kanonisch übernommene Sowjetmodell für China nicht die erhofften schnellen Erfolge brachte. Als Lösung setzte Mao eine von Moskau scharf kritisierte Art des «Kriegskommunismus» gegen die «Leninisten» in der chinesischen KP um Deng Xiao-ping durch. Dieser «Große Sprung nach vorn» beruhte vor allem auf vorindustriellen Methoden. Als besonderen Verrat empfand Mao darüber hinaus die von Chruschtschow verkündete «Friedliche Koexistenz», die er als Revisionismus und Anbiederung an den Klassenfeind betrachtete. Im Laufe des Jahres 1959 fühlte er sich in dieser Auffassung noch einmal ausdrücklich bestätigt, als Moskau den zwei Jahre zuvor vereinbarten Vertrag zur Entwicklung einer chinesischen Atombombe stornierte. Und nicht nur das: Chruschtschow drängte sogar, Taiwan als zweiten chinesischen Staat zu akzeptieren und auch im Grenzkonflikt mit Indien nachzugeben. Mao brachte alles dies zu der Überzeugung, dass er sich auf den «ältesten Bruder» nicht mehr verlassen konnte. Im April 1960 kam es zum ersten Eklat, als Zeitungen in China den «Revisionismus» Moskaus zwar indirekt, aber unverhohlen kritisierten. Drei Monate später stellte die UdSSR alle Hilfsmaßnahmen abrupt ein. Der Konflikt verschärfte sich nun zusehends und erreichte 1969 mit den Gefechten am Amur und Ussuri seinen blutigen Höhepunkt. Diese Streitigkeiten konnten erst 1994 beigelegt werden.

Trotz dieser Probleme stieg China bis 1964 in den Kreis der Atommächte auf und zündete 1967 seine erste Wasserstoffbombe – fast ein Jahr vor den Franzosen. Die dritte Weltmacht erzeugte aber nicht nur dadurch weiterhin hysterische Reaktionen. Es war auch die schlichte Größe dieser Nation, die in den sechziger Jahren knapp 600 Millionen Menschen umfasste. Im Westen, aber auch in der UdSSR war man sich nicht mehr sicher, ob Mao es ernst meinte, wenn er davon sprach, dass China selbst einen Atomkrieg nicht fürchte, weil die überlebenden 300 Millionen Chinesen immer noch in der Lage seien, den Sieg des Sozialismus zu vollenden.[30] Die Konflikte mit der Sowjetunion waren schließlich auch das Argument, das die chinesische Führung zur Annäherung an Washington veranlasste, zumal die Intervention des Warschauer Pakts in der Tschechoslowakei 1968 in Peking als unverhohlene Drohung angekommen war. Für die USA wiederum eröffnete dies die Möglichkeit, Moskau im Kalten Krieg weiter zu isolieren. Nach Nixons Besuch in China 1972 konnte Peking nicht nur den bisher von Taiwan gehaltenen UNO-Sitz einnehmen, um den man zusammen mit Moskau seit den Fünfzigerjahren vergeblich gekämpft hatte. Darüber hinaus verdoppelte sich nun das Handelsbilanzvolumen, als die USA 1987 auch China die Meistbegünstigungsklausel einräumten. Für die UdSSR war es dabei besonders bitter, dass Peking dadurch offiziell den Zugang zu westlicher Computertechnologie erhielt, während die Sowjetunion und andere kommunistische Staaten davon ausgenommen blieben.

Die Emanzipation und das Selbstbewusstsein Chinas im Kalten Krieg zeigten sich darüber hinaus darin, dass Peking seit den sechziger Jahren nicht nur jene Ostblockstaaten unterstützte, die sich wie Albanien ab einem bestimmten Zeitpunkt nicht mehr von Moskau vertreten fühlten, aber auch nicht prowestlich waren. Insbesondere gegenüber der Blockfreienbewegung trat China zunehmend dominant auf. China verstand sich nicht nur als politischer Vorreiter der Entwicklungsländer vor, während und nach der Dekolonisierung, sondern griff auch in deren Konflikte ein.

Blockfreiheit und Neutralität

Die «Bewegung der Blockfreien» (NAM) entwickelte sich von Beginn an bewusst zwischen den Fronten des Kalten Krieges. Ziel sollten die Bewahrung der Eigenständigkeit und die Förderung politischer Emanzipation sein. Gemeinsame Erfahrung der meisten Mitglieder war die koloniale Ausbeutung. Dies unterschied die organisierte Blockfreiheit von der Neutralität anderer Staaten im Kalten Krieg, etwa der Schweiz, Österreichs, Irlands oder Schwedens. Während diese Länder fest im westlichen Lager standen – oder wie Finnland im Vertrag von 1948 versicherte, im Zweifelsfall «unterstützt durch die Sowjetunion oder zusammen mit dieser» die Verteidigung organisieren zu wollen[31] –, war die organisierte Blockfreiheit ideologisierter. In der Zugehörigkeit zu den Blöcken sahen die mehrheitlich aus dem afro-asiatischen und lateinamerikanischen Raum stammenden Mitglieder keine Lösung, weil sie neue Abhängigkeiten erzeugte, aber auch die außenpolitischen Möglichkeiten einschränkte.

Die Blockfreiheit war bereits im Konstituierungsjahr des Kalten Krieges 1947 in jenen asiatischen Staaten propagiert worden, die die Unabhängigkeit von der Kolonialherrschaft anstrebten oder gerade erreicht hatten.[32] Auf fruchtbaren Boden fiel dies zunächst in Indien und Pakistan, die weitgehend unvorbereitet und unter Zeitdruck von Großbritannien in die Unabhängigkeit entlassen worden waren. Es war dann aber vor allem Nehru in Indien, der der Blockfreienidee ein Gesicht und eine Richtung gab, während Pakistan aufgrund der politisch-religiösen Rivalität zum großen Nachbarn doch den Schutz im westlichen Bündnis suchte. Einen weiteren Schub erhielt die Bewegung während des zum gleichen Zeitpunkt einsetzenden Versuchs einiger europäischer Mächte, ihre verlorenen Kolonien nach dem Zweiten Weltkrieg wieder unter Kontrolle zu bringen. Insbesondere die Niederlande lösten mit der angestrebten Rekolonisierung Indonesiens einen gewalttätigen Konflikt aus, der schließlich sogar die UNO beschäftigte. Die 1948/49 erreichte Internationalisierung der Indonesienfrage trug maßgeblich zur Konstituierung der Blockfreienbewegung bei. Nicht zufällig tagte die erste gemeinsame Konferenz von 23 «blockfreien» Staaten im indonesischen Bandung 1955. Das erste offizielle Gipfeltreffen fand dann 1961 im jugoslawischen Belgrad statt, wo der rebellische Staatschef Tito Stalin 1948 erfolgreich die Stirn geboten hatte. Auch der Ort der zweiten offiziellen Konferenz – Kairo – war 1964 nicht zufällig gewählt. Der ägyptische Staatschef Gamal Abd el-Nasser wurde neben Nehru und Tito zu einer weiteren Ikone der NAM-Staaten, weil er sich seit 1955 erfolgreich dem Werben nach Blockbindung entzogen hatte. Stattdessen konnte er aufgrund der strategischen Lage seines Landes erfolgreich finanzielle Mittel von beiden Supermächten einwerben. Welche Sogwirkung speziell Nasser entwickelte, zeigte sich in den arabischen Nachbarländern, so etwa in Libyen, wo sich später Moamar al-Gaddhafi ausdrücklich auf das Vorbild Nasser berief. Weitere Gipfelkonferenzen folgten in Lusaka (1970), Algier (1973), Colombo (1976), Havanna (1979), Neu-Delhi (1983) und Harare (1986). Das letzte gemeinsame Treffen im Kalten Krieg wurde 1989 wieder in Belgrad durchgeführt. Von ursprünglich 61

Mitgliedern im Jahr 1961 wuchs die Bewegung auf schließlich 102 Teilnehmer. Zusätzlich wurden zwei Befreiungsorganisationen aufgenommen: die südwestafrikanische SWAPO *(South West African Peoples Organization)* und die arabische PLO *(Palestine Liberation Organization)*.

Die Mitgliedschaft in der Blockfreienbewegung war für beide Supermächte von Beginn an eine Herausforderung, aber vor allem auch ein politisches Ärgernis. Dies zeigte Moskaus Verhalten gegenüber Jugoslawien ebenso wie die Politik Washingtons gegenüber den neuen afrikanischen Staaten. Blockfreiheit und der damit verbundene politisch-wirtschaftliche Pragmatismus wurden in den beiden großen Machtzentren des Kalten Krieges als unerwünschte politische Unentschiedenheit wahrgenommen. Nachhaltig bekämpft haben allerdings vor allem die USA diese Art der Neutralität, während die UdSSR die propagierte Blockfreiheit zumindest zeitweilig eher als Chance begriff, ihren Einfluss zu stärken. Dies galt auch für China. Auch einige der kleineren kommunistischen Staaten – etwa Kuba und Nordkorea – versuchten sich bis zum Ende des Kalten Krieges als Führung der Blockfreienbewegung zu etablieren. Nicht zufällig führte eine der ersten Reisen des kubanischen Revolutionsführers Ernesto «Che» Guevara 1959 nach Europa, Asien und Afrika, um dort für die Blockfreiheit zu werben.

Die kritische Haltung der USA zu Neutralität und Blockfreiheit lässt sich am Beispiel der geteilten Staaten Deutschland und Vietnam besonders gut beobachten. In Westdeutschland wurden alle Bestrebungen eines «Dritten Weges» zwischen den Blöcken, die dort vor allem in den fünfziger Jahren als Weg zur Wiedervereinigung erhebliche Popularität entwickelten, als Kapitulation vor dem Kommunismus bekämpft. Die sogenannten «Stalin-Noten», mit denen Moskau die Neutralisierung und Wiedervereinigung Deutschlands 1952 in Aussicht stellte, hatten daher, trotz aller Diskussionen um eine ernsthafte Prüfung der Angebote, wahrscheinlich niemals eine reale Chance, verwirklicht zu werden. Ähnlich verhielten sich die USA in Vietnam, nachdem sich dort 1954 die Kolonialmacht Frankreich nach der verheerenden Niederlage bei Điên Biên Phu zurückgezogen hatte. Auf der Genfer Indochina-Konferenz zwischen Mai und Juli 1954 beschlossen die großen Mächte zwar die Teilung des Landes. Einer Neutralisierung Südvietnams widersetzte sich aber insbesondere Washington. Hier akzeptierte man nur den 1954 von den USA selbst eingesetzten und dem Westen ergebenen Ngô Đinh Diêm. Entsprechend stark engagierte sich die US-Regierung, um nicht nur Diêm zu halten, sondern auch die in Genf beschlossenen gesamtvietnamesischen Abstimmungen zu verhindern. Auch hier wurde die Gefahr, dass sich die Bevölkerung möglicherweise zugunsten der Wiedervereinigung für die Blockfreiheit oder Neutralität entscheiden könnte, als zu groß eingeschätzt. Nur so sind die verdeckten, aber massiven Bemühungen Washingtons zu verstehen, nicht nur die Wahlen 1956 zugunsten Diêms zu manipulieren, sondern auch gesamtvietnamesische Wahlen zu verhindern. Graham Greenes Roman *The Quiet American* setzte später dem berühmt-berüchtigten Koordinator dieser Verdeckten Operationen, Edward Lansdale, ein literarisches Denkmal.

Im indonesischen Bandung waren für die Blockfreienbewegung 1955 zehn Grundanliegen formuliert worden. Sie beinhalteten unter anderem die Forderung nach Achtung der Menschenrechte und der Ziele der Vereinten Nationen, den Verzicht auf militärische Interventionen und auf Einmischung in innere Angelegenheiten, die Anerkennung der Gleichwertigkeit aller Rassen sowie insbesondere die «Unterlassung der Anwendung von Kollektivverteidigungsabkommen im Dienst der Interessen einer der Großmächte».[33] Auf der ersten regulären Konferenz in Belgrad 1961 erweiterte man diesen Katalog noch einmal: Dekolonisierung und Steigerung des Wohlstands in der Dritten Welt sowie der Verzicht auf die Beteiligung am Wettrüsten kamen als Ziele hinzu. Während so in den Sechzigerjahren vorwiegend ideologisch-politische und sicherheitspolitische Fragen im Vordergrund gestanden hatten, gehörten seit den Siebzigerjahren auch die wirtschafts- und entwicklungspolitischen Folgen des Kalten Krieges zur Agenda, da der immer weiter forcierte und kostspieligere Rüstungswettlauf der Supermächte deutlichen Einfluss auf den Umfang der Entwicklungshilfe nahm. Bereits 1964 war eine eigene wirtschaftspolitische Interessenvertretung gegründet worden, die «Gruppe 77». Ihr gelang es in den Jahren 1973 und 1976, die Forderung nach einer Neugestaltung der internationalen Wirtschaftsordnung als Programmpunkt der Bewegung durchzusetzen, nachdem die erste Ölkrise die Macht einzelner Staaten der Dritten Welt eindrücklich

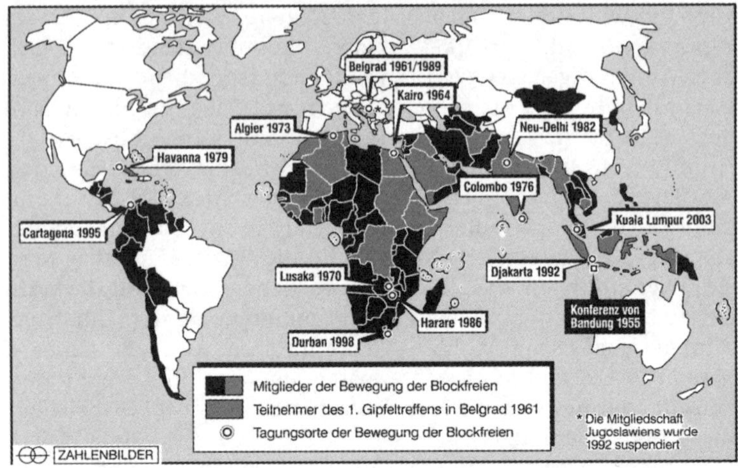

MITSPIELER ZWISCHEN DEN BLÖCKEN Die Blockfreienbewegung 1955–2003

demonstriert hatte. Immerhin erreichte man, dass die UN-Vollversammlung am 9. Mai 1974 ein Aktionsprogramm zur Errichtung einer «Neuen Weltwirtschaftsordnung» verabschiedete. Politisch erwies sich jedoch auch dies als fast folgenlos. Das neu gegründete Preiskartell der wichtigsten ölexportierenden Staaten, die OPEC, war zu eng mit den Wirtschaftsinteressen der reichen Industrieländer verbunden.

Das Ende des Kalten Krieges demonstrierte noch einmal die Schwäche der Gruppe 77, aber auch die Bedeutung des Blockkonflikts für die Bewegung. Die zweite Konferenz der damals 42 Länder umfassenden Gruppe der am wenigsten entwickelten Staaten der Welt, der sogenannten *Least Developed Countries* (LLDC), die 1990 in Paris veranstaltet wurde, erwies sich als Fehlschlag, weil das absehbare Ende des Konflikts auch die Interessen der großen Industriestaaten an der wirtschaftlichen Unterstützung der Dritten Welt schwächer werden ließ. Die wenigen überhaupt angereisten Staats- und Regierungschefs lehnten die erneut vorgetragene Forderung, die Entwicklungshilfe bis 1995 auf einen bestimmten Prozentsatz des Bruttosozialprodukts der jeweiligen Geberländer zu erhöhen, kategorisch ab. Entwicklungshilfe im Kalten Krieg, so zeigte sich hier noch einmal deutlich, war immer eher eine politische Waffe im Systemkonflikt gewesen. Mit der Auflösung des Ostblocks fehlte schlagartig das globale Konkurrenzverhältnis, das auch jenseits von rein wirtschaftlich begründeten Kosten-Nutzen-Rechnungen aus übergeordneten politischen Erwägungen Geld verteilt hatte.

Obwohl der Blockfreienbewegung das Verdienst zukommt, eine aktive Rolle der Dritten Welt im Konzert der großen Mächte im Kalten Krieg erkämpft zu haben, blieb rückblickend betrachtet die politische Wirkung dieser Gruppe fast durchgängig schwach.[34] Im günstigsten Fall wird ihr zugestanden, den Blick für die Länder der Dritten Welt und den Nord-Süd-Konflikt geschärft zu haben. Zwar gelang es einzelnen privilegierten Ländern, etwa dem geostrategisch günstig gelegenen Ägypten oder den ölreichen OPEC-Staaten, die Fronten des globalen Konflikts virtuos für sich zu nutzen. Herausragende Persönlichkeiten der Bewegung konnten politische Entscheidungen tatsächlich forcieren. So wog die Drohung Nehrus 1947, die niederländische Intervention in Indonesien vor den Sicherheitsrat der UNO zu bringen, immerhin so schwer, dass die USA begannen, von den zunächst unterstützten Rekolonisierungsplänen Den Haags abzurücken. Doch für die Masse der NAM-Staaten traf dies nicht zu. Der Versuch, die Industriestaaten zu mehr wirtschaftlichen Zugeständnissen zu zwingen, scheiterte ebenso wie der Vorstoß, den Ölpreis politisch wirksam einzusetzen. Dies misslang nicht zuletzt wegen der politischen Zerstrittenheit und den zahlreichen Sonderinteressen innerhalb der Bewegung. Das Bekenntnis zum Verzicht auf kriegerische Mittel erwies sich darüber hinaus vor allem dann als Makulatur, wenn Mitglieder der Blockfreienbewegung teilweise über Jahrzehnte militärische Konflikte austrugen (u. a. Pakistan und Indien, Somalia und Äthiopien, Vietnam und Kambodscha, Uganda und Tansania, Malaysia und Indonesien, Irak und Iran). Speziell im Fall Pakistans und Indiens erwies sich die Organisation als unfähig, den seit 1947 andauernden Konflikt um die Provinz Kaschmir zu beenden, in dessen Verlauf beide Staaten zu den größten Waffenimporteuren der Welt heranwuchsen. Dabei näherte sich Pakistan nach dem indisch-chinesischen Grenzkrieg 1962 Peking an, während Indien nach erfolglosen Bemühungen um amerikanische Waffenhilfe stärker an die UdSSR heranrückte. Anhand des Kaschmir-Konflikts kann man allerdings auch belegen, wie hilfreich das politische Engagement der Supermächte sein konnte: Der pakistanisch-indische Krieg 1965 wurde regelrecht ausgetrocknet, als die USA ein allgemeines Waffenembargo aussprachen, die UdSSR vermittelte und China sich zurückhielt.

Wie stark die übergreifenden politischen Ziele der Bewegung von Eigeninteressen behindert wurden, zeigte sich noch einmal deutlich in der letzten offensiven Phase des Kalten Krieges. Der größte Mitgliedstaat, Indien, verweigerte nach dem sowjetischen Einmarsch in Afghanistan die von den USA gewünschte Verurteilung der UdSSR in der UNO, weil eine sowjetisch orientierte Regierung in Kabul, die gleichzeitig feindlich gegenüber dem westlich ausgerichteten Pakistan sein würde, besser in die indische Außenpolitik passte. Grundsätzlich zeigte sich am Beginn der neuen Eiszeit des Kalten Krieges aber auch eine gewisse Konsequenz des Bündnisses der Blockfreien. Kuba – offiziell ebenfalls blockfrei und seit dem Sieg Castros in der Revolution 1959 um die Führung in der Bewegung bemüht – konnte sich auf der Konferenz in Havanna 1979 nicht mit dem Vorschlag durchsetzen, die Sowjetunion als offiziellen Verbündeten der Blockfreienbewegung anzuerkennen. Vor allem Jugoslawien, das unter Tito über die Jahre noch am ehesten die ursprünglichen Werte der Bewegung verkörperte, ließ den Vorstoß Fidel Castros scheitern. Das Ende des Kalten Krieges und die Auflösung der Blöcke zerstörten dann einen wesentlichen Teil des Selbstverständnisses der Blockfreienbewegung und ihrer politisch-wirtschaftlichen Möglichkeiten. Aufgelöst wurde sie allerdings nicht. Die von Ägypten auf Druck der USA vorgetragene Forderung wurde von ihren Mitgliedstaaten kategorisch abgelehnt.

4. Eskalation und Stilllegung in Europa 1953–1961

Aufstände im Ostblock 1953–1956

In eine neue Phase der Eskalation trat der Kalte Krieg mit den Aufständen im Ostblock zwischen 1953 und 1956.[1] Im März 1953 löste der Tod des sowjetischen Diktators Stalin, der über Jahrzehnte die Sowjetunion und ab 1944/45 Ostmitteleuropa mit harter Hand regiert hatte, Sorgen, aber auch Hoffnungen auf Entspannung und die Lösung des globalen Konflikts aus. In ähnlicher Weise wirkten die von seinem Nachfolger Chruschtschow im Februar 1956 begonnenen Veröffentlichungen der Verbrechen des Diktators.

Die insgesamt vier Aufstände in vier Satellitenstaaten des Ostblocks sind ohne den Tod Stalins und dessen nachfolgende Entmythologisierung nicht denkbar. Sie waren der Versuch, die Gelegenheit zu nutzen und mehr nationale Unabhängigkeit gegenüber der UdSSR zu erreichen. Der erste, eher kleinere «Pilsener Aufstand» fand Anfang Juni 1953 in der Tschechoslowakei statt. Ihm folgte der weitaus gewalttätigere in der DDR, der am 17. Juni seinen Höhepunkt mit der Niederschlagung durch die Rote Armee erreichte. Fast genau drei Jahre später erhoben sich im Juni 1956 die Polen im sogenannten Posener Aufstand. Auch in diesem Jahr folgte nur wenig später die nächste und im Vergleich mit Abstand blutigste Erhebung. Der Ungarische Aufstand begann im Oktober 1956 und endete im November wiederum mit der Niederschlagung durch die Rote Armee. Von der UdSSR wurden diese Aufstände angesichts der Fronten des Kalten Krieges nicht nur als Infragestellung des sowjetischen Führungsanspruchs interpretiert, sondern als Versuch, zur anderen Seite überzulaufen. Nur so ist auch die Härte zu erklären, die bei der Niederschlagung der Aufstände angewandt wurde.

Angesichts der allgemein verschärften Rhetorik vor den beiden Aufständen 1953 war es keine Überraschung, dass unmittelbar danach auch die Frage nach der Mitverantwortung des Westens gestellt wurde. Tatsächlich hatte es im amerikanischen Präsidentschaftswahlkampf 1952, aber auch im westdeutschen Bundestagswahlkampf im folgenden Jahr öffentliche Verlautbarungen gegeben, die man als Ermutigung zum Aufstand verstehen konnte. Nachweisbar ist, dass dieser mit Eisenhower und Dulles geführte republikanische Wahlkampf noch Jahre später mit der Vorstellung verbunden blieb, «daß wir helfen werden, die Völker jenseits des Eisernen Vorhangs zu befreien», wie der bekannte CBS-Moderator Walter Cronkite im Rückblick feststellte.[2] Dies bestätigten auch andere. Die *New York Post* erinnerte vor dem Hintergrund des Ungarischen Aufstands 1956 unter der Überschrift *Fatal Words* daran, dass jede kritische Untersuchung zu den Ursachen der Aufstände 1953 und 1956 auf das Wahlkampfjahr 1952 zurückzugehen habe.

Im westdeutschen Bundestagswahlkampf 1953, der vor, während und nach den Aufständen in der Tschechoslowakei und der DDR stattfand, waren es unter anderem die politisch aktiven Vertriebenenverbände, aber auch einzelne Parteien, die auf die amerikanische Befreiungspolitik verwiesen. «Wiedervereinigung Deutschlands», hieß es bei einem der kleinen Partner der Adenauer'schen Regierungskoalition, der nationalkonservativen Deutschen Partei (DP), die zwischen 1949 und 1961 immer wieder auch Bundesminister stellte, «heißt *Befreiung der Sowjetzone und der deutschen Siedlungsgebiete im Osten*».[3] Dies löste selbst im amerikanischen Außenministerium Sorgen aus. Adenauer dagegen hielt sich öffentlich eher zurück, doch auch er wollte sich zum Abschluss der für die Christdemokraten äußerst erfolgreichen Bundestagswahl am 7. September 1953 – kurz nach dem Aufstand in der DDR – der mittlerweile üblichen Radikalrhetorik nicht entziehen. In einer in der Bundeshauptstadt Bonn vor 25 000 Menschen gehaltenen Rede, deren emotionale Wirkung durch das abschließende gemeinsame Singen der Nationalhymne noch unterstrichen wurde, sprach auch er ausdrücklich von der Notwendigkeit der «Befreiung der Ostgebiete».[4] Das Sendeprotokoll des Nordwestdeutschen Rundfunks verzeichnete zustimmende Rufe und Beifall. Auch die *Frankfurter Allgemeine Zeitung* berichtete später von «stürmischem Applaus» bei Adenauers Bemerkung zur «Befreiung unserer achtzehn Millionen Brüder und Schwestern in den Ostgebieten».

Unbestreitbar ist, dass diese von scharfer Rhetorik geprägten Jahre des Kalten Krieges ganz allgemein und auf beiden Seiten von

Befreiungshoffnungen, aber auch Invasionsängsten geprägt waren. Die sowjetischen und ostmitteleuropäischen Führungen wiesen regelmäßig darauf hin, dass der Westen sich auf den «Tag X» vorbereite. Auch Adenauer behauptete 1950 in seinem berühmten Memorandum an den US-Hochkommissar McCloy, die paramilitärischen Einheiten der KVP stünden in der DDR für einen Angriff auf die Bundesrepublik bereit.[5] Die Amerikaner wiederum waren sich zeitweilig ganz und gar nicht sicher, ob nicht angesichts der in Gesamtdeutschland verbreiteten Wiedervereinigungshoffnungen auch eine gewaltsame Zusammenführung der beiden deutschen Staaten – von welcher Seite auch immer – begrüßt werden würde.[6] Als allerdings die ostmitteleuropäischen Aufstände 1953 und 1956 begannen, war jedes Mal klar, dass sie nicht von außen gelenkt waren. Unbestreitbar war jedoch auch, dass in ihrem Verlauf viele der westlichen Befreiungsorganisationen und Radiostationen alles taten, um sie größer und erfolgreich zu machen. Genauso offensichtlich war, dass die Hoffnungen der Aufständischen jedes Mal auf den Westen gerichtet waren.

Die Aufstände hatten jeweils eine ähnliche Vorgeschichte. Im Fall der Tschechoslowakei und der DDR war die Zeit unmittelbar vor den Unruhen durch verschärfte Sowjetisierung geprägt, obwohl die ČSR politisch und wirtschaftlich ganz andere Voraussetzungen mitbrachte als Ostdeutschland. Der verstärkte Ausbau der Industrie und immense Rüstungsausgaben ließen das Haushaltsdefizit explodieren und katapultierten das Land in eine tiefe Wirtschaftskrise. Die Bevölkerung wiederum verlegte sich, wie immer in Krisenzeiten, auf das Sparen. Entsprechend hoch waren die Privatguthaben. Als Lösung wurde von der tschechoslowakischen Führung schon 1952 eine umfassende Währungsreform ins Auge gefasst, die man im folgenden Jahr in Angriff nahm. Sie war ein staatlich sanktionierter Raub, bei dem die Guthaben durch eine neue Krone ersetzt wurden: bis zu 300 Kronen Bargeld im Verhältnis 5:1, darüber hinausgehende Beträge im Verhältnis 50:1. Gleichzeitig wurden alle langfristigen Anlagen abgewertet. Die Folgen waren absehbar, überraschten aber trotzdem. Die Proteste gegen die Währungsreform entluden sich in spontanen Streiks, schließlich aber auch in umfangreichen Demonstrationen mit politischen Forderungen, an denen nicht zuletzt KP-Mitglieder und Angehörige der staatlichen Massenorganisationen teilnahmen.

Hochrufe auf die ehemaligen Staatspräsidenten Masaryk und Beneš hallten durch Pilsen, Sprechchöre forderten politische Freiheiten. Das Rathaus wurde ebenso wie einige andere Verwaltungsgebäude angezündet. Die Staatssicherheit nahm Hunderte von Personen fest, 650 allein in Pilsen, Dutzende aber auch in Prag, Ostrava, Strakonice und Vimperk. Noch nach der Niederschlagung zeigten die Massenaustritte aus der tschechoslowakischen KP (KSČ) den Umfang der Unzufriedenheit. Tote allerdings gab es beim Pilsener Aufstand nicht. Dies änderte sich zwei Wochen später beim Aufstand in der DDR.

Auch in der DDR hatte im Vorfeld des Aufstands ein Versuch der innenpolitischen Konsolidierung stattgefunden. Die DDR befand sich seit Jahren in einer akuten Versorgungskrise, wobei auch hier vor allem die Produktion von Konsumgütern weit hinter den tatsächlichen Bedürfnissen der Bevölkerung zurückgeblieben war. Vor allem im Verhältnis zur Bundesrepublik erschien den DDR-Bürgern, wie zahlreiche Berichte der SED und des MfS immer wieder deutlich machten, der eigene Lebensstandard eher als erbärmlich. Dies war neben dem politischen Druck die wesentliche Ursache für die massiv wachsende Fluchtbewegung in den Westen. Als Beschleunigungsfaktor der ohnehin vorhandenen Unzufriedenheit in der Bevölkerung hatte sich auch hier der verschärfte Sowjetisierungskurs ausgewirkt, der offiziell durch die Beschlüsse der 2. Parteikonferenz der SED am 12. Juli 1952 in Gang gesetzt worden war. Der «Aufbau des Sozialismus», den man hier zur «grundlegenden Aufgabe» erklärte, entpuppte sich schnell als rücksichtslose Forcierung der Energie- und Metallindustrie, insbesondere des Schwermaschinenbaus.[7] Verbunden damit war die Erhöhung der Arbeitsnormen, die man als «technisch notwendig» deklarierte. Schon im Mai 1953 hatten sogar die Stalin-Nachfolger in Moskau die übermäßige Härte der DDR-Führung um Ulbricht kritisiert und Veränderungen angemahnt. Die SED reagierte am 9. Juni 1953 mit einem Kommuniqué, in dem tatsächlich einzelne Fehler eingeräumt wurden. Zwar wurden in einem «Neuen Kurs» Korrekturen angekündigt, nirgends aber wurden der «Aufbau des Sozialismus» oder die besonders verhassten Normerhöhungen zurückgenommen. Die Unzufriedenheit verband sich in der DDR zusätzlich mit nationalen und weiteren politischen Zielen. Schon unmittelbar nach der Veröffentlichung

BERLINER

MORGENPOST

15 Pf. AUSWÄRTS 20 PFENNIG

Die Berliner Morgenpost erscheint täglich außer nach Sonn- und Feiertagen. Abonnementspreis bei Lieferung frei Haus monatl. 3,45 DM oder wöchentl. 80 Pf., auswärts bei Postbezug monatl. 2,91 DM zuzügl. 54 Pf. Zustellgeld. Bei unverschuldetem Ausfall der Lieferung kein Ersatzanspruch. Verlag, Redaktion, Anzeigen u. Vertrieb: Ullstein A.G., Berlin-Tempelhof, Mariendorfer Damm 1/3, Tel. 75 02 31, Fernschreiber 028 508.

MITTWOCH, 17. JUNI 1953

** 56. Jahrgang — Nummer 138 **

Abonnements- u. Anzeigenannahme im Verlagshaus, in allen Morgenpost-Filialen u. Annahmestellen; u. a. Badstr. 45/46, Tel. 46 27 32, Brunnenstr. 78, Tel. 46 01 75, Müllerstr. 54/55, Tel. 46 05 56, Reinickdf., Residenzstr. 2, Tel. 49 52 02, Berliner Str. 136, E. Scharnweberstr., Tel. 49 81 30, Tegel, Berliner Str. 5a, Tel. 45 91 57, Hermsdorf, Hermsdf. Damm 208, Tel. 40 83 35, Bankkonto: Berliner Bank AG., Dep.-K. 27, Postscheck: Berlin West 123.

Offene Rebellion in Ostberlin

Aufruf zum Generalstreik
SED-Regierung soll abtreten

Eigene Berichte — Berlin, 17. Juni

Zum ersten Male nach dem Kriege war Ostberlin gestern Schauplatz einer offenen Auflehnung gegen die sowjetzonalen Unterdrückungsmethoden. Was kaum jemand für möglich gehalten hätte, ereignete sich an diesem Tage: vor dem Regierungsgebäude, dem ehemaligen Luftfahrtministerium in der Leipziger Straße, kam es zwischen empörten Arbeitern und Mitgliedern der Sowjetzonenregierung zu turbulenten Szenen, die einem Volksaufstand glichen.

Nach Demonstrationen, die fast den ganzen Tag über anhielten und der Sowjetzonenregierung klar zu verstehen gaben, daß sie abtreten solle und daß die Geduld der Bevölkerung erschöpft sei, riefen Tausende von Arbeitern auf dem Alexanderplatz durch einen „erbeuteten" Lautsprecherwagen des FDGB zu einem Generalstreik auf. Sie baten alle ihre Kollegen, heute morgen um 7 Uhr früh auf dem Straußberger Platz zu einer Massenkundgebung zu erscheinen.

Tausende von Ostberliner Bauarbeitern, die in der früheren Frankfurter Allee, der heutigen Stalin-Allee, damit beschäftigt sind, die „erste sozialistische Straße Deutschlands" zu errichten, legten am Vormittag um 11 Uhr aus Protest gegen die anbefohlene Normenerhöhung um zehn Prozent die Arbeit nieder und marschierten in ihrer Arbeitskleidung in einem immer größer werdenden Demonstrationszug durch Ostberlin zum „Regierungsviertel". Die Arbeiter gingen in ungeordneter Formation, die fast die ganze Straßenbreite füllte. Während die Bevölkerung zunächst an eine der üblichen Demonstrationen glaubte und deswegen achtlos weitergegangen war, verharrte sie später, fast ungläubig auf das ungewohnte Bild einer Kundgebung gegen die SED blickend, am Straßenrand. Immer mehr Arbeiter schlossen sich dem Zug an. Zum allgemeinen Erstaunen griff die Volkspolizei nicht ein.

AUFBRUCH DER ARBEITER von Ostberlin: Mit 80 Mann, Bauarbeitern aus der kommunistischen Propagandastraße „Stalinallee", die gegen eine Erhöhung ihrer Arbeitsnormen protestierten, begann es. Zunächst war der Demonstrationszug, als er sich in Richtung Alexanderplatz bewegte, noch dünn (unser Bild). An jeder Straßenecke aber stießen neue Gruppen und Grüppchen von Menschen dazu, von Menschen, die alle das gleiche dachten, das gleiche wollten: einmal ihren Bedrückern zeigen, daß der Bogen überspannt worden ist. Und am Ende des gestrigen Tages war ganz Berlin mobilisiert. Aus 80 Arbeitern waren viele Tausende geworden. (Foto: XYZ)

„Wir wollen keine Sklaven sein"

Gegen 15 Uhr war der Demonstrationszug, der inzwischen auf über 5000 Arbeiter angewachsen war, vor dem kommunistischen Regierungsgebäude in der Wilhelm-, Ecke Leipziger Straße angelangt. Tausende von Arbeitern riefen hier in Sprechchören: „Wir wollen keine Sklaven sein — Fort mit der Normerhöhung — Die HO macht uns tot! — Keine Volksarmee — wir brauchen Butter!"

Der Vorplatz des Regierungsgebäudes war schwarz von Menschen. Erstaunt und ratlos blickten zahlreiche Sowjetzonenfunktionäre aus den Fenstern auf die Demonstranten herab. Als die Parolen immer lauter ertönten, zeigten sich schließlich der stellvertretende Sowjetzonenministerpräsident Rau und Minister Selbmann an einem Fenster. Aber die Demonstranten wollten keinen der beiden sprechen. „Ulbricht oder Grotewohl" sollten nach ihrem Willen erscheinen. „Wir bestimmen, wen wir hören wollen", war die Antwort auf Versuche einzelner Funktionäre, Selbmann Gehör zu verschaffen. Weder Grotewohl noch Ulbricht erschienen. Selbmann bestieg schließlich inmitten der Massen einen Tisch, wurde jedoch minutenlang daran gehindert, zu sprechen. Als er besänftigend meinte, er sei auch nur ein Arbeiter, schallte ihm der tausendstimmige Ruf entgegen: „Das hast du aber vergessen." Selbmann sagte, er halte die Demonstrationen gegen die Normenerhöhung in der Stalinallee für berechtigt. Aber auch dieses Argument verfing nicht. Die Menge schrie aufgebracht: „Wir sind nicht gegen die Normen in der Stalinallee, wir sind gegen die Normen in ganz Deutschland. Wir wollen freie Wahlen."

Das ist eine Volkserhebung

Immer wieder ertönten Sprechchöre der Tausende. Ein Arbeiter in weißer Maurerhose und mit entblößtem Oberkörper sprang neben Selbmann auf den Tisch, schob ihn beiseite und rief: „Was Du uns hier erklärt hast, interessiert uns gar nicht. Wir wollen frei sein. Unsere Demonstration geht nicht gegen die Normen. Wir kommen nicht nur von der Stalinallee. Wir sind ganz Berlin." Unter dem tosenden Jubel seiner Kollegen stellte der Arbeiter fest: „Das ist hier eine Volkserhebung." Neue Versuche Selbmanns, zu Worte zu kommen, wurden mit Rufen, wie „Verschwinden, abtreten, Ihr müßt alle zurücktreten" quittiert.

Eine Delegation der Demonstranten, die der Sowjetzonenregierung eine Resolution unterbreiten wollte, wurde nicht vorgelassen. Die Forderungen der Arbeiter wurden daher später durch den RIAS veröffentlicht. Sie lauten: 1. Auszahlung der Löhne nach den alten Sätzen; 2. sofortige Senkung der Lebenshaltungskosten; 3. freie und geheime Wahlen; 4. keine Maßregelung von Streikenden und ihren Sprechern. Von der Erfüllung dieser Forderungen wollen die Streikenden die Arbeitsaufnahme abhängig machen.

Die SED kapituliert

Später ließ das Politbüro der SED durch Lautsprecherwagen verkünden, daß die Sowjetzonenregierung die Normenerhöhung wieder rückgängig machen werde. Eine Normenerhöhung, so hieß es, dürfe nicht mit administrativen Methoden, sondern nur auf der Basis der Freiwilligkeit eingeführt werden. Gleichzeitig aber vertrat das Politbüro die Auffassung, daß die Arbeitsproduktion verbessert werden müsse, damit der Lohn der Arbeiter, die ihre Normen erhöht hätten, gesteigert werden könnte.

„Verschwindet, ihr Bonzen!"

Im Anschluß an die Zwischenfälle vor dem kommunistischen „Regierungsgebäude" zogen die Demonstranten über den Alexanderplatz zurück in Richtung Stalinallee. Dabei kam es zu tumultartigen Zusammenstößen zwischen den Arbeitern und „Aufklärern" der SED. Bei diesen Zwischenfällen wurden mehrere Personen verletzt. „Verschwindet hier, ihr Bonzen. Ihr habt den Kontakt mit den Massen verloren und euch nur an unserem Geld gemästet", klang es den Agitatoren entgegen. Die Demonstrationen im Ostsektor dauerten am späten Abend noch immer an. Hunderte von Ostberliner Jungarbeitern, begleitet von älteren Kollegen, Frauen und anderen Ostberliner Einwohnern, rissen in der Stalinallee kommunistische Transparente und Plakate ab, zertrümmerten Embleme der Gesellschaft für deutsch-sowjetische Freundschaft und warfen sie weg. (Forts. S. 2)

Erste Reaktion des Westens
Heute Sympathiekundgebung der Westberliner Bevölkerung

Deutsche Presse-Agentur/AP — Berlin, 17. Juni

Nach Bekanntwerden der Demonstrationen in Ostberlin richtete Bundesminister Jakob Kaiser die Mahnung an die Einwohner Ostberlins und der Sowjetzone, sich weder durch Not noch durch Provokationen in Gefahr zu bringen. Der Landesvorstand der Berliner SPD beschloß, „mit allen zu Gebote stehenden Mitteln den Freiheitskampf der unterdrückten Mitbürger im Osten auch in seiner neuen Phase zu unterstützen". Auf dem Oranienplatz in Kreuzberg soll die Westberliner Bevölkerung heute um 18 Uhr in einer Kundgebung ihre Sympathie mit den Ostberlinern demonstrieren.

Der Berliner CDU-Fraktionsvorsitzende Ernst Lemmer meinte, die Unzufriedenheit der Bevölkerung im Osten sei verständlich. Erst die Entwicklung der nächsten Tage werde aber die echte Bedeutung der Vorfälle in Ostberlin zeigen. Der Vorsitzende der Berliner FDP, Carl-Hubert Schwennicke, bezeichnete die Ereignisse in Ostberlin als sichtbare Folge einer Politik der Unterdrückung.

Die Bundesregierung hat sofort genaue Informationen über die Demonstrationen in Ostberlin angefordert. Ein Regierungssprecher erklärte, die Demonstration zeige die ganze Unhaltbarkeit des Sowjetregimes. Außerdem beweise sie, wie unsicher die Haltung der SED-Führung geworden sei. Die Machthaber der Sowjetzone sollten endlich den Weg für freie Wahlen freigeben. In Kreisen der Berliner SPD-Abgeordneten in Bonn wurden die Vorgänge in Berlin als echte Volkserhebung bezeichnet.

ES GESCHAH AM 16. JUNI 1953 IN OSTBERLIN: Zum ersten Male seit dem 30. Januar 1933, dem ersten Tag ihrer Unterdrückung, demonstrierten die Ostberliner Arbeiter, um aus freiem Entschluß ihren freien Willen durchzusetzen. In einem Protestmarsch (Bild links), der von Schritt zu Schritt entschlossener wurde, zogen sie vor den Amtssitz des sowjetdeutschen Ministerrates im ehemaligen Luftfahrtministerium Leipziger Straße. Bild rechts zeigt den Augenblick, in dem der ostzonale Minister Selbmann von einem Maurer in weißer Arbeitskleidung vom Tisch herabgedrängt wird, von dem aus er versuchte, die erregte Menschenmenge zu besänftigen (im Kreis). Bis in die Nacht gab es keine Beruhigung. Foto: AP

DER ERSTE GROSSE AUFSTAND IM OSTBLOCK: DER 17. JUNI 1953 IN DER DDR Eine Schlagzeile der in Westberlin erscheinenden *Berliner Morgenpost* am 17. Juni. Das *Neue Deutschland* konterte am folgenden Tag mit der Schlagzeile: «Zusammenbruch des Abenteuers ausländischer Agenten in Berlin».

des Kommuniqués am 11. Juni fanden in der DDR eine Reihe von «Befreiungsfeiern» statt, in denen «auf das Wohl von Adenauer» angestoßen wurde.[8] Insbesondere in jenen Gebieten, wo besonderer Druck etwa zum Eintritt in die Landwirtschaftlichen Produktionsgenossenschaften ausgeübt worden war, hoffte man auf das Ende des «Experiments DDR».

In Berlin waren für Montag, den 15. Juni Streiks vorbereitet worden. Wie in der Tschechoslowakei führte das arbeitsfreie Wochenende, das Zeit für Diskussionen gab, zu einer Radikalisierung der Stimmung. Der eigentliche Aufstand begann dann auf den Baustellen der repräsentativen Stalinallee am 16. Juni. Am Tag zuvor war die von den Bauarbeitern an die DDR-Führung übergebene Resolution gegen die Arbeitsnormen erfolglos geblieben. Dem Zug quer durch die Innenstadt schlossen sich Tausende von Passanten an. Allein im Ostteil Berlins sollen 100 000, in Halle 60 000 und in Leipzig 40 000 Demonstranten auf der Straße gewesen sein. Gleichzeitig fanden in 560 weiteren Städten und Ortschaften kleinere Kundgebungen statt.[9] Schnell brannten auch hier von Partei und Staat genutzte Einrichtungen. Das von der staatlichen Handelsorganisation (HO) genutzte Columbus-Haus kurz hinter der Sektorengrenze am Potsdamer Platz stand als eines der ersten in Flammen. Akten und Uniformen flogen unter dem Jubel der Demonstranten aus den Fenstern. Inhaltlich erweiterten sich die Anliegen. Zu den zunächst überwiegend ökonomischen Forderungen kamen nun umfassende politische: Demokratie, Freiheit, Einheit Deutschlands. Am 17. Juni um 13.00 Uhr verhängten die Sowjets dann den Ausnahmezustand und setzten Panzer ein. Mindestens 51 Menschen kamen beim Aufstand ums Leben, viele von ihnen waren Jugendliche oder junge Erwachsene. Es folgten auch hier Prozesse gegen «Agenten und Rädelsführer».

Die Rolle des Westens während der beiden Aufstände des Jahres 1953 blieb zwiespältig, gerade weil die Vorgänge in der Tschechoslowakei und der DDR genau das Szenario boten, das die Strategen der Befreiungspolitik seit Jahren ausgemalt hatten und die Erwartungen an den Westen hoch waren. Die Aufständischen in der ČSR und der DDR hofften auf Hilfe aus dem Westen und insbesondere auf die USA. Außer unterstützenden Worten kam jedoch wenig. Zu nah schien der große, dann auch nuklear geführte Konflikt. Welche Gratwanderung dies etwa für die Radiostationen bedeutete, die seit Jahren auf eine Offensive gegen den Kommunismus eingeschworen waren, konnte man am Beispiel des Westberliner Senders RIAS verfolgen. Über ihn wurden unter anderem die Treffpunkte der Aufständischen weitergegeben. Ohne den RIAS, so vermerkte später der damals als Chefkommentator amtierende Egon Bahr, «hätte es den Aufstand so nicht gegeben».[10] Direkter in den Aufstand involviert waren einige der privaten Befreiungsorganisationen, die unter anderem Flugblätter druckten und an die Demonstranten verteilten. Erst nach dem Aufstand kam es zur groß angelegten westlichen Hilfe. Sie hatte, wie zuvor in Jugoslawien und später in Polen, Belohnungscharakter. Am 10. Juli war von Eisenhower ein Lebensmittelprogramm gestartet worden. Bis Mitte Oktober 1953 holten DDR-Bürger rund 5,5 Millionen Pakete von den Ausgabestellen in Westberlin und reisten dafür sogar aus entlegenen Gebieten an.

Fast genau drei Jahre später begann der Aufstand im polnischen Posen (Poznań), der wiederum zum direkten Vorbild für die anschließende Ungarische Revolution im Oktober und November 1956 wurde. War im Juni 1953 der Tod Stalins eine wichtige Zäsur gewesen, die die Aufständischen beflügelte, war es nun die Abrechnung Chruschtschows mit seinem Vorgänger auf dem XX. Parteitag der KPdSU im Februar 1956. Das folgende politische «Tauwetter» war eine wichtige Voraussetzung für beide Aufstände. Auch hier war der Westen im Vorfeld aktiv beteiligt gewesen. Chruschtschows Abrechnungsrede, die den Westen im April 1956 mithilfe der israelischen Geheimdienste Mossad und Shin Beth aus dem Kreis um den als «Titoisten» politisch kaltgestellten ehemaligen polnischen Parteichef Władisław Gomułka erreicht hatte, verstand man hier als «pures Gold» im Kalten Krieg, wie George Kennan später bekannte.[11] Der Text war so wichtig, dass er vom amerikanischen Geheimdienst in Massenauflage nachgedruckt und durch Flugblätter im gesamten Ostblock bekannt gemacht wurde, um die nationale Opposition zu stärken.

Die Unruhen in Polen begannen am 22. Juni 1956 wiederum als klassische Arbeiterdemonstration mit vielen Übereinstimmungen zur Situation in der Tschechoslowakei und der DDR drei Jahre zuvor.[12] Kein Wunder, dass die DDR-Führung, die auch in den folgenden Jahrzehnten immer wieder ein Übergreifen von Unruhen gerade aus Polen fürchtete, 1956 alarmiert war. Im Zentrum des

Aufstands, im westpolnischen Poznań, gab es zwar besondere wirtschaftliche und politische Bedingungen. Grundsätzlich jedoch entsprach die dortige Stimmung der politischen Atmosphäre im übrigen Land. Die Kollektivierung und Förderung der Industrialisierung hatten mehr wirtschaftliche Probleme als Lösungen erzeugt, die Preise für Konsumgüter waren auch hier wesentlich schneller als die Löhne gestiegen. Ebenso spielte der Ärger über Normerhöhungen wieder eine wichtige Rolle. Im Vergleich zu den vorangegangenen Aufständen war allerdings neu, dass die polnische Presse die Entwicklung bereits seit 1954 mit scharfer Kritik verfolgte und die Bevölkerung relativ umfassend über Fehlentwicklungen informiert war. Auch hier wollte man zunächst verhandeln. Nachdem die Gespräche mit der Regierung Cyrankiewicz in Warschau bis zum 27. Juni gescheitert waren, standen am folgenden Tag rund 100 000 Menschen auf den Straßen von Posen, wo sich die Demonstration erneut schnell radikalisierte. Nach dem Singen religiöser und nationaler Lieder wurde zunächst das Stadtgefängnis gestürmt. Die Schüsse der Polizei und Armee waren mit eigenen Waffen beantwortet worden. Von diesem Punkt an war die Arbeiterdemonstration auch hier zu einem Volksaufstand geworden. Die offizielle Bilanz entsprach auffallend genau der des 17. Juni. 53 Personen wurden getötet, etwa 200 verletzt. Trotzdem konnten die Reformer zunächst einen Sieg für sich verbuchen. Für die Kollektivierung bedeutete das Jahr 1956 tatsächlich das Ende, und in rund sechzig Prozent der Betriebe außerhalb der Landwirtschaft konnte man bis zum September 1957 einen eigenen Arbeiterrat einrichten. Auch die katholische Kirche profitierte. Inhaftierte Geistliche wurden freigelassen, und seit Mitte Dezember 1956 war an den polnischen Schulen sogar wieder Religionsunterricht möglich. Diese Liberalisierung fand allerdings mit der Wahl des ursprünglich als Hoffnungsträger geltenden Gomułka zum Ersten Parteisekretär wieder ihr Ende. Die politische Linie wurde seit 1957 wieder deutlich straffer und führte unter anderem in der Kulturpolitik zu stärkeren Reglementierungen. Bis 1958 waren auch die Arbeiterräte unter staatlicher Kontrolle. Für die polnischen Reformer in den Achtzigerjahren wurde die gescheiterte Liberalisierung nach 1956 zum warnenden Beispiel, das sich nicht wiederholen sollte.

Die Doppelkrise in Ungarn und Suez 1956

Ungarn blickte traditionell nach Polen. Auch hier entwickelte sich aus der schwelenden Unzufriedenheit ein blutiger Volksaufstand. In der Geschichte des Kalten Krieges kam ihm sogar eine besondere Bedeutung zu: Zum einen wurde er zur entscheidenden Nagelprobe für die westlichen Hilfeversprechen bei der Befreiung vom Kommunismus. Zum anderen entwickelte sich zur selben Zeit an einer ganz anderen Stelle, in Ägypten, ein gefährlicher Konflikt, sodass zwei zunächst begrenzte Spannungsherde am Ende des Jahres 1956 zu einer «Doppelkrise» zusammenwuchsen. In deren Verlauf war der große Krieg mit dem Einsatz von Atomwaffen tatsächlich nicht mehr weit entfernt.

Auch in Ungarn waren die Kommunisten in der Bevölkerung verhasst geblieben. Der Mitte Oktober 1956 vorgelegte Forderungskatalog zeigte, was man wollte: Ernennung des Reformers Imre Nagy zum Ministerpräsidenten, Überprüfung der Arbeits- und Ablieferungsnormen, ein Mehrparteiensystem, freie Wahlen, bürgerliche Freiheiten, die Wiederherstellung der nationalen Unabhängigkeit der Wirtschaft sowie die Wiedereinführung der ungarischen Nationalsymbole und -feiertage.[13] Die erst nach dem Ende des Kalten Krieges 1992 vom damaligen russischen Präsidenten Boris Jelzin freigegebenen Dokumente über die Entscheidungsfindung in Moskau zeigen, dass der ungarische Ministerpräsident Ernö Gerö am Abend des 23. Oktober den sowjetischen Militärattaché um Truppenunterstützung bat. Dies wurde aus formalen Gründen zunächst abgelehnt, dann aber von Chruschtschow in einer telefonischen Diskussion mit Gerö zugesagt. Den Hintergrund für diese Entscheidung bildeten bereits die Probleme im Nahen Osten. Während es bis zum 29. Oktober zunächst so aussah, als würden die Sowjets eher bemüht sein, in Ungarn neben den militärischen auch die politischen Mittel auszuschöpfen, änderte sich diese Linie mit dem Beginn des Konflikts am Suezkanal vollkommen. Moskau hatte seit 1955 sein Engagement in Ägypten deutlich erhöht und Nasser nicht nur in seinen politischen Ambitionen, sondern auch wirtschaftlich-militärisch unterstützt. Nassers harte Haltung gegenüber Großbritannien und Frankreich, die sich unter anderem dagegen wehrten, dass der im 19. Jahrhundert gebaute, ökonomisch wie strategisch überaus wichtige Suezkanal in ägyptisches Staatseigentum übergegangen war, beruhte zu einem guten Teil auf der Rückendeckung aus Moskau. Aber nicht nur London und Paris, sondern auch die israelische Regierung wollte die Krise in Ungarn dazu nutzen, um die Interessen in der Region durchzusetzen. Als Truppen aller drei Mächte in Ägypten intervenierten, wurde in Ungarn auf Chruschtschows ausdrückliche Veranlassung die harte Hand gezeigt. Eine nicht zu unterschätzende Rolle spielte dabei eine sowjetische Version der «Dominotheorie». In Moskau befürchtete man 1956, wie auch 1968 im Fall der ČSSR, bei einer zu nachgiebigen Haltung könnten andere Länder im sowjetischen Machbereich dem Beispiel folgen. In der DDR wurden während des Ungarischen Aufstands deshalb sogar NVA-Einheiten unter sowjetischer Aufsicht entwaffnet.

Ab dem 4. November 1956 schlug die Rote Armee die Ungarische Revolution erbarmungslos nieder, nachdem Chruschtschow zuvor mit Ulbricht (DDR), Gomułka (Polen) und Novotný (ČSR), danach auch mit Tito (Jugoslawien) ausführlich konferiert hatte. Die Kämpfe dauerten bis zum 11. November. Die ungarische Seite meldete nach der Niederschlagung 300 Tote und rund 1000 Verwundete. Die Sowjets sprachen von 669 Toten und 1540 Verletzten.[14] Doch auch in Ungarn war mit der Niederwerfung nicht das Ende des Widerstands erreicht. Im Anschluss an die Revolution kam es noch monatelang zu Streiks. Was der Westen mit dem Aufstand zu tun hatte, ließ sich auch hier nur nach und nach ermitteln. Offiziell war er untätig geblieben. Allerdings waren auch diesmal wieder einige der einschlägigen halboffiziellen Rundfunkstationen beteiligt gewesen, deren Sendungen offensichtlich den Eindruck vermittelten, als stehe westliche Hilfe unmittelbar bevor. Während des Aufstands hatten zudem mobile Stationen radikaler Befreiungsgruppen Durchhalteparolen gesendet. Als man nach der Niederschlagung der Revolution ungarische Flüchtlinge in Österreich befragte, gaben 96 Prozent an, überzeugt gewesen zu sein, der Westen werde Hilfe senden. Über zwei Drittel hatten angenommen, es komme sogar militärische Unterstützung.[15] Wie man später ermittelte, nahm tatsächlich eine von der CIA geführte Emigranteneinheit mit dem Codenamen «Red Sox/Red Caps» ohne Wissen des US-Präsidenten am Aufstand teil. Eine Untersuchung brachte zutage, dass nach dem Scheitern des Aufstandes in Ungarn

DER BLUTIGSTE AUFSTAND: UNGARN 1956 Das Ende des Aufstands. Ein Bild mit Symbolcharakter.

sogar weitere Pläne für den Einsatz dieser Einheit in Ostmitteleuropa ausgearbeitet worden waren.[16] Wie radikalisiert die öffentliche Meinung am Ende des Jahres 1956 war, konnte man auch aus Umfragen erschließen, die deutlich machten, dass ein erheblicher Teil der Befürworter einer westlichen Intervention in Ungarn dafür sogar den Dritten Weltkrieg in Kauf genommen hätte. Am für die ungarische Reformbewegung desaströsen Ergebnis des Aufstands änderte dies natürlich nichts. Nach der Niederschlagung begann ein Massenexodus von etwa 200 000 Ungarn in den Westen.

Am Suezkanal hingegen – außerhalb der beiden großen Blöcke – konnte die akute Kriegsgefahr bis zum 8. November 1956 von den USA und der UdSSR gemeinsam entschärft werden.[17] Nicht gelöst wurde allerdings der grundsätzliche Konflikt, der während des gesamten Kalten Krieges die Region weiterhin als Pulverfass erhielt. Neben der 1956 bereits seit Jahren brisanten israelisch-arabischen Kontroverse, die schon 1948/49 zum ersten Krieg zwischen der Arabischen Liga und Israel geführt hatte, war der Suezkonflikt mit dem globalen Kalten Krieg durch das geostrategische Interesse der Supermächte in der Region verbunden. Es veranlasste die Amerikaner, Briten und Franzosen dazu, dem ägyptischen Präsidenten Nasser Kapital für den Bau des Assuan-Staudamms zuzusagen. Dieses Geld war gestrichen worden, als Nasser den westlichen Vorstellungen nicht entgegenkam und sich 1955 weigerte, dem gegen den Ostblock gerichteten Bagdad-Pakt beizutreten. Stattdessen hatte er an der im gleichen Jahr stattfindenden Konferenz der Blockfreien im indonesischen Bandung teilgenommen. Nach dieser vom Westen bereits als politischer Affront gewerteten Entscheidung bezog Kairo noch im selben Jahr jene Waffenhilfe aus dem Ostblock, die die USA Nasser verweigerten, aber an Israel lieferten. Dass man von den Israelis tatsächlich militärisch bedroht war, bestätigte sich aus ägyptischer Perspektive, als die israelische Armee Ende 1955 angriff, um, wie die offizielle Begründung lautete, palästinensische Freischärler zu bekämpfen, die von hier aus Anschläge in Israel verübten. Aus westlicher Sicht hatte sich Kairos Abwendung vom Westen fortgesetzt, als im Juli 1956 der Suezkanal verstaatlicht worden war und Nasser sich strikt weigerte, die Kanalzone zu internationalisieren. Drei ergebnislose Konferenzen gingen der am 29. Oktober 1956 beginnenden eigentlichen Suezkrise voraus. Militärisch handelte es sich zunächst um einen erneuten israelischen Angriff auf den sogenannten Gazastreifen und die Halbinsel Sinai. Er wurde zwar wieder mit der Abwehr palästinensischen Terrors begründet, doch wollte er wohl auch die Gunst der Stunde zur Schwächung der Arabischen Liga nutzen, da Ungarn scheinbar alle Aufmerksamkeit der Supermächte auf sich zog. Das gleiche Kalkül lag der zwei Tage später folgenden britisch-französischen Intervention zugrunde. Neben der Hoffnung, die Verstaatlichung des Kanals rückgängig machen zu können, sah man in London und Paris auch die Chance, Nasser zu stürzen und damit ein kooperationswilligeres Ägypten zu schaffen. Die Franzosen nahmen zudem an, damit auch die arabische Unterstützung für die Aufständischen in Algerien unterbinden zu können. Umso überraschter war man, als sich in einem seltenen Schulterschluss weder die USA noch die UdSSR gewillt zeigten, die militärische Intervention zuzulassen, und Moskau sogar mit dem Einsatz von Atomwaffen drohte. Israel zog sich unmittelbar darauf auf die

Positionen des Waffenstillstands von 1949 zurück, Frankreich und England brachen ihre Offensive ab. Die umkämpfte Kanalzone wurde von UN-Truppen besetzt.

Eine Lösung war das nicht. Die Region wurde sogar noch deutlicher zum Schauplatz des Kalten Krieges. Vor allem die USA befürchteten nun erst recht den verstärkten Einfluss der UdSSR, zumal sich der gesamte Raum, wie man in Washington meinte, durch seine Schwäche ohnehin als Opfer sowjetischer Politik anbot. «Die überkommenen Institutionen und Religionen der Region sind kraftlos», hieß es 1958 in der Richtlinie des amerikanischen Nationalen Sicherheitsrats für eine langfristige Nahostpolitik, «und der Widerstand der dort lebenden Menschen gegen den Kommunismus an sich ist deswegen enttäuschend gewesen. [...] Die Araber sind der ehrlichen Überzeugung, dass Israel eine größere Gefahr für ihre Interessen darstellt als der internationale Kommunismus. Die UdSSR macht sich die arabischen Bestrebungen nach einer Beseitigung allen westlichen Einflusses in der Region bereitwilligst zu eigen.»[18] Die sogenannte Eisenhower-Doktrin vom 5. Januar 1957, die festlegte, dass die Vereinigten Staaten intervenieren würden, falls ihre lebenswichtigen Interessen in diesem Gebiet bedroht seien, war deshalb vor allem als unmissverständliche Warnung an Moskau zu verstehen. Schon im Sommer 1958 bildete sie die Grundlage für das Eingreifen amerikanischer Truppen im Libanon. Aber nicht hier kam es zum nächsten Duell der Supermächte, sondern erneut im hochgerüsteten Mitteleuropa. Die politisch und militärisch brisante Zweite Berlinkrise wurde zu einem der zentralen Wendepunkte des Kalten Krieges.

Die Zäsur: Die Zweite Berlinkrise und der Mauerbau 1958–1961

Während sich Ostmitteleuropa und der arabische Raum in der Wahrnehmung der Öffentlichkeit als zeitweilige Schauplätze des Kalten Krieges in den Vordergrund schoben, verlagerte Chruschtschow 1958 den Konflikt gezielt wieder nach Mitteleuropa. Im November des Jahres stellte Moskau, ein Jahrzehnt nach der ersten Blockade, die westalliierten Rechte in Berlin ein weiteres Mal in Frage. Die sogenannte Zweite Berlinkrise, in der erneut die Einbeziehung Westberlins in die DDR erzwungen werden sollte, erreichte ihren Höhepunkt am 13. August 1961 mit dem Bau einer Mauer um Westberlin, mit der das «Schlupfloch» in den Westen geschlossen werden sollte. Der Mauerbau war gleichzeitig der Beginn eines nun für alle erkennbaren Schauplatzwechsels des Kalten Krieges, der sich jetzt deutlich in die Dritte Welt verlagerte. Für Europa bedeutete er den langfristigen Eintritt in eine Phase der Entspannungspolitik. Sie reichte mit Einschränkungen bis zum Ende der Siebzigerjahre und mündete dort wieder in eine Verschärfung des Kalten Krieges. Für die Dritte Welt war dieser Schauplatzwechsel vor allem mit der Zunahme von Stellvertreterkonflikten und direkten Interventionen verbunden.

Der Mauerbau selbst war in erster Linie eine Folge der Fluchtbewegung aus der DDR. Der ostdeutsche Regierungschef Walter Ulbricht war zuvor mit seiner über die Jahre immer dringlicher vorgetragenen Forderung, mit einer Mauer das «Schlupfloch Westberlin» zu schließen, immer wieder auf taube Ohren gestoßen. Einzig der albanische Parteichef Enver Hoxha, der sich im Jahr des Mauerbaus selbst durch seine Annäherung an China und den Abbruch der Beziehungen zu Moskau für den Rest des Kalten Krieges ins politische Abseits beförderte, zeigte zunächst Verständnis für die in die Enge getriebene DDR. Den Sowjets und allen übrigen Ostblockstaaten erschienen dagegen die psychologischen Konsequenzen zu gravierend. Die harsche Abfuhr, die Ulbricht zuletzt im März 1961 beim Treffen der Warschauer-Pakt-Staaten in Moskau erhalten hatte, war wohl auch die Grundlage für die berühmt-berüchtigte Auskunft, die er wenige Wochen vor dem 13. August 1961 auf die Frage eines Journalisten gab, ob demnächst die Staatsgrenze der DDR am Brandenburger Tor verlaufen werde. «Ich verstehe Ihre Frage so», hatte Ulbricht geantwortet, «dass es in Westdeutschland Menschen gibt, die wünschen, dass wir die Bauarbeiter der Hauptstadt der DDR dazu mobilisieren, eine Mauer aufzurichten. [...] Niemand hat die Absicht, eine Mauer zu errichten.»[19]

Erst die in Moskau relativ spät akzeptierte Einsicht, dass die DDR tatsächlich zu kollabieren drohte, führte zur Zustimmung. Aus Chruschtschows Memoiren ist ersichtlich, dass für ihn die Alternative nur darin bestand, entweder die DDR ganz aufzugeben, Westberlin in die DDR einzubeziehen oder aber eine Mauer zu bauen. Aufgegeben werden sollte die DDR nicht und eine «saube-

13. AUGUST 1961: DER BAU DER MAUER IN BERLIN Der Mauerbau, der an einem Wochenende in der Nacht vom 12. auf den 13. August 1961 stattfand, war nicht nur die Abriegelung Ostberlins und der DDR. Er war auch ein Symbol für die scheinbare Unveränderlichkeit der deutschen und europäischen Teilung. Der Kalte Krieg verlagerte sich nun für alle sichtbar an die Peripherie des Konflikts.

re» Zwei-Staaten-Lösung war ohne Krieg nicht zu erreichen, obwohl Chruschtschow noch 1960 «zu 95 Prozent» davon überzeugt war, dass der Westen wegen einer halben Stadt keinen Nuklearkrieg riskieren werde.[20] Was blieb, war eine Mauer. «Ich weiß», sagte er dem bundesdeutschen Botschafter Hans Kroll später angesichts der propagandistischen Katastrophe, die die Nacht-und-Nebel-Operation am 13. August für den Ostblock bedeutete, «die Mauer ist eine hässliche Sache. [...] Was sollte ich denn tun? Mehr als 30 000 Menschen und zwar mit die besten und tüchtigsten Menschen aus der DDR, verließen im Monat Juli das Land. Man kann sich unschwer ausrechnen, wann die ostdeutsche Wirtschaft zusammengebrochen wäre, wenn wir nicht alsbald etwas gegen die Massenflucht unternommen hätten. Es gab aber nur zwei Arten von Gegenmaßnahmen: die Lufttransportsperre oder die

Mauer. Die erstgenannte hätte uns in einen ernsten Konflikt mit den Vereinigten Staaten gebracht, der möglicherweise zum Krieg geführt hätte. Das konnte und wollte ich nicht riskieren. Also blieb nur die Mauer übrig. Ich möchte ihnen auch nicht verhehlen, dass ich es gewesen bin, der letzten Endes den Befehl dazu gegeben hat. Ulbricht hat mich zwar seit längerer Zeit und in den letzten Monaten immer heftiger gedrängt, aber ich möchte mich nicht hinter seinem Rücken verstecken.»[21]

Die Westmächte, insbesondere die USA, hatten seit der Ersten Berlinkrise 1948/49 immer wieder klargemacht, dass sie auch in Zukunft keinesfalls ihre Rechte in der Stadt aufgeben würden. Auch Eisenhower und sein ab 1961 amtierender Nachfolger John F. Kennedy zeigten sich in diesem Punkt unnachgiebig, obwohl die Sowjets 1958 zu ihrer zweiten Offensive auf Westberlin zu jenem Zeitpunkt ansetzten, als sie sich innen- und außenpolitisch so stark präsentierten wie niemals zuvor. Chruschtschow hatte sich in der Sowjetunion im März 1958 als Partei- und Regierungschef durchgesetzt und war auf dem Zenit seiner Macht. Nicht zuletzt auf technischem Gebiet schien die UdSSR seit den drei 1957 und 1958 gestarteten Weltraumsatelliten mit dem Namen «Sputnik» (Begleiter) auf dem besten Weg, die USA zu überrunden. Tatsächlich sprachen Chruschtschow und seine Verbündeten damals viel vom Überholen des Westens, und er selbst scheint wohl davon überzeugt gewesen zu sein, dass diese Aufgabe in wenigen Jahren geschafft sein werde. Nichtsdestoweniger zeigte er sich während seines Besuchs in den USA im Spätsommer 1959 beeindruckt von den landwirtschaftlichen Leistungen des Klassenfeindes. Die danach forcierte Einführung der Futtermaispflanze in der UdSSR erwies sich 1963 allerdings als grandioser Flop und trug mittelbar zu Chruschtschows Sturz 1964 bei.[22]

Im Gegensatz dazu war 1958 ein überaus schwieriges Jahr für Eisenhower, das auf fast allen Gebieten Probleme bereitete. Nicht nur der «*Sputnik*-Schock» und die damit verbundene Frage, inwieweit die amerikanische Sicherheitspolitik überhaupt in der Lage sei, die USA zu schützen, beschäftigte die Öffentlichkeit bis in den Wahlkampf 1960, wobei insbesondere das Wort von der «Raketenlücke» heftige Sorgen, nicht zuletzt um den Zivilschutz, auslöste. Eisenhower wusste zwar, dass ein Rückstand in der Raketentechnik ebenso wenig existierte wie eine «Bomberlücke», aber speziell die amerikanische Raketenentwicklung schien zu diesem Zeitpunkt vom Pech verfolgt. Eine als Antwort auf den *Sputnik* überstürzt gestartete *Vanguard*-Rakete explodierte im Dezember 1957 noch auf der Abschussrampe. Erst am 31. Januar 1958 konnte auch die NASA ihren ersten Satelliten *(Explorer 1)* mit einer *Thor*-Rakete ins All befördern. Parallel dazu war die US-Wirtschaft in eine empfindliche Flaute gerutscht, was unter anderem die Arbeitslosigkeit auf den höchsten Stand seit 1941 klettern ließ. Hinzu kam ein politischer Machtverlust Eisenhowers bei den Kongresswahlen im November 1958. Die regierenden Republikaner verloren im Senat fünfzehn Sitze und im Repräsentantenhaus sogar fünfzig Sitze an die Demokraten. Vielleicht noch dramatischer als die Wahlkatastrophe war der Verlust von John Foster Dulles, der die Außenpolitik seit 1953 bestimmt hatte. Er starb am 24. Mai 1959 nach langer Krankheit und wurde durch den politisch blassen und überdies ebenso kränkelnden Christian A. Herter ersetzt. Und selbst Eisenhower zeigte Anzeichen von Amtsmüdigkeit. Sein öffentliches Eingeständnis von 1958, er habe auch «keine völlig neuen Ideen» zur Lösung der Probleme, ließ seine Popularität auf unter 50 Prozent sinken.[23] Zur Präsidentschaftswahl konnte er ohnehin nicht mehr antreten. Sein Vize, der antikommunistische Hardliner Richard Nixon, unterlag im November 1960 dann allerdings, wenn auch nur knapp, dem jugendlich wirkenden Kennedy.

Die Wahl 1960 war einerseits von der innenpolitisch schwierigen Situation, andererseits durch die einschlägigen außenpolitischen Themen geprägt, wobei trotz der scharfen Attacken der beiden Präsidentschaftsbewerber der überparteiliche Konsens in der US-Außenpolitik des Kalten Krieges noch nicht angetastet wurde. Er zerfiel erst während des Vietnamkrieges. Berlin spielte eine wichtige Rolle, ebenso aber, wie 1952, die Frage nach dem richtigen außenpolitischen Programm für den Kalten Krieg. Im Mittelpunkt des republikanischen wie des demokratischen Konzepts stand, die US-Bevölkerung angesichts der Rückschläge im globalen Konflikt durch politische Entschlossenheit zu überzeugen. Im März 1959 waren 78 Prozent der Amerikaner sicher, dass die Anwesenheit der Westmächte in Berlin unverzichtbar sei, selbst wenn das die Kriegsgefahr erhöhe.[24] In seiner Wahlkampfrhetorik konzentrierte sich Kennedy vor allem auf eine negative Bestandsaufnahme der Eisenhower-Ära. Inhaltlich warf er den Republikanern genau das vor, was diese im Wahlkampf 1952 den damals noch regierenden Demokraten vorgehalten hatten. Der künftige Präsident – so legte Kennedy in seiner damals zentralen Senatsrede am 14. Juni 1960 dar, deren Inhalt er fast auf den Tag genau drei Jahre später noch einmal in seiner berühmten Ansprache zur «Strategie des Friedens» wiederholte – erbe eine Politik, die zum großen Teil nur als Reaktion auf sowjetische Aktionen konzipiert worden sei. Sie habe daher lediglich den Status quo konserviert.[25] «Die vor acht Jahren stolz verkündete ‹Befreiungs›-Politik hat sich als Reinfall und Trugbild erwiesen», so der Herausforderer. «Die tragisch verlaufenen Aufstände in Ostdeutschland, Polen und Ungarn haben klar gezeigt, daß wir weder die Absicht noch die Möglichkeit hatten, Osteuropa zu befreien, und die falschen Hoffnungen, die wir mit unseren Versprechungen erweckt hatten, wurden grausam enttäuscht.» Eine revidierte Form der US-Strategie für den Kalten Krieg müsse daher «elastischere und den Verhältnissen angepaßtere Verfahrensweisen entwickeln und in Bereitschaft halten». Dies entsprach bezeichnenderweise genau den Forderungen, wie sie nach den Aufständen Ende 1956 auch vom Nationalen Sicherheitsrat verabschiedet worden waren (NSC 5616). «Wir müssen nun beginnen», so hatte Kennedy speziell mit dem Blick auf das in der US-Außenpolitik immer besonders beachtete Polen betont, «langsam und vorsichtig auf Pläne hinzuarbeiten, die sich dazu eignen könnten, unzufriedene Länder hinter dem Eisernen Vorhang zu ermutigen, die Keime der Freiheit [...] wachsen zu lassen. Wir müssen ihre wirtschaftliche und ideologische Abhängigkeit von Sowjetrussland mindern helfen. Schon gibt es in Polen Gelegenheiten zu größerer amerikanischer Initiative: Hilfeleistungen, Handelsbeziehungen, Tourismus, Informationsdienste, Studenten- und Lehreraustausch und die Heranziehung amerikanischen Kapitals und amerikanischer Technik zur Hebung des Lebensstandards des polnischen Volkes. Auch bei anderen unterdrückten Völkern können wir engere Beziehungen zu uns anbahnen, wenn wir als das Volk, das für sie die einzige große Hoffnung auf Befreiung bedeutet, uns ihnen gegenüber nicht verschlossen zeigen, sondern ein schöpferisches Interesse für sie bekunden.»

Als eine Absage an das traditionelle Ziel, die kommunistischen Staaten zu befreien und den Kalten Krieg zu gewinnen, konnte man Kennedys Äußerungen trotz der scharfen Angriffe auf die republikanische Befreiungspolitik kaum interpretieren. Tatsächlich zeigte auch Kennedys Außenpolitik gegenüber Kuba und Vietnam dann wieder wesentliche Aspekte der so gescholtenen *Liberation Policy*. In der Berlin-Frage war die Anknüpfung an die bisherige Linie Eisenhowers und Trumans sogar völlig unbestritten, wie die von Kennedy kurz vor dem Mauerbau am 25. Juli 1961 in einer Fernseh- und Rundfunkansprache definierten *Three Essentials* («Drei Grundsätze») deutlich machten: Freiheitsgarantie für die Bewohner Westberlins, westliche Truppenpräsenz in der Stadt und gesicherter Zugang. Faktisch lief die US-Position damit zwar auch nur auf die Bewahrung des Status quo hinaus. Diesen aber waren die USA gewillt, mit allen Mitteln zu verteidigen. In überparteilichen Gesprächen hatte man dies bereits im März 1959 vereinbart. Auch ein Atomkrieg wurde für die Wahrung dieser Rechte in Kauf genommen. Die USA seien bereit, so hatte Eisenhower betont, den «ganzen Einsatz aufs Spiel zu setzen», wenn die Situation es erfordere, auch wenn man wisse, «dass es sich bei einer bewaffneten Auseinandersetzung auf jeden Fall um einen totalen Krieg handeln würde».[26] Wenn solche Entscheidungen anstünden, «müssten wir den Mumm haben, es durchzuziehen».

Es ist für die Einschätzung des Kalten Krieges von besonderer Bedeutung, dass Kennedy nicht nur seinen Willen bekräftigte, im Zweifelsfall Nuklearwaffen einzusetzen, sondern ausdrücklich den globalen Zusammenhang unterstrich.[27] In dieser «Willens- und Nervenprobe» – hatte er auf die Frage der US-Publikumszeitschrift *Harper's Magazine* geantwortet, ob die USA es auch «riskieren würden, New York, Washington und ein halbes Dutzend anderer amerikanischer Städte über Nacht auslöschen zu lassen, bloß um die Stellung in Westdeutschland zu behaupten» – sei es notwendig, dass die Amerikaner ihre Entschlossenheit deutlich machten, um Berlin zu kämpfen. «Falls die Sowjets unsere dortige Stellung gefährdeten, könnte das meiner Meinung nach sehr wohl zu einem militärischen Konflikt führen. [...] Nähmen wir den gleichen Standpunkt ein wie einige Engländer, die 1938 meinten, Prag oder die Sudetendeutschen lohnten einen Krieg nicht – nähmen wir einen solchen Standpunkt im Falle Berlins ein, so würden meines Erachtens die Westberliner unter die kommunistische Herrschaft geraten, und ein verhängnisvoller Schlag träfe unsere Stellung in Westdeutschland [...]. Würde dies einmal neutralisiert, so wäre bald auch ganz Westeuropa neutralisiert, und das wäre ein entscheidender Sieg für die Sowjetunion. Es wäre ein großer Irrtum, wollten wir glauben, der eigentliche Kampf gehe lediglich um Berlin. Sie kämpfen um New York und Paris, wenn sie um Berlin kämpfen. Darum denke ich, wir müssen klarmachen – und nicht nur sagen, sondern es auch meinen –, daß wir entschlossen wären zu kämpfen.» Dass Planungen zu einem demonstrativen Einsatz der Atombombe in der Zweiten Berlinkrise existierten, hat im Rückblick auch der damalige westdeutsche Bundesminister für Verteidigung, Franz Josef Strauß, bestätigt. Er habe, teilte er später in seinen Erinnerungen mit, damals auf Ersuchen der Amerikaner sogar einen Truppenübungsplatz in der DDR genannt, über dem ein nuklearer Sprengsatz explodieren sollte, bevor zum Atomschlag gegen die UdSSR übergegangen werden würde.[28] Kennedy hatte seine Entschlossenheit Chruschtschow zuletzt bei einem Treffen in Wien Anfang Juni 1961 mitgeteilt, gleichzeitig aber auch durchblicken lassen, dass die USA sich nicht in Entscheidungen einmischen würden, die im sowjetischen Machtbereich stattfänden.

Als in der Nacht vom 12. auf den 13. August 1961 die DDR-Führung mit knapp 17 000 Mann aus NVA, Betriebskampfgruppen und Volkspolizei Westberlin abriegelte und die erste provisorische Mauer aus rasch herbeigeschafften Baumaterialien errichtete, waren alliierte Zugangsrechte tatsächlich nicht direkt betroffen.[29] Damit entfiel für die Westmächte jedes Motiv einzuschreiten. «So ernst die Sache auch ist», teilte Kennedy dem von der westlichen Reaktion enttäuschten Westberliner Regierenden Bürgermeister Willy Brandt am 18. August 1961 mit, «so stehen uns jedoch [...] keine Schritte zur Verfügung, die eine wesentliche materielle Änderung in der augenblicklichen Situation erzwingen könnten. [...] Weder Sie noch wir, noch irgendeiner unserer Verbündeten haben je angenommen, dass wir wegen dieses Streitpunktes einen Krieg beginnen sollten.»[30] Die Zweite Berlinkrise war mit dem Mauerbau zwar weitgehend entschärft. Trotzdem fanden nach dem 13. August weitere Zwischenfälle statt. Am 27. Oktober 1961 kam es zu jener dramatischen Konfrontation sowjetischer und amerikanischer Panzer an der Sektorengrenze. Am «Checkpoint Charlie», der mitten auf der Berliner Friedrichstraße eingerichteten interalliierten Kontrollstelle, standen sich beide Parteien mit aufeinan-

SHOWDOWN, ABER KEINE KRISE Die berüchtigte Konfrontation am Checkpoint Charlie im Oktober 1961 war in erster Linie eine Machtdemonstration, mit der Lucius D. Clay als Sonderbeauftragter Kennedys in Berlin die Sowjets zur Einhaltung der alliierten Abmachungen zwingen wollte.

der gerichteten Kanonen 16 Stunden lang gegenüber. Der unmittelbare Grund dafür war eher geringfügig gewesen. Die Eskalation verwies daher auf die prinzipielle Dimension, die die Amerikaner mit ihrer Stellung in Westberlin verbanden. Wenige Tage zuvor hatten DDR-Grenzer dem Ersten Gesandten der US-Mission in Westberlin, Allan Lightner, die Einreise in den Ostteil verwehrt, weil dieser auf seinem Recht bestanden hatte, als offizieller Vertreter ohne Ausweiskontrolle zu passieren. Auch 1962 gab es noch wiederholt Behinderungen, unter anderem auch Eingriffe der Sowjets in den Luftverkehr. Im Juli 1962 setzten die USA, wie in der Ersten Berlinkrise 1948/49, sogar wieder Jäger zur Begleitung von amerikanischen Flugzeugen ein. Der wirkliche Abschluss der Zweiten Berlinkrise konnte tatsächlich erst Ende Oktober 1962 erreicht werden, als mit der Beendigung der Konfrontation um Kuba auch die Lage in Berlin entschärft wurde.[31] Doch erst mit dem Berlin-Abkommen im Rahmen der «Neuen Ostpolitik» entspannte sich am Beginn der Siebzigerjahre die Lage wirklich.

Auf Eis gelegt

Die Enttäuschung der Westdeutschen war nach dem Mauerbau offensichtlich. Das Boulevardblatt *Bild* brachte es am 16. August 1961 so auf den Punkt: «Was tut der Westen? Der Westen tut nichts! In den westlichen Hauptstädten wird beraten. Nachgedacht. Spekuliert. Fühlung genommen. Man bereitet ‹Schritte› vor. Man versucht, sich zu einigen. Und inzwischen rennen sich unsere Landsleute am Stacheldraht der Kommunisten die Köpfe blutig. Was tun eigentlich die westlichen Staatsmänner? Kennedy, der junge Präsident, schweigt. Macmillan, der erfahrene [britische] Premier, schießt Schnepfen. Adenauer, der greise Kanzler, spielt Wahlkampf [...]. Wir sind enttäuscht. Wir sind in das westliche Bündnis gegangen, weil wir geglaubt haben, dies sei für Deutschland wie für den Westen die beste Lösung. Die Mehrheit der Deutschen, die überwältigende Mehrheit sogar, ist auch heute noch davon überzeugt. Nur wird diese Überzeugung nicht gerade gestärkt, wenn einige unserer Partner in dem Augenblick, in dem die deutsche Sache in höchster Gefahr ist, kühl erklären: ‹Alliierte Rechte sind nicht betroffen.›»[32] Tatsächlich bedeutete der von der

DDR gewünschte und von der Sowjetunion schließlich genehmigte Mauerbau für viele das weitgehende «Ende der Illusionen» über die Wiedervereinigung, wie Willy Brandt damals notierte. «Ich habe später bemerkt», schrieb er im Rückblick, «man habe im August 1961 einen Vorhang weggezogen, um uns eine leere Bühne zu zeigen. Man kann es auch schroffer sagen: Uns sind die Illusionen abhanden gekommen, die das Ende der hinter ihnen stehenden Hoffnungen überlebt hatten – Illusionen, die sich an etwas klammerten, das in Wahrheit nicht mehr existierte. Es wurde Ulbricht erlaubt, der Hauptmacht des Westens einen bösen Tritt vors Schienbein zu versetzen – und die Vereinigten Staaten verzogen nur verstimmt das Gesicht.»[33]

Der wichtigste Grund für die auffällig attentistische Haltung der US-Regierung im Sommer 1961 lag in dem geostrategischen Perspektivenwechsel, den ihre Außenpolitik zum gleichen Zeitpunkt vollzog. Er war wiederum unmittelbar vom sowjetischen Vorgehen in der Dritten Welt, an der Peripherie des Kalten Krieges, beeinflusst. Die amerikanischen Überlegungen zur Zukunft der Auseinandersetzung mit den Sowjets bezogen sich im Jahr des Mauerbaus angesichts der militärischen Risiken eindeutig nicht mehr oder kaum mehr auf Europa. Während hier die direkte Konfrontation einstweilen stillgelegt und eher verdeckt fortgeführt wurde, fand die militärische Auseinandersetzung der beiden Blöcke nun in den Entwicklungsländern statt. Eine der ersten Maßnahmen Kennedys für das geteilte und von kommunistischer Machtübernahme der *Viêt Minh* bedrohte Südvietnam war die verstärkte Entsendung militärischer «Berater» für die südvietnamesische Armee. Ihre Zahl stieg steil an: von 500 (1960) auf 16 500 (1962) und 23 300 (1964).[34] Parallel dazu erteilte der neue Präsident die Order, die 7. US-Flotte, die immer noch in der Straße von Taiwan patrouillierte, um Peking von der Invasion der Republik China abzuhalten, ins Südchinesische Meer zu entsenden. Tatsächlich eskalierte in Südostasien die militärische Lage sichtbar. Vor allem in dem Vietnam benachbarten Königreich Laos, in dem die Sowjets die kommunistischen Partisanen der *Pathet Lao* unterstützten, schien ein gegnerischer Sieg unmittelbar bevorzustehen, was wiederum andere nicht kommunistische Nachbarstaaten – vor allem Thailand – zutiefst beunruhigte. Auch hier engagierten sich die USA nun in größerem Umfang. Mit Zustimmung der SEATO entsandten die USA Truppen, die nun in Thailand Luftwaffenbasen aufbauten, von denen aus nicht nur die geheimen Operationen gegen die *Pathet Lao* geführt, sondern vier Jahre später auch die Angriffe auf Vietnam und auf Kambodscha geflogen wurden. Aber nicht nur in Südostasien eskalierte die Lage. Vor allem der Konflikt um Kuba erreichte unter Kennedys Präsidentschaft 1961 und 1962 seinen Höhepunkt. Die 1961 von Exilkubanern und der CIA durchgeführte Invasion in der Schweinebucht war allerdings noch unter Eisenhower geplant worden.

Wie man in Europa weiter verfahren sollte, hatte Kennedy bereits in seiner zentralen Rede vor dem US-Senat im Juni 1960 deutlich gemacht, wo er über den gezielten Ausbau der «Keime der Freiheit» im kommunistischen Machtbereich gesprochen hatte. Kennedy war dabei von einschlägigen Militärexperten und vor allem von den Fachleuten der Psychologischen Kriegsführung unterstützt worden. Ein Mauerbau, so hatte einen Monat nach der Abriegelung der DDR Edmond Taylor, ein damals vielgefragter Spezialist für Psychologische Kriegsführung in der US-Zeitschrift *The Reporter* vermerkt, sei angesichts der schon 1948 begonnenen «Transistor-Revolution» nichts weiter als ein Anachronismus.[35] «Der Westen hat unzweifelhaft die Fähigkeiten und die professionellen Mittel, Radiopropaganda hinter dem Eisernen Vorhang in einem Umfang auszustrahlen, der erforderlich ist, um eine beträchtliche revolutionäre Widerstandsbewegung zu schaffen.» Man müsse damit fortfahren, die Idee der Freiheit im Osten vor allem über die elektronischen Medien zu stärken.

Drei Jahre nach seiner Senatsrede 1960 führte Kennedy diese Überlegungen in einer ungleich mehr beachteten Ansprache an der *American University* in Washington am 10. Juni 1963 noch einmal im Zusammenhang aus. Sie wurde als «Strategie des Friedens» zu einer der folgenreichsten amerikanischen Leitlinien für den Kalten Krieg.[36] «Wir Amerikaner empfinden den Kommunismus als Verneinung der persönlichen Freiheit und Würde im tiefsten abstoßend», hatte Kennedy begonnen. «Dennoch können wir das russische Volk wegen vieler seiner Leistungen – sei es in der Wissenschaft und Raumfahrt, in der wirtschaftlichen und industriellen Entwicklung, in der Kultur und in seiner mutigen Haltung – rühmen. [...] Sollte heute – wie auch immer – ein totaler Krieg ausbrechen, dann würden unsere beiden Länder die Haupt-

«ICH BIN EIN BERLINER» Der Besuch John F. Kennedys in Westberlin während seiner Europareise am 26. Juni 1963 war nicht nur eine demonstrative Geste, dass die USA gewillt seien, die «Freie Stadt» Westberlin zu halten. Er war auch ein ausdrückliches Zeichen der Unterstützung für den sozialliberalen Senat unter Willy Brandt, dessen Entspannungsbemühungen in Berlin sich gegen die politische Linie der Bundesregierung unter Adenauer richteten, mit der DDR nicht zu verhandeln. Kennedy hielt hier seine berühmte Rede, die mit dem Satz schloss: «Alle freien Menschen, wo immer sie leben mögen, sind Bürger der Stadt Westberlin, und deshalb bin ich als freier Mann stolz darauf, sagen zu können: Ich bin ein Berliner.»

ziele darstellen. Es ist eine Ironie, aber auch eine harte Tatsache, dass die beiden stärksten Mächte zugleich auch die beiden Länder sind, die in der größten Gefahr einer Zerstörung schweben. Alles, was wir aufgebaut haben, alles, wofür wir gearbeitet haben, würde vernichtet werden. Und selbst im Kalten Kriege – der für so viele Länder, unter ihnen die engsten Verbündeten der Vereinigten Staaten, Lasten und Gefahren bringt – tragen unsere beiden Länder die schwersten Lasten. Denn wir werfen beide für gigantische Waffen riesige Beträge hinaus – Beträge, die besser für den Kampf gegen Unwissenheit, Armut und Krankheit aufgewandt werden sollten. Wir sind beide in einem unheilvollen und gefährlichen

Kreislauf gefangen, in dem Argwohn auf der einen Seite Argwohn auf der anderen auslöst und in dem neue Waffen zu wieder neuen Abwehrwaffen führen. [...] Vor allem müssen die Atommächte, bei gleichzeitiger Wahrung ihrer eigenen Lebensinteressen, solche Konfrontationen vermeiden, die einem Gegner nur die Wahl zwischen einem demütigenden Rückzug oder einem Atomkrieg lassen. [...] Wir haben es nicht nötig, ausländische Rundfunksendungen zu stören, aus Furcht, unser Glaube könnte durch sie erschüttert werden. Wir wollen unser System keinem Volk gegen dessen Willen aufzwingen. Wir sind aber willens und in der Lage, mit jedem anderen System auf der Erde in einen friedlichen Wettstreit zu treten.» Ironischerweise war er in dieser Frage gar nicht weit von Chruschtschow und seiner These der «Friedlichen Koexistenz» entfernt. Der Wohlstand der Sowjetmenschen, hatte der sowjetische Parteichef vier Jahre vorher orakelt, werde «die westliche Welt viel zuverlässiger zerstören als Panzer».[37]

Nach US-Auffassung blieb für das geteilte Deutschland nur der Weg über Verhandlungen, um zu einer Annäherung und möglicherweise zu einer Wiedervereinigung zu kommen. Mit Recht ist betont worden, dass der Anstoß zur Entspannungspolitik, die unter der Ägide Willy Brandts dann Anfang der Siebzigerjahre unter anderem zum Grundlagenvertrag zwischen beiden deutschen Staaten führte, von den USA in der Mauerkrise ausging. Mit der amerikanischen Entscheidung, den Status quo in Europa zu bewahren, ergab sich für die Deutschlandpolitik der Bundesrepublik in den ersten Jahren nach dem Mauerbau die verquere Lage, dass Westberlin unter Brandt schrittweise Verhandlungen mit Ostberlin aufnahm, dabei aber in einen offensichtlichen Gegensatz zur Bundespolitik in Bonn und ihrer zwar bröckelnden, aber immer noch gültigen Hallstein-Doktrin geriet. Adenauers Formel, nach der die Entspannung der Wiedervereinigung folgen solle, setzte der in Westberlin ab Februar 1963 amtierende sozialliberale Senat, der von den Amerikanern ausdrücklich unterstützt wurde, eine aktive Verständigungspolitik mit der DDR entgegen. Sie wurde vom Presseamtschef des Senats, Egon Bahr, in seinem berühmten Vortrag am 15. Juli 1963 in Tutzing – anderthalb Monate nach Kennedys Rede in Washington – in den Satz «Wandel durch Annäherung» gefasst.[38] «Die amerikanische Strategie des Friedens», so Bahr, «lässt sich auch durch die Formel definieren, dass die kommunistische Herrschaft nicht beseitigt, sondern verändert werden soll». Die Änderung des Ost-West-Verhältnisses, die die USA versuchen wollten, diene dabei der Überwindung des Status quo, indem dieser zunächst nicht verändert werden solle. Auch Bahr hatte mit deutlichem Bezug auf die Praxis der Befreiungspolitik der Fünfzigerjahre betont, dass eine Politik des Alles oder Nichts in Zukunft ausscheide. «Das Vertrauen darauf, dass unsere Welt die bessere ist, [...] die sich durchsetzen wird, macht den Versuch denkbar, sich selbst und die andere Seite zu öffnen und die bisherigen Befreiungsvorstellungen zurückzustellen.» Jede Politik zum direkten Sturz des Regimes drüben sei aussichtslos, und diese Einsicht bedeute, dass jede Änderung nur mit Zustimmung der dortigen Machthaber zu erreichen sei. Auch der Versuch, durch den Abbruch sämtlicher wirtschaftlicher Verbindungen oder durch die bewusste Verschärfung der Situation die Machthaber zum Zusammenbruch zu zwingen, habe sich schon in der Vergangenheit als der falsche Weg erwiesen, da Ulbricht aus Krisen immer gestärkt hervorgegangen sei. Ebenso wenig habe der Abbruch diplomatischer Beziehungen bewirkt. Der einzig Erfolg versprechende Weg sei daher, wie es Kennedy vorgegeben habe, «dass soviel Handel mit den Ländern des Ostblocks entwickelt werden soll, wie es möglich ist, ohne unsere Sicherheit zu gefährden. [...] Das Ziel einer Politik kann natürlich nicht sein, die Zone zu erpressen, denn kein kommunistisches Regime [...] kann sich durch Wirtschaftsbeziehungen in seinem Charakter ändern lassen. Aber das haben schließlich auch nicht die Amerikaner verlangt, als sie Polen [1957] Kredite gaben, und das ist auch nicht der Sinn des amerikanischen Wunsches nach verstärktem Osthandel. [...] In der Sowjetunion ist der Konsumwunsch gewachsen und hat zu positiven Wirkungen beigetragen. Es ist nicht einzusehen, warum es in der Zone anders sein sollte. Die Sowjetunion ist angetreten mit dem Ziel, den Westen einzuholen und zu überholen, gerade auch auf dem Gebiet des Lebensstandards, auf dem der Westen am stärksten ist. Abgesehen davon, dass es sich dabei um ein Ziel handelt, das den Westen als Vorbild hinstellen muss und an seiner Leistung orientiert ist, ist offensichtlich, dass diese Politik nicht allein die Zone innerhalb des Ostblocks ausnehmen kann. Den Prozess zur Hebung des Lebensstandards zu beschleunigen, weil sich dadurch Erleichterungen mannigfacher Art für die Menschen und durch verstärkte Wirtschaftsbeziehungen verstärkte Bindungen ergeben können, würde demnach in unserem Interesse liegen.»

Die Konsequenz und der Preis für die Stilllegung des Kalten Krieges in Europa, so kann man zusammenfassen, war die Ausdehnung des Konflikts in der Dritten Welt. Die Kriege, die hier geführt wurden, waren zu einem wesentlichen Teil die der Supermächte. Für Europa ergab sich daraus die Chance, einen anderen Weg der Auseinandersetzung im Kalten Krieg zu suchen. Die von Kennedy erhoffte Verminderung der finanziellen Aufwendungen für den globalen Konflikt ergab sich daraus allerdings nicht zwangsläufig. Zwar führte die von Berlin ausgehende Entspannungspolitik mittelfristig zu Abrüstungsverhandlungen und -verträgen, die den ungebremsten Ausbau bestimmter Waffensysteme zumindest zeitweilig verringerten. Allerdings waren die Entspannungsjahre eine finanziell nicht minder aufwendige Phase des Kalten Krieges. Zum einen konzentrierten sich die Rüstungen regelmäßig auf die von den Vereinbarungen noch nicht erfassten Systeme. Zum anderen wuchsen in ihr nicht zuletzt die Ausgaben für die sogenannte passive Rüstung überproportional: Gerade der Bau von Bunkern wurde in diesen Jahren auf beiden Seiten des Eisernen Vorhangs verstärkt vorangetrieben. Im Ostblock investierte man darüber hinaus vermehrt in den Ausbau des Sicherheitsapparates, um den unerwünschten Folgen der Annäherung der Blöcke entgegenwirken zu können.

5. Eine Welt in Waffen

Atomwaffen und Rüstungswettlauf

Die angenommene Bedrohungssituation im Kalten Krieg bewirkte auf beiden Seiten eine sich selbst fortsetzende Rüstungsspirale, die in erheblichem Umfang die Atomwaffen betraf.[1] Der Kalte Krieg fraß kontinuierlich und zunehmend Ressourcen, die an anderer Stelle fehlten. Dies traf sowohl für den Westen als auch für den Ostblock zu. In den letzten Jahren des Kalten Krieges waren es dann jährlich rund 700 Milliarden Dollar, die für die Rüstung der NATO und des Warschauer Pakts ausgegeben wurden.[2] Den Anfang machte auch hier das Schlüsseljahr 1947. Beide Seiten hatten bei Kriegsende in größerem Umfang die riesigen stehenden Heere abgerüstet: Die USA reduzierten von etwa zwölf auf unter zwei Millionen Soldaten, die UdSSR von gut fünfzehn auf etwa drei Millionen Mann.[3] Ab etwa 1947 änderte sich diese Entwicklung grundlegend.

In der Sowjetunion wurde mit großem Aufwand die Modernisierung der Roten Armee vorangetrieben, ihre Feuerkraft und Beweglichkeit erhöht. Insgesamt kann man davon ausgehen, dass sich bereits 1948 die Zahl ihrer Kraft- und Kampffahrzeuge verdreifacht hatte.[4] Bis 1955 wuchs die Rote Armee – nicht zuletzt durch den Schub, den der Koreakrieg weltweit verursachte – noch einmal um das Doppelte ihrer Stärke von 1945: auf rund 5,8 Millionen Soldaten. Ansonsten wurden zu diesem Zeitpunkt erhebliche Ressourcen in die Herstellung neuer Waffensysteme investiert. 1947 eröffnete die Sowjetunion in Sagorsk ihre erste Produktionsanlage für neue biologische Kampfstoffe. Der Großteil der zur Verfügung stehenden Mittel floss allerdings in den Bau der ersten Atombombe und parallel dazu in die Luftwaffe. Sie profitierte, wie auch in den USA, als erste Waffengattung von der kommenden Revolution der Waffensysteme. Nachdem bereits 1945 die Atomwaffenentwicklung unter die Obhut Berijas und des sowjetischen Geheimdienstes gestellt und beim Staatlichen Verteidigungskomitee ein eigener Bereich für Nuklearwaffen eingerichtet worden war, konzentrierte man jetzt zentrale Einrichtungen in eigens geschaffenen geheimen Städten. Nun entstand unter anderem Arsamas-16. Nachdem der schon 1942 ernannte wissenschaftliche Leiter des sowjetischen Atomwaffenprogramms, Igor Kurtschatow, Anfang 1947 in einem Gutachten festgestellt hatte, es sei durchaus möglich, binnen zwei Jahren eine eigene Nuklearwaffe zu produzieren, begann die Rote Armee im September des Jahres in Kasachstan das neue Testgelände Semipalatinsk einzurichten. Hier fand dann 1949 der Test der ersten sowjetischen Atombombe und 1953 der ersten Wasserstoffbombe der UdSSR statt.

In den USA war bereits seit 1942 eine Atomindustrie entstanden, die auch hier geheime militärische Produktionsstätten und Testgelände umfasste. Dazu gehörten die erste Plutoniumfabrik der Welt in Hanford (Seattle) und vor allem «Site Y», das *Los Alamos National Laboratory*. Ab 1947 erhöhte sich auch hier das Tempo. Von den bis zur ersten sowjetischen Kernexplosion 1949 gebauten zehn neuen Produktions- und Testanlagen für Atomwaffen eröffneten allein in diesem Jahr sechs.[5] Auch der Aufbau des pazifischen Testgeländes Eniwetok, dessen Inseln in den folgenden Jahren zum Teil völlig vernichtet wurden, begann 1947. Bereits kurz vor dem Jahreswechsel 1946/47 hatte der US-Kongress zugestimmt, auch den Umfang der Streitkräfte wieder zu erhöhen. In den USA war es ebenfalls vor allem die Luftwaffe, die zunächst von der Aufrüstung für den Kalten Krieg profitierte und dafür grundlegend umstrukturiert wurde. Auch hier erhöhte sich das Rüstungstempo drei Jahre später mit dem Beginn des Koreakrieges noch einmal drastisch. Für die US-Streitkräfte brachte es das größte jemals gestartete Aufrüstungsprogramm.[6]

Es waren damit vor allem die Nuklearwaffen, die militärische Strukturänderungen notwendig machten und schließlich auch auf die zivilen Bereiche wirkten. Nachdem in den USA im März 1946 bereits die Grundsatzentscheidung gefallen war, ein Strategisches Luftkommando, das *Strategic Air Command* (SAC), aufzubauen, wuchs es unter seinem ersten Kommandeur, Curtis LeMay, binnen zehn Jahren von 70 auf 2711 (1957) Bomber an.[7] Erst nach dem Kalten Krieg löste man es 1992 im Zuge der erneuten Umstrukturierung der amerikanischen Streitkräfte auf. Da «das SAC» zwangsläufig zu den bevorzugten Zielen eines gegnerischen Angriffs gehörte, wurde seine Zentrale bereits 1948 aus der unmittelbaren Umgebung Washingtons (*Andrews* AFB) in den Mittleren Westen der USA verlegt (*Offutt* AFB). Doch selbst die tief verbunkerte Führungsstelle wurde bald nicht mehr als sicher angesehen. Seit 1961 bis zum Ende des Kalten Krieges gab es zusätzlich ein fliegendes Operationszentrum *(Looking Glass)*. Außer dem Strategischen wurden nun auch ein Taktisches (TAC) sowie ein Luftverteidigungskommando (ADC) eingerichtet. In dieser «Strategischen Triade» blieb das SAC bis zum Ende des Kalten Krieges für die Interkontinentalbomber und -raketen verantwortlich. Mit der Entwicklung von seegestützten Strategischen Atomwaffen (SLBM) übernahm später auch die US-Marine Verantwortung für Interkontinentalraketen. Seit 1957 bestand zusätzlich ein gemeinsames amerikanisch-kanadisches Luftverteidigungskommando (NORAD).

In der Sowjetunion waren diese Verantwortlichkeiten vergleichbar in zwei Strategischen Kommandos der Luftwaffe und einem Marinekommando organisiert.[8] Die Aufgaben, die in den USA das SAC wahrnahm, teilten sich in der UdSSR die schließlich im Dezember 1959 gegründeten Strategischen Raketentruppen (RWSN) und das Kommando für die Interkontinentalbomber (DA/ADD). In den Hoch-Zeiten des Kalten Krieges konnten die drei sowjetischen «Luftarmeen» – zwei an der Front gegenüber den NATO-Staaten, eine gegenüber dem seit den Sechzigerjahren verfeindeten China – etwa 600 Strategische Bomber mobilisieren und befanden sich damit immer deutlich im Hintertreffen.[9] Wie in den USA waren auch hier die Kommandozentralen, so das Gegenstück zur Zentrale der nordamerikanischen Luftverteidigung NORAD, das *AWPWO Strany*, tief in der Erde verbunkert.

Nachdem die USA über Japan die ersten zwei Atombomben eingesetzt hatten, war die UdSSR seit dem 29. August 1949 (Code-Name: *Perwaya Molniya*/Morgenröte) im Besitz eines eigenen nuklearen Sprengsatzes. Die Plutoniumbombe, die die Sowjets *Tatjana* und die Amerikaner *Joe 1* nannten, war im Wesentlichen eine Kopie der US-Bombe *Fat Man* und entsprach mit 22 Kilotonnen Sprengkraft in etwa der damals bereits veralteten amerikanischen Mark-III, die ihrerseits schon 1950 wieder ausgemustert wurde. Wie in den USA wurden auch in der UdSSR erst allmählich Stückzahlen erreicht, mit denen nach offizieller Einschätzung ein Krieg führbar war. Die Sowjetunion besaß 1950 fünf Atombomben, ein

Jahr später 25 und 1952 immerhin fünfzig.[10] Die USA besaßen zwischen Kriegsende 1945 und 1947 insgesamt 13 nukleare Sprengsätze des Hiroshima-Typs *Little Boy* und des Nagasaki-Typs *Fat Man*. 1949 standen allerdings bereits 700 Exemplare der Typen Mark-III und Mark-IV zur Verfügung.[11] Insgesamt besaßen allerdings auch die Amerikaner in diesen Anfangsjahren des Kalten Krieges immer weitaus weniger Atomwaffen als in der Öffentlichkeit angenommen. So schätzten die in den Westzonen Deutschlands erscheinenden *Frankfurter Hefte* das «Arsenal der Apokalypse» bereits auf dem Höhepunkt der Ersten Berlinkrise 1948 auf 400 Atombomben, während es in Wirklichkeit deutlich weniger waren.[12]

In der Nuklearwaffenproduktion bildete das Jahr 1949 nicht nur wegen der erfolgreichen Zündung der ersten sowjetischen Bombe eine wichtige Zäsur. In den USA gingen im selben Jahr Atombomben zum ersten Mal in die Serienproduktion. Wenig später gelang unter der Leitung der Physiker Edward Teller und Enrico Fermi am 1. November 1952 (Serie *Ivy*, Test *Mike*) nach mehreren Vorversuchen (Serie *Greenhouse*, Test *George*) die Zündung der ersten genuinen thermonuklearen Bombe – der seit 1942 immer wieder angekündigten «Super». Die etwa 7 Meter lange Wasserstoffbombe entwickelte eine Sprengkraft von 10,4 Megatonnen – das war eintausendmal mehr, als die Hiroshimabombe *Little Boy* entfaltet hatte. Sie vernichtete die Südseeinsel Elugelab spurlos, an deren Stelle sich danach ein Krater von 70 Meter Tiefe und anderthalb Kilometer Breite auftat.[13] Ein Dreivierteljahr später folgten die Sowjets, die am 12. August 1953 ihre erste, allerdings noch nicht genuine Wasserstoffbombe *Slioka* (Schichttorte) zündeten. Am 22. November 1955 folgte hier die erste wirkliche H-Bombe mit 1,6 Megatonnen.

Die Versuche waren auf beiden Seiten niemals gleichbedeutend mit der militärischen Einsetzbarkeit der jeweiligen Waffe, da die Indienststellung in den Streitkräften in der Regel noch wesentlich länger dauerte (H-Bombe USA: 1955/UdSSR: 1956). Dennoch zeigte sich, dass ein Wettlauf begonnen hatte, der sich von selbst fortsetzte. Massiv erhöhte sich nicht nur die Anzahl der Versuche, sondern auch die Zerstörungskraft der Sprengsätze. Der größte westliche Versuch in der Atmosphäre fand am 1. März 1954 auf dem Bikini-Atoll statt. Der Test *Bravo* setzte, anstelle von berechneten sechs, mit 15 Megatonnen mehr als die doppelte Sprengkraft frei. Er wurde nicht zuletzt deshalb so bekannt, weil er entgegen den Berechnungen Tausende von Quadratkilometern radioaktiv verseuchte, die als sicher eingestuft worden waren. Die größte jemals durchgeführte Explosion einer Nuklearwaffe fand am 30. Oktober 1961 statt – bezeichnenderweise nur etwa zehn Wochen nach dem Höhepunkt der Zweiten Berlinkrise. Eine sowjetische H-Bombe mit dem Namen *Zar* brachte auf dem sowjetischen Testgelände Nowaja Semlja geschätzte 58 Megatonnen zur Explosion. Geplant waren zunächst Größen bis 100 Megatonnen. Die USA allerdings hatten darauf schon nach dem verunglückten *Bravo*-Test 1954 verzichtet. Auch bei den Sowjets wurden nach 1961 keine stärkeren Sprengsätze mehr gezündet. Für solche Größen fehlte mit der Entwicklung von zielgenaueren Interkontinentalraketen auch aufseiten des Warschauer Paktes schließlich die militärische Notwendigkeit. Ein Ende der Testreihen war das natürlich nicht. Zwischen 1945 und 1990 wurden insgesamt 1871 Nuklearversuche durchgeführt. Dabei entfielen auf die USA 929, auf die UdSSR 671 und auf China 36 Tests.[14]

Die rasante Dynamik des Rüstungswettlaufs erklärt sich jedoch nicht nur aus den Bedrohungsszenarien des Kalten Krieges, sondern auch daraus, dass Nuklearwaffen als prestigeträchtig galten. Dies betraf nicht nur die Konkurrenz der Blöcke oder eben auch der Bündnisstaaten untereinander, sondern auch die internen Rivalitäten der einzelnen Waffengattungen innerhalb einer Armee. Die für die Zukunft folgenreichste Entwicklung waren aber die U-Boote, die in der Lage waren, Atomwaffen einzusetzen. Die USA, die ihre erste, von einem U-Boot abgeschossene Rakete bereits 1947 gestartet hatten, stellten diese Waffengattung 1955 mit der *Regulus* offiziell in Dienst. Ab 1956 wurde mit der Planung der ersten seegestützten Interkontinentalrakete begonnen. Die extrem treffgenaue *Polaris* mit einer Reichweite von zunächst 2600, später 4800 km wurde 1962 in Dienst gestellt. 1955 gelang auch der Sowjetunion mit der R-11 (DIA/NATO-Code: SS-N-1 *Scud*) der erste Start einer von einem U-Boot abgeschossenen Rakete. Eine der amerikanischen *Polaris* vergleichbare seegestützte Rakete, die R-21 (SS-N-5 *Sark*), war seit 1963 einsatzfähig. Die Beteiligung an den Strategischen Waffen stärkte nicht nur die Stellung der Marine. Zusammen mit der ab 1954 begonnenen Einführung atomgetriebener U-Boote, die sich monatelang in Tauchfahrt befinden konnten, war dies der Initialstart für eine besondere Bedrohungslage.

DIE MILITÄRISCHE DIMENSION DES KALTEN KRIEGES Die Einführung der taktischen atomaren Artillerie veränderte das prospektive Schlachtfeld. Der Test *Upshot-Knothole* am 25. Mai 1953 war der erste, mit dem die *Atomic Annie* auf ihre Einsatzfähigkeit getestet wurde. Die 280-mm-Kanone war allerdings technisch anfällig und wurde rasch durch andere Modelle ersetzt, die bis zum Ende des Kalten Krieges im Einsatz blieben.

Seegestützte, von Schiffen oder U-Booten abgeschossene Strategische Atomraketen waren in ihrer weiterentwickelten Form – in den USA etwa die Typen *Poseidon* oder *Trident*, in der UdSSR unter anderem die Typen R-29R (SS-N-18 *Stingray*) oder R-29RM (SS-N-23 *Skif*) – im Gegensatz zu den in Silos verbunkerten Interkontinentalraketen nahezu nicht mehr zu orten. Auch hier wurden seit den Sechzigerjahren Mehrfachsprengköpfe (MIRV) üblich.

Neben diesen neu entwickelten Waffensystemen wurden nach und nach auch Teile der konventionellen Waffensysteme des Feldheeres atomar aufgerüstet.[15] Neben nuklearen Minen (*Atomic Demolition Munition*, ADM), die von den USA und der UdSSR in den Fünfzigerjahren als Sperrmittel vor allem für den mitteleuropäischen

Kriegsschauplatz eingeführt wurden und zu denen auch *Backpack Nukes*, A-Minen in Rucksackgröße mit einer Kilotonne Sprengkraft, gehörten, begann man mit der Indienststellung nuklearer Artillerie. Die 1953 eingeführte 280-mm-Haubitze Mk-9 (M 65) – die amerikanische *Atomic Annie* – war als Erste in der Lage, kleinere atomare Sprengsätze von 15 Kilotonnen auf rund 30 km zu verschießen. Andere Systeme folgten. Neben den Anfang der Sechzigerjahre eingeführten taktischen Haubitzen, etwa der M-110 (Indienststellung ab 1961) und der M-109 (ab 1963), stellte die US-Armee 1960 den ersten für die Infanterie konstruierten, tragbaren atomaren Raketenwerfer (M-28/M-29 *Davy Crocket*) in Dienst. Mit diesem nur 23 Kilogramm schweren Gerät ließen sich zum ersten Mal sogar von einem einzelnen Soldaten Nukleargeschosse abfeuern, die allerdings trotzdem die Sprengkraft von zehn Tonnen TNT besaßen. Schon seit 1955 waren zudem atomare Kurzstreckenraketen *(Corporal, Honest John)* und ab 1963 auch Mittelstreckenraketen, so die *Pershing I*, im Heer verfügbar. Stationiert wurden auch diese Waffen vor allem in Europa, insbesondere in der Bundesrepublik.

Auch in der UdSSR forcierte man die Einführung taktischer Waffensysteme für das Feldheer, die auch hier vor allem deutschen Standorten zugewiesen wurden. Das sowjetische Pendant zur amerikanischen *Atomic Annie* war die 1956 in Dienst gestellte sowjetische 180-mm-Kanone S-23. Zwar wurden Waffensysteme nach wie vor jeweils mit einiger zeitlicher Verzögerung eingeführt, doch in der Leistung blieben sie gleichwertig. Atomare Kurzstreckenraketen mit einer Reichweite von etwa 30 km waren in der Roten Armee ab 1957 verfügbar. Die ab 1976 eingeführten Mittelstreckenraketen vom Typ RSD-10 *Pioner* (SS-20 *Saber*), die anders als ihre Vorgängertypen R-12 und R-14 nun drei Atomsprengköpfe mit je 150 Kilotonnen gleichzeitig in verschiedene Ziele bringen konnten, waren dann ein Grund für die Durchsetzung des sogenannten NATO-Nachrüstungsbeschlusses 1979 und für das einstweilige Ende des Entspannungsprozesses.

Trotz der Einführung taktischer und strategischer Systeme bei den anderen Waffengattungen blieb es bei der herausgehobenen Rolle der Luftstreitkräfte im Kalten Krieg. Dies zeigte sich sowohl in den USA (USAF) als auch in der Sowjetunion (WWS). Der Unterschied bestand darin, dass sich die sowjetische Führung aus Kostengründen früh für den verstärkten Aufbau von Raketenstreitkräften entschied, während die USA Raketenarsenal und Bomberflotte nahezu gleichwertig ausbauten. Die Amerikaner waren es auch, denen es bereits bis Mitte 1947 gelang, den ersten, zumindest teilweise düsengetriebenen Bomber, die Convair B-36, zur Einsatzfähigkeit zu entwickeln.[16] Ab Juni 1947 ergänzten die ersten B-36 die bereits vorhandenen Typen B-29 und B-50. Die wichtigste Entwicklung in der Vielzahl von Bomberprogrammen für den Atomkrieg war jedoch die 1946 begonnene Einführung des ersten genuinen Strategischen Düsenbombers, der Boeing B-47 *Stratojet*. Bis 1957 wurden rund 1800 Exemplare hergestellt. Neben der weit berühmteren Boeing B-52 *Stratofortress*, die im Schlüsseljahr des Kalten Krieges 1947 geplant und nach ersten Prototypenauslieferungen 1952 seit dem letzten Drittel der Fünfzigerjahre in Dienst gestellt wurde, bildeten diese Maschinen das Rückgrat der SAC-Bomberflotte, deren permanenter Einsatz ab 1958 geübt wurde. Bis 1968 befand sich eine Bomberflotte von sechzig B-52 mit ihren jeweils acht A- oder zwei H-Bomben pro Flugzeug und damit über 1000 Megatonnen Sprengkraft kontinuierlich in der Luft, um bei entsprechenden Einsatzbefehlen die Ladung über vorbestimmten Zielen in der Sowjetunion abzuwerfen. Die dafür notwendige Treibstoffversorgung in der Luft durch eigens entwickelte Tankflugzeuge wurde parallel dazu eingeführt. Da die Produktion eines Nachfolgers der B-52 seit den sechziger Jahren kontinuierlich verschoben wurde, blieb dieser Flugzeugtyp der Standardbomber der USA im Kalten Krieg und damit auch eines der bekanntesten Symbole für den globalen Konflikt.

In der sowjetischen Luftwaffe lief die Produktion neuer Bombertypen für den als möglich erachteten Atomkrieg zwar im Jahr 1947 an, konnte aber erst 1951 in die Serienfertigung übergehen.[17] Ab 1959 wurde die Luftwaffe noch einmal völlig umorganisiert und glich danach weitgehend dem amerikanischen Muster. Neben der Heimatverteidigung, PWO, und der Strategischen Luftwaffe, ADD/DA, entstanden eine taktische Bomberflotte (FA) und eine eigene Marinefliegertruppe (AWMF). Die ersten sowjetischen Bomber, die für Nuklearwaffen geeignet waren, waren Nachbauten der amerikanischen B-29, von denen einige während des Zweiten Weltkriegs auf sowjetischem Territorium notgelandet waren. Die Kopie erhielt den Namen Tupolev Tu-4 (NATO-Code: *Bull*) und konnte bereits im Sommer 1947 präsentiert werden. Nachdem auch die sowjetische Führung entschieden hatte, auf Strahltriebwerke zu setzen, womit gleichzeitig das Auslaufen der Tu-4-Produktion beschlossen war, wurde noch im selben Jahr der Nachfolger Tu-14 *(Bosun)* aufgelegt. Er blieb trotz erheblicher technischer Mängel bis in die Sechzigerjahre in Dienst. Als strahlgetriebener Standardbomber wurde allerdings die Iljuschin Il-28 *(Beagle)* erfolgreicher. Auch ihre Motoren gingen noch auf westliche Lizenzen zurück. Ab 1950 eingeführt, baute man sie bis 1959. Die Il-28 erwies sich sogar als so zuverlässig, dass sie außer in Ostblockstaaten unter anderem auch nach Nordkorea, Nordvietnam, in das nominell neutrale Finnland sowie in verschiedene blockfreie Staaten, etwa nach Indonesien und Ägypten, geliefert wurde. Auch China baute die Il-28 in Lizenz nach. Neben der Tupolev Tu-16 *(Badger)*, die in der Kapazität etwa der amerikanischen B-47 *Stratojet* entsprach, waren dies die Bomber, die auch in den konventionellen militärischen Konflikten des Kalten Krieges, etwa auf arabischer Seite gegen Israel, zum Einsatz kamen.

Das eigentliche Pendant zu den großen Strategischen Bombern der USA – der B-47, B-50 und B-52 – war allerdings die Myasishchev Mya-4 *(Bison A)*, die ab 1951 auf direkten Befehl Stalins und mit einer entsprechend kurzen Entwicklungszeit geplant worden war. Tatsächlich konnte sie bereits drei Jahre später der Öffentlichkeit präsentiert werden. Wie wichtig die Mya-4 für das sowjetische Prestige im Rüstungswettlauf war, zeigte sich auch darin, dass Chruschtschow es sich nicht nehmen ließ, sie am 13. Juli 1955 westlichen Militärattachés zu präsentieren. Erst ein Jahr später wurde sie offiziell in der sowjetischen Luftwaffe eingeführt. Es war das Bekanntwerden der Mya-4, das im Westen ab 1953 das Wort von der «Bomberlücke» aufkommen ließ, die freilich ebensowenig existierte wie die beklagte «Raketenlücke». Die Mya-4 und ihr Nachfolger, die 1956 überarbeitete Mya-6 *(Bison B)*, waren die größten Strategischen Bomber, die die UdSSR in den Fünfziger- und Sechzigerjahren einsetzen konnte. Auch sie waren in der Luft aufzutanken. Und auch die Mya-6-Baureihe erwies sich als viel zu teuer und viel zu unzuverlässig. Sie wurde bereits ab 1956/57 allmählich durch die Tupolev Tu-20 (*Bear*, spätere Bezeichnung Tu-95) ersetzt. Die Tu-20 war wiederum ein sowjetischer Exportschlager, der unter anderem in den Siebzigerjahren nach Libyen geliefert wurde. Ähnlich wie in den USA wurden Versionen zum

Beispiel für die Elektronische Kriegsführung oder mit Marschflugkörpern ausgerüstet. *Bears* gehörten schließlich auch deshalb zu den bekanntesten sowjetischen Bombern, weil sie regelmäßig an den Rändern der NATO-Staaten ihre Manöver für den Nuklearkrieg absolvierten, aber auch auf Kuba, direkt vor dem amerikanischen Festland, stationiert wurden. Weil Tupolev-Bomber nicht nur bekannt, sondern auch im Westen als wirkungsvolle Strategische Waffensysteme galten, standen sie Mitte der Siebzigerjahre auch im Mittelpunkt der amerikanisch-sowjetischen Abrüstungsverhandlungen. Der 1975 in Dienst gestellte Nachfolger der Tu-20, die Tu-26, die im NATO-Code *Backfire* genannt wurde, wurde zu einem der großen Streitpunkte.

Warum sich der zentrale Rüstungswettlauf des Kalten Krieges auf dem Gebiet der Strategischen Raketen entwickelte, hatte mehrere Gründe. Als es im Schlüsseljahr 1947 auf beiden Seiten gelang, eine auf der deutschen V-2 basierende Rakete starten zu lassen (R-1 *Pobeda*/USA: *Aerobee*), war unter Strategen bereits unbestritten, dass der Krieg der Zukunft vor allem auch ein Raketenkrieg sein werde. Dafür sprachen nicht zuletzt auch finanzielle Gründe. Herkömmliche Bomber blieben jedoch aufgrund der mangelnden Zielgenauigkeit von Raketen noch auf Jahre unverzichtbar. Ein Meilenstein in der Entwicklung der ersten Interkontinentalrakete war die ab 1946 geplante amerikanische SM-62 (B-62) *Snark*. Sie konnte 1951 zum ersten Mal erfolgreich getestet werden, litt aber unter zahlreichen gravierenden technischen Problemen. Ab 1957 dennoch in Dienst gestellt, blieben *Snarks* noch bis 1961 stationiert. Für die Raketentechnik des Kalten Krieges waren sie deshalb ein Meilenstein, weil man für ihre Entwicklung und Steuerung zum ersten Mal die neu entwickelte Computertechnik systematisch nutzte. Doch erst mit der parallel entwickelten, 1960 in Dienst gestellten amerikanischen *Atlas*-Rakete (SM-65), die über 14 000 km Reichweite verfügte und bereits 3,75 Megatonnen auf vier Kilometer genau ins Ziel bringen konnte, war das Zeitalter der Interkontinentalraketen endgültig eröffnet. Mit ihr verkürzte sich zum ersten Mal auch die Vorwarnzeit erheblich. Da die Raketen der *Atlas*-Serie nicht mehr in Bunkern gelagert wurden, sondern stationär in Silos eingebaut waren, brauchten sie auch nicht mehr umständlich herausgefahren und betankt zu werden. Trotzdem waren auch diese ersten ICBM-Generationen im Vergleich zu späteren noch extrem langsam. Dies änderte sich mit den ab 1962 in Dienst gestellten Versionen der *Minuteman*-Serie (LGM-30), von der allein 2400 Exemplare produziert wurden. Dieser immer weiterentwickelte Raketentyp mit rund 11 500 km Reichweite konnte in späteren Versionen nicht nur binnen einer halben Stunde an jedem Punkt der Erde sein. Mit seiner ab 1959 begonnenen Entwicklung war auch der Übergang von der seit 1947/48 üblichen Transistor- zur Mikrochip-Technologie vollzogen. Dies hatte nicht nur Auswirkungen auf seine Treffgenauigkeit, die schließlich bei etwa 200 Metern lag. Möglich wurde nun auch die Verwendung von Mehrfachsprengköpfen. Die ab 1970 in Dienst gestellte *Minuteman III* war in der Lage, drei Sprengköpfe mit je 335 Kilotonnen ins Ziel zu bringen. Nicht zuletzt war mit jeder neuen Generation von Raketen – dies betraf auch die Kurz- und Mittelstreckenvarianten – die Zerstörungskraft um ein Vielfaches gesteigert worden. Die in der letzten Phase des Kalten Krieges 1986 als Nachfolger der *Minuteman III* in Dienst gestellte *Peacekeeper MX* (LGM-118) konnte mit einer Rakete zehn Sprengköpfe von je 500 Kilotonnen auf 100 Meter genau ins Ziel bringen.

Die Entwicklungsphasen Strategischer Raketen verliefen in der UdSSR auffallend parallel. Die erste Langstreckenrakete mit atomarem Sprengkopf war 1955 die sowjetische R-5 (SS-3 *Shyster*), die allerdings mit einer Reichweite von rund 1200 km noch weit davon entfernt war, das Territorium der USA ernsthaft zu gefährden. Sowjetische Drohungen während der Suezkrise gab es trotzdem, zumal westeuropäische Zentren erreicht werden konnten. Ab 1958 war sie kurzzeitig als erster sowjetischer Typ auch außerhalb der UdSSR stationiert worden. Vorgesehene Ziele waren in der damals aktuellen Zweiten Berlinkrise nicht nur westalliierte Basen und Häfen, sondern auch amerikanische Raketenstellungen in Großbritannien. Auch der 1957 erfolgreich getestete *Sputnik*-Transporter R-7 (SS-6 *Sapwood*) war im Gegensatz zur Wahrnehmung in den USA noch keine wirkliche Bedrohung für den amerikanischen Kontinent. Diese kam erst parallel zur Stationierung der amerikanischen *Atlas*- und *Minuteman*-Serie mit der 1962 unter erheblichen technischen Problemen in Dienst gestellten R-16 (SS-7 *Saddler*). Sie war mit ihren ebenfalls rund 11 500 km Reichweite zum ersten Mal in der Lage, die USA auch in ihren Zentren zu treffen. Die Zielabweichung von fast drei Kilometern entsprach in etwa der *Atlas*-Serie. Die mangelnde Zielgenauigkeit glich die R-16, wie ihr ebenso ungenauer Nachfolger R-9 (SS-8 *Sasin*), mit einer den US-Raketen zum damaligen Zeitpunkt deutlich überlegenen Sprengkraft von 5 Megatonnen aus. Das Prinzip wurde zunächst beibehalten. Mit 25 Megatonnen gehörte die 1966 folgende R-36 (SS-9 *Scarp*), eine wie in den USA in Silos verbunkerte ICBM, zu den stärksten jemals gebauten Interkontinentalraketen. Ihr Auftauchen bei den Paraden auf dem Roten Platz in Moskau sorgte im Westen für erhebliche Aufregung. Zehn Jahre später stellten die Sowjets dann als Nachfolger der *Scarp* die größte jemals während des Kalten Krieges gebaute ICBM in Dienst: die mit 350 Metern Zielabweichung extrem treffgenaue R-36-M (SS-18 *Satan*) mit einem 20-Megatonnen-Sprengkopf, später ebenfalls mit zehn Mehrfachsprengköpfen von je 500 Kilotonnen. Die R-36 wurde von den Amerikanern zum ersten Mal sogar als Gefährdung der *Minuteman*-Silos betrachtet. Noch 1966 wurde auch die erste Generation einer «sowjetischen Minuteman», die UR-100 (SS-11 *Sego*), in Dienst gestellt. Sie wurde die mit Abstand am häufigsten produzierte Interkontinentalrakete der UdSSR. Parallel dazu setzten die Sowjets weiterhin auf mobile ICBM-Systeme, die in den USA weitgehend zugunsten der Silos aufgegeben worden waren. Gerade diese ab 1971 in Dienst gestellten Raketen vom Typ RT-21/RS-14 (SS-16 *Sinner*) und die ab 1985 verfügbaren, auf Kraftfahrzeugen oder Eisenbahnschienen mobil einsetzbaren Typen (RT-2PM *Topol*/SS-25 *Sickle*) waren aus westlicher Sicht eine Infragestellung des atomaren Gleichgewichts.

Der Wettstreit im Kalten Krieg um Strategische Waffensysteme betraf selbstverständlich nicht nur die sogenannten Supermächte.[18] Nicht zuletzt aus Prestigegründen zündeten weitere Staaten in den folgenden Jahren eigene Nuklearwaffen: Großbritannien ließ die erste Atombombe am 3. Oktober 1952 detonieren, die erste genuine thermonukleare Bombe folgte am 8. November 1957. Während man für atmosphärische Tests der Atombombe zwölf Mal Australien (Monte-Bello-Inseln/*Emu Field*/*Maralinga Proving Grounds*) auswählte, wurde für die ersten H-Bomben wiederum der Pazifik ausgewählt – die Malden-Inseln. Frankreich folgte mit entsprechenden Sprengsätzen 1960 und 1968. Sie wurden in Algerien (Reggane) und im Pazifik (Französisch-Polynesien: Fangataufa und Mururoa-Atoll) gezündet. China zog 1964 und 1967 auf seinem Testgebiet, der Salzwüste Lop Nur in Sinkiang, nach. Während Großbritannien und Frankreich auf den Bau von Interkontinentalraketen verzichteten und dafür auf Strategische Bomber setzten (*Vickers Valiant* 1955/*Dassault Mirage* IVA 1965), gelang China auch der Bau einer eigenen ICBM. China profitierte dabei von der bis 1959 gewährten sowjetischen Waffenhilfe. Neben taktischen Raketen des Typs R-1 (SS-1 *Scunner*) und R-2 (SS-2 *Sibling*) wurde an Peking auch die erste mit nuklearem Sprengkopf verwendbare R-5 (SS-3 *Shyster*) geliefert. Waffentechnisch war die Multipolarität des Kalten Krieges spätestens zu dem Zeitpunkt erreicht, als die Chinesen 1966 in der Lage waren, mit der *Dong Feng* 2A (DF 2A/CSS-1) eine auf der SS-3 fußende eigene Rakete zu starten. 1971 folgte dann die erste chinesische ICBM unter dem Namen *Chang Zheng 1* (*Langer Marsch*/CSS-3) mit 10 000 km Reichweite. Schon 1970 konnte auch der erste chinesische Satellit ins All gebracht werden.[19]

Außer in den genannten drei Blöcken wurden auch in weiteren Staaten Atomwaffen hergestellt und bereitgehalten.[20] Mit französischer Hilfe konnte Israel 1973/90 eine Kurz- und eine Mittelstreckenrakete (*Jericho I/II*) entwickeln. Bereits seit 1967 besaß Israel eine Atombombe. Indien zündete seine erste Bombe 1974, das zwei Jahre zuvor gestartete pakistanische Nuklearwaffenprogramm wurde 1987 einsatzfähig. Man fror es zwar am Ende des Kalten Krieges 1991 für einige Jahre ein, doch 1998 meldete sich auch Pakistan mit einer ganzen Serie von Nukleartests zurück.

In der offensiven Endphase des Kalten Krieges wurde eine Waffengattung noch einmal prominent, die bereits zu Beginn des Kalten Krieges im Mittelpunkt der Diskussion gestanden hatte: die Anti-Raketen-Raketen (ABM), die unter anderem auch in der Lage sein sollten, angreifende Interkontinentalraketen abzuwehren. Das ab 1953 in Planung befindliche sowjetische «System A» (A35, DIA-Code: ABM-1/SAM-1) sollte bereits seit den Sechzigerjahren Moskau vor einfliegenden amerikanischen ICBM schützen.[21] 1963 konnten erste Raketen dieses Systems auf dem Roten Platz präsentiert werden. Ein weiterer mobiler Raketenschirm mit der Bezeichnung S 225 (ABM-2/SAM-2) war ab 1965 bei Murmansk entstanden, um über den Nordpol einfliegende Raketen abzufangen. Ein drittes Programm mit dem Namen A 135 (ABM-3/SAM-3) war Anfang der siebziger Jahre als Nachfolger des «Systems A» begonnen worden.

In den USA wurden in den sechziger Jahren mit den Projekten *Sentinel* und *Safeguard* ähnliche Systeme aufgebaut. Ziel war zunächst vor allem, die durch die neu entwickelte sowjetische R-36 gefährdeten *Minuteman*-Silos zu schützen, aber auch einen Abwehrschirm über der Hauptstadt Washington zu installieren. Da die unkontrollierte Entwicklung dieser Waffensysteme langfristig das als friedensstabilisierend interpretierte Gleichgewicht der Atomwaffen zu gefährden schien, einigten sich die USA und die UdSSR 1972 im sogenannten ABM-Vertrag darauf, dass nur ein einziges dieser Systeme betrieben werden dürfe. Tatsächlich stoppten die USA zunächst den weiteren Ausbau ihrer Anlagen. In der Sowjetunion blieb entgegen den Absprachen, wie man heute weiß, das mobile ABM-2-System noch bis 1978 funktionsfähig. Erst seit diesem Zeitpunkt war der Moskauer Abwehrschirm (ABM-3) acht Jahre das einzige aufrechterhaltene Verteidigungssystem. Seit 1986 wurden zusätzlich das ABM-1B und 1991 das ABM-X-System aufgebaut.[22] Aber auch die am 23. März 1983 von US-Präsident Reagan angekündigte Strategische Verteidigungsinitiative (SDI) stellte bereits die ABM-Verträge grundsätzlich infrage. Obwohl sie während des Kalten Krieges nicht zur Praxisreife kam, hatte sie erhebliche psychologische Wirkungen, da für die Sowjets zu befürchten stand, dass ein solcher Schutzschirm das gesamte «Gleichgewicht des Schreckens» beseitigen könne. Dies wiederum ließ in den Achtzigerjahren die Furcht vor dem Beginn eines Dritten Weltkriegs noch einmal deutlich ansteigen.

Den Nuklearkrieg denken

Seit dem Ende des Zweiten Weltkriegs rechneten sowohl die USA als auch die UdSSR jeweils mit einem Angriff der anderen Seite. Ironischerweise erhöhten die in den folgenden Jahrzehnten steigenden Rüstungspotenziale keineswegs das Sicherheitsgefühl, sondern bewirkten das Gegenteil. Auf beiden Seiten wuchs über die 45 Jahre des Kalten Krieges ein Bedrohungsgefühl, das teilweise hysterische Züge annahm. Bereits 1945 wurden erste Strategiepapiere für den erwarteten Konflikt vorgelegt. Die Bewertung solcher Planspiele wird allerdings dadurch verkompliziert, weil parallel dazu zahlreiche Manöverkonzepte kursierten, die hin und wieder durch Presseveröffentlichungen in den Ruch offizieller «Kriegspläne» rückten. Hinzu kamen nicht offizielle Äußerungen, die im aufgeheizten Klima der Zeit von der Propaganda der jeweils anderen Seite sofort aufgenommen und als Beleg für die Aggressivität des Gegners verbreitet wurden. Insbesondere im deutsch-deutschen Sonderkonflikt gehörten «Weißbücher» mit entsprechenden Aussagen von Überläufern in den ersten Jahrzehnten zur Normalität des Kalten Krieges. Es besteht daher eine grundsätzliche Notwendigkeit, nicht nur zwischen Manöverkonzepten und tatsächlichen Angriffsvorbereitungen zu unterscheiden, sondern auch zwischen offiziellen und inoffiziellen Planspielen. Prinzipiell lassen sich dabei die westlichen Konzeptionen für einen Krieg mit der UdSSR einfacher beurteilen als die sowjetischen. Durch die liberaleren Archivordnungen in den USA konnten authentische Unterlagen zum Teil bereits während des Kalten Krieges publiziert werden.[23] Dass auch in der UdSSR seit 1945 Pläne in der Schublade lagen, ließ sich unter anderem aus den Äußerungen Stalins schließen. Nach 1991 war es dann auch möglich, einige zu veröffentlichen.[24]

Zwischen Kriegsende 1945 und dem erfolgreichen Test der sowjetischen Atombombe 1949 stand das Nuklearwaffenmonopol im Mittelpunkt aller US-Planungen. Dies schloss zeitweilig auch die Überlegungen mit ein, einen Präventivkrieg zu führen, solange Moskau noch nicht über eine eigene Bombe verfügte. Die Sowjets, so nahm man darüber hinaus auf amerikanischer Seite an, würden sich nur dann von einem Angriff in Mitteleuropa mit ihren überlegenen konventionellen Armeen abschrecken lassen, wenn man ihnen mit dem Einsatz aller zur Verfügung stehenden Nuklearwaffen drohe. Dies nahmen sowohl die 1950 vom NATO-Rat unter dem Eindruck des Koreakriegs verabschiedete sogenannte Vorwärtsstrategie (*Forward Strategy*, MC 14/1) als auch die 1954/57 beschlossene «Strategie der Massiven Vergeltung» (*Massive Retaliation*, MC 14/2) auf. Seit dem erfolgreichen sowjetischen Atomtest und dem nach 1949 prinzipiell absehbaren und in den sechziger Jahren dann erreichten atomaren Patt war zudem klar, dass der eigene totale Einsatz von Nuklearwaffen zwangsläufig auch den umfassenden Gegenschlag und damit die eigene Vernichtung zur Folge haben würde. Robert McNamara prägte als US-Verteidigungsminister in den Sechzigerjahren den Begriff der gegenseitig gesicherten völligen Vernichtung *(Mutual(ly) Assured Destruction)*, wofür sich ironischerweise das doppeldeutige Kürzel

«MAD» einbürgerte. Die Strategie der Massiven Vergeltung, die zu einer Zeit noch begrenzter nuklearer Potenziale entwickelt worden war, stieß an die Grenze ihrer eigenen Logik. Kritiker hatten schon zuvor bemängelt, dass sie eigentlich die Drohung mit dem Selbstmord sei. Doch es gab auch Gegenstimmen. Der Futurologe Herman Kahn rechnete den Amerikanern 1960 in seiner Studie *On Thermonuclear War* vor, dass die Vorstellung, unter keinen Umständen den atomaren Konflikt zu führen, genau das Gegenteil von dem bewirken könne, was beabsichtigt sei, weil sie die erwünschte Abschreckung hinfällig mache und zu politischer Erpressbarkeit führe. Man müsse bereit sein, auch den Nuklearkrieg zu führen.[25] Tatsächlich wurden vor allem in den Sechzigerjahren Bunkeranlagen im großen Stil gebaut. Inhaltlich wechselten die USA und mit ihr die NATO allerdings erst 1967 zu einer «Strategie der Flexiblen Antwort» (*Flexible Response*, MC 143/3), die bis zum Ende des Kalten Krieges ihre Gültigkeit behielt. Sie sah keine Automatik eines massiven Atomwaffeneinsatzes bei einem Angriff der Gegenseite mehr vor, sondern behielt sich die Option offen, entweder dosiert oder umfassend, nuklear oder konventionell zu reagieren. In den folgenden Jahren variierte man die Vorstellungen weiter. Unterhalb der Schwelle zum globalen Atomkrieg (*Central Nuclear War*, CNW) war die Doktrin der sogenannten begrenzten nuklearen Operationen *(Countervailing Strategy)* angelegt. Sie wurde am 17. Januar 1974 in einem Memorandum des amerikanischen Nationalen Sicherheitsrats empfohlen und sechs Jahre später in einer noch von US-Präsident Carter paraphierten Präsidentendirektive (PD 59) festgeschrieben. Hintergrund blieb nach wie vor die Sorge, ob die eigene Strategie glaubwürdig gehalten werden könne. Für solche begrenzten Nuklearkriege boten sich die neu entwickelten «kleinen» Mittel- und Kurzstreckenraketen, aber auch die in ihrer Hitze- und Druckwirkung begrenzte «Neutronenbombe» an. Die Fortsetzung fanden diese Überlegungen in der 1982 in Kraft gesetzten operativ-taktischen Konzeption *Air-Land-Battle* (ALB). Sie galt für die Gefechtsführung von Großverbänden unterhalb der Korpsebene und beinhaltete wiederum vor allem die massiv und schnell geführte Gegenoffensive, die sogar weit ins gegnerische Gebiet führen sollte. Ab 1984 wurden diese Überlegungen auch in die vom NATO-Verteidigungsausschuss verabschiedete Planungsrichtlinie zur Bekämpfung der folgenden Angriffswellen (*Follow-On Forces Attack*, FOFA) aufgenommen.[26]

Die sowjetische Seite stand vor den gleichen Herausforderungen und den gleichen Grenzen des militärischen Engagements.[27] Der Unterschied lag, außer in der Tatsache, dass in der UdSSR selbstverständlich auch das Militär der Parteilinie der KPdSU unterstand, vor allem in der größeren Kontinuität der militärischen Dogmen. Sie blieben im Kalten Krieg bis weit in die Achtzigerjahre dieselben. Entsprechend gravierend waren dann die Änderungen, die der neue Generalsekretär der KPdSU, Michail Gorbatschow, im Mai 1987 der Roten Armee verordnete.

Am Anfang der Strategieplanungen für den Kalten Krieg stand hier die 1946 von Stalin ausdrücklich und öffentlich bekräftigte traditionelle These Lenins, dass Kriege mit dem Kapitalismus unvermeidlich seien. Zehn Jahre später hatte Chruschtschow diese Vorstellung mit der Strategie der Friedlichen Koexistenz variiert und in das Parteiprogramm der KPdSU aufnehmen lassen. Der Begriff blieb immer missverständlich, denn zumindest in der Dritten Welt sollte der nach wie vor als unvermeidlich verstandene Konflikt mit dem Kapitalismus auch militärisch ausgefochten werden können. Einen ausdrücklichen Befehl, Strategien für den Nuklearkrieg zu entwickeln, erteilte Stalin erst 1951. Auch hier lag zumindest theoretisch ein Präventivkrieg im Rahmen des Möglichen, wie auch die elf Jahre später unter dem Namen des sowjetischen Marschalls Wassili Sokolowski erschienene kollektive Abhandlung über die sowjetische *Militär-Strategie* deutlich machte.[28] Dass das Trauma des deutschen Angriffs 1941 die Überlegungen kontinuierlich beherrschte, zeigten nicht nur Stalins Äußerungen oder Chruschtschows berühmte öffentliche Erklärung am 14. Januar 1960 vor dem Obersten Sowjet. Darüber hinaus beeinflusste es die Debatten bis in die Achtzigerjahre, in denen noch einmal konzentriert vor allem die antideutschen Vorbehalte und «Revanche»-Vorwürfe die Propaganda bestimmten.[29] Der massive Einsatz von Nuklearwaffen stand auch hier nicht infrage. Der globale Atomkrieg sei die strategische Option, so hatte Chruschtschow 1960 ausgeführt, die es erlaube, «das Land oder die Länder, die uns überfallen [...] buchstäblich dem Erdboden gleich[zu]machen».[30] Erst unter Breschnew wurde eine Doppelstrategie zur offiziellen Formel, die bis in die ersten Jahre der Regierung Gorbatschow gültig blieb: Obwohl der Nuklearkrieg von der Sowjetunion nicht geführt werden solle, könne man niemals sicher sein, dass er nicht vom Westen aufgezwungen werde. Wenn er notwendig sei, müsse er geführt werden – dann möglicherweise auch als Präventivkrieg. Unter Gorbatschow wurde das Umdenken verordnet: Nicht Vorbereitung auf den kommenden Krieg, sondern Verhinderung der militärischen Auseinandersetzung sei nun die Doktrin der Sowjetunion, verkündete der neue Generalsekretär 1986 auf einem Treffen der Warschauer-Pakt-Staaten in Budapest.[31] Ein Jahr später ging diese Formel auch offiziell in die militärischen Leitlinien der Roten Armee ein.

In den USA lag der erste Entwurf für einen möglichen Krieg mit der Sowjetunion im Dezember 1945 vor.[32] Er war von Truman wenige Monate zuvor angefordert worden. Die durch die US-Luftwaffe ausgearbeitete *Operation Totality* (JIC 329/1) sah bei einem sowjetischen Überraschungsangriff den Abwurf von bis zu dreißig Atombomben auf zwanzig sowjetische Städte vor, um Zeit für die Mobilisierung der eigenen konventionellen Streitkräfte zu erhalten. Weitere Studien wurden danach regelmäßig durch die Vereinigten Stabschefs ausgearbeitet, wobei sie in der Regel von einem sowjetischen Angriff und einem entsprechenden westlichen Gegenschlag ausgingen.[33] Zu diesen Konzepten zählten unter anderem die Pläne mit den Bezeichnungen *Pincher*, *Broiler*, *Bushwacker* und *Frolic*, die zwischen Juni 1946 und Mai 1948 entstanden. Alle sahen vor dem Hintergrund des amerikanischen Nuklearwaffenmonopols den nach damaligen Maßstäben umfassenden Einsatz von Atombomben vor. Die im März 1948 vorgelegte Studie *Broiler* ist im Rückblick nicht nur deshalb besonders aufschlussreich, weil sie am Beginn der Ersten Berlinkrise entstand und für den Fall einer Eskalation sogar den präventiven Atomkrieg *(First Strike)* gegen die Sowjetunion vorsah – 34 Atombomben auf 24 sowjetische Städte. Darüber hinaus war der Bestand an Nuklearwaffen damals zum ersten Mal so weit angewachsen, dass man solche Pläne im Zweifelsfall auch umsetzen konnte.

Mit der ebenfalls noch während der Ersten Berlinkrise begonnenen Planung *Sizzle*, die unter wechselnden Namen *(Fleetwood, Halfmoon, Doublestar)* bis Dezember 1948 fertiggestellt wurde, befanden sich die USA zum ersten Mal weit im Bereich nuklearer Überkapazitäten. Die 133 Atombomben, die man für den Einsatz über zwanzig sowjetischen Städten vorsah, waren zu diesem Zeitpunkt nur ein Fünftel der verfügbaren Reserven. Die weiteren US-Entwürfe für den Nuklearkrieg gingen dann regelmäßig von einer massiven Erweiterung der strategischen Ziele aus. Im Dezember 1960, mitten in der Zweiten Berlinkrise, katalogisierte der Operationsplan SIOP-62 exakt 3423 Atombombenziele, vierzehn Jahre später listete SIOP-5 rund 25 000 Ziele auf. SIOP-5D aus dem Jahr 1980 ging dann sogar von rund 40 000 Zielen für Nuklearangriffe auf feindlichem Territorium aus.[34]

Wie ein Dritter Weltkrieg aller Wahrscheinlichkeit nach verlaufen werde, hatte bereits die US-Studie *Halfmoon* 1948 vorgerechnet. Man ging davon aus, dass die Sowjetunion versuchen werde, Westeuropa vollständig zu besetzen, den Mittleren Osten mit den Ölfördergebieten unter Kontrolle zu bringen sowie den amerikanischen Kontinent mittels Luftangriffen und subversiver Maßnahmen verteidigungsunfähig zu machen. Angesichts der angenommenen Überlegenheit der sowjetischen Seite sollte die westliche Reaktion sich zunächst darauf beschränken, den amerikanischen Doppelkontinent zu verteidigen und gleichzeitig einen umfassenden Luftkrieg gegen die Sowjetunion zu führen. 1948 veranschlagte man dafür 220 Atombomben, die in den ersten drei Monaten auf 104 sowjetische Städte abzuwerfen waren. In den darauffolgenden Monaten des Krieges, so die Planer, sollten dann 72 weitere Städte nuklear zerstört werden. Erst im zweiten Jahr des Konflikts könne der Westen in der Lage sein, die Ölfördergebiete und dann auch das bis nach Spanien geräumte Mittel- und Westeuropa wieder zu erobern. Auch die Folgestudie *Offtackle* ging 1949 von diesem Szenario aus, machte aber darüber hinaus zum ersten Mal genauere Angaben, auf welche Weise eine demokratische Nachkriegsordnung nach dem siegreich beendeten Atomkrieg aufzubauen sei.

Den klarsten Einblick in die amerikanischen Planungen für einen letztendlich immer total geführten Nuklearkrieg mit der Sowjetunion einschließlich der militärischen Besetzung sowjetischen und osteuropäischen Territoriums zeigte der Plan *Dropshot*. Ende 1949 entstanden, konnte in die Überlegungen bereits eingearbeitet werden, dass die Sowjetunion im Besitz der Atombombe war. Ansonsten ging *Dropshot* ebenfalls davon aus, dass die UdSSR einen Krieg beginnen werde, um die Welt zu beherrschen.[35] Auch diesmal entsprachen die angenommenen vier Phasen eines global geführten Krieges den vorherigen Annahmen: eigener Rückzug mit massiven konventionellen und nuklearen Luftangriffen auf die UdSSR, Verminung feindlicher Häfen, Seeblockaden und Halten einer Linie zwischen dem Rhein im Westen und den Alpen im Süden Europas, schließlich Rückeroberung und Sieg über den Ostblock.

Die bekannt gewordenen sowjetischen Planungen für den Nuklearkrieg, die Stalin 1951 anforderte, fielen zeitlich mit seiner Anweisung zusammen, die Rüstungsanstrengungen noch einmal zu steigern und gleichzeitig eine Institution zu schaffen, die die gemeinsame Verteidigung koordinieren konnte. Aus dieser Neuordnung ging 1955 schließlich der Warschauer Pakt hervor. Ausdrücklich hatte Stalin die Vorbereitung auf den Luftkrieg eingefordert. Dazu gehörte nicht nur die Entwicklung von Strategischen Bombern, sondern vor allem auch die Luftabwehr. Im Sommer 1952 war Marschall Zhigarev von Stalin persönlich damit beauftragt worden, eine neue Strategische Bomberflotte aufzubauen, die in der Lage sein sollte, die USA mit Nuklearwaffen anzugreifen.[36] Aufgrund der zunächst zu geringen Reichweiten der ersten Bomber- und Raketengenerationen waren daher noch unter Stalin Ende der Vierzigerjahre Pläne entwickelt worden, US-Militärbasen in Alaska oder auf Grönland zu erobern. Die Vorbereitungen dazu erhielten 1948 den Namen «Projekt 621», wurden aber 1953 nach Stalins Tod gestoppt. Sowjetische Stützpunkte gab es seit 1952 unter anderem in Dikson an der Karasee und auf der Insel Shmidta in der Tschuktschensee. Von hier aus flogen in den Fünfzigerjahren modifizierte Tu-4-Bomber Aufklärungsmissionen bis zu den amerikanischen Basen auf Grönland und in Kanada.

Einen aufschlussreichen Einblick in die Planungen des Ostblocks für einen Nuklearkrieg mit dem Westen bietet der erst im Jahr 2000 freigegebene «Operationsplan der tschechoslowakischen Armee für den Kriegsfall» vom Oktober 1964.[37] Er war die nationale Umsetzung einer Gesamtplanung des Warschauer Paktes und berücksichtigte in erster Linie die Belange der ČSSR. Im Vergleich zu den westlichen Konzepten zeigte sie vor allem eine auffallende Parallelität in der Bedrohungswahrnehmung, aber auch in der militärischen Planung: Ausgegangen wurde, wie im Westen, von einem massiven Aufeinandertreffen der gegnerischen Panzerarmeen mit dem Einsatz von Atomwaffen sowie dem zeitweiligen Verlust eigenen Territoriums. Für eine folgende weitere Phase ging man davon aus, dass es den eigenen Kräften gelingen werde, binnen neun Tagen das französische Lyon zu erreichen – eine Einschätzung, die sich mit den westlichen Befürchtungen deckte. Dabei ging man allein an diesem Frontabschnitt davon aus, 119 Nuklearsprengsätze einzusetzen. Auch die aus den späten Siebziger- und den Achtzigerjahren erhaltenen Manöverplanungen des Warschauer Paktes, wie *Waffenbrüderschaft-80*, *Sojus-81* und *Sojus-83*, *Schild-84* oder *Stabstraining-89*, legen nahe, dass sich diese grundsätzlichen Überlegungen nicht änderten.[38] Für die am besten dokumentierte Übung *Sojus-83*, deren Unterlagen zufälligerweise nicht vernichtet wurden, lässt sich für den mitteleuropäischen Kriegsschauplatz ein Operationsplan rekonstruieren, der sich erstaunlich präzise mit den Szenarien der westlichen Planer deckte. Auch *Sojus-83* ging davon aus, dass die französische Grenze nach zwei Wochen und die Grenze Spaniens nach einem Monat zu erreichen seien. Dafür war in diesem Frontabschnitt der Einsatz von 115 taktischen Raketen und 135 Atombomben vorgesehen. Dass diese Zahl auch viel höher liegen konnte, machten die Planungen der kurz vor dem Mauerfall 1989 veranstalteten Übung *Stabstraining-89* deutlich. Hier waren allein für den Angriff auf den nördlichsten Teil der Bundesrepublik 76 nukleare Sprengsätze vorgesehen. Dass ein wesentlicher Grund für den vorgesehenen massiven Einsatz von Atomwaffen in einer kontinuierlichen und groben Überschätzung der gegnerischen Kräfte lag, wurde erst nach 1991 erkennbar. Doch nicht nur daraus erschließen sich die Bedeutung und die Probleme der Spionage im Kalten Krieg.

Der Krieg der Geheimdienste

Der verdeckte Krieg der Geheimdienste begann nicht erst 1947, wurde aber durch die gegenseitige «Kriegserklärung» in diesem Jahr heftiger.[39] Die Amerikaner standen dabei vor einem besonderen Problem, da sie 1945 ihren nur wenige Jahre zuvor entstandenen Geheimdienst OSS *(Office of Strategic Studies)* weitgehend aufgelöst hatten. Truman machte damals nicht zuletzt moralische Bedenken geltend. Die Gründung eines neuen Geheimdienstes, der CIA, der bezeichnenderweise im Schlüsseljahr des Kalten Krieges, 1947, aus der Taufe gehoben wurde, war daher auch der Versuch, diesen Fehler möglichst rasch wieder zu beheben. Manche im Nachhinein unerklärliche Operationen, etwa die ab 1949 mit haarsträubenden Pannen und Fehlentscheidungen einhergehenden Versuche, in einigen Ostblockstaaten die kommunistischen Regierungen zu stürzen, hatten ihre Ursache wohl auch im übersteigerten Ehrgeiz der US-Geheimdienstler, die zum Teil noch aus dem OSS stammten. Das Wissen über den neuen Gegner, aber auch über das nun sowjetisch kontrollierte Ostmitteleuropa, blieb trotzdem zunächst spärlich. Jahrelang hatten die amerikanischen und ebenso die britischen Stellen vor allem über die Deutschen Informationen gesammelt, während die sowjetischen Verbündeten nur wenig beachtet worden waren. Als man nun zunächst auf deutsche Informationen zurückgriff, die vor allem Reinhard Gehlen 1945 lieferte, waren auch diese nicht immer zuverlässig. Sie förderten aber intensiv die westlichen Sorgen vor einem nicht zuletzt auch in der Geheimdienstarbeit übermächtigen Gegner im Osten.

Mit dem verdeckt durch die Amerikaner geförderten Sieg der Christdemokraten bei den italienischen Wahlen 1948 hatte die CIA ihre Feuertaufe bestanden. Der Wahlkampf 1947 und der anschließende Erfolg De Gasperis wurden zur eigentlichen Geburtsstunde des US-Geheimdienstes im Kalten Krieg. Die CIA, zu deren wachsender Organisation auch spezielle Abteilungen zur Vorbereitung von Umsturz und Revolutionen, wie das «Office of Policy Coordination» (OPC), gehörten, war aber nicht der einzige Geheimdienst, den die USA im verdeckten Krieg mit den Sowjets aufboten. Auch die einzelnen Teilstreitkräfte unterhielten zum Teil bedeutende Aufklärungsabteilungen. Wichtig im geteilten Deutschland und speziell für Operationen in der SBZ/DDR in der Frühzeit des Kalten Krieges wurde das CIC *(Counter Intelligence Corps)*, das 1961 in der *Defence Intelligence Agency* (DIA) des US-Verteidigungsministeriums aufging. Mindestens ebenso geheimnisumwittert war die 1952 neu geschaffene *National Security Agency* (NSA) als zentrale Behörde für das Abhören des Gegners und die Entschlüsselung von Informationen. Wie die konkurrierende CIA war die am Ende des Kalten Krieges auf die doppelte Größe angewachsene NSA global tätig und betrieb ihre Einrichtungen insbesondere auch in den Frontstaaten des Konflikts. Im Westteil Berlins wurde von der NSA auf dem sogenannten Teufelsberg der berühmte und durch seine Radarkuppeln weithin sichtbare Abhör- und Beobachtungsposten für Ostmitteleuropa unterhalten. Weitere spezielle US-Spionagedienste entstanden mit der rasanten Entwicklung der Technik des Kalten Krieges, so das 1970 gegründete NRO, das für den Betrieb von Spionagesatelliten zuständig war.

Die Sowjets waren im Gegensatz zu den Amerikanern alte Hasen im Spionage- und Abwehrgeschäft. Ihr Geheimdienst bestand damals seit fast dreißig Jahren unter verschiedenen Namen. Er war bereits in der Formationsphase des Kalten Krieges 1946 für die neuen Aufgaben umstrukturiert und schließlich 1954 zum «Komitee für Staatssicherheit» (KGB) umorganisiert worden. Anders als westliche Dienste war das KGB, wie die nach seinem Vorbild aufgebauten Organisationen in den «Bruderstaaten», nicht nur für Spionage, Gegenspionage und Abwehr, sondern auch für politische Strafsachen und vor allem für die innerstaatliche Überwachung der eigenen Bevölkerung zuständig. Mit dem Ende der Sowjetunion wurde 1991 auch das KGB aufgelöst.[40] Parallel dazu bestanden in der UdSSR ebenfalls weitere Dienste, von denen in der Frühzeit des Kalten Krieges zum Beispiel das «Informationskomitee beim Ministerrat» (KI) kurzzeitig bedeutsam wurde. Als armeeeigene Einrichtung blieb die 1918 gegründete «Hauptverwaltung Aufklärung» (GRU) als Auslandsnachrichtendienst im Kalten Krieg bestehen. Ihre Schwerpunkte lagen in den USA und Westeuropa. Dort gelangen ihr zum Teil spektakuläre Erfolge. Der GRU unterstanden unter anderem die besonders geheimnisumwitterten *Speznaz*-Einheiten, jene Truppen zur besonderen Verwendung, die wie ihre westlichen Pendants (SPG, *Gladio* etc.) für Zersetzungs- und Spionageeinsätze hinter der Front vorgesehen waren. Für Aufgaben in der Bundesrepublik rekrutierten die östlichen Geheimdienste auch Mitglieder der westdeutschen DKP.

Was überhaupt Verdeckte Operationen waren, konnte niemals klar definiert werden. In der offiziellen amerikanischen Festlegung aus dem Jahr 1948 waren es schlicht alle Maßnahmen, die vom Präsidenten abgestritten werden konnten, in der Definition des Ostblocks gehörten dazu alle Handlungen, die ohne Wissen der Öffentlichkeit durchgeführt wurden. Die wichtigsten waren sicherlich Spionage- und Gegenspionage, Sabotage, Umsturzversuche, Attentate, verdeckte Zuwendungen an Gruppen oder Personen sowie die nicht offizielle militärische Unterstützung. Völlig ungeklärt ist, wie viele Geheimoperationen während des Kalten Krieges durchgeführt wurden. Auf amerikanischer Seite sollen es etwa 900 gewesen sein. Nachprüfbar werden solche Zahlen allerdings wohl niemals sein. Langfristig waren die gesamte geheime «Ostarbeit» des Westens und die geheime «Westarbeit» des Ostens darauf ausgelegt, das gegnerische System zu schwächen und das eigene zu stärken. Spektakuläre Fälle von sowjetischer Spionage gab es daher zunächst vor allem in der Atomforschung. 1950 konnte in London der zuvor in der amerikanischen Forschungsstätte Los Alamos tätige Wissenschaftler Klaus Fuchs als sowjetischer Spion verhaftet werden. Er gab zu, aus politischen Motiven Einzelheiten zum Atomwaffenbau an die Sowjets weitergegeben zu haben.[41] Nach der Verbüßung einer Haftstrafe durfte er 1959 in die DDR ausreisen. Von ihm führte die Spur zu einem Spionagering, der bereits während des Krieges technische Einzelheiten nach Moskau weitergegeben hatte. Die Mitglieder waren mehrheitlich überzeugt, dass keine Seite allein im Besitz der neuen zerstörerischen Waffe sein sollte. Julius Rosenberg wurde mit seiner an der Spionage nur marginal beteiligten Frau 1953 in den USA hingerichtet. Andere Beteiligte flohen nach Osteuropa. Ob die weitergegebenen Informationen den entscheidenden Beitrag zum Bau der sowjetischen Atombombe lieferten, blieb allerdings eher zweifelhaft, nicht anders die Befürchtungen, die weitergegebenen Informationen könnten auch die Herstellung einer sowjetischen H-Bombe beschleunigen. Die entscheidenden Berechnungen zum Bau gelangen in den USA erst 1951, also zu dem Zeitpunkt, als die wichtigsten sowjetischen Agenten bereits verhaftet oder nicht mehr aktiv waren. Man hat gemutmaßt, dass es wahrscheinlich eher der radioaktive Fallout nach der Explosion der amerikanischen «Superbombe» war, der es den Sowjets ermöglichte, die Wirkungsweise zu rekonstruieren.

Dass gerade Industriespionage für die Sowjets und den Ostblock eine immer größere Bedeutung erlangte, konnte man während des gesamten Kalten Krieges auf dem militärischen und dem zivilen Sektor beobachten. Technik, aber auch Design westlicher Systeme wurde geradezu hemmungslos kopiert. Zu den Beispielen sowjetischer Spionageerfolge in der Militärtechnik gehörten – neben der bereits erwähnten, schon Mitte der Vierzigerjahre kopierten B-29, der in den Fünfzigerjahren reproduzierten nuklearen Artillerie und der in den Siebzigerjahren von der amerikanischen B-1 abgekupferten Tupolev Tu-160 – in den Achtzigerjahren auch das sowjetische *Spaceshuttle* mit dem Namen *Buran*. Es sah wie ein Doppelgänger der US-Vorbilder aus. Einige Geheimdienstexperten schätzten, dass bis zu zwei Drittel der sowjetischen Militärtechnik Kopien westlicher Vorbilder waren, deren Herstellung schlicht auf Spionage beruhte. Insbesondere Rüstungskonzerne, etwa MBB in der Bundesrepublik, gehörten zu den bevorzugten Objekten. Von MBB konnten erfolgreich Unterlagen für das Kampfflugzeug *Tornado* entwendet werden. Wo die Grenzen und Nachteile der in den Siebzigerjahren noch einmal deutlich verstärkten Wirtschaftsspionage lagen, zeigte sich in der Computertechnik. Früh war man im gesamten Ostblock dazu übergegangen, westliche Rechner zu kopieren. Ein bekanntes Beispiel waren die seit den Siebzigerjahren in der UdSSR gebauten und im gesamten Ostblock eingesetzten RYAD-Systeme, die schlicht Kopien von illegal beschafften IBM-Rechnern der Serien 360 und 370 waren. Auch in der DDR wurden wesentliche Kapazitäten der Auslandsspionage des MfS (HVA) für die Beschaffung von westlicher Computertechnologie eingesetzt. Der Nachteil zeigte sich nur zu deutlich. Da man sich weitgehend auf die Beschaffung von außen verließ, scheiterte der Aufbau einer eigenen innovativen Chipproduktion. Bekanntermaßen war der Gorbatschow von Honecker 1988 überreichte Ein-Megabit-Chip lediglich eine Attrappe, während westliche Staaten bereits zur Massenproduktion übergegangen waren.[42]

Neben der Industrie- gehörte die politische und militärische Spionage zu den weiteren Schwerpunkten östlicher Geheimdienste. Als besonders eindrucksvoller Erfolg wurde in den Fünfzigerjahren die Unterwanderung der Zentrale der amerikanischen *Military Intelligence Division* (MID) in Würzburg gefeiert. Dort gelang es 1956, eine komplette Agentendatei zu entwenden und zahlreiche Verhaftungen in der DDR vorzunehmen. Die Operation des ostdeutschen MfS wurde wenig später auch zum Stoff für einen der erfolgreichen DDR-Spielfilme: *For Eyes Only*. Anfang der Siebzigerjahre wurde als ein weiterer beispielhafter Erfolg politischer Spionage die Ausspähung des westdeutschen Bundeskanzlers Willy Brandt durch den MfS-Agenten Günter Guillaume gefeiert. Langfristig erwies sich allerdings auch diese Leistung eher als kontraproduktiv, da Brandt nicht zuletzt wegen dieser Affäre 1974 seinen Abschied nahm. Damit schied ausgerechnet jener westdeutsche Regierungschef aus dem Amt, von dessen «Neuer Ostpolitik» die DDR außenpolitisch erheblich profitiert hatte.

Politische und militärische Spionage blieb auch eines der zentralen Felder der westlichen Geheimdienstarbeit im Kalten Krieg. Wirtschaftsspionage dagegen war die Ausnahme und hatte vor allem militärische Anlagen im Visier. Man weiß, dass in den ersten Jahren des Kalten Krieges, als die Sowjetunion für die westliche Spionage mehr oder minder unbekanntes Gebiet war, zum Teil auf ganz unspektakuläre Weise gute Ergebnisse erzielt wurden. Die Befragung von deutschen Kriegsgefangenen etwa, die aus der UdSSR unter anderem in die Westzonen Deutschlands zurückgeschickt wurden, brachte schon Ende der Vierzigerjahre nicht nur Informationen über die neu entstandenen Schlüsselbetriebe der sowjetischen Rüstungsindustrie, sondern auch über andere zentrale militärische Einrichtungen. Durch ihre Aussagen ließen sich westliche Stellen unter anderem über die aus der SBZ nach Podlipki und Chimki verlagerte sowjetische Raketenproduktion informieren, über Hunderte von Flugplätzen in der Sowjetunion, aber auch über den Aufbau der sowjetischen Kernforschung in den geheimen Städten der UdSSR.[43] Auf ähnlich unspektakuläre Weise beschafften antikommunistische Gruppen, etwa die westdeutsche KgU, die Ostbüros der bundesrepublikanischen Parteien oder Emigrantenorganisationen, Informationen über Militär- und Industriestandorte in der DDR. Ein spektakulärer und technisch weitaus aufwendigerer westlicher Versuch der Informationsbeschaffung war dann 1953 der Bau des berühmt-berüchtigten Spionagetunnels unter der Sektorengrenze in Berlin, die berühmte *Operation Gold*. Während des Aufstands vom 17. Juni 1953 konnten

EINE DER BÜHNEN DES SPIONAGEKRIEGS Ein Austausch auf der Glienicker Brücke zwischen Potsdam und Westberlin am 11. Februar 1986. An diesem Tag konnte unter anderem der Bürgerrechtler Anatoli Schtscharansky in den Westen kommen. Die «Brücke der Einheit», wie sie in der DDR offiziell genannt wurde, durfte ansonsten lediglich von Angehörigen der westlichen Militärmissionen benutzt werden und war, wie der Checkpoint Charlie, aus dem zivilen Grenzverkehr ausgeschlossen. Die Grenze verlief genau in der Mitte der Brücke und war durch einen weißen Strich markiert.

erste Testaufnahmen gemacht werden, die Anlage selbst war erst 1955 betriebsbereit. Da der Bau jedoch schon 1953 den Sowjets bekannt wurde, blieb immer zweifelhaft, wie glaubwürdig die bis 1956 gewonnenen Informationen aus 443 000 mitgeschnittenen Gesprächen tatsächlich waren.[44] In jedem Fall war dagegen die inszenierte Aufdeckung ein großer propagandistischer Erfolg für den Ostblock.

Spionage war ein gefährliches Geschäft, das eine nicht bekannte Zahl von vermeintlichen oder tatsächlichen Spionen das Leben kostete. Der unter anderem auf der Glienicker Brücke zwischen dem Westberliner Bezirk Zehlendorf und der bereits auf DDR-Gebiet liegenden Stadt Potsdam bis 1985 stattfindende, aufsehenerregende Agentenaustausch, der für viele Zeitgenossen der Inbegriff des Kalten Krieges wurde, betraf immer nur eine Minderheit von besonders wertvollen «Quellen». Ausgetauscht wurde hier im Oktober 1962 der in den USA 1957 gefasste Topspion Rudolf Abel, der nach der Verhaftung des Ehepaars Rosenberg und anderer ein neues Agentennetz für die Atomspionage aufbauen sollte. Das Tauschobjekt war Gary Powers, der kurz zuvor über der Sowjetunion abgeschossene Pilot eines U-2-Spionageflugzeugs. Obwohl solche Geschäfte noch bis zum Ende des Kalten Krieges Praxis blieben, wurde langfristig die Menschenleben schonende technische Aufklärung, wie sie Flugzeuge und Satelliten übernahmen, wichtiger. Luftaufklärung war zwar schon lange Praxis während kriegerischer Konflikte. Jetzt wurde sie aber auch kontinuierlich und umfassend außerhalb eines direkten militärischen Konflikts eingesetzt.

Die USA hatten solche Operationen, für die zunächst umgerüstete B-47-Bomber eingesetzt wurden, schon in den ersten Jahren des Kalten Krieges begonnen. Sie flogen damals über Murmansk in den sowjetischen Luftraum ein und fotografierten militärische Einrichtungen. 1954 war eine solche Spionagemaschine über der UdSSR zum ersten Mal beschossen worden. Der erste Totalverlust war am 17. April 1955 nahe der Halbinsel Kamtschatka eingetreten. Als Problem erwies sich vor allem, dass die gängigen Flugzeugtypen für die Luftabwehr erreichbar waren und dass jeder Abschuss nicht nur politische Verwicklungen nach sich zog, sondern auch eine propagandistische Niederlage war.[45] Der technische Durchbruch kam ein Jahr später, als die Lockheed U-2, die aus über 33 km Höhe – und damit für die damalige Luftabwehr unerreichbar – ihre Luftbilder schoss, in Serie ging. Der Startschuss zur Produktion der U-2 *(Project Aquatone)* ging damals bezeichnenderweise direkt von der CIA aus, die immer dringender nach mehr Informationen verlangte. Für die U-2 wurde ein eigener geheimer Flugplatz im US-Bundesstaat Nevada angelegt, die *Nellis Air Force Base*, aber ihre Missionen starteten auch von Flugplätzen in verbündeten Staaten, so etwa von der türkischen Basis İncirlik. Der erste reguläre Flug einer U-2 über der UdSSR fand im Juli 1956 statt. Erste Ziele waren sowjetische Raketenstellungen und Fabriken, aber auch das damals akute Krisengebiet am Suezkanal. Etwa vier Jahre lang blieben die U-2 aufgrund ihrer von sowjetischen Raketen unerreichbaren Höhe unverletzlich, wenngleich nicht unentdeckt. Am 1. Mai 1960 – mitten in der politisch hochbrisanten Zweiten Berlinkrise – wurde dann die erste U-2 über Swerdlowsk nach Triebwerksproblemen abgeschossen. Der nun schlagartig berühmt gewordene Pilot, Francis Gary Powers, fand sich in Moskau vor einem Gericht wieder, das ihn zu drei Jahren Zuchthaus und sieben Jahren Arbeitslager verurteilte. Für die USA war es erneut ein politisch-propagandistisches Fiasko, in dem als Erstes das bereits vereinbarte Gipfeltreffen Eisenhowers mit Chruschtschow platzte und die amerikanisch-sowjetischen Beziehungen auf einen Tiefpunkt rutschten. Dennoch wurden die Flüge fortgesetzt und führten unter anderem 1962 zur Entdeckung der auf Kuba stationierten sowjetischen Mittelstreckenraketen vom Typ R-12 und R-14. Die Luftaufklärungsmissionen waren insgesamt so erfolgreich, dass nicht nur die U-2 weit über das Ende des Kalten Krieges hinaus im Einsatz blieb, so unter anderem im Afghanistan-, Balkan- und Irakkonflikt. Parallel dazu wurden Nachfolger gebaut, etwa die ab 1957 entwickelte Lockheed SR-71 *Blackbird*. Sie wurde seit 1968 regelmäßig in den Krisenregionen des Nahen und Mittleren Ostens, aber auch über Kuba eingesetzt.

Es gehörte zur Logik des Kalten Krieges, dass die Sowjets als Antwort auf die gegnerischen Spionageflüge einen eigenen Aufklärer entwickelten. 1957 wurde die «sowjetische U-2», die Yakovlev Yak-25 RV (NATO-Code: *Mandrake*), in Auftrag gegeben, die man nach dem Abschuss der amerikanischen U-2 anhand der gefundenen Reste noch einmal gründlich überarbeitete, bevor sie 1963 in Dienst gestellt wurde. Es war unter den Bedingungen des Kalten

Krieges dann genauso zwangsläufig, dass danach der US-Flugzeugbauer General Dynamics für den Bau seines Aufklärers RB-57F wiederum Anleihen bei der sowjetischen Yak-25 machte. Eine weitere sowjetische Antwort auf die U-2 wurde die MiG-25 *(Foxbat)*, die ab 1970 in Dienst gestellt wurde. Wirklich bekannt wurde dieser Typ allerdings wiederum erst durch einen Geheimnisverrat. 1976 landete der sowjetische Überläufer Viktor Belenko mitsamt seiner *Foxbat* im Westen.

Trotz der aufsehenerregenden Erfolge, die auf den Einsatz von Spionageflugzeugen zurückgingen, und trotz der Weiterentwicklung der Luftaufklärung war diese Art der Spionage schon seit den Sechzigerjahren wieder veraltet. Bereits Anfang der Fünfzigerjahre waren erste Vorbereitungen für den Bau von Spionagesatelliten getroffen worden. Im Februar 1958, also nur wenige Monate nach dem Start des sowjetischen *Sputnik*, begann in den USA das erste CIA-Spionagesatellitenprogramm unter dem Namen *Corona*. Zwei Jahre später konnte der Satellit *Keyhole* ins All geschickt werden und seine Fotos mit Fallschirmcontainern zur Erde senden.[46] Die Arbeit war noch umständlich, doch nach dem ersten Abschuss einer U-2 waren die Vorteile unbestreitbar. Keine damals verfügbare Flugabwehrwaffe war in der Lage, einen Satelliten zu erreichen. Kontinuierlich folgten in den USA bis weit über das Ende des Kalten Krieges hinaus weitere Programme, die in den Achtzigerjahren teilweise mit den Versuchen für das weltraumgestützte SDI-Programm verknüpft waren. Aber auch in der Sowjetunion hatte die Arbeit an einem Aufklärungssatelliten parallel zum *Sputnik*-Programm begonnen. Koroljows Spionagesatellit *Zenith* erreichte zwei Jahre nach dem US-Vorgänger *Keyhole* im Juli 1962 die Erdumlaufbahn und schickte wie sein amerikanisches Pendant seine Ergebnisse mithilfe von Fallschirmen zurück. Auch hier folgten kontinuierlich weitere Programme, von denen das 1964 begonnene Programm *Yantar* (Bernstein) sich zum erfolgreichsten entwickelte. Mit Hilfe von *Yantar*-Operationen wurden in den Achtzigerjahren unter anderem die amerikanischen SDI-Programme ausgespäht. Unangreifbar waren Satelliten zu diesem Zeitpunkt schon lange nicht mehr. Schon 1962 waren Raketen in der Lage, zumindest Satelliten in niedrigen Erdumlaufbahnen zu erreichen.

Neben Spionage gehörten Umsturzversuche und Unterstützung von «Rebellen» zum Instrumentarium der Geheimdienste im Kalten Krieg. Bis in die Siebzigerjahre war der Enthusiasmus ungebrochen, wie Insider wie der CIA-Missionschef auf Taiwan, Ray Cline, in ihren Memoiren betonten.[47] Erst das Fiasko des Vietnamkriegs sorgte auch hier für Ernüchterung. Schon ab 1949 initiierte der amerikanische Geheimdienst, zum Teil mit Beteiligung der Briten, direkte Putschversuche hinter dem Eisernen Vorhang. Das Muster blieb während des Kalten Krieges gleich. In der Regel wurden Emigranten aus kommunistischen Staaten ausgebildet und für die Auslösung eines Umsturzes eingesetzt. Auch der 1948 vorgelegte US-Plan für einen eventuellen Krieg mit der Sowjetunion, *Halfmoon*, enthielt Namenslisten von Emigranten, die zum Beispiel hinter der Front eingesetzt werden sollten. Die erste dieser Revolutionen wurde ab November 1948 für Albanien vorbereitet, wobei in diesem Fall das britische Außenministerium mit dem Vorschlag an die Amerikaner herangetreten war. Ausdrücklich hatten die Briten, namentlich der stellvertretende Unterstaatssekretär Ivone Kirkpatrick, dabei von Vergeltung für die albanische Beteiligung am Griechischen Bürgerkrieg gesprochen. Albanische Emigranten sollten ins Land geschleust werden und einen Bürgerkrieg auslösen. Bis 1953 brachte man in dieser *Operation Valuable* (Nutzen) genannten Aktion immer wieder neue Agentengruppen nach Albanien, die allerdings ebenso regelmäßig verhaftet wurden. Angesichts der Erfolglosigkeit stiegen bereits 1952 die Briten aus.[48] Schließlich gaben auch die Amerikaner auf. Die Gründe für das Scheitern der «Revolutionen» wurden erst viele Jahre später bekannt. Zum einen waren die Aktionen von Kim Philby, einem britischen Agenten in sowjetischen Diensten, weitergegeben worden. In seinen 1968 erschienenen Memoiren, *My Silent War*, gab der 1963 in die UdSSR geflohene Philby unter anderem diese Details preis. Der zweite Grund für das Scheitern in Albanien war langfristig folgenreicher: Es gab in den westlichen Geheimdiensten kontinuierlich krasse Fehleinschätzungen zu den Chancen eines Umsturzes im Ostblock. Bei dem gleichzeitig mit den albanischen Operationen begonnenen und ähnlich geplanten Umsturzversuch in Jugoslawien kamen haarsträubende Pannen hinzu. Unter anderem waren die abgesetzten «Revolutionsführer» in amerikanische Luftwaffenuniformen eingekleidet worden, was zu ihrer sofortigen Verhaftung führte. Trotzdem folgten weitere Umsturzversuche oder zumindest der Vorlauf dazu, ab 1951 für die Ukraine, für die Baltischen Staaten und für den Kaukasus. In der Sowjetunion wurden Bemühungen, antikommunistische Zellen einzurichten, bis weit in die Fünfzigerjahre hinein fortgesetzt.[49] Auch hier gab man sie schließlich aufgrund kontinuierlicher Erfolglosigkeit auf. Nur in der Dritten Welt blieb es bis zum Ende des Kalten Krieges bei dieser Strategie. Die groß angelegte Invasion von exilkubanischen Truppen auf Kuba am 15. April 1961 scheiterte bekanntlich, nachdem die US-Regierung die zugesagte Luftunterstützung nicht leistete. Aber auch in Asien und Afrika wurden diese Aktionen fortgeführt.

Vorbereitungen für den Umsturz mithilfe bewaffneter Aufstände von «Freiheitskämpfern» traf auch die UdSSR. Unter anderem wurden sie seit 1961 in Mittelamerika eingeleitet, wo man mithilfe Kubas insbesondere in Nicaragua und Costa Rica tätig wurde. Seit 1966 waren die nicaraguanischen Sandinisten auch für die Unterwanderung der USA vorgesehen.[50] Entsprechende Ausbildungslager wurden damals auf der mexikanischen Seite der amerikanischen Südgrenze eingerichtet. Auch aus der Kolonialherrschaft in die Unabhängigkeit entlassene afrikanische und asiatische Staaten wurden zum Ziel solcher Operationen, ebenso aber auch Westeuropa. Zur politischen Destabilisierung Großbritanniens setzte das KGB zum Beispiel auf die terroristische Irisch-Republikanische Armee (IRA). In der Bundesrepublik baute man unter anderem auf die «Rote Armee Fraktion» (RAF). Eine der größten Überraschungen nach der «Wende» 1989 war die Erkenntnis, dass selbst bundesdeutsche Terroristen Ausbildung und Unterschlupf hinter dem Eisernen Vorhang gefunden hatten, wenngleich auch die Amerikaner mit terroristischen Gruppen zusammenarbeiteten. Speziell für den Einsatz in der Bundesrepublik waren vom MfS bereits seit Anfang der Fünfzigerjahre «Partisaneneinheiten» aufgestellt worden, die seit den Sechzigerjahren immer mehr professionalisiert worden waren. Systematisch waren für das Kontingent «AGM/S» schließlich etwa dreieinhalbtausend Kämpfer ausgebildet worden, für die man nicht nur 346 militärische und zivile Angriffsziele ausspähte, sondern gezielt Waffenlager anlegte.[51] Auch rund 250 Westdeutsche waren als «Partisanen» beteiligt, die in den MfS-Akten als «Gruppe Forster» geführt wurden. 1968/69, also in jener Phase des Kalten Krieges gegründet, in der die Entspannungsbemühungen die internationalen Beziehungen dominierten, und mit einem Millionenetat ausgestattet, übten sie über Jahrzehnte den Partisanenkrieg gegen die Bundesrepublik.[52] Nach dem Ende des Kalten Krieges 1991 wurden in Westeuropa zahlreiche der von beiden Seiten eingerichteten und mit Sprengstoff gesicherten Waffenlager für solche Gruppen ausgehoben, die nach sowjetischen Insiderinformationen auch in Nordamerika, Israel oder Japan existieren sollen.

Zu den wohl dunkelsten Aspekten des Geheimdienstkriegs gehörten die Attentate. Die Liste dieser im Jargon beider Seiten als «nasse Sachen» bezeichneten Aktionen ist lang, und einige Fälle werden sich vielleicht niemals ganz aufklären lassen. Von amerikanischer Seite wurde unter anderem die Ermordung des kubanischen Staatschefs Fidel Castro und des kongolesischen Politikers Patrice Lumumba geplant. Im Falle Castros schlugen die Operationen mehrfach fehl. Als Kennedy 1963 selbst einem Attentat zum Opfer fiel, kursierten unmittelbar danach Gerüchte, dies sei die Rache Kubas gewesen. Zu beweisen war dies niemals, doch sprachen schon damals einige Fakten dafür. Auch Lumumbas Tod im Januar 1961 blieb ungeklärt. Die CIA war wohl nur indirekt beteiligt. Weitere westliche Anschlagsziele waren Stalin, der chinesische Ministerpräsident und Außenminister Tschou En-lai sowie der indonesische Staatschef Achmed Sukarno, dem die Amerikaner nicht nur den Weg in die Blockfreiheit, sondern vor allem die Annahme sowjetischer Hilfe übel nahmen. Allerdings wurden die Pläne in diesen Fällen nicht umgesetzt.

Der sowjetische Geheimdienst plante zwischen 1948 und 1953 unter anderem die Ermordung Titos. Unter Chruschtschow wurden vor allem die im Westen aktiven antisowjetischen Emigranten mit Attentaten verfolgt: unter anderem die NTS-Angehörigen Georgi Okolowitsch, Wladimir Poremski, Alexander Truschnowitsch und Lew Rebet, darüber hinaus Stepan Bandera von der ukrainischen Exilgruppe OUN, deren militärischer Flügel sich in den Vierziger- und Fünfzigerjahren in der UdSSR noch regelrechte Gefechte mit der Roten Armee lieferte. Truschnowitsch wurde 1954 in Westberlin entführt und starb wohl auf dem Weg in ein sowjetisches Lager. 1957 wurde Rebet ermordet, 1959 Bandera. Beide fielen Giftattacken zum Opfer. Seit den Sechzigerjahren reduzierte man solche Aktionen. Aufgegeben wurden sie niemals. Späte Aktionen waren die gezielte Tötung des ehemaligen politischen

Häftlings und nunmehrigen Fluchthelfers Martin Gartenschläger im Jahr 1976 und der gescheiterte Giftanschlag auf den Fluchthelfer Wolfgang Welsch 1981.

Die Technik des Kalten Krieges

Der Kalte Krieg war über seine gesamte Dauer ein Hightech-Konflikt, in dem der Erfolg in der Forschung nicht zuletzt den Vorsprung in der Waffentechnik garantierte. Technischer Rückstand wurde immer als Sicherheitsrisiko interpretiert. Deshalb rekrutierten beide Siegermächte zu Beginn des Kalten Krieges Spezialisten, selbst wenn sie politisch hoch belastet waren, und nur so ist zum Beispiel die ansonsten völlig überzogen wirkende Panik in den USA angesichts des sowjetischen *Sputnik*-Erfolgs 1957 zu erklären. Der «*Sputnik*-Schock» war bezeichnenderweise zugleich der Ausgangspunkt einer westlichen Bildungsinitiative, die in den USA schon 1958 mit dem *National Defense Education Act* einsetzte. Sie zielte unter anderem auf die verstärkte Rekrutierung der wissenschaftlichen Intelligenz. Das rasante technologische Tempo, das der Kalte Krieg von Beginn an vorlegte, veränderte gleichzeitig die Bedingungen, unter denen der Konflikt stattfand, so schnell, dass bestimmte Entwicklungen, kaum dass sie abgeschlossen waren, schon fast als Anachronismus erschienen. Als Stalin 1948 in Erinnerung an die deutschen Angriffe auf Moskau im Zweiten Weltkrieg ein Luftabwehrsystem *(Berkut)* für die sowjetische Hauptstadt in Auftrag gab, war es, als es 1957 schließlich einsatzbereit wurde, von der technischen Wirklichkeit bereits überholt. Nicht 1000-Bomber-Angriffe standen für den Dritten Weltkrieg zu erwarten, sondern vor allem einzelne Atomraketen, die allerdings wesentlich schneller einflogen. Gegen sie waren die extrem kostenaufwendigen «Moskauer Palisaden» *(Moskowsky Chastokol)*, wie sie Chruschtschow nannte, zunächst fast hilflos.

Viele technische Errungenschaften, die heute überwiegend zivil genutzt werden, sind kaum noch als militärische Entwicklungen des Kalten Krieges bekannt. Der Computer wurde zwar in den Dreißigerjahren erfunden und zum Teil im Zweiten Weltkrieg militärisch genutzt. Doch erst in der Nachkriegszeit wurde er durch die militärischen Anforderungen unverzichtbar. Der 1930 in die USA eingewanderte ungarische Mathematiker Johann (John) von Neumann erfand das Konzept der Speicherprogrammierung, um die Menge von konventionellem Sprengstoff zu ermitteln, die benötigt wurde, um einen Nuklearsprengsatz zur kritischen Masse zusammenzupressen und damit zur Detonation zu bringen. Für die Entwicklung von Atomwaffen, für die Lenkung von Waffensystemen, vor allem aber für den Betrieb von Luftraumüberwachungssystemen, die schließlich auf automatisierten Starts beruhten, waren Computer bereits im letzten Drittel der Vierzigerjahre unverzichtbar.[53] Der 1944 einsatzfähige und bis 1959 genutzte amerikanische Röhrenrechner MARK 1 wurde, wie sein im Herbst 1945 einsatzfähiger Nachfolger ENIAC *(Electronic Numerical Integrator and Computer)*, vor allem zur Berechnung militärischer Daten verwendet. ENIAC spielte bei der Entwicklung der Steuerungstechnik im 1946 begonnenen *Snark*-Programm, dem Versuch, eine erste Interkontinentalrakete herzustellen, eine unverzichtbare Rolle. Der ENIAC-Nachfolger, von Neumanns MANIAC *(Mathematical Analyzer Numerical Integrator And Computer)*, verkürzte die zunächst auf mehrere Monate geschätzten Berechnungen für die Entwicklung der H-Bombe auf etwa zehn Stunden. Der MANIAC – was gleichzeitig so viel wie «Wahnsinniger» heißen konnte – war aber auch zum ersten Mal in der Lage, genauere Wahrscheinlichkeitsberechnungen für strategische Beurteilungen anzustellen. Er konnte Verluste im Falle eines Atomkriegs, aber eben auch die Chancen eines Sieges bestimmen. Gleichwohl irrten sich die Wissenschaftler, als sie für den berüchtigten *Bravo*-Test 1954 die Sprengkraft der H-Bombe ermitteln sollten. Sie war schließlich 2,5-mal höher als angenommen.

Die amerikanische Luftwaffe war es dann auch, die seit dem erfolgreichen Test der sowjetischen Atombombe 1949 die Wissenschaftler des *Massachusetts Institute of Technology* (MIT) mit großzügigen Aufträgen für ein erstes rein militärisches Luftüberwachungssystem versorgten. Anders als bei der später einsetzenden kommerziellen Nutzung spielten bei diesen Anwendungen die Kosten jeweils eine zweitrangige Rolle, wenngleich sie auch hier niemals völlig nebensächlich waren. Das dort entwickelte Frühwarnsystem SAGE *(Semi-Automatic Ground Enviroment)* des SAC, das 1952 zum ersten Mal getestet wurde, aber erst 1963 vollständig einsatzbereit war, fußte auf zunächst 27 Befehlszentralen. Sie waren mit jeweils zwei Rechnern ausgestattet, die die von Schiffen und anderen Beobachtungsstellen eingehenden Daten zusammenfassten und Alarm auslösten, sobald gegnerische Bomber oder Raketen in den eigenen Luftraum eindrangen. Seit den Sechzigerjahren wurde dieses Frühwarnsystem kontinuierlich technisch weiter aufgerüstet und ausgeweitet und war schließlich in der Lage, weltweit Flugbewegungen zu erkennen und die Abwehr zu koordinieren. SAGE blieb neben anderen Systemen bis zum Ende des Kalten Krieges in Dienst.

Den eigentlichen Startschuss zur Massenproduktion löste auch in der Computertechnik der Koreakrieg aus. Marktführer IBM produzierte ab 1950 seine erste Generation von Rechnern für rein militärische Aufgaben. 1953 kam sein berühmter *Defense Calculator*, der IBM 701, auf den Markt, der zwei Jahre später, unter der Bezeichnung IBM 704, zudem mit der ersten und lange Zeit schnellsten Programmiersprache, FORTRAN, ausgestattet wurde. Fast die gesamte Produktion ging an das US-Verteidigungsministerium und die militärische Flugzeugindustrie. Ein weiterer ENIAC-Nachfolger, der *Universal Automatic Calculator* (UNIVAC) der Firma Remington Rand, wurde ab 1951 gebaut und bis 1954 unter anderem im Pentagon installiert. Speziell für die Marine entwickelte IBM im Jahr 1954 den NORC *(Naval Ordnance Research Calculator)*. Großrechner setzte IBM ab den fünfziger Jahren dann vor allem auch bei den US-Geheimdiensten – so etwa der NSA – ab. Binnen weniger Jahre gelang es IBM, seine Konkurrenten zu verdrängen, wobei jede weitere Krise des Kalten Krieges sich zum Firmenvorteil entwickelte. Im Krisenjahr 1956 war IBM die einstweilige Nummer eins auf dem Computermarkt. Aber auch die anderen großen Elektronikfirmen wuchsen mit dem Kalten Krieg: Das 1963 begonnene, computergesteuerte Verteidigungssystem der USA, WIMEX (eigentlich: WWMCCS), das ebenfalls bis zum Ende des Kalten Krieges in Dienst blieb und alle Einrichtungen miteinander vernetzte, basierte auf Honeywell-Rechnern von General Electric. Welche Kosten, aber auch welche Gewinne dabei im Spiel waren, lässt sich erahnen, wenn man berücksichtigt, dass das System SAGE rund acht Milliarden Dollar verschlang und WIMEX bereits das Doppelte.[54] Es waren diese enormen finanziellen Herausforderungen, die auch im Westen zum Teil nur noch in Kooperationen funktionierten. Die Briten veranlasste der Kostendruck schon in den Fünfzigerjahren, gerade auf diesem Gebiet eine enge Zusammenarbeit mit den USA zu suchen.

Die Computerentwicklung in der UdSSR, das heißt vor allem die Entwicklung der sogenannten automatisierten Kommando- und Kontrollsysteme (ASUW), war zu diesem Zeitpunkt bereits weit im Hintertreffen.[55] Einige Röhrencomputer waren in der Sowjetunion zwar ab 1950 im Einsatz. Der in diesem Jahr unter der Leitung von Sergej Lebedew im Institut für Elektrotechnik in Kiew konstruierte Universalrechner MESM war mit seinen 6000 Röhren allerdings nur in der Lage, etwa 3000 Operationen pro Sekunde zu verarbeiten. Das ab 1953 verfügbare Computersystem STRELA schaffte sogar nur 2000. Amerikanische Rechner kamen zu diesem Zeitpunkt bereits auf 15 000 Operationen. Seit 1955 waren Computer auch im Ostblock in Serienproduktion gegangen, und Ende der Fünfzigerjahre besaß die UdSSR rund 120 Computer, die ausschließlich für militärisch-wissenschaftliche Aufgaben eingesetzt wurden. Die USA hatten zum selben Zeitpunkt bereits über 5000 Rechner in Betrieb. Die noch immer auf Röhrentechnik basierende sowjetische URAL-Serie der Sechzigerjahre war technisch dann bereits rund zwanzig Jahre im Hintertreffen. Ein gewisses Aufholen gegenüber der westlichen Computertechnik gelang vor allem im letzten Drittel der Sechzigerjahre, als einige amerikanische Exportbeschränkungen gelockert und gleichzeitig illegal auch neuere Modelle wie die IBM-Serien 360 und 370 geliefert wurden. Sie waren die Grundlage für die seit 1968 produzierten und in den Siebzigerjahren im gesamten Ostblock erfolgreich eingesetzten ESEWM- und RYAD-Systeme, die bis über das Ende des Kalten Krieges hinaus hergestellt wurden.

Den eigentlichen technischen Schub für die Computerentwicklung schuf der Übergang von der seit 1947/48 eingeführten Transistor- zur 1958 begonnenen Chip-Anwendung. Auch hier spielte das US-Militär mit seinem Entschluss, die *Minuteman*-Rakete ab 1959 auf der Basis dieser neuen Technologie zu entwickeln, eine wesentliche Rolle. Tatsächlich wuchs, wie zuvor die Transistor-, nun die Chip-Produktion zunächst fast ausschließlich aus militärischen Erwägungen. Integrierte Schaltkreise waren nicht nur in der Raketensteuerung der *Minuteman*, sondern immer mehr auch in den Bombern und sonstigen Militärflugzeugen notwendig. Die US-Firma Texas Instruments, in deren Labors der erste Chip hergestellt worden war, wurde mit den *Minuteman*-Raketen groß, andere Firmen wie Fairchild oder Philco-Ford erhielten Großaufträge für die NASA, die sich seit dem *Sputnik*-Schock 1957 mit den Sowjets einen verschärften Wettlauf um die erste Mondlandung lieferte. Letztendlich waren es aber nicht nur Computer, die aus der militärischen Verwendung in den zivilen Gebrauch eindrangen. Das erste serienmäßig hergestellte strahlgetriebene Passagierflugzeug, die Boeing 707, ging aus der Entwicklung der Strategischen Bomber B-47 und B-52 hervor. Danach wurden die hier gewonnenen Erfahrungen wieder auf militärische Anwendungen übertragen, so auf das erste düsengetriebene Tankflugzeug in der Strategischen Bomberflotte, die Boeing KC-135.

Auch das Internet hatte seine Anfänge in der Vorbereitung auf den Nuklearkrieg. Die in den USA eingeführte Dezentralisierung der Information sollte nicht nur verhindern, dass sämtliche Daten bei einem gegnerischen Atomschlag verloren gingen, sondern auch die Kommunikation weiterhin gewährleisten. Am Beginn stand auch hier der *Sputnik*-Schock, in dessen Folge 1958 eine *Advanced Research Projects Agency* (ARPA) im US-Verteidigungsministerium aus der Taufe gehoben wurde. Das Konzept, ein militärisches und ziviles Kommunikationssystem zu erhalten, über das ein Vergeltungsschlag noch geführt werden könne, wenn bereits ein sowjetischer Atomangriff durchgeführt worden sei, stammte von Paul Baran, einem Mitarbeiter der amerikanischen RAND Corporation – einer Denkfabrik, die vor allem die US-Luftwaffe nutzte. Aus diesen Anfängen entwickelten sich bis 1966 die ersten Versuche, eine Vernetzung von Computern zu erreichen. 1969 entstand daraus zunächst das ARPANET, das sich seit 1973 auch international etablieren und zwei Jahre später sogar schon satellitengestützt arbeiten konnte. In den Achtzigern wuchs es zu jenem umfassenden globalen Netz, das das Internet bis heute ausmacht und das auch seine Besonderheiten erklärt. So befinden sich noch heute die sogenannten *Router*, also jene zentralen Großrechner, die weltweit für die Verwaltung der Adressen zuständig sind und damit das Internet dominieren, ausschließlich auf dem Gebiet der Vereinigten Staaten. In das Jahr 1983 fiel dann auch die eigentliche Gründung des Internet, als das ARPANET in einen militärischen und einen zivilen Abschnitt geteilt wurde. Ob das militärische ARPANET einen Atomkrieg überhaupt überleben würde, stand lange Zeit infrage. Erst Anfang der Achtzigerjahre ließ sich dies mit Versuchen, in denen eine Fragmentierung des ARPANET durch einen massiven

Atomschlag simuliert wurde, belegen. Es konnte gezeigt werden, dass nicht nur die überlebenden *Router* in der Lage waren, ausfallende Zentralrechner zu überbrücken, sondern es gelang sogar, diese Verbindungen über eine in der Luft befindliche SAC-Kommunikationszentrale aufrechtzuerhalten. In der Endphase des Kalten Krieges verschwand 1990 dann fast schlagartig auch das ARPANET. Noch im selben Jahr etablierte sich der erste kommerzielle zivile Anbieter.

Die Sicherheitsphilosophie des Kalten Krieges setzte in beiden Blöcken auf technische Perfektion und Präzision.[56] Wenn man die Sicherheit und schließlich auch die Entscheidung zum Nuklearkrieg ab einem gewissen Punkt den Maschinen überließ, mussten diese fehlerlos arbeiten. Sie taten es allerdings niemals. Es ist wohl mehr als ein Zufall, dass «Murphys Gesetz», der mittlerweile weltweit bekannte und heute häufig ironisch verwendete Grundsatz, dass etwas schiefgehe, wenn nur eine Möglichkeit dazu bestehe, als Ergebnis einer Untersuchung zu militärischen Unfällen mit Raketen im Jahr 1947 entstand.[57] Wenig drang während des Kalten Krieges daher über die kontinuierlich auftretenden Pannen an die Öffentlichkeit. Die Umweltorganisation *Greenpeace* schätzte im Jahr 2005, dass während des Kalten Krieges rund 1200 schwere nukleare Unglücksfälle zu verzeichnen waren – Verluste von Sprengsätzen, Havarien jeglicher Art, Katastrophen mit Flugzeugen, Schiffen, U-Booten, Raketen, Satelliten und Atomanlagen.[58] Andere Quellen, wie das *Bulletin of the Atomic Scientists*, gaben weitaus höhere Zahlen an.[59] Zur Kategorisierung solcher Zwischenfälle entwickelte das Militär nach 1945 sogar eine eigene Sprachregelung. Seine Begriffe fanden auch in die wissenschaftliche Literatur Eingang. Der Begriff *Broken Arrow* umschrieb einen unerwarteten nuklearen Vorfall, in dessen Folge kein Nuklearkrieg zu erwarten stand. *Bent Spear* wurde zum Kennwort für einen Unfall, der zu einem atomaren Schlagabtausch führen konnte. Die Begriffe *Faded Giant* und *Dull Sword* umschrieben unkontrollierte Kernreaktionen und sonstige Unfälle ohne die direkte Beteiligung von Atomwaffen. Jede einzelne dieser Kategorien wurde während des Kalten Krieges immer wieder erreicht.

Auch wenn man heute mehr weiß, bleibt vieles unbekannt. Die spektakulärsten militärischen Unfälle im engeren Sinn ereigneten sich auf beiden Seiten vor allem in den Fünfziger- und Sechzigerjahren. Aber auch sie wurden zum Teil erst nach 1991 ein öffentliches Thema. Dabei stand in den USA besonders häufig die SAC-Bomberflotte im Mittelpunkt, die sich bis 1968 noch in 24-stündigem Dauereinsatz befand und ein entsprechend hohes Unfallrisiko hatte. Hier kam es zu insgesamt sechs Zwischenfällen der Kategorie *Broken Arrow*, die bei Bekanntwerden manche an Szenen aus Stanley Kubricks Atomkriegssatire *Dr Strangelove* erinnerten. Nachdem bereits 1956 bis 1961 regelmäßig und spektakulär Nuklearsprengsätze bei Einsätzen über den USA (Kirtland, Florence, Goldsboro) und in einem Fall über Großbritannien (Lakenheath) verloren gegangen waren und jeweils nur mit viel Glück durch die Sicherungen eine atomare Katastrophe verhindert werden konnte, ereigneten sich 1966 und 1968 zwei der gravierendsten Vorfälle. Im spanischen Ort Palomares kollidierte am 17. Januar 1966 einer der im Dauereinsatz befindlichen B-52-Bomber beim Auftanken in der Luft mit dem begleitenden Tankflugzeug, wobei drei an Bord befindliche Bomben auf die Erde schlugen und eine im Mittelmeer versank. Über 1700 Tonnen radioaktiv verseuchtes Erdreich mussten abgetragen, eine der Bomben, mit rund 1,45 Megatonnen Sprengkraft, konnte mit einem Spezialgerät aus 869 Meter Tiefe im Mittelmeer geborgen werden. In den Details ungeklärt blieb auch der Absturz einer weiteren B-52, fast auf den Tag genau zwei Jahre später. Am 21. Januar 1968 stürzte der Bomber brennend auf die amerikanische *Thule Air Force Base* (Qaanaaq) auf Grönland, eine der amerikanischen Frühwarnstationen. Was mit den vier Wasserstoffbomben geschah, blieb diesmal amerikanisches Staatsgeheimnis, zumal sich auf Grönland, laut Absprache mit den Dänen, überhaupt keine Atomwaffen befinden durften. Offiziell galten alle vier H-Bomben durch Aufschlag und Brand als zerstört. Erst die lange nach dem Ende des Kalten Krieges im Jahr 2000 freigegebenen Mitteilungen der US-Luftwaffe an die Internationale Atomenergiebehörde machten deutlich, dass eine Bombe mit der Kennziffer 78 252 durch das Eis auf den Meeresboden gedrückt worden war und nicht geborgen werden konnte.[60] Auch in diesem Fall wurden vor allem die Bergungstrupps verstrahlt. Der Zwischenfall in Thule, der insgesamt der zehnte Unfall mit einem SAC-Bomber in nur elf Jahren gewesen war, wurde zum Anfang vom Ende der US-Strategie, eine kernwaffenbestückte Bomberflotte 24 Stunden täglich in der Luft zu halten. Notwendig war dies aufgrund der Raketenentwicklung ohnehin nicht mehr. Doch auch in den Achtzigerjahren wurde noch etwa ein Viertel der SAC-Bomberflotte auf dem Boden in Alarmbereitschaft gehalten.

Dadurch, dass die sowjetischen Nuklearstreitkräfte weitaus weniger Bomber unterhielten, betrafen die größten bekannt gewordenen militärischen Unfälle der UdSSR in den Fünfziger- und Sechzigerjahren vor allem Raketen und U-Boote. Nichtsdestoweniger wurden wohl mindestens 39 Atomsprengsätze von Bombern verloren. Der größte bekannt gewordene Zwischenfall mit einer ICBM ereignete sich am 24. Oktober 1960, als ein Prototyp der neu entwickelten R-16 in Baikonur explodierte. Bei diesem gravierenden Unfall, der vor allem auf die allgemein anzutreffende Hektik bei der Bereitstellung dieses Typs zurückzuführen war, waren insgesamt 74 Menschen getötet worden, wie nach 1991 offiziell bestätigt wurde. Unter den Opfern befanden sich nicht nur zunächst unersetzliche Raketenspezialisten, sondern auch der Chef der Strategischen Raketentruppen, Marschall Mitrofan Nedelin. Entsprechend entsetzt war damals die Reaktion des Kreml ausgefallen. Ungewöhnlich war der Vorfall indes nicht gewesen. Einen ähnlichen Unfall hatte es 1980 auch in den USA gegeben, als ein Sprengkopf einer *Titan*-II-Rakete mit neun Megatonnen während eines Brands aus dem Silo geschleudert wurde und Dutzende Menschen tötete. Ansonsten waren es vor allem die Unfälle auf sowjetischen U-Booten mit Nuklearantrieb, die besonders dramatisch verliefen.[61] Der erste bekannt gewordene ereignete sich am 4. Juli 1961 auf dem sowjetischen U-Boot K-19. Sechs weitere Zwischenfälle ereigneten sich in den Sechziger-, 15 in den Siebziger- und 17 in den Achtzigerjahren. Spektakuläre Totalverluste waren der Untergang des U-Boots K-8, das am 12. April 1970 vor Spanien sank, der K-219, das am 3. Oktober 1986 im gleichen Seegebiet verschwand, und eines U-Bootes der im Westen sogenannten *Mike*-Klasse, das am 7. April 1989 bei Norwegen unterging. Insgesamt wird davon ausgegangen, dass allein die sowjetische U-Boot-Flotte im Kalten Krieg 17 Atomreaktoren und 38 Atomraketen verlor. Das vor Spanien 1986 verlorene Boot K-219 hatte allein 16 SS-N-6 mit jeweils einer Megatonne Sprengkraft an Bord. Aber auch die US-Marine verlor U-Boote: Besonders spektakulär waren die Verluste der *USS Tresher* 1963 mit 129 und der *USS Scorpion* 1968 mit insgesamt 99 Toten.

Parallel dazu ereigneten sich während des gesamten Kalten Krieges auf beiden Seiten permanent Unfälle in den Produktionsanlagen für Atomwaffen, die in der UdSSR allerdings jeweils weitaus größere Verwüstungen anrichteten. In den USA brannte 1957 die sechs Jahre zuvor errichtete Fabrik für Plutoniumzünder in Rocky Flats im Bundesstaat Colorado und verstrahlte die Umgebung erheblich. Die Kernwaffenproduktion fiel damals für etwa ein halbes Jahr aus. Im selben Jahr explodierte im sowjetischen Kernwaffenkomplex Tscheljabinsk-40 bei Kyschtym im Ural, das nun Tscheljabinsk-65 hieß, ein Lager für hoch radioaktive Abfälle aus der Plutoniumproduktion.[62] Rund 23 000 Quadratkilometer mit einer Viertelmillion Menschen wurden damals verstrahlt. Man weiß mittlerweile, dass bei diesem größten jemals bekannt gewordenen militärischen Atomunfall mindestens zwanzig Millionen Curie freigesetzt wurden. Zum Vergleich: Als 1986 einer der zivil genutzten Atomreaktoren in Tschernobyl explodierte, wurde etwa ein Zwanzigstel dieser Strahlenbelastung (1,22 Millionen Curie) in der Umwelt verteilt.[63]

Die Unfälle, die zum Teil auf krasses menschliches Versagen zurückzuführen waren, blieben die eine Seite. Wesentlich besorgniserregender waren Probleme, die die automatisierten Reaktionen der Frühwarnsysteme verursachten.[64] Gerade in Krisenzeiten – so auf dem Höhepunkt der Eskalation um die sowjetische Raketenstationierung auf Kuba 1962 – häuften sich Fehler. So wurde am 26. Oktober um vier Uhr morgens im Rahmen einer Übung eine *Atlas*-Interkontinentalrakete auf dem Stützpunkt Vandenberg in Kalifornien gestartet. Der Start dieser nicht mit Atomsprengköpfen ausgestatteten Rakete in der zweithöchsten Alarmphase (DEFCON 2) hatte wahrscheinlich nur deshalb keine gravierenden Folgen, weil die Sowjets ihn nicht bemerkten. Nur einen Tag später, an dem berüchtigten «Schwarzen Samstag» der Krise um Kuba, wurde durch eine – wie es später im Untersuchungsbericht hieß – «verwirrte» Bedienmannschaft in der Frühwarnstation Moorestown im US-Bundesstaat New Jersey der Start einer angreifenden sowjetischen Rakete gemeldet. In der Folge gingen sowohl das Nordamerikanische Luftverteidigungssystem NORAD in Colorado Springs, das SAC in Omaha/Nebraska und das Pentagon in Washington zunächst von einem sowjetischen Angriff auf die Vereinigten Staaten aus. Erst die erneute Überprüfung durch andere Stationen korrigierte die Meldung und führte zum Abbruch des bereits ausgelösten Alarms. Ähnliche Fehlmeldungen wurden auch in den Siebziger- und Achtzigerjahren immer wieder in den USA ausgelöst und betrafen nicht zuletzt das NORAD selbst, wo die Computer am 3. und dann noch einmal am 6. Juni 1980 von einem sowjetischen Raketenangriff ausgingen. Auch in der Sowjetunion gab es diese Zwischenfälle. Am 26. September 1983 registrierte die bei Moskau gelegene Station der Landesverteidigung, Serpuchow-15, einen massiven Angriff mit Interkontinentalraketen. Da dort jedoch die – dann ausbleibende – Bestätigung der Satellitenmeldung durch die Bodenstation abgewartet wurde, klärte sich der Irrtum auf, bevor sowjetische Raketen abgefeuert wurden. Der zuständige Offizier Stanislaw Petrow erhielt dafür über zwanzig Jahre später den «Weltbürgerpreis» der amerikanischen *Association of World Citizens* «für die Verhinderung des III. Weltkrieges».[65] In den Achtzigerjahren bereitete neben fehlerhaften Computersystemen vor allem das Eindringen von sogenannten Hackern Probleme. Computerspezialisten konnten in den Jahren 1986 und 1987 über das Internet in wissenschaftliche Rechner des amerikanischen *Lawrence Berkeley Laboratory* eindringen und erhielten damit auch Zugriff auf militärische Systeme. Solche Vorfälle, die immer die Gefahr beinhalteten, dass die militärische Lage eskalierte, wurden auch in Spielfilmen verarbeitet, so etwa im US-Streifen *War Games*. Insofern gehörte der Umgang mit solchen Alarmmeldungen schließlich auch zum Alltag des Dauerkonflikts Kalter Krieg.

6. Gesellschaften im Dauerkonflikt

Sich einrichten im Kalten Krieg

Der Kalte Krieg mit seinem kontinuierlichen Bedrohungsszenario und seinen Wellenbewegungen von temporär an- und wieder abschwellenden Krisen an unterschiedlichen Orten auf dem gesamten Globus war Alltag und Normalität eines Großteils der Erdbevölkerung für etwa 45 Jahre. Entsprechend richteten sich die unterschiedlichen Gesellschaften in ihm ein. Der Kalte Krieg war selbst in seinen Zentren keineswegs nur durch andauernde Besorgnisse oder gar kontinuierliche Hysterie gekennzeichnet. Normal waren schließlich vielmehr das überwiegende Arrangement mit den anscheinend nicht zu verändernden Tatsachen und die mehrheitliche Verdrängung seiner bedrückendsten Realitäten – jedenfalls so lange, bis diese nicht mehr zu ignorieren waren. Selbst für die Zeit des Zweiten Weltkriegs kann man zeigen, dass große Teile der deutschen Bevölkerung das Leben innerhalb der eigenen vier Wände bis zum Beginn der großen Bombenangriffe als weitgehend normal empfanden.[1] Für die amerikanische Zivilbevölkerung, die nach 1941, anders als etwa die sowjetische, keinerlei Bombardierungen ihrer Städte erlebte, blieb der Zweite Weltkrieg bis zum Ende weit entfernt und rückte jeweils nur in den Berichten der Medien oder der zurückkehrenden Soldaten näher. Den Willen zu Arrangement und Verdrängung konnte man im Kalten Krieg sowohl in Bezug auf die globale atomare Bedrohung als auch in der inneren Verfasstheit der Gesellschaften auf beiden Seiten des Eisernen Vorhangs beobachten. Sie reagierten trotz ihrer diametral unterschiedlichen politischen Rahmenbedingungen im Alltags- und Krisenbewusstsein ausgesprochen ähnlich. Den verschiedenen Eskalationen auf internationaler Ebene trat die Mehrzahl der Menschen im Westen wie im Osten mit einem Willen zur Erhaltung der eigenen Normalität entgegen, der allerdings hin und wieder von den Krisen des Kalten Krieges eingeholt wurde.

Die wichtigste Grundbedingung dafür waren in den meisten am Konflikt direkt beteiligten Staaten der beiden Blöcke die Erfahrungen aus den beiden zurückliegenden Weltkriegen, wobei der letzte das einschneidendste Ereignis darstellte. Diese Einstellung lässt sich anschaulich am Beispiel des geteilten Deutschland nachvollziehen, wo nach 1945 deutlich andere Interessen vorherrschten, als sich auf einen neuen Krieg vorzubereiten. Es waren die Überzeugungskraft der politischen Realitäten des beginnenden Kalten Krieges, der kontinuierliche Druck der sowjetischen wie der westlichen Seite, sich am weltweiten Kampf der Systeme zu beteiligen, sowie persönliche Vorlieben für die eine oder andere Konfliktpartei, die bei vielen die persönliche Entmilitarisierung, die das Ende des Zweiten Weltkriegs hinterlassen hatte, hinfällig machte.[2] Wo aber die eigentlichen Interessen der Deutschen nach dem Krieg lagen, zeigten seit 1948 die zunächst den Westen, dann auch den Osten Deutschlands durchlaufenden Konsumwellen.[3] Sie beruhten zum einen auf der schlichten Beseitigung der Kriegsfolgen. So musste sich mehr als ein Sechstel der deutschen Bevölkerung in Ost und West als Vertriebene und Ausgebombte vollkommen neu einrichten. Zum anderen war es jedoch ein nachholender Konsum, den der Krieg verhindert hatte. Ähnliches konnte man auch in der UdSSR und selbst in den USA beobachten.[4] Dabei zeigten sich natürlich gravierende Unterschiede. In der Sowjetunion und im nun von der UdSSR beherrschten Ostmitteleuropa stand bereits der Versuch, zum vergleichsweise bescheidenen Standard der Vorkriegszeit zurückzukehren, vor erheblichen Problemen. Insbesondere die mit dem Beginn des Kalten Krieges beginnende Umlenkung der vorhandenen wirtschaftlichen Ressourcen von der Konsumgüter- auf die Schwerindustrie schuf zusätzliche Engpässe für Waren. Bezeichnenderweise war ein wesentlicher Auslöser der Aufstände im Juni 1953 jeweils die Versorgungsfrage. So empörte es die Bürger in der Tschechoslowakei insbesondere, dass ihre wegen des Konsumgütermangels der Vorjahre auf Konten gesammelten Guthaben nun mittels einer Währungsumstellung vom Staat abgeschöpft wurden. In der DDR war es nicht nur so, dass der kontinuierliche Strom von Übersiedlern in den Westen auch der miserablen Versorgungslage geschuldet war, sondern der Mangel wurde während des Aufstands vom 17. Juni ganz ausdrücklich thematisiert. Selbst in den USA blieb die Rückkehr zum aus Friedenszeiten gewohnten Konsum zunächst nicht ohne Probleme. Zurückkommende Soldaten fanden als Folge des Zweiten Weltkriegs und der Umstellung auf die Friedenswirtschaft ab 1945 zunächst Wohnungsnot und sogar Versorgungsschwierigkeiten vor.

Während diese *Reconversion* genannte Umstellung in den USA insgesamt sehr rasch vor sich ging und der private Konsum in der Überflussgesellschaft *(People of Plenty)*, wie sie nun genannt wurde, massiv wuchs, konnte anderswo erst viel später eine gewisse ökonomische Normalität erreicht werden. In der UdSSR setzte eine spürbare Verbesserung der Versorgung erst in der Chruschtschow-Ära ab Ende 1953 ein. Erst jetzt holte der Konsum allmählich auf. Die einsetzende «Fresswelle» war mit der im Westen durchaus vergleichbar und hielt sogar länger an. Der Schweinefleischkonsum wurde blockübergreifend zum Richtwert der erreichten Normalität. In der Bundesrepublik stieg er in den Fünfzigern um 41 Prozent, in der DDR – trotz Lebensmittelkarten – um 30 Prozent. In der Sowjetunion steigerte er sich zwischen 1950 und 1965 um fast 80 Prozent.[5] Gleichzeitig wurde in allen diesen Ländern jede Krise als mögliche Bedrohung der erreichten Normalisierung empfunden. Dies betraf ausdrücklich nicht nur den Westen, sondern in noch vielleicht stärkerem Maße die UdSSR selbst. Chruschtschows Sturz 1964 jedenfalls hing eng mit der sowjetischen Nahrungsmittelkrise des Jahres 1963 zusammen.

Blickt man auf die durch die Atomwaffen symbolisierte größte Bedrohung des Kalten Krieges, so ist selbst hier zu konstatieren, dass die Mehrheit in Ost und West versuchte, sie zu ignorieren oder als alltägliche Normalität hinzunehmen. Dies galt insbesondere auch für die Bundesrepublik und die DDR, auf deren Territorium im Verlauf des Konflikts nicht nur die höchste Dichte an Nuklearwaffen aufgebaut wurde, sondern das auch das zentrale Schlachtfeld des Dritten Weltkriegs gewesen wäre. Man geht davon aus, dass in den Achtzigerjahren in Europa rund 6200 Atomwaffenträger und rund 9000 nukleare Sprengsätze verfügbar waren.[6] Dennoch war im Westen selbst an den großen Demonstrationen gegen die Atomwaffen immer nur eine Minderheit beteiligt. Für die DDR lässt sich diese Tendenz in der öffentlichen Meinung zwar viel weniger messen, da Kritik an der Aufrüstung der eigenen Seite als strafbarer politischer Widerstand gewertet und entsprechend wenig geäußert wurde. Aber auch beim staatlicherseits erwünschten und verordneten Protest gegen die Rüstung «der NATO-Staaten» blieb das Interesse begrenzt. Friedensgruppen, die sich blockübergreifend gegen die Aufrüstung beider Seiten aussprachen, waren auch in der DDR der Achtzigerjahre eine Minderheit.

Normalität war aber nicht nur in Mitteleuropa, sondern insbesondere auch auf dem Territorium der Supermächte ein Leben nahe der potenziellen Primärziele für Atomwaffen, zumal schließlich fast jede größere Metropole zu einem solchen Ziel wurde. Aber auch außerhalb der Zentren war es kaum sicherer. Quer über die Vereinigten Staaten – über die Bundesstaaten Arizona, Montana, Wyoming, North und South Dakota, Kansas, Missouri und Arkansas – waren seit den späten Fünfzigerjahren Hunderte von Silos für Interkontinentalraketen angelegt worden. In der UdSSR war dies nicht anders. Zwischen Derazhnya nahe den Karpaten und Perwomaisk auf der Krim im Westen und Svobodnyy und Drovyanaya, östlich des Baikalsees an der sowjetisch-chinesischen Grenze, befanden sich die sowjetischen ICBM-Stellungen. In dieser Nachbarschaft blieb nur die Verdrängung der Gefahr oder der fatalistische Glaube an die Notwendigkeit.

Wie weit diese nukleare Normalität bereits in den Alltag eingedrungen war, zeigte auch die Zeitschriftenwerbung. Die US-Flugzeugindustrie warb in den Fünfzigerjahren um Vertrauen in atomare Trägersysteme («Die B-47 ist unser schnellster Bomber»), die Stahlindustrie pries ihre Erzeugnisse für neue Raketengenerationen («Für die Anforderungen der Raketen von morgen»), und der Baumaschinenhersteller Caterpillar warb vor dem Bild einer Atombombenexplosion für mehr Investitionen im Straßenbau («Der beste Grund für bessere Straßen»).[7] Auch die Spielzeugindustrie wusste, was gewünscht war: Ab 1958 warb sie unter anderem für eine detailgenaue *Atomic Annie*, die erste 280-mm-Atomkanone, im Miniformat. Auch im geteilten Deutschland hielt der Kalte Krieg mit Spielzeugraketen und Panzern Einzug in die Kinderzimmer.[8] Eine Normalität der atomaren Waffen suggerierten nicht zuletzt auch Schlager in den Vierziger- und Fünfzigerjahren. So befand sich auf der B-Seite von Bill Haleys berühmter, 16 Millionen Male verkaufter Single *Rock Around the Clock* ein anzüglicher Titel über den Atomkrieg, der dreizehn Frauen und nur einen Mann übrig lässt.[9] Doris Day sang *Tic, Tic, Tic (you give me a radioactive kick)*,

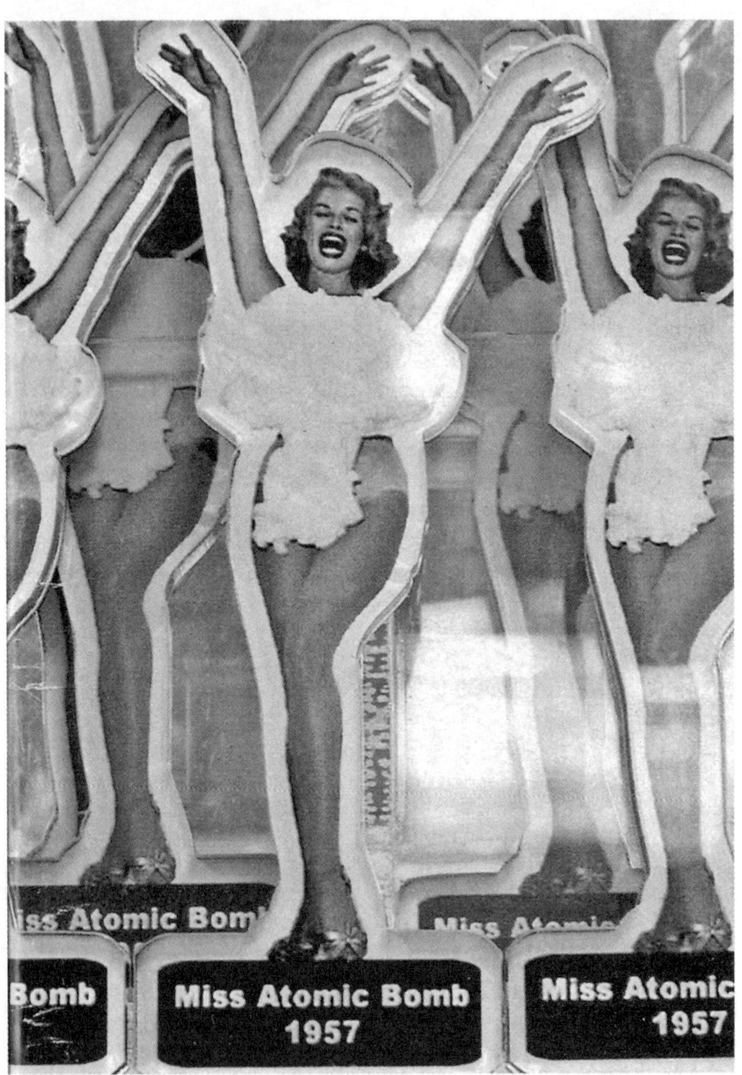

DIE NORMALITÄT DES «ATOMZEITALTERS» Werbung für die Wahlen zur *Miss Atomic Bomb* 1957 in Las Vegas

EXPLOSIVES «ATOMIC AGE ANGEL FOOD» Admiral W. H. P. «Spike» Blandy, seine Frau und Konteradmiral F. J. Lowry feiern im November 1946 in der amerikanischen Hauptstadt Washington den erfolgreichen Abschluss der Atombombentestreihe «Operation Crossroads» mit einer Sahnetorte in Form eines «Atombombendoms». Nuklearwaffen waren auf dem besten Weg, zur alltäglichen Normalität zu werden.

Fay Simmons fand *You Hit Me Baby Like An Atomic Bomb*, und wieder andere schwärmten von *Atom Bomb Baby (a million tons of* TNT), einer *Radioactive Mama (hold me tight/treat me right/we'll reach critical mass tonight)* oder, wie George McKelvey, vom *Radiation Baby, My Teenage Fallout Queen*. Die Grundidee aus Haleys bizarrem Titel – das Überleben eines kleinen Kerns der menschlichen Gesellschaft nach einem Atomkrieg – fand sich einige Jahre später in der Schlussszene von Stanley Kubricks Atomkriegssatire *Dr Strangelove* wieder. Wer wissen wollte, wie eine «Miss Atomic» oder «Miss Atomic Bomb» aussah, konnte sie schon 1946 bei einer der vielen Miss-

Wahlen antreffen, die unter anderem auch nahe den Atomtestgebieten im US-Spielerparadies Las Vegas stattfanden. Im selben Jahr, nur wenige Tage nach Beginn der amerikanischen Kernversuche auf dem Bikini-Atoll im Pazifik, stellte der Modedesigner Louis Réard in Frankreich einen damals gewagten zweiteiligen Badeanzug mit dem Namen *Bikini* vor. Sein Konkurrent Jacques Heim, der die gleiche Idee gehabt hatte, nannte seine Kreation «Atom».[10]

In gewisser Weise wurde in Deutschland auch die Verfestigung der Teilung als ein weiteres Ergebnis des Kalten Krieges zur Normalität. Das Thema Wiedervereinigung verlor kontinuierlich an Bedeutung, wie die regelmäßigen Umfragen zeigten.[11] Auch der Eiserne Vorhang, der DDR-Bürger wie die Bevölkerung anderer Ostblockstaaten daran hinderte, in den Westen zu reisen, stand zwar vor und nach dem Mauerbau 1961 im Mittelpunkt vieler Reden. Im Alltagsbewusstsein der meisten Deutschen war er jedoch viel weniger präsent, als es im Rückblick scheinen mag. Selbst in Berlin, das auch im Alltag besonders stark von der Teilung betroffen war, wurde die Mauer und alles, was mit ihr zusammenhing, weitgehend zur Normalität, wenn nicht gerade blutige Ereignisse – so etwa erschossene DDR-Flüchtlinge im Grenzstreifen – ihre Existenz drastisch ins Gedächtnis riefen. Reisen, die in den Fünfzigerjahren zunächst etwa jeden zehnten Westdeutschen, ab Ende der Sechzigerjahre die Mehrheit der Bundesbürger vor allem ins westliche Ausland brachten, führten später DDR-Bürger in andere Länder des Ostblocks, etwa nach Ungarn und Bulgarien oder zumindest in heimische Regionen. Auch dies wurde in gewissem Rahmen zur Normalität. Dass allerdings 1989 viele ostdeutsche Ungarn-Urlauber die Chance ergriffen, über die dort seit Mai geöffnete Grenze nach Österreich zu fahren, spricht dafür, dass die Reisefreiheit, trotz der Alltäglichkeit der Grenze, einer der am meisten vermissten Inhalte im «realen Sozialismus» geblieben war.

Ebenso wie eine Normalität des Kalten Krieges gab es auch ein spezifisches Bewusstsein für Krisen. Während in der «ersten Welt», so im hochgerüsteten Mitteleuropa, politische Ausnahmezustände vor allem die erste Hälfte des Kalten Krieges bestimmt hatten, waren Entwicklungsländer, die in den Sechzigern in großer Zahl in die Unabhängigkeit aus der Kolonialherrschaft entlassen wurden, nahezu kontinuierlich von den Spannungsfällen des globalen Konflikts betroffen. Faktisch eskalierte hier der Kalte Krieg umso mehr, je stärker er vor allem in Europa an politisch-militärischer Brisanz verlor. Die Kubakrise begann 1962, als in Mitteleuropa die Zweite Berlinkrise mit dem Mauerbau 1961 gerade dem Ende zuging und eine allmähliche Beruhigung eintrat. Die militärische Eskalation im Vietnamkrieg, die sich dann nach und nach auf die Nachbarländer ausdehnte, ging einher mit dem Beginn der Entspannungspolitik in Mitteleuropa. Kontinuierlich blieben darüber hinaus Entwicklungsländer insbesondere von den Folgen der Atomtests betroffen. Ganze Inseln wurden evakuiert, über Jahrhunderte ansässige Bevölkerungsgruppen im Namen der nationalen Sicherheit der Großmächte vertrieben und als medizinische Versuchsobjekte missbraucht. Auf dem französischen Testgelände Mururoa im Pazifik wurden noch in den Achtzigerjahren trotz internationaler Proteste nukleare Sprengsätze gezündet.

In welcher Weise sich Normalitätsgefühl und Krisenbewusstsein zueinander verhielten, machte die erstmals 1947 auf dem *Bulletin of the Atomic Scientists* präsentierte sogenannte *Doomsday Clock* deutlich.[12] Die Weltuntergangsuhr, die als Anzeige für die Wahrscheinlichkeit eines nuklearen Krieges seitdem regelmäßig auf dem Titel der Zeitschrift abgedruckt wurde, sollte veranschaulichen, wie rasch die totale atomare Zerstörung die scheinbare Normalität des Alltags erreichen konnte. Später wurde sie in Krisen- oder Entspannungszeiten per Hand öffentlich vor- oder aber auch wieder zurückgestellt. Die Uhr, die zum Logo der Zeitschrift der kritischen Atomwissenschaftler wurde, stand 1947 auf sieben Minuten vor zwölf Uhr Mitternacht oder – je nach Temperament – kurz vor *High Noon*. Mit der Zündung der ersten sowjetischen Atombombe rückte sie 1949 auf drei Minuten, mit der sowjetischen H-Bombe 1953 sogar auf zwei Minuten an den Weltuntergang. Diesen dramatischen Stand erreichte die *Doomsday Clock* niemals wieder. Am nächsten rückte sie noch einmal 1981 an den prognostizierten Weltuntergang. Nach dem Amtsantritt des neuen US-Präsidenten Ronald Reagan stand sie vier, 1984 drei Minuten vor zwölf. Auch wenn dies eine spezifisch amerikanische Erfindung war, spiegelten europäische und speziell deutsche Romane das gleiche Neben- und Miteinander von Normalitätsgefühl und Krisenbewusstsein im Kalten Krieg wider.[13] Wolfgang Koeppen, ein vor allem in der Bundesrepublik, später auch in der DDR viel gelesener Autor, fasste in seinem 1951 erschienenen Roman *Tauben im Gras* zusammen:

«*Spannung, Konflikt*, man lebte im Spannungsfeld, östliche Welt, westliche Welt, man lebte an der Nahtstelle, vielleicht an der Bruchstelle, die Zeit war kostbar, sie war eine Atempause auf dem Schlachtfeld, und man hatte noch nicht richtig Atem geholt, wieder wurde gerüstet, die Rüstung verteuerte das Leben, die Rüstung schränkte die Freude ein, hier und dort horteten sie Pulver, den Erdball in die Luft zu sprengen, *Atomversuche in Neu-Mexiko, Atomfabriken im Ural*, sie bohrten Sprengkammern in notdürftig geflickte Gemäuer der Brücken, sie redeten von Aufbau und bereiteten den Abbruch vor, sie ließen weiter zerbrechen, was schon angebrochen war [...].»[14]

Wie nah Katastrophe und alltägliche Normalität tatsächlich zusammenliegen konnten und wie global dieses Phänomen war, demonstrierte im März 1954 der außer Kontrolle geratene Test der bisher größten amerikanischen Wasserstoffbombe, der Mark-XVII. Sie wurde während der *Bravo*-Testreihe auf der zu den Atollen um Bikini gehörenden Insel Nam gezündet. Die Bombe detonierte nicht nur mit dem Zweieinhalbfachen der eigentlich berechneten Sprengkraft, sondern setzte darüber hinaus auch weit mehr Radioaktivität auf größerer Fläche frei als angenommen. Die amerikanischen Stellen hatten zwar eiligst ihre eigenen Wetter- und Beobachtungsstationen außerhalb der eigentlichen Sicherheitszone evakuiert, und nach zwei Tagen waren schließlich auch die 236 mittlerweile erheblich verstrahlten Bewohner von vier Atollen in Sicherheit gebracht worden. Keine Möglichkeit, dem sich unkontrolliert ausbreitenden, hoch radioaktiv kontaminierten Fallout zu entkommen, hatte jedoch die Besatzung eines japanischen Thunfischfängers. Ihr Schicksal wurde nicht zuletzt durch die zahlreichen literarischen Verarbeitungen in den folgenden Jahren weltweit zum Inbegriff der permanenten Bedrohung im Kalten Krieg, die ohne Vorwarnung in den Alltag einbrechen konnte. Mit eindeutigen Zeichen schwerer Strahlenkrankheit kehrten die Fischer der *Fukuryu Maru* («Glücklicher Drachen») nach Japan zurück. Die amerikanische *Atomic Energy Commission* (AEC), die zunächst auf völlige Geheimhaltung gesetzt und dann zehn Tage später in einer Presseerklärung von fünf Zeilen ausdrücklich von einem «Routine-Test» gesprochen hatte, sah sich nach der Rückkehr der *Fukuryu Maru* wenige Tage später unter erheblichem öffentlichen Druck. Der Anblick der hochgradig verstrahlten Besatzung – später kamen noch Mannschaften anderer Kutter hinzu – war in Japan aus Hiroshima und Nagasaki nur allzu bekannt und hatte ganz und gar nichts mehr mit Normalität zu tun. Die Nachricht führte unter anderem zum Zusammenbruch des japanischen Fischhandels und einer ausgewachsenen Panik.[15] Im September 1954 starb schließlich der erste der Fischer der *Fukuryu Maru* an seinen schweren Strahlenschäden. Die anderen Besatzungsmitglieder litten dauerhaft an Leber- und Schilddrüsenkrankheiten. Auch die versprochene komplette Wiederbesiedelung der hastig geräumten Atolle erwies sich als unmöglich.

Anders als bei anderen Vorfällen dieser Art nahm die Welt sofort Anteil. Nukleartests hatten immer in unter ausländischem Mandat stehenden oder von Ureinwohnern bewohnten Gebieten stattgefunden, deren Bevölkerung sich gegen die geballten Interessen der Atommächte nicht wehren konnte. Die Auswahl der Testgebiete legte immer den Verdacht nahe, dass auch rassistische Gründe eine Rolle spielten. Es war diesmal aber wohl vor allem das individuell greifbare und überall nachvollziehbare Schicksal von einfachen Menschen, das global Reaktionen auslöste. Die Geschichte der japanischen Fischer schien klarzumachen, dass nahezu jeder in seinem Alltag in eine solche Situation geraten konnte. Die amerikanische Atomenergiebehörde jedenfalls sah sich genötigt, weltweit ausführliche Stellungnahmen zu veröffentlichen. In Westdeutschland geschah dies in der halbamtlichen Publikation *Aus Politik und Zeitgeschichte*, die von der bundeseigenen Zentralstelle für Heimatdienst, der späteren Bundeszentrale für politische Bildung, herausgegeben wurde. Sie druckte am 28. Mai 1954 die Stellungnahme des AEC-Vorsitzenden, Admiral Lewis L. Strauss, ab. Trotz seiner beruhigenden Worte herrschten nicht nur in Deutschland, sondern weit über Europa hinaus Stimmungen, wie sie über dreißig Jahre später auch nach der Explosion des ukrainischen Kernkraftwerks Tschernobyl zu beobachten waren. Der Grundtenor war: Nicht nur die Bombe, sondern die Atomkraft insgesamt ist nicht beherrschbar. «Wie Goethes Zauberlehrling, der ‹die Geister, die er rief, nicht mehr bannen› konnte, so steht heute die oberste amerikanische Atomenergie-Behörde in größter Besorgnis vor der Katastrophe des 1. März», vermerkte die konservative westdeutsche Zeitung *Die Welt*.[16] Die *Frankfurter Allgemeine Zeitung* sprach einen Tag später das aus, was Menschen auch Tausende von Kilometern vom Explosionsort der H-Bombe entfernt bewegte: «Schon fragt man sich, ob nicht die Wolke radioaktiven Staubes noch schlimmeren Schaden anrichten könnte als nur den, die Besatzung eines Fischdampfers und die Fischfanggebiete zu vergiften. Wie, wenn eines Tages die Wolke sich noch weiterbewegte und sich etwa auf den ostasiatischen Reisfeldern und auf amerikanischen Weizengebieten niederließe.» Ähnlich pessimistisch war der Tenor der päpstlichen Osterbotschaft, die ebenfalls ausdrücklich auf die ökologischen Folgen der Kernwaffenversuche hinwies. Aber nicht nur in Europa formierte sich der Protest, der in Teilen bereits ausdrücklich gegen die Amerikaner gerichtet war. In Japan, das drei Jahre zuvor den Friedensvertrag mit den USA geschlossen hatte, zeigten sich in den Kommentaren deutlich antiamerikanische Züge. Auch der indische Präsident Nehru, einer der Ersten, der sich im folgenden Jahr der Blockfreienbewegung anschloss, protestierte unter ausdrücklichem Hinweis auf das Unglück der japanischen Fischer gegen die Atombombenversuche.

Dennoch war der *Bravo*-Test trotz aller Aufregung, die er auslöste, nicht der Beginn einer grundsätzlichen Kritik an den Wirkungsweisen des Kalten Krieges oder gar an der Nutzung der Atomkraft. Schon parallel zu den kritischen Artikeln hatte der konservative *Rheinische Merkur* in der Bundesrepublik im März 1954 von «großdimensionierter Panikmache» und einer «Atomhysterie» gesprochen.[17] Zwar fehlte es auch weiterhin nicht an Warnungen vor der «menschlichen Hybris», der «Versuchung des Schöpfers» oder gar vor der «Gotteslästerung». In der Folgezeit wurde aber auch diese ungeheure Zerstörungskraft langfristig in die Normalität des Kalten Krieges und des «Atomzeitalters» eingepasst. Kritik rückte deshalb bereits im April 1954 auch in den Ruch, man wolle das Feld den Kommunisten überlassen. Dies sei Selbstmord, hatte schon einen Monat nach den Nachrichten aus dem Pazifik wiederum der regierungsnahe *Rheinische Merkur* betont; einen Verzicht könne man nur wollen, wenn man sich entschließe, «die Bolschewisierung der ganzen Erde als unentrinnbares Fatum hinzunehmen».[18] Schließlich waren es im Westen nur noch die dem linken Spektrum verpflichteten Blätter, die es wagten, kritische Kommentare zu veröffentlichen. Jeder Stopp der Tests – so war spätestens ab Mai 1954 der mehrheitliche Tenor im Westen – nütze allenfalls den Sowjets. Langfristig blieben allein die Schriftsteller auf beiden Seiten des Eisernen Vorhangs dem Thema verpflichtet: Anna Seghers, die 1947 aus der Emigration in die SBZ zurückgekehrt war und als literarisches Aushängeschild der DDR galt, veröffentlichte 1954 ihre Kurzerzählung *Der japanische Fischer.* Der in der Bundesrepublik lebende Wolfgang Weyrauch publizierte im selben Jahr ein gleichnamiges Gedicht und zwei Jahre später ein fast titelgleiches Hörspiel, in dem er vor allem das Ausgeliefertsein vor der gespenstischen Verstrahlung thematisierte.[19]

Insgesamt jedoch lagen die Versuche, die Nukleartests als hinzunehmende Normalität des Kalten Krieges und als eine Notwendigkeit der eigenen Sicherheit zu interpretieren, dem Zeitgeschmack näher. Nur wenige Monate vor dem *Bravo*-Test hatte US-Präsident Eisenhower im Dezember 1953 in einer zentralen Rede vor den Vereinten Nationen vor allem den Nutzen der Atomkraft zur Erreichung eines weltweiten Friedens beschworen. *Atoms for Peace* hieß das Schlüsselwort, mit dem der US-Präsident die Atomkraft als Garant für die Sicherheit der Welt und den wirtschaftlichen Aufschwung, für die Lösung der Probleme der Entwicklungsländer und insgesamt für ein friedliches Zusammenleben der Menschheit pries. «Die Vereinigten Staaten wissen», so Eisenhower in seiner pathosreichen Ansprache, «dass die furchtbarste aller zerstörerischen Kräfte, die Atomenergie, zu einer großen, dem Wohlergehen der gesamten Menschheit dienenden Gabe werden kann, wenn es gelingt, die erschreckende Tendenz zu einem immer weiteren Ausbau der Atomwaffen zum Halten und zur Umkehr zu bringen. Die Vereinigten Staaten wissen, dass es kein Zukunftstraum mehr ist, aus der Atomenergie Kräfte für friedliche Zwecke zu gewinnen. Die erwiesene Möglichkeit dazu besteht jetzt – hier – heute.»[20]

Von manchem wurde diese Rede, die intern unter dem Codenamen «Operation Offenheit» *(Operation Candor)* lief, sogar als Beginn einer globalen Entspannungspolitik, hin und wieder auch nur als eine Neuaufnahme der Ansätze des Baruch-Plans von 1946/47 interpretiert, dessen Verhandlungen damals Herbert Swope zur Schöpfung des Begriffs «Kalter Krieg» angeregt hatten. In seiner Intention jedoch war das Unternehmen «Atome für den Frieden» viel breiter angelegt. Es war vor allem der Versuch, eine Normalität des «Atomzeitalters» herzustellen, die mehr sein sollte als «die Bombe».

Mentalitäten im Atomzeitalter

Atomare Energie bekam auf diese Weise seit Beginn der Fünfzigerjahre eine zweifache Bedeutung: Einerseits Bedrohung, andererseits Verheißung – es gab sozusagen «gute» und «schlechte» Atome. In der Verheißung wurde die Atomkraft als ein «unerschöpfliches Füllhorn» gepriesen.[21] Atomkraft, so die Vision, die vor allem auch in populären Darstellungen ausführlich ausgebreitet wurde, enthielt demnach eine bisher weitgehend ungenutzte Vielfalt von Zukunftsperspektiven: Erschließung und Nutzung der Arktis, der Wüsten und der Weltmeere, Straßen- und Kanalbau, Antrieb von Kraftfahrzeugen aller Art, einschließlich von Schiffen, Flugzeugen, Hubschraubern, Autos oder Lokomotiven. Atomkraft erschien jedoch nicht nur als die Lösung für technische oder entwicklungspolitische Probleme der Dritten Welt, sondern auch in der Medizin. Nicht zuletzt waren es die Möglichkeiten in privaten Haushalten, die die Fantasie anregten. «Babyreaktoren» sollten auch hier unbegrenzte Energie zur Verfügung stellen. Edward Teller, neben Oppenheimer einer der verantwortlichen Leiter des *Manhattan Project* in Los Alamos und die treibende Kraft hinter der amerikanischen Wasserstoffbombe, rührte bis zu seinem Tod die Werbetrommel für den umfassenden Einsatz der Atomkraft. Um die Machbarkeit des Einsatzes von Nuklearexplosionen für Baumaßnahmen zu demonstrieren, wurde am 6. Juli 1962 sogar auf dem Testgelände *Frenchman Flat* in Nevada ein Atomsprengsatz von 110 Kilotonnen in einer Tiefe von 190 Metern gezündet. Er produzierte ein gigantisches Loch von 180 Metern Tiefe und 360 Metern Breite, dem man den Namen «Sedan-Krater» gab. Eingesetzt wurde die Technik im Westen dann allerdings doch nicht. Vorschläge gab es jedoch genügend – unter anderem für Kanaldurchbrüche in Asien und Mittelamerika.

Die Mentalität im Umgang mit der Nuklearenergie war zwar in der Sowjetunion und im Ostblock dieselbe, die Möglichkeiten der

DIE «GUTEN» UND DIE «SCHLECHTEN ATOME» Eine der zahlreichen Werbekampagnen der frühen Fünfzigerjahre, die die auch in der Öffentlichkeit heiß diskutierten zwei Seiten der Atomkraft als Motiv aufnahm. Atomkraft als Bedrohung und militärische Notwendigkeit, aber auch als positive Zukunftsvision, so etwa für den medizinischen Fortschritt.

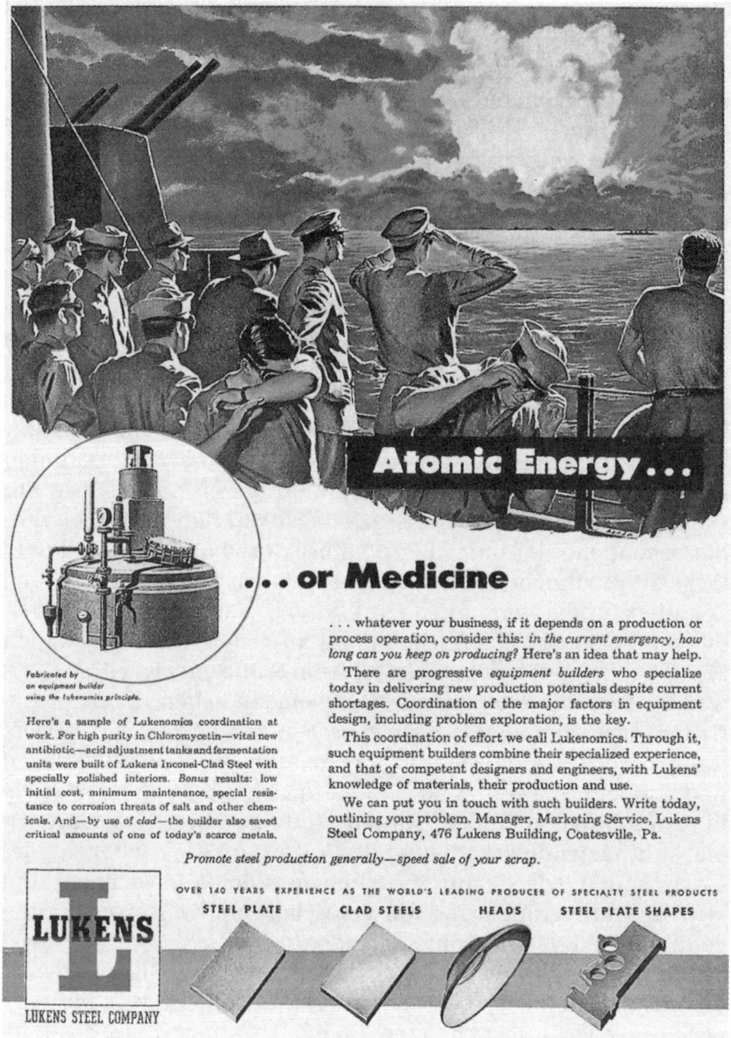

Atomic Energy . . .

. . . or Medicine

Fabricated by an equipment builder using the Lukenomics principle.

Here's a sample of Lukenomics coordination at work. For high purity in Chloromycetin—vital new antibiotic—acid adjustment tanks and fermentation units were built of Lukens Inconel-Clad Steel with specially polished interiors. *Bonus* results: low initial cost, minimum maintenance, special resistance to corrosion threats of salt and other chemicals. And—by use of *clad*—the builder also saved critical amounts of one of today's scarce metals.

. . . whatever your business, if it depends on a production or process operation, consider this: *in the current emergency, how long can you keep on producing?* Here's an idea that may help.

There are progressive *equipment builders* who specialize today in delivering new production potentials despite current shortages. Coordination of the major factors in equipment design, including problem exploration, is the key.

This coordination of effort we call Lukenomics. Through it, such equipment builders combine their specialized experience, and that of competent designers and engineers, with Lukens' knowledge of materials, their production and use.

We can put you in touch with such builders. Write today, outlining your problem. Manager, Marketing Service, Lukens Steel Company, 476 Lukens Building, Coatesville, Pa.

Promote steel production generally—speed sale of your scrap.

Umsetzung waren aber ungleich größer. Zwischen 1965 und 1988 wurden hier über einhundert «friedliche Explosionen» ausgelöst, die unter anderem 1971 die Ausschachtungen für den Petschora-Kolwa-Kanal beschleunigten.[22] Kritik blieb hier unerwünscht. Aber nicht nur Techniker konnten sich in den Fünfzigerjahren für die angeblich unbegrenzten Möglichkeiten der Atomkraft begeistern. Der 1948 aus der Emigration in den USA zurückgekehrte und dann zunächst in der DDR an der Leipziger Universität tätige Philosoph Ernst Bloch schwärmte in seinem zentralen, 1959 erschienenen Werk *Das Prinzip Hoffnung* von «der blauen Atmosphäre des Friedens», in der die Atomkraft «aus Wüste Fruchtland, aus Eis Frühling» mache. «Einige Hundert Pfund Uranium und Thorium würden ausreichen, die Sahara und die Wüste Gobi verschwinden zu lassen, Sibirien und Nordkanada, Grönland und die Antarktis zur Riviera zu verwandeln.»[23] Selbst die Demokratie sollte gestärkt aus der Nutzung der sonst vorwiegend als zerstörerisch bekannten Atomkraft hervorgehen. In der Bundesrepublik formulierte der «Atomplan» der SPD auf dem Parteitag 1956: «Ein neues Zeitalter hat begonnen. Die kontrollierte Kernspaltung und die auf diesem Wege zu gewinnende Kernenergie leiten den Beginn eines neuen Zeitalters für die Menschheit ein. [...] Die Hebung des Wohlstandes, die von der neuen Energiequelle [...] ausgehen kann, muss allen Menschen zugute kommen. In solchem Sinne entwickelt und verwendet, kann die Atomenergie entscheidend helfen, die Demokratie im Innern und den Frieden zwischen den Völkern zu festigen. Dann wird das Atomzeitalter das Zeitalter werden von Frieden und Freiheit für alle.»[24] Und für jene, denen dies noch nicht reichte, konnte man auch den Umweltschutz anführen: Nuklearenergie verhindere die Schädigung der Natur und die Zerstörung der Landschaften, wie sie durch «Raubbau in den Kohlegruben» und «schädigende Veränderung von Landschaft und Wasserversorgung beim Abbau der Braunkohle» entstehe.

Tatsächlich wurden für die zivile Nutzung schließlich unter anderem auch atomgetriebene Schiffe gebaut. In der UdSSR lief 1957 der Eisbrecher *Lenin* vom Stapel, in den USA folgte 1962 das Handelsschiff *Savannah*, in Westdeutschland 1964 die *Otto Hahn*. In den USA nahm nicht zuletzt auch die Werbung die Botschaft von der friedlichen Nutzung der Kernkraft auf. Vor dem Hintergrund einer riesigen Nuklearexplosion formulierte die amerikanische

Werbeindustrie in den Fünfzigerjahren ihre positive Botschaft: «Even *this* cloud has a silver lining» – «Selbst *diese* Wolke bedeutet Hoffnung.»[25] Nach den ersten militärischen Anlagen zur Herstellung der Bombe in den Vierzigerjahren entstanden nun auf beiden Seiten des Eisernen Vorhangs auch Pläne für zivile Atomkraftwerke. Aufgrund der sich wandelnden Einstellung zur Nuklearenergie wurden sie allerdings zum Teil erst sehr viel später oder auch gar nicht mehr gebaut. Das weltweit erste überwiegend zivil genutzte Kernkraftwerk ging am 27. Juni 1954 bei Moskau ans Netz. Das erste vollständig kommerzielle Großkraftwerk war der britische Meiler *Calder Hall*, der 1956 betriebsbereit war. Ein Jahr später konnte auch das 1953 begonnene erste amerikanische Atomkraftwerk in Shippingport angefahren werden. In den USA folgten 1959 und 1963 Siedewasserreaktoren bei Chicago *(Dresden-1)* und *Oyster Creek* in New Jersey. In Westdeutschland war das erste Atomkraftwerk ein 1957 in Betrieb genommener, unter amerikanischer Lizenz gebauter Leichtwasser-Forschungsreaktor bei Garching. 1961 folgte ein Versuchs-Siedewasserreaktor in Kahl am Main. Das erste kommerzielle Atomkraftwerk der Bundesrepublik war dann ebenfalls eine amerikanische Kopie: der 1966 fertiggestellte Siedewasserreaktor Gundremmingen. Im selben Jahr ging auch in der DDR das erste Kernkraftwerk in Rheinsberg ans Netz. Es war mit sowjetischer Hilfe entstanden.

Erst nach dieser Versuchsphase begann dann im letzten Drittel der Sechzigerjahre auf beiden Seiten des Eisernen Vorhangs der eigentliche Siegeszug der zivilen Kernkraft, der in Teilen bis in die Achtzigerjahre anhielt und erst mit der Explosion des sowjetischen Kraftwerks Tschernobyl am 26. April 1986 beendet wurde. Jetzt wurden sogar in den USA Reaktoren stillgelegt. Proteste dagegen hatte es im Westen allerdings bereits lange davor gegeben. Sie nahmen mit den öffentlich bekannt gewordenen Störfällen jeweils deutlich zu. Größere Unfälle ereigneten sich unter anderem 1957 im militärisch genutzten britischen Reaktor *Windscale*, 1966 im amerikanischen Schnellen Brüter *Enrico Fermi I* bei Detroit und 1979 im US-Druckwasserreaktor *Three Mile Island 2* bei Harrisburg. Angesichts der Probleme in der öffentlichen Akzeptanz, aber auch der kostenintensiven Lagerung radioaktiver Abfälle sank bereits vor der Explosion in Tschernobyl auch die Euphorie in der Energiewirtschaft und in der Politik. Elf Jahre nach dem Ende des Kal-

TECHNIK DES «ATOMZEITALTERS» Als ab 1946 in den USA ein atomgetriebener Bomber geplant wurde, testete man die Gebrauchsfähigkeit der Triebwerke zunächst auf Schienen. Im vorderen Teil des Bildes befindet sich ein als Düsentriebwerk vertikal aufgebauter Reaktor. Dahinter sieht man ein weiteres, horizontal konstruiertes Aggregat. Ein einziger dieser Antriebe wog etwa 250 Tonnen. Entsprechend gigantisch wären die Bomber ausgefallen. Das Bild zeigt den Zustand 1984.

ten Krieges wurde im vereinigten Deutschland der Ausstieg aus der Kernenergie gesetzlich verordnet, wenngleich diese Entscheidung nicht unumstritten blieb. Anders als im Westen bildete Tschernobyl für die UdSSR und den Ostblock keine grundlegende Zäsur, da Atomkraft kostengünstig erzeugt werden konnte.

Die militärische Verwendung von atomarer Antriebstechnik hatte ihre Premiere 1954, als in den USA das U-Boot *Nautilus* vom Stapel lief und mit ihm eine völlig neue Bedrohungslage entstand. Wie leistungsfähig die *Nautilus* war, zeigte sich 1958, als sie zum ersten Mal das Polareis des Nordpols durchtauchte. Seit 1955 dachte man auch über Nuklearantriebe für Flugzeugträger nach. Diese Idee wurde fünf Jahre später mit dem Stapellauf der *USS Enterprise* verwirklicht. Begonnen wurden 1957 auch Versuche,

Atomreaktoren für Flugzeuge zu bauen. Die Vision war, dass nuklear angetriebene Strategische Bomber wie U-Boote unbegrenzte Zeit im Einsatz bleiben konnten. Niemand, so die Kalkulation, würde es zudem wagen, ein solches Flugzeug über dem eigenen Territorium abzuschießen. Das Projekt wurde nach geschätzten Kosten von etwa sieben Milliarden Dollar 1961 schließlich eingestellt. Übrig blieben zwei etwa sieben Meter hohe Strahltriebwerke auf dem Gelände des *Idaho National Engineering Laboratory.*

Anders als bei der zivilen Nutzung, gegen die, zumindest im Westen, die Proteste seit den Siebzigerjahren kontinuierlich wuchsen, konnte die militärische Verwendung der Nuklearenergie auf beiden Seiten des Eisernen Vorhangs nahezu unbeeindruckt von Unfällen weiterentwickelt werden. Nie zuvor konnten Physiker mehr Anerkennung für ihre Arbeit erwarten als in jenen ersten Jahrzehnten des Kalten Krieges, in denen die Produktion von Atomwaffen sowohl im Westen als auch im Ostblock als nationale Tat galt. Amerikanische Physiker wie Fermi, Teller oder Oppenheimer wurden in den USA ebenso wie Chariton, Semjonow oder Seldowitsch in der Sowjetunion als Helden gefeiert. Bis auf wenige Ausnahmen waren sie alle angesichts der angenommenen Bedrohung mit der Verwertung ihrer Forschungen zu militärischen Zwecken einverstanden. Kritische Physiker wie Robert Jungk, dessen Werk *Heller als tausend Sonnen* 1956 die Ächtung aller Atomwaffen forderte, waren nicht nur in der Zunft die Ausnahme.[26]

Entsprechend wenig Aufmerksamkeit wurde daher zunächst auch der Entsorgung des radioaktiven Abfalls oder dem Strahlenschutz gewidmet. Produktions- und Versuchsanlagen für atomare Waffen waren in den USA und der Sowjetunion militärisches Sperrgebiet und in der Regel in abgelegenen, ökonomisch schwachen Regionen angelegt worden. So stand Hanford, die «Atomstadt» *(«Atomic City»)*, wo ab 1943 die Plutoniumerzeugung des *Manhattan Project* aufgebaut wurde, in den sogenannten *Badlands* des US-Bundesstaats Washington. Als 1944 hier der erste Plutoniumreaktor der Welt – der berühmte *B Reactor*, der den Stoff für die Nagasaki-Bombe lieferte – entstand und bis 1968 in Betrieb blieb, fanden nicht nur die bereits ansässigen Bewohner Arbeit. Darüber hinaus wurden bereits während des Zweiten Weltkriegs zusätzlich rund 300 000 Menschen dorthin abgeordnet. Von den 14 Plutoni umreaktoren in den USA standen allein in Hanford schließlich neun. Der letzte wurde 1963 eingeweiht. Die Abfälle wanderten auch in den USA bis in die Sechzigerjahre direkt in offene Gruben oder benachbarte Tümpel, die man damals als natürliche «Filter» betrachtete. Später bewahrte man Reste der nuklearen Produktion in mehr oder minder unsicheren Tanks auf. Das berüchtigte Sammelbecken «101SY» in Hanford bildete daher die gleiche Gefahr wie das sowjetische Atomlager bei Kyschtym, das 1957 in die Luft flog. Heute ist Hanford mit genau 1377 hoch belasteten Stellen der von allen Stätten des Kalten Krieges am stärksten radioaktiv verseuchte Ort der Vereinigten Staaten, dessen dringend notwendige Sanierung mit fünfzig Milliarden Dollar veranschlagt wird.[27]

Die Sowjetunion hatte elf solcher atomaren Produktionsstätten, die ebenfalls als Staatsgeheimnis galten und auf keiner allgemein zugänglichen Landkarte vermerkt waren. Wer wissen wollte, wo die «geheimen Städte» der UdSSR waren, brauchte allerdings auch hier nur den Weg des Abfalls zurückverfolgen. Von 1948 bis 1951 wurden im Kernwaffenkomplex Tscheljabinsk hoch radioaktive Abfälle aus der Produktion direkt in den Fluss Techa gepumpt. Schwächer belastete Stoffe gingen noch bis 1956 den gleichen Weg.[28] Zwar gab man auch hier diese Praxis auf, als man bemerkte, welche Probleme daraus für die Geheimhaltung erwuchsen. Doch Tscheljabinsk gilt wie Hanford bis heute mit seinen ungewöhnlich hohen Strontium90-, Caesium137- und Plutonium239-Konzentrationen als eines der weltweit am stärksten radioaktiv verseuchten Gebiete. Die Regierung in Moskau begegnete dem Problem ansonsten in einer durchaus mit den USA vergleichbaren Weise. Bis 1961 wurden Orte um Tscheljabinsk umgesiedelt, teilweise unter Wasser gesetzt. Als einzige radioaktiv hoch belastete Siedlung blieb das tatarische Muslimowa (Muslyumovo) erhalten, möglicherweise um Langzeitbeobachtungen für Spätfolgen durchzuführen.

Der Umgang mit radioaktiven Stoffen auf den sowjetischen Testgeländen von Semipalatinsk oder Nowaja Semlja oder auf den amerikanischen *Proving Grounds* von *Yucca-* oder *Frenchman Flat* war vergleichbar. Militärischer und ziviler Kernwaffenschutz war allerdings in den USA früher ein Thema als in der Sowjetunion. Ausgerechnet im Juni 1950, als der Koreakrieg begann, erschien in den Vereinigten Staaten bereits das erste offizielle, für die amerikanische Öffentlichkeit bestimmte Handbuch über die Wirkung von und den Schutz vor Atomwaffen. Verfasst von Wissenschaftlern aus Los Alamos und anderen Einrichtungen, war *The Effects of Atomic Weapons* für einen Dollar und 25 Cents für jedermann erhältlich. Der Band wurde danach wiederholt neu aufgelegt und neuen Entwicklungen angepasst.[29] Spätere Auflagen, für drei Dollar, machten mit einem Farbfoto der ersten H-Bomben-Explosion auf Eniwetok vom 1. November 1952 auf. Die nach der massenhaften Einführung von Interkontinentalraketen auf beiden Seiten des Eisernen Vorhangs grundlegend revidierte und stark erweiterte Auflage vom April 1962 enthielt dann für einen Dollar Mehrpreis auch einen «Nuclear Bomb Effects Computer» in Form eines einfach bedienbaren runden Rechenschiebers. Mit ihm konnte jeder für sich ermitteln, in welcher Entfernung er sich noch vom *Ground Zero* aufhalten durfte, um zu überleben.[30] Aus der Größe des Feuerballs konnte man damit im Zweifelsfall auch berechnen, wie viele Megatonnen gerade eingeschlagen hatten: Ein Durchmesser von 3,4 Meilen verwies auf die Sprengkraft von einer Megatonne, 9,4 Meilen auf eine Detonation von zwanzig Megatonnen.

Die Veröffentlichungen standen durch ihre nicht unumstrittene Offenheit im Gegensatz zu Büchern, die nur wenige Jahre zuvor panische Ängste ausgelöst hatten. David Bradley, einer der medizinischen Berater bei den Atombombenversuchen der *Operation Crossroads* auf Bikini 1946, hatte 1948 einen Band mit dem Titel *No Place to Hide* auf den Markt gebracht. Das Buch, das in Auszügen auch in westdeutschen Zeitungen veröffentlicht wurde, betonte die absolute Schutzlosigkeit – es gebe für niemanden und nirgends ein Entrinnen. Dem Erfolg des Bandes versuchten die amerikanischen Behörden damals mit Zivilschutzbroschüren in Millionenauflage und einer atemberaubenden Verharmlosung der Gefährdung entgegenzuwirken. Die 1950 veröffentlichte erste Serie von offiziellen Broschüren mit dem Titel *Survival under Atomic Attack* empfahl einfachste Schutzmaßnahmen. Später folgten Kinderfilme wie *Duck and Cover*, in dem «Bert, die Schildkröte» demonstrierte, dass eine Schulbank einen akzeptablen Schutz bei einem atomaren Angriff biete.[31] Solche Veröffentlichungen gab es auch in anderen westlichen Staaten. In der Bundesrepublik produzierte das Bundesamt für den Zivilschutz 1961 die Broschüre *Jeder hat eine Chance*, deren einfältiger Inhalt sogar zu einer offiziellen Anfrage im Deutschen Bundestag führte.

WIE IM KINO Beobachter des Tests *Able* der *Operation Crossroads* betrachten am 1. Juli 1946 vom Deckchair aus die Explosion der Atombombe «Gilda» im Bikini-Atoll. Der Name der Bombe war aus dem gleichnamigen, gerade aktuellen Rita-Hayworth-Film entliehen, in dem diese wieder einmal den männermordenden Vamp spielte.

In ähnlicher Weise blieben auch die Soldaten systematisch im Unklaren. Rund 195 000 amerikanische GIs waren zum Beispiel in die verstrahlten Gebiete von Hiroshima und Nagasaki geschickt worden, ohne dass sie über die möglichen Folgen informiert worden waren. Bereits 1946 war es in den USA zudem üblich, Soldaten nahe an die Nuklearexplosionen zu führen, damit sie sich an diesen Anblick gewöhnten. An der *Operation Crossroads* im Bikini-Atoll waren insgesamt 46 000 GIs beteiligt, die mit Schiffen an den *Ground Zero* herangefahren wurden. Bei ihnen fanden sich nach einer 1985 durchgeführten Studie erhöhte Raten an Leukämie und Prostatakrebs, die jedoch nicht mehr zweifelsfrei auf die Teilnahme an Atomtests zurückgeführt werden konnten. «Ich war gerade siebzehn», sagte ein 1984 an Krebs verstorbener ehemaliger Matrose kurz vor seinem Tod aus, «und keiner von uns hatte die leiseste Ahnung, was ein Geigerzähler oder was Strahlung ist, das wurde uns nie erklärt. Alles was ich damals [...] anhatte, waren Shorts und Tennisschuhe oder so was, und auf dem Kopf ein Matrosenkäppi. [...] Aus der Pilzwolke fiel nebliger Niederschlag auf das Deck, Sand, kleine Metallteilchen und Steine. Wir versuchten, so viel davon abzuwaschen, wie wir konnten. Die Pilzwolke blieb fast zwei Tage in der Luft. [...] Wegen der fürchterlichen Hitze im

DEKONTAMINIERUNG IN SHORTS Ohne Schutzkleidung versuchen amerikanische Matrosen den ehemaligen deutschen Kreuzer *Prinz Eugen* vom nuklearen Fallout zu reinigen. Er war während des Tests *Baker* in der *Operation Crossroads* am 25. Juli 1946 im Zielgebiet eingesetzt worden, um die durch eine Atombombe verursachten Schäden bewerten zu können.

Inneren des Schiffs verbrachten wir so viel Zeit wie möglich an Deck [...]. Zum Abkühlen gingen wir in der Lagune schwimmen.»[32] Ähnliche gezielte Versuche mit Soldaten fanden unter der Bezeichnung *Desert Rock* zwischen 1951 und 1957 in den Testgebieten in den USA statt und führten zu vergleichbaren Folgeschäden.[33] Als man 1996 in den USA nachrechnete, konnte man ermitteln, dass allein an den bis 1963 erlaubten atmosphärischen Tests rund 210 000 Menschen teilgenommen hatten.[34]

Dass in der Sowjetunion genau die gleiche Einstellung herrschte, war bis zum Ende der UdSSR zwar immer vermutet, aber niemals bewiesen worden. Erst im Zuge der von Gorbatschow verordneten neuen Offenheit publizierte die regierungsamtliche Zeitung *Iswestija* 1989 zum ersten Mal einen Bericht zu einer «Übung unter dem Atompilz», die 35 Jahre zuvor stattgefunden hatte. Im Verlauf dieses Manövers war eine Atombombe «mittlerer» Größe – also etwa einer Stärke von 10 bis 100 Kilotonnen – über einem Truppenübungsplatz in der Nähe der Ortschaft Tozk im Ural abgeworfen worden. Anschließend hatte eine Division den Befehl erhalten, das Epizentrum – den *Ground Zero* – zu durchqueren.[35] Über die gesundheitlichen Schäden der weitgehend ungeschützten Rotarmisten wurde auch hier nichts bekannt, sie sind aber in Kenntnis der amerikanischen Berichte unschwer zu vermuten.

In welcher Weise sich militärisches Personal überhaupt schützen sollte, war seit Beginn des «Atomzeitalters» ein grundsätzliches Problem. Bezeichnenderweise übersetzten die Sowjets ab 1954 – davor spielte Atomschutz überhaupt keine Rolle – zunächst amerikanische Handbücher. Die wichtigsten Inhalte des allgemein zugänglichen, vier Jahre zuvor erschienenen US-Standardwerks *The Effects of Atomic Weapons* druckte in diesem Jahr die Zeitschrift *Wojennaja Mysl* ab. Im selben Jahr wurde auch das 1953 von zwei US-Offizieren veröffentlichte Buch *Atomic Weapons in Land Combat* ins Russische übersetzt. Noch im gleichen Jahr entstand der erste sowjetische «Lehrstuhl Atom- und chemischer Schutz». Die erste schriftliche Information für Rotarmisten, ein schlichtes Merkblatt mit dem Titel *Handbuch* [!] *unter den Bedingungen des Einsatzes von Atom-, chemischen und bakteriologischen Waffen*, wurde erst 1955 verteilt. Angesichts der engen Anlehnung an westliche Vorbilder entsprachen nicht nur die Illustrationen weitgehend denen auf westlicher Seite. Auch in der Verharmlosung waren sich die Militärs in Ost und West in den Fünfzigerjahren grundsätzlich einig: «Eine Besonderheit der radioaktiven Stoffe, die sich bei der Atomdetonation bilden, besteht darin, dass ihre Radioaktivität schnell sinkt. Deshalb werden selbst stark aktivierte Geländeabschnitte einige Zeit nach der Detonation wieder ungefährlich», hieß es im sowjetischen Handbuch. Für die dennoch um ihr Wohlbefinden besorgten Rotarmisten hielt es noch einen weiteren Tipp bereit: «Moderne Heilmethoden gewährleisten eine Gesundung selbst bei einem schweren Grad der Strahlenkrankheit.»[36]

Die Meinungsforschung machte schon in den Fünfzigerjahren

TITELBLATT DES ERSTEN «MERKBUCHS FÜR SOLDATEN UND MATROSEN» Der Untertitel lautet: «Handlungen unter den Bedingungen des Einsatzes von Atom-, chemischen und bakteriologischen Waffen» (1955).

ПАМЯТКА СОЛДАТУ и МАТРОСУ

ДЕЙСТВИЯ
В УСЛОВИЯХ ПРИМЕНЕНИЯ
АТОМНОГО, ХИМИЧЕСКОГО
И БАКТЕРИОЛОГИЧЕСКОГО
ОРУЖИЯ

1955

in den USA deutlich, dass mit den Informationen, aber auch durch die regelmäßig veranstalteten Übungen für den Atomkrieg – die Eisenhower damals öffentlich tatsächlich als *War Games* bezeichnete – die Furcht in der Bevölkerung verstärkt wurde.[37] Die berühmte amerikanische *Shelter*-Debatte, die nach den Erfolgen der sowjetischen Kern-, aber vor allem der Raketentechnik am Ende der Fünfzigerjahre begann und bis weit in die Sechzigerjahre anhielt, war deshalb nicht nur eine Diskussion um den Zivilschutz, sondern auch um den Sinn eines Atomkriegs, bei dem es selbst den Überlebenden schwerfallen würde, zur Normalität zurückzukehren.[38] Die zentrale Rolle in dieser Debatte fiel einem Wissenschaftler zu, der wie kaum ein anderer zum Inbegriff des emotionslos berechnenden Technokraten des Atomkriegs wurde: dem Futurologen Herman Kahn. Als *eine* Verkörperung des «Dr. Seltsam» setzte ihm Stanley Kubrick in dem 1963 gedrehten Streifen *Dr Strangelove or How I Learned to Stop Worrying and Love the Bomb* ein satirisches Denkmal. Es ist nicht zwingend, ausschließlich Kahn als Vorbild für Kubricks Satire zu sehen. Auch John von Neumann, der mittels der von ihm entwickelten Computer ebenfalls Kriegschancen und -verluste berechnete, gehörte wie Edward Teller und viele ihrer Schüler zu einer neuen Kategorie von Wissenschaftlern, die ihre «exakten Berechnungen» auch als Grundlage für politische Entscheidungen zur Verfügung stellten. Auch in der Sowjetunion wäre Kubrick selbstverständlich fündig geworden. Doch Herman Kahn, der seit 1948 bei wichtigen Institutionen gearbeitet hatte, die die US-Regierung in Fragen der Verteidigungspolitik berieten – unter anderem bei der RAND Corporation und im *Center for International Studies* in Princeton –, war insofern etwas Besonderes, da zumindest sein Name weithin bekannt war. Er selbst bezeichnete sich als «einen der zehn berühmtesten unbekannten Amerikaner».[39] Dies lag nicht nur an seiner enormen Körperfülle, die er unter anderem auch den Lesern des Magazins *LIFE* auf einem Foto präsentierte, sondern vor allem an seinen umstrittenen Werken, die manche Kritiker schlicht für unmoralisch hielten.[40]

Kahn hatte kurz vor dem Start des Kubrick-Films zwei seiner wichtigsten Arbeiten vorgelegt. Die Untersuchungen *On Thermonuclear War* (1960) und *Thinking About the Unthinkable* (1962) rechneten den Amerikanern zum einen vor, dass es falsch sei, den Nuklearkrieg von vornherein auszuschließen. Der Gegner müsse davon ausgehen, dass alles Verfügbare auch eingesetzt werde. Anhand von Modellrechnungen machte Kahn zum anderen deutlich, dass ein Atomkrieg bei der richtigen Vorbereitung keinesfalls das Ende der USA oder gar das Ende der Menschheit bedeute: Ein thermonuklearer Angriff auf 157 große Städte der USA koste die USA zwischen 85 und 160 Millionen Tote. Wenn man bereit sei, ein Zivilschutzprogramm aufzubauen, könne die Zahl der Opfer sogar verringert werden.[41] Für die Folgeschäden – Zerstörungen, Kontaminationen – eines weltweit geführten thermonuklearen Krieges berechnete Kahn, dass es sowohl für den Westen als auch für die Sowjetunion möglich sei, in einer «relativ kurzen Zeit» zum Lebensstandard vor dem Atomkrieg zurückzukehren.

Kahns abstrakte Modellrechnungen und seine in späteren Arbeiten – so etwa in *The Year 2000*[42] – immer wieder präsentierte Annahme, dass es zu einem solchen Krieg mit großer Wahrscheinlichkeit kommen werde, zumal die Verbreitung von Atomwaffen rasant fortschreite, verstärkten in den USA noch einmal die ohnehin starke Nachfrage nach Schutzräumen. Schon seit dem Beginn der Fünfzigerjahre hatte man dort, aber auch in Großbritannien und anderen westlichen Staaten, den Bau von Schutzanlagen und Ausweichquartieren in Auftrag gegeben. In den USA wurde nun unter anderem ein atomsicherer Bunker unter dem Weißen Haus angelegt, ebenso auf dem Gelände des Präsidenten-Landsitzes *Camp David* nördlich der Hauptstadt Washington. Südlich von Washington entstand der ebenfalls ausschließlich für die Regierung vorbehaltene *Mont Weather Bunker* in Bluemont im US-Bundesstaat Virginia. Im benachbarten West Virginia wurde in White Sulphur Springs zwischen 1959 und 1962 unter einem Hotel der Schutzraum *Greenbrier* angelegt. Er sollte als Bunker für Mitglieder des Kongresses einschließlich der Familien und Mitarbeitern dienen – insgesamt für etwa 800 Menschen. Auch US-Ministerien bauten im Umkreis von einigen hundert Kilometern um die Hauptstadt nun insgesamt etwa einhundert Anlagen zur Auslagerung von Dokumenten. Unter anderem entstand in Raven Rock das Ausweichquartier des Pentagon. Stärker als in anderen Ländern entwickelte sich in den USA zudem eine eigene Industrie, die ihre Produkte für den Atomkrieg vor allem auch für den privaten Gebrauch anpries. So empfahl sich die in Chicago beheimatete *Portland Cement Association* schon 1955 in ihrer Werbung als Spezialist für die Errichtung von «atomschlagresistenten» Häusern *(Blast-resistant House)*. Solche Bauten konnten nach Firmenangaben die Druckwelle einer 20-Kilotonnen-Bombe in einem Kilometer Entfernung vom *Ground Zero* aushalten und durften damit «40 % dichter an einem Einschlag als konventionell gebaute Häuser» stehen, wie es in den Anzeigen hieß. Man habe, so wurde darüber hinaus nicht ohne Stolz vermerkt, dabei aus den Erfahrungen gelernt, die in «Hiroshima und Nagasaki und auf Eniwetok und Yucca Flats» gewonnen worden seien.[43]

Auch die Sowjetunion verstärkte mit dem Beginn der Ära der Interkontinentalraketen ihre Bemühungen um die Vorbereitung auf das Leben im und nach dem Atomkrieg, wobei erstaunliche Parallelen zum Westen zu beobachten waren. Nachdem bereits 1957 das drei Jahre zuvor erschienene französische Handbuch zum Zivilschutz, *Atomique secours*, ins Russische übersetzt worden war, wurde 1961 eine eigene sowjetische Zivilverteidigung aus der Taufe gehoben. In einem Krieg, so hatte Chruschtschow in einer 1960 vor dem Obersten Sowjet gehaltenen Rede ausgeführt, werde «es keine Hauptstadt, kein großes Industrie- oder Verwaltungszentrum geben [...], die nicht nur in den ersten Tagen, sondern schon in den ersten Minuten einem Angriff ausgesetzt sein» würden.[44] Aber auch hier war man schnell überfordert. Zwar war es in Moskau ebenfalls möglich, die U-Bahn-Schächte, die bereits in den Dreißigerjahren als Schutzräume angelegt worden waren, weiter auszubauen. Unter dem riesigen Bau der zwischen 1948 und 1952 errichteten Lomonossow-Universität wurden in den Sechzigerjahren bis Mitte der Siebzigerjahre umfangreiche unterirdische Anlagen fertiggestellt, die nach Schätzungen bis zu 30 000 Menschen Schutz bieten sollten. Sie wurden unter dem Namen der U-Bahnstation *Ramenki* bekannt. Ob diese unterirdischen Schutzräume indes für die Bevölkerung zugänglich gewesen wären, blieb eher zweifelhaft. Wahrscheinlich sollten auch hier

WOHNLICHES EINRICHTEN IM DAUERKONFLIKT Eine bereits 1955 von der *Portland Cement Association* veröffentlichte Werbung für ein «explosionsresistentes Haus», ein «Haus für das Atomzeitalter». Es sollte nur 10 Prozent mehr Baukosten verursachen, aber einer Druckwelle einer 20-Kilotonnen-Atombombe standhalten können. Wie aus einer bitterbösen Satire entnommen klingt es heute, dass ein solches Gebäude 40 Prozent näher an einem Atombombentreffer liegen dürfe als ein herkömmliches Heim.

Now you can protect precious lives with

An all-concrete blast-resistant house

Here's a house with all the advantages of any concrete house—PLUS protection from atomic blasts at minimum cost.

A firesafe, attractive, ***low-annual-cost*** house, it provides comfortable living—PLUS a refuge for your family in this atomic age.

The blast-resistant house design is based on principles learned at Hiroshima and Nagasaki and at Eniwetok and Yucca Flats. It has a reinforced concrete first floor and roof and reinforced concrete masonry walls. The walls, the floor and the roof are tied together securely with reinforcement to form a rigidly integrated house that the engineers calculate will resist blast pressures 40% closer to bursts than conventionally-built houses.

Anywhere in the concrete basement of the house would be much safer than above ground but a special shelter area has been provided in this basement to protect occupants from blast pressures expected at distances as close as 3,600 feet from ground zero of a bomb with an explosive force equivalent to 20,000 tons of TNT. This shelter area affords protection from radiation, fire and flying debris as well. And the same shelter area also can serve as a refuge from the lesser violence of tornadoes, hurricanes and earthquakes.

The safety features built into this blast-resistant house are estimated by the architect and engineer to raise the cost less than 10%.

Concrete always has been known for its remarkable strength and durability. That's why it can be used economically to build houses with a high degree of safety from atomic blasts.

Like all concrete structures, blast-resistant concrete houses are moderate in first cost, require little maintenance and give long years of service. The result is ***low-annual-cost*** shelter. Write for folder.

PORTLAND CEMENT ASSOCIATION
Dept. A6-9, 33 West Grand Avenue, Chicago 10, Illinois
A national organization to improve and extend the uses of portland cement and concrete through scientific research and engineering field work.

Interiors of a blast-resistant house have all the charm and livability of conventional houses.

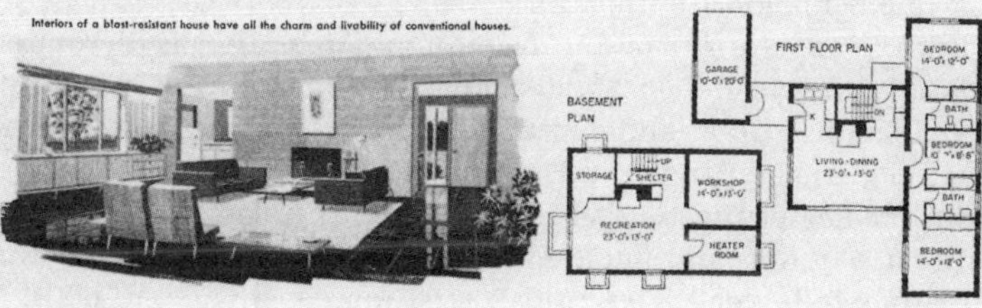

Portland Cement Association, 1955

vor allem die Staats- und Parteigrößen aus Moskau mit ihren Familien unterkommen. Für die Masse der Einwohner Moskaus und anderer Ballungszentren, für die kein Schutzraum zu Verfügung gestellt werden konnte, gab man in den Vorschriften die Anweisung aus, in geordneten Kolonnen von 500 bis 1000 Personen die Stadt zu verlassen, um außerhalb der Städte Unterstände zu errichten.[45]

Auch für die sowjetische Staats- und Parteiführung waren eigene umfangreiche Schutzbauten angelegt worden. Am bekanntesten ist wohl Stalins 1942, weit südöstlich Moskaus in Kuibyschew (Samara) gebauter Tiefbunker, der sich allerdings für den Atomkrieg und auch für die Ansprüche seiner Nachfolger als nicht ausreichend erwies. Schon Stalin hatte diverse weitere Schutz- und Kommandoanlagen in Moskau anlegen lassen. Sie befanden sich unter anderem unter seiner Datscha im Vorort Kunčevo, die mit einem Autotunnel direkt mit dem Verteidigungsministerium verbunden war. Auf Stalins Auftrag ging auch der Bau der sogenannten *Metro 2* zurück, einer für die Öffentlichkeit nicht zugänglichen U-Bahn, deren erste Linie in den Fünfziger- und Sechzigerjahren gebaut wurde.[46] Darin einbezogen wurden schon vorhandene Anlagen, so der Zugang zu den ebenfalls noch von Stalin veranlassten unterirdischen Kommandozentralen für die Zivilverteidigung und der Schutzraumkomplex Ramenki. Außerhalb Moskaus entstanden zudem eine große Bunkeranlage bei Saratov an der Wolga und eine unter Breschnew begonnene atomsichere Kommandozentrale bei Beloretsk im Ural.

Zum gleichen Zeitpunkt begannen auch die als besonders gefährdet angesehenen Staaten Mitteleuropas, ihren Zivilschutz auszubauen.[47] Unter anderem mauerten sich in beiden deutschen Staaten die Regierungen in Tiefbunkern ein. 1960 wurde die westdeutsche Regierungsbunkeranlage Marienthal («Rosengarten») begonnen, wenig später auch das ostdeutsche Pendant, die «Hauptführungsstelle der Partei- und Staatsführung» («Objekt 5000») in Prenden. Beide waren darauf ausgelegt, Wochen autonom zu überleben, und behielten ihre Funktion bis zum Ende des Kalten Krieges. Auch hier erwies sich jedoch der Zivilschutz rasch als überfordert. Atomsichere Bunker wurden zwar gebaut, so die 1973/74 entstandene «Mehrzweckanlage Kudamm-Karree» im Westberliner Stadtteil Wilmersdorf. Auch Teile des aus den

Dreißiger- und Vierzigerjahren stammenden sogenannten Westwalls wurden noch 1979 für den Nuklearkrieg nachgerüstet. Für die gesamte Bevölkerung reichte es indessen auch hier nie. Dies war eines der grundsätzlichen Probleme, an denen sich der Protest entzündete.

Proteste gegen den Kalten Krieg

Organisierter oder individueller Protest gegen die Mechanismen und absehbaren Folgen des Kalten Krieges entzündete sich in der Regel an Themen, die das Leben des Einzelnen unmittelbar berührten oder zu betreffen drohten. Der Regelfall war, dass ein breiteres öffentliches Interesse an umstrittenen Entwicklungen und damit auch der Umfang vieler Protestbewegungen dann erlahmten, wenn Entscheidungen getroffen worden waren und wieder die «Normalität des Kalten Krieges» eintrat. Übrig blieben aktive kleinere Gruppen, engagierte Organisationen oder auch einzelne Idealisten, die gegen den Trend, zum Teil über Jahre, gegen Atombewaffnung, gegen das atomare Wettrüsten, die Teilung der Welt oder die Austragung der militärischen Konflikte des Kalten Krieges in der Dritten Welt demonstrierten. Zum Teil mündeten diese Proteste zeitweilig wieder in Massenbewegungen. So konnte die Ostermarschbewegung seit den Fünfzigerjahren in Krisenzeiten immer wieder Zehntausende auf die Straße bringen.

Das geteilte Deutschland kann auch bei der Entwicklung der Protestbewegungen gegen den Kalten Krieg als exemplarisch gelten. Während in der DDR, wie im gesamten Ostblock, Proteste gegen Aufrüstung, Bündnisse oder Atombewaffnung verboten waren und schon Ansätze massiv unterdrückt wurden, wenn sie nicht politisch gezielt gegen die andere Seite verwertet werden konnten, kam es in Westdeutschland bereits vor 1949 zu Demonstrationen für Frieden und gegen die Fronten des Kalten Krieges. Auch in anderen westlichen Staaten, so etwa in Frankreich und den USA, setzten zu diesem Zeitpunkt Proteste ein. Aufsehenerregend war die am 15. April 1949 in Paris gestartete Aktion des ehemaligen US-Bomberpiloten Garry Davis, der während des Zweiten Weltkriegs an Luftangriffen auf Bremen und Hamburg selbst beteiligt gewesen war. Davis propagierte die von offizieller Seite damals angesichts der Probleme in der UNO bereits seit Jahren zu den Akten gelegte Idee einer «Weltregierung». Sie sollte nicht nur die atomare Bedrohung, sondern die gesamte Blockkonfrontation überwinden. «Die ganze Menschheit», so hatte der «Weltbürger Nr. Eins», wie er sich selbst nannte, verkündet, «befindet sich heute in einem Zustand legitimer Verteidigung gegenüber den souveränen Staaten, den Theologien und Propagandafeldzügen, die im Grunde genommen nur darauf abzielen, die Wiederkehr eines neuen Krieges zu rechtfertigen. [...] Wir rufen die Massen des Volkes auf, sich aus freien Stücken für den Frieden zu mobilisieren, damit sie morgen nicht durch die Staaten für den Krieg mobilisiert werden können.»[48] Davis hatte bereits im Januar 1949 vor dem UNO-Gebäude in Paris kampiert und war schließlich dazu übergegangen, von einem Pariser Café aus «Weltbürger-Pässe» auszustellen. Tatsächlich konnte er in Westeuropa und insbesondere in der Bundesrepublik einen aufsehenerregenden Erfolg verbuchen, bevor er absehbarerweise mit den Passgesetzen der einzelnen Staaten in Konflikt geriet. Unterstützung für ihn kam unter anderem von so bekannten Persönlichkeiten wie dem amerikanischen Geigenvirtuosen Yehudi Menuhin oder dem westdeutschen Schauspieler Victor de Kowa. Anders als der zum gleichen Zeitpunkt ebenfalls in Paris etablierte, deutlich kommunistisch gesteuerte «Weltfriedenskongreß», zu dem Pablo Picasso die berühmte Friedenstaube und Albert Einstein einen Friedensappell beisteuerten, verweigerte sich Davis konsequent beiden Seiten. Er habe nicht den Westblock verlassen, um sich für den Ostblock auszusprechen, war seine Antwort an den Weltfriedenskongress, der ihn um Teilnahme gebeten hatte.[49] Fast zehn Jahre danach gab Davis, der Hunderttausende mobilisieren konnte, im April 1958 angesichts der Probleme, die ihm offizielle Stellen bereiteten, auf und kehrte in die USA zurück.

In der Bundesrepublik machte zum gleichen Zeitpunkt ein anderer Einzelkämpfer gegen den Kalten Krieg von sich reden. Der Historiker und Mitgründer der CDU in der SBZ, Ulrich Noack, war 1947 anlässlich seiner Berufung zum Professor in Würzburg nach Westdeutschland übergesiedelt und hier in die konservative CSU eingetreten. Ein Jahr später hatte er den nationalneutralistischen «Nauheimer Kreis» gegründet. Anders als Davis ging es Noack weniger um den globalen Weltfrieden. Er hielt es schlicht für die

Pflicht aller Deutschen, den Kalten Krieg zu beenden, um die Wiedervereinigung zu erreichen. «Haltet euch gegenseitig als Volk die Treue!», hieß es in einem der Aufrufe des Nauheimer Kreises vom März 1949, «unsere Kräfte dürfen nicht vergeudet werden durch eine Parteinahme im Kalten Krieg, sondern müssen in einem Gesamtplan eingesetzt werden für die *Beendigung* des Kalten Krieges».[50] Noack blieb trotz zeitweiliger Koalitionen mit anderen kleineren politischen Gruppen ein notorischer Einzelkämpfer, der nicht nur durch seine Fixierung auf die nationale Frage, sondern auch durch den häufigen Wechsel der politischen Partner ein Außenseiter blieb.

In der Sache allerdings war der Protest gegen die Mechanismen und Folgen des Kalten Krieges, wie ihn unter anderem Noack vertrat, in der Bundesrepublik der Fünfzigerjahre keinesfalls ein Außenseiterphänomen. Diskussionen um «Dritte Wege» jenseits der Blöcke, um Neutralität, Sozialismus oder Kapitalismus, Pazifismus, oder sogar – wie der ehemalige Widerstandskämpfer Richard Löwenthal schon 1947 vorschlug – um Bündnisse mit der kolonisierten Dritten Welt als neutralem «Puffer zwischen der amerikanischen und der russischen Machtsphäre», beherrschten über Jahre die Debatten in Westeuropa.[51] Im Mittelpunkt der ersten großen Proteste, die zeitweilig Hunderttausende auf die Straße brachten, stand in der Bundesrepublik vor allem die Frage, ob wenige Jahre nach der totalen Niederlage 1945 überhaupt eine westdeutsche Armee aufgestellt werden dürfe. Mit diesem Problem verband sich eine Fülle weiterer Streitpunkte, die in den Protesten der kommenden Jahrzehnte immer wieder eine wichtige Rolle spielten. Dazu gehörte nicht nur immer wieder die Frage der Blockbindung, sondern auch, wie man etwa mit NS-Tätern umgehen sollte, die sich zum Teil als Spezialisten für den Kalten Krieg anboten, welche Waffen stationiert werden dürften, sowie die Frage, in welcher Weise die Entwicklung freier Gesellschaften durch die Bedingungen des Kalten Krieges behindert werde.[52] Die in Teilen höchst emotional ausgetragenen Proteste gegen die Aufstellung von Streitkräften in der Bundesrepublik speisten sich in den Vierziger- und Fünfzigerjahren aus einer Gemengelage von mehr oder weniger überzeugtem Pazifismus, nationalneutralistischen Stimmungen, einem eher unpolitischen «Ohne-mich»-Standpunkt und teilweise auch aus einem – vor allem bei ehemaligen Offizieren vorzufindenden – Gefühl der gekränkten Ehre. Auch die Sozialdemokratie als die größte politische Oppositionspartei der frühen Bundesrepublik verstärkte diese Stimmung nicht unerheblich mit dem Hinweis, dass die geplante Wiederbewaffnung und Westbindung auch die Wiedervereinigung Deutschlands erschweren, wenn nicht unmöglich machen würden. Solche Meinungen gab es aber auch in den verschiedenen Flügeln der CDU, insbesondere in der Gruppe des protestantischen Bürgertums. Aus dieser Gruppe stammten der seit 1947 amtierende Kirchenpräsident der Evangelischen Kirche in Hessen und Nassau, Martin Niemöller, und der ehemalige Innenminister in Adenauers erstem Kabinett, Gustav Heinemann. Das CDU-Gründungsmitglied Heinemann war schon 1950 aus Protest gegen Adenauers Westbindungspolitik zurückgetreten, hatte 1952 eine dem Pazifismus und der Neutralität im Kalten Krieg verpflichtete «Gesamtdeutsche Volkspartei» mitgegründet und war schließlich 1957 in die SPD eingetreten. Niemöller, der von 1937 bis 1945 als Zentralfigur der «Bekennenden Kirche» im Konzentrationslager Sachsenhausen festgehalten worden war, hatte 1954 nach einem Gespräch mit dem Atomphysiker Otto Hahn zu seinem kompromisslosen Pazifismus gefunden. Nach 1961 amtierte Niemöller unter anderem auch als Präsident der Deutschen Friedensgesellschaft sowie der deutschen Sektion der Internationale der Kriegsdienstgegner.

Organisatorisch stand diese Protestbewegung von Beginn an auf wackligen Füßen, obwohl sich Hunderttausende an den Kundgebungen beteiligten. Das Hauptproblem bestand in der unterschiedlichen politischen Ausrichtung, zum Teil auch in den gegenseitigen Vorbehalten, etwa zwischen der SPD und den Kirchen. Trotzdem gelang 1955 zum ersten Mal eine überparteiliche Sammlung der Wiederbewaffnungsgegner in der sogenannten Paulskirchenbewegung. Am 29. Januar verabschiedeten Spitzenvertreter des Deutschen Gewerkschaftsbundes, der SPD, der FDP und der Evangelischen Kirche in Frankfurt am Main ihr gemeinsames «Deutsches Manifest». Es sprach sich unter dem Motto «Rettet Einheit, Frieden und Freiheit! Gegen Kommunismus und Nationalismus!» vor allem auch gegen die Integration der beiden Teile Deutschlands in die politisch-militärischen Blöcke aus. «Die Aufstellung deutscher Streitkräfte in der Bundesrepublik und in der

Sowjetzone muss die Chancen der Wiedervereinigung für absehbare Zeit auslöschen und die Spannung zwischen Ost und West verstärken», hieß es dort unter anderem.[53] Die politische Wirkung der zunächst starken Protestbewegung zerbröckelte allerdings rasch. Man hat dies unter anderem darauf zurückgeführt, dass sich weder die Gewerkschaften noch die SPD zu einem Generalstreik entschließen mochten, um über diesen Weg die Wiederbewaffnung zu verhindern. Der Streik wäre zwar illegal gewesen, doch auch 1952 hatte es bereits einen ähnlichen politischen Erzwingungsstreik zur Durchsetzung des Betriebsverfassungsgesetzes gegeben. Warum man darauf verzichtete, blieb umstritten. Insgesamt war es wohl ein Bündel von Motiven, deren Ursachen zum Teil in den Mechanismen des Kalten Krieges selbst lagen. Dazu gehörte die Furcht, den mühsam erreichten Grad der Normalität im Wiederaufbau zu gefährden, aber auch die Abneigung, ausgerechnet die SED in Ostberlin zum Bundesgenossen zu haben. Nicht zuletzt fehlte aber auch ein glaubwürdiges Alternativmodell.

Neuen Elan erhielt die pazifistische Bewegung zwei Jahre später, als es 1957 um die indirekte bundesdeutsche Teilhabe an Atomwaffen ging.[54] Zwar hatten die Amerikaner bereits im März 1955 erste Nuklearwaffen in der Bundesrepublik stationiert, doch dies war kein Thema für die Öffentlichkeit gewesen. Fahrt gewann die Debatte erst, als Adenauer am 5. April 1957, nach einer Großen Anfrage der SPD-Fraktion im Bundestag, seine berühmt-berüchtigte Presseerklärung zu den Atomwaffen abgab, die – wohl anders, als er selbst erwartet hatte – von überraschend vielen als unzulässige Verharmlosung aufgefasst wurde. Taktische Atomwaffen, so hatte Adenauer vor Journalisten ausgeführt, seien «im Grunde nichts anderes als eine Weiterentwicklung der Artillerie [...], das sind ja beinahe normale Waffen [...].»[55]

Die Reaktion folgte ebenso prompt wie heftig. 18 führende Atomwissenschaftler der Bundesrepublik – unter ihnen Otto Hahn, Werner Heisenberg, Max Born, Max von Laue und Carl Friedrich von Weizsäcker – wiesen in ihrer «Göttinger Erklärung» mit scharfen Worten darauf hin, dass «jede einzelne taktische Atombombe oder -granate [...] eine ähnliche Wirkung [habe] wie die erste Atombombe, die Hiroshima zerstört hat». Alle seien in der Lage, eine kleine Stadt zu zerstören.[56] Mit der Stellungnahme des Expertengremiums schien ein Damm gebrochen. Weitere No-

PROTESTE GEGEN DEN KALTEN KRIEG Der Schriftsteller Erich Kästner während einer Ansprache beim Ostermarsch 1961. Ihr primäres Ziel, die atomare Bewaffnung der Bundeswehr zu verhindern, erreichten die Proteste nicht.

belpreisträger schlossen sich an, unter ihnen auch Albert Schweitzer und der in den USA tätige Biochemiker Linus Pauling. Schließlich äußerten sich selbst konservative Zeitungen wie die *Frankfurter Allgemeine* kritisch zu Adenauers Verlautbarungen. Am 22. Februar 1958 wurde dann eine eigene Kampagne unter dem Namen *Kampf dem Atomtod* ins Leben gerufen, und sie konnte für wenige Monate tatsächlich rund anderthalb Millionen Bundesbürger mobilisieren. Umfragen ergaben, dass über 80 Prozent der Westdeutschen den Bau von Raketenbasen ablehnten; 52 Prozent befürworteten sogar Streiks, um eine atomare Bewaffnung der Bundeswehr zu verhindern.[57] Massenkundgebungen, wie sie dann auch wieder während der «Nachrüstungsdebatten» in den Achtzigerjahren stattfanden, gab es in Hamburg mit 150 000 oder Frankfurt mit 42 000 Teilnehmern. Und dieses Mal kam es sogar zu Streiks, unter anderem im Volkswagenwerk Kassel. Der Schriftsteller Erich Kästner – auch er ein Verfolgter des NS-Regimes – formulierte während einer Großveranstaltung des «Komitees gegen Atomrüstung» am 18. April 1958: «Was wir in diesen Monaten erleben, ist absurd. Während Russland die Einstellung der Versuche und eine Kontrolle der Produktion anbietet und die Vereinigten Staaten laut erklären, ursprünglich hätten *sie* entsprechende Vorschläge machen wollen – während also die beiden Weltmächte, trotz allem Zögern, trotz aller Hintergedanken und trotz aller wirtschaftlichen Bedenken, den Kurs ‹Volldampf voraus!› widerrufen möchten –, packt Westeuropa das wilde Fieber. [...] Man ist dabei, aus Europa ein *Atom-Korea* zu machen!»[58]

Der öffentliche Druck führte im April 1958 zu einer erneuten, diesmal viertägigen Bundestagsdebatte über die Atombewaffnung der Bundeswehr. Die schon geplante Volksbefragung wurde allerdings vom Bundesverfassungsgericht verboten. Verhindern konnte der Protest die Einführung von Trägersystemen in der Bundeswehr nicht mehr. Mit der Indienststellung und dem alltäglichen Umgang mit den Waffen, die nun zunehmend auch auf den Straßen zu sehen waren, wurde auch der öffentliche Protest geringer. Schließlich zerfiel die Bewegung. Die großen Fragen, die mit der Atombewaffnung zusammenhingen, blieben allerdings weiterhin ungelöst: Vertraglich bestand für die Bundesrepublik (und natürlich auch für die DDR) keinerlei Möglichkeit, über den Einsatz der Waffen mitzuentscheiden. Immerhin erklärten sich die USA gegen Ende der Regierungszeit Adenauers 1962 bereit, zumindest die Bundesregierung zu konsultieren, falls man einen Einsatz erwäge. Bis zum Ende des Kalten Krieges blieben allerdings auch diese Mitsprachemodalitäten ungeklärt.

Kampf dem Atomtod und andere Oppositionsbewegungen bildeten ab 1960 den Auftakt zu den in der Bundesrepublik nach dem Vorbild der britischen *Campaign for Nuclear Disarmament* veranstalteten «Ostermärsche». Sie wurden bis weit über das Ende des Kalten Krieges hinaus fortgeführt – wenngleich mit stark schwankenden Teilnehmerzahlen. Auch hier engagierten sich weiterhin zahlreiche Intellektuelle, und auch die radikale Rhetorik blieb erhalten. In einer bitteren Rede zur Eröffnung des Ostermarsches 1960 vermerkte der bundesdeutsche Schriftsteller Stefan Andres, er halte «das Risiko des Kalten Krieges» sogar für «tausendmal größer» als die Gefahr, die von Hitler ausgegangen sei.[59] Die Märsche wurden zu einer der Brücken, die die Protestbewegung der Fünfzigerjahre mit den Demonstrationen im letzten Drittel der Sechzigerjahre verbanden. Auch die teilweise blockübergreifende «68er-Bewegung», die zunächst in den USA entstanden war, nahm wiederum zentrale Themen des Kalten Krieges auf. Dazu gehörten erneut die Rüstungsausgaben, nun aber insbesondere auch die Stellvertreterkriege der Supermächte in der Dritten Welt.[60] Neu war, dass sie auch die rassistische Dimension des Kalten Krieges, die sich in Teilen sowohl der Innen- als auch der Außenpolitik, vor allem aber auch in der Auswahl der Atomtestgebiete zeigte, außerhalb der betroffenen Gruppen thematisierte.[61]

Das Erstaunliche an diesen neuen Protesten der späten Sechzigerjahre war, dass sie mit einer demonstrativ-provokativen Durchbrechung oder sogar Umkehrung der traditionellen Freund- und Feindbilder des Kalten Krieges einhergehen konnten. Der tschechische Autor Václav Havel, später einer der Köpfe der Dissidentengruppe *Charta 77* und der «sanften Revolution» in der ČSSR 1989, konnte im Frühsommer 1968, kurz bevor in der Tschechoslowakei der Reformkommunismus niedergeschlagen wurde, sechs Wochen in New York verbringen, wo er unter anderem einen Preis der US-Zeitschrift *Village Voice* entgegennahm.[62] Drei Jahre zuvor war der US-Schriftsteller Allen Ginsberg, eine der zentralen Stimmen der sogenannten *Beatgeneration*, durch die ČSSR gereist und vor allem in Prag begeistert begrüßt worden. Noch deutlicher war die politische Provokation, als die afroamerikanische Bürgerrechtsbewegung *(Black Power, Black Panther, Black Muslim)* demonstrativ den Kontakt zu Fidel Castros Kuba und Maos China suchte. Stokely Carmichael, einer der führenden Köpfe der *Black-Power*-Bewegung, hielt im August 1967 eine Rede auf der ersten lateinamerikanischen Solidaritätskonferenz (OLAS) in Havanna. Sein Mitkämpfer Robert Williams aus der Bürgerrechtsbewegung NAACP reiste für längere

Zeit nach China. Ikonen der Protestbewegung im Westen waren neben dem 1967 in Bolivien getöteten kubanischen Revolutionär Ernesto «Che» Guevara und dem chinesischen KP-Chef, Mao Tsetung, der vom Ostblock geförderte palästinensische Guerillaführer Jasir Arafat, der einen ebenso blutigen wie erbitterten Untergrundkrieg gegen das vom Westen unterstützte Israel führte. Der kubanische Revolutionär Che Guevara beeinflusste schließlich nicht nur zahlreiche marxistische Befreiungsbewegungen in der Dritten Welt – so etwa die peruanische Gruppe *Sendero Luminoso*, die *Túpac Amaru* in Uruguay oder die *Sandinisten* in Nicaragua –, sondern sein Baskenmützen-Porträt war bei Studenten im Westen ebenso zu finden wie auf Demonstrationen in amerikanischen und europäischen Großstädten. Auch das 1973 von Andy Warhol gestaltete Pop-Art-Konterfei Mao Tse-tungs fand im Westen weite Verbreitung, wenn auch nicht in dem Ausmaß wie Maos *Worte des Vorsitzenden*, die «Mao-Bibel». Im renommierten bundesdeutschen Rowohlt-Verlag erschien 1966 *Maos Theorie des Guerrillakrieges* sogar als Taschenbuch und ironischerweise mit einem Vorwort des konservativen Publizisten Sebastian Haffner. Und nicht zuletzt blieb das «Arafat-Tuch» eine Insignie des demonstrativ gezeigten Protests im Westen und konnte sogar den Kalten Krieg überdauern.

In der Bundesrepublik nahm die «Neue Linke», die sich hier «Außerparlamentarische Opposition» (APO) nannte, auch andere provokative Themen demonstrativ auf. Für manche war es bereits eine politische Zumutung, dass der «Studentenführer» in Westberlin, Rudi Dutschke, ausgerechnet aus der DDR kam. Auch dass man nun in Westberlin, das nur mit Hilfe der USA zwei von den Sowjets ausgelöste Krisen überstanden hatte, amerikanische Truppenparaden störte, hielten viele Bundesdeutsche für eine unerträgliche Herausforderung. Nicht zuletzt war die Begeisterung für den Kampf der Palästinenser gegen Israel vor dem Hintergrund der jüngsten deutschen Geschichte ein massiver Tabubruch. Weitere spezifisch bundesdeutsche Themen waren die Mängel in der Aufarbeitung der NS-Vergangenheit, der fehlende Reformwille der Parteien, die autoritären Strukturen des Staates und die als unzureichend kritisierten politischen Partizipationsmöglichkeiten. Darüber hinaus stand in der Bundesrepublik vor allem der Protest gegen die 1968 zur Verabschiedung anstehende Notstandsgesetzgebung auf der Agenda.

Die Notstandsgesetze waren besonders eng mit der Frühzeit des Kalten Krieges verknüpft. Als alliiertes Vorbehaltsrecht für den Fall eines inneren und äußeren Notstands sollten sie unter anderem den Einsatz der Bundeswehr im Innern legitimieren, falls es zur «Bekämpfung organisierter und militärisch bewaffneter Aufständischer» (Art. 87 GG) notwendig sei. Vorgesehen waren zudem gravierende Einschränkungen des Brief-, Post- und Fernmeldegeheimnisses. Die Diskussion um die Neugestaltung hatte bezeichnenderweise bereits zehn Jahre zuvor zu jenem Zeitpunkt eingesetzt, als auch die großen Demonstrationen gegen die Atombewaffnung stattfanden. Mit den Notstandsgesetzen solle der Kalte Krieg zum Alltag gemacht werden; man beginne aus lauter Angst bereits vor dem militärischen Konflikt, «den Frieden ganz abzuschaffen», monierte etwa der Schriftsteller Hans Magnus Enzensberger 1966 auf dem Frankfurter Kongress «Notstand der Demokratie».[63] Unter den außenpolitischen Themen war es insbesondere die Forderung nach dem Austritt aus den Bündnissen, die als Provokation empfunden wurde. «Zerschlagt die NATO», war eine der radikalen Forderungen, die Anfang 1968 während der in Westberlin stattfindenden «Vietnam-Konferenz» gestellt wurden.[64] Erstaunlich für Beobachter war auch hier, dass sich die Kritik im Wesentlichen gegen den Westen richtete, während der Ostblock nicht nur weitgehend ausgespart, sondern teilweise sogar als positives Gegenbeispiel präsentiert wurde. Noch bemerkenswerter war, dass dies mit der Übernahme amerikanischer Protestformen wie des *Sit In*, *Go In* oder *Teach In* einhergehen konnte, ohne dass das eine mit dem anderen zu irgendeinem Zeitpunkt zu kollidieren schien. Unvergessen blieb in den USA der rabiate Auftritt des westdeutschen SDS-Funktionärs Karl-Dietrich Wolff vor dem US-Senat 1969, der seinen Höhepunkt in dem verbalen Angriff gegen einen der bekanntesten Hardliner des Kalten Krieges, den Republikaner Strom Thurmond, mit dem Satz «Sie sind ein Bandit» fand.[65] Nicht zuletzt zielten auch die radikalsten Gruppen der Protestbewegung immer wieder auf US-Einrichtungen. Zwischen 1969 und 1971 brannten «Amerikahäuser» in verschiedenen Städten der Bundesrepublik, seit 1972 wurden Einrichtungen der US-Armee zum Ziel von Sprengstoffanschlägen der «Rote-Armee-Fraktion» und ihrer Nachfolger.

Bereits am 2. Juni 1967 fanden die Proteste in Westdeutschland ihren ersten und im Rückblick folgenreichsten Höhepunkt. Während einer Demonstration gegen den Besuch des Schahs von Persien wurde der unbeteiligte und vor allem unbewaffnete Student Benno Ohnesorg von einem Polizisten erschossen. Die vom Schah regierte und seit 1953 von den USA massiv unterstützte «Diktatur der Freien Welt»[66] symbolisierte für viele eine der schmutzigsten Seiten des Kalten Krieges. In der Bundesrepublik wurde der Tod Ohnesorgs tatsächlich zum Fanal, an dem sich schließlich auch die Studentenbewegung schied. Es war kein Zufall, dass sich die terroristische «Bewegung 2. Juni» auf sein Todesdatum berief. Am ungeklärten Verhältnis zur Gewalt, die weitere Höhepunkte während der Ostertage 1968 und schließlich im Attentat auf Dutschke selbst fand, zerbrach schließlich die 68er-Bewegung. Während ein Teil den «Marsch durch die Institutionen» antrat und auf lange Sicht einige gesellschaftliche Reformen tatsächlich durchgesetzt werden konnten, ging ein ungleich gewaltbereiterer Teil den Weg in den Terrorismus. In Westdeutschland verübten die 1970 gegründete RAF, die sich in ihrem politischen Selbstverständnis als Verbündete sowohl der Dritten Welt als auch der kommunistischen Staaten sah, bis in die Neunzigerjahre blutige Anschläge. Dennoch ist die 68er-Bewegung keine Geschichte in die «Endstation Terror», wie manche Kritiker pointiert formulierten.[67] Vor allem die seit Mitte der Siebzigerjahre auftretende Vielzahl von Bürgerinitiativen als «Neue Soziale Bewegungen», die sich etwa gegen die zivile Nutzung der Atomkraft, aber auch gegen die neuen Aufrüstungsrunden des Kalten Krieges wandten, sind ohne «die Achtundsechziger» kaum denkbar.

Kalter Bürgerkrieg: Die Feinde und die Freunde

Der Kalte Krieg war nicht erst seit «68» auch eine innergesellschaftliche Auseinandersetzung mit den angeblichen oder tatsächlichen Parteigängern des jeweils anderen Lagers. Dieser bereits in den Fünfzigerjahren als «Kalter Bürgerkrieg» bezeichnete Konflikt war jeweils unterschiedlich stark ausgeprägt, aber immer präsent. Während sich im Osten die staatliche Repression relativ einheitlich von oben nach unten entfaltete, zogen sich die Fronten im Westen zum Teil quer durch gesellschaftliche Organisationen.

Gewerkschaften und Kirchen etwa in der Bundesrepublik waren trotz des antikommunistischen Konsenses seit den Fünfzigerjahren in der Friedensbewegung aktiv und wurden deswegen verdächtigt, Parteigänger des Ostens zu sein.

Im sowjetischen Machtbereich gehörte die Verfolgung von Andersdenkenden und Abweichlern ebenso wie die gezielte Förderung von Loyalität lange vor dem Kalten Krieg zum Alltag. Die verschärfte Verfolgung begann mit dem Ausschluss Jugoslawiens aus der Kominform 1948. Reihenweise wurden danach «nationalistisch-titoistische» Abweichler als Parteigänger des Westens verfolgt und teilweise in aufsehenerregenden Schauprozessen abgeurteilt. Solche Verfahren fanden unter anderem in Albanien, Rumänien, Polen, Ungarn, Bulgarien und der Tschechoslowakei statt und endeten mit zahlreichen Todesurteilen. Auch in der DDR liefen seit 1949 Prozessvorbereitungen, allerdings fand kein Verfahren statt.[68] Bis zum Ende des Ostblocks wurden «Dissidenten» verfolgt, jene, die sich zwar zum Marxismus-Leninismus bekannten, aber den «real existierenden Sozialismus» umgestalten wollten. Sie verschwanden in Lagern oder Gefängnissen, wurden unter Hausarrest gestellt oder – seit den Siebzigerjahren – «ausgebürgert».

Ein bekanntes Beispiel in der Sowjetunion war der Schriftsteller Alexander Solschenizyn. Er hatte bis zur Entstalinisierung 1956 in verschiedenen Lagern leben müssen, konnte aber am Ende der Chruschtschow-Ära seine Erzählung *Ein Tag im Leben des Iwan Denissowitsch* veröffentlichen. Ab 1967 war er dann wegen seines öffentlichen Engagements für die Aufhebung der Zensur in der UdSSR endgültig zur Unperson erklärt worden. Drei Jahre später verweigerte man ihm die Ausreise zur Entgegennahme des Literaturnobelpreises. 1974 wurde er schließlich ausgebürgert. Ein Dissident aus den Reihen der Naturwissenschaftler war der an der Entwicklung der sowjetischen H-Bombe beteiligte Physiker Andrej Sacharow, der 1968 durch sein Memorandum *Gedanken über den Fortschritt, die friedliche Koexistenz und geistige Freiheit* in Ungnade fiel.[69] Zwei Jahre später gründete er sein «Komitee für Menschenrechte», das Mitte der Siebzigerjahre durch die KSZE-Schlussakte dann eine unverhofft große Bedeutung erhielt. Auch ihm wurde die Annahme seines Nobelpreises, der ihm 1975 zuerkannt worden war, von den sowjetischen Behörden untersagt, er selbst wegen seiner politischen Aktivitäten zwischen 1980 und

1986 nach Gorki verbannt. Erst unter Gorbatschow konnte er rehabilitiert werden.

In den sowjetischen Satellitenstaaten handelte man ähnlich. In der Tschechoslowakei wurde nach den Verhaftungswellen in den späten Vierziger- und den Fünfzigerjahren vor allem die Niederschlagung des Prager Frühlings 1968 zum Startschuss für die Verfolgung von «Revisionisten». In deren Verlauf wurden rund 200 000 Personen allein aus der Kommunistischen Partei ausgeschlossen. Zu ihnen gehörten Reformkommunisten wie Alexander Dubček und Václav Havel, die als «Feinde des Sozialismus» politisch kaltgestellt und inhaftiert wurden. In der DDR wurde der Berliner Chemiker Robert Havemann ein prominentes Opfer der Verfolgung. Havemann kam ursprünglich aus dem linkssozialistischen Widerstand gegen den NS-Staat und war im Juli 1945 von der Roten Armee aus der Todeszelle befreit worden. Von der SMAD zum Präsidenten der renommierten Kaiser-Wilhelm-Gesellschaft ernannt, war Havemann als Leiter wissenschaftlicher Institute für die Sowjets, dann parallel auch für die Amerikaner tätig geworden. Wegen Kritik an der US-Politik und Geheimnisverrat entlassen, siedelte er 1950 endgültig aus Westberlin in die DDR über und wurde dort seit den Sechzigerjahren zum bekanntesten Dissidenten.[70] Er galt den DDR-Behörden immerhin als so gefährlich, dass man ihn seit 1976 unter Hausarrest hielt und erst 1991 juristisch rehabilitierte. Noch rigoroser ging man in Polen vor, wo nach der Verhängung des Kriegsrechts 1981 und dem Verbot der freien Gewerkschaft *Solidarność* Tausende zum Teil langfristig interniert wurden. Wie scharf das Freund-Feind-Schema im Ostblock gehandhabt wurde, zeigte sich nicht zuletzt innerhalb der Verfolgungsbehörden selbst. Mit «Verrätern» aus den eigenen Reihen gingen die verschiedenen Ministerien für Staatssicherheit zu keiner Zeit zimperlich um. Schon bis 1961 wurden von den 400 nach Westen geflohenen Mitarbeitern des ostdeutschen MfS 108 wieder zurückgeholt, sieben zur Abschreckung hingerichtet.[71] Dieses Vorgehen galt im Zweifelsfall auch für Sportler, deren Wechsel in den Westen noch in den Achtzigerjahren als «Verrat» verstanden wurde, wie das Beispiel des DDR-Fußballers Lutz Eigendorf 1983 zeigte.

Im Westen erlebte die Jagd auf angebliche Parteigänger des Ostens in den Fünfzigerjahren ihren Höhepunkt. Für die antikommunistische Hysterie, die sich unter anderem auch in bizarren Spielfilmen und einer in der amerikanischen Bevölkerung zeitweilig weit verbreiteten Sorge um eine Invasion aus dem All widerspiegelte,[72] stand in den USA zunächst vor allem der Name des republikanischen Senators Joseph McCarthy. Der McCarthyismus in der US-Gesellschaft zwischen 1947 und 1954 fußte vor allem auf der These, dass ein falsch verstandener Liberalismus die kommunistische Unterwanderung des Westens im Kalten Krieg erst möglich gemacht habe. Kommunisten und Liberale im eigenen Lager seien für außenpolitische Niederlagen, wie den «Verlust» Chinas und Osteuropas, verantwortlich. Der McCarthyismus konnte auf eine lange Tradition zurückgreifen. Bezeichnenderweise war seine Vorgeschichte im 20. Jahrhundert vor allem mit den großen außenpolitischen Bedrohungssituationen verbunden gewesen. Nach dem Eintritt der USA in den Ersten Weltkrieg war es das berüchtigte *Committee on Public Information* gewesen, das innenpolitische Mobilisierung mit starkem Druck auf vermeintliche Abweichler verband. Die 1917/18 verabschiedeten Spionage- und Aufruhrgesetze machten bereits die – auch willkürliche – Verfolgung fast jeder Art von «Zersetzung» und «Verrat» möglich. Neben Deutsch-Amerikanern, die zu dieser Zeit fast grundsätzlich als Spione verdächtigt wurden, waren es auch damals vor allem Linke, gleich, welcher ethnischen Zugehörigkeit, die massiver Verfolgung ausgesetzt waren und zum Teil zu hohen Haftstrafen verurteilt wurden. Ähnlichen psychologischen Bedingungen entsprang die Verfolgung «unamerikanischer» Tendenzen in den Dreißiger- und Vierzigerjahren. Schon vor dem Eintritt in den Zweiten Weltkrieg hatte die Bundespolizei FBI über zehn Millionen Namen von Personen gesammelt, die im Falle eines Konflikts als potenzielles Sicherheitsrisiko eingeschätzt wurden. Auch die Landesverratsbestimmungen des sogenannten *Smith Act* wurden bis 1945 weit häufiger gegen «Kommunisten» oder «kommunistische Bestrebungen» als etwa gegen Sympathisanten der Achsenmächte eingesetzt.[73] Tatsächlich stammte sogar das spätere Hauptinstrument McCarthys, das *House Committee on Un-American Activities* (HUAC), bereits aus dem Jahr 1938.

Angesichts dieser Vorgeschichte war es kein Zufall, dass die öffentlichen Anhörungen, die die Freunde von den Feinden unterscheidbar machen sollten, in den USA bereits unmittelbar im

Konstituierungsjahr des Kalten Krieges 1947 begannen. Bezeichnenderweise wurde gleichzeitig ein umfassendes Programm zur Überprüfung der Loyalität von Staatsangestellten aus der Taufe gehoben, das etwa drei Millionen Menschen betraf und für über 3000 mit der Entlassung aus dem Beruf endete. McCarthy selbst heizte die Stimmung kontinuierlich mit weiteren Beschuldigungen und Verschwörungsvorwürfen an, so mit der im Februar 1950 verbreiteten Behauptung, er wisse, dass genau 205 Kommunisten im US-Außenministerium tätig seien. Spektakuläre Fälle wie der des linksliberalen Beamten im amerikanischen Außenministerium, Alger Hiss, waren zwar selten, förderten aber ebenso wie die entdeckten tatsächlichen Spionagefälle die wachsende antiliberale Stimmung. Nachgewiesen werden konnte Hiss nichts, statt dessen wurde er 1950 wegen Meineids zu 44 Monaten Haft verurteilt. Der republikanische Abgeordnete Richard Nixon, der durch die Befragung von Hiss bekannt geworden war, konnte auf dieser Welle zum Vizepräsidenten Eisenhowers aufsteigen. Die «Hexenjagd» betraf zunehmend auch Bibliothekare, Lehrer und Wissenschaftler, dann auch Künstler und Schauspieler. Neben unliebsamen politischen Werken wurden sozialkritische Arbeiten und schließlich auch politisch völlig harmlose Werke als «unamerikanisch» entlarvt, aus den Büchereien entfernt und teilweise sogar öffentlich verbrannt. Einer der bekanntesten Wissenschaftler, der in die Mühlen des HUAC geriet, war der Atomphysiker J. Robert Oppenheimer, der aus seinen zeitweiligen Sympathien für die Linke niemals einen großen Hehl gemacht hatte. Genauso wenig hielt er sich mit seiner Kritik an der Wasserstoffbombe zurück. Jetzt, im «Bürgerkrieg der Wissenschaftler», wie Robert Jungk es schon damals nannte,[74] wurde er mit tatkräftiger Hilfe seines Rivalen Edward Teller und trotz nachgewiesener Loyalität als Sicherheitsrisiko aus den staatlichen Funktionen verdrängt. Erst 1963 rehabilitierte ihn US-Präsident Kennedy. Unter den Schauspielergrößen aus dem McCarthy besonders verdächtigen Hollywood war es unter anderem Charlie Chaplin, der 1952 vom HUAC verwarnt wurde. Der aus Großbritannien stammende Chaplin zog es angesichts der unverhüllten Drohung, ihn vor Gericht zu stellen, vor, von einer Europareise nicht in die USA zurückzukehren. Seit 1953 lebte er in der Schweiz und besuchte erst 1972 wieder die USA. Sein 1956/57 in Großbritannien gedrehter Film

A King in New York, in dem ein in die Vereinigten Staaten emigrierter Monarch als Kommunist verdächtigt wird, wurde zu einer autobiografischen Abrechnung mit dem Amerika der McCarthy-Zeit. Aber auch der entgegengesetzte Weg war möglich. Der damalige Filmdarsteller und spätere US-Präsident Ronald Reagan wurde in diesen Jahren als Chef einer Schauspielervereinigung zum Informanten für das FBI.

McCarthy war nur ein, wenn auch zentrales Aushängeschild der antikommunistischen Stimmung des Kalten Krieges in den USA. Wie umfassend sie die US-Gesellschaft erfasste, zeigte die 1951 verkündete Entscheidung des Obersten Gerichtshofs in dem berühmten Revisionsverfahren *Dennis vs. United States*. In ihm befanden die Obersten Richter, dass die Verfolgung von Kommunisten nicht gegen die Verfassung verstoße, da es dem Staat nicht zugemutet werden könne, auf einen Umsturz zu warten. Der Antikommunismus und allgemein die Furcht vor der Sowjetunion hatten schließlich eine so starke Eigendynamik entwickelt, dass selbst Eisenhower es als Präsident zunächst nicht wagte, gegen McCarthy vorzugehen. Erst als dieser ein Jahr später die US-Armee angriff, jene Institution, der die amerikanische Öffentlichkeit im Kalten Krieg letztendlich doch am meisten vertraute, wurde er 1954 mittels einer vom Senat ausgesprochenen Standesrüge aus dem politischen Leben entfernt. Allerdings war auch danach der Kampf gegen Abweichler aus der Front des Kalten Krieges nicht zu Ende. In den USA wurde McCarthys Arbeit bis weit in die Sechzigerjahre durch seinen Kollegen Patrick McCarran fortgesetzt. Insbesondere der Vietnamkrieg schuf neue Gräben, in denen die Behörden massiv gegen «Linke», vor allem gegen die 1962 gegründete *Students for a Democratic Society* (SDS) vorgingen. Zu den Höhepunkten gehörte in dieser Phase die Erschießung von vier Studenten bei einer Antikriegsdemonstration auf dem Gelände der *Kent State University* im US-Bundesstaat Ohio am 4. Mai 1970.

Auch in der Bundesrepublik ging man während des Kalten Krieges viel härter gegen die Linke als gegen die Rechte vor. Insgesamt wurden, vor allem nach dem KPD-Verbot 1956, Millionen von Verfahren eröffnet.[75] Zur Verurteilung reichte es nur bei zwanzig Prozent. Auch ansonsten wurde eindeutig mit zweierlei Maß gemessen. Die aus den Fünfzigerjahren stammende Überprüfung von Bewerbern für den Öffentlichen Dienst mit Regelanfrage beim

Verfassungsschutz und möglichem «Berufsverbot» richtete sich noch in den Siebzigerjahren fast ausschließlich gegen Linke. Das war schließlich dermaßen umstritten, dass 1978 sich sogar ein international besetztes Tribunal zum Schutz von Menschenrechten konstituierte, welches die sozialliberale Bundesregierung unter Helmut Schmidt wegen ihrer Verfahrensweise verurteilte. Ein Jahr später schafften die damals sozialliberal regierten Bundesländer das Verfahren gänzlich ab, die unionsgeführten schränkten es zumindest ein.

Das KPD-Verbot 1956 war der wohl sichtbarste Ausdruck des bundesdeutschen Freund-Feind-Schemas im Kalten Krieg. Die KPD hatte zwar nach 1945 tatsächlich einige Erfolge vorweisen können. Das 1956 verkündete Verbot traf aber eine Partei, die bereits auf dem Weg in die politische Bedeutungslosigkeit war. Insgesamt war die Verfolgung seit dem Beginn des Koreakrieges kontinuierlich verschärft worden, wobei sich die Gerichte bei Verfahren gegen Kommunisten in den folgenden Jahren regelmäßig auf das Delikt der Staatsgefährdung beriefen. Erst zwölf Jahre nach dem KPD-Verbot, am 27. Oktober 1968, konnte sich mit der DKP wieder eine legale kommunistische Partei in der Bundesrepublik etablieren. Auch sie blieb allerdings wenig erfolgreich. Mittlerweile weiß man durch die Öffnung der DDR-Archive und die Informationen über eine geheime Militärorganisation, die «Gruppe Forster», dass die DKP tatsächlich keineswegs so verfassungstreu war, wie sie vorgab. Darüber hinaus gelang es der ostdeutschen Staatssicherheit, in einzelne bundesdeutsche Gruppen und Institutionen einzudringen. Im westdeutschen Studentenbund SDS gab es eine Reihe ihrer Inoffiziellen Mitarbeiter, so Peter Heilmann, Walter Barthel oder Dietrich Staritz. Dutschke selbst allerdings, der Anfang 1965 in den SDS eintrat, geriet als Zentralfigur des westdeutschen Studentenprotests nicht nur ins Visier der westlichen Sicherheitsorgane, sondern als «Anarchist» auch ins Schema des MfS, zumal er den Militärdienst in der DDR verweigert hatte und ein «Republikflüchtling» war. Faktisch blieben aber alle kommunistischen Gruppierungen in der Bundesrepublik politisch bedeutungslos. Eine Lenkung bundesdeutscher Institutionen oder der Presse durch Geheimdienste des Ostblocks, wie es im Kalten Krieg, aber gerade auch nach 1991 hin und wieder vermutet wurde, gab es nicht.

Blockübergreifend lässt sich das Freund-Feind-Schema des Kalten Krieges besonders eindrücklich auch am Beispiel der Förder- und Zensurpraxis in Literatur und Film zeigen. In Deutschland hatten bereits unmittelbar nach dem Ende des Zweiten Weltkriegs einige Autoren, die vor den Nationalsozialisten ins Exil geflohen waren und in das jetzt in politische Interessensphären geteilte Land zurückkehrten, einschlägige Erfahrungen mit radikalen In- und Exklusionen.[76] Bis zum Ende des Jahres 1948 fand hier eine für viele Jahre gültige Teilung zwischen der Gruppe der «kommunistischen» und der Gruppe der «bürgerlichen» Schriftsteller statt. Johannes R. Becher etwa, einer der Vorzeigeautoren der SBZ/DDR, wurde von Ostberlin mit hohen Auflagen gefördert. In den Westzonen waren seine Werke ab 1948 dagegen nur noch schwer zugänglich. Umgekehrt war es ebenso: «Bürgerlich-imperialistische» Autoren blieben in der SBZ/DDR politisch verpönt. «Literatur», hieß es in ihren amtlichen Begutachtungsrichtlinien aus dem Jahr 1960 umfassend, «die sich gegen den Aufbau des Sozialismus in der DDR, gegen die Erhaltung des Friedens, gegen die Prinzipien des proletarischen Internationalismus und gegen die Einheit des sozialistischen Lagers ausspricht, antihumanistische und den Marxismus-Leninismus verfälschende revisionistische Literatur, darf in der DDR nicht erscheinen.»[77] Dies traf insbesondere auch Autoren, die, wie Uwe Johnson, in den Westen übergesiedelt waren und nun als Verräter galten. Obwohl Johnsons Werke inhaltlich eng mit der DDR verbunden blieben, wurden sie dort nicht einmal rezensiert.

In der Filmzensur der DDR traf es je nach aktueller politischer Linie unterschiedliche Bereiche, sodass im gleichen Film in verschiedenen Jahren jeweils andere Sequenzen herausgeschnitten wurden. Wolfgang Staudtes 1950 uraufgeführter Spielfilm *Der Rat der Götter* wurde 1953 wegen einer militärkritischen Passage gekürzt. Zehn Jahre später, nach dem chinesisch-sowjetischen Eklat, missfiel den SED-Zensoren dagegen vor allem die Schlussszene, die großflächig die Pekinger Führung zeigte.[78] Nur wenigen Aushängeschildern des SED-Kulturbetriebs, Bertolt Brecht etwa und – etwas weniger – auch Anna Seghers, war es möglich, sowohl im Osten als auch im Westen weiter zu veröffentlichen. Nichtsdestoweniger waren auch ihre Bücher im Westen in den Fünfzigerjahren teilweise nur gekürzt erhältlich. Es belegt die Mechanismen des Kalten Krieges, dass die auf der einen Seite des Eisernen Vorhangs unerwünschte Literatur auf der anderen Seite fast automatisch in die Kategorie des Förderungswürdigen geriet. So sah sich auch ein Autor wie Alexander Solschenizyn nach seiner Emigration in die USA 1976 unversehens in die Position eines Zeugen gegen den Kommunismus gedrängt. In Westdeutschland war schon dreißig Jahre früher Theodor Plievier in diese Rolle gerückt. Plievier hatte zwar bis 1945 im sowjetischen Exil in Moskau und danach auch in der SBZ publiziert. Dort erschien sein Roman *Stalingrad*. Als er sich 1947 entschied, in die Westzonen zu gehen, wurde er dort zum antikommunistischen Vorzeigeautor. Bis 1949 rissen sich die westdeutschen Verlage um ihn. Plievier entzog sich allerdings auch dieser Rolle durch eine erneute Auswanderung, die ihn diesmal in die neutrale Schweiz führte, wo er 1955 starb.

Eine direkte politische Zensur gab es im Westen vor allem in den Fünfzigerjahren. In den USA steigerte sie sich während der McCarthy-Ära schließlich sogar zu öffentlichen Bücherverbrennungen. Kommunistische, sozialistische oder auch liberale Autoren verfielen in diesen besonders radikalen Jahren nahezu automatisch dem politischen Verdikt und hatten auch später enorme Probleme, wieder auf dem Markt Fuß zu fassen. Eine indirekte Zensur, die sich entsprechend schwer nachweisen ließ, blieb während des gesamten Kalten Krieges und darüber hinaus ein Thema.[79] In der Bundesrepublik traf die staatliche Zensur in den Fünfziger- und Sechzigerjahren unter anderem Werke von DDR-Vorzeigeautoren wie Brecht, während SED-kritische Dissidentenliteratur, etwa Rudolf Bahros *Die Alternative*, in den Siebzigerjahren ausdrücklich veröffentlicht wurde. Andere Eingriffe betrafen Filme, so die ostdeutsche Produktion *Der Untertan*, die erst sechs Jahre nach der Uraufführung, Ende 1957, stark gekürzt und mit einem den Inhalt relativierenden Vorspann in die westdeutschen Kinos kam. Wenige Jahre später traf es 1963 den Film *Die Eingeschlossenen* des italienischen Regisseurs Vittorio de Sica, dessen Kritik an der westdeutschen Industrie und der NATO beanstandet wurde.[80] Während es im Osten nur indirekte Formen gab, die Zensur zu umgehen, regte sich im Westen früh öffentliche Gegenwehr. Schon 1954 kritisierte das westdeutsche PEN-Zentrum offen die Beschlagnahmung von Büchern aus der DDR. Dies seien ungerechtfertigte Eingriffe in die Freiheit der Kunst und der Wissenschaft. Im Oktober 1961 kam es sogar zu einem groß angelegten öffentlichen Protest von 66 Theaterintendanten, die ausdrücklich vor einer «tendenziösen Beeinflussung der Spielpläne durch Gruppen außerhalb des Theaters» warnten.[81] Auch dies forderte selbstverständlich wieder Gegenreaktionen heraus. Speziell an kritische Intellektuelle in Westdeutschland richtete sich seit Mitte der Fünfzigerjahre ein Schwerpunktprogramm der durch die Bundesregierung betriebenen politischen Bildung in der Bundeszentrale für Heimatdienst. Es sollte gegen eine angeblich besondere Anfälligkeit von Intellektuellen für linke Ideen vorgehen.[82]

Bis zum Ende des Kalten Krieges blieben im Freund-Feind-Schema nicht zuletzt jene unter Generalverdacht, die jenseits der offiziellen Politik für die Aufnahme von Verhandlungen, den Verzicht auf Rüstung oder allgemein für einen «Dritten Weg» jenseits der Konfrontation warben. Dies hatte 1949 selbst ein Thomas Mann erfahren müssen. «Kommunistenfreund» war noch eine der gemäßigteren Bezeichnungen, die er über sich ergehen lassen musste, als er in diesem Jahr außer zu den Goethe-Feiern im westdeutschen Frankfurt am Main auch zu den Parallelveranstaltungen im ostdeutschen Weimar fuhr.[83] Im Westen gerieten jedoch seit den Fünfzigerjahren insbesondere die selbst ernannten Vermittler in der deutsch-deutschen Frage unter politischen Druck. Zu dieser lange vergessenen, aber prominent besetzten Gruppe gehörten unter anderem der erste niedersächsische Innenminister, Günter Gereke, und der erste Chef des westdeutschen Verfassungsschutzes, Otto John. Beide verstanden sich als «deutschnational» und sahen ihr Handeln als notwendige Tat unter den Bedingungen des Kalten Krieges. In der öffentlichen Wahrnehmung galten beide hingegen als politisch Abtrünnige. «Einmal Verräter, immer Verräter», vermerkte bezeichnenderweise der damalige Chef des Bundesnachrichtendienstes, Reinhard Gehlen, nach Johns Übertritt in die DDR im Juli 1954.[84]

Unter diesen Generalverdacht, mit dem gegnerischen System zu sympathisieren, fielen häufig auch jene Übersiedler, die während des Kalten Krieges mehrheitlich mit dem Ziel, ihre wirtschaftliche Situation zu verbessern, die Seiten wechselten. Auch dies ist wiederum am Beispiel des geteilten Deutschland am deutlichsten nachzuvollziehen. Bereits zwischen der Gründung der beiden deutschen Staaten 1949 und dem Mauerbau 1961 verließen rund 2 700 000 Menschen die DDR, um in der Bundesrepublik ein neues Leben anzufangen. Aus der Bundesrepublik gingen im gleichen Zeitraum nach offiziellen westdeutschen Zählungen etwa 400 000 Personen nach Ostdeutschland, andere Berechnungen kommen sogar auf knapp 603 000 Menschen.[85] Unabhängig von den in der großen Mehrheit eher unpolitischen Intentionen, blieb die Übersiedlung unter den Voraussetzungen des Kalten Krieges auf beiden Seiten bis zum Ende ein Politikum. Die sogenannte Republikflucht war in der DDR faktisch eine politische Straftat, die seit 1957 mit einer kontinuierlich erweiterten Gefängnisstrafe belegt wurde. Seit 1979 drohte das Strafgesetzbuch acht Jahre Freiheitsentzug an. In der Bundesrepublik galt die Flucht aus der DDR – ebenso politisch – als eine «Entscheidung für Freiheit und Menschenwürde».[86] Während die westdeutschen Stellen allerdings die Übersiedler nach einer Befragung im Wesentlichen unbehelligt ließen, überwachte man in der DDR jeden Zuwanderer noch über Jahre, ob sich hinter ihm der Feind verbarg. Dies galt interessanterweise selbst für die geheimen Übersiedlungen von Aktivisten aus der bundesrepublikanischen Terrorszene, die sich ausdrücklich zum Ostblock und dessen Zielen bekannten.

Revolutionäre Bewegungen, Freiheitskämpfer, Terrorismus

Auf den ersten Blick scheint die Entstehung von revolutionären Bewegungen und des «Terrorismus» wenig mit dem Kalten Krieg zu tun zu haben. In der Tat war beides schon lange vorher bekannt.[87] Die Definition allerdings war immer umstritten geblieben: Ob jemand, der sich die gewaltsame Veränderung von Machtverhältnissen zum Ziel gesetzt hatte, den positiven Titel «Freiheitskämpfer» oder die negative Bezeichnung «Terrorist» erhielt, hing vor allem vom politischen Blickwinkel des Betrachters ab. Dass es trotzdem einen besonders engen Zusammenhang gab, erschließt sich daraus, dass die Zahl der Gruppen, die sich als revolutionäre Bewegungen oder Freiheitskämpfer begriffen und von ihren Gegnern als Terroristen definiert wurden, deutlich anstieg. Der Kalte Krieg bot offensichtlich aufgrund seiner rigorosen

Freund-Feind-Unterscheidung und seiner totalen Dimension eine hervorragende Grundlage für ihre Entstehung.

Nach welchem Ordnungsmuster diese Gruppierungen der einen oder der anderen Seite im Kalten Krieg zugeschlagen wurden und unter welchen Bedingungen die Blöcke auch Terror als politisches Mittel im Konflikt akzeptierten, lässt sich an einer Vielzahl von Beispielen zeigen. Im Westen gehörte die bereits 1948 im Westteil Berlins gegründete antikommunistische «Kampfgruppe gegen Unmenschlichkeit» (KgU) zu jenen nichtstaatlichen Organisationen, die sich die Beseitigung des kommunistischen Regimes in der SBZ/DDR auch mittels Sabotage, Brandstiftung und Mordanschlägen zum Ziel gesetzt hatten und dafür von den USA finanziert wurden.[88] Aus Sicht der Sowjets und der SED war die KgU ohne Zweifel eine terroristische Organisation. Demgegenüber verstand sich die Gruppe selbst als antitotalitäre Befreiungsorganisation, die ihre Legitimation nicht zuletzt aus der Tatsache bezog, dass ihre Gründer bereits im Widerstand gegen den Nationalsozialismus gestanden hatten. In gleicher Weise sah es der US-Geheimdienst, in diesem Fall vor allem das CIC, das die «Kampfgruppe» zunächst führte. Auch der rechtsextreme «Bund deutscher Jugend» (BDJ) in Westdeutschland und eine Vielzahl ähnlicher Organisationen wurden von den USA finanziert und ausgebildet. Speziell der BDJ war bis zu seiner durch die Bundesrepublik erzwungenen Auflösung ein wichtiger Teil des über Westeuropa reichenden NATO-Netzwerks von *Stay-Behind*-Gruppen, das den Decknamen *Gladio* trug. Bis zum Ende des Kalten Krieges wurden unter diesem Dach weitere, vor allem aus dem rechtsextremen Spektrum rekrutierte Gruppen in insgesamt 16 europäischen Staaten geführt. Hinter den feindlichen Linien kamen sie zwar nicht zum Einsatz, weil der militärische Konflikt nicht eintrat, doch gingen Staatsanwälte nach dem Ende des Kalten Krieges davon aus, dass sich einzelne Mitglieder immer wieder aus den Waffenlagern bedient und noch bis in die Achtzigerjahre Sprengstoffanschläge verübt hatten.[89] Auch in Mittel- und Südamerika, in Asien und Afrika unterhielten die USA solche Verbindungen zu klassischen Terrorgruppen, die hier ebenfalls als Freiheitskämpfer gegen den Kommunismus geführt wurden.[90] Schon vor 1991 wurde durch Enthüllungen, etwa im Rahmen der berüchtigten «Iran-Contra-Affäre», ansatzweise der tatsächliche Umfang des von den USA geförderten Terrorismus im Kalten Krieg erkennbar. Die erheblichen Folgewirkungen, vor allem aus der Unterstützung islamistischer Organisationen, wurden jedoch erst nach dem Ende der Blockkonfrontation sichtbar.[91]

Die Sowjetunion und der Ostblock handelten spiegelbildlich. Im «antiimperialistischen Kampf» wurde eine Fülle von Gruppen unterstützt, die sich selbst als revolutionäre Avantgarde und als Freiheitskämpfer definierten, aber vom Westen als Terroristen angesehen wurden. Lenins Vorliebe für den verdeckten Kampf setzte sich während des Kalten Krieges unter anderem in der sowjetischen Spezialeinheit *Speznaz* fort, die auch für die weltweite Ausbildung marxistischer Kämpfer verantwortlich war.[92] Unter anderem bildeten sowjetische Spezialisten den berüchtigten Terroristen «Carlos» aus, der wiederum auch mit Mitgliedern der westdeutschen Rote-Armee-Fraktion zusammenarbeitete. Dennoch war die Hilfeleistung des Ostblocks und speziell der DDR an die bundesrepublikanische RAF und ihre «zweite Generation», die Bewegung 2. Juni, eine der größten Überraschungen in der Nachkriegszeit des Kalten Krieges. Für diese Gruppen, die sich in ihren vielen öffentlichen Erklärungen selbstverständlich auch als «antiimperialistische», vor allem auch «antizionistische» Befreiungsorganisationen definierten, war die DDR Durchreisestation, Ausbildungsstätte und sicherer Rückzugsraum. Ihren Mitgliedern ermöglichte die SED, über den Flughafen Schönefeld unerkannt ein- und auszureisen, und es spricht tatsächlich einiges dafür, dass vor dem Anschlag auf den amerikanischen General Frederick Kroesen 1981 die Attentäter in der DDR im Gebrauch von Panzerfäusten ausgebildet wurden.[93] 1979 durften zehn Aussteiger – unter ihnen die an diversen Anschlägen beteiligten Mitglieder der «ersten Generation» der «Stadtguerilla», Silke Meier-Witt, Susanne Albrecht, Inge Viett und Werner Lotze – mithilfe der Behörden in der DDR untertauchen. Die politische Sympathie war gegenseitig: Ausdrücklich hat insbesondere Inge Viett in ihren «Erinnerungen» ihre ideologische Verbundenheit mit dem ostdeutschen Staat unterstrichen.[94]

Wie das schlichte bipolare Grundmuster des Kalten Krieges Gruppierungen gleichsam von selbst eher der einen oder anderen Seite zugehörig erklärte und logistische Unterstützung und finanzielle Mittel bereitstellte, lässt sich selbst an Gruppen zeigen, die lange vor dem Kalten Krieg entstanden waren. Auch die militante «Irisch-Republikanische Armee» (IRA), deren Anfänge noch weit vor dem Ersten Weltkrieg zu suchen sind, und deren erklärtes Ziel in der Befreiung des irischen Nordens von Großbritannien bestand, klinkte sich rasch in seine Fronten ein. 1916/19 als radikalnationalistische und sozialrevolutionäre Gruppierung gegründet, um einen verdeckten Krieg gegen die Briten weiterzuführen, war sie 1922 für illegal erklärt worden. Bereits in dieser Zwischenkriegszeit, dann vor allem aber auch während des Zweiten Weltkriegs hatte die IRA auf große Verbündete gesetzt. Daraus war eine zeitweilige Zusammenarbeit mit den Deutschen entstanden. Mit den Sowjets dagegen war die Zusammenarbeit lange Zeit nicht gelungen. In den Zwanzigerjahren wurden nach Moskau gesandte Botschafter der IRA noch als politische Maulhelden angesehen. Mit dem Beginn des Kalten Krieges war der Kontakt zum Ostblock dann noch einmal gezielt gesucht worden, und diesmal hatte die IRA Erfolg.

Seit 1962 war die Führung der IRA marxistisch.[95] Auch als sich sieben Jahre später die Organisation in eine «Offizielle» und eine «Provisorische IRA» teilte, bekannten sich beide Teile weiterhin zum Marxismus und darüber hinaus ausdrücklich zum Einsatz von Gewalt. Die «Offizielle IRA» unter Cathal Goulding, Thomas MacGiolla und Roy Johnston – sozusagen der orthodox-marxistische Teil mit einer deutlichen Vorliebe für Stalin – propagierte eine marxistische Republik Irland mit der Hauptstadt Dublin. Sie war es, die nach blutigen Anschlägen 1972 eine, allerdings niemals ganz eingehaltene Waffenruhe erklärte, während die «Provisorische IRA» unter Sean MacStiofáin nun mit einem höheren Grad an Gewaltbereitschaft auf sich aufmerksam machte. Für das Selbstverständnis beider Flügel der IRA im Kalten Krieg ist wahrscheinlich am aussagekräftigsten, dass man sich als eine antikoloniale Befreiungsbewegung verstand. Warum, so lautete eine der zentralen politischen Fragen der IRA, seien Indien und anderen britischen Kolonien die Unabhängigkeit zugestanden worden, nicht aber Nordirland, das weiterhin in einem «Inlandskolonialismus» *(Internal Colonialism)* an London gefesselt bleibe?[96] Als sich die «Provisorische IRA» 1979 im Organ der linksextremen italienischen «Roten Brigaden», der *Contro-Informazione*, vorstellte, wurde dieses politische Selbstverständnis ausdrücklich mit antiimperialistisch-antikapitalistischer Rhetorik unterlegt.[97] Offene Sympathien bekundete man bezeichnenderweise auch für die Blockfreienbewegung.

In die direkte Unterstützung der IRA stieg Moskau Ende der Sechzigerjahre ein. Über das KGB, vor allem auch über die britische KP und ihren Generalsekretär Michael O'Riordan wurden die Verbindungen zu beiden IRA-Flügeln aufgenommen, wobei unter anderem Mitarbeiter der sowjetischen Nachrichtenagentur TASS die Kontakte aufrechterhielten. Die Sowjets ebneten der IRA auch den Weg in die militärische Ausbildung auf Kuba und bei der palästinensischen Befreiungsorganisation PLO. Während die Offizielle IRA vor allem bei herkömmlichen Propagandaaktionen, etwa bei der Finanzierung des «Antiimperialistischen Festivals» 1974 in Dublin und Belfast, durch die Sowjets unterstützt wurde und an sie auch einige Waffen geliefert wurden, floss der Löwenanteil der sowjetischen Zuwendung nun an die Provisorische IRA.[98] Sie wurde zunehmend in den internationalen «Kampf gegen den Imperialismus» eingebunden. Wie man heute weiß, stimmte KGB-Chef Andropow am 21. August 1972 nach heftigem Drängen der irischen KP einem «Plan zur Durchführung der illegalen Übergabe von Waffen an die irischen Freunde» zu. Waffen und Munition, die ausdrücklich nicht aus sowjetischer Produktion stammen durften, wurden damals in einer Verdeckten Operation vor der nordirischen Küste übergeben.[99] Weitere Lieferungen, die schließlich mehrere Tonnen Handfeuerwaffen, Granaten und panzerbrechende Mittel umfassten, kamen von der tschechischen Firma Omnipol.[100] Andere Waffenlieferungen leitete der libysche Staatschef Gaddhafi nach Irland weiter. Wie viel Material aus dem Ostblock über verschiedene Zwischenstationen Nordirland erreichte, ist bis heute unbekannt. Nachweisbar ist aber, dass allein in den Siebzigerjahren rund eine Million Schuss Munition und etwa 7000 Waffen unterschiedlicher Art aus der Ostblockproduktion allein in Nordirland beschlagnahmt wurden.[101]

Zur gleichen Zeit baute Moskau die Kontakte zu anderen Organisationen dieser Art aus: unter anderem zu den Roten Brigaden in Italien, zur baskischen ETA, zur PLO und nicht zuletzt zur deutschen RAF und zur Bewegung 2. Juni. Es war kein Zufall, dass Gabriele Kröcher-Tiedemann, die als inhaftierte Terroristin 1975 im Austausch gegen den entführten Berliner CDU-Vorsitzenden Peter

Lorenz freigelassen und in die Volksrepublik Jemen ausgeflogen wurde, ihre Laufbahn als Sympathisantin der Provisorischen IRA in Westdeutschland begonnen hatte. Im Jemen, aber auch im Libanon und in Libyen, wurden beide – Provisorische IRA und Mitglieder der westdeutschen Gruppen – von der PLO ausgebildet. Auch in der Bundesrepublik trat die Provisorische IRA in den folgenden Jahren mit Anschlägen, etwa gegen die britische Rheinarmee, in Erscheinung. Wie eng die Kontakte zwischen der RAF und der IRA schließlich waren, zeigte sich dann öffentlich am 1. Februar 1985, als ein westdeutsches RAF-Kommando mit dem Namen «Patsy O'Hara» im bayerischen Gauting den Manager des Rüstungskonzerns MTU, Ernst Zimmermann, ermordete. Der IRA-Aktivist O'Hara war 1981 während eines Hungerstreiks in britischer Haft gestorben.

Besonders eindrücklich lassen sich die Mechanismen des Kalten Krieges jedoch am Beispiel der 1964 gegründeten PLO aufzeigen, die im Westen als Terrorgruppe, im Ostblock als Befreiungsorganisation galt. Den politischen Hintergrund ihrer Gründung bildete der Nahostkonflikt als ein Teil des Kalten Krieges, wenngleich er, wie der Konflikt um Nordirland, nicht durch ihn verursacht worden war und daher durch dessen Ende 1991 auch nicht gelöst werden konnte. Die Teilung Palästinas, die den europäischen Juden, welche den Nationalsozialismus überlebt hatten, einen sicheren eigenen Staat verschaffen sollte, hatte von Anfang an neue Ungerechtigkeiten produziert, die den Gegnern Israels kontinuierlich neue Argumente brachten. Die siegreich beendeten Kriege mit den arabischen Nachbarstaaten hatten fast jedes Mal die Grenzen Israels erweitert, allerdings eben auch auf Kosten der Zivilbevölkerung Palästinas. Schon 1948/49 war die Zahl der palästinensischen Flüchtlinge auf schätzungsweise 750 000 Menschen angewachsen. Im Sechstagekrieg 1967 wurden nochmals rund 250 000 Menschen zur Flucht gezwungen. Die pauperisierten und politisch radikalisierten Bewohner der Lager bildeten für die kommenden Jahrzehnte ein unerschöpfliches Rekrutierungsreservoir für arabische Gruppen, die sich der Bekämpfung Israels verschrieben hatten.

Da Israel von Beginn an unter dem Schutz der US-Regierung stand, fielen die Palästinenser im Kalten Krieg mit einer gewissen Zwangsläufigkeit der politischen Zuständigkeit des Ostblocks und der Sowjetunion zu. Obwohl Stalin zwischen 1947 und 1949 mit gewissem Erfolg die zionistische Bewegung umworben hatte, um seinen politischen Einfluss im Nahen Osten zu stärken, verstanden sich die UdSSR und der Ostblock über die gesamte Dauer des Kalten Krieges als Verbündete der arabischen Welt. Dazu gehörten eine deutliche Parteinahme in der Palästina-Frage, aber auch Waffenlieferungen an jene arabischen Staaten, die Israel bekämpften. Wer im geteilten Deutschland Berichte über den Nahostkonflikt einmal im westdeutschen und einmal im ostdeutschen Fernsehen verfolgte, konnte die geteilte Argumentation der Blöcke anschaulich nachvollziehen. Nicht zuletzt zerbrach darunter die israelische KP. Nachdem DDR Parteichef Walter Ulbricht 1965 während eines Besuchs im blockfreien Ägypten die Wiedergutmachungszahlungen der Bundesrepublik an Israel scharf kritisiert hatte, spaltete sich die israelische KP in einen arabischen, das heißt proöstlichen Mehrheitsflügel (RAKAH) und einen jüdisch-nationalen, das heißt prowestlichen Minderheitsflügel (MAKI). Die israelischen Regierungen kämpften seitdem massiv gegen den Beitritt der DDR zu den Vereinten Nationen, während die DDR 1974 nachdrücklich für ein Rederecht der PLO in der UNO votierte. Moskau selbst brach 1967 während des Sechstagekriegs seine Beziehungen zu Tel Aviv ab.

Unter diesen Vorzeichen sammelte sich mit der gleichen Zwangsläufigkeit auch der ansonsten vorhandene antiamerikanische und antiwestliche Protest als propalästinensische Bewegung. Dies zeigte sich insbesondere im linksradikalen Teil der westdeutschen Studentenbewegung, in dem neben Vietnam der Antizionismus und die Palästina-Frage zu zentralen Themen wurden. Radikale Aktivisten, aus denen sich dann unter anderem die RAF rekrutierte, reisten früh nach Palästina und hatten hier geradezu ein Erweckungserlebnis. Michael «Bommi» Baumann, einer der frühen Aktivisten in der linksradikalen Szene Westberlins Ende der Sechzigerjahre, vermerkte in seinem 1975 erstmals erschienenen und in der Bundesrepublik zeitweilig verbotenen autobiografischen Bericht *Wie alles anfing*: «Als die Leute aus Palästina [nach Westberlin] zurückkommen, da entsteht ein Bruch. Die Palästina-Fraktion innerhalb der Gruppe hat denn gesagt, die Geschichte, so wie sie jetzt läuft, hat keinen Sinn. Wir müssen sofort konkret mit dem bewaffneten Kampf anfangen. [...] Vietnam ist nicht mehr der ideologische Überbau, sondern Palästina.»[102]

Palästinensische Kommandos, sogenannte *Fedajin* (die Opferbereiten), waren schon bald nach den demütigenden Niederlagen der arabischen Staaten 1948/49 mit Unterstützung des ägyptischen Präsidenten Nasser auf israelisches Gebiet vorgestoßen, um Sabotageakte durchzuführen. Ziel war, den neuen Staat zu destabilisieren und auf lange Sicht zu zerstören. Die blutigen Anschläge hatten wiederum heftige Reaktionen der israelischen Seite zur Folge, die sich in ihrer Kompromisslosigkeit kaum unterschieden. Dieser Kreislauf der Gewalt fand nach vielen kleineren Zusammenstößen seinen ersten Höhepunkt während der Suezkrise 1956. In deren Verlauf ergriffen die Israelis die Gelegenheit, die Sinai-Halbinsel zu besetzen, um die *Fedajin*-Stützpunkte auszuschalten. Andere palästinensische Organisationen formierten sich aufgrund dieser Ausgangssituation relativ spät im Kalten Krieg. Erst 1958 entstand in Kuwait mit der von Jasir Arafat geführten *El Fatah* eine der bekanntesten palästinensischen Gruppen im Kalten Krieg, die sich zudem ausdrücklich auf den Marxismus-Leninismus berief. Sechs Jahre später wurde auf Anregung Nassers und der Arabischen Liga dann die PLO als die langfristig erfolgreichste Organisation gegründet. Sie war neben der südwestafrikanischen Befreiungsorganisation SWAPO eine der wenigen Gruppen, die dann auch in die Blockfreienbewegung und 1974 in die UNO aufgenommen wurde. Von Anfang an als radikale Gruppierung konzipiert und seit ihrer Gründungscharta auf den bewaffneten Kampf gegen Israel eingeschworen, erreichte die PLO unter Arafats Führung sogar den Status einer palästinensischen Exilregierung. Während die sowjetisch-israelischen Beziehungen seit dem Sechstagekrieg 1967 einfroren, wurde die PLO von Moskau offiziell als Sammelbecken «antiimperialistischer Kräfte des Volkes von Palästina» anerkannt.[103] Seit diesem Zeitpunkt traf sich Arafat regelmäßig mit sowjetischen, vor allem aber auch mit ostdeutschen Regierungsvertretern. Es war die DDR, die 1973 die erste offizielle PLO-Vertretung genehmigte, zwei Jahre vor der Eröffnung eines PLO-Büros in Moskau. Die Bedeutung dieser Verbindung in die DDR zeigte sich 1972 nach den blutigen Anschlägen arabischer Terroristen auf israelische Sportler während der Olympischen Spiele in München. Die aus der Bundesrepublik ausgewiesenen palästinensischen Studenten konnten in der DDR ihr Studium fortsetzen.

Nicht die PLO, sondern eine ihrer sechs Einzelgruppen, die von der *Fatah* abgespaltene «Volksfront zur Befreiung Palästinas» (PFLP), begann ab 1968 als erste mit gezielten internationalen Terroraktionen gegen Israel. Sie waren der Beginn einer neuen Strategie der Freischärler, die bislang nur Einrichtungen auf israelischem Staatsgebiet angegriffen hatten. Nun wurde zum ersten Mal gezielt ein Flugzeug der staatlichen israelischen Luftfahrtgesellschaft El Al auf einer internationalen Route entführt, um Gruppenmitglieder aus der Haft freizupressen. Im Rückblick war dies der Beginn eines «modernen Terrorismus», der seitdem einer Vielzahl von ähnlichen Gruppierungen als Vorbild diente.[104] Diese Anschläge waren nach heutigen Erkenntnissen gleichzeitig der Beginn einer gezielten Unterstützung der PFLP durch das KGB. Wie an die IRA lieferte der sowjetische Geheimdienst 1970 erstmalig Granatwerfer, Handfeuerwaffen und Minen an die PFLP.[105] Es gehört zu den weitgehend unbekannten Zusammenhängen des Kalten Krieges, dass die aus diesem Umfeld stammenden palästinensischen Aktivisten durch das KGB auch zur Liquidierung von Personen eingesetzt wurden, die der Ostblock für «Verräter» hielt.

Die meiste internationale Aufmerksamkeit erreichten die palästinensischen Anschläge dann während der Olympischen Spiele 1972 in München, wo insgesamt elf israelische Sportler ermordet wurden. Hier zeigte sich zum ersten Mal öffentlich auch die internationale Vernetzung des antiwestlichen Terrorismus im Kalten Krieg. Die Palästinensergruppe, die sich «Schwarzer September» nannte, versuchte, auch Mitglieder unterstützender ausländischer Gruppierungen freizupressen. Dazu gehörten in diesem Fall fünf Angehörige der westdeutschen RAF, darunter die Gründungsmitglieder Andreas Baader und Ulrike Meinhof. Trotz des letztendlich blutig gescheiterten Versuchs konnte die palästinensische Bewegung daraus einen Erfolg ziehen. Man hat es als ein Ergebnis dieses Anschlags verstanden, dass Arafat wenig später die Einladung erhielt, vor der UNO zu sprechen. Ende der Siebzigerjahre war es der PLO gelungen, sich in der internationalen Diplomatie zu etablieren. Sie unterhielt als Organisation schließlich sogar mehr diplomatische Beziehungen zu anderen Staaten als ihr Hauptgegner Israel. Ein eigener palästinensischer Staat blieb dennoch während des Kalten Krieges unerreicht.

Das Scheitern hinsichtlich des größten politischen Ziels bildete die Grundlage für den Beginn einer umfassenden neuen Phase des palästinensischen Kampfs. Parallel zu einem Ende 1987 beginnenden Aufstand der Palästinenser im Gazastreifen und im Westjordanland, der sogenannten (Ersten) *Intifada*, die Tausende Tote kostete, begründete sich der antiisraelische Terrorismus nun zum ersten Mal explizit religiös. Dies war international gesehen nicht neu, hatten doch insbesondere die als Guerillas in Afghanistan kämpfenden und von den USA unterstützten *Mudschaheddin* ihren Krieg gegen die Sowjets immer als Heiligen Krieg *(Dschihâd)* verstanden. In Palästina rief die 1987 neu gegründete «Bewegung des islamischen Widerstands» (HAMĀS) nun ihren *Dschihâd* gegen Israel aus. Auf welcher Seite des Kalten Krieges dieser Islamismus stand, war indes nicht mehr eindeutig zu bestimmen. Beide Supermächte waren am Ende des Kalten Krieges schon längst in das Visier dieses «Heiligen Krieges» geraten.

7. Krieg der Kulturen

Amerikanisierung – Sowjetisierung – Nationalismus

Mit einem gewissen Automatismus sorgte die beginnende Blockintegration seit Ende der Vierzigerjahre auch für die Übernahme von Merkmalen der jeweiligen Führungsmacht. Die Hegemonie der Sowjetunion in Ostmitteleuropa brachte eine tendenzielle «Sowjetisierung» oder «Veröstlichung», ebenso wie die Vormachtstellung der USA in Westeuropa langfristig eine tendenzielle «Amerikanisierung» oder «Verwestlichung» der dortigen Gesellschaften nach sich zog. Amerikanisierung und Sowjetisierung meinten dabei vor allem den Einfluss auf die Gesellschaften und die daraus resultierenden politischen, ökonomischen, soziologischen oder kulturellen Veränderungen. Das Phänomen, das bereits während des Kalten Krieges mit diesen sehr unscharfen Begriffen umschrieben wurde, ließ sich auch außerhalb Europas beobachten. Gerade in den häufig noch in traditionellen Gesellschaftsformen verwurzelten Staaten an den Peripherien des Kalten Krieges, die etwa durch Stationierung von Truppen der einen oder anderen Seite oder durch militärische Konflikte mit der jeweiligen Führungsmacht in Berührung kamen, waren im Zuge der von den Supermächten mitgebrachten «Modernisierung» besonders drastische Veränderungen zu beobachten. Dies lässt sich anschaulich etwa in dem seit 1945 im Norden sowjetisch und im Süden amerikanisch besetzten Korea oder in dem von 1954 bis 1975 vergleichbar geteilten Vietnam nachvollziehen. Bleibt man beim Beispiel Ostasien, kann man zu dem Bereich, in dem der amerikanisch-westliche Einfluss besonders stark war, auch Japan, Thailand, Malaysia oder die Philippinen zählen. In den Raum der Sowjetisierung gerieten dort, zumindest zeitweilig, Nordvietnam, China und Kambodscha. Mit der Entwicklung Chinas zu einem eigenständigen Machtfaktor des Kalten Krieges drückte dann auch Peking den abhängigen Staaten seinen politisch-kulturellen Stempel auf. Im Falle des besetzten Tibet ging dies bis zum Versuch, die nationale Identität des Landes zu vernichten. Die Bandbreite bewegte sich zwischen den Polen: freiwillige Übernahme und Zwang, bis hin zum drohenden Verlust der ursprünglichen kulturellen Identität. Grundsätzlich kann man sagen, dass der Druck zur Übernahme der politisch-kulturellen Vorstellungen um so massiver ausfiel, je mehr die Hegemonialmacht davon den Bestand ihres «Imperiums» abhängig machte.

Besonders anschaulich lassen sich die Bedingungen, Inhalte und Konsequenzen von Amerikanisierung und Sowjetisierung wiederum am deutsch-deutschen Beispiel demonstrieren.[1] In der SBZ/DDR zeigte sich die direkte Einflussnahme der UdSSR zunächst vor allem beim Umbau ihrer Besatzungszone zu einer «deutschen Volksdemokratie» zwischen 1945 und 1949. Im Jahr ihrer Gründung hatte die DDR bereits, wie auch alle anderen sowjetisch kontrollierten Staaten in Ostmitteleuropa, eine «sowjetische» Verfassung. Die Verstaatlichung von Produktionskapazitäten nach Moskauer Direktiven, die, auf alle Satellitenstaaten hochgerechnet, 1949 bereits bei rund neunzig Prozent lag, zog auch in der DDR weitere, aus der Sowjetunion bekannte politische und wirtschaftlich-soziale Gleichschaltungseffekte nach sich. Als die jeweiligen kommunistischen Parteien in den einzelnen Satellitenstaaten die Sowjetisierung zum Teil in die eigenen Hände nahmen – allerdings weiterhin unter Aufsicht Moskaus –, verschärfte sich dieser Druck sogar noch einmal erheblich. Es gab nicht nur einen vorauseilenden Gehorsam und eine «Selbstgleichschaltung», sondern auch die berüchtigten formellen Übergaben von sowjetischen Befehlen mit unangekündigten Kontrollen, die bis in die Dörfer reichten. Auch wenn mit Beginn der Chruschtschow-Ära 1953 die offizielle sowjetische Einflussnahme zunächst zurückging, griff Moskau im Zweifelsfall nach wie vor ein. Da die gesamte Wirtschaft der RGW-Staaten länderspezifisch geordnet war, hatte ein Ausbrechen einzelner Mitglieder immer weitreichende negative Folgen. In der DDR galt der bis 1971 amtierende Parteichef Ulbricht allerdings ohnehin als moskautreu, ebenso wie sein Nachfolger Honecker. Erst als Gorbatschow ab Mitte der Achtzigerjahre einen liberaleren Kurs steuerte, konnte sich die SED-Führung nicht mehr mit Moskau arrangieren. Ein prägnantes Beispiel für das Verhalten der SED gegenüber sowjetischen Vorgaben war die Schulpolitik, an der Ulbricht und Honecker gemeinsam beteiligt waren. Hier wurde 1965 das zunächst eher fachspezifisch organisierte nationale Modell in der polytechnischen Ausbildung in dem Moment zugunsten der Ideologievermittlung verändert, als klar wurde, dass die Sowjetunion mehr kommunistische Erziehung wünschte.[2] So war es keine Überraschung, dass auch die Zwangskollektivierung der DDR-Landwirtschaft seit den Fünfzigerjahren rigoros weiterbetrieben wurde, selbst als sich ernste Versorgungsprobleme zeigten und die Flüchtlingsquote nach Westdeutschland in bisher unerreichte Höhen schnellte. Bemerkenswerterweise kritisierten dann selbst sowjetische Berichte vor und nach dem Aufstand vom 17. Juni 1953 die zu harte Linie der DDR-Führung. Sie sei nicht in der Lage, die notwendige Zustimmung für das sowjetische Modell, den Kommunismus und den neuen Staat zu erzeugen.[3]

Seit dem Mauerbau 1961, der unter diesen Voraussetzungen zu Recht als das eigentliche Gründungsdatum der DDR bezeichnet worden ist, stabilisierte sich der ostdeutsche Teilstaat, und damit wurden auch die sowjetischen Einflüsse unauffälliger. Dies betraf unter anderem die weitere institutionelle Sowjetisierung, die sich etwa in der Bildung immer größerer «Kombinate», aber auch in der Einführung der sowjetischen Industrienorm zeigte, die von der bisher verwendeten deutschen erheblich abwich. Teilweise führte die Übernahme sowjetischer Entwicklungen – zu den berüchtigtsten gehörte etwa der forcierte Aufbau sogenannter Rinderoffenställe – tatsächlich zu katastrophalen Folgen in der Wirtschaft. Bestimmte politische Rituale blieben der Bevölkerung eher fremd, etwa der von der DDR-Staats- und Parteiführung aus der UdSSR übernommene «Bruderkuss». Andere Politrituale wie die offizielle Maikundgebung, während der Parteiorganisationen, aber auch die NVA an der Staatsführung vorbeizogen, waren als Formensprache zwar bekannt, erinnerten speziell in Deutschland aber in fataler Weise an das vorangegangene Dritte Reich. Bezeichnenderweise waren andere Neuerungen beliebt, wenn sie nicht als Oktroi empfunden wurden. Die Jugendweihe etwa, die Traditionen der deutschen Arbeiterbewegung aufnahm und damit weniger als sowjetischer Import erkennbar wurde, blieb über das Ende der DDR hinaus attraktiv.

Auch in den Westzonen Deutschlands, der späteren Bundesrepublik, waren die zwischen 1945 und 1949 erfolgenden Eingriffe der Siegermächte am einschneidendsten. Im Gegensatz zur DDR konnten allerdings in der Bundesrepublik die oktroyierten politischen Maßnahmen bis etwa 1952 als weitgehend abgeschlossen gelten. Nach dem 1945 etablierten Programm zur Umerziehung der Deutschen, dessen harte Linie am deutlichsten der amerikanische Befehl JCS 1067 widerspiegelte, hatten die Westmächte mit dem beginnenden Kalten Krieg eine deutliche Abschwächung ihrer Besatzungspolitik vorgenommen. Der positive Effekt ließ nicht lange auf sich warten. Vor dem Hintergrund einer seit der Weimarer Republik vorhandenen grundsätzlichen Sympathie für «Amerikanisches», das als Inbegriff des «Modernen» galt, wuchsen auch die Erfolge der «Amerikanisierung von unten». Vor allem wurden die «Amerikahäuser» mit ihren Bibliotheken und Kulturveranstaltungen angenommen. 1953 gaben etwa fünfzig Prozent ihrer Besucher auf Nachfrage an, sie hätten durch diese Einrichtungen ihre Meinung über die USA positiv verändert.[4] Darüber hinaus bedeuteten die großzügigen wirtschaftlichen und politischen Hilfen wichtige psychologische Siege. Als 1949 die Nürnberger Spielzeugfirma Arnold das erste militärische Spielzeug nach dem Krieg auf den Markt brachte – einen kleinen US-Jeep vom Typ «Willys» –, wurde es, allen vorherigen Warnungen zum Trotz, ein Verkaufsschlager. Man erklärte sich das damit, dass «der Jeep» wohl die guten Erinnerungen an die Amerikaner symbolisiere.[5] Gemessen an der öffentlichen Akzeptanz, waren die USA auch ansonsten erfolgreicher in der Neugestaltung als die Sowjets. Auf bestimmten Gebieten scheiterten aber auch sie, so an der Reform des traditionellen deutschen Schulsystems nach US-Vorbild.[6]

Erfolgreich waren die Amerikanisierung und – mit erheblichem Abstand – auch die Sowjetisierung immer dann, wenn sie im Alltag und damit gleichsam beiläufig aufgenommen wurden. Diese Phase begann nach der «Normalisierung» des Verhältnisses zur Besatzungsmacht, etwa ab Mitte der Fünfzigerjahre. Am einflussreichsten oder, wie ihre Kritiker betonten, am anfälligsten erwies sich die Sprache. Lehnübersetzungen nach sowjetischem Vorbild wie *Kombinat*, *Kader*, *Nomenklatur*, *Plansoll* oder *Kulturhaus* ersetzten nicht nur offiziell nach und nach die deutschen Bezeichnungen in der DDR, sondern gingen rasch auch in die Umgangssprache ein.[7] In der Bundesrepublik waren seit den Fünfzigerjahren verstärkt Amerikanismen wie *Job*, *Comic*, *Fan*, *Hobby*, *Beat* oder *Pop* üblich. Hier wurden Zeitschriften wie der 1946 gegründete *Spiegel*, für Jugendliche dann insbesondere die seit 1956 erscheinende *Bravo*, zur wichtigsten Brücke. Anders als in der Bundesrepublik, wo sowjetische Begriffe kaum eine Chance hatten, in die Alltagssprache einzudringen, adaptierten DDR-Bürger nach und nach Amerikanismen, wobei einige neue Lehnwörter wie *Broiler* oder *Dispatcher* sogar nur hier verwandt wurden. Allgemein war auf beiden Seiten Deutschlands vieles von dem, was man für besonders fortschrittlich hielt, mit angloamerikanischen Begriffen belegt. Das wichtigste Einfallstor für die DDR führte aber über die elektronischen Medien, über das Radio und schließlich das Fernsehen. Man kann mit Recht mutmaßen, dass dies der Weg war, über den schließlich das mehrheitliche Votum der Deutschen auf beiden Seiten für die amerikanische «Superculture» und mit ihr schließlich wohl auch für «den Westen» allgemein fiel.[8] Mit der Musik des «Klassenfeinds» kamen weitere Begriffe: *Single*, *Song*, *Boogie-Woogie*, *Blues*, *Beat*, *Rock*, *Pop* oder *Disco*. Trotz anfänglich heftigsten und auch später noch anhaltenden Widerstands der SED, speziell auch Walter Ulbrichts, konnte sich die DDR dieser schleichenden Amerikanisierung nicht entziehen.[9] Noch während seiner Regierungszeit erschien 1965 die erste in DDR-Lizenz produzierte *Beatles*-Schallplatte. Die von Ulbricht selbst noch Ende der Fünfzigerjahre versuchte gezielte Abwehr amerikanischer Rhythmen durch die Einführung des «Lipsi» – einer Art parteitreuer Tanzmusik – kam wie andere Versuche dieser Art nicht an. Nachdem 1965, im Anschluss an das berüchtigte «Kahlschlagplenum», für einige Zeit westliche *Beat*-Musik wieder als «Gift des Klassenfeindes» dem offiziellen Verdikt verfiel, entdeckte die SED in den späten Sechzigerjahren sogar amerikanische Musik für ihre Propaganda. Schallplatten der US-Protestbewegung gegen den Vietnamkrieg von Joan Baez, Pete Seeger oder Bob Dylan konnten mit offiziellem Segen in der DDR erscheinen. Der seit 1959 in der DDR lebende kanadische Folkmusiker Perry Friedman bildete hier eine wichtige Brücke, über die amerikanische Musik sogar in die offizielle SED-«Singebewegung» kam. Friedman wurde zu einem jener Vorzeige-Westler, den man nicht nur in zentralen Propagandafilmen – so etwa in dem Geheimdienststreifen *For Eyes Only* – einsetzte, sondern auch während der Ostermärsche in der Bundesrepublik. Gleiches galt für den 1972 in die DDR übergesiedelten US-Musiker Dean Reed, den «roten Elvis», der als musikalischer DDR-Botschafter auch in den USA auftrat.[10] Den politischen Wert schätzte die DDR-Führung als so hoch ein, dass sie dafür sogar in Kauf nahm, dass dies einer staatlichen Förderung der ansonsten bekämpften Westernisierung gleichkam. In den Achtzigerjahren, als sich amerikanische Musik, aber auch Konsumwaren, so etwa Jeans, unter DDR-Jugendlichen bereits vollkommen durchgesetzt hatten, war die Strategie, westliche Musik gezielt für die eigenen politischen Ziele einzusetzen, bereits politisches Tagesgeschäft der SED. Dagegen konnte die sowjetische Kultur, insbesondere auch die Populärkultur, bis auf einige Ausnahmen nur wenig selbständigen Zugang in Ostdeutschland finden.

Was die überwältigende Attraktivität des amerikanischen, des «fortschrittlichen» Vorbilds vor allem unter Jugendlichen anging, unterschied sich Westdeutschland nicht von der DDR. Das Interesse für sowjetische Kultur blieb hier erst recht ein Minderheitenphänomen. Das wichtigste Einfallstor der Amerikanisierung von unten war auch hier die vor allem über elektronische Medien vermittelte Jugendkultur. Amerikanische Popkultur galt auch hier als Inbegriff von weltgewandter «Modernität» und verursachte – was ihre Attraktivität noch steigerte – zumindest in den ersten Jahrzehnten ebenso automatisch den Konflikt mit der Elterngeneration.[11] Bill Haley und Elvis Presley waren Idole, deren Musik und Habitus sich schließlich in ihrer eingedeutschten und entschärften Fassung – etwa bei Peter Kraus – sogar in konservativeren Kreisen Westdeutschlands durchsetzten. Darüber hinaus wurden seit den Sechzigerjahren auch Methoden amerikanischen Managements und mit ihnen eine Fülle von Anglizismen in der Bundesrepublik üblich. Nicht zuletzt war es in der Architektur und Stadtplanung unübersehbar, dass die USA weit deutlichere Akzente setzten als der sowjetische Stil.

Kritik an der Sowjetisierung im Ostblock war ein öffentliches Thema im Westen, nicht im Osten. Kritik an der Amerikanisierung hingegen war auf beiden Seiten des Eisernen Vorhangs üblich und in ihren Inhalten interessanterweise in der DDR wie der Bundesrepublik ähnlich. Dass man in der DDR im Zweifelsfall US-kritisch war, kann keine Überraschung sein. Ulbrichts aus dem Jahr 1955 überlieferter Satz von der amerikanischen «Affenkultur» konnte man aber auch in der Bundesrepublik hören.[12] Programme westdeutscher Rechtsparteien sprachen sich in den Fünfzigerjahren ebenso wie die DDR-Führung gegen die «Coca-Cola-Kultur» aus und warnten genauso vor den Einflüssen nordamerikanischen Konsums auf Moral und abendländische Werte. In der Bundesrepublik kämpfte man damit zeitweilig sogar an zwei Fronten, die sich im Nationalismus trafen. Man stritt einerseits gegen die Amerikanisierung, andererseits gegen den «Kulturbolschewismus» und verstand beides als Kampf gegen «die Auflösung der europäisch-abendländischen Kultur».[13]

Eine ganz andere Wendung nahm die westdeutsche Kritik an Amerikanisierung und Sowjetisierung dann mit den «68ern». Die Kritik von links an den USA betraf nun vor allem die globale Dominanz und die Hegemonialpolitik der Vereinigten Staaten. Die Heftigkeit der Angriffe ist häufig mit der Enttäuschung über das «wahre Gesicht Amerikas», das sich viel weniger als das erhoffte Land der Emanzipation und des Liberalismus erwies, erklärt worden. Die Attacken gingen nicht selten mit einer verklärten Auffassung über die Sowjetunion einher und teilweise sogar mit einer Verteidigung der sowjetischen Hegemonialpolitik in Ostmitteleuropa und in der Dritten Welt. Der Einmarsch des Warschauer Pakts in die Tschechoslowakei 1968 konnte dann zum Beispiel als legitimes Recht verteidigt werden, während Interventionen der USA in Südostasien heftig verurteilt wurden. Kritik blieb hier vor allem auf den Stalinismus beschränkt. Parallel dazu übernahmen «die 68er» allerdings weit mehr als andere amerikanische Verhaltensformen und trugen so wohl am nachhaltigsten zur weiteren Amerikanisierung auch der Bundesrepublik bei.

Man kann vieles in der Kritik an Amerikanisierung und Sowjetisierung als nationale Antwort auf die Dominanz der Supermächte des Kalten Krieges verstehen.[14] Es ging in der Auseinandersetzung auf beiden Seiten des Eisernen Vorhangs fast immer auch um die Furcht vor dem Verlust nationaler Identität. Dies konnte man auch außerhalb Europas verfolgen, wo dem westlich-amerikanischen und östlich-sowjetischen Einfluss in den Regionen häufig noch deutlicher ein nationales, eigenes Modell entgegengestellt wurde, das sich dann unter anderem auch der religiösen Traditionen bediente. Es gehörte zu den klassischen Mechanismen des Kalten Krieges, dass diese Reaktionen wiederum in Washington als dezidiert antiwestlich bzw. kommunistisch und in Moskau als antisowjetisch bzw. antikommunistisch interpretiert wurden. Solche Reaktionen und Gegenreaktionen ließen sich seit dem Beginn des Kalten Krieges vor allem in den ehemaligen oder noch um die nationale Selbständigkeit kämpfenden europäischen Kolonialgebieten verfolgen, dann auch in der Blockfreienbewegung. Die Bildung eines Nationalstaats, «die Erfindung einer Nation» (*«Nation-Building»*) verlief in diesen Gebieten fast immer über den Versuch, dem bisherigen oktroyierten Modell der Kolonialmächte ein eigenes, nationales Modell entgegenzustellen. Bezeichnenderweise richtete sich der häufig von religiösen Würdenträgern unterstützte Protest in diesen Staaten daher vor allem auch gegen die kulturellen Einrichtungen. Der Auftakt zu den größten antiamerikanischen Protesten im von US-Truppen kontrollierten Südvietnam 1963, in deren Verlauf gezielt auch die «Amerikahäuser» angegriffen und zerstört wurden, ging von einem Mönch aus, der sich aus Protest gegen die Benachteiligung der buddhistischen Religion gegenüber dem von den Amerikanern geförderten Christentum auf einer Kreuzung in Sàigòn öffentlich selbst verbrannt hatte.[15]

Der weniger antiamerikanische als vielmehr antibritische Gamal Abd el-Nasser, der fünf Jahre nach dem offiziellen Beginn des Kalten Krieges die vom Westen unterstützte ägyptische Monarchie beseitigte und das Land danach gezielt in die Blockfreienbewegung steuerte, setzte auf die Entwicklung eines nationalen «panarabischen» Sozialismus, ohne allerdings gleichzeitig eine Sowjetisierung zuzulassen.[16] Gern wurde dabei in den arabischen Staaten darauf verwiesen, dass sozialistische und islamische Prinzipien eng miteinander verwandt seien. Nassers Sozialismus-Modell orientierte sich allerdings nun gerade nicht am Islam, wenngleich auch er immer wieder betonte, dass beides miteinander vereinbar sein könne. Ausdrücklich schloss er die Fundamentalisten aus. Nassers Mitkämpfer und Nachfolger, Anwar el-Sadat, vermerkte in seinem auch im Westen veröffentlichten *Geheimtagebuch*, die ägyptische Revolution wende sich gegen den Imperialismus, gegen die Monarchie, gegen die Parteien, aber nicht zuletzt auch gegen den Klerus.[17] Das ägyptische Modell des *Nation-Building* fand in der arabischen Welt zahlreiche Nachahmer. In Syrien und im Irak gelang es der «Partei der Sozialistisch-Arabischen Wiedergeburt» (*«Baath-Partei»*), bis über das Ende des Kalten Krieges hinaus zu bestehen. Mit dem libyschen Staatspräsidenten Moamar al-Gaddhafi, der sich ausdrücklich zum Nachfolger Nassers stilisierte, wurde dann auch die Stellung der Religion im panarabischen Nationalismus aufgewertet. In Libyen wurde der Koran 1976 zur Verfassung erklärt. Weitere eindrückliche Beispiele für die Abwendung vom Westen *und* vom Osten, bei gleichzeitiger Durchsetzung eines nationalen Modells, waren ab den späten Siebzigerjahren auch im Iran und in Afghanistan zu verfolgen. Das Modell hieß hier islamistischer «Gottesstaat».

Im Iran hatten die USA seit dem Konflikt mit den Sowjets 1946 konzentriert auf die Sicherung des energiepolitisch enorm bedeutsamen Raumes hingearbeitet.[18] Unter dem in der Schweiz erzogenen Schah Reza Pahlewi war die laizistische Umgestaltung des konservativ-islamischen Staates verstärkt und gegen alle Widerstände vorangetrieben worden. Eine erste Reaktion auf diese Verwestlichung war bereits 1949 die Gründung einer nationalen Partei des Iran gewesen, die sich insbesondere auch gegen die Ausbeutung der Ölreserven durch westliche Gesellschaften wandte. Unter dem Namen «Nationale Front» vereinigte sie unter der Führung des zeitweiligen Ministerpräsidenten Mohammed Mossadegh eine breite Opposition gegen den Schah, einschließlich der orthodoxen schiitischen Geistlichkeit. Nur mithilfe der USA überlebte der Schah 1953 den durch die Nationale Front getragenen Putsch sowie in den folgenden Jahren diverse andere Umsturzversuche. An ihnen waren 1954 die Marxisten der *Tudeh*-Partei, aber auch immer wieder die schiitische Geistlichkeit beteiligt. 1963 wurde daher deren Führer, Ayatollah Khomeini, verbannt, woraufhin er aus dem europäischen Exil gezielt den Sturz des Schahs organisierte. Er wurde Realität, als Pahlewi 1977 die Abschaffung des islamischen Kalenders anordnete und sich gleichzeitig die neue US-Regierung unter Carter aufgrund der kontinuierlichen Menschenrechtsverletzungen von ihm zu distanzieren begann. Die im selben Jahr beginnenden landesweiten blutigen Unruhen führten am 16. Januar 1979 zur Flucht Pahlewis und zur darauffolgenden Proklamation eines islamistischen, antiwestlichen wie antisowjetischen «Gottesstaates». Wie stark der Hass speziell auf die USA war, zeigte sich kurz danach nicht nur in Angriffen auf amerikanische Einrichtungen, sondern vor allem in der Besetzung der US-Vertretung, die in einer lang andauernden Geiselnahme der Botschaftsangehörigen gipfelte.

Auch im angrenzenden Afghanistan, das wenige Monate später, im Dezember 1979, von sowjetischen Truppen besetzt wurde, stand ein islamistischer Gottesstaat, der sich sowohl dem Westen als auch dem Osten entzog, als nationale Antwort am Ende eines intensiven politischen Engagements beider Supermächte.[19] Auch hier hatte die Dominanz der Hegemonialmacht, die in diesem Fall schon vor dem Kalten Krieg die Sowjetunion gewesen war, eine lange Vorgeschichte. Seit 1919 hatte Moskau das bis 1973 ebenfalls monarchisch regierte, islamische und traditionell in Stämmen organisierte Land mit Militär- und Entwicklungshilfe unterstützt, auch wenn es offiziell nach dem Zweiten Weltkrieg als blockfrei galt. Eine weitere Ähnlichkeit zur amerikanischen Politik im Iran bestand darin, dass die UdSSR ausdrücklich die industrielle und gesellschaftliche Modernisierung förderte und damit den nationalen Widerstand forcierte. Der entscheidende Schritt zum antisowjetischen und schließlich islamistischen Staat folgte nach der Beseitigung der Monarchie 1973 und der Einrichtung eines sowjetischen Regimes unter Babrak Karmal im Jahr 1979. Wie in den von den USA unterstützten westorientierten Staaten schaukelte sich auch im sowjetisch ausgerichteten Afghanistan der islamische Widerstand allmählich auf. Er erreichte seine volle Ausdehnung, als die UdSSR im Dezember 1979 schließlich reguläre Truppen schickte und die USA begannen, ihrerseits militärische Unterstützung an die nationalen Widerstandsgruppen, die islamistischen *Mudschaheddin*, zu leisten. Nach zehn Jahren erfolglosen militärischen Engagements wurde 1989 mit dem Rückzug der Roten Armee ein Schlussstrich gezogen. Am Ende stand 1997 ein islamistischer Staat Afghanistan unter den *Taliban*, der schließlich sogar weltweit islamische Extremisten unterstützte. Sie verübten in den USA, aber auch auf dem Gebiet der ehemaligen Sowjetunion – hier unter anderem in Tschetschenien und Aserbeidschan, aber auch im Süden Mitteleuropas, so etwa in Bosnien, – Anschläge.

Apokalypse und Satire: Literatur, Comic, Film

Dass die Themen des Kalten Krieges rasch ihren Niederschlag im Kulturbetrieb, vor allem auch in der Literatur und im Film fanden, ist wenig überraschend, da die Auseinandersetzung der Systeme von Beginn an eben auch ein Kampf der Kulturen war. Dies lässt sich, wie gesehen, zum einen an der Zensur zeigen, an der kalten Verdrängung von Themen des Konflikts. Zum anderen wurden die Mechanismen und Inhalte der Auseinandersetzung rasch selbst zum Sujet, wobei Literatur und Filme erstaunlich präzise den Konjunkturen des Kalten Krieges folgten. Im Publikum fand dies durchaus Anerkennung, wie die Verkaufszahlen von einigen Büchern, aber auch die hohen Besucherzahlen bei einschlägigen *Cold War Movies* zeigen. Literatur und Film – sehr häufig auch in der Form einer optimistischen oder eher düsteren Zukunftsvision, der *Science Fiction* (SF) – boten in Ost wie West die ansprechendste öffentliche Bühne für die Interpretation oder auch nur Illustration des Systemkonflikts. Im Rückblick bietet die Bandbreite der aufgegriffenen Themen einen instruktiven Einblick in jene Fragen, die die Öffentlichkeit im Kalten Krieg bewegten.

Die literarische Auseinandersetzung mit den Inhalten des Kalten Krieges begann im Osten wie im Westen unmittelbar mit dessen Eröffnung. Dies ist sowohl in der anspruchsvollen Kunst- als auch in der Unterhaltungs- und Trivialliteratur nachzuvollziehen. Einige Themen fanden durchgängig besonderes Interesse. Dazu gehörte die Frage nach der besseren politischen Gesellschaftsordnung, die in den Publikationen ebenso wie den Filmen der beiden Hauptkontrahenten naturgemäß unterschiedlich beantwortet wurde. Weitere Hauptmotive waren die permanente Bedrohung durch Feinde und atomare Vernichtung und nicht zuletzt immer wieder die Frage nach der Stellung und Verantwortung des Einzelnen im globalen Konflikt. Die Antworten waren gar nicht so unterschiedlich, wie man vermuten könnte. In der Frage nach Nutzen und Schaden der Atomkraft etwa gab es zeitweilig so etwas wie einen Ost-West-Konsens. Vor allem die utopische SF-Literatur auf beiden Seiten des Eisernen Vorhangs nahm beides auf: den Horror des Nuklearkrieges ebenso wie die Vorteile der Kernspaltung.[20] Exemplarisch verband dies der polnische SF-Autor Stanislaw Lem, der als einer der am meisten übersetzten Autoren des Ostblocks auch im Westen ausgesprochen viel gelesen wurde. In seinen 1957 verfassten *Sterntagebüchern (Dzienniki Gwiazdowe)* gab es zwar einerseits den damals typischen nuklearen Zukunftsoptimismus. Andererseits thematisierte Lem in einem Dialog zwischen einem Bewohner der Erde und einem Vertreter einer außerirdischen Zivilisation eine kaum verhüllte Kritik an der Atomrüstung und am destruktiven Umgang mit der Atomenergie.[21] Auch in dem ebenfalls in der Hoch-Zeit des Kalten Krieges 1960 in den USA verfilmten SF-Klassiker *The Time Machine*, dessen Romanvorlage H. G. Wells bereits 1895 veröffentlicht hatte, war es nicht mehr die von Wells vorgegebene Konstellation, nach der die fortschreitende Separierung der Menschheit in Reiche *(«Haves»)* und Arme *(«Have-Nots»)* die Welt in die Barbarei führt, sondern die Atombombe.

In den politischen Grundfragen des Kalten Krieges war dieser Ost-West-Konsens, wie er sich in der Nuklearfrage zumindest tendenziell abzeichnete, nicht zu erwarten. Die offiziell geförderte oder geduldete Literatur des Ostblocks vermittelte deutliche Feindbilder.[22] Die «Tatsachenromane» des viel gelesenen ostdeutschen Film- und Buchautors Wolfgang Schreyer, *Der Traum des Hauptmann Loy* (1956) oder *Augen am Himmel* (1968), beschrieben die Fronten des Kalten Krieges als Fortsetzung von Imperialismus und Nationalsozialismus. Dennoch gab es auch Arbeiten, die zwischen den Zeilen Kritik an der angeblich einseitigen Verantwortung des Westens für den Kalten Krieg äußerten. Die ansonsten regimetreue DDR-Autorin Christa Wolf thematisierte 1983 in ihrer Erzählung *Kassandra* eine verhaltene Mitverantwortung beider Seiten für die Auseinandersetzung, wenngleich sich auch ihre Vorwürfe, einen Atomkrieg vorzubereiten, primär gegen die USA richteten.[23] Bekannte ostdeutsche Dissidenten, so der 1952 aus den USA in die DDR zurückgekehrte Stefan Heym, hatten es da schwerer. Sein Roman *5 Tage im Juni* (1959) konnte in der DDR bis 1989 nicht erscheinen, obwohl er weitgehend der offiziellen Interpretation folgte, wonach der Aufstand in der DDR im Juni 1953 im Wesentlichen ein vom Westen gesteuerter Putsch gewesen sei.

Auch in der westlichen Literatur knüpften die ersten literarischen Arbeiten, die sich mit den politischen Fronten des Kalten Krieges beschäftigten, zunächst an traditionelle Feindbilder an. In die Rolle des totalitären Gegners, die zunächst die Deutschen fast exklusiv besetzten, rückten nun die Kommunisten und die Sowjets. George Orwells Roman *Animal Farm* (1945), die Geschichte vom Aufstand der Tiere gegen den Menschen und das Scheitern ihrer Revolution durch den Machtmissbrauch in den eigenen Reihen, war bereits eine deutlich antistalinistische Satire. Sein 1949 folgender Roman *Nineteen Eighty-Four (1984)* war dann einer der ersten und gleichzeitig einer der wirkungsvollsten, die sich literarisch mit den politischen Strukturen des beginnenden Kalten Krieges auseinandersetzten. Bezeichnenderweise hatte Orwell das Thema zunächst ebenfalls als «utopischen Roman» vorbereitet. Im Konstituierungsjahr des Kalten Krieges vermerkte er 1947 jedoch, nun sei das Buch doch tagespolitisch geworden.[24] Inhaltlich erinnerte es tatsächlich eher an die aktuelle Politik des Kalten Krieges als an eine entferntere Zukunft: Drei «Supermächte», *Oceania*, *Eurasia* und *Eastasia*, führen einen permanenten Krieg gegeneinander, eine überall anwesende Kontrolle – der berüchtigte *Big Brother* – ist geschaffen worden, um Loyalität und im Zweifelsfall die Ausschaltung der Andersdenkenden zu gewährleisten. Die Dialektik «Krieg ist Frieden» – «Frieden ist Krieg», die aus der Sprachwelt des Kalten Krieges stammen könnte, präsentierte Orwell als ein Beispiel für das «Doppelte Denken» *(«Doublethink»)* und das «Neue Sprechen» *(«Newspeak»)* in *Oceania*.[25] Auch die Atombombe spielt in Orwells Roman bereits eine alltägliche Rolle. Opfer werden nicht thematisiert, wichtig ist für die Mächte allein das «Gleichgewicht des Schreckens». In ähnlicher Weise konnte man den 1953 erschienenen SF-Roman *Fahrenheit 451* des amerikanischen Autors Ray Bradbury als eine Auseinandersetzung mit den gesellschaftlichen Folgen des Kalten Krieges lesen. Bradburys Thema war die Gesellschaft in der totalen Auseinandersetzung, in der individuelles Denken, speziell aber Bücher schon zu einer Gefahr der nationalen Sicherheit geworden sind. Literatur wird zerstört, während die Bevölkerung einer permanenten Überwachung und Verhaltensregelung ausgesetzt ist. Widerstand beschränkt sich auf kleine Gruppen, die schließlich auch den am Ende stattfindenden Atomkrieg überleben.

Nicht als düstere SF-Dystopie, sondern als Beschreibung einer traditionell strukturierten Gesellschaft, die durch den abrupten Einbruch des Kalten Krieges zerrissen wird, konnte 1955 der Roman *Atomstation* sogar die Nobelpreiskommission für sich gewinnen. Den US-Luftwaffenstützpunkt auf Island, die «Atomstation», auf der unter anderem Frühwarnsysteme, U-Boote, Abfangjäger und schließlich auch Atomwaffen stationiert waren, präsentierte der isländische Autor Halldór Laxness (eigentlich: H. Gudjónsson) 1948 als Ausgangspunkt für den Einbruch der Ideologien und der Bedrohungen des Kalten Krieges, aber auch als Einfallstor für die (unerwünschte) «Amerikanisierung» der Insel. Auswege oder Neutralität gibt es für ihre Bewohner nicht. «Der Kampf geht um zwei Grundsätze», lautet im Roman die schlichte Antwort auf die Frage, ob man Island durch die Genehmigung der Weiternutzung des US-Stützpunkts der nuklearen Zerstörung preisgegeben habe, «die Front verläuft durch alle Länder, alle Meere, alle Lufträume; aber vor allem mitten durch unser eigenes Bewusstsein. Die Welt ist eine einzige Atomstation.»[26] Wie unter anderem schon Orwell wurde auch Laxness durch seinen Roman selbst zum Gegenstand der ideologischen Auseinandersetzung im Kalten Krieg. Von der einen Seite zum Vorkämpfer des Kommunismus erhoben, sah er sich von der anderen Seite als Verräter gebrandmarkt, der der Propaganda des Ostblocks Vorschub leiste.[27]

Die aus diesen Gründen nicht unumstrittene Verleihung des Nobelpreises an Laxness 1955 erfolgte dann zu einem Zeitpunkt, als einerseits bereits eine gewisse Normalität in den Kalten Krieg eingekehrt war, andererseits aber zahlreiche weitere, gerade auch US-kritische Arbeiten vorgelegt wurden. Dazu gehörten unter anderem die verschiedenen literarischen Umsetzungen der weltweit aufsehenerregenden Verstrahlung japanischer Fischer während des amerikanischen Wasserstoffbombentests *Bravo* 1954. Deutlicher als bisher wandte sich die Literatur damit auch der Frage zu, welche Verantwortung der Einzelne im globalen Konflikt trage. Ein Beispiel für die Individualisierung war das 1955 uraufgeführte Drama *Das Kalte Licht* des aus der US-Emigration nach Europa zurückgekehrten Carl Zuckmayer. In ihm wurde mehr oder minder deutlich auf den erst wenige Jahre zurückliegenden Fall des Atomspions Klaus Fuchs und auf das in der Öffentlichkeit kaum weniger diskutierte Verhalten Albert Einsteins zwischen politischer Förderung der Atombombe und Bekämpfung der Nuklearwaffen verwiesen. Besonders provokant war Zuckmayers Zeichnung des im Westen als Verräter und im Osten als Held geltenden Fuchs. Fuchs erschien bei ihm als ein moralisch integrer Wissenschaftler, der sich von keiner Seite vereinnahmen lassen will. Auch die 1961 und 1964 entstandenen Dramen *Die Physiker* des Schweizer Schrifstellers Friedrich Dürrenmatt und *In der Sache J.R. Oppenheimer* des 1959 in den Westen übergesiedelten ehemaligen DDR-Autors Heinar Kipphardt thematisierten ausdrücklich die Forderung nach individueller Verantwortung im globalen Konflikt.

Bis zum Ende des Kalten Krieges blieben seine aktuellen Debatten ein Thema der Literatur. Dazu gehörten auch die Diskussionen um die Einführung der Neutronenbombe und um die «Nachrüstung» mit Mittelstreckenraketen in Europa. Der 1986 vorgelegte, wiederum als Dystopie konstruierte Roman *Die Rättin* des westdeutschen Autors Günter Grass stellte einen «Rattenstaat» in den Mittelpunkt, der sich nach einem durch Missverständnisse ausgelösten Atomkrieg etablieren konnte. Allerdings ist auch dieser dazu verurteilt, die menschliche Entwicklungsgeschichte bis zur Katastrophe zu wiederholen: Sesshaftwerdung, Religionsgründung, Entstehung politischer Ideologien und schließlich wieder Krieg.

Erfolgreicher als die Kunstliteratur konnte die Unterhaltungs- und Trivialliteratur, speziell die angloamerikanische Pop-Literatur, die Themen des Kalten Krieges an das breite Publikum vermitteln. Hier standen die vielen Comics und Cartoons, aber auch die in vergleichbaren Massenauflagen produzierten *Pulps*, die in Deutschland zunächst traditionell «Groschenhefte» genannt wurden, an erster Stelle. Speziell die amerikanischen Comics beschäftigten sich früh und in Millionenauflage mit den ideologischen Fronten des Konflikts, insbesondere aber im Anschluss an die SF-Literatur mit der atomaren Bedrohung. Man geht davon aus, dass allein in den USA in den ersten zehn Jahren nach dem Ende des Zweiten Weltkriegs etwa sechzig Millionen *Comic Books* pro Monat publiziert wurden, die bei Weitem nicht nur von Minderjährigen konsumiert wurden.[28] In dieser Gruppe war die Leserzahl allerdings besonders hoch: Zwischen achtzig und neunzig Prozent aller Kinder und Jugendlichen zwischen sechs und siebzehn Jahren lasen Comics. Diese Begeisterung für Bildergeschichten übertrug sich zum Teil auch auf andere westliche Staaten. Ein frühes amerikanisches Beispiel war der 1947 mit politisch-pädagogischer Zielrichtung veröffentlichte Comic *Is This Tomorrow? America Under Communism!*.[29] Er malte ausführlich aus, wie ökonomische Probleme schließlich zum kommunistischen Umsturz in den USA führen. Mit ernsthaft vertretenem politisch-pädagogischen Impetus präsentierten sich aber vor allem die sowjetischen, chinesischen und aus den Ostblockstaaten stammenden Cartoons und Comics im Kalten Krieg. Am bekanntesten, auch im Westen, waren wohl die von der sowjetischen Satirezeitschrift *Krokodil* veröffentlichten politischen Karikaturen zu Tagesthemen. Comics waren zwar im Vergleich zum Westen viel weniger gängig, positionierten sich aber viel häufiger eindeutig politisch, und dies auch in der Zielgruppe der Kinder und Jugendlichen. In Polen war die ideologisch aufbereitete *Geschichte des polnischen Staates (Historia Panstwa Polskiego)* im Comic-Format weit verbreitet, in der DDR etwa die Comic-Zeitschriften *Mosaik* oder *Frösi*. Während die ab 1953 erscheinende Serie *Frösi* mit am sowjetischen Vorbild orientierten Heldengeschichten aus der sozialistischen Arbeiterbewegung aufwartete, hielt sich die 1955 gestartete und im FDJ-Auftrag konzeptionierte *Mosaik*-Reihe mehr an westliche Vorbilder. In ihr fanden sich zum Beispiel die SF-Comics, in denen die Helden unter anderem auf außerirdische Zivilisationen treffen, die ähnlich wie auf der Erde einen Kalten Krieg führen.

Die einseitigen Stellungnahmen für die eigene Seite im Kalten Krieg verloren sich in den amerikanischen Comics teilweise schon in den Fünfzigerjahren. In drastischer Weise setzten sie sich mit dem Nutzen, vor allem aber mit den Gefahren der Atomkraft auseinander. Deutlich spielten sie den großen Vorteil dieser Kunstform aus: In den Comics ließen sich unter anderem die fantasiereich ausgestalteten Folgen der Nukleartechnik viel wirkungsvoller zeigen. Die Antwort der Comics auf die Frage nach den Folgen der Atomkraft war eindeutig: Es konnten nur gigantische Mutationen dabei herauskommen. Seit 1946 bevölkerten durch Strahlung veränderte Supermenschen und vor allem monströse Tiere die amerikanische Comic-Welt. Aus den Tiefen des durch Atomtests kontaminierten Pazifischen Ozeans tauchten unter anderem der wiederbelebte Dinosaurier *Godzilla* (im japanischen Original: *Gorija*) und seine diversen Nachfolger auf. In der

DER KALTE KRIEG IM COMIC Einer der am längsten überlebenden Superhelden des Kalten Krieges: «Captain Atom». Kaum eine andere Comicfigur spiegelte so konsequent die unterschiedlichen Konjunkturen des Kalten Krieges wider. Auf einem der Höhepunkte des Kalten Krieges 1960 erschienen, vertrieb die beginnende Entspannungspolitik zunächst die Leserschaft. 1967 musste *Captain Atom* aufgrund mangelnden Käuferinteresses den Rückzug antreten und aus dem Verlagsprogramm genommen werden. In der heißen Schlussphase des Kalten Krieges in den Achtzigerjahren erlebte er folgerichtig seine Renaissance. Ab 1986 kämpfte er erneut gegen die Kommunisten. 1991 kam dann das endgültige Aus.

STRANGE SUSPENSE STORIES
12¢
JUNE
STRANGE SUSPENSE STORIES
Presents
CAPTAIN ATOM
APPROVED BY THE COMICS CODE AUTHORITY
THE ORIGINAL STORIES... BACK BY POPULAR REQUEST!
Origin Issue
you asked for it! here it is... a COLLECTOR'S SPECIAL
THE ORIGIN
THE SECOND MAN IN SPACE
ON PLANET X
and more

nicht weniger nuklear verseuchten Wüste der amerikanischen Testgelände in Nevada tummelten sich ins Gigantische vergrößerte Ameisen oder Spinnen. Mit Supermenschen, wie dem grünen *Incredible Hulk*, der erstmalig 1962 erschien, oder den ein Jahr zuvor debütierenden *Fantastic Four*, hatten sie eines gemeinsam: eine ungesund hohe Dosis radioaktiver Strahlung, die nach Meinung der Comic-Autoren zwangsläufig übernatürliche Kräfte verlieh oder gigantisches Wachstum verursachte.[30] Es blieb vor allem der amerikanische Marvel-Verlag, der mit diesen Figuren für Jahrzehnte Standards setzte.[31] Bereits Anfang 1946 hatte sich der in seiner Popularität unter Comic-Lesern sogar *Superman* in den Schatten stellende *Captain Marvel*, der zuvor gegen allerlei Nazis und sonstige potenzielle Invasoren zu kämpfen hatte, mit Nuklearwaffen und der Atomkriegsgefahr herumzuschlagen. *Captain Marvel Battles the Dread Atomic War* war einer der frühen Titel der *Captain Marvel Adventures* aus dem Jahr 1946.[32] In den folgenden Jahren kämpfte dieser Held nicht nur gegen aggressive, korrupte und ignorante Politiker, die mit der nuklearen Gefahr leichtfertig umgingen, sondern er wurde auch nicht müde, kontinuierlich vor dem drohenden Atomkrieg und den Gefahren radioaktiver Strahlung zu warnen. Ähnliche atomkritische Stellungnahmen lieferten auch die Comic-Serien *Weird Fantasy* und *Weird Science*. Letztere titelte Ende 1951 sogar mit der auf zwölf Uhr Weltuntergangszeit stehenden *Doomsday Clock* des *Bulletin of the Atomic Scientists*. Obwohl einige dieser Serien in der letzten heißen Phase des Kalten Krieges noch einmal eine Renaissance erlebten, nachdem ihnen während der Entspannungsjahre die Leser abhandengekommen waren, überstanden die meisten das Ende des Konflikts nicht. Als einer der letzten genuinen Comic-Helden des Kalten Krieges verschwand 1991 *Captain Atom*.

In der amerikanischen Spielfilmproduktion markierte das Jahr der Ersten Berlinkrise den Übergang zum Genre der *Cold War Movies*, als 1948 mit *Berlin-Express* der letzte prosowjetische und mit *The Iron Curtain* der erste deutlich antikommunistische Streifen in die Kinos kam. Hollywood begann nun Dutzende solcher Filme zu produzieren. Filme wie *I Married a Communist* aus dem Jahr 1950 thematisierten paranoide Ängste vor Unterwanderung und Invasion. Auch in dem berühmten Film *The Day the Earth Stood Still* (1950) fanden sich gebündelt die Furcht vor Invasion und technischer

I MARRIED A COMMUNIST Regisseur Robert Stevenson setzte in diesem Streifen ganz auf Motive des Gangsterfilms. Der Film zeigt die Kommunistische Partei der USA als gewissenloses Verbrechersyndikat, das für seine Ziele buchstäblich über Leichen geht. Hauptdarsteller Robert Ryan verkörpert einen von der CPUSA zur Mitarbeit gepressten Amerikaner.

Überlegenheit sowie das Gefühl eines permanenten Belagerungszustands. Sein Inhalt allerdings – Außerirdische greifen die Erdbevölkerung an, um das atomare Wettrüsten zu beenden – löste selbst bei Wohlmeinenden Kopfschütteln aus. Bis in die letzte Phase des Kalten Krieges blieb vor allem das Invasionsthema aktuell, wie der 1984 gestartete US-Film *Die rote Flut* zeigte.

Zahlreiche Filme basierten auf zum Teil schon vorher erfolgreichen Büchern. Die berühmten «James Bond-007»-Filme, wie *From Russia with Love* (1963), folgten weitgehend den seit 1953 publizierten Romanen des britischen Autors Ian Fleming. Sie reproduzierten ebenso kontinuierlich die Fronten des Kalten Krieges wie die gleichfalls populären Filmvorlagen von John Le Carré (*The Spy who Came in from the Cold*, 1963/66), der allerdings aus eigener Erfahrung wusste, wovon er schrieb: Carré (eigentlich: David Cornwell) war unter anderem im britischen MI 6 tätig gewesen. Nicht zuletzt versuchten sich die großen Meister des Kinos am Thema: Alfred Hitchcocks Spionagethriller *Topaz* (1968) spielte vor dem Hintergrund der Kubakrise 1962. Wie minutiös das Kino den Kalten Krieg abbildete, ist nicht zuletzt daraus ersichtlich, dass selbst die Entspannungsphasen ihren Niederschlag fanden. 1977 spielte Charles Bronson im US-Thriller *Telefon* einen KGB-Offizier, der in die USA geschickt wird, um «Schläfer», die im Ernstfall für Sabotageeinsätze hinter den feindlichen Linien aktiviert werden sollten, auszuschalten, nachdem die Supermächte zur Verständigung übergegangen waren. Darüber hinaus wurden mit der Popularisierung des Fernsehens auch immer mehr Serien zum Thema produziert. Zu ihnen zählte zwischen 1961 und 1968 etwa *The Avengers* (dt.: *Mit Schirm, Charme und Melone*), in der in wöchentlicher Folge das Agentenpaar John Steed und Emma Peel unter anderem die kontinuierliche Unterwanderung der westlichen Welt bekämpfte. Nicht zuletzt reproduzierte auch der amerikanische Western gerade in den fünfziger- und Sechzigerjahren mehr oder minder deutlich das manichäische Weltbild und die Fronten des Kalten Krieges.

Früh wurde der Horror des Atomkriegs zum Thema. Nach zweitklassigen amerikanischen *B-Movies* – etwa *The Day the World Ended* (1955) –, die sich an einschlägigen Comics orientierten, kam 1959 ein ernsthafterer Versuch in die Kinos. Das US-Drama *On the Beach* spielte nach der nuklearen Katastrophe und thematisierte eindrucksvoll die Schrecken des alltäglichen Lebens in einer zerstörten Welt. Bei den Kritikern, vor allem aber in der Publikumsgunst fiel der Film jedoch durch. Angesichts der Hysterie um die angebliche «Raketenlücke» des Westens, war es für das Thema offensichtlich noch zu früh. Ganz anders war dies Ende der Sechzigerjahre, als die inzwischen aufgebauten gigantischen nuklearen Waffenarsenale eine weltweite Vernichtung nicht mehr unwahrscheinlich erscheinen ließen. *Planet of the Apes* aus dem Jahr 1967 zeigte eine verwüstete Erde, auf der die Primaten die Führung übernommen haben. Der Film war ein Publikumsrenner und hatte vier Fortsetzungen. *The Day After* von 1983 zeigte die Sinnlosigkeit des Überlebens nach dem globalen Atomkrieg. Anders als 1959 erhielt dieser Versuch, sich mit dem Thema auseinanderzusetzen, vor dem Hintergrund der aktuellen amerikanisch-sowjetischen Konflikte um die Aufstellung neuer Atomraketen in Europa weltweite Aufmerksamkeit. Parallel kamen nun auch Filme auf den Markt, die verstärkt die Gefahr eines Unfalls oder des Zufalls für die Auslösung eines Atomkriegs thematisierten. Der US-Thriller *War Games* von 1982 erzählte effektvoll die Geschichte eines Schülers, der durch Zufall den Computer der Landesverteidigung aktiviert und dadurch fast den globalen Atomkrieg auslöst. In dem im selben Jahr gedrehten sowjetischen Film *Vorfall im Planquadrat 36–80 (Slutschai w Kwadrate)* ist es die Überheblichkeit eines amerikanischen Offiziers auf einem havarierten Unterseeboot, die beinahe zum Krieg führt. Aber auch bereits zwanzig Jahre zuvor gab es einzelne solcher Filme, nachdem es zu einer ganzen Serie von Atomunfällen gekommen war. Der US-Streifen *Fail Safe* (1963) zeigte, was passieren könnte, wenn die Automatik, die den Gegenschlag einleiten sollte, einmal versagen würde. Vier Jahre davor war auch im Ostblock eine ambitionierte Produktion in die Kinos gekommen, die das gleiche Thema behandelte. In *Der schweigende Stern (Milczada Gwiazda)* wurde der unbewohnbare Planet Venus als Ergebnis eines nuklearen Unfalls präsentiert. Näher an die Tagespolitik kam 1967 wieder der US-Streifen *The Day the Fish Came Out*, in dem die Geschichte des berüchtigten Palomares-Zwischenfalls erzählt wurde.

Der Film war es auch, der die Widersinnigkeiten des Kalten Krieges als Erster ironisch aufnahm. Die französisch-italienischen Komödien um den katholischen Geistlichen Don Camillo und den kommunistischen Bürgermeister Peppone wie *Le Petit Monde De Don*

Camillo kamen schon ab 1952 in die Kinos. Billy Wilders Komödie *Eins, Zwei, Drei* (1961) sah den Kalten Krieg der Supermächte im geteilten Berlin mit seinen ideologischen Stereotypen als grandiosen Witz. In der bereits mehrfach erwähnten, zwei Jahre später gedrehten Satire *Dr Strangelove*, die gerade wegen ihres albtraumhaften Humors wohl der beste Beitrag zum Thema ist, erscheint der Kalte Krieg als eine männliche Sexualneurose. Zur Ausgestaltung der Charaktere machte Regisseur Stanley Kubrick ausgiebige Anleihen bei jenen US-Militärs, die aufgrund ihrer exzentrischen Meinungen bekannt waren. Als Vorbilder für General «Jack D. (= the) Ripper», der am Beginn des Films «ein für alle Mal reinen Tisch machen will» und dafür seine B-52-Bomber zum Angriff auf die Sowjetunion schickt, dienten die ersten Kommandeure des Strategischen Luftkommandos der USA, Curtis LeMay und Thomas Power, aber wohl auch Generäle vom Schlage eines Douglas MacArthur, dessen Forderung aus dem Koreakrieg, Nuklearwaffen einzusetzen, nur zu gut in Erinnerung war. Der Film war ein Publikumsrenner.

Im Kino der Ostblockstaaten fehlte, wie in der Literatur, vor allem diese Ironisierung der Auseinandersetzung. Die politisch-pädagogischen Ziele verboten auch auf diesem Feld Zweideutigkeiten und vor allem Spott, wenn es um die eigene Seite ging. Zum Publikumsrenner, der gleichzeitig eine zentrale pädagogische Funktion erfüllte, wurde 1963 die DDR-Produktion *For Eyes Only*.[33] Der Film war nicht nur die spannend erzählte Geschichte auf der Basis einer tatsächlich stattgefundenen Unterwanderung einer amerikanischen Geheimdienstzentrale in Westdeutschland 1956, in deren Folge 140 gegnerische Agenten in der DDR verhaftet worden waren. Darüber hinaus war der Film insbesondere auch der Abschluss einer für die Ostblock-Propaganda zentralen Kampagne zur Begründung des Mauerbaus gewesen. Ein ebenso deutlich politisch-pädagogisch unterlegter Musterfilm des Kalten Krieges war die sowjetische Produktion *Eine Nacht ohne Gnade (Notsch bes Milosserdija)* aus dem Jahr 1961, in der ein mit «Sonderaufgaben» in Vorderasien betrauter US-Soldat den «wahren Charakter» des Westens erkennt, aber den Versuch der Verständigung mit den Sowjets mit dem Leben bezahlt. Wie im Westen tauchten in der heißen Endphase des Kalten Krieges viele der traditionellen Inhalte erneut auf. Der Film *Die Festnahme (Perechwat)* aus dem Jahr 1986 beschwor noch einmal eindringlich die Gefahr der gegnerischen Sabotage. Klischees des Kalten Krieges in Reinkultur boten in den Achtzigerjahren zudem die sowjetischen Filme um «Major Schatochin», das Pendant zu den von 1982 bis 1987 produzierten amerikanischen *Rambo*-Abenteuern.

Unterhaltung als Waffe: Radio, Fernsehen, Musik

Die Psychologische Kriegsführung war das einzige wirksame Instrument im Kalten Krieg, das sich auf gegnerischem Territorium einsetzen ließ, ohne direkt Menschenleben zu gefährden, und das zudem nur schwer abgewehrt werden konnte. Zu ihr rechnete man, neben dem Abwurf von Flugblättern, insbesondere Rundfunk- und Fernsehprogramme. Unmittelbar nach der Gründung der beiden deutschen Staaten war eine Mehrheit der US-Amerikaner davon überzeugt, dass der weltweite Ausbau der Radiostationen zu einem Sieg im Kalten Krieg entscheidend beitragen werde.[34] Diese Hochschätzung der elektronischen Medien blieb kontinuierlich erhalten, erst recht, als der Ostblock im August 1961 seinen Machtbereich durch eine Mauer abriegelte.

Die amerikanische Radiopropaganda war im Zweiten Weltkrieg vor allem mit der *Voice of America* (VOA) zum zentralen Instrument der Psychologischen Kriegsführung herangewachsen, der einige Erfolge zugeschrieben wurden. Die VOA blieb auch während des gesamten Kalten Krieges ein wichtiges Standbein der weltweiten «Informationspolitik». Für wie bedeutsam man diese in den Vereinigten Staaten hielt, zeigte sich 1953, als zum ersten Mal eine eigene Behörde dafür geschaffen wurde: die USIA *(United States Information Agency)*. Ihr Gewicht manifestierte sich nicht nur in ihrem hohen Budget, sondern auch in der Tatsache, dass ihr Direktor direkt vom US-Präsidenten ernannt wurde und ab 1955 sogar an den Sitzungen des Nationalen Sicherheitsrats teilnehmen durfte. Seit 1954 unterhielt die USIA bereits ein eigenes Forschungsinstitut, das die jeweilige «Propagandalinie» des Gegners weltweit analysierte und daraus länderspezifische Programme *(«Country Plans»)* entwickelte. Neben den offiziellen Stationen waren seit Ende der Vierzigerjahre aber auch halb offizielle Sender aufgebaut worden, denen ebenfalls verdeckte Mittel der US-Regierung zukamen. Dieser Status schuf enormen zusätzlichen Freiraum in der Propaganda, denn selbst radikale Sendungen blieben formaljuristisch immer eine private Äußerung. Stationen, wie *Radio Free Europe* (RFE) und *Radio Liberty* (RL), die von Westdeutschland aus sendeten, machten Programme für den Ostblock. Ähnliche Sender produzierten nach demselben Muster für den ostasiatischen Raum. Unter der Kontrolle der USIA arbeitete auch der wichtigste westliche Sender für die DDR, der bereits 1946 gegründete RIAS, der für viele andere «Frontsender» zum Vorbild wurde. Einige bekannte westdeutsche Moderatoren begannen hier ihre Karriere, so etwa Gerhard Löwenthal, der später mit dem *ZDF-Magazin* auch ein offensives antikommunistisches Format im Fernsehen schuf. Auch von anderen westlichen Staaten wurden solche Sendungen produziert, die weltweit zu hören waren. Aus Großbritannien sendete die BBC. Aus der Bundesrepublik waren der Deutschlandfunk (DLF) und die Deutsche Welle (DW) für die Auslandsprogramme zuständig. Die in Westdeutschland eingerichteten Sender waren, sofern sie nicht gezielt gestört wurden, in der DDR, aber auch in den angrenzenden Staaten zu hören. Dazu gehörten der NWDR (später: NDR/WDR) oder der Bayerische Rundfunk. Auch der in Frankfurt am Main ansässige US-Soldatensender AFN war bis weit in den Osten zu empfangen. Seit den Achtzigerjahren konnten zudem die ständig erweiterten westdeutschen Privatsender in der DDR empfangen werden. Die Bundesrepublik betrieb darüber hinaus zeitweilig geheime Sender mit Zielgruppenprogrammen, so etwa einen 1962/63 aktiven Soldatensender der Bundeswehr, der Sendungen für die NVA ausstrahlte, dann aber zugunsten der Flugblattpropaganda eingestellt wurde. Unabhängig von diesen offiziellen, halb offiziellen, privaten, öffentlichen oder geheimen Sendern gab es eine Fülle von nicht offiziellen Stationen, die teilweise nur zu bestimmten Gelegenheiten – etwa während des Ungarischen Aufstands – auftauchten. Beteiligt waren in der Regel radikale Emigrantenorganisationen, die wie die russischen Gruppen NTS oder ZOPE in den Fünfzigerjahren auch finanzielle Unterstützung von westdeutschen Ministerien erhielten. Die vom NTS aus Westdeutschland ausgestrahlten Programme erwiesen sich schließlich als so störend für den Ostblock, dass der in Frankfurt am Main beheimatete Sender 1958 in einer gemeinsamen Aktion von KGB und MfS gesprengt wurde. Ein ähnlicher NTS-Sender existierte auf Taiwan, der für das chinesische Festland und Südostasien antikommunistische Programme produzierte.

Die Medienpolitik des Ostblocks im Kalten Krieg unterschied sich von der des Westens prinzipiell darin, dass sie das Stören von unerwünschten gegnerischen Sendern zum Prinzip machte und dies auch beibehielt, als die UNO 1950 das «*Jammen*» für illegal erklärte. So war seit 1948 der Empfang der VOA, seit dem Bruch mit Mao aber auch zum Beispiel Radio Peking behindert worden. Als sich die Albaner kurz danach auf die Seite Chinas stellten, bezog man Radio Tirana gleich mit ein. Andere Ostblockstaaten verfuhren ähnlich. Polen etwa schaltete die Störsender 1964 ab, ließ sie aber in Krisenzeiten immer wieder starten. Ab 1950 wurde das sowjetische Auslandsprogramm massiv ausgebaut. Unter anderem entstand in den Fünfzigerjahren sogar eine eigene Fernsehstation in der Arktis, die in Richtung Nordeuropa senden sollte. 1970 erreichten die sowjetischen Auslandsprogramme mit rund 1900 Wochenstunden ziemlich genau den Gleichstand mit den großen amerikanischen Stationen. In den Achtzigerjahren hatte dann der Umfang der sowjetischen Auslandssendungen sogar den Westen überholt. In achtzig Sprachen wurde rund um die Welt gesendet.[35]

Europa und hier insbesondere Westdeutschland blieben jedoch für die Propaganda des Ostblocks ein deutlicher Schwerpunkt. Allein zwei große sowjetische Stationen, Radio Moskau und Radio Kiew, bemühten sich um deutschsprachige Hörer. Die wichtigste Arbeit übernahm hier allerdings die DDR. Neben dem Deutschlandsender (ab 1971: Stimme der DDR), der als einziger kontinuierlich in ganz Westdeutschland zu hören war, und der *Berliner Welle*, die zwischen 1958 und 1971 für die Bevölkerung in Ost- und Westberlin sendete, war 1955 eine eigene DDR-Auslandsstation gegründet worden. Radio Berlin International (RBI) sendete vor allem für die blockfreien Staaten Afrikas und Asiens, für die man rund zwei Drittel der Kapazitäten bereitstellte. Parallel dazu wurde auch vom Ostblock der Ätherkrieg mit diversen «Geheimsendern» betrieben. Dazu gehörte nach dem KPD-Verbot in der Bundesrepublik 1956 vor allem der Deutsche Freiheitssender 904 (DFS 904), der bis 1971 in Betrieb blieb. Kurz vor dem Mauerbau wurde 1960 der Deutsche Soldatensender 935 für Angehörige der Bundeswehr auf Sendung geschickt. Er blieb bis 1972 aktiv. 1968 wurde in derselben Tradition ein Sender zur Bekämpfung des «Prager Frühlings» gegründet (*Radio Vltava* bzw. Radio Moldau). Zeitweilig gab es zudem eine Station für die amerikanischen Streitkräfte sowie verschiedene Sender für «Gastarbeiter» in der Bundesrepublik.

Das Fernsehen spielte lange Zeit eine untergeordnete Rolle, was in den Brennpunkten des Kalten Krieges mit den eingeschränkten Programmen und Reichweiten, aber auch den fehlenden Empfangsgeräten zu tun hatte. In den USA, wo 1946 ein regelmäßiges Fernsehprogramm gestartet worden war, hatten Mitte der Fünfzigerjahre immerhin ein Drittel der Haushalte ein Fernsehgerät. In der Sowjetunion und im Ostblock lag man weit dahinter, obwohl auch in Moskau mithilfe der USA schon seit 1938 ein Fernsehprogramm eingerichtet worden war. Zwar waren bereits in den Fünfzigerjahren auch sowjetische Auslandsfernsehprogramme installiert,[36] und auch ein «Volksfernseher» wurde seit 1948 produziert. Doch noch in den Sechzigerjahren lag die Zahl der Fernsehempfänger in der UdSSR bei nur zwanzig Millionen. Auch im geteilten Deutschland, wo beide Seiten zwischen 1952 und 1956 mit der Popularisierung des Fernsehens begannen, lag der Westteil in Führung. In der Bundesrepublik waren 1960 rund vier Millionen Teilnehmer registriert, in der DDR nur rund 700 000.[37]

Die Wirkung der Rundfunk- und Fernsehsendungen hing natürlich neben den Empfangsbedingungen, die 1967 durch die unterschiedlichen Farbfernsehnormen (PAL/SECAM) noch einmal zusätzlich eingeschränkt wurden, maßgeblich von ihrer Attraktivität ab. Nimmt man auch hier wieder das deutsch-deutsche Beispiel zum Ausgangspunkt, so zeigt sich, dass eine grundsätzliche Sorge über den gegnerischen Einfluss durchaus auf beiden Seiten vorhanden war. Das Interesse der Bundesbürger an DDR-Programmen war allerdings immer überschaubar, obwohl vor allem in den ersten Jahrzehnten des Kalten Krieges im Westen immer wieder über die «Übermacht des Zonenrundfunks» lamentiert wurde.[38] Dies konnte man sogar am Beispiel des Fernsehens beobachten. Seit Anfang der Fünfzigerjahre war zwar über die Hälfte der Bundesbürger zumindest technisch in der Lage, DDR-Sendungen zu empfangen, in der Praxis geschah dies allerdings nur in Ausnahmefällen. Zwar wurden alte Spielfilme gerne gesehen, aber ansonsten diskreditierte sich das DDR-Fernsehen in den Augen der Bundesbürger durch zu eindeutige Ideologisierung, politische Überfrachtung und antiquierte Präsentation der Programme. Dies sahen selbst DDR-Bürger kaum anders. Insbesondere der zweite Kanal des DDR-Fernsehens hatte mit dem Negativimage des «Russenprogramms» zu kämpfen.[39] 1979 gaben anlässlich einer Umfrage 56 Prozent der DDR-Bürger an, sie würden regelmäßig Westprogramme einschalten. Bis 1987 stieg diese Zahl auf rund 85 Prozent.[40]

Dass dies etwas mit einer langfristigen Entscheidung für den Westen zu tun hatte, lässt sich insbesondere an den einschlägigen DDR-Politikformaten zeigen, die, wie Eduard von Schnitzlers *Schwarzer Kanal*, bereits in der Frühzeit des Kalten Krieges entstanden waren und nahezu unverändert bis zum Ende des Konflikts beibehalten wurden. Schnitzler, der sich selbst als «Frontsoldat» des Kalten Krieges begriff, kam in der DDR bis zur Abschaltung des Programms am 30. Oktober 1989 im Durchschnitt auf 14 Prozent Sehbeteiligung und wurde schon lange vor seiner letzten Sendung zur Zielscheibe böser Witze.[41] Dass die Ablehnung Schnitzlers aber keineswegs allein an der politischen Überfrachtung und Antiquiertheit der Präsentation lag, zeigte sich im Kontrast zum westlichen Pendant. Gerhard Löwenthals *ZDF-Magazin*, das seit 1969 wöchentlich in ähnlicher Weise an vorderster Front des Kalten Krieges kämpfte, kam in der DDR bis zum Ende des Formats 1987 auf durchschnittlich 40 Prozent Zuschaueranteil.

Die Möglichkeiten, die auch die DDR im Kampf der Medien hatte, wurden eher schlaglichtartig deutlich. Bezeichnenderweise wurden solche Highlights dann aber jeweils schnell verboten oder rasch auf die offizielle Parteilinie gebracht. DDR-Programme, die weniger penetrant auf die offiziell verordneten politischen Themen, sondern eher auf eine Mischung aus frech präsentierter Politik und dann auch westlicher Musik setzten, waren in den Fünfziger- und Sechzigerjahren zeitweilig sogar in Westdeutschland auf gute Resonanz gestoßen. Das hatte sich erstmalig im Zusammenhang mit dem zwischen 1956 und 1971 tätigen Deutschen Freiheitssender 904 gezeigt. Die von der Führung der NVA eingerichtete und in der Nähe von Magdeburg aufgebaute Station gewann tatsächlich bei Angehörigen der westdeutschen Bundeswehr Popularität.[42] Noch erfolgreicher wurde das 1964 gegründete DDR-Jugendradio DT 64. Der Sender spielte «heiße Tanzmusik», die sogenannte «Hotmusik» aus dem Westen, und war damit eine Art östlicher Gegenpol zu den auch in der DDR beliebten Jugendsendungen des Westberliner RIAS, des Kölner DLF oder auch des Senders Freies Berlin konzipiert.[43] Doch dieses offensive Programm – DT 64 sendete nicht wie der Deutsche Freiheitssender 904 unter dem Deckmantel eines angeblichen «Westsenders» – bereitete den SED-Offiziellen von Beginn an politische Bauchschmerzen. Ulbrichts Haltung zur westlichen «Affenkultur» war allen geläufig, und auch sein «Kronprinz» Erich Honecker fragte 1965, ob man mit der Annahme westlicher Musik nicht im Begriff sei, auf ein weiteres perfides Manöver des politischen Gegners hereinzufallen. Die «Hotmusik» sei doch nur ein weiterer Teil des großen westlichen Plans, einen neuen «Tag X», einen neuen «17. Juni» zur Zerstörung der DDR einzuläuten. Man übersehe, so Honecker, dass der Gegner im Kalten Krieg «diese Art Musik ausnutzt, um durch die Übersteigerung der Beat-Rhythmen Jugendliche zu Exzessen aufzuputschen».[44] Auf der westlichen Seite des Kalten Krieges hielt man DT 64 dagegen für einen überaus geschickten politischen Coup der DDR im Medienkrieg. Der Sender sei in seiner Mischung aus Musik und Politik beliebt und daher geeignet, nicht nur DDR-Jugendliche stärker an den zweiten deutschen Staat zu binden, sondern auch Hörer im Westen für den Kommunismus zu interessieren. Der DDR-Führung allerdings war die «Hotmusik» schließlich dann doch entschieden zu heiß. Auf dem berüchtigten «Kahlschlagplenum», dem 11. Plenum der SED 1965, verordnete man DT 64 eine stärkere politische Überwachung. Dennoch blieb der Sender als wichtiges Standbein des DDR-Rundfunks bis zum Ende der DDR erhalten, allerdings schließlich ebenfalls mit ständig abnehmender Hörerzahl im Osten.

Auch im Westen glaubten Kulturfunktionäre zeitweilig, das Hören von beliebten Musiktiteln aus dem Osten – etwa von DDR-Gruppen (u. a. *Puhdies*, *Karat*) oder auch ungarischer Bands (u. a. *Omega*) – löse möglicherweise eine politische Affinität zum Ostblock aus. Zweifellos war dies nicht so. In umgekehrter Richtung sah das schon anders aus, wie die Fanpost an den Sender DT 64 deutlich macht. Zum Teil wurde hier sogar aggressiv die Reisefreiheit eingefordert, um Konzerte von westlichen Gruppen wie *Led Zeppelin*, *AC/DC* oder *Queen* zu besuchen.[45] Trotz aller Bemühungen der SED, die Leidenschaft für Beat, Rock oder Pop in regimetreue Bahnen zu lenken, blieb so die Begeisterung immer mit einer Affinität zum Westen verbunden. Sie war stets ein wenig «amerikanisch». Solche Musik, hieß es in einer durchaus ernst gemeinten musikwissenschaftlichen Abhandlung aus der DDR zu Beginn der Fünfzigerjahre, sei «ein Kanal, durch den das barbarisierende Gift des Amerikanismus eindringt und die Gehirne der Werktätigen zu betäuben droht. Diese Bedrohung ist ebenso gefährlich wie ein militärischer Angriff mit Giftgasen [...]. Hier schlägt die amerikanische Amüsierindustrie mehrere Fliegen mit einer Klappe: Sie erobert den musikalischen Markt der Länder und hilft, deren kulturelle Unabhängigkeit durch den Boogie-Woogie-Kosmopolitismus zu untergraben; sie propagiert die degenerierte Ideologie des amerikanischen Monopolkapitalismus mit seiner Kulturlosigkeit, seinen Verbrecher- und Psychopathenfilmen, seiner leeren Sensationsmache und vor allem seiner Kriegs- und Zerstörungswut.»[46]

Solche Befürchtungen wurden teilweise vom Westen sogar ganz gezielt geschürt. Elvis Presleys Musik sei durchaus als ein amerikanisches «Geschütz im ‹Kalten Krieg›» zu verstehen, verlautbarte das US-Verteidigungsministerium 1958, während der «King of Rock'n'Roll» seinen Wehrdienst direkt an der «Front» in Westdeutschland ableistete.[47] Gezielte Provokation witterte die DDR-Führung auch 1969, als wohl vom RIAS das Gerücht gestreut wurde, die *Rolling Stones* würden am 7. Oktober – ausgerechnet zum 20. Jahrestag der DDR-Gründung – an der Mauer auf dem Dach des Springer-Hochhauses ein Konzert geben. Entsprechend hart griff die SED durch: MfS-Angehörige und Polizei nahmen damals 383 jugendliche Fans fest, die versucht hatten, in der Nähe der Mauer wenigstens akustisch etwas vom Konzert mitzubekommen. Tatsächlich jedoch war es nur ein Gerücht. Eine gewisse Bestätigung der Staatsgefährdung ließ sich dann doch noch nachweisen, als einige der enttäuschten Fans «Vopo-Schweine» riefen und sich dann auch noch – ein Jahr nach der Niederschlagung des Prager Frühlings – zu Hochrufen auf den tschechischen Reformer Dubček hinreißen ließen.[48]

An der innerdeutschen Schnittstelle des Kalten Krieges fiel die Begeisterung für westliche Musik natürlich immer deutlicher auf als in den weiter östlich gelegenen Ländern des Ostblocks, insbesondere auch in der Sowjetunion. Sie war aber auch dort vorhanden. Schon in den Fünfzigerjahren hatte das Chruschtschow'sche Tauwetter ab 1956 dazu geführt, dass sich jugendliche Fans westlicher Musik mehr an die Öffentlichkeit wagten. Diese *Stiljagi* indes, die den Behörden auch durch ihre Vorliebe für westliche Kleidung, durch längere Haare und durch ihr ausdrückliches Bekenntnis zum Müßiggang auffielen, wurden in den folgenden Jahren konsequent verfolgt. Wie fast überall im Ostblock war jedoch ab Mitte der Sechzigerjahre auch in der UdSSR der Siegeszug westlicher Musik nicht mehr aufzuhalten. Die *Beatles* und die *Rolling Stones* wurden auch in der UdSSR zu Ikonen der Jugendszene. Paul McCartney revanchierte sich 1989 dafür mit einer exklusiv für die Sowjetunion produzierten Langspielplatte. Allerdings schritt man gegen das Hören westlicher Musik und von «Feindsendern» auch noch in der Sowjetunion der Breschnew-Zeit rigoros ein. Immerhin aber konnte sich die sowjetische Regierung noch kurz vor Breschnews Tod dazu durchringen, 1980 ein offizielles Rockfestival zu genehmigen. Das noch ausschließlich von sowjetischen Gruppen bestrittene «Tbilissi-Festival» in der Hauptstadt Georgiens – darunter die berühmt-berüchtigte Band *Aquarium*, die später zum Aushängeschild für die Liberalität der *Perestroika* wurde – war der Beginn einer vorsichtigen Öffnung. Allerdings war sie nur von kurzer Dauer und wurde unter den beiden Nachfolgern Breschnews, Andropow und Tschernenko, sogleich wieder eingeschränkt. Bis zum Beginn der Ära Gorbatschow wurde für einige Jahre wieder die aus den Fünfzigerjahren entliehene These von der Unterwanderung der sozialistischen Staaten durch westliche Musik das offizielle Credo, das mit speziellen Kampagnen gegen Rock- und Pop-Musik unterstrichen wurde. «Unrussisch» sei die westliche Musik, befand 1982 etwa die Zeitschrift *Komsomolskaja Prawda*.[49] In diesen Jahren fielen sogar die politisch belanglosen «Disco-Filme» aus dem Westen – etwa der 1977 gedrehte Streifen *Saturday Night Fever* mit John Travolta – dem amtlichen Verbot zum Opfer.

Einen umfassenden Versuch, die Jugendkultur aus der einseitigen Verbindung zum Westen zu lösen, aber auch aktiver für die eigenen politischen Ziele zu nutzen, wagte die DDR noch einmal 1973. Die «X. Weltfestspiele der Jugend» in Ostberlin unter dem Slogan «Für antiimperialistische Solidarität und Frieden» sollten mit dem Auftritt von rund zweihundert einheimischen Bands so etwas wie ein Gegenentwurf zum amerikanischen Woodstock-Festival 1969 und den vielen weiteren Open-Air-Konzerten im Westen zur selben Zeit sein. Das war auch in der DDR-Führung nicht unumstritten. Misstrauisch gegenüber der «Hippie-Kultur» blieb vor allem das MfS. Die Begeisterung vieler Jugendlicher in der DDR für dieses Lebensgefühl hat vor allem der ostdeutsche Autor Ulrich Plenzdorf in seinem 1972 vorgelegten Theaterstück *Die neuen Leiden des jungen W.* eindrücklich beschrieben. Ein Jahr später wurde es in der Romanfassung auch in Westdeutschland zum Bestseller. Plenzdorfs Protagonist «Edgar Wibeau», ein der Ödnis einer ostdeutschen Kleinstadt und einem ungeliebten Beruf nach Ostberlin Entronnener, hatte alle Merkmale jugendlicher Opposition: lange Haare, Interesse für Popmusik und er trug vor allem Jeans aus dem Westen. «Ich meine natürlich echte Jeans», ließ Plenzdorf seinen Romanhelden sagen. «Es gibt ja auch einen Haufen Plunder, der bloß so tut wie echte Jeans.»[50] Die Affinität zum westlichen «Klassenfeind» war auch ansonsten unübersehbar, zumal Plenzdorf nicht nur permanent Anglizismen verwendete, sondern sich literarisch eng an ein berühmtes westliches Vorbild hielt: den bereits 1951 erschienenen amerikanischen Jugendroman *The Catcher in the Rye* von J. D. Salinger. Dennoch ist *Die neuen Leiden des jungen W.* keineswegs eine schlicht antikommunistische, geschweige denn eine einfache Abrechnung mit der DDR, wo das Stück immerhin aufgeführt und regulär als Roman verkauft werden konnte. Das Buch verstand sich eher als eine aufmüpfige Kampfansage an den formalisierten, den «real existierenden» Sozialismus. Wibeau: «Ich hatte nichts gegen Lenin und die. Ich hatte auch nichts gegen den Kommunismus und das, die Abschaffung der Ausbeutung auf der ganzen Welt. Dagegen war ich nicht. Aber gegen alles andere. Dass man Bücher nach der Größe ordnet zum Beispiel [...].»[51]

Illoyalität und politischer Widerstand klang anders. Dennoch blieb das staatliche Misstrauen gegenüber der eigenen Liberalität. An ihm scheiterte schließlich auch der Versuch der SED, Pop- und Rockmusiker aus dem Westen für die eigene Seite im Kalten Krieg zu verpflichten. «Rock für den Frieden» war eine 1982 in der Tradition der «X. Weltfestspiele der Jugend» begonnene Initiative, die diesmal direkt in eine gezielte Propagandakampagne gegen den Westen – gegen die Stationierung nuklearer Mittelstreckenraketen in der Bundesrepublik – eingebunden war. Tatsächlich ließen sich zunächst sogar einige in der westdeutschen Friedensbewegung engagierte Musiker anwerben, so etwa die Kölner Gruppe *BAP*. Sie zog sich allerdings zurück, als die ostdeutsche Staatsführung nur ausgewählte Titel akzeptieren wollte und schließlich sogar zu dem Schluss kam, dass auch diese Gruppe im Grunde genommen ein Teil des groß angelegten westlichen Plans sei, die DDR zu destabilisieren. Auch in den folgenden Jahren fühlte sich die misstrauische SED-Führung immer wieder in diesem Bild bestätigt. Als der Senat in Westberlin wenige Jahre später genehmigte, dass westliche Rockstars wie David Bowie oder die Gruppe *Genesis* während der Pfingstfeiertage 1987 nur wenige Schritte von der Mauer am Brandenburger Tor entfernt ein Open-Air-Konzert veranstalten durften, das dann auch bis weit nach Ostberlin hinein zu hören war, war das alte Feindbild des Kalten Krieges unmittelbar präsent. Als dann noch auf der Straße «Unter den Linden», auf DDR-Seite, Hochrufe auf Gorbatschow laut wurden, stimmten die Fronten des Kalten Krieges wie 1969, als die ostdeutschen Behörden Hunderte Fans der *Rolling Stones* festgenommen hatten: 1987 waren es immerhin 158 Personen, die vom MfS wegen ihres Interesses für Musik aus dem Westen verhaftet wurden.

Trotz ihrer Vorbehalte gegen Gorbatschows Reformprogramm schien auch die SED-Politik in den letzten beiden Jahren der DDR wieder mehr Liberalität zu signalisieren. In der Sowjetunion waren «gemischte» Konzerte, auf denen Musiker aus dem Westen und dem Osten gemeinsam spielen durften, bereits seit 1985 bekannt. 1988 gab es das berühmte Konzert im Luschniki-Stadion in Moskau, auf dem unter anderem westliche Rockstars wie Carlos Santana auftraten. Auch in die DDR durften nun Rockgrößen aus dem Westen – so etwa Joe Cocker, Bob Dylan oder Bruce Springsteen – einreisen und Konzerte geben. 1989 ging man sogar auf das Angebot aus den USA ein, in der DDR ein Festival unter dem Titel «20 Jahre Woodstock» zu veranstalten. Die Realisierung scheiterte dann zwar wiederum am Misstrauen der SED-Führung. Doch ein halbes Jahr später war ohnehin «die Mauer offen» und DDR-Bürger konnten zu Konzerten in den Westen reisen.

Schaufenster oder Feindbild: Kunst, Architektur, Sport

Kultur blieb eine universale Waffe im Kalten Krieg. Wie umfassend sie tatsächlich war, lässt sich daraus ersehen, dass eigens verdeckte Organisationen gegründet wurden, deren einzige Aufgabe es blieb, neben den offiziellen Institutionen möglichst unaufdringlich westliches oder sowjetisches Gedankengut auf der jeweils anderen Seite des Konflikts zu popularisieren. Für den Westen besorgte dies zwischen 1950 und 1967 der durch CIA-Gelder finanzierte «Kongress für Kulturelle Freiheit» (CCF), «eine Art NATO der Kultur», wie es 1962 in einer bissigen Satire hieß.[52] Der CCF versammelte in diesen Jahren einige der bekanntesten Größen des Kulturlebens: George Orwell, Arthur Koestler, Manès Sperber, Bertrand Russell oder Ignazio Silone. Wie die USIA, die ganz offiziell im Namen der amerikanischen Regierung US-Jazzmusiker wie Dizzy Gillespie oder Louis Armstrong oder auch ganze Broadway-Musicals wie *Porgy and Bess* als Botschafter des Westens durch die Welt sandte, schickte der CCF unter anderem komplette Symphonieorchester um den Globus, organisierte große Kongresse und gab anerkannte Zeitschriften wie *Der Monat* oder *Encounter* heraus. Rund 170 Stiftungen, sogenannte *Dummy Foundations*, unterhielt der amerikanische Geheimdienst CIA allein für den Zweck, die wahren Auftraggeber und die politisch-propagandistische Instrumentalisierung nicht deutlich werden zu lassen. Mit dem Bekanntwerden der wahren Geldgeber starb 1967 auch der CCF. Seine Nachfolger waren bei Weitem nicht mehr so erfolgreich.

Im Osten gab es aufgrund der finanziellen Beschränkungen nichts Vergleichbares zum CCF. Aber auch die «Westarbeit» des Ostblocks finanzierte Zeitschriften, Bücher, Organisationen, Kongresse und Ausstellungen. So gab das KGB zwischen 1976 und 1979 in Frankreich das Blatt *Synthesis* heraus. Thematisch stand es dem linken Flügel der Gaullisten nahe und wurde kostenlos etwa an Multiplikatoren verteilt. In der Bundesrepublik waren es Veröffentlichungen des Kölner Verlags Pahl-Rugenstein («Rubelschein») oder die Zeitschrift *Konkret*, die zum Teil von der DDR finanziert wurden. In welchem Umfang dies geschah, wurde erst nach dem Ende des Kalten Krieges öffentlich.

Leistungsschauen, Kunstausstellungen oder Messen spielten im Kampf der Systeme auf beiden Seiten von Anfang an eine große Rolle. Schon in der Inkubationszeit des Kalten Krieges waren 1946 solche Veranstaltungen organisiert worden. Die Amerikaner ließen sie in Südamerika, in Asien und Afrika ebenso wie in Europa – und schließlich sogar in der UdSSR stattfinden. Bis zur erzwungenen Schließung des letzten *U.S. Outposts* hinter dem Eisernen Vorhang im Jahr 1951 hatten nicht nur in Westeuropa, sondern auch in Bulgarien, der Tschechoslowakei, Ungarn, Polen, Rumänien, der UdSSR und Jugoslawien *Amerikahäuser* bestanden. Nach langwierigen Verhandlungen konnten dann wieder Kunstausstellungen und verschiedene Messen gezeigt werden. Die Sowjets ihrerseits beteiligten sich bis 1955 allein an 133 solcher Leistungsschauen außerhalb ihres Landes.[53] Auch andere Staaten der jeweiligen Blöcke nahmen an solchen Veranstaltungen teil.

Von allen Beteiligten wurden solche Veranstaltungen in der Regel als große Erfolge über die jeweils andere Seite gefeiert. Ihr größter Erfolg war aber zweifellos, dass sie überhaupt regelmäßig während des Kalten Krieges stattfinden konnten. Selbst in Krisen blieb es möglich, sie durchzuführen, und das Publikumsinteresse war erheblich. So konnte selbst auf einem der Höhepunkte des Kalten Krieges – mitten in der brisanten Zweiten Berlinkrise 1959 – die *American National Exhibition* in Moskau stattfinden. Ob sie die Gegenseite überzeugen konnte, blieb allerdings umstritten. Obwohl man sie in den USA als die «effektivste Form der Propaganda» feierte, musste man auch einräumen, dass diese Ausstellung moderner Kunst wohl «ein wenig zu fern für den Durchschnittsrussen» gelegen habe.[54] Die parallel veranstaltete sowjetische Konsumwarenschau im *Coliseum* in New York City dagegen traf offensichtlich eher den Publikumsgeschmack, wenngleich die Zweifel an der sowjetischen Selbstdarstellung erheblich blieben. Die *New York Times* vermerkte: «Ein Besucher kann hier in zwei Stunden viel mehr sehen als ein Korrespondent in zwei Jahren in der Sowjetunion [...]. Die sowjetische Ausstellung bemüht sich um die Darstellung von Reichtum in einem Umfang, den wenige Russen tatsächlich erleben, mit Kleidung und Pelzen, die man selbst auf Moskaus Straßen nur selten sehen kann, und mit endlosen Zusammenstellungen von Fernsehern, Radios, Aufnahmegeräten, Kameras und Ferngläsern, die man sicherlich nicht so einfach und in dieser Auswahl in sowjetischen Läden bekommen kann.»[55]

Auch an anderen Schnittstellen des Kalten Krieges trafen die Präsentationen der beiden Systeme direkt aufeinander. Gezielt platzierten die beiden Blöcke an den Grenzen zwischen den beiden Koreas, zeitweilig auch zwischen den beiden Vietnams und natürlich nicht zuletzt zwischen den beiden Deutschlands Sichtpropaganda in Form von Plakaten, Parolen und Losungen. Heute zeigt allein die Grenze zwischen Nord- und Südkorea noch diese Atmosphäre. In Sichtweite der Gegenseite, nur durch die 1953 eingerichtete UN-Demarkationslinie geteilt, wurden gigantische Flaggenmasten montiert sowie eine Vielzahl von Propagandaplakaten und Lautsprechern. Zwei eigens eingerichtete kleine Ortschaften – das südlich der Grenze gelegene Taesŏng-dong und das nördlich davon gelegene Kijŏng-dong – wurden so etwas wie die Schaufenster der Systeme, die zwar von der gegnerischen Seite nicht betreten, aber aus der Ferne als Präsentationen des anderen begutachtet werden können.

Im Gegensatz zur weitgehend abgeriegelten Grenze zwischen den beiden Koreas konnte sich das geteilte Berlin, das durch seine Insellage im gegnerischen Territorium weltweit ein Unikum im Kalten Krieg blieb, zu einem zentralen Schaufenster beider Systeme entwickeln. Eine Voraussetzung dafür war, dass die Stadthälften bis zum Mauerbau 1961, trotz verschärfter Kontrollen, für beide Seiten offen blieben. Nach der Abriegelung wurde Ostberlin mit dem Abschluss des Passierscheinabkommens 1963 zunächst wieder für die Westberliner, dann mit den weiteren Vier-Mächte-Abkommen 1970/71 auch wieder für Bürger der Bundesrepublik und schließlich auch für Touristen aus anderen Staaten zugänglich. Wer nicht in den Ostteil reisen wollte oder konnte, hatte bis zur Öffnung der Mauer 1989 die Möglichkeit, auf eigens gebauten Hochständen an der Mauer einen Blick auf die Sperranlagen und die «Hauptstadt der DDR» zu werfen. Aus der entgegengesetzten Richtung blieb Westberlin dagegen zwischen 1961 und dem Mauerfall 1989 für DDR-Bürger größtenteils verschlossen. Eine Ausnahmeregelung gab es unter anderem für Rentner, die später in die Bundesrepublik reisen durften. Die anderen konnten Westberlin und den Westen im Radio oder Fernsehen hören oder sehen; es blieb der Blick vom Fernsehturm in Ostberlin auf den Westteil oder – für eine besonders interessierte und argwöhnisch beobachtete Minderheit – von Zeit zu Zeit das Mithören eines Konzerts, das in Westberlin demonstrativ an der Mauer veranstaltet wurde. Nicht zufällig hatte auch Axel Springer sein 1962 gebautes Verlagshochhaus direkt an der Mauer platziert. Tatsächlich fürchtete die SED das «Schaufenster Westberlin» auch nach 1961. Selbst U-Bahn-Stationen wurden zu stillgelegten «Geisterbahnhöfen», durch die

die Ostberliner Linien ohne Halt hindurchfuhren. Die größte Grenzübergangsstelle an der Friedrichstraße, die auch von den in Westdeutschland oder anderen im Westen lebenden DDR-Besuchern genutzt werden musste, wurde nach und nach zu einem subtilen System der offenen und verdeckten Überwachung ausgebaut.

Die ab 1961 immer weiter verstärkte Abschottung Ostberlins von Westberlin war bereits die Bankrotterklärung der DDR gewesen. Zum Ärger der SED wurde sie, trotz vieler Kampagnen, die etwa mithilfe von Spielfilmen den Sinn des «Antifaschistischen Schutzwalls» erklären sollten, von den meisten ihrer Bürger wohl auch so wahrgenommen. Dass dies für den Ostblock und insbesondere für Chruschtschow, der in den Jahren zuvor so vehement den freien Wettbewerb der Systeme angekündigt hatte, nicht die Wunschlösung war, lag auf der Hand. Geplant war die Auseinandersetzung der Systeme an dieser Schnittstelle eigentlich ganz anders. Wie, das machte nicht zuletzt die Stadtplanung sichtbar, die bereits unmittelbar 1945 begonnen hatte. Zwar gingen die Planer noch einige Jahre von der Einheit Berlins aus, doch absehbarerweise konnte keiner dieser Gesamtbebauungspläne («Kollektivpläne») unter den Bedingungen des Kalten Krieges verwirklicht werden. Seit 1950 entwickelten sich die beiden Stadthälften systemspezifisch: der Ostteil zunächst nach Stalins Vorstellungen, über die eine DDR-Delegation im Frühjahr des Jahres in Moskau informiert worden war, der Westteil nach westlichen, vor allem amerikanischen Ideen, die wiederum deutlich von emigrierten Bauhaus-Schülern beeinflusst waren.[56] Zwar setzte Chruschtschow nach Stalins Tod 1953 – nicht zuletzt aus Kostengründen – die allmähliche Abkehr vom aufwendigen neoklassizistischen «Zuckerbäckerstil» seines Vorgängers durch. Aber als wichtigstes Monument sowjetisch-deutscher Architekturvorstellungen im geteilten Berlin konnten zwischen 1952 und 1954 die Wohnbauten an der repräsentativen Stalinallee großteils fertiggestellt werden. Die Straße war der erste und zentrale Teil der «sozialistischen Umgestaltung der Hauptstadt der DDR». Hier entstanden großzügige «Arbeiterwohnungen», die allerdings in der Praxis dann nur «verdienten Parteigenossen» zugänglich blieben und entsprechenden Zorn während des Aufstands vom 17. Juni 1953 auslösten. Die im gleichen Stil geplanten, abschließenden Turmbauten der Stalinallee wurden erst zwischen 1957 und 1960 errichtet. Nicht mehr begonnen wurden dagegen die vielen im sowjetischen Stil geplanten Staats- und Parteibauten der SED, für die unter anderem auch das Berliner Schloss 1950 gesprengt worden war.

Im Westteil Berlins wurden ab 1951 bewusst Wohnungsbauten nahe der Sektorengrenze errichtet. Wie dringend man im Westen einen architektonisch-politischen Gegenentwurf zur Präsentation des kommunistischen Staates im Ostteil benötigte, wurde sichtbar, als 1954 sogar ein kleines, durch Grünflächen aufgelockertes «entmischtes» Hochhausensemble, die Ernst-Reuter-Siedlung im an der Grenze liegenden Stadtteil Wedding, zu einem politischen Symbol des Westens erhoben wurde. Zur Einweihung der Sozialwohnungen reiste immerhin Bundespräsident Theodor Heuß an. Weitere Wohnbauten an der Grenze zum Osten folgten. Unter anderem wurden ab 1956 die Otto-Suhr-Siedlung und die Siedlung Waldeckpark in Kreuzberg direkt am Grenzstreifen errichtet. «Der Wiederaufbau der zerstörten Stadtkerne», erklärte der Regierende Bürgermeister Otto Suhr in seiner Regierungserklärung 1955 programmatisch, «sollte vor allem an den Sektorengrenzen gefördert werden, um den Eindruck der Steinwüsten an der Grenze zu beseitigen und gegenüber der Fassadenkultur des Ostsektors echte zukunftsvolle Baugesinnung und neuen Lebensstil zum Ausdruck zu bringen».[57] Dies war auch eine der Leitideen für den zwei Jahre zuvor gestarteten großen Städtebauwettbewerb Westberlins, der *den* zentralen Gegenentwurf zur Stalinallee entwickeln sollte, «ein klares Bekenntnis zur Architektur der westlichen Welt [...] im Gegensatz zu dem falschen Prunk der ‹Stalinallee›», wie Bausenator Mahler 1953 betonte.[58] Wie stark der Wettbewerb vom globalen Systemkonflikt und seinen Symbolen geprägt war, ließ sich nicht zuletzt daran erkennen, dass 1954 zwar ein Gewinner ermittelt wurde, sein prämierter Entwurf aber nicht zur Ausführung kam, weil man sich stattdessen entschied, zur Erhöhung der Wirkung auf international bekanntere Namen zu setzen. Die Bauten, die 1957/58 während der Internationalen Bauausstellung im sogenannten Hansaviertel des Bezirks Tiergarten entstanden, stammten von den Stars der Architekturszene, unter anderem von Walter Gropius oder Alvar Aalto. Die «Interbau» in Westberlin zeige, hieß es zur Eröffnung 1957 programmatisch, «‹wo wir stehen› und ‹wohin wir wollen›».[59] Inhaltlich setzten die wiederum nahe der

POSTKARTE ZUM «SCHAUFENSTER DER SYSTEME» OST Die Planung der Stalinallee, die «Erste sozialistische Straße» in Ostberlin, ging auf das Jahr 1949 zurück und wurde in verschiedenen Bauabschnitten verwirklicht. Die sieben- bis neungeschossigen «Arbeiterpaläste» sollten an eine «Architektur der nationalen Tradition» anknüpfen und erinnerten viele gerade deshalb an die von Albert Speer für Berlin geplanten Bauten des NS-Staats.

Grenze platzierten Hochhäuser nicht auf symmetrisch-geordnete, «totalitäre» Blockbebauung wie an der Stalinallee, die tatsächlich fatal an die NS-Planungen erinnerten, sondern in bewusster Abgrenzung auf unregelmäßig angeordnete, frei stehende Bauten. Sie sollten einen «demokratischen», einen freien Stil symbolisieren. Nur ein Jahr nach der «Interbau» antwortete die DDR mit einem modernen Gegenentwurf, der 1958 in Sichtweite des Westteils begonnenen Hochhaussiedlung im sogenannten Heinrich-Heine-Viertel.

Zu einer anderen, weit emotionaler besetzten Konkurrenzebene zwischen den Blöcken entwickelte sich der Sport.[60] Er gehörte schließlich zu den wenigen Bereichen, in denen nach einhelliger Auffassung dem Ostblock tatsächlich häufig das «Überholen» im Kampf der Systeme gelang. Den Sport betrachteten die Sowjetunion und ihre Verbündeten daher auch viel mehr als der Westen als ein Instrument der Außenpolitik, mit dem sich die meiste An-

POSTKARTE ZUM «SCHAUFENSTER DER SYSTEME» WEST Das «entmischte» Hansaviertel mit seinen frei stehenden modernen Bauten in Westberlin verstand sich als «antitotalitärer» Gegenentwurf zur Stalinallee. Die Internationale Bauausstellung (Interbau) 1957 sollte ein Bekenntnis zum «westlichen Baustil» und seinen Architekturtheorien sein.

erkennung in der Welt erreichen ließ. «Hohe sportliche Leistungen haben eine große politische Wirksamkeit», hieß es 1961 in einer Sportdirektive der SED. «Sie tragen dazu bei, die Überlegenheit der sozialistischen Gesellschaftsordnung der DDR gegenüber dem militärisch-militaristischen Westdeutschland unter Beweis zu stellen.»[61] Zwar gab es das sogenannte Doping, den gezielten Einsatz von Medikamenten zur Erreichung sportlicher Höchstleistungen, auch im Westen. Doch im Ostblock wurde es von staatlicher Seite systematisch, gezielt, dauerhaft, umfassend und ohne Rücksicht auf gesundheitliche Folgeschäden eingesetzt. Dies rechtfertigte sich aus Sicht des Ostblocks aus dem übergeordneten politischen Ziel. Sportliche Wettkämpfe gegen westliche Staaten, etwa die Olympischen Spiele, waren in dieser Interpretation nichts anderes als der Wettbewerb der Systeme: Sie waren Klassenkampf. Nicht zuletzt spricht das Rachebedürfnis gegen abtrünnige Sportler für die enorme politische Bedeutung. Zwar wurde der mysteriöse Autounfall von Lutz Eigendorf, einem in den Westen geflohenen Fußballspieler des *Berliner FC Dynamo*, niemals aufgeklärt, aber es spricht einiges dafür, dass die Staatssicherheit an ihm, dessen Akte den Namen «Verräter» trug, 1983 ein tödliches Exempel statuierte. Wie bei der «Desertion» des berühmten sowjetischen Balletttänzers Rudolf Nurejew, der sich 1961 während eines Gastspiels in Paris in den Westen absetzte, sah man im Ostblock nicht nur das Überlaufen von Geheimnisträgern, sondern auch von Sportlern oder Künstlern als gravierende Niederlage im Kalten Krieg. Auch gegen Nurejew war das KGB damals tätig geworden. Der bereits ausgearbeitete Racheplan, der unter anderem beinhaltete, ihm die Beine zu brechen und ihn damit berufsunfähig zu machen, wurde allerdings nicht mehr ausgeführt.[62]

Aber auch aus westlicher Perspektive war Sport im Kalten Krieg häufig Politik. Dies belegte nicht nur der mit dem sowjetischen Einmarsch in Afghanistan begründete Boykott des Westens bei den Olympischen Spielen in Moskau 1980, für den sich die Sowjets vier Jahre später bei den Spielen in Los Angeles revanchierten, an denen sie wiederum nicht teilnahmen. Selbst Schachspiele, wie die berühmte am 11. Juli 1972 veranstaltete prestigeträchtige Partie im isländischen Reykjavik zwischen dem amerikanischen Großmeister Bobby Fischer und dem amtierenden sowjetischen Weltmeister Boris Spassky, wurden unter diesen Bedingungen zu einem Duell im Kalten Krieg.[63] Für das Zustandekommen intervenierte US-Außenminister Henry Kissinger sogar persönlich. Nicht zuletzt führte auch im Westen die Überzeugung, dass Sport Politik sei, zum Beginn einer gezielten staatlichen Förderung, um auch auf diesem Feld im Wettkampf der Systeme zu bestehen.[64]

Zur weiteren Illustration der Bedeutung des Sports im Kalten Krieg lohnt sich der Blick auf zwei in ihrer politischen Brisanz besonders herausstechende Fußballweltmeisterschaften: in der Schweiz 1954 und in der Bundesrepublik 1974. Obwohl das Endspiel zwischen der Bundesrepublik und Ungarn in Bern auf «neutralem Boden» stattfand, war der politische Zündstoff mit Händen greifbar. Beide Staaten, die im Zweiten Weltkrieg Verbündete gewesen waren und somit zur Verliererfraktion gehörten, aber jetzt den gegnerischen Blöcken im Kalten Krieg zugeordnet waren, verstanden den Sport – und eben auch den Fußball – als Möglichkeit, wieder internationale politische Anerkennung zu sammeln. Für die Bundesrepublik, die bis 1952 bei Wettkämpfen sogar noch ohne eigene Nationalhymne antrat, war es 1950 schon ein Erfolg, dass sie in den Internationalen Fußballverband (FIFA) wieder aufgenommen worden war. Die Politik in Bonn hielt sich sogar ausdrücklich zurück. Deutlicher schöpfte das sowjetisch besetzte Ungarn damals sein Selbstbewusstsein aus dem Sport. Ministerpräsident Imre Nagy formulierte 1954 in einer Parlamentsrede selbstbewusst: «Wir sind eine Sport-Supermacht.»[65] Politisch war das Endspiel der Fußballweltmeisterschaft 1954 als Ost-West-Duell hoch aufgeladen. Entsprechend gravierende Bedeutung hatte der überraschende 3 : 2-Sieg der Westdeutschen, das «Wunder von Bern», das Millionen in der Bundesrepublik, aber auch in der DDR, am Radio und im Fernsehen miterlebten. Es war vor allem ein enormer Schub für das nationale Selbstbewusstsein nicht nur der Bundesrepublik. Auch in der DDR hatten viele mitgezittert. Umgekehrt traf die Ungarn die unerwartete sportliche Niederlage außergewöhnlich hart, wobei die Mechanismen des Kalten Krieges unmittelbar sichtbar wurden. Die heimkehrenden Spieler sahen sich als «Verräter» gebrandmarkt. Gerüchte kursierten, die besagten, sie hätten sich in Bern mit «2000 Mercedeswagen» bestechen lassen, um den sicheren Sieg zu vergeben.[66] Bei anschließenden Krawallen mussten die Spieler sogar vor der wütenden Menge geschützt werden. Die Debatte um die Niederlage und angebliche Bestechungen «durch die Kapitalisten» wurde danach vor allem in den Medien weiter ausgefochten. Intern hatte die Niederlage für einige ungarische Spieler sogar noch dramatischere Folgen. Außer einer Untersuchungskommission der ungarischen KP beschäftigte sich die ungarische Staatssicherheit, die ÁVH, mit den Beschuldigungen. Einige Spieler traf die Zwangsversetzung in zweitklassige Fußballclubs, andere wurden ganz aus der Nationalmannschaft verbannt.

Zwar nicht im Endspiel, sondern in einer der davor liegenden Gruppenausscheidungen der Fußballweltmeisterschaft 1974 trafen sich zwanzig Jahre später die beiden deutschen Staaten im Fußballduell. Auch dieses Treffen wurde automatisch zu einem Ost-West-Duell im Kalten Krieg, das entsprechend akribisch vorbereitet wurde. Der Weltmeisterschaftsneuling DDR, der im Jahr zuvor, wie auch die Bundesrepublik, in die UNO aufgenommen worden war, traf am 22. Juni 1974 in Hamburg – auf dem Territorium des «Klassenfeinds» – die favorisierte bundesdeutsche Nationalmannschaft zu dem politisch-emotional hoch aufgeladenen Spiel. Entsprechend verfolgten auch die Zuschauer das Match. Als in der 70. Minute von den westdeutschen Fußballanhängern «Deutschland-Deutschland»-Rufe laut wurden, antworteten die nach politischer Zuverlässigkeit ausgewählten ostdeutschen Reisekader mit «DDR-DDR».[67] Als acht Minuten später dann das 1 : 0-Führungstor durch den DDR-Stürmer Jürgen Sparwasser fiel, war die Sensation perfekt. Von vielen der weniger privilegierten Fußballfans in der DDR hingegen, die das Spiel nur vor dem Fernseher erleben konnten, war bekannt, dass sie, wie 1954, für die Bundesrepublik mitzitterten. Bei ihnen wurde Sparwassers Siegtor zu einem ausgesprochenen politischen Ärgernis, dessen Folgen der «Held von 1974» zu spüren bekam. Ironie der Geschichte: Für die bundesdeutsche Elf wirkte sich die bittere Niederlage gegen die DDR nicht einmal negativ aus. Während die in den weiteren Auswahlrunden sieglose DDR-Auswahl schließlich ausschied, wurde die Bundesrepublik im Endspiel gegen die Niederlande Fußballweltmeister 1974.

Religionen im Kalten Krieg und der Aufstieg des politischen Islam

Wenn man über Kultur und Gegenkultur im Kalten Krieg spricht, darf selbstverständlich der Einfluss der Religionen nicht fehlen. Alle Glaubensgemeinschaften waren – unabhängig davon, ob sie sich nun bewusst politisch engagierten oder trotz weltlicher Zurückhaltung in eine politische Rolle gerückt wurden – ein Faktor des globalen Konflikts. Wie in jedem Machtkonflikt brachte zumeist der tatsächlich vorhandene oder zumindest unterstellte ganzheitliche Anspruch der Religionen das Problem gleichsam von selbst mit sich. In der Regel waren sie entweder dieser oder jener Seite zugeordnet; Neutralität war auch für sie nicht möglich. Die Zuordnung musste nicht in jedem Fall logisch nachvollziehbar erscheinen und konnte zudem im jeweiligen politischen Kontext höchst unterschiedlich ausgeprägt sein.

Die Verbindung zur christlichen Religion gehörte im amerikanischen Selbstverständnis von jeher zu den grundlegenden Charakteristika des politischen Denkens und der praktischen Politik. Ab 1947 hat insbesondere John Foster Dulles, als maßgeblicher Vertreter der US-Außenpolitik der Vierziger- und Fünfzigerjahre und als «Erfinder» der *Liberation Policy*, die Bedeutung des christlichen Glaubens für den Kampf gegen die Sowjetunion unterstrichen. Quasi-religiös wurde bis zum Ende des Kalten Krieges zumindest in der Rhetorik der «Kreuzzug gegen das Böse», gegen die «politische Religion» des Kommunismus geführt. Zahlreiche christlich-fundamentalistische Gruppen in den USA (u. a. *Christian Voice*, *Moral Majority*) unterstützten dies als innen- und außenpolitische Lobbygruppen. Zu einem deutlichen Beleg für die kontinuierliche politische Bedeutung der Religion bis zum Ende des Kalten Krieges wurde 1983 Ronald Reagans Rede in Orlando anlässlich des Jahrestreffens der *National Association of Evangelicals*. Hier fiel unter anderem Reagans berühmt-berüchtigter Satz vom Kommunismus als dem «Mittelpunkt des Bösen in der modernen Welt» und vom Kalten Krieg als dem «Kampf zwischen Recht und Unrecht, zwischen Gut und Böse [...]».[68] Dass Reagan wenig später durchaus ernsthaft und öffentlich den Begriff des «Armageddon», also die biblische Bezeichnung für den letzten und entscheidenden Kampf zwischen Gut und Böse, zur Kennzeichnung der Auseinandersetzung mit der Sowjetunion verwandte, lag nicht nur auf der Linie seiner generellen Argumentation. Gegenüber einem amerikanischen Journalisten der *Washington Post* äußerte er damals auch die Überzeugung, dass es seine Generation sei, die das Armageddon des Alten Testaments noch erleben werde. Bei manchem Zeitgenossen ließ dies den Eindruck entstehen, als rücke damit nun tatsächlich der Atomkrieg in den Bereich des Möglichen.

Dass dieses Verständnis von Religion in der US-Regierungspolitik einem schlichten politischen Nutzen untergeordnet war, zeigte sich einerseits im Verhältnis zu den sogenannten «linken» Strömungen des Christentums, etwa der sogenannten Befreiungstheologie, die vor allem in den Entwicklungsländern Lateinamerikas auf große Zustimmung stieß. Andererseits orientierte sich auch das Verhältnis zu den nicht christlichen Religionen jeweils daran, ob sie gewillt waren, ein positives Verhältnis zu den USA und zum Westen im Kalten Krieg zu unterhalten. Besonders deutlich wurde dies im Fall des Islam. Ein positives Verhältnis zu muslimischen Ländern bestand, wenn sie Verbündete waren oder ihre Außenpolitik sich ansonsten prowestlich zeigte. Im Fall Pakistans, Saudi-Arabiens oder Kuwaits waren islamische Staaten verlässliche Bündnispartner der USA, mit deren Hilfe es sogar möglich wurde, sowohl die UdSSR als auch feindliche islamische Staaten – so etwa den Iran in den Achtzigerjahren – zu bekämpfen. Pakistan wurde zum wichtigsten Umschlagplatz amerikanischer Unterstützung für die antisowjetischen islamischen Gruppen in Afghanistan. Dass dies langfristig nicht nur eine erhebliche politische Aufwertung Pakistans – etwa in seinem Dauerkonflikt mit Indien –, sondern auch eine ebenso politisch heikle Stärkung des radikalen, auch antiwestlichen Islamismus bedeutete, blieb zunächst zweitrangig. Doch selbst nach den Anschlägen vom 11. September 2001 wurde dies in den USA als hinzunehmender «Preis des Sieges im Kalten Krieg» interpretiert.[69]

Negativ wurde das Verhältnis der US-Politik zu den Religionen in jenen Fällen, in denen eine prosowjetische Tendenz angenommen wurde. In Indonesien etwa, wo aus der wichtigsten antikolonialen Bewegung, der religiös-politischen «Islam-Vereinigung» *(Sarekat Islam)*, auch die Kommunistische Partei Indonesiens hervorgegangen war, blieb das amerikanische Misstrauen im Kalten Krieg entsprechend hoch.[70] Die Nähe des dort ab 1949 amtierenden indonesischen Staatspräsidenten Achmed Sukarno zum Kommunismus und seine Bedeutung für die Region wurden in Washington schließlich sogar als so bedrohlich eingeschätzt, dass man glaubte, nur sein Tod könne das Überlaufen zum Gegner verhindern. Der Plan wurde zwar nicht ausgeführt, doch das Misstrauen blieb auch gegenüber allen anderen Staaten erhalten, in denen sich sozialistische Ideen und der Islam verbunden hatten. Dies betraf gerade viele der blockfreien Länder.

Das politische Misstrauen der US-Regierung konnte sich aber auch auf andere, nicht christliche Religionen ausdehnen, so etwa auf den im Vergleich eher unpolitischen Buddhismus. So waren vor und während des Vietnamkriegs insbesondere buddhistische Mönche in Südostasien prokommunistischer Sympathien verdächtig. Diese Vorstellung wurde dadurch gefördert, dass sie bereits unter französischer Herrschaft als Helfer der Kommunisten galten, zumal einige von ihnen nachweislich an Aufständen teilnahmen und es nach der Teilung 1954 zu einer regelrechten Massenflucht von Buddhisten nach Süden gekommen war. Es entsprach daher durchaus sicherheitspolitischen Erwägungen, dass der 1954 auf Wunsch der Franzosen und der USA eingesetzte südvietnamesische Regierungschef Ngô Đinh Diêm, der das Land bis zu seiner Ermordung 1963 führte, aus der christlichen Minderheit Vietnams stammte.[71] Die Probleme ließen nicht lange auf sich warten. Den Ausgangspunkt der sogenannten Buddhistenkrise 1963, in deren Verlauf es zu einem regelrechten Aufstand der mehrheitlich buddhistischen Bevölkerung in Südvietnam gegen Diêm und in Teilen auch gegen den Katholizismus kam, bildete eine frappierende Benachteiligung des Buddhismus gegenüber dem Christentum. In der Stadt Hué hatten Diêms Behörden während der höchsten buddhistischen Feiertage, der Feste zum 2506. Geburtstag des Religionsstifters Buddha, ein Fahnenverbot verhängt, während die Flagge des Vatikan ohne Restriktionen wehen durfte. Die absehbaren Proteste hatte Diêm dazu benutzt, mit dem Buddhismus grundsätzlich abzurechnen. Südvietnamesischen Soldaten war befohlen worden, in Prozessionen zu schießen und Tempel zu umstellen. Am Ende hatte man mehr als 11 000 Mönche, Nonnen, aber vor allem sympathisierende Studenten verhaftet. Als sich der 66-jährige Mönch Thích Quang Đuc am 11. Juni 1963 auf einer belebten Kreuzung in Sàigòn aus Protest selbst verbrannte und das Foto unter anderem von der amerikanischen Zeitschrift *LIFE* weltweit verbreitet wurde, blieb Washington nichts anderes übrig, als Diêm fallen zu lassen. Dessen Nachfolger, General Nguyên Khánh, lockerte dann einige der antibuddhistischen Bestimmungen.

Während im Westen einige Religionen als Verbündete galten, setzte die Sowjetunion im Kalten Krieg konsequent auf die Verfolgung oder zumindest die Überwachung aller Konfessionen. Dies schloss nicht aus, dass in den letzten Jahren der Stalin-Ära die russisch-orthodoxe Kirche als patriotische Kraft galt. Generell befürchtete der Kreml aber bis zum Ende des Kalten Krieges, dass sich die Religionen zum Spaltpilz der Sowjetunion entwickeln könnten, und tatsächlich setzten die westlichen Strategien im Kalten Krieg zeitweilig gezielt darauf. Je nach Landesteil konnten nach Auffassung des Kreml das Christentum, der Islam oder auch der Buddhismus (Lamaismus) als politischer Gegner verdächtig sein. So wurde in der UdSSR schon bis 1957 dem Lamaismus – unter anderem durch Deportationen – die Grundlage entzogen. Entscheidender aber wurde die Verfolgung des Islam und des Christentums. Da neunzig Prozent der Muslime in der Sowjetunion Sunniten waren, wurden die politischen Probleme in angrenzenden Ländern, so etwa im ebenfalls mehrheitlich sunnitischen Afghanistan, immer auch als Problem für die Sicherheit der UdSSR begriffen.[72] Der Einmarsch 1979 war daher auch der Versuch des Kreml, die angrenzenden Sowjetrepubliken vor der Berührung mit den sunnitischen Paschtunen und dem radikalen Islamismus zu bewahren.

Der größten Verfolgung in der Sowjetunion und ihren ostmitteleuropäischen Blockstaaten blieben allerdings die christlichen Kirchen ausgesetzt. 1946 wurde in der UdSSR die katholische Kirche durch Zwangsvereinigung mit der russisch-orthodoxen Kirche aufgelöst. Die protestantischen Kirchen wurden vor allem unter Chruschtschow weiter zurückgedrängt und zum Teil zu illegalen Organisationen erklärt. In den ostmitteleuropäischen Satellitenstaaten Moskaus wurden mit Beginn des Kalten Krieges vor allem auch prominente Kirchenführer Opfer politischer Verfolgung. In Ungarn verurteilte man den dortigen Primas der katholischen Kirche, Kardinal József Mindszenty, schon 1949 wegen angeblichen Hochverrats zu lebenslanger Haft. Während des Volksaufstands 1956 befreit, konnte er bis 1971 nur im Asyl der US-Botschaft in Budapest überleben und starb schließlich 1975 im Wiener Exil. Besonders scharfer Verfolgung waren die Kirchen in Albanien nach 1967 ausgesetzt. Aber auch in Polen blieb die katholische Kirche bis in das letzte Jahrzehnt des Kalten Krieges Objekt scharfer staatlicher Repression. Die Entführung und Ermordung des Warschauer Vikars Jerzy Popiełuszko durch die Staatssicherheit 1984 war dafür ein zentrales Beispiel. Popiełuszko hatte in seinen Predigten die Verhängung des Kriegsrechts und die Verfolgung der Gewerkschaft *Solidarność* immer wieder angeprangert. Besonders massiver Verfolgung waren auch die Kirchen in China, insbesondere in den Jahren der Kulturrevolution, ausgesetzt.

Dennoch wäre es falsch, die christlichen Kirchen, etwa in der Sowjetunion und ihren Satellitenstaaten, ausschließlich als Opfer zu betrachten. Der Versuch, kirchliche Arbeit in der Diktatur zu erhalten, war in vielen Fällen erfolgreich, führte aber auch zur politischen Anpassung und zum Teil sogar zur fügsamen Kooperation mit staatlichen Stellen. In der UdSSR veröffentlichte das

Patriarchat der russisch-orthodoxen Kirche 1950 eine scharfe Verurteilung der amerikanischen Intervention in Korea, um seine politische Nähe zu Stalin zu unterstreichen.[73] In Deutschland war es vor allem die bis 1969 noch als Einheit betrachtete Evangelische Kirche (EKD), die trotz der Teilung deutsch-deutsche Kontakte aufrechterhalten konnte.[74] Die Beziehungen hoher Kirchenfunktionäre zu den Staatssicherheitsbehörden führten vor allem nach dem Ende des Kalten Krieges zu heftigen Debatten. Im Weltkirchenrat, der ohnehin wegen seines *Appeasement* gegenüber dem Kommunismus in heftiger Kritik stand, war seit 1969 ein eigener KGB-Agent («Kusnezow») platziert, in der DDR warb das MfS verschiedene Inoffizielle Mitarbeiter an, die regelmäßig über Interna Auskunft gaben. Die Konferenz lutherischer Kirchen in Europa, die Ende 1992 im lettischen Riga tagte, um das Verhalten des Protestantismus im Kalten Krieg zu bilanzieren, sprach, wie nach dem Ende des Dritten Reiches, erneut von einem «Eingeständnis der Schuld».[75] Trotzdem wurden gerade die Kirchen zu einem wichtigen Sammelpunkt des politischen Widerstands in den ostmitteleuropäischen Staaten, einschließlich der DDR. Sie waren häufig die einzige feste Adresse für Opposition und Widerstand. So war es kein Zufall, dass sich in der Endphase des Ostblocks die diversen, häufig auch dezidiert areligiösen oppositionellen Gruppen unter dem Dach der Kirchen trafen.

In welcher Weise sich die römisch-katholische Kirche offiziell im Kalten Krieg verortete, lässt sich anhand der Politik des Vatikan zeigen. Aus seiner Sicht war die Situation eindeutig. Seit 1941 hatte Papst Pius XII. befürchtet, dass aus dem Zweiten Weltkrieg ein «riesiger kommunistischer Block» hervorgehen könne, und er sah sich durch den Kalten Krieg bestätigt.[76] Obwohl sich gerade US-Präsident Truman nach 1945 bemühte, eine Art offizielles antikommunistisches Bündnis mit dem Vatikan zu schließen, kam es dazu nicht.[77] Unabhängig davon war die katholische Kirche aktiv beteiligt, als die amerikanische Regierung beschloss, im italienischen Wahlkampf 1947/48 die Christdemokraten zu unterstützen, die schließlich auch den Sieg davontrugen. In der gleichen Weise war der Vatikan auch im katholischen Süd- und Mittelamerika und selbst im mehrheitlich buddhistischen Vietnam politisch tatig geworden. Als verlässlicher Verbündeter erwies er sich auch in den Sechzigerjahren mit seiner Auffassung, dass Befreiungstheologien, die die US-Regierung für dezidiert kommunistisch hielt, bekämpft werden müssten. Die Befreiungskirchen («Theologie der Armen»), die damals vor allem an der umkämpften Peripherie des Kalten Krieges, in den mehrheitlich katholischen Entwicklungsländern Lateinamerikas, aber auch in Indien oder auf den Philippinen auf dem Vormarsch waren, leiteten ihre politisch-sozialethischen Forderungen vor allem aus der wörtlich-kontextuellen Auslegung der Bibel ab.[78] Man berief sich aber nicht zuletzt auch auf die katholische Kirche selbst, insbesondere auf das Zweite Vatikanische Konzil und die 1963 verbreitete Enzyklika *Pacem in terris* (Frieden auf Erden), in der Papst Johannes XXIII. unter anderem Gerechtigkeit und Abrüstung eingefordert hatte. Seit der Synode von Medellín 1968 war die Befreiungstheologie sogar noch dezidierter politisch geworden. Die Verfechter einer «Theologie der Revolution», wie die Erzbischöfe von Brasilien und El Salvador, Dom Hélder Câmara und Oscar Arnulfo Romero, oder auch der Mitkämpfer Che Guevaras, der katholische Priester Camillo Torres, unterstützten öffentlich sozialistisch-kommunistische Staatsvorstellungen. Dazu gehörten in Argentinien auch Juan Perón, in Chile Salvador Allende Gossens und in Nicaragua die Sandinisten. Hier wurde ein Befreiungstheologe, Ernesto Cardenal, später sogar Kulturminister.

Wie die amerikanische Politik reagierte auch die katholische Kirche in allen diesen Fällen scharf. Bis über das Ende des Kalten Krieges hinaus blieb die Befreiungskirche eine unerwünschte, linke Richtung des Katholizismus. Cardenal wurde 1985 von Papst Johannes Paul II. offiziell suspendiert, ebenso der in Brasilien geborene Theologe Leonardo Boff. Boff wurde wegen seiner Veröffentlichungen von der päpstlichen Glaubenskongregation sogar zu einem Jahr Schweigen und dem Verlust aller kirchlichen Ämter verurteilt. Nach erneuter Disziplinierung legte Boff 1992 dann endgültig sein Priesteramt nieder.

Die aktiven Eingriffe des Vatikan in die Fronten des Kalten Krieges, die unter anderem auch Fragen der Abrüstung und das Palästina-Problem betrafen, fanden im letzten Jahrzehnt des Konflikts noch einmal eine deutliche Steigerung.[79] In dieser letzten, heißen Phase des Kalten Krieges traf Papst Johannes Paul II. 1982 auch direkt mit US-Präsident Reagan zusammen, um über gemeinsame Strategien zu sprechen, wie man die politische Opposition in Polen, insbesondere die Gewerkschaft *Solidarność* unterstützen und von hier aus die Sowjetunion destabilisieren könnte. Reagan berichtete später, dass der Papst mit ihm in der Auffassung übereinstimmte, dass die Jalta-Abmachungen 1945 ein großer Irrtum gewesen seien.[80] In den folgenden Jahren fanden dann weitere regelmäßige Konsultationen der US-Regierung mit dem Vatikan statt. Auch andere hochrangige US-Vertreter, unter anderem aus der CIA, trafen sich nun mit den Vertretern des Vatikan, so mit dem Washingtoner Erzbischof Pio Laghi. Reagan selbst hielt die Involvierung des Katholizismus in die Destabilisierungspolitik gegenüber dem Ostblock für so entscheidend, dass er auch gegenüber der amerikanischen Öffentlichkeit immer wieder die Übereinstimmung zwischen Vatikan und US-Regierung unterstrich. Die Gegenmaßnahmen der Sowjets, so ihre Versuche, die Verbindungen zwischen Vatikan und polnischer Oppositionsbewegung systematisch zu diskreditieren, hatten dagegen keinen Erfolg.

Der Aufstieg des politischen Islam, insbesondere in seiner radikalen Ausprägung, des Islamismus, stellt wohl eine der bemerkenswertesten Entwicklungen dar, die die Bedeutung der Religionen im Kalten Krieg belegen. Zwar trat das öffentliche Interesse am Thema erst mit den dramatischen Anschlägen auf das *World Trade Center* in New York im September 2001 zutage, doch die Karriere des Islamismus als zunächst antiwestliche, dann auch antisowjetische Weltanschauung begann weit vor dem Kalten Krieg. Auch er nutzte die Fronten des globalen Konflikts relativ rasch für seine Ziele. Seine Anfänge werden allgemein in Ägypten gesehen, wo 1928 eine «Muslimbruderschaft» gegründet wurde, die vor allem die Gegnerschaft gegen die Kolonialmächte einte. Der moderne Islamismus begann so als eine «Revolte gegen den Westen».[81] Seine Bedeutung im Kalten Krieg wuchs vor allem mit dem Algerienkrieg zwischen 1956 und 1962, in dem er eine gewisse Rolle als Mobilisierungsideologie spielen konnte. Tatsächlich kämpften in der antikolonialen Aufstandsbewegung, der Nationalen Befreiungsarmee (ALN), *Mudschaheddin* und *Fedajin*, die den Krieg gegen die Franzosen als «Heiligen Krieg», als *Dschihâd*, führten. Die Franzosen stellten sich auf den Standpunkt, dass ihr Kolonialkrieg ein Teil des globalen Konflikts mit dem Kommunismus sei. Der Islamismus habe sich mit dem Kommunismus gegen den Westen verbunden.

Langfristig gesehen aber erreichte der Islamismus erst mit der Niederlage der arabischen Staaten gegen Israel im Sechstagekrieg 1967 seine politische Bedeutung. Warum er ausgerechnet mit diesen Kämpfen seinen eigentlichen Auftrieb erhielt, ist nur erklärbar, wenn man sich vor Augen führt, dass Nassers panarabischer, nationaler Sozialismus, der sich ausdrücklich als laizistisch betrachtete, mit der Niederlage Ägyptens gegen Israel als diskreditiert angesehen wurde. Für viele war nun der Islamismus, den Nassers Revolution 1954 systematisch in den Untergrund oder ins Exil verdrängt hatte, deutlich attraktiver. Zwar wurde er staatlicherseits weiterhin bekämpft. Dass er trotzdem in der ägyptischen Gesellschaft verankert blieb, machte 1981 das Attentat auf Nassers Nachfolger, Anwar el-Sadat, öffentlich sichtbar. Die Verhandlung vor dem Obersten Kriegsgericht zeigte ohne Zweifel, dass Sadat wegen seiner Annäherung an Israel zum Opfer einer groß angelegten islamistischen Verschwörung geworden war.[82] Die geschichtliche Ironie bestand nicht zuletzt darin, dass es Sadat gewesen war, der emigrierte Mitglieder der von Nasser verbotenen Muslimbrüderschaft nach Ägypten zurückgeholt hatte, um mit ihnen gemeinsam die aktuelle Staatskrise zu lösen. Ägypten blieb eine der ersten Adressen für den radikalen Islamismus im Kalten Krieg und danach. Bezeichnenderweise stammte mit Mohammed Atta auch einer der führenden Köpfe des Anschlags auf das *World Trade Center* in New York am 11. September 2001 aus Ägypten. Nachdem die Muslimbrüder 2012/13 mit Mohammed Mursi sogar den ägyptischen Staatspräsidenten stellten, gilt die Muslimbruderschaft seit den blutigen Unruhen 2013 und der Machtübernahme des Militärs offiziell als Terrororganisation.

8. Wirtschafts- und Sozialpolitik in der Systemkonkurrenz

Technologisch-wirtschaftliche Konkurrenz und Kooperation

Die technologisch-wirtschaftliche Konkurrenz war eine Prestige-, aber auch eine Überlebensfrage im Kalten Krieg. Dies war insbesondere in der Waffentechnik unübersehbar. Kontinuierlich folgte über Jahrzehnte eine technisch weiterentwickelte Generation von Raketen der nächsten. Sie waren jeweils schneller, präziser, größer, flexibler oder hatten schlicht mehr Zerstörungskraft. Chruschtschows Wort von der Friedlichen Koexistenz, in deren Rahmen sich beide Mächte frei messen sollten, war von amerikanischer Seite unter anderem mit Kennedys berühmter «Strategie des Friedens» beantwortet worden. «Wir sind [...] willens und in der Lage», so der US-Präsident in seiner bezeichnenderweise vor Akademikern gehaltenen öffentlichen Ansprache vom 10. Juni 1963, «mit jedem anderen System auf der Erde in einen friedlichen Wettstreit zu treten.»[1] Diese Konkurrenz, aber auch die möglichen Kooperationen in Technologie und Wirtschaft während des Kalten Krieges kann man anhand vieler Beispiele zeigen. Besonders deutlich wurden sie allerdings beim amerikanisch-sowjetischen Wettlauf zum Mond sowie im innerdeutschen Handel. Die deutsch-deutschen Kontakte ließen zudem die besonderen Probleme, aber auch die spezifischen Möglichkeiten der Ost-West-Wirtschaftsbeziehungen deutlich werden.

Chruschtschows Optimismus am Ende der Fünfzigerjahre, man werde binnen Kurzem die Vereinigten Staaten und mit ihnen den gesamten Westen in Technik und Wirtschaft hinter sich lassen, speiste sich vor allem aus der Raketen- und Weltraumtechnik. Der Kalte Krieg fand spätestens seit dem 4. Oktober 1957, als der erste sowjetische *Sputnik* vom kasachischen «Kosmodrom Baikonur» (Tjuratam) aus seine Umlaufbahn erreicht hatte, auch außerhalb der Erde statt. Die Sowjets hatten die Nase ebenfalls vorn, als es darum ging, die ersten Lebewesen ins All und vor allem le-

DER WETTLAUF IM ALL – UND DIE SOWJETS HABEN DIE NASE VORN Der erste Mensch im Weltraum ist der Kosmonaut Juri Gagarin, der in der *Wostok*-Raumkapsel 108 Minuten die Erde umkreist. Gagarin starb 1968 bei einem Absturz mit einem Kampfjet.

bend wieder zurückzubefördern. Während die von den Amerikanern verwendeten Rhesusaffen («Albert I» bis «Albert IV») ihre Mission nicht oder nur kurz überlebten, konnte die von den Sowjets auf Weltraumreise geschickte Hündin Laika die Erde unbeschadet wieder betreten. Auch sie starb allerdings später. Wenige Monate bevor die Sowjets ihren terrestrischen Machtbereich in Mitteleuropa durch eine Mauer abdichten ließen, um zu verhindern, dass ihre Arbeitskräfte zur westlichen Konkurrenz wechselten, präsentierten sie am 12. April 1961 ihren bislang größten technischen Triumph im Weltall. In einem Raumschiff, das den programmatischen Namen *Wostok* – der Osten – trug und das die Sowjets, wie 1957, wiederum mit einer modifizierten R-7-Rakete (SS-6 *Sapwood*) ins All befördert hatten, umrundete der Kosmonaut Juri Gagarin als erster Mensch etwa eine Stunde lang die Erde und konnte danach wieder sicher landen. Mit dem triumphalen Empfang Gagarins in Moskau brach im gesamten Ostblock so etwas wie Weltraumfieber aus. Auch der sowjetische Pavillon der 1958 in Brüssel veranstalteten Weltausstellung war ausdrücklich den sowjetischen Erfolgen im All gewidmet. Demgegenüber erschien die dort gezeigte amerikanische Präsentation mit ihren Fernsehern und kulinarischen Spezialitäten nicht nur banal, sondern geradezu rückständig. Lediglich in der US-Werbeindustrie spielte der Weltraum bereits Anfang der Fünfzigerjahre eine wichtige Rolle: Auf Postern und in Anzeigen landeten amerikanische Raumfahrzeuge bereits 1952 auf entfernten Planeten.[2]

Die Amerikaner waren 1957 umso tiefer betroffen, als die US-Antwort auf den *Sputnik* aufgrund der Hektik, die der Wettlauf zum Mond bereits angenommen hatte, gründlich misslang. Am 6. Dezember explodierte unter den entsetzten Blicken der eingeladenen Prominenz eine *Vanguard*-Rakete auf der Startrampe in einem riesigen orangefarbenen Feuerball. Der damalige Senator und spätere US-Präsident Lyndon B. Johnson vermerkte dazu, es sei der UdSSR tatsächlich gelungen, die USA in ihrem eigenen Spiel zu schlagen, und in der *New York Herald Tribune* hieß es: «Das ist der Triumph der Menschen über den Weltraum [...]. Als Ergebnis hiervon haben uns die Sowjets nicht nur auf dem Gebiete der Satelliten überflügelt. Sie haben uns auch im tödlichen Bereich der Ferngeschosse überflügelt. [...] Die [Weltuntergangs-]Uhr auf dem Umschlag der Monatsschrift ‹Bulletin of the Atomic Scientists› zeigt auf 2 Minuten vor 12. Es ist spät, sehr spät.»[3] Tatsächlich aber folgte die amerikanische Antwort dann doch relativ rasch. Im Januar 1958 schoss eine *Redstone*-Rakete den ersten US-Satelliten mit dem Namen *Explorer* in den Weltraum. Im gleichen Jahr wurde die NASA als zentrale Weltraumbehörde aus der Taufe gehoben, ein umfassendes Programm zur Förderung des wissenschaftlichen Nachwuchses begonnen und das US-Haushaltsbudget um 50 Prozent aufgestockt. Als die Sowjets im April 1961 mit Gagarins *Wostok* erneut schneller waren, versprach der gerade zum US-Präsidenten gewählte John F. Kennedy, es werde den Amerikanern trotz dieser Rückschläge noch vor dem Ende des Jahrzehnts gelingen, vor den Russen den Mond zu betreten.[4] Noch im selben Jahr konnte eine Rakete vom Typ *Mercury-Redstone 3* den Astronauten Alan Shepard als ersten Amerikaner in den Weltraum bringen.

Die Jahre zwischen 1961 und 1969, also zwischen dem Erfolg der *Wostok* und dem Jahr, als mit dem Amerikaner Neil Armstrong der erste Mensch tatsächlich den Mond betrat, waren ein fortgesetzter wissenschaftlich-technischer Schlagabtausch zwischen den beiden Supermächten. Lange Zeit sah es weiterhin so aus, als würde die UdSSR diesen Wettlauf gewinnen. Während sich die USA ab 1962 darauf konzentrierten, mit der *Saturn V* und mit dem *Atlas*- und dem *Titan*-Programm den sowjetischen Vorsprung bei den Trägerraketen aufzuholen, konnte Moskau 1962 mit den Raumfähren *Wostok 3* und *Wostok 4* bereits einen ersten Gruppenflug im All absolvieren. Auch die erste unbemannte Mondsonde, *Luna 9*, war vier Jahre später eine sowjetische Entwicklung. Drei Jahre danach hatten die Sowjets beim ersten Koppelungsmanöver von zwei *Sojus*-Kapseln wiederum die Nase vorn. Darüber hinaus entwickelte sich auch der Beginn des eigentlichen US-Mondlandungsprogramms, *Apollo*, keineswegs nach Plan. *Apollo 1* brannte am 27. Januar 1967 bei einem Test aus und kostete nicht nur drei Astronauten das Leben, sondern bedeutete – was im Wettlauf mit den Sowjets mindestens ebenso schmerzte – eine erhebliche Verzögerung. Aber auch Moskau musste Rückschläge einstecken. Im gleichen Jahr zerschellte die zurückkehrende Raumkapsel *Sojus 1* mit dem Kosmonauten Wladimir Komarow am Boden. Der härteste Schlag hatte die sowjetische Raumfahrt jedoch 1966 getroffen, als der Staringe-

DER SIEG IN EINEM PRESTIGETRÄCHTIGEN RENNEN Die amerikanische Mondlandung am 20. Juli 1969 (21. Juli MEZ). Das Bild zeigt den Astronauten Edwin Aldrin, der als zweiter Mensch nach Neil Armstrong den Mond betrat. Das Bild schoss Armstrong. Weitere fünf US-Mondlandungen folgten.

nieur Sergej Koroljow überraschend starb. 1969 wurde dann zum amerikanischen Erfolgsjahr. *Apollo 9* und *Apollo 10* umrundeten den Mond, und am 20. Juli 1969 konnte mit *Apollo 11* nicht nur die erste Mondlandung realisiert werden, sondern alle drei Astronauten, Neil Armstrong, Edwin E. Aldrin und Michael Collins, kehrten unversehrt zur Erde zurück. Diesmal war die Enttäuschung in Moskau unübersehbar, zumal sogar die Amerikaner befürchtet hatten, die sowjetische *Luna 15* könnte ihnen auf dem Mond zuvorkommen und die gelandeten US-Astronauten würden bereits die rote Fahne der Kosmonauten auf dem Planeten vorfinden.

Zwangsläufig verhinderte die globale Konfrontation im Kalten Krieg weitgehend gemeinsame Operationen, aber auch den Austausch von technischen Informationen. Die Mitte der Siebzigerjahre, am 17. Juli 1975 nach jahrelangen Verhandlungen veranstaltete gemeinsame *Apollo-Sojus*-Mission blieb die Ausnahme. Erst lange nach dem Ende des Kalten Krieges wurde ab 1998 eine gemeinsame russisch-amerikanische Weltraumstation, die ISS, gebaut. Die Probleme ergaben sich schon daraus, dass Weltraumtechnik nicht nur extrem prestigeträchtig, sondern geheime militärische Spitzentechnologie war. Hauptauftragnehmer der noch von Wernher von Braun konstruierten *Apollo*-Rakete und der 1969 verwandten Mondfähre *Eagle* waren zwei der bedeutendsten amerikanischen Rüstungsfirmen: die Rockwell Corporation und Grumman Aircraft Engineering. Rockwell lieferte 1974 auch den damals den sowjetischen Flugzeugen weit überlegenen Prototyp des B1-Bombers, Grumman 1971 die F-14 *Tomcat*, den seinerzeit schnellsten Jäger. Für das Programm *Saturn V* waren zudem wesentliche Aufträge an Boeing gegangen, die größte US-Rüstungsschmiede, die unter anderem auch für die Produktion der *Minuteman* verantwortlich zeichnete. In der Sowjetunion war dies nicht anders: Rüstungsfirmen bauten auch die Trägerraketen und die sonstigen Module für die Weltraummissionen. Die Aufträge für den Bau der Weltraumraketen gingen selbstverständlich an einschlägige Unternehmen, wie Myasishchev und Lavochkin.

Aufgrund dieser Überschneidungen war es auf beiden Seiten bereits unmittelbar nach Beginn des Kalten Krieges keine Frage, dass rüstungsrelevante Informationen, aber auch Waren nicht frei ausgetauscht werden durften. Dies traf naturgemäß den Ostblock härter. Die Vereinigten Staaten hatten den Ost-West-Handel bereits vor dem Inkrafttreten des Marshall-Plans durch ein selektives Embargo eingeschränkt.[5] Im März 1948 wurden unter der Kontrolle des US-Handelsministeriums dann die ersten beiden Listen für verbotene Waren verabschiedet. Die Liste I A war eine Aufstellung der grundsätzlich für den Export nach Osteuropa und die Sowjetunion verbotenen Rüstungsgüter. Liste I B enthielt Materialien, die indirekt für die Rüstung verwendbar waren, deren Export nach Osteuropa aber nicht vollständig verhindert werden konnte. 1952 wurde das Embargo auch auf China ausgedehnt. Beide Listen wurden ständig erweitert und aktualisiert, Verbündete zum politischen Einlenken gebracht. Insbesondere die Erste Berlinkrise 1948/49 lieferte dafür erhebliche Argumentationshilfen. Dennoch akzeptierten 1948 zum Beispiel die Briten nur 110 Positionen der damals 163 Punkte umfassenden I A-Liste. Als ein besonderes Problem erwies sich später die Bundesrepublik, die die wirtschaftlichen Kontakte mit der DDR als eine Art Binnenhandel betrachtete und sich daher ebenfalls nur in Teilen an die Restriktionen hielt. Strategisch nutzbare Güter allerdings wollte man auch in Bonn ausschließen. Die RGW-Staaten hatten ihre entsprechenden Restriktionen. Doch insgesamt stieg der Warenwert im Ost-West-Handel schon bis 1954 auf 91,5 und 1955 sogar auf 113,8 Millionen Dollar.[6]

Zwischen den Westeuropäern und den Amerikanern kam es aufgrund der Auslegung von Embargovorschriften regelmäßig zu diplomatischen Zusammenstößen. Eine der schwersten Bündniskrisen entwickelte sich nach Reagans Amtsantritt, als die Westeuropäer gegen amerikanischen Widerstand versuchten, mit der Sowjetunion ein groß angelegtes Kompensationsgeschäft durchzuführen. Dabei sollten sowjetische Erdgaslieferungen gegen in Westeuropa gefertigte Gasleitungen getauscht werden. Nach US-Interpretation lag in dem dann heiß diskutierten «Röhrengeschäft» ein unerwünschter Zugang der UdSSR zu westlicher Technologie. Anders als 1962, als die Regierung Adenauer sich einem Röhrenembargo der NATO gebeugt hatte, obwohl Italiener und Briten es zum gleichen Zeitpunkt schon fast prinzipiell missachteten, kam dieses Geschäft tatsächlich zustande. Der westdeutsche ARD-Korrespondent in Moskau, Klaus Bednarz, wunderte sich schon 1980, dass sich trotz des durch die US-Regierung Carter verkündeten Wirtschaftsboykotts gegen die UdSSR nach dem sowjetischen Einmarsch in Afghanistan deutsche Industrielle bei offiziellen Institutionen die Klinke in die Hand gaben.[7] Hier sah man den Krupp-Chef Berthold Beitz ebenso wie den BP Chef Hellmuth Buddenberg oder den Leiter der Deutschen Bank in Moskau, Friedrich Wilhelm Christians. Bis Ende 1983 gelang es den USA dann aber doch, die westeuropäische Zusammenarbeit mit den Sowjets weitgehend zu kappen. Von 35 im Jahre 1979 bestehenden Kooperationsverträgen blieben danach nur noch sieben in Kraft.[8]

Langfristig gesehen zeichnete sich schon in den frühen Jahren des Kalten Krieges ein Mechanismus ab, der einige Schlüsse auf die Endphase des Kalten Krieges ermöglicht. Die enormen Herausforderungen, die der Wettlauf zum Mond bereithielt, verursachten für die Wirtschaft der USA ebenso wie für die UdSSR riesige Belastungen. Dennoch konnte die kapitalistische Wirtschaft damit, zumindest im Rückblick betrachtet, produktiver umgehen. Was für die Planwirtschaft eine dramatische und schließlich untragbare Belastung wurde und Restriktionen in anderen Bereichen erforderte, erwies sich für die Marktwirtschaft eher als produktive Herausforderung. Die rasante Entwicklung in der Computertechnik, in der der Ostblock nur mithilfe teils legaler, vor allem aber illegaler Importe und Kopien westlicher Modelle mithalten konnte, war dafür ein beredtes Beispiel. Legal konnten bereits seit 1959 verschiedene Computer der britischen Firma Elliott, einer Tochter des US-Elektronikriesen General Electric, in die Sowjetunion geliefert werden. Ebenfalls über Großbritannien konnte 1967 Mikrochiptechnik bezogen werden. Illegal eingeführte IBM-Rechner waren die Grundlage für die seit 1968 produzierten und speziell für militärische Zwecke eingesetzten ESEWM- und RYAD-Systeme. Selbst der erste sowjetische Personalcomputer 1983, der AGATHA, war ein Nachbau eines amerikanischen APPLE-Rechners. Wesentliche Kapazitäten der Geheimdienste im Ostblock wurden schließlich für diese Beschaffungen eingesetzt. Trotzdem blieben die Probleme der Öffentlichkeit nicht verborgen. Die Produktion eines eigenen Walkman in der DDR gelang zwar. Er war beschlossen worden, um der Jugend etwas zu bieten, wie Günther Kleiber, der in der zweiten Hälfte der Achtzigerjahre als ständiger Vertreter der DDR im RGW saß, generös vermerkte.[9] Durch den hohen Aufwand jedoch, den man für seine Herstellung betreiben musste, war er schließlich mit fast 400 DDR-Mark für die Zielgruppe nahezu unbezahlbar. Den Vergleich zu den Konkurrenzmodellen aus westlicher Produktion konnte er ohnehin nicht bestehen.

Berücksichtigt man diese Probleme, die die Wirtschaft des Ostblocks während des Kalten Krieges hatte, ist es um so bemerkenswerter, dass die UdSSR selbst in ihrer schwierigen Endphase in der Lage war, in der Weltraumtechnik nachzuziehen. Auch der sowjetischen Raumfähre *Buran*, von der immerhin sieben Exemplare gebaut wurden, sah man allerdings bereits von außen an, dass sie eine Kopie des amerikanischen *Space Shuttle* war. Aber selbst im Westen wurden die technischen Probleme, die der hektische Wettlauf der Systeme mit sich brachte, unübersehbar. Dies zeigte 1986 insbesondere die Katastrophe der kurz nach dem Start explodierten Raumfähre *Challenger.*

«Die Bataillone der besseren Sozialleistungen»

Der Blick vom Ende des Kalten Krieges und vom Untergang des «Sozialistischen Weltsystems» aus macht deutlich, dass die Überforderung des Wirtschaftssystems im Ostblock zu einem gewichtigen Teil im rigorosen Ausbau der sozialen Sicherungssysteme und der damit verbundenen sonstigen Subventionen begründet war. Allein die Preissubventionen in der UdSSR beliefen sich 1989 auf 101 Milliarden Rubel.[10] Auch Gorbatschow hatte anlässlich seiner Wahl zum Generalsekretär die Renten noch einmal um 25 Prozent erhöht. Dass sich insbesondere die Sozialpolitik, also der Schutz der sozialen Sicherheit mittels spezieller Regeln, zu einem der Schauplätze der Systemkonkurrenz im Kalten Krieg entwickelte, war gewissermaßen zwangsläufig. Die Soziale Frage war zugleich insofern ein spezieller Fall in den politischen Rivalitäten des Kalten Krieges, weil sie bereits lange vor seinem Beginn ein hart umkämpftes Gebiet gewesen war, auf dem sich nicht nur die Arbeiterbewegung seit dem 19. Jahrhundert profiliert hatte. Allerdings beruhte die unbestreitbar vorhandene Anziehungskraft der Russischen Revolution und der aus ihr hervorgegangenen Sowjetunion für viele gerade darauf, dass sie vorgab, die Soziale Frage durch die Auflösung der Klassen ein für alle Mal gelöst zu haben.

Wie auf vielen anderen Gebieten des Kalten Krieges wird auch die Systemkonkurrenz in der Sozialen Frage besonders anschaulich, wenn man die Rivalität an ausgewählten Beispielen betrachtet. Im geteilten Deutschland waren auf dem Weg zur doppelten Staatsgründung 1949 bereits einschlägige Weichenstellungen vollzogen worden. In deren Konsequenz war unter Aufsicht der jeweiligen Besatzungsmacht dann auf westlicher Seite die Bundesrepublik als eine parlamentarische Demokratie mit einem sozial abgefederten kapitalistischen Wirtschaftssystem – der Sozialen Marktwirtschaft – entstanden. Auf der östlichen Seite wurde in der DDR ein patriarchalisch-diktatorisch organisiertes Sozialsystem eingerichtet – eine Art «Fürsorgediktatur».[11] Bereits in der

Vorlaufphase, aber erst recht nach der Gründung beider deutscher Staaten war die Wirtschafts- und Sozialordnung ein heftig umkämpftes ideologisches Terrain. Zu einem exzellenten Beispiel dafür, wie sehr «linke Ideen» nach Kriegsende zunächst auch unter Konservativen im Westen Zuspruch fanden, wurde das «Ahlener Programm» der CDU in der britischen Zone vom 3. Februar 1947.[12] Hinter der Entstehung dieser Leitsätze, an die sich die Christdemokraten später nur ungern erinnern ließen, verbarg sich das vage Gefühl, dass «der Kapitalismus» an Nationalsozialismus und Krieg schuld gewesen sei. Entsprechend radikal war die Präambel formuliert: «Das kapitalistische Wirtschaftssystem», hieß es dort, «ist den staatlichen und sozialen Lebensinteressen des deutschen Volkes nicht gerecht geworden. Inhalt und Ziel dieser sozialen und wirtschaftlichen Neuordnung kann nicht mehr das kapitalistische Gewinn- und Machtstreben [...] sein. Durch eine gemeinwirtschaftliche Ordnung soll das deutsche Volk eine Wirtschafts- und Sozialordnung erhalten, die dem Recht und der Würde des Menschen entspricht [...].» Im anschließenden, in sich höchst widersprüchlichen Programm, das darin vor allem die unentschiedene Situation zwischen den Parteiflügeln der CDU widerspiegelte, wurde angesichts der Entwicklung in der SBZ einerseits vor dem Staatssozialismus gewarnt. Gleichzeitig wurden andererseits aber die «Planung und Lenkung der Wirtschaft» eingefordert, die Entflechtung der Großkonzerne, die Beteiligung der Arbeitnehmer an der Führung der Betriebe, die Stärkung der Betriebsräte, die Verstaatlichung der Montanindustrie und der Ausbau des Genossenschaftswesens. Auch auf die Notwendigkeit einer Bodenreform wurde verwiesen. Ohne Zweifel meinte man solche Forderungen ehrlich, denn das Programm wurde 1948 unter dem Titel *Was will die CDU?* veröffentlicht.

Der widersprüchliche Inhalt des Ahlener Programms ist nur dann richtig einzuordnen, wenn man berücksichtigt, dass sich die 1945 neu entstandene CDU aus einem relativ heterogenen Kreis zusammensetzte und sozialistische Ideen nicht unbedingt auf den Marxismus zurückgeführt sein mussten. In diesem Fall ging der «Christliche Sozialismus» – den Begriff strich man später aus dem Programm – auf den zeitweilig hohen Einfluss christlicher Gewerkschafter und Dominikaner in der Partei zurück. Christlicher Sozialismus galt hier als Teil der Abwehr des Kommunismus. In diesem Umfeld entstanden im Juni 1945 auch die «Kölner Leitsätze» der Christdemokraten, die ebenfalls stark von der katholischen Soziallehre beeinflusst waren. Auch sie beinhalteten die Forderung nach sozialer Gerechtigkeit und Güterausgleich. Das Ahlener Programm der CDU verschwand allerdings dann ebenso rasch aus der realen Politik wie andere Versuche in den Westzonen Deutschlands, aus der Erfahrung des Nationalsozialismus und der Katastrophe des Zweiten Weltkriegs einen Neuanfang mit einer grundsätzlichen Um- und Neuverteilung der Besitzverhältnisse abzuleiten. Als wichtigste politische Kraft gegen den Christlichen Sozialismus galt der CDU-Vorsitzende Konrad Adenauer selbst, der bereits im Sommer 1946 warnte, man gewinne zwar mit dem Wort Sozialismus fünf Leute, dafür würden aber zwanzig weglaufen.[13]

Die Westalliierten blieben in dieser Frage zunächst ebenso gespalten. Vor allem die Briten entwickelten in der unmittelbaren Nachkriegszeit, als die *Labour Party* mit Deutschlandminister John Hynd die Politik bestimmte, teilweise lebhaftes Interesse an Verstaatlichungen, während sich die US-Regierung aus verschiedenen Gründen strikt ablehnend verhielt. Die Motive lagen vor allem in einer unterschiedlichen Einschätzung des sicherheitspolitischen Nutzens im Kalten Krieg. Sozialistische Ideen hielten die Amerikaner für ein Einfallstor des Kommunismus, aber auch für ökonomisch kontraproduktiv. Die Briten wiederum verstanden sie zunächst als eine der Möglichkeiten, um ein Wiederaufleben des Nationalismus in Deutschland zu verhindern. In der westdeutschen Bevölkerung herrschte dagegen eher Desinteresse.[14] Fragen des schlichten Überlebens waren im Nachkriegsdeutschland wichtiger. Zudem wirkte gerade in solchen Fragen der Kalte Krieg, der schnell «linke» Vorschläge verdächtig machte. Tatsächlich konnte man unter Hinweis auf die mit drastischen Mitteln durchgesetzte Bodenreform und Verstaatlichung in der SBZ sozialistische Ideen in den Westzonen relativ rasch vom Tisch wischen.

Das in den Westzonen und dann in der Bundesrepublik gültige Konzept der Sozialen Marktwirtschaft war dann eine Art Kompromiss geworden. Im Grundgesetz wurde in Artikel 20 die «Sozialstaatsklausel» verankert: «Die Bundesrepublik Deutschland ist ein demokratischer und sozialer Rechtsstaat.»[15] Sie war nicht nur die Absage an einen totalen Wohlfahrtsstaat, sondern gleichzeitig das Bekenntnis zu einer Ordnung, die auf den sozialen Ausgleich setzte. Zusammen mit den Grundrechtsbestimmungen ergaben sich aus Artikel 20 unter anderem ein Fürsorgeanspruch bei Bedürftigkeit und eine Zwangsversicherung, die zur Altersvorsorge dienen und bei Krankheit eingreifen sollte. Das war kollektive Daseinsvorsorge, die allerdings gleichzeitig die Verantwortung des Einzelnen erhalten sollte. Auf einen Katalog spezifischer sozialer Grundrechte – so das Recht auf Arbeit –, wie sie in der DDR-Verfassung verankert wurden, verzichtete das Grundgesetz, wenngleich über solche Fragen auch im Westen ausführlich diskutiert wurde.

Zwischen den beiden deutschen Staaten war die unterschiedliche Interpretation der Sozialstaatsidee ein Teil der auf beiden Seiten seit 1946 verfochtenen «Magnettheorie» – der regionalen Variante des globalen Systemwettbewerbs. «Insbesondere im Kalten Kriege entscheiden die Bataillone der besseren Sozialleistungen» hieß so ein Kernsatz, den man auf beiden Seiten Deutschlands unterschreiben konnte.[16] Die sozialstaatliche Angebotspalette der DDR war beeindruckend und übertraf in ihrem Versprechen von totaler Fürsorge den Anspruch des bundesrepublikanischen Sozialstaats um Längen. Bereits in den Jahren vor der Staatsgründung festgelegt und dann in der DDR-Verfassung 1949 verankert, waren die Inhalte immer wieder erweitert, einzelne politisch unerwünscht gewordene Ansprüche aber wieder gestrichen worden. Dabei spielten in Ostdeutschland neben dem andauernden Konkurrenzverhältnis zur Bundesrepublik vor allem die Sorgen vor politischer Destabilisierung eine entscheidende Rolle. Den Höhepunkt bildete der unter Honecker 1976 während des IX. Parteitags der SED verabschiedete «Grundsatz der Einheit von Wirtschafts- und Sozialpolitik». Er konnte freilich nur dann funktionieren, wenn das planwirtschaftliche System der DDR dauerhaft so effektiv arbeitete wie erhofft. Dies hatte es allerdings auch vor 1976 niemals getan. Dass die SED unter Honecker ausgerechnet jetzt diesen Grundsatz verordnete, hatte wiederum etwas mit der Konkurrenz mit dem Westen zu tun. In der ersten Ölkrise 1973/74 und den ihr folgenden Wirtschaftsproblemen war in den westlichen Staaten mit ausgebautem Sozialsystem massiv der Wohlfahrtsstaat unter Beschuss geraten. Vor diesem Hintergrund machte die DDR einen weiteren Schritt in dem Versuch, sich als «der bessere deutsche

Staat» und als Alternative zur Bundesrepublik zu profilieren. Wie unumkehrbar diese aus politischen Gründen getroffene Entscheidung war, macht eine von Honeckers Stellvertreter Egon Krenz überlieferte Äußerung im Mai 1989 – ein halbes Jahr vor dem Fall der Mauer – deutlich. Nachdem die Staatliche Plankommission für 1991 den finanziellen Bankrott der DDR vorausgesagt hatte, falls man nicht den mittlerweile unfinanzierbaren Beschluss von 1976 rückgängig mache, hatte Krenz, der im Oktober 1989 dann auch Honecker als Generalsekretär der SED ersetzte, ausgeführt, für ihn sei das Ende der Einheit von Wirtschafts- und Sozialpolitik keine Alternative. «Sie muss fortgeführt werden, denn sie ist ja der Sozialismus in der DDR!»[17]

Die DDR-Verfassungen durchliefen im Gegensatz zum bundesrepublikanischen Grundgesetz mehrere Entwicklungsstufen, an deren Ende dann 1968/1974 eine «sozialistische Verfassung» stand. Auch wenn viele der verbrieften Rechte nur auf dem Papier bestanden, war der Verfassungskatalog des akribisch und schließlich bis in den letzten Winkel durchherrschten «Fürsorgestaats» DDR für Außenstehende beeindruckend. Zur ersten Verfassung gehörten neben der Gewährung von persönlichen und kollektiven, «bürgerlichen» Grundrechten – etwa Gleichberechtigung, persönliche Freiheit, Unverletzlichkeit der Wohnung, Postgeheimnis, Versammlungs- und Meinungsfreiheit – auch eine Reihe von einschlägigen sozialpolitischen Rechten. Bevor die 1968 und 1974 umgeschriebene «sozialistische Verfassung» dann wieder wesentliche Grundrechte strich, waren hier ein Widerstandsrecht, das sogar zu einer Widerstandspflicht ausgeweitet worden war, ein Zensurverbot, die Wirtschaftsfreiheit, das Auswanderungsrecht und nicht zuletzt auch das Streikrecht verankert. Die DDR-Verfassungen kannten darüber hinaus, im Gegensatz zum bundesdeutschen Grundgesetz, ein «Recht auf Arbeit» und ein «Recht auf Wohnraum» – Zugeständnisse, die man im Grundgesetz der Bundesrepublik vergeblich suchte.[18] In der DDR waren auch diese allerdings niemals wortwörtlich zu nehmen gewesen, sondern zunächst durch die vom Verfassungstext abweichende Praxis der Rechtsprechung, dann durch explizite Zusätze eingeschränkt. Das in der Verfassung verankerte «Recht auf Arbeit» beinhaltete in der Praxis daher nicht nur die Pflicht zu «gesellschaftlich nützlicher Arbeit», sondern wurde zusätzlich von den «gesellschaftlichen Erfordernissen» abhängig gemacht. Ähnliche Einschränkungen gab es auch etwa in Bezug auf das Wohnungsrecht.

Auch wenn die Praxis dieser Verfassungsrechte immer ganz anders aussah, zeigt der Vergleich der Wanderungsbewegungen zwischen beiden deutschen Staaten deutlich, dass insbesondere die zuletzt genannten sozialpolitischen Rechte eine Reihe von Bundesbürgern dazu bewog, in die DDR zu ziehen. Wohin die innerdeutschen Migrationsströme in der Hauptsache gingen, war allerdings nicht zu übersehen. Die Zahl der Flüchtlinge aus der SBZ betrug bereits vor der Gründung der DDR 1949 rund 730 000 Menschen und erhöhte sich bis zum Mauerbau am 13. August 1961 noch einmal um rund 2,7 Millionen. Trotz immer weiter verstärkter Grenzanlagen zogen es zwischen September 1961 und dem Fall der Mauer 1989 weitere 960 000 Menschen vor, dem ostdeutschen «Fürsorgestaat» den Rücken zu kehren und in Westdeutschland ein neues Leben anzufangen. Hauptgründe waren die Hoffnung auf ein materiell besseres Leben sowie der Wunsch, der umfassenden Gängelung durch den sozialistischen Staat zu entkommen.

In der anderen Richtung dagegen war die Zahl der Menschen, die von der Bundesrepublik in die DDR übersiedelten, ungleich geringer. Sie betrug zwischen 1950 und 1989 nach offiziellen westlichen Zählungen mindestens 475 000 Menschen.[19] Andere Berechnungen gehen von bis zu 650 000 Übersiedlern aus. Auch hier machten Befragungen durch west- und ostdeutsche Stellen die Motive offensichtlich.[20] In Westdeutschland hatten den Übersiedlern, von denen die Mehrzahl Arbeiter waren, häufig die Sicherheit des Arbeitsplatzes sowie die soziale Bindung und «Nestwärme» gefehlt. Von vielen war auch der «unkameradschaftliche» Konkurrenzdruck als zu hoch empfunden worden. Bei jugendlichen Übersiedlern stand die von der SED gegebene Ausbildungsgarantie an erster Stelle. Obwohl die Migration in die DDR vorwiegend Männer betraf, war auch eine geschlechtsspezifische Attraktivität nachweisbar. Die propagierte Gleichberechtigung in den Berufen, aber auch die institutionalisierte Betreuung von Kindern verstanden weibliche Übersiedler als besonders anziehend. Befürchtungen vor den Zumutungen der SED-Diktatur traten in dieser Gruppe eindeutig zurück. Aber auch politische Motive wie der von der SED in den Mittelpunkt gerückte Antifaschismus spielten eine völlig untergeordnete Rolle. Ins «politische Exil» in der DDR begab sich nur eine verschwindende Minderheit. Insgesamt war aus der Sicht der Übersiedler die DDR in erster Linie ein deutlich fürsorglicherer Staat als die Bundesrepublik. Die Grenzen der Zuwanderung und damit auch die Grenzen der DDR-Magnettheorie bildeten die schließlich doch als unzumutbar empfundenen Verschärfungen der Diktatur. Die höchsten Einwanderungszahlen gab es zwischen 1954 und 1957 mit etwa 300 000 Übersiedlern. Intensive Werbung der SED nach dem Aufstand vom 17. Juni 1953 und die Entstalinisierung 1956 ließen in diesen Jahren die Erwartungen eines «normalen Lebens» in der DDR steigen. Schlagartig brach die Zuwanderung Ende Dezember 1957 mit dem berüchtigten Passänderungsgesetz, das den Versuch, die DDR zu verlassen, mit bis zu drei Jahren Gefängnis bestrafte, und der darauffolgenden Zweiten Berlinkrise ein. Als Rückwanderungen in die Bundesrepublik, die schon zwischen 1949 und 1961 immer rund vierzig Prozent der DDR-Übersiedler umfasst hatten, mit dem Mauerbau fast unmöglich wurden, verringerte sich die Zuwanderung nach Ostdeutschland nochmals. Im gesamten Zeitraum zwischen 1961 und 1989 stellten nach offizieller Zählung nur rund 75 000 Menschen einen Antrag, aus dem Westen in die DDR überzusiedeln.[21]

Auch die anderen Staaten des Ostblocks betrieben eine vergleichbar ehrgeizige Sozialpolitik, die allerdings ebenso kontinuierlich über die ökonomische Leistungsfähigkeit hinausging.[22] Es war aber insgesamt wohl weniger die soziale Praxis in den «Fürsorgestaaten» als vielmehr die generell im Westen empfundene politische Konkurrenz zum Kommunismus im Kalten Krieg, die dafür sorgte, dass auch im Westen die Sozialpolitik weiter ausgebaut wurde. In Frankreich, Schweden, Großbritannien und nicht zuletzt in der Bundesrepublik wuchs der Sozialstaat niemals so stark wie in der Epoche des Kalten Krieges, wenngleich der Kostendruck bereits im letzten Jahrzehnt des Konflikts dazu führte, dass er teilweise wieder eingeschränkt wurde. Nun kann man sicherlich nicht alle Erweiterungen der westlichen Sozialsysteme der globalen Systemkonkurrenz zuschreiben. In den genannten Staaten wirkten natürlich auch die nationalen Traditionen. Trotzdem lassen sich einschlägige Beispiele nennen, wie die Konkurrenz zwischen den Systemen zur Ausweitung des Sozialstaats führte. Eines dieser häufig genannten Beispiele ist die Einführung der sogenannten «Dynamischen Rente», die Adenauer kurz vor den Bundestagswahlen 1957 gegen heftige Widerstände, unter anderem der Bundesbank, einführen ließ. Sie beruhte auf der Koppelung der Rentenhöhe an das durchschnittliche Wachstum des Bruttoeinkommens aller Erwerbstätigen und führte aufgrund der guten Wirtschaftslage der Fünfzigerjahre sofort zu einer deutlichen Erhöhung der Rentenbezüge. Dass das Konkurrenzverhältnis mit der DDR für Adenauer dabei eine wichtige Rolle spielte, unterstrich der Kanzler selbst: Die Bundesrepublik müsse «attraktiv bleiben» für die «Menschen in der Zone».[23] Tatsächlich waren in der DDR kurz zuvor die Renten ebenfalls aufgestockt worden. Auch in anderen sozialpolitischen Fragen blickte die Bundesrepublik in den Fünfzigerjahren durchaus nach Osten, so etwa auch bei der Verbesserung des Arbeitsschutzes.[24] Diese zum Teil positiv wirkende Konkurrenz zwischen Ost und West in der Sozialpolitik überschritt ihren Höhepunkt allerdings bereits in den Fünfzigerjahren. Über die restliche Dauer des Kalten Krieges war sie eher rückläufig. Zum einen war es nach dem Mauerbau 1961 nicht mehr so notwendig, sozialpolitische Attraktionen mit Blickrichtung auf die DDR zu entwickeln. Trotz aller sozialpolitischen Errungenschaften blieb die Mauer das schärfste Gegenargument gegen diese Art des Wohlfahrtsstaats. Die 1972 unter der sozialliberalen Koalition in der Bundesrepublik noch einmal in Angriff genommene groß angelegte Erweiterung des Sozialstaats hatte ihre Ursachen dann bereits weniger in der Konkurrenz zum Osten. Hier spielten innenpolitische Gründe, unter anderem das Prestigedenken der Parteien untereinander, eine viel größere Rolle.[25]

In anderen westlichen Staaten hatten die nationalen Traditionen der Sozialpolitik und die innenpolitischen Notwendigkeiten ohnehin immer eine viel größere Bedeutung. Zu Recht lässt sich bezweifeln, ob man etwa die Verbesserungen in der amerikanischen Sozialpolitik der Fünfzigerjahre überhaupt der Systemkonkurrenz zuschreiben kann. Weder besaß die amerikanische Linke wirkliche Macht, insbesondere nicht die Gewerkschaften und erst recht nicht die Kommunisten, noch stand etwa eine massenhafte Abwanderung von Amerikanern in den Ostblock zu befürchten. Trotzdem entwickelte sich aber auch hier der «Wohlfahrtskapitalismus» weiter, in dessen Rahmen Großkonzerne wie *General Motors* sogar freiwillig die Löhne erhöhten. Auch Eisenhower, der ansonsten nicht müde wurde, vor dem Sozialismus zu warnen, entschied sich am Ende der ersten vier Jahre seiner Regierungsverantwortung dafür, den Wohlfahrtsstaat durch die Novellierung des zwanzig Jahre alten, aus der «Roten Dekade» amerikanischer Sozialpolitik stammenden *Social Security Act* auszubauen. Ein eigenes Ministerium für Gesundheit, Erziehung und soziale Wohlfahrt entstand, die Mindestlöhne wurden angehoben und schließlich auch die Leistungen der Renten- und Arbeitslosenversicherung verbessert. Auch in den folgenden Jahrzehnten wurde der Wohlfahrtskapitalismus, zum Teil gegen massive konservative Widerstände, weiter ausgebaut. Erst in den Achtzigerjahren kam es unter der konservativen Reagan-Administration wieder zu gravierenden Einschränkungen.[26] Die Gründe für diese Art des Ausbaus des Sozialstaats waren außer in einer Reihe nationaler Besonderheiten in den USA tatsächlich eher in der indirekten Wirkung des Kalten Krieges zu suchen. Weil der globale Konflikt, insbesondere die Rüstung, unglaubliche finanzielle Ressourcen verschlang, während soziale Probleme unkontrollierbar wuchsen, wurde die Erhöhung der staatlichen Fürsorge als Notwendigkeit erachtet, den innenpolitischen Konsens und den sozialen Frieden zu erhalten oder wiederherzustellen.

Unabhängig davon, in welchem Ausmaß der Kalte Krieg den Ausbau der Sozialsysteme in den einzelnen Staaten jeweils beförderte, überforderte er langfristig schon während des Konflikts die Möglichkeiten in Ost und West. Nachdem die Grenze des bundesdeutschen Sozialstaatsmodells bereits 1974/75 durch die ökonomische Depression erreicht worden war, welche die Ölkrise 1973 ausgelöst hatte, begann man vor allem in den Achtzigerjahren unter der konservativen CDU/FDP-Koalition, die Ausgaben für den Sozialstaat in Teilen zurückzufahren. Ob man dabei an propagandistische Nachteile im Ost-West-Konflikt dachte, ist eher zu bezweifeln. In den DDR-Medien spielten diese Kürzungen allerdings als Argument im Kalten Krieg eine wichtige Rolle, zumal man selbst eisern an der umfassenden Wohlfahrtsstaatsidee festhielt. Zum selben Zeitpunkt waren allerdings auch bereits die Finanzprobleme der DDR im Westen bekannt, und ironischerweise musste die DDR 1983 einen Milliardenkredit bei westdeutschen Banken aufnehmen, der nicht zuletzt für die Aufrechterhaltung ihres Sozialstaats verwendet wurde.[27] Ihre eisern bis zum Ende verteidigten sozialpolitischen Errungenschaften blieben so – wie vieles andere im Wettbewerb mit dem Westen – durch Verschuldung erkauft. Mit dem ökonomisch-politischen Zusammenbruch des Kommunismus am Ende des Kalten Krieges verschwanden daher auch seine umfassenden sozialen Systeme. Dennoch: Auch wenn im Rückblick betrachtet die Sozialpolitik in der Systemkonkurrenz eher nur zeitweilig und partiell, teilweise auch nur virtuell etwas mit dem Wettbewerb der Blöcke zu tun hatte, belegte die Zeit nach dem Kalten Krieg eines doch deutlich. Das Ende des globalen Konflikts 1991 und der Untergang des Kommunismus verringerten nachweislich die Bemühungen im Westen, die eigenen Sozialstaatsmodelle auf dem hohen Niveau des Kalten Krieges zu halten. Dieser Trend lässt sich auch auf anderen Gebieten, etwa in der Entwicklungshilfe, nachweisen.

Entwicklungshilfe als Waffe

Entwicklungshilfe im Kalten Krieg war einerseits humanitäre Hilfe an die ärmeren Staaten. Andererseits war sie in der Form, wie sie vergeben wurde, ebenfalls ein Teil des globalen Systemkonflikts, in dem die Supermächte und ihre Blöcke gegeneinander kämpften, um einen politischen, wirtschaftlichen oder militärisch-geostrategischen Vorteil gegenüber der anderen Seite zu erringen. Anders als auf vielen anderen Gebieten des Konflikts waren hier aber auch die anderen Akteure aktiv vertreten: die dritte Großmacht China, die Blockfreien, die UNO und eine Reihe weiterer Organisationen, so die in der OPEC versammelten reichen Ölstaaten. Die Entwicklungshilfe war darüber hinaus ein Bereich, in dem sich insbesondere die Nichtregierungsorganisationen engagierten. Vor allem China, das selbst als Entwicklungsland galt, zeigte, dass es neben der Nord-Süd-Hilfe aus den reichen Industrieländern immer auch eine Süd-Süd-Komponente der Entwicklungshilfe mit politischem Hintergrund gab. Ehemalige Empfänger konnten selbst zu Geberstaaten aufsteigen und dies ihrerseits mit politischen Interessen verknüpfen. Israel, die Türkei, Thailand, Taiwan, Südkorea, Malaysia, Indien oder Kuba wuchsen dadurch zu regionalen Größen. Teuere Prestigeobjekte gehörten dann auch für diese Gruppe ebenso dazu wie eine gezielte technisch-militärische Zusammenarbeit. Darüber hinaus wurden hier die Grundlagen für die Entwicklung von neuen regionalen Mächten nach dem Kalten Krieg gelegt.

Beschränkt man sich auf die beiden Supermächte des Kalten Krieges, kann man verkürzt zusammenfassen, dass beide die Unterstützungen, die sich in der Regel unübersichtlich in die eigentliche öffentliche, von staatlichen Stellen aufgebrachte Entwicklungshilfe (ODA) und verschiedene verdeckte Formen von Wirtschafts- und Militärhilfe unterteilten, als politisches Instrument im Kalten Krieg begriffen. Ihre Gewährung hatte immer auch den Charakter von Belohnung für politisches Wohlverhalten, ihre Entziehung den von politischer Bestrafung. Sowohl die Truman-Doktrin, und hier insbesondere der berühmte «Vierte Punkt» *(Point Four)*, der 1949 auch zum Titel des ersten amerikanischen Entwicklungshilfeprogramms wurde, als auch Schdanows Zwei-Lager-Theorie hatten 1947 diese politische Zielrichtung deutlich gemacht. Entsprechend großzügig wurde von beiden Seiten jeweils in jenen Teilen der Welt investiert, in denen die politische Situation noch offen erschien. Diese Instrumentalisierung war nicht zuletzt am besonders ausgeprägten deutsch-deutschen Sonderkonflikt in der Dritten Welt zu beobachten, der zuweilen kuriose Züge annahm, weil selbst um die diplomatische Vertretung in unbedeutenden Staaten erbittert gerungen wurde. Für solche Länder, die zum Teil auch der Blockfreienbewegung angehörten, hatte dies auf der einen Seite zeitweilig sehr positive Auswirkungen. Dies zeigte sich etwa in Ägypten, das schließlich vom Westen und vom Ostblock profitierte. Auf der anderen Seite führte diese Praxis dazu, dass in besonders begehrten Regionen – so etwa in Angola – Auseinandersetzungen über Jahrzehnte anhielten. Selbst kleinere Stammeskonflikte, die wahrscheinlich ohne die strategischen Blockinteressen bald wieder eingeschlafen wären – zu nennen ist hier etwa der Krieg zwischen Somalia und Äthiopien um die ostafrikanische Wüstenregion Ogaden zwischen 1977 und 1991 –, blieben so lange Zeit am Leben. Sogar rivalisierende lokale Clanchefs oder kriminelle Drogenbarone konnten mit ziemlicher Sicherheit zu irgendeinem Zeitpunkt während des Kalten Krieges mit Zuwendungen rechnen, wenn sie sich auf der einen oder anderen Seite als strategisch einsetzbar erwiesen. Für die Gesamtheit der vom Verlauf des Hauptkonflikts abhängigen Blockfreienbewegung, in der die meisten Empfängerländer versammelt waren, hatte dieses Geberverhalten zum Teil weitere dramatische Folgen. Es korrumpierte ihre gemeinsamen Interessen und schädigte auf Dauer ihre politische Schlagkraft. Für eine Minderheit, die sich als ölproduzierende Mitglieder der Blockfreienbewegung unter anderem in der OPEC zusammengeschlossen hatten, hatten die strategischen Interessen der Supermächte dagegen fast nur Vorteile. Sie konnten innerhalb dieses erfolgreichen Subsystems des Kalten Krieges sogar zeitweilig aktiv im Hauptkonflikt eingreifen, wie vor allem die erste Ölkrise 1973 zeigte.

Das System der Entwicklungshilfe war eigentlich ein Produkt der versuchten Neuordnung der Welt am Ende des Zweiten Weltkrieges gewesen. Schon die Konferenz in Bretton Woods hatte sich 1944 mit der Entwicklungspolitik beschäftigt, obgleich am Ende des Krieges kaum nennenswerte Sensibilität für die Dritte Welt, die in großen Teilen noch Kolonialgebiet war, bestand. Für die wirtschaftliche Entwicklung dieser Staaten wurden langfristig der 1945 geschaffene Internationale Währungsfonds (IWF) und die mit ihm verbundene Weltbank sowie das 1947 verabschiedete Welthandelsabkommen GATT wichtig. Die Weltbank engagierte sich in den Fünfziger- und Sechzigerjahren deutlich in der Entwicklungshilfe. Sie geriet aber ebenso wie der IWF und das Welthandelsabkommen unter den Bedingungen des Kalten Krieges dann fast automatisch in den Ruf, eine Einrichtung des Westens und seiner politischen Interessen zu sein. Weniger den Fronten des Kalten Krieges als vielmehr ausgeprägtem Konkurrenzdenken der Industrieländer fiel 1948 die von der Sowjetunion und den USA noch gemeinsam beschlossene Internationale Handelsorganisation der UNO zum Opfer. Die sogenannte ITO kam nicht mehr zum Abschluss, weil bereits damals eine zu starke Position einiger Entwicklungsländer befürchtet wurde. Zwanzig Jahre später bewahrheiteten sich manche dieser Ängste, als die Textilindustrie in einigen Entwicklungsländern zu einer echten Konkurrenz für die Industriestaaten heranwuchs, der ganze Produktionssparten zum Opfer fielen. Das wirkliche Ausmaß einer möglichen globalen Konkurrenz wurde aber erst nach 1991 sichtbar, als sich das von den politischen Restriktionen des Kalten Krieges weitgehend erlöste und marktwirtschaftlich zum Teil geöffnete China weltweit zu engagieren begann.

Wie die Welt unter den Bedingungen des Kalten Krieges ökonomisch organisiert war und welche Rolle die Entwicklungsländer darin einnahmen, definierte 1964 erstmalig offiziell die UNO. Dies hatte Gründe. Mit dem Mauerbau im geteilten Deutschland 1961 hatte sich der Schwerpunkt der Blockkonfrontation sichtbar auf die Dritte Welt verlagert. Im gleichen Jahr hatte in Belgrad die erste Konferenz der Blockfreienbewegung nachdrücklich ökonomisch-politische Verteilungsgerechtigkeit eingefordert. China hatte sich darüber hinaus durch die Distanzierung von Moskau als eigener Machtfaktor zu erkennen gegeben. Nicht zuletzt hatte der Prozess der Dekolonisierung seit dem Beginn der Sechzigerjahre deutlich an Fahrt gewonnen, aber auch erhebliche politische Probleme verursacht.

Die vor diesem Hintergrund 1964 durch die Generalversammlung der UNO aus der Taufe gehobene «Konferenz der Vereinten Nationen für Handel und Entwicklung» (UNCTAD) sollte vor allem die wirtschaftliche Kooperation zwischen den Industrie- und Entwicklungsländern, aber auch innerhalb der Dritten Welt fördern. Langfristig wollte man eine gerechtere Welthandelsordnung aufbauen. Als Koordinierungsinstrument wurde dafür, neben einem ständigen Sekretariat und mehreren Kommissionen, ein sogenannter Handels- und Entwicklungsrat eingerichtet, der jeweils auch die aktuelle UNCTAD-Agenda festlegte. Jährlich wurde zudem ein Handels- und Entwicklungsbericht erstellt. Bis zum Ende des Kalten Krieges teilte auch die UNCTAD den Globus nach den politischen Kriterien ein: Neben einem marktwirtschaftlich und einem planwirtschaftlich organisierten Block sowie China definierte die UNO nun zwei Gruppen afro-asiatischer und lateinamerikanischer Staaten, die zum großen Teil in der Blockfreienbewegung organisiert waren. Auf den kontinuierlich veranstalteten UNCTAD-Konferenzen – die letzte während des Kalten Krieges fand 1987 wieder in Genf statt (UNCTAD VII) – nahmen die Industriestaaten jedoch im Grunde genommen jeweils nur die Klagen über die zunehmende Verschuldung der Entwicklungsländer sowie über ungerechte Rohstoffpreise entgegen. Immerhin wurde auf diesem letzten Treffen im Kalten Krieg den Entwicklungsländern zum ersten Mal schriftlich zugesichert, dass die Industrieländer gewillt seien, die Unterstützung in Zukunft nicht mehr nur nach politischen Kriterien zu vergeben, sondern die tatsächliche ökonomische Bedürftigkeit stärker in Rechnung zu stellen. Eine blockübergreifende, globale «Gewerkschaft» der Dritten Welt konnte die UNCTAD trotz vieler offizieller Bekenntnisse nicht werden.

Die Schwäche der UNCTAD gründete nicht zuletzt darauf, dass die blockgebundenen Staaten eigene, häufig bilaterale Verträge mit den Entwicklungsländern schlossen. So wurden 1966 auf Wunsch der ehemaligen Kolonialstaaten Westeuropas – insbesondere Frankreichs – im Vertrag von Lomé die von ihnen ehemals verwalteten Gebiete indirekt in die 1957 gegründete Europäische Wirtschaftsgemeinschaft (EWG) einbezogen. Es handelte sich dabei um eine Gruppe von Ländern aus dem afrikanischen, karibischen und pazifischen Raum, die kurz «AKP-Staaten» genannt wurden. Bereits sechs Jahre zuvor war in Montevideo auf Vorschlag der UNO ein vergleichbarer Sonderstatus für südamerikanische Staaten eingerichtet worden. Weitere solcher Regionalabkommen wurden etwa für West- (ECOWAS), Süd- und Ostafrika (PTA/EAEC), für Zentralamerika (MCCA) und die Karibik (CARICOM) vereinbart. Sie waren in Teilen durchaus erfolgreich, wie die *Asociación Latinoamericana de Libre Comercio* (Lateinamerikanische Freihandelsvereinigung) demonstrierte, in deren Grenzen das Handelsvolumen zwischen 1961 und 1969 sogar um 600 Prozent wuchs.[28]

Faktisch aber blieb damit die Partizipation der Entwicklungsländer an der Weltwirtschaft weiterhin von den Blöcken des Kalten Krieges, in diesem Fall von den großen westlichen Industrienationen, kontrolliert. Die Kontrolle fußte nicht zuletzt auf eigenen Banken für die Entwicklungshilfe. Ein «Europäischer Entwicklungsfonds» war bereits 1958 geschaffen worden. Er unterstützte gezielt ehemalige französische Kolonien in Afrika. Ein Jahr später gab es auch eine von den USA gestützte «Inter-amerikanische» und 1966 eine von Japan initiierte «Asiatische Entwicklungsbank». Vor diesem Hintergrund hatte sich auch die Blockfreienbewegung bereits auf der ersten UNCTAD-Konferenz 1964 dafür entschieden, eine eigene Vertretung für die Entwicklungsländer zu gründen. Auch diese «Gruppe 77» konnte sich allerdings ebenso wenig vom Hauptkonflikt der Blöcke im Kalten Krieg lösen wie die UNCTAD. Ihre diversen Vorstöße für eine gerechtere Wirtschaftsordnung blieben praktisch folgenlos. Am Ende des Kalten Krieges war auch die «Gruppe 77» weitestgehend diskreditiert. Vor allem für die Masse der ärmsten Staaten in der Dritten Welt, die weder über

Rohstoffe noch über für den Kalten Krieg nutzbare strategische Positionen verfügten, hatten beide Interessenvertretungen nur wenig erreicht.

Aber nicht nur die Organisation der Entwicklungshilfe, sondern auch ihre Praxis zeigte die enorme Abhängigkeit von den Strukturen des Kalten Krieges. Unterstützung wurde von beiden großen Blöcken an die Dritte Welt vergeben, wenngleich die Begründung höchst unterschiedlich ausfiel. In der Sowjetunion und im Ostblock wurde die westliche Entwicklungshilfe als der Versuch ehemaliger Kolonialstaaten interpretiert, die postkolonialen Staaten in eine neue Art der Abhängigkeit zu führen. «Entwicklungshilfe», hieß es noch in der letzten Auflage des in der DDR weitverbreiteten *Kleinen Politischen Wörterbuchs*, sei die «staatliche Finanzierung der Expansion im Interesse des Monopolkapitals». Sie sei «ein unumgängliches Zugeständnis an den wachsenden Druck der Kräfte in den befreiten Staaten und des Weltsozialismus, um das neokoloniale Herrschafts- und Ausbeutungssystem zu erhalten und zu stabilisieren».[29] Die USA und die mit ihnen verbündeten Staaten ihrerseits interpretierten die Entwicklungshilfe des Ostblocks – die hier unter der Bezeichnung «antiimperialistische Solidarität» oder auch schlicht als «Geschenke» firmierte – entsprechend als den zwar ideologisch verbrämten, dennoch offensichtlichen Versuch, die Dritte Welt «von sowjetischen Gütern, Dienstleistungen und Technikern abhängig» zu machen.[30]

Wie in den USA die Truman-Rede hatte in der UdSSR die Schdanow-Rede 1947 die Richtung der Entwicklungspolitik vorgegeben. Unterstützung biete sich für jene Länder an, in denen kommunistisch geführte Widerstandsgruppen tätig seien, hatte Stalins «Chefideologe» mitgeteilt. Neben Vietnam war dies damals allerdings allein die niederländische Kolonie Indonesien. Sympathisanten für die eigene Sache vermutete Schdanow aber auch in Ägypten, Indien und Syrien, wohin in der Tat zeitweilig großzügige sowjetische Entwicklungshilfe floss. Unter Chruschtschow begann dann eine gezielte «Besuchsdiplomatie», die schließlich zu Dutzenden von bilateralen Abkommen führte. Ausdrücklich galt die Friedliche Koexistenz, die Chruschtschow ansonsten als Richtlinie zwischen den Supermächten eingehalten wissen wollte, nicht für die Dritte Welt. Seit 1961 war zudem eine «Theorie der nichtkapitalistischen Entwicklung» im KPdSU-Programm verankert. Sie teilte die Entwicklungsländer in drei Kategorien ein, nach denen die Höhe der «Bruderhilfe» festgelegt wurde. Zur ersten Gruppe, den Entwicklungsländern des sozialistischen Lagers mit Mitgliedschaft im RGW, gehörten damals Nordvietnam, Kuba und die Mongolische Volksrepublik. Zur zweiten zählten die Entwicklungsländer mit «sozialistischer Orientierung». Dazu rechnete man unter anderem Angola, Algerien, Äthiopien und Syrien. Die dritte Gruppe umfasste die Entwicklungsländer im «kapitalistischen Lager», in denen vor allem «Befreiungsbewegungen» unterstützt werden sollten. 1977 erhielt diese Hilfe für Befreiungsorganisationen sogar Verfassungsrang in der UdSSR. Der fast gleichzeitig Ende der Siebzigerjahre gestartete Versuch Moskaus, sich angesichts der chinesischen Bemühungen um die NAM-Staaten mit Hilfe Kubas zur Führungsmacht der Blockfreienbewegung küren zu lassen, scheiterte allerdings auf der Konferenz in Havanna 1979. Wer nach dem Bruch Moskaus mit China Unterstützung aus dem Ostblock erhielt, hing nicht zuletzt von der gerade gültigen ideologischen Linie ab. Seit 1960 verweigerte die UdSSR vor allem jenen Entwicklungsländern «Geschenke», die weiterhin Kontakte zu den Chinesen hielten. «Bruderhilfe» floss ansonsten vor allem in die Länder an den Rändern der Sowjetunion, die einerseits als Einflussgebiet, andererseits als die durch den Westen gefährdete Peripherie galten.

Die Unterstützung aus dem Ostblock, die wie im Fall der USA formal in eine Wirtschafts- und eine Militärhilfe unterschieden werden konnte, war im Verhältnis zu den vom Westen ausgeschütteten Summen nicht sehr hoch. Noch am Beginn des letzten, wieder besonders offensiven Jahrzehnts des Kalten Krieges gab die UdSSR 1980 umgerechnet nur rund 1,58 Milliarden US-Dollar aus; das waren lediglich 0,14 Prozent des Bruttosozialprodukts (BSP).[31] Alle RGW-Staaten zusammen kamen in diesem Jahr auf etwa 1,8 Milliarden US-Dollar, das entsprach 0,06 Prozent des BSP. Zum Vergleich: Allein die Bundesrepublik Deutschland investierte im selben Zeitraum ungefähr 3,5 Milliarden US-Dollar oder 0,43 Prozent des BSP. Die Ausgaben der USA lagen im selben Zeitraum bei etwa 7 Milliarden Dollar. Schwerpunktmäßig und kontinuierlich wurden bis in die Achtzigerjahre jene Länder unterstützt, die fest dem sozialistischen Lager zuzurechnen waren. Noch 1984 erhielten Kuba, die Mongolei und das wiedervereinigte Vietnam rund 70 Prozent der gesamten sowjetischen Entwicklungshilfe.[32] Außerhalb des Ostblocks war die «Bruderhilfe» in der ersten Hälfte des Kalten Krieges zwischen 1955 und 1974 vor allem nach Afrika, in den Nahen Osten und nach Süd(ost)asien geflossen, während Lateinamerika, als Empfängerregion im direkten Einflussbereich der USA, deutlich vernachlässigt wurde. Immerhin erhielt Brasilien noch 1986 umgerechnet rund 300 Millionen US-Dollar sowjetische Entwicklungshilfe. In der Riege der am meisten bevorzugten Staaten stand Ägypten mit umgerechnet etwa 6,1 Milliarden US-Dollar Unterstützung an erster Stelle. Ansonsten rückten ab 1957 Indonesien, im folgenden Jahr der Irak und ab 1960 Indien auf der Empfängerliste weit nach vorn. Indien dominierte als nicht sozialistisches Land bis zum Ende des Kalten Krieges die Statistik und erhielt allein umgerechnet etwa 2,1 Milliarden US-Dollar Unterstützung.[33]

Wie deutlich die strategischen Ziele des Kalten Krieges tatsächlich die Ostblock-Entwicklungshilfe bestimmt hatten, zeigte sich, als Russland sich nach dem Untergang der UdSSR weitgehend daraus zurückzog. Die Streichung von Geldern beendete nicht nur die 1979 begonnene vietnamesische Besetzung Kambodschas, weil der Regierung in Hànôi nun dafür schlicht die Mittel fehlten. Da dieser Geldmangel auch ernsthafte Probleme in der eigenen Wirtschaft verursachte, entschloss sich die vietnamesische Führung darüber hinaus, sogar den Kontakt zu Peking wieder aufzunehmen. 1991, zwanzig Jahre nach dem letzten Besuch eines chinesischen Politikers in Nordvietnam, traf man sich zu ersten Gesprächen, die dann zu verschiedenen Abkommen über politische und wirtschaftliche Zusammenarbeit führten.

In den USA rückte die Entwicklungshilfe mit der Regierungserklärung Trumans vom 20. Januar 1949 und dem danach gestarteten sogenannten *Point-Four*-Programm in den Bereich offizieller Außenpolitik. Eigenständig wurde sie allerdings niemals, sondern fiel unter dem Begriff der *Foreign Assistance* in die Zuständigkeit mehrerer Ministerien, wobei das Außenministerium die Richtlinienkompetenz behielt. Verschiedene weitere Ministerien, das Handels-, Landwirtschafts-, Finanz- und Verteidigungsministerium, konnten zeitweilig dennoch erhebliche Mitspracherechte reklamieren. So verwaltete das Pentagon die erheblichen Militär und Sicherheitshilfen.[34] Erst unter Kennedy wurde 1961 eine eigene «Agentur für Internationale Entwicklung» (AID) eingerichtet und im selben Jahr ein eigenes Auslandshilfegesetz *(Foreign Assistance Act)* verabschiedet. Auch die USA verlagerten im Verlauf des Kalten Krieges ihre Schwerpunkte für die Entwicklungshilfe. Kontinuierlich blieb allerdings Lateinamerika, der viel zitierte «Hinterhof» der USA, ein Hauptinteressengebiet. Dies hatten 1948 bereits die Gründungscharta der OAS und die im selben Jahr verabschiedete «Erklärung und Entschließung über die Erhaltung und Verteidigung der Demokratie in Amerika» deutlich gemacht.[35] Diese Bevorzugung spiegelte sich allerdings nur zum Teil in den öffentlich zugänglichen Quellen wider. So fand sich am Ende der ersten Hälfte des Kalten Krieges lediglich Kolumbien auf der Liste der zwölf wichtigsten Empfängerländer für die offizielle US-Unterstützung. Andere Staaten der Region erhielten vor allem verdeckte Militär- und Sicherheitshilfe. An Guatemala, wo mithilfe der USA 1954 der Reformpolitiker Jacobo Arbenz Guzmán zugunsten des US-freundlichen Präsidenten Carlos Castillo Armas gestürzt worden war, floss danach eine bis zu sechzig Prozent erhöhte Zuwendung, die vor allem in den Krieg mit linksgerichteten Guerillas investiert wurde.[36] Dies änderte sich bis zum Ende des Kalten Krieges nicht. Noch 1988/89 waren die USA durch Militärhilfen in allein vier lateinamerikanischen Staaten an verdeckten Kriegen beteiligt: in El Salvador, Guatemala, Costa Rica und Honduras.[37]

Auch der Nahe Osten und insbesondere Süd- und Ostasien wurden bereits in den späten Vierziger- und dann in den Fünfzigerjahren von den USA mit Wirtschafts- und Militärhilfe unterstützt. Im Nahen Osten lag am Ende des Kalten Krieges vor allem Israel, dann auch Ägypten, das 1979 mit den Israelis Frieden geschlossen hatte, auf den vorderen Plätzen. Gleichzeitig flossen auch hier verdeckte Hilfen. Im Ersten Golfkrieg zwischen dem Iran und dem Irak von 1980 bis 1988 profitierte davon unter anderen der irakische Diktator Saddam Hussein. In Südostasien floss US-Militärhilfe als Entwicklungshilfe bereits im französischen Indochinakrieg. Bis zur Niederlage der französischen Kolonialtruppen bei Diên Biên Phu 1954 finanzierte Washington schon in der ersten Hälfte der Fünfzigerjahre einen Großteil des als antikommunistischer Kampf postulierten Kolonialkriegs. Nach 1954 sprangen die USA mit weiteren großzügigen Hilfen für das als antikommunistisches Bollwerk ausgebaute Südvietnam ein. Zwischen 1955 und 1961 wurden hier rund zwei Milliarden US-Dollar Wirtschafts- und Militärhilfe investiert.[38] Bis zur Eroberung Südvietnams durch nordvietnamesische Truppen 1975 stellte hier zusätzlich ein eigenes «Importprogramm» (CIP) überdurchschnittlich hohe verdeckte Finanzhilfen zur Verfügung. Am Ende der ersten Hälfte des Kalten Krieges 1970/71 befanden sich zudem drei weitere ostasiatische Staaten auf den ersten Listenplätzen der offiziellen amerikanischen Entwicklungshilfe in der Dritten Welt: Indien (13,9 %), Indonesien (7,8 %) und Pakistan (5,0 %).[39] Paradoxerweise verhalf nicht zuletzt diese Unterstützung zunächst Indien, dann auch Pakistan zu eigenen Nuklearwaffen. Die Lieferung eines kanadischen Schwerwasserreaktors 1955 nutzte Indien zur Herstellung der 1974 gezündeten Atombombe. Pakistan profitierte bei seinen ersten Schritten zur Bombe in den Achtzigerjahren massiv von den geheimen Subventionen, die die USA zur Unterstützung der antisowjetischen Kämpfer in Afghanistan durch das Land schleusten.

Demgegenüber war der afrikanische Kontinent lange Zeit ein Ort minderen Interesses für die USA. Am Ende der Amtszeit Eisenhowers wurde zwar ein eigenes «Afrikanisches Büro» im US-Außenministerium eingerichtet, doch erst Kennedy verwies dezidiert auf die Notwendigkeit einer aktiveren Afrikapolitik, um dort den Einfluss des Ostblocks zurückzudrängen. Bis in die Siebzigerjahre blieb sie allerdings vorrangig eine Reaktion auf angenommene oder tatsächliche sowjetische Aktionen.[40] Nach der Präsidentschaft Carters, der versucht hatte, die Hilfen strenger nach entwicklungspolitischen Gesichtspunkten zu vergeben, konzentrierte sich die Unterstützung in den heißen letzten Jahren des Kalten Krieges dann wieder sichtbarer auf strategische Kriterien. Unter Reagan gab es fünf Schwerpunkte in Afrika. Im Norden erhielt Ägypten in den letzten sechs Jahren des Kalten Krieges regelmäßig über zwei Milliarden US-Dollar Sicherheitshilfe. Mit ihr sollte auch die islamistische Bedrohung zurückgedrängt werden. Diese Begründung traf auch beim zweiten Schwerpunkt zu: Marokko und Tunesien wurden aus dem gleichen Grund in die Sicherheitshilfe einbezogen. Zu einem dritten strategischen Schwerpunkt entwickelte sich Somalia am Horn von Afrika, gegenüber der Arabischen Halbinsel. Auch die Nachbarländer Somalias, den Sudan und Kenia, bezog man in diese Unterstützung ein, da das zwischen diesen drei Ländern liegende Äthiopien kontinuierlich Einflussgebiet des Ostblocks blieb. Südlich des Sudan erhielt der Kongo (1971–1997: Zaïre) als vierter Schwerpunkt Unterstützung, weil hier einerseits das Überleben der US-freundlichen Regierung von Mobutu Sese-Seko gegen die vom Ostblock unterstützten angolanischen Truppen und gegen Sambia abgesichert werden sollte. Andererseits wurde von hier aus auch die westliche Hilfe nach Angola geschleust, wo sich vom Westen und vom Ostblock und China unterstützte Gruppen seit Anfang der Sechzigerjahre einen fast dreißigjährigen Bürgerkrieg lieferten. Ein Gutteil der weiteren Hilfe wurde auch im Westen mittels halboffizieller Organisationen oder über sichere Verbündete in die Wege geleitet. Dazu gehörten Frankreich, Belgien, Großbritannien, Westdeutschland und Taiwan.

Besonders eindrucksvoll kann man wiederum anhand der beiden deutschen Staaten die Blockpolitik nachvollziehen. Gleichzeitig zeigte sich hier sehr deutlich der spezifisch deutsch-deutsche Sonderkonflikt des Kalten Krieges. Beide deutsche Staaten waren intensiv in der Dritten Welt engagiert und fochten hier den großen, vor allem aber ihren eigenen Kalten Krieg aus, bei dem die Bundesrepublik in der ersten Hälfte des Konflikts bis etwa 1970 vor allem um die Alleinvertretung Deutschlands, die DDR um die internationale Anerkennung kämpfte. Offiziell war die Bundesrepublik seit 1953 in der Entwicklungshilfe engagiert, als erstmals eine halbe Million Mark aus dem Marshall-Plan für unterentwickelte Gebiete zur «Förderung des Erfahrungsaustausches» bereitgestellt wurden.[41] 1956 waren insgesamt 53,5 Millionen Mark im Bundeshaushalt für diesen Zweck vorgesehen, die bezeichnenderweise zum größten Teil aus dem Etat des Auswärtigen Amts stammten. Am Ende des Kalten Krieges lag die Summe der offiziellen Entwicklungshilfe der Bundesrepublik bei jährlich 5,2 Milliarden US-Dollar (1990).[42] Die Anfänge der Hilfen aus der DDR für die Dritte Welt fanden sich dagegen bereits im Jahr 1950. Nordkorea war das erste Land, das während des Koreakrieges unentgeltliche Warenlieferungen erhielt. Ab 1953 wurden auch die Vietnamesen im Kampf gegen die Franzosen unterstützt, seit der Teilung des Landes 1954 floss Hilfe ins kommunistische Nordvietnam. Wie die Bundesrepublik begann auch die DDR-Führung mit der offiziellen Verleihung der Souveränität 1955 die Beziehungen zur Dritten Welt systematischer auszubauen. Zunehmend spielten dabei neben den an der Sowjetunion orientierten Entwicklungsländern und den revolutionären Bewegungen auch bürgerliche Staaten eine Rolle.

Die Konflikte zwischen den beiden Deutschlands in der Dritten Welt ergaben sich damit automatisch und zeigten sich allein in der ersten Hälfte des Kalten Krieges in 33 Staaten.[43] Der Bundesrepublik Deutschland gelang es bis 1969 immer wieder, offizielle DDR-Vertretungen mit dem Hebel des Alleinvertretungsanspruchs etwa aus afrikanischen Staaten herauszuhalten. Bonn drohte mit dem Abbruch der diplomatischen Beziehungen und der Einstellung oder Kürzung der Entwicklungshilfe, falls ein Staat die Ostberliner Regierung offiziell anerkennen würde. Mehrfach kam man gegenüber der Dritten Welt tatsächlich in die Situation, über Sanktionen nachzudenken. So war Ulbrichts Besuch im blockfreien Ägypten 1965 nicht nur ein außenpolitischer Triumph für die DDR, sondern auch eine bittere Niederlage für Bonn – ein «Stalingrad am Nil», wie die der CDU nahestehende Zeitung *Christ und Welt* damals vermerkte.[44] Den Hintergrund für Nassers Einladung bildete nicht nur die Unterstützung, die der Ostblock den Ägyptern seit Jahren gewährt hatte, sondern auch der Zorn der arabischen Welt auf die Unterstützung des Westens für Israel. Wirklich peinlich wurde es dann, als der westdeutsche Bundeskanzler Ludwig Erhard öffentlich mit dem Abbruch aller diplomatischen Beziehungen drohte, sich dies politisch aber gar nicht durchsetzen ließ. Gegen die außenpolitische Schlappe half es dann auch nur wenig, dass die Bundesrepublik in fast jeder afrikanischen Hauptstadt eine Vertretung eröffnete – selbst dort, wo kaum politische oder wirtschaftliche Interessen vorhanden waren. Dem ägyptischen Beispiel folgten dann auch andere blockfreie Staaten. Seit 1969 rollte eine Welle von diplomatischen Anerkennungen für die DDR und mit dem Grundlagenvertrag 1972 verschwand die nutzlos gewordene Hallstein-Doktrin.

In der zweiten Hälfte des Kalten Krieges waren die Konflikte weniger durch den deutschlandpolitischen Sonderkonflikt als von den eigentlichen Fronten der Blöcke des Kalten Krieges gekennzeichnet.[45] Bonn wurde in den Achtzigerjahren unter anderem zu einem der Hauptlieferanten für einen der zentralen Konflikte des Kalten Krieges in der Dritten Welt: für den Bürgerkrieg in Angola. Westdeutsche Waffen und andere militärische Ausrüstungsgegenstände wurden aber auch nach Kamerun, Libyen und Tunesien geliefert. Bis zum Ende des Kalten Krieges schloss die Bundesrepublik über 20 000 Entwicklungshilfeprojekte in der Dritten Welt ab. Von Ostberlin aus arbeitete man dagegen vor allem mit Kooperationen.[46] Die DDR wurde vor allem für Geheimdiensthilfe und für die sogenannte Kaderausbildung in der Dritten Welt zuständig. Im Schwerpunktgebiet Afrika wurden ostdeutsche «Berater» erstmals 1964 auf die ostafrikanische Insel Sansibar geschickt, dann auch nach Ghana und in den Sudan. Über den sozialistischen Südjemen, der ebenfalls von DDR-«Beratern» betreut wurde, liefen dann zeitweilig auch die Kontakte zur Terrorszene Westdeutschlands. In der zweiten Hälfte des Kalten Krieges erhielten vor allem Angola und Moçambique sowie Äthiopien «Kaderhilfe» aus der DDR. In Äthiopien wurde 1977 auch die erste von der DDR finanzierte Schule für Staatssicherheitsmitarbeiter eingerichtet. In den Achtzigerjahren erhöhte sich dann auch die Hilfe für die sozialistischen Staaten Lateinamerikas, wobei insbesondere das sandinistische Nicaragua zum Empfängerland wurde, das sich ab 1983 dann einen kontinuierlichen Guerillakrieg mit den von den USA unterstützten *Contras* lieferte. Zusammen mit Ungarn, der ČSSR und Bulgarien spendierte die DDR rund 158 Millionen Dollar für die Sandinisten, die diese unter anderem auch an die salvadorianischen Rebellen weitergaben.[47] Über diese Unterstützung hinaus engagierte sich die SED in der Hilfe für revolutionäre Bewegungen: Unter anderem erhielten die gegen die weißen Apartheid-Regierungen kämpfenden Befreiungsorganisationen wie der «Afrikanische Nationalkongress» (ANC) in Südafrika, die «Afrikanische Volksunion» (ZAPU) in Rhodesien/Simbabwe und die «Organisation der Völker Südwestafrikas» (SWAPO) Unterstützung. Nach dem Aufstand im südafrikanischen Ghetto Soweto 1976 wurde die DDR dann sogar die erste Adresse für die Ausbildung von Kämpfern gegen das Regime in Johannesburg.[48]

Der Vergabe von Entwicklungshilfe unter einem so deutlichen politischen Primat war mit Sicherheit nicht das, was man unter humanitären Gesichtspunkten hätte erwarten können. Trotz aller Kritik erreichte die Entwicklungshilfe im Kalten Krieg jedoch einiges. Waren am Ende der ersten Hälfte des Konflikts nur 43 Prozent der Erwachsenen in den Entwicklungsländern des Lesens und Schreibens kundig, erhöhte sich diese Rate bis Mitte der Achtzigerjahre auf sechzig Prozent und erreichte in den Neunzigerjahren rund 76 Prozent. Auch die Lebenserwartung stieg durch bessere Versorgung um fast ein Drittel.[49] Gleichzeitig blieben viele Erwartungen unerfüllt. Trotz Ausnahmegenehmigungen für Länder der Dritten Welt konnten nicht die gewünschten höheren Preise gegenüber den global tätigen, vor allem westlichen Unternehmen durchgesetzt werden. Diese erweiterten während des Kalten Krieges vielfach ihre Positionen auf Kosten der Dritten Welt. Eines der bekanntesten Beispiele dafür war der von der CIA 1954 lancierte Putsch in Guatemala, der vor allem die Interessen der amerikanischen *United Fruit Company* bediente. Die wohl wichtigste Unterstützung erhielten jedoch die großen internationalen Erdölfirmen. Wahrscheinlich wurden hier während des Kalten Krieges auch Mittel der öffentlichen Entwicklungshilfe regelwidrig für die Erschließung von Ölquellen genutzt.[50] Gerade jedoch im Ölgeschäft zeigten sich auch die Möglichkeiten der Dritten Welt.

Erdöl: Die Waffe der Dritten Welt

Die geostrategische Bedeutung der Kontrolle von Energie- und Rohstofflagern, speziell der Lagerstätten von Erdöl, war auch vor dem Kalten Krieg unbestritten. Der politisch-wirtschaftliche Wert des Erdöls steigerte sich aber im Verlauf des Kalten Kriegs noch einmal deutlich, weil sich nicht nur der weltweite Verbrauch um ein Vielfaches erhöhte, sondern nun auch die Begrenztheit der Ressourcen immer deutlicher wurde. Die (erste) Ölkrise 1973 machte dann vor allem dem Westen schlagartig deutlich, dass ölproduzierende Länder durchaus in der Lage waren, die Weltwirtschaft in Teilen zu beschädigen. Dieser «Ölschock» führte auf beiden Seiten des Konflikts dazu, noch größere «strategische Ölreserven» anzulegen. In der Bundesrepublik etwa sollte die Einlagerung von 25 Millionen Tonnen Erdöl den Bedarf für neunzig Tage decken. Grundsätzlich war der Westen wesentlich stärker von der Ölkrise getroffen worden, weil seine Abhängigkeit vom Weltmarkt und insbesondere von den erdölproduzierenden arabischen Staaten am Persischen Golf größer war. Schon vor dem Sechstagekrieg 1967 lieferten diese für westeuropäische Staaten über achtzig Prozent, für die USA über fünfzig Prozent des Erdöls.[51] Welche politische Brisanz in dieser Abhängigkeit steckte, machten früh die außenpolitischen Grundsätze der USA deutlich. Kontinuierlich verwiesen sie im Kalten Krieg auf die Notwendigkeit, die großen Erdölvorkommen am Persischen Golf zugänglich zu halten und wenn nötig mit Waffengewalt zu sichern. Bereits die nach der Suezkrise verabschiedete «Eisenhower-Doktrin» sah 1957 grundsätzlich eine Militärintervention im Nahen Osten vor, falls «lebenswichtige amerikanische Interessen» bedroht seien. Die über zwanzig Jahre später nach der sowjetischen Invasion in Afghanistan verkündete «Carter-Doktrin» machte dies im Januar 1980 noch deutlicher. Die USA, so hatte US-Präsident Carter erklärt, würden sofort militärisch eingreifen, falls eine andere Macht versuchen sollte, die Ölzufuhr aus dem Persischen Golf abzuschneiden.[52] Unmittelbar danach wurde zum ersten Mal eine eigens für den Wüstenkrieg am Persischen Golf trainierte Einheit aufgestellt. Für die Sowjetunion hingegen blieb das strategische Problem weniger brisant, da sie sich prinzipiell dafür entschieden hatte, den Erdölbedarf des Ostblocks aus eigenen Beständen zu decken. Seit 1964 verlief eine mithilfe von Jugendverbänden aus verschiedenen Ostblockstaaten gebaute «Erdölleitung Freundschaft» vom westsibirischen Erdölfeld Samotlor über Almetjewsk an der Wolga bis in die ostmitteleuropäischen Satellitenstaaten, nach Ungarn, in die Tschechoslowakei und die DDR. Dennoch war die UdSSR während des Kalten Krieges auch in verschiedenen Förderländern außerhalb ihres Territoriums aktiv, unter anderem im Irak, in Libyen und Nigeria.

Die Konkurrenz zwischen dem Westen und der Sowjetunion um den Zugang zum Erdöl hatte bereits vor dem Zweiten Weltkrieg begonnen.[53] Zunächst waren es vor allem die Briten, dann auch die Amerikaner, schließlich auch die Sowjets, die sich für die Ölfelder am Persischen Golf interessierten. Es war bezeichnend für die wachsende Bedeutung des Erdöls, dass einer der ersten Konflikte zwischen den Westmächten und Stalin im beginnenden Kalten Krieg um den Zugang zu diesen Fördergebieten geführt wurde. Die Irankrise 1946 war in großen Teilen auch eine Auseinandersetzung um den Zugang zum Persischen Golf. Stalins Druck auf die iranische Regierung, seine Hilfe für moskaufreundliche Parteien und marxistische Gruppierungen sowie seine Förderung eines autonomen aserbaidschanischen Gebiets im Norden Irans sollten einerseits den aus seiner Sicht zu westfreundlichen Kurs Teherans in Grenzen halten, wenn möglich sogar beenden, vor allem aber Ölfördergenehmigungen erzwingen. Die in den Tageszeitungen damals verbreitete Krisenstimmung hielt Wolfgang Koeppen in seinem 1951 veröffentlichten Roman *Tauben im Gras* so fest: «*Krieg um Öl, Verschärfung im Konflikt, der Volkswille, das Öl den Eingeborenen, die Flotte ohne Öl, Anschlag auf die Pipeline, Truppen schützen Bohrtürme, Schah heiratet, Intrigen um den Pfauenthron, die Russen im Hintergrund, Flugzeugträger im Persischen Golf.* Das Öl hielt die Flieger am Himmel, es hielt die Presse in Atem, es ängstigte die Menschen und trieb mit schwächeren Detonationen die leichten Motorräder der Zeitungsfahrer.»[54]

Stalins Idee scheiterte nicht nur, sondern er musste mit ansehen, wie westliche Ölgesellschaften mit der Ausbeutung neuer Lagerstätten in Kuwait, schließlich auch in Katar, Bahrain und in den Vereinigten Arabischen Emiraten begannen. Ab 1958 förderten westliche Gesellschaften auch Erdöl in Syrien. Außerhalb des Nahen und Mittleren Ostens lagen die während des Kalten Krieges explorierten weiteren Erdölvorkommen in Lateinamerika (Venezuela, Ecuador), in Afrika (Algerien, Libyen, Gabun, Nigeria) und in Südostasien (Indonesien). Hinzu kamen schon früh *Offshore*-Förderungen. Sie erwiesen sich sogar als weitaus weniger anfällig für politische Störungen als die auf dem Festland eingerichteten Förderanlagen. Das Beispiel der Ölförderung vor der Küste Angolas zeigt, dass diese trotz des lang andauernden Bürgerkriegs im Wesentlichen unbehelligt fortgeführt werden konnte, weil internationale Wirtschaftsinteressen damit verbunden waren. Alle beteiligten Parteien, zu denen auch die beiden Supermächte gehörten, hatten kein Interesse daran, solche Anlagen zu zerstören. Ähnlich unbehelligt blieben Ölgesellschaften in Nigeria.

Für die Staaten der Dritten Welt, die über ergiebige Erdöllagerstätten verfügten, war die Vergabe von Lizenzen an ausländische Gesellschaften eine ambivalente Angelegenheit. Einerseits sorgten die Abgaben der westlichen Ölgesellschaften – die sogenannten Renten – für die finanzielle und machtpolitische Stabilisierung der häufig autokratisch-diktatorisch regierten Länder. Andererseits verhinderte der scheinbar problemlose und schier unerschöpflich erscheinende Fluss von «Petrodollars» nicht nur politische Veränderungen, sondern hemmte häufig auch wirtschaftliche Innovationen in diesen «Rentier-Staaten». Insbesondere in den arabisch-islamischen Staaten nahm die aus religiös-nationalistischen Motiven geäußerte Missstimmung auf Dauer rapide zu. Es war kein Zufall, dass gerade im Ölland Saudi-Arabien, dessen Monarch traditionell auch als Hüter der heiligsten Stätten des Islam fungierte, nicht nur die Kritik an der Anwesenheit der «Ungläubigen» besonders rasant wuchs. Hier war auch das Ursprungsgebiet einer der radikalsten islamistischen Gruppierungen im Kalten Krieg. Der Gründer der 1988 entstandenen islamistischen Terrororganisation *Al-Qaida*, Osama bin Laden, wurde 1957 in der saudi-arabischen Hauptstadt Riad geboren.[55]

Die über den gesamten Kalten Krieg und darüber hinaus fortbestehende enge Bindung Saudi-Arabiens an die USA war allerdings eher eine Ausnahme unter den arabischen Ölstaaten. Allgemein war in den mehrheitlich arabischen Ölfördergebieten mit dem von Ägyptens Staatschef Nasser ab 1955 eingeleiteten selbstbewussten panarabischen Kurs eine gravierende Wandlung eingetreten. Sie holte als Reflex gegen die politisch-wirtschaftliche Übermacht des Westens langfristig die Sowjets am Persischen Golf ins Boot. Beispielhaft ließ sich dies im Irak beobachten, dessen Führung seit den Fünfzigerjahren mithilfe Moskaus nicht nur versuchte, sich als neue Vormacht des arabischen Nationalismus zu etablieren, sondern gleichzeitig auch gegenüber dem von den USA unterstützten Rivalen Iran politisch zu punkten.[56] Der Irak war seit dem Zusammenbruch des Osmanischen Reiches nach dem Ersten Weltkrieg britisches Mandatsgebiet gewesen und bildete eine zentrale Stütze westlicher Energieversorgung. Die Angloamerikaner hatten das Land 1955 in den Bagdad-Pakt aufgenommen und damit in eine sehr enge Bindung zur NATO geführt. Diese positiven Beziehungen zum Westen waren mit der Irakischen Revolution 1958 abrupt abgebrochen. Die Revolution, hinter der in Ägypten eine Gruppe von «Freien Offizieren» stand, fegte die prowestliche Monarchie hinweg und ersetzte sie durch eine prosowjetische unter General Abd al-Karim Kasim (Kassem). Unmittelbar danach war der mit den Briten geschlossene Vertrag über die Nutzung des Luftwaffenstützpunkts Hawr al Habbānīyah ebenso gekündigt wie das amerikanische Militärhilfeabkommen. Ein Jahr später beendete Kasim auch die irakische Mitgliedschaft im Bagdad-Pakt und trat 1961 der Blockfreienbewegung bei.[57] Wie im Fall Ägyptens ersetzten die Sowjets auch im Irak die stornierten westlichen Hilfsprogramme. Erst 1972 wurde allerdings der offizielle Freundschaftsvertrag mit der Sowjetunion unterzeichnet.

Der Wechsel von der angloamerikanischen zur sowjetischen Kontrolle über die irakischen Ölfelder war relativ glimpflich verlaufen. Zum ernsthaften politischen Konflikt kam es erst, als Kasim 1961 auch Anspruch auf das benachbarte ölreiche Scheichtum Kuwait erhob. Die Reaktion des Westens war diesmal angesichts der Drohung, das zweite wichtige Fördergebiet am Persischen Golf zu verlieren, wesentlich aktiver. Großbritannien gab nicht nur eine militärische Bestandsgarantie, sondern schickte sogar Truppen. Wenig später wurden diese zwar durch Einheiten der Arabischen Liga ersetzt. Die angloamerikanische Position jedoch war unmissverständlich. Langfristig betrachtet, waren hier die Anfänge des Konflikts zwischen dem Westen und dem Irak zu finden, der schließlich seinen Höhepunkt in der Endphase des Kalten Krieges mit der irakischen Besetzung Kuwaits und dem anschließenden militärischen Eingreifen der Angloamerikaner im Zweiten Golfkrieg 1990 erreichte.

Während sich seit Ende der Fünfzigerjahre damit ein deutlicher Gegensatz zwischen den vom Westen und den von der Sowjetunion unterstützten Ölstaaten herauskristallisierte und sich damit die Fronten des Kalten Krieges auch in den Ölfördergebieten widerspiegelten, gelang es auf einer anderen Ebene, zumindest die eigenen wirtschaftspolitischen Interessen der ölproduzierenden Staaten in der Dritten Welt blockübergreifend zu organisieren. Im September 1960 wurde während einer Konferenz in Bagdad eine «Organisation der erdölexportierenden Staaten» (OPEC) gegründet, die deren gemeinsame Interessen vertreten sollte. Der eigentliche Anstoß kam wiederum von außen. In den Jahren 1959/60 hatten westliche Ölgesellschaften massiv versucht, den bereits 1956 tief gefallenen Rohölpreis erneut drastisch zu senken. Angesichts der politischen Konstellationen am Persischen Golf war der Zeitpunkt dafür nicht ungünstig gewählt. Trotzdem gelang es den politisch zutiefst zerstrittenen und teils sogar verfeindeten Golfstaaten Iran, Irak, Kuwait und Saudi-Arabien, sich zu einigen. Schließlich traten auch das südamerikanische Venezuela sowie Indonesien, Libyen, Algerien, die Arabischen Emirate, Katar, Gabun, Ecuador und Nigeria der OPEC bei. Erster Sitz wurde Genf.

Die OPEC war niemals in sich geschlossen. Dies zeigte sich 1968 zum ersten Mal auch nach außen, als die arabischen Erdölexportstaaten eine separate Organisation gründeten, die OAPEC. An der Zerstrittenheit der Ölstaaten scheiterte auch der erste Versuch, Erdöl als politische Waffe im Kalten Krieg einzusetzen. Die Forderung war erstmals nach der für die arabische Welt traumatischen Niederlage im Sechstagekrieg 1967 aufgekommen. Ägyptens Staatschef Nasser glaubte, dass die Niederlage vor allem darauf zurückzuführen gewesen sei, dass die USA und Großbritannien sich nicht nur als Waffenlieferanten auf israelischer Seite beteiligt, sondern sogar aktiv in die Kämpfe eingegriffen hätten. Besonders hartnäckig in der Forderung, das für den Westen lebenswichtige Erdöl als Waffe der Dritten Welt zu nutzen, zeigte sich ein politischer Neuling: der damals erst 28-jährige Moamar al-Gaddhafi. Er hatte im Dezember 1969 nicht nur die prowestliche libysche Monarchie beseitigt, sondern war unmittelbar danach auf einen politischen Konfrontationskurs zum Westen gegangen, der gezielt die Fronten des Kalten Krieges zu nutzen versuchte. In Libyen waren zu diesem Zeitpunkt vor allem angloamerikanische Ölgesellschaften tätig. Als Gaddhafi im Mai 1970 demonstrativ seinen Ölminister zu Gesprächen mit der sowjetischen Führung nach Moskau schickte und gleichzeitig den Druck auf die westlichen Firmen erhöhte, Libyen zu verlassen, war im Westen bereits Alarmstimmung zu verzeichnen gewesen. Der ebenfalls von ihm ausgehende Versuch, auf der OPEC-Konferenz 1971 den Rohölpreis um dreißig Prozent anzuheben, scheiterte zwar zunächst. Die Wende gelang zwei Jahre später. Nach dem vierten von den arabischen Staaten verlorenen Nahostkrieg, dem sogenannten Jom-Kippur-Krieg 1973, konnte sich die OAPEC mit ihrer Forderung, über das Öl ihren politischen Protest zu dokumentieren, durchsetzen.

Am Vorabend des jüdischen Feiertags Jom Kippur hatten ägyptische Streitkräfte am 6. Oktober 1973 die israelische Armee am Ostufer des Suezkanals angegriffen. Syrische Truppen waren gleichzeitig auf die israelisch besetzten Golan-Höhen vorgerückt. Knapp drei Wochen später war am 26. Oktober der Krieg bereits wieder durch einen Waffenstillstand beendet, nachdem Israel sich wieder erfolgreich gegen den Angriff hatte zur Wehr setzen können. Schon die relativ begrenzten Kampfhandlungen wirkten sich jedoch auf die internationale Rohölversorgung aus, da die israelische Luftwaffe gezielt Banias, die syrische Verladestation für das irakische Öl aus Kirkuk, lahmgelegt hatte und kurz darauf auch amerikanische Gesellschaften vorsorglich ihre Produktion drosselten, um eventuellen Schäden vorzubeugen. Zehn Tage nach dem Beginn des Jom-Kippur-Krieges traf die OPEC den ersten Beschluss, den Rohölpreis zu erhöhen. Den arabischen Mitgliedern ging die moderate Anhebung von drei auf fünf Dollar pro Barrel als politisches Signal an den Westen für dessen Unterstützung Israels jedoch nicht weit genug. Auf der Ministerkonferenz der OAPEC konnten sie sich am 5. November 1973 zum ersten Mal auf eine «Solidaritätsaktion» einigen: eine generelle Drosselung der Ölproduktion um 25 Prozent. Wenige Wochen später folgte nach einem OAPEC-Treffen in Teheran am 22. Dezember eine weitere Verdoppelung des Rohölpreises. US-Sicherheitsberater Kissinger sah dies später als eine «der wichtigsten Entscheidungen in der Geschichte unseres Jahrhunderts». Es sei bis dahin noch niemals vorgekommen, «dass eine Gruppe von relativ so schwachen Nationen [...] dramatische Veränderungen dieses Ausmaßes im Leben der überwältigenden Mehrheit der übrigen Weltbevölkerung hat erzwingen können».[58]

Dieser «Ölboykott» wirkte sich auf die gesamte westliche Wirtschaft aus und wuchs sich hier zu einer umfassenden Weltwirtschaftskrise aus, die ihre Folgen insbesondere auch auf innenpolitisch-psychologischem Gebiet zeigte. Die Ursachen lagen nicht allein im Ölpreis. Eine wichtige Rolle spielte unter anderem auch der sich zum gleichen Zeitpunkt vollziehende Zusammenbruch des internationalen Währungssystems durch die anhaltende Schwäche des US-Dollars. Deren Grund wiederum war in der inflationären Finanzierung des Vietnamkriegs zu finden. Das in der Formierungsphase des Kalten Krieges aufgebaute System von Bretton Woods, das seit 1944 auf der Stabilität der US-Währung gründete, war damit gescheitert, und ein Ersatz war nicht in Sicht. Was sich aus wirtschaftspolitischer Perspektive als «Grenzen des Wachstums» zeigte, wie es bereits 1972 ein Bericht des internationalen Expertengremiums *Club of Rome* zusammengefasst hatte, präsentierte sich auch als Zeichen für Probleme, «die sich nicht kurzerhand über den ökonomischen Leisten schlagen ließen», wie der westdeutsche Schriftsteller Günter Grass formulierte.[59] Wesentlich war vor allem die Zunahme von Zukunfts- und Existenzängsten.

Äußeres Zeichen der (ersten) «Ölkrise» waren in der Bundesrepublik nicht nur die Sonntagsfahrverbote, als Spaziergänger und Fahrradfahrer auf den kraftfahrzeugfreien Autobahnen zu sehen waren. Viel dramatischer waren der Einbruch des Bruttosozialprodukts um 1,5 Prozent und schließlich ein Anstieg der Arbeitslosigkeit, die 1975 auf die damals als ungeheuerlich angesehene Zahl von einer Million Erwerbslosen stieg.[60] Auch auf innenpolitischer Ebene ließen die Folgen nicht lange auf sich warten. Der zusätzlich durch die Spionageaffäre um den Kanzlerberater Guillaume politisch angeschlagene Bundeskanzler Willy Brandt gab auf und trat zurück. Sein im Mai 1974 vom Bundestag gewählter Nachfolger Helmut Schmidt setzte in den nächsten Jahren einen deutlichen Schwerpunkt auf die wirtschaftliche Konsolidierung, bei der die Sicherung der Energie eine zentrale Rolle spielte. Energiepolitisch brachte die politisch verordnete Ölknappheit im Westen zunächst einen neuen Schub für die Kernenergie, der wiederum umfassende politische Gegenbewegungen auslöste. Damals kaum absehbar, erwuchs aus diesen einzelnen Bürgerinitiativen, die sich nicht nur gegen Atomkraft artikulierten, vielfältiges politisches und zivilgesellschaftliches Engagement. Es verband sich ab Ende der Siebzigerjahre unter anderem mit der Friedensbewegung und mündete schließlich in neue, grundsätzliche Proteste gegen den Kalten Krieg. Auf offizieller Ebene hatte dies allerdings zunächst kaum Wirkung.

Eine zweite Ölkrise folgte nur wenige Jahre später. Mit der Iranischen Revolution 1979 und dem Ausfall der dortigen Förderung für die westlichen Staaten explodierte der Rohölpreis geradezu. Er stieg 1981 zeitweilig auf über vierzig Dollar je Barrel. Obwohl er ab 1982/83 auch wieder rückläufig war, wurde die Suche nach Alternativen in der Energieversorgung nun permanent fortgesetzt und übersprang auch sichtbar die Fronten des Kalten Krieges. Unter anderem wurden die westeuropäischen Energieimporte aus der Sowjetunion gesteigert.[61] Aber auch für die Ostblockstaaten hatte die zweite Ölkrise nun spürbare Folgen. Angesichts der lukrativen Devisenquelle für fossile Energien – sie machten Mitte der Achtzigerjahre rund 80 Prozent der sowjetischen Erlöse aus[62] – war die Führung in Moskau nicht mehr so uneingeschränkt gewillt, die RGW-Länder mit Öl unter dem von der OPEC festgelegten Preis zu beliefern, zumal die scheinbar unerschöpflichen Lieferungen aus der Sowjetunion zu einer gigantischen Energieverschwendung führten. Man hat errechnet, dass sich die Subventionen der Sowjetunion für Rohstoffe an die RGW-Staaten in den zehn Jahren nach der ersten Ölkrise auf bis zu 118 Milliarden Dollar beliefen.[63] Diese Summe konnte selbst die UdSSR nicht so ohne Weiteres ausgleichen. Besonders ärgerlich war es dann, als die Subventionierten daraus selbst Kapital zogen und – wie im Fall der DDR – unter anderem das preisgünstig bezogene sowjetische Erdöl und Erdgas zum OPEC-Marktpreis an den Westen weiterverkauften. Schon 1981 hatte der erboste DDR-Staatsratsvorsitzende Honecker mit dem Sonderbeauftragten Breschnews, Konstantin Mussakow, einen heftigen Disput, in dessen Verlauf er fragte, ob die UdSSR wegen des Erdöls wirklich die DDR aufs Spiel setzen wolle.[64] Wenige Jahre später führten die Subventionen dann zum Eklat. Als im Januar 1989 eine hochrangige DDR-Delegation nach Moskau reiste, um durchzusetzen, dass man zusätzlich zu den bereits bewilligten 17 Millionen Tonnen Erdöl weitere zwei Millionen Tonnen erhielt, weigerte sich die sowjetische Führung nicht nur, sondern drohte sogar damit, die bereits zugesagten Mengen zu reduzieren. Zu kostenintensiv war auch in der UdSSR die Förderung des Rohöls geworden. Auch die Sowjetunion war sichtbar an ihre ökonomischen Grenzen gestoßen.

Bis über das Ende des Kalten Krieges hinaus blieb der Rohölpreis ein gravierendes wirtschaftliches Problem aller Industriestaaten. Aber auch für die Dritte Welt blieben seine Möglichkeiten begrenzt. Einerseits erlangten die Förderländer durch den Erdölbedarf der westlichen Industrienationen ungeheure Reichtümer. Die Bruttosozialprodukte einiger arabischer Ölstaaten stiegen auf Werte, die im Verhältnis zur Einwohnerzahl selbst die USA überrundeten. Eine Waffe gegen die Armut wurde das Erdöl andererseits jedoch nicht. Die Masse der Araber außerhalb der reichen Ölstaaten blieb verarmt. Der Ölreichtum verstärkte schließlich sogar die Abhängigkeit vom Westen, da nur wenig Anlass bestand, produktive Bereiche, etwa in der Landwirtschaft, in der Konsumgüterindustrie oder auch in der Technologieentwicklung, auszubauen. Überdies blieb das Erdöl einer der großen Motoren für die Konflikte in der Dritten Welt. Im Vergleich zu Afrika zeigte sich die Region am Persischen Golf, trotz des irakisch-iranischen Krieges in den Achtzigerjahren und trotz der am Ende des Kalten Krieges versuchten Invasion Saddam Husseins in Kuwait, allerdings noch relativ stabil, da vor allem die USA hier keine großen politischen Verwerfungen zuließen.

Wie das Krisenszenario für ölproduzierende Staaten auch aussehen konnte, belegte das Beispiel Nigeria.[65] Hier brachte die Entdeckung von hochwertigen Vorkommen 1958 eine zunächst typische Entwicklung. Mit der Dekolonisierung 1960 waren sie zunächst relativ problemlos durch die einschlägigen westlichen Gesellschaften – hier insbesondere durch den britisch-niederländischen Konzern *Royal Dutch/Shell* – exploriert und ausgebeutet worden. Von Anfang an aber war im ethnisch zerrissenen und durch Stammesinteressen fraktionierten Nigeria die Verteilung der Gewinne aus der Ölförderung eine politisch heikle Angelegenheit. Sechs Jahre nach der Unabhängigkeit führten mehrere Revolutionen schließlich zur Abspaltung des ölreichen Ostens (Biafra) von der Zentralregierung im westlich gelegenen Lagos. Der folgende, bis 1970 andauernde Bürgerkrieg, der als Biafrakonflikt weltweit traurige Berühmtheit erhielt, aber schließlich doch mit der Wiedervereinigung Nigerias endete, hatte unter anderem deshalb so lange angehalten, weil sich auch hier angesichts der strategischen Bedeutung des Landes die beiden Hauptblöcke des Kalten Krieges aktiv beteiligten. Britische Berater standen der Zentralregierung in Lagos zur Seite, sowjetische Waffen wurden den Truppen Biafras zur Verfügung gestellt. Der Krieg wurde vor allem für die Bevölkerung zwischen den Fronten zur humanitären Katastrophe. Mit dem danach einsetzenden Ölboom, in dem die 1973 verstaatlichte Ölindustrie und die sich nacheinander ablösenden Militärregierungen mit den großen westlichen Gesellschaften eng zusammenarbeiteten, waren die Probleme für die Bevölkerung dann nur noch größer geworden. Auch in Nigeria blieb, wie in vielen anderen Regionen der Dritten Welt, in denen die Konflikte des Kalten Krieges auch militärisch geführt wurden, die Bevölkerung das eigentliche Opfer.

9. Schauplatzwechsel 1961: Krieg in der Dritten Welt

Der Vietnamkrieg und seine «Nebenkriegsschauplätze»

Der erste militärische Konflikt des Kalten Krieges hatte ab 1950 in Korea stattgefunden und war mit dem Waffenstillstand 1953 zu Ende gegangen. Faktisch waren die alten Grenzen am 38. Breitengrad nach Hunderttausenden von Toten unverändert wiederhergestellt worden. Korea blieb mit seinen anhaltenden kleinen Konfrontationen und der Unfähigkeit auf beiden Seiten des geteilten Landes, eine dauerhafte politische Annäherung einzuleiten, ein negatives Paradebeispiel für die Bedeutung der Entspannungspolitik im Kalten Krieg. Nicht jedoch dort, sondern in Südostasien und schließlich auf Kuba entwickelten sich in den Sechzigerjahren die wichtigsten militärischen Brennpunkte des Kalten Krieges.

Der Konflikt in Südostasien war unmittelbar nach dem Ende des Zweiten Weltkriegs als französischer Krieg zur Rekolonisierung von «Indochina» begonnen worden. Diese Phase reichte von 1945/46 bis zur überraschenden Niederlage der französischen Truppen bei Diên Biên Phu im Nordwesten Vietnams 1954.[1] In dieser Zeit waren die französischen Truppen zwar von Sieg zu Sieg geeilt, einen abschließenden Erfolg hatten sie aber nicht vorweisen können. Jedes Mal waren die kommunistischen Guerillas der *Viêt Minh*, der 1941 gegründeten Liga für die Unabhängigkeit Vietnams *(Viêt Nam Ðôc Lap Ðông Minh Hôi)*, wieder zurückgekehrt. Unter ihrem charismatischen Führer Hô Chí Minh waren sie den Franzosen in diesem speziellen Krieg, der aus den häufig unzugänglichen Wäldern geführt wurde, weit überlegen. Entstanden als eine zunächst gegen die Franzosen, dann auch gegen die Japaner gerichtete heterogene antikolonial-nationalistische Befreiungsorganisation, versammelten die *Viêt Minh* zunächst vor allem Intellektuelle. Wie fast überall in den europäischen Kolonien war es der Kommunismus, der als eine Befreiungsideologie nach und nach am meisten Überzeugungskraft gewann, nicht zuletzt, weil die europäischen Kolonialmächte eben antikommunistisch waren. Vor diesem Hintergrund verlor auch die zunächst von den *Viêt Minh* ins Auge gefasste bürgerlich-demokratische Revolution rasch ihre Attraktivität. Stattdessen waren es anfangs zwei kommunistische Revolutionskonzepte, die gegen die französische Kolonialherrschaft favorisiert wurden. Während im Süden Vietnams das Modell der Russischen Oktoberrevolution mit ihren subversiven städtischen Zellen bevorzugt wurde, war es im Norden das chinesische Modell des Volkskriegs. Die zentrale Führungspersönlichkeit, der 1941 aus China zurückgekehrte, damals bereits 54-jährige Hô, orientierte sich vor allem an Mao. Als der Chinesische Bürgerkrieg gegen die von den USA unterstützten Truppen Tschiang Kaischeks, die unter anderem auch den Nordteil Vietnams arg bedrängt hatten, 1949 siegreich beendet wurde, war der psychologische Schub riesig gewesen. Der Zulauf zu den *Viêt Minh*, die 1945 nur etwa 5000 Kämpfer versammelten, vergrößerte die Bewegung auf rund 700 000 Aktive.[2] Gleichzeitig war der Einfluss bis weit in den Süden nach Sàigòn ausgedehnt worden.

Auf der der französischen Niederlage in Diên Biên Phu folgenden Indochina-Konferenz wurde im Mai und Juli 1954 die Teilung des Landes besiegelt. Die gefassten Beschlüsse standen deutlich unter dem Zeichen des Kalten Krieges und seiner weltweiten Probleme, von denen Vietnam nur eines war. Die damals als Nachfolger Stalins regierende kollektive sowjetische Führung um Chruschtschow zeigte sich angesichts ihrer politischen Schwierigkeiten in Europa gesprächsbereit. Der Aufstand in der DDR lag gerade ein Jahr zurück und die von Moskau befürchtete Europäische Verteidigungsgemeinschaft, in der die Franzosen mit den Westdeutschen zusammen eine gemeinsame Armee aufstellen sollten, schien damals in greifbarer Nähe. Am meisten waren aber die Chinesen nach fast dreißig Jahren Krieg an einem Kompromiss über Vietnam interessiert. China musste dringend wieder aufgebaut werden, und das Letzte, was man dafür brauchte, war eine Neuaufnahme des Konflikts mit möglicher direkter Beteiligung der Amerikaner, die ohnehin die geflohene nationalchinesische Regierung auf Taiwan gegen Mao unterstützten. Am 20. Juli 1954 willigte dann auch Hôs Demokratische Republik Vietnam (DRV) unter sowjetisch-chinesischem Druck in die Bedingungen des Waffenstillstands ein. Wie im geteilten Korea sollte in Vietnam eine demilitarisierte Zone eingerichtet werden, die in diesem Fall am 17. Breitengrad gezogen wurde. Allgemeine Wahlen waren für das Jahr 1956 in Aussicht gestellt, nach denen auch die Wiedervereinigung möglich sein sollte. Indes, als eine Lösung wurde die Teilung auch von der vietnamesischen Bevölkerung nicht verstanden. Die vom Westen unterstützte Südregierung unter Ngô Đinh Diêm in Sàigòn weigerte sich ohnehin, gesamtvietnamesische Wahlen durchzuführen, weil sie zu Recht den Sieg der Nordregierung unter Hô befürchtete. Stattdessen begann man hier eine massive Verfolgung der noch im Südteil verbliebenen *Viêt Minh*, die sich ihrerseits wieder auf einen Partisanenkrieg einrichteten. Er entbrannte ab 1958 in vollem Ausmaß.

Die USA waren bereits in der französischen Phase des Vietnamkriegs massiv finanziell beteiligt gewesen. Von März 1950 bis zur Niederlage investierten die Amerikaner rund sieben Milliarden Dollar in den sich immer ungünstiger entwickelnden Krieg.[3] Man hat errechnet, dass Washington 1952 rund 40 Prozent der Kosten aufbrachte und 1954 sogar 80 Prozent.[4] Trotz oder vielmehr wegen der französischen Niederlage machte die noch im selben Jahr von den USA forcierte Gründung der südostasiatischen Verteidigungsgemeinschaft SEATO deutlich, dass man auch hier keine weitere Ausdehnung des kommunistischen Einflussbereichs akzeptieren würde. Indirekt, und entgegen den Genfer Abmachungen, waren darin große Teile des ehemaligen französischen Kolonialgebiets eingeschlossen: Südvietnam, Kambodscha und Laos. In der nun folgenden Eskalation in Südostasien, die bis 1965 zum vollen militärischen Eingreifen der USA gegen Nordvietnam führte, spielte, wie so häufig im Kalten Krieg, neben der unbestrittenen Tatsache, dass hier die beiden Blöcke indirekt aufeinanderstießen, die sich rasch radikalisierende Wahrnehmung der Gefährdung eine wichtige Rolle. Zum einen hatte sich die amerikanische Einschätzung der *Viêt Minh* grundlegend gewandelt. Ähnlich wie später im Fall Castro und seiner kubanischen Revolution waren die *Viêt Minh* zunächst als respektable antikoloniale Befreiungsbewegung gesehen worden, dann aber als eine von Moskau und Peking kontrollierte antiwestliche Guerilla-Organisation. Für die USA wurde Vietnam nun zu einem weiteren zentralen Austragungsort des weltweiten Kampfs gegen den Kommunismus. Die finanzielle Unterstützung, die Washington für Südvietnam bereitstellte, betrug ab 1955 bis zum Amtsende Eisenhowers rund zwei

Milliarden US-Dollar.[5] Zusätzlich wurden ab 1954/55 auch hier «Berater» aus der Armee, dem FBI und der CIA eingesetzt. Unter den CIA-Agenten, die bereits 1954 eintrafen, um den verdeckten Krieg gegen Nordvietnam zu forcieren, war dann auch jener Edward Lansdale, der als *The Quiet American* in Graham Greenes bekanntem Roman später zu einigem Ruhm kam. Seit 1957/58 wurden verstärkt Sabotagetrupps im Norden eingesetzt, zusätzlich begann die CIA in den Nachbarländern antikommunistische Partisanen auszubilden. Die Operationen mit der CIA-eigenen Fluglinie *Air America*, die neben der Unterstützung von Gruppen in Tibet und Indonesien auch die Verbindung zu den königstreuen Guerillas in Laos hielt und diese mit Waffen belieferte, gehörten zu den geheimsten Operationen des Kalten Krieges. Ihre nach der US-Niederlage in Vietnam veröffentlichte Geschichte war auch deshalb ein Skandal, weil *Air America* die Operationen unter anderem mit Drogengeschäften finanziert hatte.

Dass neben Lateinamerika Südostasien der wichtigste Ort der Auseinandersetzung mit dem Kommunismus in der Dritten Welt sei, hatte auch Eisenhowers Nachfolger, John F. Kennedy, seit der Niederlage von Diên Biên Phu 1954 immer wieder öffentlich betont.[6] Für ihn waren es vor allem die Chinesen, die für die gezielte Destabilisierung des Raumes verantwortlich zeichneten, wie er sechs Jahre später in seiner zentralen außenpolitischen Grundsatzrede vom Juni 1960 deutlich machte. In Asien bedrohe Peking die Sicherheit der gesamten Region – «von den Grenzen Indiens und Südvietnams bis zu den Dschungeln von Laos, das seine [...] Unabhängigkeit mit aller Kraft zu schützen sucht».[7] Die USA wollten «in Laos nichts anderes, als wir für ganz Asien, ja für die ganze Welt wollen – Freiheit für die Völker und Unabhängigkeit für die Regierungen». Zwei Jahre später war auf Kennedys Anordnung die Zahl der amerikanischen Berater bereits auf etwa 16 500 gestiegen. Tatsächlich erhöhte sich auch die Zahl der ernsthaften Zusammenstöße zwischen den vom Westen unterstützten Süd- und den vom Ostblock und China unterstützten Nordvietnamesen, für die sich seit 1957 der Name *Viêt Nam Cong San* (Kommunisten Vietnams) – kurz *Viêt Cong* – einbürgerte, erheblich. Allein 1957 waren ungefähr 500 nicht kooperationswillige Dorfälteste und lokale Beamte im Südteil von ihnen getötet worden, 1959 waren es bereits etwa 1600, ein Jahr später erhöhte sich die Zahl auf rund 4000.[8]

Die von der Regierung in Sàigòn unter Ngô Đinh Diêm eingeleiteten Gegenmaßnahmen, die unter anderem groß angelegte Umsiedlungen im Rahmen der sogenannten *Agroville*-Strategie beinhalteten, verschärften die Situation im Süden nahezu täglich. Vor allem aber schufen sie einen ständigen Zulauf zu den *Viêt Cong*. Als sich die Regierung in Hànôi dann 1959 auf Bitten der im Südteil hart bedrängten Partisanen entschloss, aktive Unterstützung zu leisten, und daraufhin sofort einige tausend zusätzliche Kämpfer über die Grenze nach Süden schickte, standen nur wenige Monate später fast drei Viertel der ländlichen Gebiete Südvietnams nicht mehr unter Kontrolle der Regierung Diêm. Hier dominierten nun die Anhänger der «Nationalen Front für die Befreiung Südvietnams» (kurz: FNL), die sich 1960 als politischer Arm der Kommunisten im Süden gegründet hatte.

Deutlich ist, dass Kennedy sich sowohl gegenüber der Situation in Südostasien als auch gegenüber der Innenpolitik in den USA zunehmend unter Entscheidungsdruck fühlte und befürchtete, in einer zusammenlaufenden «Berlin-Kuba-Vietnam-Krise» die Initiative zu verlieren. Dies hat er zumindest in der am 15. November 1961 tagenden Sitzung des Nationalen Sicherheitsrats betont, wo er gleichzeitig eine weitere Verstärkung der US-Streitkräfte anordnete. Nach Kennedys Ermordung im November 1963 bekannte sich auch sein Nachfolger, Lyndon B. Johnson, ausdrücklich zum bereits eingeschlagenen Weg des *Rollback* in Südostasien. Unmittelbarer Ausgangspunkt für die Ausweitung zu einem regulären Krieg war dann der bekannte und möglicherweise zum Teil inszenierte Zwischenfall im Golf von Tonking, bei dem Anfang August 1964 amerikanische Kriegsschiffe von nordvietnamesischen Schnellbooten angegriffen wurden. Johnson hatte dies sofort mit einem Luftangriff auf Häfen in Nordvietnam beantwortet. Wichtiger als die genauen Umstände blieb allerdings, dass der Zwischenfall den Eintritt in den regulären Krieg erlaubte. Die am 7. August 1964 vom US-Kongress akzeptierte «Tonking-Golf-Resolution» war der Übergang in den nun offiziellen, den zweiten, den amerikanischen Indochinakrieg. Ab Februar 1965 begannen die amerikanische und die südvietnamesische Luftwaffe offiziell Basen und Nachschubwege jenseits des 17. Breitengrads sowie an der Grenze zu Laos zu bombardieren. Parallel dazu erhöhte sich nun die US-Truppenstärke rasant: 1965 waren etwa 75 000 amerikanische Soldaten in Süd-

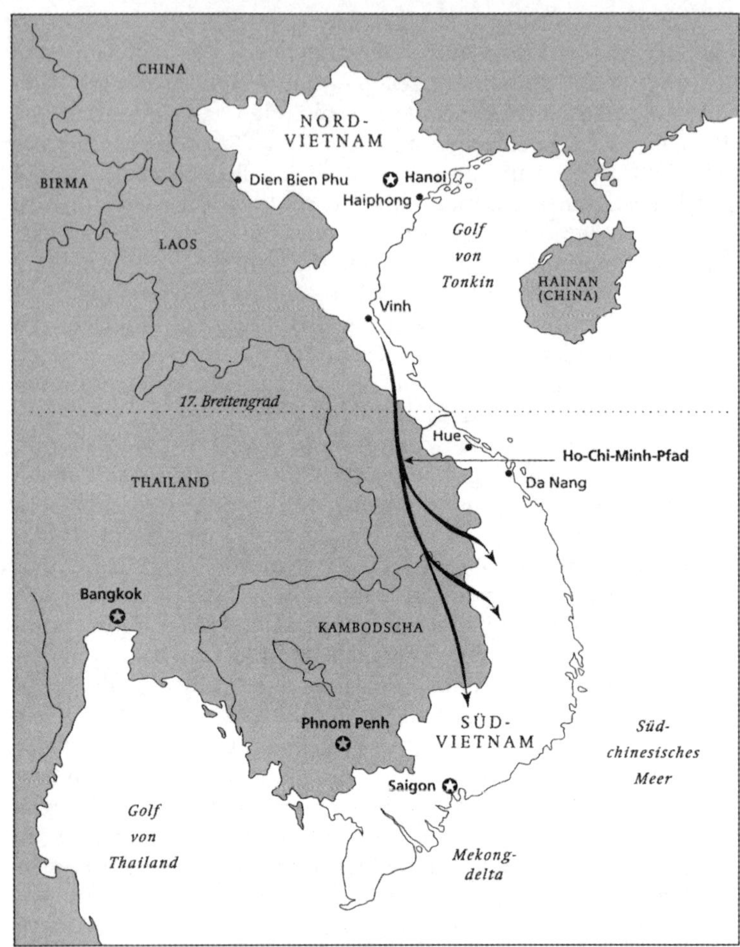

DAS GETEILTE VIETNAM Nach der 1954 besiegelten Teilung Vietnams wurde bereits 1956 der durch Laos und Kambodscha führende «Hô-Chí-Minh-Pfad» angelegt, über den der Süden infiltriert und Kämpfer versorgt wurden. Im Osten Kambodschas trug er die Bezeichnung «Sihanouk-Pfad». Das weitverzweigte Wegesystem gehörte zu den am meisten bombardierten Gebieten während des Vietnamkriegs. Die vor allem hier eingesetzten Entlaubungsmittel des Typs «Agent Orange» verursachen bis heute Genschäden und Fehlgeburten. Insgesamt geht man davon aus, dass beide Phasen des Vietnamkriegs mindestens drei Millionen Tote kosteten.

vietnam, zwei Jahre später waren es 463 000.[9] 1968 schließlich erreichte die Zahl mit 540 000 ihren Höchststand.[10]

Unterstützung für den Krieg Nordvietnams gegen die USA und ihre Verbündeten in Vietnam kam insbesondere aus der Sowjetunion und dem Ostblock sowie von China.[11] Auf nordvietnamesischer Seite profitierte man ab 1960 sogar vom sowjetisch-chinesischen Konflikt, weil die Hilfe für Indochina bzw. seine Nachfolgestaaten Vietnam, Kambodscha und Laos auch ein Feld war, auf dem Moskau und Peking in der Finanz- und Militärhilfe konkurrierten. 1965 weilte Chruschtschows Nachfolger als sowjetischer Ministerpräsident, Alexej Kossygin, sogar persönlich in Hànôi, um die Nordvietnamesen auf Moskauer Kurs zu bringen und zu veranlassen, die chinesische Hilfe künftig abzuweisen. Dafür war man sogar bereit, die eigenen Hilfsleistungen zu steigern. Hànôi lehnte ab und erreichte durch den Moskau-Peking-Konflikt dann sogar die doppelte Unterstützung, mit der der Krieg immer erfolgreicher geführt werden konnte.

Die sogenannte *Têt*-Offensive Anfang 1968, in der die Amerikaner nur mit Mühe verhindern konnten, dass Sàigòn von nordvietnamesischen Truppen eingenommen wurde, zeigte, wie fern ein militärischer Sieg der USA lag. 1969 erfolgte dann unter Johnsons Nachfolger, Richard Nixon, die berüchtigte Ausdehnung des Konflikts auf Kambodscha, das Nachschubbasen für den *Viêt Cong* unterhielt, pro forma aber bis dahin als neutral galt. 1971 folgte ein direkter Angriff auf Laos, durch das ein Teil des von den Nordvietnamesen genutzten «Hô-Chí-Minh-Pfads» nach Süden führte. Parallel dazu erhöhte sich der Umfang der Flächenbombardements kontinuierlich. Im selben Jahr startete aber auch bereits der allmähliche Abzug der amerikanischen Truppen aufgrund des massiven Protests in den USA. Es begann die sogenannte «Vietnamisierung» des Konflikts. Bis Ende 1972 sank die Zahl der US-Truppen bereits auf etwa 24 000 Soldaten. Am 29. März 1973 war der Abzug abgeschlossen. Übrig blieben ein für die USA traumatisches Vietnam-Debakel und eine ohne direkte Truppenunterstützung militärisch wie politisch hilflose südvietnamesische Regierung. Zwei Jahre später, am 30. April 1975, kapitulierte diese dann auch bedingungslos. Was folgte, schien damals für viele wie eine Bestätigung der Dominotheorie. 1976 wurde die Sozialistische Republik Vietnam ausgerufen. Kurz vor der Kapitulation Südvietnams war auch die ebenfalls von den USA gestützte kambodschanische Regierung unter General Lon Nol gestürzt worden. Sie machte Platz für das blutige Regime der Roten Khmer. Wenig später wurde auch Laos als Demokratische Volksrepublik der Pathet Lao kommunistisch regiert.

Die von Nixon ab 1969 forcierte Ausdehnung des regulären Kriegs auf die Nachbarländer Vietnams, insbesondere auf Kambodscha, ist insofern in einer globalen Geschichte des Kalten Krieges einen eigenen Blick wert, als sich hier einerseits exemplarisch zeigte, in welcher Weise die US-Politik selbst daran beteiligt war, dass die Dominotheorie wirkte. Andererseits war hier das politische Ergebnis des amerikanischen Rückzugs besonders dramatisch. Dabei war der Stellenwert Kambodschas für die US-Kriegsführung in Asien eigentlich marginal gewesen, wie auch der damals in Washington übliche Begriff der *Sideshow* (Nebensache) deutlich machte.[12] Die wahllos Wohngebiete, Reisfelder und auch historische Tempelanlagen treffenden amerikanischen B-52-Bombardements aus großer Höhe brachten vor allem Zulauf für die von Nordvietnam unterstützten Partisanen der Roten Khmer. Mit jedem amerikanischen Bombenangriff wurde, wie man heute weiß, der Zustrom verwaister Jugendlicher größer. Militärisch war aber vor allem der Einsatz nordvietnamesischer Truppen für die kommunistische Machtübernahme der Roten Khmer am 17. April 1975, noch zwei Wochen vor dem Fall von Sàigòn, bedeutsam. In der vor allem von China politisch, militärisch und wirtschaftlich gestützten Volksrepublik «Demokratisches Kampuchea» (DK) richteten die Roten Khmer unter Pol Pot bis 1979 dann eines der mörderischsten kommunistischen Regime ein. Die wenigen außenpolitischen Beziehungen des nahezu isolierten Landes bewegten sich in den Grenzen, die der Kalte Krieg und der sowjetisch-chinesische Konflikt geschaffen hatten. Pol Pot hielt

KAMBODSCHA, DER «NEBENKRIEGSSCHAUPLATZ» DES VIETNAMKRIEGS Die nach dem nordvietnamesischen Sieg 1975 eingerichtete und knapp vier Jahre dauernde Herrschaft des kommunistischen Regimes unter Pol Pot kostete wahrscheinlich einem Fünftel der Kambodschaner das Leben. Die Abbildung zeigt eine der vielen Stupas (hier: Wat Thmei in Siem Reap), wo die auf den Feldern gefundenen Überreste der Opfer der Roten Khmer eine letzte Ruhestätte finden. Die größte Gedenkstätte findet sich auf den berüchtigten «Killing Fields» Choeung Ek bei Phnom Penh.

sich an Peking, wo er 1977 auch mit dem chinesischen Ministerpräsidenten Hua Kuo-feng zusammentraf, und an dessen engere Verbündete, so etwa den nordkoreanischen Diktator Kim Il-Sung. Mit Moskau und dem Ostblock blieben die Kontakte nicht nur entsprechend schmal, sondern hier verurteilte man sogar früh die Verbrechen der Roten Khmer. Pol Pots radikale Interpretation des Kommunismus – formal angelehnt an Maos ab 1958 verfolgte Politik des «Großen Sprungs», die auch in China bis zu 38 Millionen Menschenleben kostete – forderte unter den knapp sieben Millionen Kambodschanern mindestens 1 700 000, möglicherweise aber bis zu drei Millionen Tote.[13] Dabei wirkte nicht zuletzt das radikale Freund-Feind-Schema der Roten Khmer, dem zunächst die gebildete Mittelschicht Französisch-Indochinas zum Opfer fiel, dann auch tatsächliche und angebliche Gegner aus den eigenen Reihen. Über fast vier Jahre wurden, nach Sektoren geordnet, alle «Feinde» und «Verräter» nach und nach liquidiert, unter anderem auch die *Khmer-Viêt-Minh* aus der Anfangszeit der kambodschanischen KP, die Pol Pot schließlich auch als Spione ansah. Zu den weit über das Ende des Kalten Krieges hinausreichenden Folgen des wohl radikalsten Freund-Feind-Schemas im Kalten Krieg gehörte auch die großflächige Verminung des Landes, insbesondere an den Grenzen zum nach Westen orientierten Thailand. Nach dem Einmarsch der Vietnamesen am 25. Dezember 1978, die sich aufgrund kontinuierlicher blutiger Scharmützel mit den Roten Khmer an ihrer Westgrenze provoziert fühlten, und der 1979 folgenden Einsetzung eines Regimes unter Pol Pots ehemaligem Mitstreiter, des zuvor nach Hànôi geflohenen Heng Samrin, zogen sich die auf 30 000 Personen geschätzten Reste der Anhängerschaft Pol Pots zunächst in die Wälder zurück.[14] Sie konnten dort mit Unterstützung Chinas noch bis über das Ende des Kalten Krieges hinaus ausharren und sogar Teile des Landes kontrollieren. Mit dem Tod des «Bruders Nr. 1», Pol Pot, in einem Gefangenenlager 1998 zerfiel dann auch die Organisation der Roten Khmer. Übrig blieb jene seltsame Mischung von Vergessen, Verdrängen und Neuanfang, die man aus anderen postdiktatorischen Staaten kannte. Pol Pot selbst argumentierte in einer für den Kalten Krieg typischen Weise: Sein Gewissen sei rein, hatte er kurz vor seinem Tod einem westlichen Journalisten gegenüber betont. Alles, was getan wurde, sei zum Wohle des Landes geschehen. Ohne den Kampf der Roten Khmer gegen die inneren und äußeren Feinde wäre Kambodscha schon lange untergegangen.[15]

Es waren die Machtverhältnisse und die Mechanismen des Kalten Krieges gewesen, die Pol Pot ermöglicht hatten. Sie waren es auch, die zu seinem Sturz beitrugen und die nach seiner Vertreibung die Geschichte Kambodschas zunächst weiter beeinflussten. Bereits nach dem Abzug der Amerikaner und bei der Wiedervereinigung Vietnams 1975 hatte China die Führung in Sàigòn mehrfach vor hegemonialen Ambitionen in Südostasien gewarnt. In den Jahren danach kam es auch hier zu ständigen militärischen Plänkeleien an der gemeinsamen Grenze. Vor dem Hintergrund des sowjetisch-chinesischen Gegensatzes war es absehbar, dass Peking die Strafaktion des von der UdSSR gestützten Vietnam gegen die von ihm geförderten Roten Khmer nicht hinnehmen würde. Als die Vietnamesen im Februar 1979 schließlich, gestützt auf den 1978 geschlossenen und militärisch verstärkten Freundschaftsvertrag mit Moskau, Kambodscha überrannten, griffen chinesische Truppen ihrerseits im sogenannten Erziehungsfeldzug Vietnam an. Das Ende des Kalten Krieges beendete schließlich auch hier einen Teil der Konflikte. Gorbatschow strich kurzerhand die Entwicklungshilfe für Hànôi und veranlasste so 1989 indirekt auch den Rückzug der Vietnamesen aus Kambodscha. Hànôi ging schlicht das Geld aus. Kurz vor dem offiziellen Ende des Kalten Krieges konnten sich schließlich die UdSSR, China, die USA, Großbritannien, Frankreich und die ASEAN-Staaten gemeinsam auf einen Friedensplan für die Region einigen. Unter UN-Aufsicht fanden 1993 die ersten freien Wahlen in Kambodscha statt, die das Land wieder zu einer Monarchie machten. Seit 1991 waren auch wieder gegenseitige Staatsbesuche zwischen Peking und Hànôi möglich. Im Juli 1995 wurde das sozialistische Vietnam schließlich sogar Mitglied in der 1967 als antikommunistischer Staatenbund gegründeten ASEAN. Im selben Jahr erklärte der ehemalige amerikanische Verteidigungsminister Robert McNamara in seinen Erinnerungen schlicht, man habe sich eigentlich mit dem Engagement in Vietnam geirrt. Der Krieg sei gar nicht notwendig gewesen für die Sicherheit des Westens.[16]

Der chinesisch-sowjetische Konflikt

Der tief greifende Konflikt zwischen Peking und Moskau, der 1960 nicht nur zum Bruch der beiden großen kommunistischen Staaten, sondern 1969 auch zu ernsthafteren militärischen Verwicklungen an der gemeinsamen Grenze führte, war nicht nur ein klassisches Beispiel für die Bedeutung der Ideologien im Kalten Krieg. Er war auch ein Beleg für die Tatsache, dass unter seinen Bedingungen ein Ausscheren aus den Blöcken als Verrat galt, der keinesfalls hingenommen werden konnte. Wie gut die Verständigung zunächst funktionierte, war in der Vorbereitungszeit des nordkoreanischen Angriffs im Juni 1950 deutlich geworden. Mao erhielt nach dem wahrscheinlich kriegsentscheidenden Einsatz seiner Truppen in Korea, der dazu noch ohne die von Stalin zunächst zugesagte sowjetische Luftunterstützung stattgefunden hatte, erhebliche militärische und ökonomische Hilfe. Mao und Stalin – so schien es nach außen – waren sich einig. Der Sino-Sowjetische Block schien geschlossen und China für den Westen «verloren». Was dem Westen zunächst blieb, waren Geheimoperationen gegen Peking, so etwa die Unterstützung von antikommunistischen Gruppen im 1951 von China okkupierten Tibet[17] und die Hilfen an Tschiang Kai-scheks Republik China, das wiederum Peking als abtrünnige Provinz betrachtete. 1954 führte der auch in den folgenden Jahrzehnten weiterschwelende Konflikt um Inseln in der Formosastraße, um Quemoy *(Jinmen Dao)* und die Matsu-Gruppe *(Ma-tsu Dao)*, sogar zu einem offiziellen Verteidigungsbündnis zwischen Taipei und Washington. Darüber hinaus taten die USA für fast dreißig Jahre nahezu alles finanziell Mögliche, um das zunächst kaum lebensfähige Nationalchina zu erhalten.

Der Konflikt zwischen der UdSSR und China, den die USA dann Anfang der Siebzigerjahre für sich nutzen konnten, entwickelte sich schleichend und hatte eine Vielzahl von Gründen, die bereits in den Fünfzigerjahren deutlich wurden. Neben ideologisch-politischen und ökonomischen Fragen, über die unterschiedliche Vorstellungen bestanden, ging es auch immer um Statusfragen und nicht zuletzt um Besitzstreitigkeiten. Schon Stalin hatte befürchtet, dass China, wie auch einige ostmitteleuropäische Satellitenstaaten, wieder auf die USA zugehen könne, um Wiederaufbauhilfen zu erhalten. In der Tat waren innerhalb der chinesischen Führung noch bis 1949 Stimmen laut geworden, die dafür plädierten, sowohl die UdSSR als auch die USA um Unterstützung zu bitten. Zentraler Sprecher dieser Gruppe war Tschou En-lai, den Mao allerdings bis zur Staatsgründung wieder auf seine Linie gebracht hatte.[18] Dennoch durfte Tschou En-lai sogar 1955 auf der berühmten Bandung-Konferenz der Blockfreien noch einmal sein Angebot an die USA wiederholen. Dies führte nach der wenig später stattfindenden Genfer Konferenz tatsächlich noch einmal zu offiziellen Kontakten zwischen Peking und Washington, die allerdings auf die Botschafterebene beschränkt blieben.

Staatspräsident und Parteichef Mao selbst hatte sich schon vor 1949 klar für Stalin entschieden, und in diesem personenbezogenen Votum lag bereits ein wichtiger Teil des Sprengstoffs, der dann ab 1960 zum chinesisch-sowjetischen Bruch führte. Mit Stalins Tod und der von Chruschtschow begonnenen Entstalinisierung, die auch das von Mao abgelehnte Angebot einer «Friedlichen Koexistenz» mit dem Kapitalismus enthielt, war das Verhältnis dann wirklich schwierig geworden. Dabei glaubte man in Peking auch zu registrieren, dass die neue Führung in Moskau China wie einen Kolonialstaat zu behandeln gedachte. Zwar war im Juni 1955 der den Russen von den Amerikanern in der Konferenz von Jalta zugesagte Flottenstützpunkt Port Arthur (Dalian) an die Chinesen zurückgegeben worden. Wenig später hatte Moskau aber wie selbstverständlich wiederum U-Boot-Stützpunkte und Landerechte auf chinesischem Territorium eingefordert. Man konnte dies alles zwar erfolgreich abwehren, aber vor dem Hintergrund der chinesischen Erfahrungen mit dem zaristischen Russland wuchs Maos Misstrauen stetig. Chruschtschow wiederum registrierte zum gleichen Zeitpunkt zunehmend verstimmt, dass die Chinesen sich von dem zunächst noch kanonisch übernommenen Sowjetmodell zunehmend distanzierten. So war in den Jahren 1954 bis 1956 zwar die am sowjetischen Modell orientierte Kollektivierung in China nicht nur gegen den Widerstand der Bauern, sondern auch gegen innerparteiliche Opposition durchgesetzt worden und hatte auch Steigerungsraten von bis zu 18 Prozent in der Industrie und 4,5 Prozent in der Landwirtschaft gebracht.[19] Gemessen an den chinesischen Erwartungen waren diese Erfolge jedoch enttäuschend. Im April 1956 distanzierte sich Mao in seiner Rede über die «Zehn großen Beziehungen» dann zum ersten Mal offen vom sowjetischen Weg. Sein von ihm 1958 gegen die innerparteiliche Opposition der «Leninisten» um Deng Xiao-ping durchgesetztes Konzept der «Drei Roten Banner», das auch als «Großer Sprung nach vorn» und «Kriegskommunismus» bekannt wurde, war dann die deutlichste Abkehr vom sowjetischen Vorbild.

Die Sanktionen Moskaus gegenüber dem chinesischen Sonderweg, der in der UdSSR fatal an den «Verrat» Jugoslawiens zehn Jahre zuvor erinnerte, erfolgten stufenweise.[20] Zunächst wurde im Juni 1959 die zwei Jahre zuvor noch zugesagte Hilfe zur Entwicklung einer chinesischen Atombombe gestrichen. Zwei Monate später brüskierte Moskau die Chinesen mit einer «unsolidarischen» Haltung im Streit zwischen China und Indien um Tibet. Dort hatten im März 1959 heftige Kämpfe gegen die Besatzer begonnen, die von Peking brutal niedergeschlagen wurden und eine Flüchtlingswelle ins Nachbarland auslösten. Da an der indischen Grenze zu Nepal, an der sogenannten MacMahon-Linie, aber auch in der Kaschmir-Region Ladakh ohnehin seit Jahrzehnten Grenzstreitigkeiten bestanden, die mit Pekings Invasion in Tibet noch brisanter geworden waren, reagierte die indische Regierung nun aufgrund der massiven chinesischen Truppenpräsenz hektisch und antwortete ihrerseits mit dem Einsatz der Armee. Anders als Mao gehofft hatte, hielt sich Chruschtschow in diesem Streit aber demonstrativ zurück, was wiederum in Peking als Verrat an einem sozialistischen Bruderland interpretiert wurde. Zum entscheidenden Druckmittel, um China wieder auf den sowjetischen Weg zu bringen, griff der sowjetische Parteichef dann im Sommer 1960, nachdem China unverhohlen den «Revisionismus» in Moskau kritisiert hatte. Nahezu schlagartig wurden sämtliche sowjetische Experten aus China abgezogen. Die im November 1960 einberufene Konferenz der kommunistischen Parteien in Moskau verstärkte das Zerwürfnis nur noch weiter, bis es 1969 in militärischen Zusammenstößen gipfelte.

Dieser Weg der sino-sowjetischen Konfrontation, der aus dem Rückblick wie vorgezeichnet und geradezu alternativlos erscheint, war jedoch gerade auch auf chinesischer Seite nicht unumstritten. Maos radikales Kollektivierungskonzept hatte aufgrund der riesigen Versorgungsprobleme teilweise heftige Gegenwehr in China ausgelöst und ihn im April 1959 sogar gezwungen, als Staatspräsident zurückzutreten. Von Nahrungsmitteleinfuhren, gerade auch aus der Sowjetunion, wollte Mao aber nichts wissen. Aus propagandistischen Gründen exportierte China stattdessen selbst Getreide unter anderem nach Nordkorea und nach Albanien. Beide Länder blieben auch später Pekings engste Verbündete. Die Kritik veranlasste Mao darüber hinaus zu einer weiteren Forcierung. Ab Mitte der Sechzigerjahre startete er mit der «Großen Proletarischen Kulturrevolution» eine Abrechnung mit den Gemäßigten in der chinesischen KP. Dort geriet unter anderem sein alter Rivale, Deng Xiaoping, ins Visier. Er wurde als «Kapitalist» gebrandmarkt und politisch schließlich kaltgestellt. Erst fast zehn Jahre später, nach Maos Tod und gegen den ausdrücklichen Willen der alten maotreuen Kader, konnte er wieder in die Politik zurückkehren. In dieser schnell unübersichtlich werdenden «Kulturrevolution» kam es darüber hinaus aber auch zu gezielten öffentlichen Erniedrigungen der UdSSR. So wurden sowjetische Diplomaten 1967 gezwungen, ihre von chinesischen Studenten belagerte Botschaft zu verlassen, und auf der Straße von bereits wartenden Demonstranten bespuckt. Auf die Antwort aus Moskau musste Peking wiederum nicht lange warten: Hier kochten die traditionellen politischen Ressentiments gegen die «Tartaren» und die «Gelbe Gefahr» hoch. Der im folgenden Jahr im Zusammenhang mit dem sowjetischen Einmarsch in der Tschechoslowakei 1968 verkündete Grundsatz der eingeschränkten Souveränität sozialistischer Staaten, die Breschnew-Doktrin, kam dann wiederum in Peking als ernste Bedrohung an.

Außer auf ideologischem, außenpolitischem und wirtschaftlichem Gebiet – die chinesisch-sowjetischen Handelsbeziehungen waren zwischen 1961 und 1981 so gut wie eingestellt – entwickelte sich der sino-sowjetische Konflikt schließlich auch militärisch. Hintergrund für die Zusammenstöße, die 1969 an den Grenzflüssen Ussuri und Amur an der Nordostgrenze Chinas einen blutigen Höhepunkt erlebten, waren Besitzstreitigkeiten um das an Bodenschätzen reiche Ussuri-Gebiet, dessen größte Stadt Wladiwostok einer der wichtigsten Pazifikhäfen der UdSSR war. Im 19. Jahrhundert waren diese Gebiete nördlich des Amur und östlich des Ussuri bis zur Pazifikküste dem politisch schwachen China vom russischen Zarenreich im Vertrag von Aigun 1858 abgepresst worden. Die Sowjetunion hatte diese Okkupationen 1924 formal zwar für ungültig erklärt, zurückgegeben hatte man sie allerdings nicht. Auch in den Gesprächen mit Chruschtschow kam Mao später immer wieder vergeblich auf die Rückgabe zu sprechen. Die Chinesen ihrerseits hatten sich mit einer einseitigen Festlegung der Schifffahrtsrechte an den beiden Grenzflüssen revanchiert. Schließlich war es am 2. März 1969 auf dem zugefrorenen Ussuri zu ersten Scharmützeln zwischen chinesischen und sowjetischen Grenztruppen gekommen. Dabei ging es zunächst vornehmlich um den Besitz der chinesisch besetzten Flussinsel Damanski (Tschen-pao). Die Kämpfe waren unter den gegebenen Umständen schnell eskaliert und bereits am 15. März mit schweren Waffen und verstärkten Truppen fortgesetzt worden. Schließlich konnte die Insel von sowjetischen Soldaten zurückerobert werden. Bis zum August 1969 gab es nun keine Kämpfe mehr, da beide Seiten zunächst weitere Truppen heranführten. Anfang 1970 standen sich entlang der gemeinsamen Grenze rund 600 000 Rotarmisten und ungefähr 900 000 Soldaten der Chinesischen Volksbefreiungsarmee gegenüber. Auch ein Atomwaffeneinsatz schien in greifbarer Nähe, daher entschloss man sich zu Konsultationen. Am 20. Dezember 1970 konnte nach mehreren Verhandlungen zwischen dem sowjetischen Premier Alexej Kossygin und dem chinesischen Premier Tschou En-lai ein erstes Protokoll über die strittigen Schifffahrtsrechte unterzeichnet werden. Erst das Ende des Kalten Krieges brachte 1994 einen regulären Grenzvertrag, der allerdings weiterhin die Besitzrechte um die von beiden Seiten beanspruchten Gebiete zwischen dem Baikalsee und der Nordgrenze Chinas ungeklärt ließ. Dort vermutete man unter anderem große Uranvorkommen. Einig werden konnten sich die Kontrahenten 1970 auch über die wichtigste Frage: Atomwaffen, so hielt die Abmachung fest, sollten in zukünftigen chinesisch-sowjetischen Konflikten nicht eingesetzt werden. Die Sorge blieb trotzdem und wurde in den Achtzigerjahren wieder aktuell, als die UdSSR sich in Afghanistan in großem Umfang militärisch engagierte und gleichzeitig modernisierte Mittelstreckenraketen vom Typ RSD-10 (SS-20) an der chinesischen Grenze stationierte.

Der militärische Showdown an der chinesisch-sowjetischen Grenze war dann auch die Brücke, mittels der es den USA in einem spektakulären Coup gelang, die Fronten des Kalten Krieges ein wenig zu ihren Gunsten zu verschieben und mit der Aufnahme von

Kontakten zu Peking die Sowjetunion zu schwächen. Bereits im Juli 1969, also unmittelbar auf dem ersten Höhepunkt des Konflikts am Ussuri und Amur, hatte US-Präsident Nixon die Gelegenheit ergriffen, China indirekt politisch zu stärken. In seiner «Guam-» bzw. «Nixon-Doktrin», die in den folgenden Jahren weiter ausgebaut und am 25. Februar 1971 zusammenfassend vorgelegt wurde, hatte er die Reduzierung amerikanischen Engagements in Südostasien in Aussicht gestellt. Dabei waren finanzielle Erwägungen und nicht etwa der unbefriedigende Verlauf des Krieges in Vietnam in den Mittelpunkt gestellt worden. «Die Aufrechterhaltung der Integrität unserer Verpflichtungen macht es notwendig», so hieß es in der Nixon-Doktrin umständlich, «ihre greifbaren Manifestationen – Truppenstationierungen oder finanzielle Beiträge – den sich wandelnden Verhältnissen anzupassen.»[21] Da in Asien jeder Truppenabzug der USA darauf hinauslief, China als Vormacht in der Region zu stärken, wurde die Nixon-Doktrin, die in erster Linie den US-Rückzug aus Vietnam politisch begründen sollte, zum Türöffner für eine politische Annäherung an Peking. Mit Vermittlung des Verbündeten Pakistan, aber vor allem durch die unermüdlichen Gespräche, die Nixons Sicherheitsberater Henry Kissinger mit den Chinesen führte, konnte Washington am 15. Juli 1971 eine Sensation verkünden, die die Fronten des Kalten Krieges nachhaltig veränderte. Der amerikanische Präsident teilte mit, dass er Anfang 1972 zu diplomatischen Verhandlungen nach Peking reisen werde. Noch im Vorfeld war man den «Rotchinesen» weiter entgegengekommen. Peking durfte 1971 den Sitz Taiwans im UN-Sicherheitsrat einnehmen; zudem waren die Patrouillenfahrten der US-Flotte in der Formosa-Straße eingestellt worden. Die «Anti-Hegemonie-Klausel» im Schlussmemorandum des amerikanisch-chinesischen Treffens 1972, dem sogenannten Schanghai-Kommuniqué, richtete sich dann sogar eindeutig gegen die Sowjetunion. Die Grenzen des Konsenses waren trotzdem erkennbar geblieben. Taiwans Integrität, so stellte das Papier auch klar, durfte nicht angetastet werden. Erst am 2. Januar 1979, lange nach dem Tod Maos, der zuvor immer wieder seinen ausdrücklichen Protest gegen die Annäherung an den Erzfeind USA angemeldet hatte, wurden dann offiziell diplomatische Beziehungen zwischen China und den USA aufgenommen. Wenig später kam der stellvertretende chinesische Premier Deng Xiao-ping auch zu einem Gegenbe-

DIE ÖFFNUNG CHINAS Eine der großen Sensationen des Kalten Krieges: Nixons Staatsbesuch in China 1972, der nicht nur die Öffnung des kommunistischen Landes für die USA und den Westen bedeutete, sondern vor allem eine Schwächung für die Sowjetunion. Das Bild zeigt Nixon mit Tschou En-Lai in Schanghai am 28. Februar 1972.

such in die Vereinigten Staaten, während die USA zum gleichen Zeitpunkt ihre diplomatischen Beziehungen zu Taiwan zunächst abbrachen. Dieser Kurs gegenüber Peking, der es allerdings immer vermied, China über Gebühr mit westlichem *Know-how* zu stärken, änderte sich erst unter Reagan wieder. Unter seiner Präsidentschaft stärkten die USA wieder ihre Sicherheitsgarantien für Taipei.

Peking war es mit dem Schanghai-Kommuniqué 1972 tatsächlich gelungen, den Machtanspruch der UdSSR in Ostasien einzudämmen und sich gleichzeitig als Vormacht für diesen Raum zu empfehlen. Ideologisch mündete dies 1974 zunächst in die «Drei-Welten-Theorie». Unter diesen politischen Vorzeichen erfolgte dann im Februar 1979 auch der sogenannte «Erziehungsfeldzug» gegen die aus Pekinger Sicht unbotmäßigen Vietnamesen. Die Weigerung der USA, dem chinesischen Wunsch nachzukommen und die Annäherung zu einem globalen antisowjetischen Pakt auszubauen, führte mittelfristig allerdings zu einer neuen «Kurskorrektur» Pekings. Sie mündete ab 1979/80 in eine vorsichtige Entspannung mit Moskau. Maßgeblich dafür war wieder der Flügel der «Realisten» und «Modernisierer» um Deng Xiao-ping, der sich ab 1980 gegen die maotreue Riege durchsetzen konnte. Neuer Ministerpräsident wurde ein Mitglied des Deng-Flügels, Tschao Tse-jang. Gestärkt wurden sie durch die Berufung von Hu Yao-bang, der als wirtschaftspolitischer Pragmatiker bekannt war. Als 1980 der dreißig Jahre zuvor abgeschlossene chinesisch-sowjetische Bündnisvertrag auslief, wurde der Pakt dann gekündigt, aber gleichzeitig wurden Normalisierungen in Angriff genommen. Bereits 1983 konnte das Handelsvolumen signifikant erhöht werden.

Auch aus US-Sicht sollte die amerikanisch-chinesische Annäherung die Sowjetunion niemals ganz verschrecken und möglicherweise zu Kurzschlussaktionen animieren. «Weltpolitik im Dreieck», die Aufnahme trilateraler Beziehungen (die sogenannten *Linkages*), wie sie US-Außenminister Kissinger verfolgte, hieß in der amerikanischen Definition zwar weiterhin, gegenüber der anderen Seite im Kalten Krieg zu punkten, aber gleichzeitig die Situation nicht eskalieren zu lassen.[22] Insofern war mit der Kontaktaufnahme zu Peking gleichzeitig die Bemühung Washingtons verbunden gewesen, die Beziehungen zur Sowjetunion zu pflegen. Dazu gehörten weitere Abrüstungsgespräche, eine Grundsatzerklärung zu den amerikanisch-sowjetischen Beziehungen und im Oktober 1972 ein Handelsvertrag, der dem Bedürfnis der UdSSR nach bestimmten westlichen Gütern nachkam. Bei einem persönlichen Treffen Breschnews mit Nixon 1973 konnte zudem ein Abkommen über die Verhinderung eines Atomkriegs unterzeichnet werden, das die Aufnahme sofortiger Konsultationen im Falle eines Konflikts zwischen den Supermächten vereinbarte. Auch in diesem Fall blieb die Annäherung zwischen den USA und der UdSSR jedoch nur partiell und auf den atomaren Konflikt bezogen. In den konventionell geführten Stellvertreterkriegen in der Dritten Welt standen sich die Supermächte zum gleichen Zeitpunkt weiterhin in Afrika, dann aber auch in Süd- und Mittelamerika militärisch gegenüber.

Stellvertreterkriege: Afrika, Süd- und Mittelamerika

Stellvertreterkonflikte waren während des Kalten Krieges jene Auseinandersetzungen, bei denen über die lokal-regionalen Motive hinaus die Großmächte oder Bündnissysteme durch direkte oder indirekte Unterstützung involviert waren, ohne selbst offen militärisch aktiv zu werden. Der mit offiziellen US-Truppen in Vietnam ab 1964/65 geführte Krieg gehört daher im strengen Sinn nicht zu den Stellvertreterkonflikten. Ein klassischer Stellvertreterkrieg war hingegen der Konflikt in Angola, wo beide Supermächte seit den Sechzigerjahren bis zum Ende des Kalten Krieges mit erheblichem finanziellen Engagement beteiligt waren, ohne jedoch mit eigenen Truppen einzugreifen. Ausländische Einheiten kamen bezeichnenderweise aus Kuba, das offiziell als blockfrei galt.

Tatsächlich war Afrika im Kalten Krieg die Region mit der höchsten Rate an Stellvertreterkonflikten. Von den etwa 170 «kleinen Kriegen» im globalen Kalten Krieg zählte man zwischen 1947 und 1991 allein 47 auf dem «Schwarzen Kontinent».[23] In ihnen verloren etwa sechs Millionen Menschen ihr Leben. Geht man davon aus, dass weltweit im Kalten Krieg rund 22 Millionen Menschen in kriegerischen Konflikten getötet wurden, war ungefähr jedes vierte Opfer ein Afrikaner. Die Mehrzahl der in Afrika geführten militärischen Auseinandersetzungen fand in der ersten Hälfte des Kalten Krieges statt und gehörte zumindest auf den ersten Blick in die Kategorie jener Konflikte, die im Rahmen des Dekolonisierungsprozesses geführt wurden. Bei näherem Hinsehen jedoch waren aber auch sie in der Regel auf unterschiedliche Art mit dem globalen Konflikt verbunden. Die Situation auf dem «Schwarzen Kontinent» ist daher ebenfalls ein hervorragender Beleg für die Ganzheitlichkeit des Kalten Krieges.

Das Engagement der Interessengruppen des Kalten Krieges fand auch in Afrika dort statt, wo es sich aus wirtschaftlichen, militärisch-strategischen, politischen oder sonstigen Gründen lohnte. Insofern war es niemals überraschend, dass man differenziert vorging. Einige lokal-regionale Konflikte wurden daher von den Großmächten gar nicht oder nur wenig beachtet, selbst wenn sie die Fronten des Kalten Krieges deutlich widerspiegelten. Andere

Auseinandersetzungen, die ebenso aus ethnischen, vor allem aus Stammeskonflikten hervorgegangen waren, rückten dagegen in den Mittelpunkt. Ein klassisches Beispiel dafür ist der extrem langlebige sogenannte Ogaden-Konflikt zwischen Äthiopien und Somalia, der allein durch die strategischen Interessen der Supermächte am Horn von Afrika am Leben gehalten wurde und sang- und klanglos wieder auf das Niveau von Stammeskonflikten zurückfiel, als der Kalte Krieg zu Ende war.

In welcher Weise die Situation eskalieren konnte, wenn Block- und Rohstoffinteressen stärker im Spiel waren, lässt sich besonders eindringlich anhand der bis 1960 belgischen Kolonie Kongo und der bis 1974 portugiesischen Kolonie Angola zeigen. Beide gehörten zu den an Bodenschätzen reichsten Ländern Afrikas. Der Vielvölkerstaat Kongo, den viele für den Schlüssel zur politischen Beherrschung Zentralafrikas hielten, war 1960 wie andere Kolonien völlig unvorbereitet in die Unabhängigkeit entlassen worden. Die Folge war ein fünfjähriger Bürgerkrieg, in dem nicht nur die verschiedenen Stämme gegeneinander kämpften, sondern indirekt unter anderem auch die Sowjetunion und die USA. Auch die UNO war involviert, stand aber weitgehend hilflos zwischen den Fronten. Für den Westen wie für Moskau erschien die Gefahr der jeweils gegnerischen Machtübernahme im Kongo als so gravierend, dass keiner dem anderen das Gebiet kampflos überlassen wollte. Die Probleme begannen, als aus den ersten Wahlen im Mai 1960 die Kongolesische Nationalbewegung (MNC) unter Patrice Lumumba als Sieger hervorging, diese aber keine parlamentarische Mehrheit bilden konnte. Lumumba wurde zwar zum ersten Regierungschef gewählt, die MNC allerdings gespalten. Staatspräsident wurde Joseph Kasavubu, der der föderalistischen *Association des Bankongo* (ABAKO) angehörte. Diese ohnehin problematische Konstellation verschärfte sich durch den Konflikt mit verschiedenen anderen Gruppen, die zum Teil von der ehemaligen Kolonialmacht Belgien unterstützt wurden. Der wichtigste Gegner Lumumbas und Kasavubus blieb Moïse Tschombé von der *Conféderation des Associations du Katanga* (CONAKAT), der im Juli 1960 mit Unterstützung der Belgier die rohstoffreiche Provinz Katanga für unabhängig erklärte.

Die weitere Geschichte des Kongo war der Stoff, aus dem Hollywood-Thriller zur Geschichte des Kalten Krieges gemacht werden und ein weiteres Paradebeispiel für die Totalität des globalen Konflikts. Die US-Regierung interpretierte Lumumbas Regierung als prosowjetisch, zumal die UdSSR tatsächlich Flugzeuge und Kraftfahrzeuge lieferte und auch tschechische Berater im Land waren. Von der CIA wurde daraufhin Gift geliefert, um Lumumba zu beseitigen. Gleichzeitig fühlte sich Staatspräsident Kasavubu offenbar durch die amerikanischen Sondierungen dazu ermutigt, seinerseits einzugreifen, und setzte am 5. September eigenmächtig den Konkurrenten Lumumba ab. Er konnte dabei allerdings auf die Unterstützung der rund 10 000 UN-Soldaten im Land zählen. Neun Tage später mischte sich zusätzlich die kongolesische Armee ein: Ihr damals 29-jähriger, ebenfalls prowestlicher Stabschef Mobutu Sese-Seko erklärte seinerseits die Machtübernahme. Zusammen mit dem prowestlichen Moïse Tschombé in der Provinz Katanga hatte der Kongo im Januar 1961, als in den USA die Regierung Kennedy antrat, vier Regierungen, die sich gegenseitig bekämpften. Kurz vor dem Amtswechsel in Washington wurde Lumumba, wahrscheinlich mit Duldung der CIA, durch Tschombé-Anhänger und/oder belgische Söldner ermordet.[24]

Die Kongo-Affäre wuchs sich nun binnen weniger Monate zu einer der gravierendsten Krisen des Kalten Krieges aus, die weit über die Amtszeit Kennedys, aber auch Chruschtschows hinauswirkte. Der Kampf wurde nicht zuletzt vor den Vereinten Nationen ausgefochten. Dort bezichtigte Moskau die USA, sie würden aktiven Umsturz betreiben. Washington konterte mit dem Vorwurf, die UdSSR fördere wissentlich das Chaos, um dann die Macht zu übernehmen. UNO-Generalsekretär Dag Hammarskjöld wurde zudem von den USA beschuldigt, er hintertreibe durch den Einsatz der UN-Verbände die Einrichtung einer prowestlichen Regierung. Zusätzlich reisten diverse Unterstützer der einen oder anderen Seite in den Kongo ein, um sich an den Kämpfen zu beteiligen. Dazu gehörten prowestliche Söldner ebenso wie diverse Reisende in Sachen Revolution. Auch der kubanische Revolutionsführer Che Guevara hielt sich 1965 einige Zeit dort auf. Guevara vermerkte später in seinen in Tansania niedergeschriebenen *Episoden aus dem Revolutionskrieg*, der Versuch, im Kongo eine sozialistische Revolution zum Sieg zu führen, sei von Beginn an hoffnungslos gewesen, weil es dort einfach keine überzeugten Revolutionäre gegeben habe. «Der kongolesische Revolutionssoldat ist der jämmerlichste Kämpfertyp, den ich bisher kennengelernt habe», lautete damals sein deprimiertes Fazit.[25] Tatsächlich konnten sich 1965 die vom Westen unterstützten Gruppen durchsetzen. Mobutu siegte schließlich auch gegen Tschombé und seine weiße Söldnerarmee und richtete eine prowestliche antikommunistische Diktatur unter dem Namen *Demokratische Republik Kongo* (seit 27.10.1971: Republik Zaïre) ein. Sie hatte bis über das Ende des Kalten Krieges hinaus Bestand. Auch finanziell lohnte sich die Anlehnung Mobutus an den Westen, obwohl das Land offiziell blockfrei blieb. Die USA gaben jährlich mehrere Hundert Millionen Dollar zur Erhaltung des «Bollwerks Zaïre» aus. Der strategische Wert zeigte sich rasch. Von hier aus wurden von den USA unter anderem auch die antikommunistischen Kämpfer im benachbarten Angola beliefert, wo der andere zentrale Stellvertreterkonflikt zwischen Ost und West in Afrika ausgetragen wurde.

Der Krieg in der bis 1974 portugiesischen Kolonie Angola wurde von 1961 bis 1994 geführt.[26] Das Land war, ebenso wie der Kongo, aufgrund der Bodenschätze so immens wertvoll, dass keiner es kampflos preisgeben wollte. Hier scheiterte bereits die Dekolonisierung über Jahrzehnte an den Interessen der beiden Supermächte, jedoch auch an den multinationalen Konzernen. Nicht zuletzt weigerte sich Portugal bis 1974, die Unabhängigkeit seiner Kolonie zu erklären. Die Auseinandersetzung in Angola wurde seit 1961 durch drei Gruppen geführt. Die linksgerichtete *Movimento Popular de Libertação de Angola* (MPLA) wurde durch Hilfslieferungen aus der UdSSR und aus anderen sozialistischen Staaten, jedoch nicht von China versorgt. Insgesamt flossen wahrscheinlich etwa 400 Millionen US-Dollar. Vom Westen, einschließlich Südafrikas, und aus China erhielten die *Frente Nacional de Libertação* (FNLA) und die von ihr 1967 abgespaltene *Uniâo para la Independência Total de Angola* (UNITA) ihre Unterstützung. Auch die Bundesrepublik Deutschland investierte hier zwischen 1965 und 1991 rund eine Milliarde Mark. An die UNITA lieferten die USA in den Achtzigerjahren im Rahmen der «Reagan-Doktrin» auch die wirkungsvollen *Stinger*-Boden-Luft-Raketen, die ansonsten vor allem den muslimischen Kämpfern – den *Mudschaheddin* – in Afghanistan zur Bekämpfung sowjetischer Truppen zur Verfügung gestellt wurden.

Bereits 1961 war es in Angola zu mehreren Angriffen der MPLA gegen portugiesische Einrichtungen gekommen, die mit Tausenden von Toten geendet hatten. Seit 1966 griff die MPLA aus dem östlich gelegenen Sambia an und konnte bis 1972 rund zwei Drittel des angolanischen Territoriums kontrollieren, obwohl Portugal mit massivem Materialeinsatz reagierte. Auf der Seite der MPLA kämpften im Bürgerkrieg seit 1975 dann auch etwa 15 000 Kubaner, die wiederum erst mit erheblicher logistischer Unterstützung der Sowjetunion in die Auseinandersetzungen eingreifen konnten. Es war vor allem ihr Einsatz, aber auch das im selben Jahr durch den US-Kongress ausgesprochene Verbot für die amerikanische Regierung, die angolanischen Kriegsparteien weiter zu unterstützen *(Clark Amendment)*, was 1976 zunächst die Entscheidung für die MPLA brachte.[27] Auch das wenige Jahre zuvor aufseiten der FNLA und dann der UNITA in den Konflikt eingetretene Südafrika, das seit 1975 auch selbst mit mehreren Tausend Soldaten von Namibia aus in die Kämpfe eingriff, zog sich zu diesem Zeitpunkt offiziell zurück. Bezeichnenderweise interpretierten die USA dies als eine schwere Niederlage des Westens in einer der wichtigsten Schlachten des Kalten Krieges.

Indirekt blieben allerdings auch nach 1976 alle Konfliktparteien in den immer wieder aufflammenden Bürgerkrieg involviert, nicht zuletzt beide Supermächte. Gerade in den Achtzigerjahren, als die UNITA aus dem Senegal und Namibia, teilweise mithilfe der südafrikanischen Regierung, nicht nur das von der MLPA fast ganz kontrollierte Angola, sondern auch Stellungen der gegen die weiße Apartheid-Regierung in Pretoria kämpfenden SWAPO angriff, stieg noch einmal massiv die Unterstützung der Supermächte. Die UdSSR investierte noch in den Jahren 1987/88 umgerechnet rund eine Milliarde US-Dollar in die Unterstützung der MPLA. Insgesamt waren von dieser Seite allein in den Achtzigerjahren Hilfen in Höhe von rund vier Milliarden US-Dollar geflossen.[28] Zusätzlich flogen sowjetische Piloten Angriffe gegen die UNITA, und sowjetische Kommandeure kommandierten MPLA-Einheiten. Wie hoch das militärische Engagement war, lässt sich an den kubanischen Truppen ablesen: Bis Ende der Achtzigerjahre befanden sich noch rund 400 ihrer Panzer und zwei Dutzend ihrer modernsten Kampfflugzeuge vom Typ MiG-23 und MiG-24 im Land. Als die USA 1985 ihre Hilfsleistungen an die UNITA wieder aufnahmen, umfassten sie jährlich 15 Millionen US-Dollar und stiegen 1989 noch einmal um mehr als das Doppelte auf 40 Millionen Dollar an.[29] Im Zuge dieser Maßnahmen wurde dann unter anderem die amerikanische Basis Kamina im benachbarten Zaïre, dem ehemaligen Kongo, ebenso weiter ausgebaut wie die bis Ende der Achtzigerjahre von der CIA unterhaltenen Ausbildungslager für die UNITA. Erst das Ende des Kalten Krieges führte allmählich zu einem Waffenstillstand. Noch Ende 1988 lieferten sich die von sowjetischen Kommandeuren befehligten MPLA-Truppen, zusammen mit kubanischen Verbänden, an der angolanisch-namibischen Grenze eine der schwersten Schlachten des Krieges mit südafrikanischen Verbänden. Kurz danach zog Gorbatschow die rund 950 sowjetischen «Berater» ab. Ihnen folgten die kubanischen Truppen. Der Waffenstillstand wurde 1991 möglich. Er schloss einstweilen eine Konfrontation ab, die wie kaum eine andere den Kalten Krieg *en miniature* abgebildet hatte.

In Süd- und Mittelamerika war die Situation prinzipiell ähnlich, unterschied sich aber gleichzeitig fundamental, weil dies der Raum war, den die Monroe-Doktrin zum alleinigen Einflussgebiet der USA erklärt hatte. Hier reagierten die Vereinigten Staaten traditionell so sensibel wie die Sowjetunion in ihrem unmittelbaren Sicherheitsgürtel.[30] Jeder Versuch, eine in Washington als unerwünscht angesehene Regierung einzusetzen, zog unmittelbar US-Interventionen nach sich. Dies hatte man 1954 etwa in Guatemala beobachten können oder 1973 in Chile. Guatemalas Präsident Jacobo Arbenz Guzmán war mit linken Reformen, die unter anderem die Enteignung der US-Firma *United Fruit Company* vorsahen, sowie Waffenbestellungen im Ostblock ins Visier geraten und wurde im Juni 1954 durch eine klassische *Counterinsurgency*-Aktion der CIA gestürzt, ins Exil gezwungen und durch eine politisch genehme Militärdiktatur ersetzt, die unmittelbar danach die Verstaatlichungen rückgängig machte. Auch in Chile wurde eine sozialistische Regierung beseitigt, als durch einen ebenfalls von der CIA geleiteten Staatsstreich am 11. September 1973 Staatspräsident Salvador Allende Gossens gestürzt wurde. Wie in Guatemala waren hier starke wirtschaftliche Interessen der USA im Spiel. Der chilenische Kupferbergbau wurde in erheblichen Teilen von US-Konzernen betrieben, ebenso wichtige Teile der Telekommunikation. Entsprechend hektisch hatte man in Washington 1970 auf den Sieg der Sozialisten und Kommunisten über die Christdemokraten reagiert. Zwischen 1969 und 1973 waren etwa acht Millionen Dollar zur Schwächung Allendes eingesetzt worden, bevor man sich für dessen Sturz entschied. Nachfolger wurde auch hier eine prowestliche Militärdiktatur unter der Führung von Augusto Pinochet Ugarte. Die Umstände, die zum Tod Allendes führten, blieben letztendlich ungeklärt. Möglicherweise nahm er sich während der Luftangriffe auf den Regierungspalast in Santiago selbst das Leben.[31]

Ein klassischer Stellvertreterkonflikt entwickelte sich hingegen in den Achtzigerjahren in Nicaragua.[32] Als dort im Juli 1979 der Diktator Anastasio Somoza Debayle als der letzte Vertreter eines Clans, der das mittelamerikanische Land seit über vierzig Jahren beherrscht und systematisch ausgeplündert hatte, durch eine linksgerichtete Regierung der *Sandinisten* (benannt nach dem 1934 erschossenen Guerillaführer Augusto Sandino) ersetzt wurde, war dies der Beginn eines Stellvertreterkriegs, in dem sich beide Supermächte engagierten. Die 1962 gegründete marxistische *Frente Sandinista de Liberatión Nacional* (FSLN) war eine an der kubanischen Revolution und insbesondere an Che Guevara orientierte, aber zunächst wenig erfolgreiche Befreiungsbewegung gewesen. Die Guerillastrategie schien 1976 sogar bereits gescheitert, als ihr Führer und Theoretiker, Carlos Fonseca, getötet wurde. In dieser prekären Situation gelang es den Sandinisten jedoch, ein breites Oppositionsbündnis von landlosen Bauern, bürgerlichem Mittelstand und Kirche zu organisieren. Zu Hilfe kamen ihnen überraschenderweise die Vereinigten Staaten, die 1977 unter der Regierung Carter die Menschenrechte in den Mittelpunkt der Außenpolitik stellten. Obwohl Carters Politik gerade in Bezug auf Nicaragua mehr als zwiespältig blieb, tat Washington nichts, um Somoza weiter zu stützen. In Nicaragua folgte nun zunächst die Einrichtung einer Mitte-Links-Regierung unter Führung der FSLN, in der sich unter ihrem «Koordinator», dem aus dem Exil in Havanna zurückgekehrten Daniel Ortega Saavedra, nun rasch eine prokubanische Gruppierung durchsetzte. Sie veranlasste unter anderem die umfassenden sozialistischen Reformen, die auch in Nicaragua hoch umstritten blieben. Vor allem lösten sie in den USA Bestürzung aus. Nicaragua sollte keinesfalls ein «zweites Kuba» werden. Mittlerweile weiß man durch die Öffnung von Geheimdienstakten, dass Moskau zumindest über die Möglichkeit nachdachte, auch über das offiziell als blockfrei geltende Nicaragua die USA zu infiltrieren.

Es war eine der ersten Entscheidungen Reagans nach seinem Amtsantritt 1981, in Nicaragua den Aufbau eines «zweiten Kuba» zu bekämpfen. Reagan betrieb klassische *Rollback Policy*, die von Anfang an neben dem Wirtschaftsboykott vor allem die verdeckte aktive Unterstützung antikommunistischer Gruppen beinhaltete, die in Mittelamerika als sogenannte *Contras* bekannt wurden. Sie waren es vor allem, die, unterstützt durch die CIA, den amerikanischen Stellvertreterkrieg gegen Ortega und die Sandinisten führten. Schon in den Jahren 1981 und 1982 wurden dafür insgesamt 43 Millionen Dollar offizieller Hilfe durch den US-Kongress genehmigt.[33] Ausbildungsort wurde das benachbarte Honduras. Die auf schließlich mehrere Hundert Millionen US-Dollar gesteigerte Unterstützung wurde dann unter anderem durch Saudi-Arabien, Drogenhandel, insbesondere aber durch geheime Waffenverkäufe an den Iran getragen, wie später ermittelt werden konnte. Diese «Iran-Contra-Affäre» erschütterte jedoch nur kurzfristig den Verlauf der Operationen in Nicaragua. Die *Contras* konnten schon Ende 1982 weit ins Land vordringen. Wenige Monate später folgte dann der erste Großangriff mehrerer Tausend *Contras* aus Honduras. Obwohl die nicaraguanische Regierungsarmee durch die Sowjets und die Kubaner militärisch ausgerüstet worden war und zahlreiche Unterstützer aus westlichen Staaten nach Nicaragua reisten, konnte diese Invasion nur mit erheblicher Mühe abgewehrt werden. Seit März 1988 waren dann auch reguläre US-Truppen in Honduras, um den Druck auf die Regierung in Nicaragua zu erhöhen. Sie griffen jedoch nicht in die Kämpfe ein. Allerdings hatte die CIA bereits in den Jahren zuvor unter anderem die nicaraguanischen Häfen Corinto und Puerto Sandino vermint und auch einige Sabotageakte verübt. Zuletzt trugen allerdings nicht die *Contras* oder der Druck der USA zur Beendigung des blutigen Konflikts bei, der insgesamt etwa 50 000 Tote kostete, sondern die mittelamerikanischen Staaten selbst. Nachdem die Sandinisten selbst einer freien Wahl zugestimmt hatten, wurde Ortega 1990 abgewählt. Nachfolgerin wurde die konservative Violetta Barrios de Chamorro, die Witwe des 1978 durch das Somoza-Regime ermordeten Oppositionsführers Pedro Joaquín Chamorro. Nach ihrer Einsetzung wurde nicht nur die Entwaffnung der Konfliktparteien möglich, sondern nach dem Ende des Kalten Krieges auch ein 1992 geschlossenes Freundschafts- und Kooperationsabkommen mit den USA.

Kriege der Blockfreien

Einen besonderen Stellenwert unter den militärischen Auseinandersetzungen in der Dritten Welt nahmen während des Kalten Krieges die Konflikte der blockfreien Staaten untereinander ein. Sie sind zum einen ein klarer Beleg dafür, dass die Ideologie der Bewegung, Streitigkeiten friedlich zu regeln, in vielen Fällen reine Rhetorik blieb. Zum anderen sind speziell diese Konflikte eines der schlagendsten Argumente für die Totalität und Ubiquität des Kalten Krieges. Kaum einer der Kriege innerhalb der Bewegung der Blockfreien, die für sich ja gerade beanspruchten, sich aus dem Kalten Krieg herauszuhalten, blieb vom globalen Konflikt unberührt. Beispiele dafür sind die militärischen Auseinandersetzungen zwischen Indien und Pakistan seit 1947, zwischen Indonesien und Malaysia 1963 und 1965 oder auch zwischen Äthiopien und Somalia, vor allem seit den Siebzigerjahren. Alle machten darüber hinaus natürlich auch die gravierenden Langzeiteffekte europäischer Kolonialpolitik für den Kalten Krieg sichtbar. Jeder einzelne dieser Konflikte hatte neben traditionellen Feindschaften und Machtansprüchen, deren Anlässe zum Teil weit zurücklagen, eine weitere Ursache: Die territorialen Entscheidungen der europäischen Kolonialmächte provozierten aus der Sicht der Betroffenen in vielen Fällen automatisch zukünftige Auseinandersetzungen. Nicht zuletzt zeigten diese Kriege aber auch den Versuch der durch die Entstehung der «Supermächte» im Kalten Krieg in die zweite Reihe zurückgetretenen ehemaligen Kolonialmächte, wieder eine bedeutendere politische Rolle zu übernehmen.

Der indisch-pakistanische Konflikt, der mit der britischen Entscheidung zur Teilung des ehemaligen Kolonialgebiets Indien im Jahr 1947 entstand, besaß von Beginn an einerseits eine religiöse, andererseits eine machtpolitische Komponente.[34] Beide Ebenen ließen sich nicht voneinander trennen und waren eine der wesentlichen Ursachen für die Härte und Langlebigkeit der Auseinandersetzung, die sich über mehrere blutige Nachbarschaftskriege fortsetzte und auch durch das Ende des Kalten Krieges nicht beendet werden konnte. Sie kostete nach vorsichtigen Schätzungen bis zu zehn Millionen Tote. Tatsächlich war die Situation bereits wenige Tage nach der durch Großbritannien am 15. August

1947 festgestellten Autonomie Indiens – die Unabhängigkeitserklärung Pakistans war am 14. in Karatschi erfolgt – eskaliert. Noch während Premier Jawaharlal Nehru in Indien und Premier Liaquat Ali Khan in Pakistan die Unabhängigkeit feierten, die in dieser Form selbst Mahatma Gandhi ablehnte, kam es zu blutigen Zusammenstößen. Im Pandschab, jener Provinz, die durch die neue Grenzziehung geteilt wurde, hatten die hinduistischen Sikhs in der Stadt Lahore, die an Pakistan übergeben werden sollte, sogar mit Krieg gedroht. Bei den groß angelegten Bevölkerungsverschiebungen von mehreren Millionen Menschen kam es dann zu gegenseitigen blutigen Angriffen der Hindus und Muslime mit Hunderttausenden von Toten.[35]

Das Tragische an der Situation war nicht zuletzt, dass der Zwang zur Teilung des Subkontinents sich eigentlich allein aus dem Zeitdruck ableitete, den der letzte britische Vizekönig von Indien, Lord Louis Mountbatten, vorgegeben hatte. Sowohl das Versprechen, Indien die Unabhängigkeit zu geben, als auch das Zugeständnis an die in der *Muslimliga* organisierten Muslime, einen eigenen Staat zu erhalten, sollten möglichst rasch umgesetzt werden. Bereits 1940 hatte die *Muslimliga* ihre «Pakistan-Resolution» verabschiedet. Als ihr Führer, Mohammed Ali Jinnah, 1946 die indischen Provinzwahlen dann deutlich gewann, wurde dies gleichzeitig zum Votum für die Gründung eines «Pakistan».[36] Unmittelbar nach diesen Wahlen war es bereits zu Handgreiflichkeiten zwischen Muslimen und Hindus gekommen. Im nächsten Jahr eskalierte die Situation im besonders umstrittenen Landesteil Kaschmir. Dessen Bevölkerung war zwar mehrheitlich islamisch, aber dessen Maharadscha hatte sich zu viel Zeit gelassen, um zu entscheiden, an welchen Staat er sein Fürstentum anschließen wollte. Da angesichts der ungeklärten Situation bereits islamische Freischärler aus Pakistan eingriffen, um vollendete Tatsachen zu schaffen, forderte der Fürst reguläre indische Truppen an, denen wenig später pakistanische Einheiten gegenüberstanden. Diese ersten Kämpfe dauerten bis 1949 und wurden erst durch einen von der UNO ausgehandelten Waffenstillstand beendet.

Der Kalte Krieg berührte insofern den indisch-pakistanischen Konflikt, als beide Staaten aufgrund dieser Rivalität eine spiegelbildlich entgegengesetzte Außenpolitik betrieben. Zwar entschieden sich beide prinzipiell für die Blockfreiheit und gehörten 1954 und 1955 sogar zu den Mitveranstaltern der ersten Blockfreientreffen in Colombo und in Bandung. Da Pakistan aber aufgrund der Nähe seines großen Nachbarn Indien 1954 gleichzeitig auf seiner Mitgliedschaft im amerikanisch dominierten Paktsystem SEATO bestand, konnte es nicht offiziell in die Blockfreienbewegung aufgenommen werden. Beim ersten offiziellen Treffen der Blockfreienbewegung 1961 in Belgrad wurden alle Mitglieder, die gleichzeitig etwa der SEATO oder dem Bagdad-Pakt angehörten, ausgeschlossen.[37] Vor allem Indiens Einspruch verhinderte bis 1979 immer wieder den offiziellen Beitritt Pakistans zur Blockfreienbewegung. Pakistan wiederum tat alles, um sein antiindisches Paktsystem weiter auszubauen. 1963 wurde dafür sogar ein Vertrag mit China geschlossen, das im Jahr zuvor einen kurzen Grenzkrieg mit Indien geführt hatte. 1965 hielt sich Pakistan dann sogar für stark genug, mit einem Panzerangriff auf Kaschmir zum ersten Mal seit 1947 wieder einen offenen Krieg mit dem Nachbarn zu führen. Indiens Gegenoffensive auf Lahore hatte es dann aber wenig entgegenzusetzen. Schließlich trocknete der Konflikt mangels Waffennachschub geradezu aus. Seitdem herrschte wirklich Kalter Krieg zwischen den beiden Ländern. Seit 1965 waren selbst indische Filme in Pakistan verboten. Der Gesichts- und Machtverlust der pakistanischen Führung, die unter Vermittlung der UdSSR um den Abzug der indischen Truppen aus ihrem Gebiet bitten musste, hatte dann mittelfristig sogar zur Folge, dass sich Ostpakistan im Dezember 1971 als Bangladesh für autonom erklärte. Zu einer Steigerung der militärischen Brisanz des indisch-pakistanischen Konflikts führte kurz darauf die Entwicklung von Atomwaffenprogrammen auf beiden Seiten.[38] Den Anfang machte Indien, das seine erste Bombe bereits 1974 zünden konnte. Das zwei Jahre zuvor gestartete pakistanische Atomwaffenprogramm war seit 1987 einsatzfähig. Ironischerweise hatten beide Länder vor allem von westlicher Hilfe profitiert, die eigentlich eine ganz andere, gegenteilige Zielrichtung im Kalten Krieg hatte. Indien war durch das US-Programm *Atoms for Peace*, Pakistan durch illegale Einfuhr von westlichem Know-how und die enormen finanziellen Mittel, die die Amerikaner durch das Land zur Bekämpfung der Sowjets nach Afghanistan leiteten, in die Lage versetzt worden, die Nuklearforschung zu beginnen.

Der von Islamisten gegen die UdSSR geführte Konflikt in Afghanistan in den Achtzigerjahren brachte dem muslimischen Pakistan auch einen neuen Partner im Kampf gegen Indien um Kaschmir.[39] Nach ersten Demonstrationen von Teilen der islamischen Bevölkerung in Kaschmir 1987 weitete sich der Konflikt bis 1990 zu einem regelrechten Bürgerkrieg aus, in dem zum ersten Mal auch fundamentalistische *Mudschaheddin*, die man zunächst nur aus dem antisowjetischen Widerstand in Afghanistan kannte, gegen indische Truppen kämpften. Die Waffen lieferte Pakistan, das zeitweilig auch militärisch im Grenzgebiet eingriff. Dass auch dieser Konflikt nur an den Fronten des Kalten Krieges partizipiert hatte, zeigte sich, als es lange nach dem Ende des Kalten Krieges im Oktober 1993 in der Stadt Srinagar in Kaschmir zu heftigen Kämpfen kam. Solche aus religiös-politischen Gründen begonnenen Auseinandersetzungen kannte man auch aus den Jahren zwischen 1982 und 1992 im geteilten Pandschab und 1990 in der benachbarten Provinz Uttar Pradesh. Mit ihnen wurde noch einmal demonstriert, dass auch der indisch-pakistanische Konflikt zwar eine Auseinandersetzung war, die an den Fronten des Kalten Krieges partizipierte, deren Ursachen aber nicht primär in der Blockkonfrontation begründet lagen. Weil dies so war, blieb der Konflikt bis über das Ende des Kalten Krieges hinaus erhalten.

Auch die Spannungen zwischen den blockfreien Staaten Indonesien (eingetreten: 1961) und Malaysia (eingetreten: 1964) in den Jahren 1963 bis 1965 waren einerseits eine Art logische Folge aus den geografisch-politischen Entscheidungen, die die jeweiligen Kolonialmächte lange zuvor getroffen hatten. Andererseits wirkten aber auch hier die Fronten des Kalten Krieges. Sie verstärkten den um die Ziehung von Staatsgrenzen und geopolitische Machtansprüche geführten Konflikt, indem sie ihm eine zusätzliche Begründung lieferten. Indonesien befand sich in dieser Konstellation dabei, trotz Blockfreiheit, auf der Seite des Ostblocks, Malaysia auf der Seite des Westens.

In der Region hatten die Niederländer in Indonesien und die Briten in Malaya ihre Einflusszonen schon 1824 festgelegt. Wie die Franzosen in Indochina waren sie nach dem Ende des Zweiten Weltkriegs im Begriff, die von ihnen bis 1942 kontrollierten Gebiete aus geostrategischen, aber auch aus schlicht merkantilen Beweggründen wieder zu erobern. Sowohl in Indonesien als auch in Malaya kam es dabei zu umfangreichen Kämpfen mit den antikolonialen einheimischen Befreiungsorganisationen, die auch hier in der Regel nationalkommunistisch ausgerichtet waren. Befreiung von den antikommunistischen europäischen Kolonialmächten bedeutete auch in diesen Ländern die Wendung nach Moskau oder Peking.[40]

In Indonesien oder Niederländisch-Indien, wie man in Den Haag die Kolonie nannte, war am 19. August 1945 die Unabhängigkeit durch jene verkündet worden, die bereits unter japanischer Herrschaft versucht hatten, über Verhandlungen mit der Besatzungsmacht die Unabhängigkeit zu erreichen. Diese «bürgerliche Gruppe», die von ihren Gegnern auch weniger freundlich «Kollaborateure» genannt wurde, vertrat das Führungsduo der *Partai Nasionalis Indonesia* (PNI), Achmed Sukarno und Mohammed Hatta. Von ihnen ging 1945 auch die Proklamation einer unabhängigen Republik Indonesien aus. Erster Staatspräsident wurde Sukarno, Hatta übernahm das Amt des Vizepräsidenten. Die Proklamation des mehrheitlich islamischen Vielvölkerstaats vom 1. Juni 1945 unterstrich in ihren «Fünf Prinzipien» *(Panca Shila)*, neben hindu-javanischen und islamischen Inhalten, insbesondere nationale und sozialistische Ziele. Ausdrücklich wurde der «Internationalismus» als Staatsziel genannt. Die nationalkommunistische Bewegung, die während des Krieges auch die Hauptlast des Widerstands gegen die Japaner in Indonesien, aber auch im benachbarten Malaya getragen hatte, beteiligte sich jedoch nicht. Für sie waren sowohl Sukarno als auch Hatta «Japanknechte». Die Kommunisten proklamierten ihrerseits 1948 eine eigene «Sowjetrepublik» im Ostteil der Insel Java, die allerdings nur kurzfristig Bestand hatte. Im Westteil der Insel verkündeten die Islamisten ihrerseits ein Jahr später einen «Islam-Staat Indonesien».

Mit dem Entschluss der Niederländer, ihre ehemalige Kolonie wiederzubesetzen, rückte Indonesien, wie Französisch-Indochina, in die sich bildenden Fronten des Kalten Krieges. Da Den Haag aber nach der fast fünfjährigen deutschen Besatzungszeit in den Niederlanden zu einer Militäraktion einstweilen gar nicht in der Lage war, besorgten dies zunächst die Briten für sie. Sie hatten 1945 ihre Kolonie Malaya wieder unter Kontrolle gebracht und landeten nun im September des Jahres auch in Indonesien. Die Folgen waren absehbar: Wie in Französisch-Indochina stieß die Rückkehr der Kolonialherren sofort auf erbitterten Widerstand, den die Briten und dann später auch die Niederländer mit Gewalt zu brechen suchten. Dies führte, wie in Malaya, auch in Indonesien zu einem verstärkten Zulauf zu den Kommunisten, die die Nationalbewegung nun erfolgreicher denn je für sich reklamieren konnten. Es war vor allem ihr Partisanenkrieg, der gegen die Kolonialherren geführt wurde, und er verstärkte sich noch einmal, als Ende 1948 Präsident Sukarno von niederländischen Truppen im javanischen Yogyakarta gefangen genommen wurde.

Tatsächlich war es wohl vor allem die unerwünschte weitere Stärkung der nationalkommunistischen Bewegung, die schließlich die USA und die UNO auf den Plan rief. Damit hatte der Kalte Krieg, der durch das Neben- und Gegeneinander von eher westlichen und kommunistischen Befreiungsgruppen ohnehin schon präsent gewesen war, nun für alle sichtbar Indonesien erreicht. Seit 1947 legte die UdSSR wegen der Entwicklung des Kolonialkriegs in Indonesien mehrfach ihr Veto im UN-Sicherheitsrat ein. 1949 lenkte dann auch die US-Regierung ein. Zuvor hatte sich Sukarno in einer Rundfunkansprache direkt an die amerikanische Öffentlichkeit gewandt und sich ausdrücklich auf die antikolonialen Traditionen der USA berufen.[41] Am 28. Januar 1949 konnte der UN-Sicherheitsrat dann tatsächlich eine scharfe Verurteilung der Niederlande verabschieden, aber erst, als drei Monate später die US-Regierung unverhüllt drohte, die Wiederaufbauhilfen zu sperren, gab Den Haag am 27. Dezember 1949 seinen Widerstand auf und erkannte die «Vereinigten Staaten von Indonesien» an. Am 17. August 1950 folgte die Umwandlung der bisherigen Föderation in die Republik Indonesien.

Der Weg, den Sukarno nun innenpolitisch einschlug, war allerdings alles andere als akzeptabel für die Amerikaner und bestätigte ihre schlimmsten politischen Befürchtungen. Innenpolitisch waren die indonesischen Kommunisten gerade auf der Hauptinsel Java stark geblieben, während im Ostteil des Landes weiterhin der politische Islam auf dem Vormarsch war. Der dadurch verursachte religiös-politische Spagat Sukarnos mündete 1957 in eine «gelenkte Demokratie» und die Bildung einer nationalkommunistisch-religiösen Einheitsfront, der sogenannten *Nasakom*. Außenpolitisch setzte Sukarno auf die Chinesen, den Ostblock und die Blockfreienbewegung. Dies war dann auch der Hintergrund, vor dem die USA 1958 vergeblich versuchten, durch einen von der CIA geleiteten Putsch Sukarno zu beseitigen und eine westliche Regierung einzusetzen.[42]

Malaya, aus dem später die Staaten Malaysia und Singapur hervorgingen, durchlief eine fast parallele Entwicklung, die allerdings nicht in eine nationalkommunistisch-religiös ausgerichtete «gelenkte Demokratie» mündete, sondern in ein an Großbritannien ausgerichtetes westlich-parlamentarisches System. Schon in der Rekolonisierungsphase waren für die Briten eindeutig politische Ziele in den Vordergrund gerückt, die vor allem die Notwendigkeiten des beginnenden Kalten Krieges in Rechnung stellten. Die Halbinsel sollte ein strategischer Außenposten britischer Asienpolitik bleiben. Unabhängig davon waren die wirtschaftlichen Interessen von immenser Bedeutung, da auf der Halbinsel rund ein Drittel des weltweit produzierten Zinns gefördert wurde. Der Versuch allerdings, eine britisch kontrollierte Kolonie unter der Bezeichnung «Malaiische Union» zu kreieren, scheiterte schon 1948 am einheimischen, auch hier vorwiegend kommunistischen Widerstand. Danach verwickelten die hier mehrheitlich aus Chinesen bestehenden kommunistischen Verbände die Briten in einen Dauerkonflikt, der tatkräftig von Peking unterstützt wurde. Man geht davon aus, dass die Kommunistische Partei Malayas (MCP) und ihre Malaiische Befreiungsarmee (MRLA) 1948 rund 2300 aktive Kämpfer stellten; drei Jahre später hatte sich die Zahl bereits verdreifacht.[43] Seit 1948 herrschte der Ausnahmezustand in Malaya, das nun kontinuierlich von terroristischen Anschlägen, Streiks und Demonstrationen erschüttert wurde. Vor diesem Hintergrund entschied sich die britische Regierung neun Jahre später, das Land freizugeben. Am 31. August 1957 entstand die selbständige «Föderation Malaysia». Dem ersten Premier, dem in Großbritannien ausgebildeten Tunku Abdul Rahman, gelang es tatsächlich, die größten Volksgruppen – Malaien, Inder und Chinesen – in einer Partei zusammenzuführen und damit auch die Kommunisten mit in die Verantwortung einzubeziehen. Ihre Partei wurde später verboten. Außenpolitisch legte Rahman Malaysia auf einen prowestlichen, antikommunistischen Kurs fest, trat aber 1964 auch in die Blockfreienbewegung ein.

Trotz der offiziell vertretenen Blockfreiheit standen sich in der Folge mit Malaysia und Indonesien ein prowestlicher und ein prosowjetisch-prochinesischer Kurs gegenüber. Dies war auch der

Ausgangspunkt, als es ab 1963 zum Krieg zwischen beiden Staaten wegen der Besitzrechte auf der geteilten Insel Borneo kam. Die ehemals niederländischen Gebiete der Insel waren 1949 Indonesien zugeschlagen worden. Der ebenfalls beanspruchte Rest – das sogenannte Britisch-Nordborneo mit den Provinzen Sabah und Sarawak – kam hingegen 1963 nach einer Volksabstimmung in den Besitz Malaysias. Aus Protest gegen diese «neokolonialistische Politik» Malaysias startete Sukarno unmittelbar danach eine schrittweise gesteigerte Eskalation – die sogenannte *Konfrontasi*. Sie beinhaltete propagandistische, wirtschaftliche und schließlich auch militärische Maßnahmen, die, wie Sukarno ebenso offen wie überheblich verkündete, letztendlich die Vernichtung des Staates Malaysia zum Ziel hatten. Im selben Jahr begannen auch die direkten militärischen Zusammenstöße, die sich zum indonesisch-malaysischen Krieg auf Borneo ausweiteten. Man geht davon aus, dass in diesen bis 1965 andauernden Kämpfen zwischen den malaysischen Truppen, die zum Teil von Großbritannien unterstützt wurden, und den kommunistischen Guerillas Indonesiens, die wiederum von der Hilfe Chinas und der UdSSR profitierten, in Nordborneo rund 760 000 Menschen getötet wurden.

Letztendlich blieb es bei der Teilung, was aber die Spannung zwischen beiden Ländern nicht minderte. Sie wurde 1965 zusätzlich durch die Entscheidung angeheizt, dass Malaysia in diesem Jahr einen Sitz im UN-Sicherheitsrat übernehmen durfte. Wahrscheinlich war es der von Sukarno daraufhin erklärte Austritt aus der UNO, der kurz danach zu dem von der Kommunistischen Partei Indonesiens ausgehenden Militärputsch im September 1965 und schließlich zum Sturz Sukarnos führte. In den folgenden antikommunistischen Demonstrationen verloren wahrscheinlich bis zu 87 000 Menschen ihr Leben. Nachfolger Sukarnos wurde jener General Ibrahim Suharto, der mit Unterstützung des Westens den kommunistischen Umsturzversuch Anfang 1966 niedergeschlagen hatte, womit gleichzeitig die indonesische KP vernichtet worden war. Unter ihm wechselte dann auch die Außenpolitik zu einem zwar nach wie vor blockfreien, jetzt aber antikommunistischen Kurs, der Indonesien wieder in die UNO und in eine prowestliche Richtung führte. Der Westen, insbesondere die USA und Japan, belohnte diese politische Wende ausdrücklich mit seit

1966 merklich erhöhten finanziellen Unterstützungen von jährlich 450 Millionen Dollar und Waffenhilfen.[44]

Ähnliche Konflikte zwischen blockfreien Staaten, die von den Fronten des Kalten Krieges beeinflusst wurden, entstanden auch zwischen Äthiopien und Somalia, am strategisch für beide Blöcke wichtigen Horn von Afrika.[45] Wie zuvor in Ägypten, im Kongo und in Angola gelang es auch in den vornehmlich von Claninteressen gelenkten ostafrikanischen Staaten, die seit 1961 der ersten Generation der Blockfreienbewegung angehörten, die Fronten des Kalten Krieges virtuos für die eigenen Ziele zu nutzen, obwohl beide politisch eher dem Ostblock nahestanden. Somalia, hervorgegangen aus dem britischen und italienischen Kolonialgebiet und seit 1960 unabhängig, war seit einem Putsch 1969 eine islamisch-marxistische Militärdiktatur. Auch Äthiopien besaß seit 1974 eine sozialistische Verfassung und setzte Maßnahmen nach dem Muster der Sowjetisierung durch. Beide Staaten führten seit 1960 Krieg, teils gegeneinander, teils gegen andere Staaten (Somalia-Eritrea 1962–1991, Somalia-Kenia 1963–1967, Tigray-Oromo-Konflikt 1974–1991). Die weltpolitisch wichtigste Auseinandersetzung wurde mit sowjetisch-kubanischer und amerikanischer Unterstützung um die Region Ogaden 1977/78 geführt. Die mehrheitlich von somalischen Nomaden bewohnte, ökonomisch völlig uninteressante Ogaden-Region war bereits um die Jahrhundertwende von den Kolonialmächten Äthiopien zugeschlagen worden, was allerdings Somalia niemals akzeptiert hatte. Nach zahlreichen kleineren Gefechten eskalierte der eigentliche Ogaden-Konflikt im Juli 1977 mit einer Offensive Somalias und endete im März 1978 mit einem Sieg Äthiopiens. Warum diese Auseinandersetzung, die auf den ersten Blick so wenig mit den Fronten des Kalten Krieges zu tun hatte, so interessant für die Supermächte war, erschließt sich allein aus der strategischen Bedeutung der Region. Das Horn von Afrika war jener Punkt, an dem die Schifffahrtsrouten zwischen dem Suezkanal und dem Golf von Aden und damit der Weg zu den Erdölförderregionen auf der Arabischen Halbinsel kontrolliert werden konnten.

Moskau entschied sich, Äthiopien unter Mengistu Haile Mariam zu unterstützen. Neben sowjetischen Waffenlieferungen wurden, wie in Angola, rund 15 000 kubanische Soldaten ins Land gebracht, die dann maßgeblich zum Sieg Äthiopiens 1978 beitrugen.

Auch die DDR war beteiligt: Sie finanzierte dort mit rund vier Millionen Mark eine Schule für Staatssicherheit.[46] Nach dem Prinzip des «Teile und Herrsche» erhielten aber auch die Eritreer, die für die Loslösung von Äthiopien kämpften, sowjetisch-kubanische Unterstützung. Das sozialistische Somalia entschied sich nun angesichts der Hilfe aus dem Ostblock für den Erzfeind Äthiopien seinerseits im November 1977 dafür, die militärisch-politische Kooperation mit Moskau zu beenden, und konnte im Gegenzug erfolgreich westliche Hilfe einwerben. Dazu trug nicht zuletzt ein Ereignis bei, das auf den ersten Blick wiederum nur indirekt mit dem Kalten Krieg zu tun hatte: die Entführung einer Lufthansa-Maschine aus der Bundesrepublik durch arabische Terroristen im Oktober 1977 mit dem Ziel, deutsche Gesinnungsgenossen – unter anderem die Gründergeneration der westdeutschen Rote-Armee-Fraktion – freizupressen. Nachdem die somalische Regierung einem westdeutschen Anti-Terror-Kommando in der Hauptstadt Mogadischu die Befreiung der Geiseln genehmigt hatte, revanchierte sich Bonn dafür mit erhöhter Entwicklungshilfe. Die Hauptunterstützung Somalias leisteten aber auch hier die USA, die bis 1989 ihren Beistand aufrechterhielten. Für die nächste Runde im Ogaden-Konflikt gegen Äthiopien im Jahr 1980 war Somalia daher gut gerüstet. Ogaden blieb dennoch äthiopisch, ebenso wie die gleichfalls umkämpften Gebiete Tigray und Oromo. Die Folgen des Krieges um Ogaden waren aber dennoch weitreichend. Die Entspannungspolitik, so formulierte der Sicherheitsberater Präsident Carters, Zbigniew Brzezinski, später in seinen Memoiren, sei in der Wüste von Ogaden «begraben» worden.[47] Dass die eigentlichen Ursachen der Auseinandersetzungen jedoch auch in diesem Fall wenig mit dem Kalten Krieg zu tun hatten, zeigte sich nach 1991. Weil es sich eigentlich um einen innerafrikanischen, teilweise lediglich um einen Konflikt rivalisierender Clans handelte, der nur temporär an den Ressourcen des Kalten Krieges partizipierte, blieb die Auseinandersetzung auch nach einem UN-Einsatz zwischen 1992 und 1994 unlösbar.

Am Rand des Atomkriegs: Die Kubakrise 1962

Die wohl dramatischste Zuspitzung des Kalten Krieges insgesamt fand ebenfalls in der Dritten Welt statt. Die Konfrontation zwischen den USA und der UdSSR im Oktober 1962 auf Kuba wurde zwar einerseits um die Frage geführt, ob eine sowjetische Raketenstationierung wenige Kilometer vor der US-Küste akzeptabel sei. Da zum gleichen Zeitpunkt aber bereits seit 1959 amerikanische Raketen mit vergleichbarer Reichweite im NATO-Mitgliedstaat Türkei an der sowjetischen Grenze aufgebaut waren und sowjetische ICBM ohnehin bereits amerikanisches Territorium erreichen konnten, kann man andererseits davon ausgehen, dass es bei diesem Konflikt eigentlich weniger um die Bedrohung durch Atomwaffen als wiederum eher um eine grundsätzliche Frage des Kalten Krieges ging. Wichtiger waren Annahmen über Prestigegewinn und -verlust mit ihren globalen Auswirkungen auf Einflussgebiete und die eigene Sicherheit.[48] Am Ende, als die sowjetischen Raketen von Kuba abgezogen wurden, erschien der zuvor häufig eher als unerfahren geltende US-Präsident Kennedy den meisten Zeitgenossen als der klare Gewinner. Doch auch Chruschtschow konnte schließlich noch Punkte sammeln. Ob der durch den sowjetischen Druck in Kuba erreichte geheime Abzug der 15 amerikanischen *Jupiter*-Raketen aus der Türkei ohne die vorherige Stationierung von sowjetischen Raketen auf Kuba stattgefunden hätte, erscheint zumindest fraglich. Die öffentliche Meinung, die in diesem Konflikt so viel zählte, registrierte Letzteres allerdings viel später. Erst sechs Jahre nach dem Abzug wurde sie informiert.

Die im Westen Kuba- oder Raketenkrise, im Ostblock Karibische und auf Kuba Oktoberkrise genannte dramatische Zuspitzung des Kalten Krieges entwickelte sich ab 1961 parallel zur Verschärfung der Situation in Berlin und Vietnam. Auch für Kuba traf die für die US-Position auf dem amerikanischen Doppelkontinent zentrale Monroe-Doktrin in vollem Umfang zu. Kuba wurde als traditionelles US-Einflussgebiet betrachtet, in dem jeder feindliche Einfluss zu unterbinden war. Bis zum 1. Januar 1959, als die Revolution Fidel Castros das Regime des korrupten, aber US-freundlichen Diktators Fulgencio Batista y Zaldívar hinwegfegte, war Kuba jeweils nur kurzfristig als Krisengebiet in Erscheinung getreten. Amerikanische Interventionen fanden 1898 und 1914 statt. Bezeichnenderweise erfolgte bereits der Eingriff 1914, um ein Übergreifen der mexikanischen Revolution auf die Insel zu verhindern. Von der Intervention 1898 blieb den USA jene Militärbasis erhalten, die der Öffentlichkeit dann vor allem nach dem Kalten Krieg bekannt wurde. Innerhalb von Castros Staat, mit dem sich die USA über Jahrzehnte in einem Quasi-Kriegszustand befanden, blieb ein exterritoriales, von den Amerikanern kontrolliertes Gebiet mit dem Namen Guantánamo Bay *(Bahía de Guantánamo)* besetzt. Es war 1903 zunächst per Leihvertrag von der kubanischen Führung abgetreten worden. Trotz kubanischer Rückgabeforderungen und schließlich vollständiger Isolierung vom Rest der Insel im Jahr 1960 gelang es den USA, diesen Bereich mittels Minenfeldern und autonomer Versorgung weiterzubetreiben und sogar als Ausgangspunkt für Verdeckte Operationen gegen Castro zu nutzen. Bekannt wurde Guantánamo Bay nach dem Kalten Krieg vor allem als ein außerhalb der zivilen Gerichtsbarkeit und teilweise auch völlig außerhalb des US-Rechts stehendes Lager für sogenannte ungesetzliche Kombattanten aus dem nach den Anschlägen auf das *World Trade Center* im September 2001 proklamierten «Krieg gegen den Terror».[49]

Kennedys anfängliche Sympathie für die Revolution auf Kuba war bereits im Wahlkampf 1960 einer heftigen Anti-Castro-Rhetorik gewichen. In seiner Regierungserklärung am 30. Januar 1961 hieß es, der ursprünglich positive Freiheitskampf sei mittlerweile durch Kommunisten unterwandert. Moskau ziele auf die Einrichtung eines Stützpunkts vor der amerikanischen Küste. In einem späteren Interview, das Kennedy im Oktober 1963 einem Journalisten des britischen *Observer* gewährte und das man erst nach seinem Tod veröffentlichte, wurde noch sichtbarer, wie gravierend sich der Präsident von der neuen Regierung auf Kuba hintergangen fühlte. Castro habe sein Versprechen gebrochen und sei ein Agent der Sowjets in Lateinamerika geworden.[50] Allgemein war es mit den Sympathien der amerikanischen Politik wohl spätestens in dem Moment vorbei, als sich Castro anschickte, Wirtschafts- und Bodenreformpläne nach sozialistischem Muster umzusetzen. Von diesen waren wiederum auch US-Firmen betroffen. Warum Castro sich überhaupt den Sowjets annäherte, blieb umstritten. Möglicherweise betrachtete er es als die einzige Chance, sich an der

Macht zu halten. Nach CIA-Angaben waren noch unter der Eisenhower-Administration im Dezember 1959 ernsthafte Vorbereitungen für eine Ermordung Castros durch den Geheimdienst in Planung gegangen. Eisenhower genehmigte auch jene 13 Millionen Dollar für den Umsturz auf Kuba, mit denen dann unter seinem Nachfolger Kennedy 1961 die Invasion in der Schweinebucht startete und kläglich scheiterte. Da die zugesagte Luftunterstützung durch die USA weitgehend entfiel – eine erstaunliche Parallelität zum Rückzieher Stalins beim Unterstützungsangriff der 200 000 Chinesen am Beginn des Koreakrieges 1950 –, hatten die am 15. April 1961 landenden rund 1400 Exilkubaner militärisch keine Chance. Nach drei Tagen gerieten etwa 1100 von ihnen in Gefangenschaft.[51] Für Kuba und den Ostblock war dies einer der größten öffentlichen Prestigeerfolge über die USA, und kaum ein anderes Ereignis schuf in den Vereinigten Staaten so viel ohnmächtige Wut auf den Gegner in Havanna.

Ein Ende der Pläne zur Befreiung Kubas vom Kommunismus bedeutete die gescheiterte Schweinebucht-Invasion indes nicht. Unmittelbar danach waren seit November 1961 neue Vorbereitungen getroffen worden, die den Codenamen *Operation Mongoose* erhielten. Als Koordinator wurde wieder jener Edward Lansdale eingesetzt, der zuvor einschlägige Geheimoperationen in Südostasien geleitet hatte. Die diplomatischen Maßnahmen erfolgten parallel. Schon im Januar 1962 wurde Kuba aus der OAS ausgeschlossen und im Monat darauf ein totales Handelsembargo gegen die Insel verhängt, das weit über das Ende des Kaltes Krieges erhalten blieb. Gleichzeitig wurde Kuba mit antikommunistischer Propaganda überschüttet. Noch in der letzten Phase des Kalten Krieges wurde unter der Reagan-Administration mit *Radio Martí* ein neuer Sender mit subversiven Programmen für Kuba eingerichtet. Es blieben aber auch hier die zahlreichen halb offiziellen und privaten «Befreiungsorganisationen» bis über das Ende des Kalten Krieges hinaus aktiv. Schon seit den frühen Sechzigerjahren hatten vertriebene kubanische Industrielle Exilregierungen finanziert. Radikale exilkubanische Gruppen verübten 1976 unter anderem einen Bombenanschlag auf eine voll besetzte kubanische Passagiermaschine. Auch solche Operationen hielten über das Ende des Kalten Krieges hinaus an. Noch 1997 verübten exilkubanische Organisationen Anschläge auf touristische Ziele auf Kuba.

Die misslungene Operation in der Schweinebucht bildete nicht zuletzt mittelbar den Ausgangspunkt für die eigentliche Kubakrise im Oktober 1962. Schon seit Frühjahr des Jahres hatte Chruschtschow mit dem Gedanken gespielt, Mittelstreckenraketen auf der Insel zu installieren. Sie erschienen ihm nicht nur als «logische Antwort» auf die erwartete neue Invasion, sondern auch als ideales Drohpotenzial zur Durchsetzung anderer Forderungen, etwa in Mitteleuropa.[52] Gleichzeitig bot die Unterstützung Kubas die Möglichkeit, in der jetzt besonders umkämpften Dritten Welt weiter an Prestige zu gewinnen. Ein Verlust Kubas wäre immer auch auf Moskau zurückgefallen. In den Gesprächen, die Anfang Juli 1962 mit dem Bruder Fidel Castros, Raul Castro, in Moskau stattfanden, offerierte Chruschtschow den überraschten Kubanern die Atomraketen. Unter dem Druck der UdSSR, aber auch in der festen Überzeugung, nicht mehr viel Zeit zur Vorbereitung der Abwehr einer neuen amerikanischen Invasion zu haben, akzeptierte Castro schließlich den Plan, in aller Stille Mittelstreckenraketen auf der Insel aufzubauen. Immerhin sprach dafür, dass die USA Atomraketen mit ähnlicher Reichweite in der Türkei stationiert hatten. In der hochgeheimen *Operation Anadyr*, über die Moskau nicht einmal den sowjetischen Botschafter in den USA, Anatoli Dobrynin, informiert hatte, wurde unter anderem eine aus fünf Regimentern bestehende Raketendivision mit den damals modernsten Mittelstreckenraketen der Typen R-12 (SS-4) und R-14 (SS-5) auf den Weg geschickt. Beteiligt waren aber rund 42 000 Soldaten. Insgesamt 183-mal liefen die sowjetischen Schiffe Kuba an und lieferten rund 230 000 Tonnen Ausrüstung ab.[53] Die dort stationierten sowjetischen Streitkräfte verfügten im Oktober 1962 schließlich unter anderem über 36 Atomsprengköpfe à 650 Kilotonnen für die R-12, 24 nukleare Sprengköpfe à 1,65 Megatonnen für die R-14, 12 Atomsprengsätze à 12 Kilotonnen für Raketen des Typs *Luna* (NATO-Code: *Frog*) und weitere 80 Sprengköpfe à 12 Kilotonnen für Marschflugkörper vom Typ FKR-1 *Meteor* (SSC-2A *Salish* bzw. AS-1 *Kennel*). Diese mit 152 Raketensprengköpfen erhebliche nukleare Streitmacht auf Kuba wurde durch weitere Atombomben für die dort ebenfalls stationierten sowjetischen Bomber vom Typ Iljuschin Il-28 (NATO-Code: *Beagle*) sowie durch modernste U-Boote der im Westen sogenannten «*Golf*-Klasse» (sowj. Bezeichnung: *Projekt 628*) ergänzt, die unter anderem mit neu eingeführten R-13 (SS-

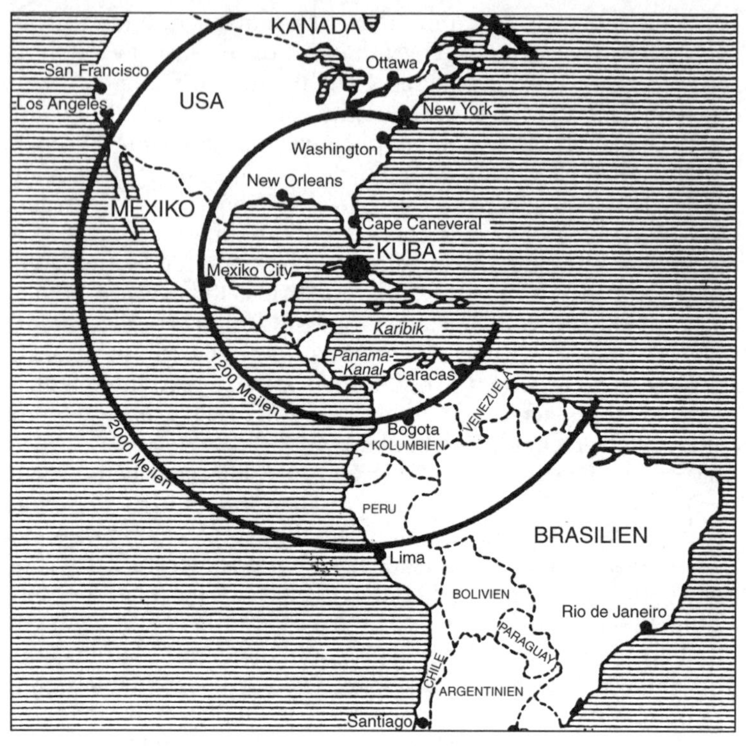

N-4) SLBM mit 1,5 Megatonnen und atomaren Torpedos ausgerüstet waren. Im September 1962 wurden die Waffenarsenale dann durch amerikanische U-2-Spionageflugzeuge entdeckt.

Es war aber weniger die Größenordnung der Streitmacht – deren tatsächlicher Umfang den Amerikanern damals mit Sicherheit nicht bekannt war – als vielmehr die prinzipielle militärisch-politische Bedrohungswahrnehmung, die diesmal die Welt näher als in allen anderen Krisen des Kalten Krieges an den Rand des Atomkriegs brachte. Am 22. Oktober forderte Kennedy Chruschtschow ultimativ auf, die Stellungen abzubauen und die Raketen in die UdSSR zurückzutransportieren. Zwei Tage später folgte die US-Seeblockade gegen Kuba. Wie insbesondere die Tonbandmitschnitte der Krisensitzungen in Washington belegen, war Kennedy tatsäch-

RAKETENREICHWEITEN WÄHREND DER KUBAKRISE 1962 Die damals entstandenen Skizzen machen deutlich, dass die Mittelstreckenraketen beider Seiten das jeweils gegnerische Territorium in einem weiten Radius abdecken konnten. Nicht thematisiert wird, dass zu diesem Zeitpunkt bereits Interkontinentalraketen und Bomber in der Lage waren, das Territorium des Gegners vollständig zu erreichen. Die grundsätzliche Bedrohungslage des Kalten Krieges wurde daher weder durch die Mittelstreckenraketen auf Kuba noch in der Türkei grundsätzlich verändert.

lich entschlossen, auch Atomwaffen einzusetzen. Am Dienstag, den 23. Oktober, hatte Kennedy mit seinen Beratern ausführlich über die Vorbereitung für einen «totalen nuklearen Schlagabtausch» *(«all out nuclear exchange»)* diskutiert, den man zwar nicht wolle, aber im Zweifelsfall führen werde.[54] Am folgenden Tag war tatsächlich die Alarmstufe *DEFCON 2* aktiviert worden, nur eine

Stufe unterhalb der Auslösung des Atomkriegs. Drei Tage später, am 27. und 28. Oktober, erreichte die Krise ihren Höhepunkt. Nach einem geheimen Briefwechsel zwischen Chruschtschow und Kennedy wurde ein Handel geschlossen, bei dem beide Seiten das Gesicht wahren konnten: Die UdSSR sollte die Raketen von Kuba abziehen und die Startrampen abbauen. Nach einigen Monaten würden die USA dann ihre Mittelstreckenraketen, die den europäischen Teil der Sowjetunion bedrohten, aus der Türkei zurückholen. Dies geschah dann 1963. Am Morgen des 28. Oktober 1962 wurde der Abzug der sowjetischen Raketen aus Kuba gemeldet. Eine gemeinsame Note der USA und der UdSSR an den UN-Generalsekretär Sitho U Thant beendete im Januar 1963 auch offiziell die Kubakrise. Als der eigentliche Verlierer zwischen den Fronten der Supermächte fühlte sich Castro. Seine Forderungen, die unter anderem auch die Räumung des US-Stützpunktes Guantánamo beinhaltet hatten, wurden nicht berücksichtigt.

Während das Verhältnis zwischen den USA und Kuba angespannt blieb und sich erst ab 2015, lange nach dem Ende des Kalten Krieges allmählich entspannte, waren die langfristigen Folgen dieses hochbrisanten Showdown im Kalten Krieg beträchtlich. Einerseits bestanden sie in einer neuen Aufrüstungsrunde, in der vor allem die Sowjetunion im Bereich der Strategischen Waffen massiv aufholte und bis Ende der Sechzigerjahre einen nuklearen Gleichstand mit den USA schuf. Bei den Interkontinentalraketen lag die UdSSR noch Mitte der Achtzigerjahre eindeutig vorn. Parallel dazu führte der Schock der Kubakrise jedoch in den Zentren des Kalten Krieges zu deutlichen Entspannungsbemühungen. Sie mündeten am 20. Juni 1963 in die Einrichtung des berühmten «Roten Telefons», einer zunächst über Fernschreiber, ab 1970 auch über Satellit hergestellten Verbindung, über die im Notfall die Regierungschefs der UdSSR und der USA miteinander sprechen konnten, um einen drohenden Konflikt abzuwenden.

10. Entspannung und Abrüstung 1953–1981

Der «Geist von Genf»

Der Kalte Krieg war von zahlreichen Entspannungsphasen überlagert und abgeschwächt. Zeitweilig liefen selbst Forcierung und Verhandlungen parallel. Selbst in der Hoch-Zeit der Entspannungspolitik, Mitte der Siebzigerjahre, wurden die Annäherungen systematisch unterlaufen. Entspannungspolitik im Kalten Krieg, so kann man zusammenfassen, war für alle Beteiligten niemals Selbstzweck. Sie war in der Regel der Versuch, einen Ausweg aus einer politischen oder wirtschaftlichen Zwangslage zu finden, ohne die eigene Sicherheit aufs Spiel zu setzen.

Die erste Phase einer Annäherung zwischen den Blöcken begann daher unmittelbar, nachdem der Kalte Krieg seine erste heiße Etappe bereits durchlaufen hatte und in Korea sogar militärisch geführt worden war. Ob es sich bei den sogenannten Stalin-Noten vom 10. März und 9. April 1952 bereits um einen ernsthaften Versuch der Entspannung handelte oder sie nur eine simple Probe waren, ob sich die bevorstehende Westbindung der Bundesrepublik torpedieren ließ, blieb umstritten. Die an die Westmächte gesandten Noten Stalins beinhalteten den Vorschlag, sofort in Verhandlungen über einen Friedensvertrag mit einem wiedervereinigten Gesamtdeutschland einzutreten.[1] Die Bedingungen der Wiedervereinigung hörten sich für viele auf den ersten Blick sehr vernünftig an. Deutschland sollte demokratisch sein und sich verpflichten, keinerlei Koalitionen oder Militärbündnisse einzugehen, die sich gegen die Staaten richteten, die im Zweiten Weltkrieg auf Seiten der Alliierten gekämpft hatten. Dies hätte Neutralität oder eine Art «Blockfreiheit» bedeutet, die nur drei Jahre später für die gerade unabhängig gewordenen und die im Dekolonisierungsprozess befindlichen Staaten zum Modell wurde. Eigene Streitkräfte zur Selbstverteidigung, wie sie dann dem zweiten großen Verlierer des Zweiten Weltkriegs, Japan, zugestanden wurden, sollte auch ein wiedervereinigtes Deutschland unterhalten dürfen. Die Gebietsverluste östlich der Oder-Neiße-Linie waren anzuerkennen, womit die nach dem Potsdamer Abkommen noch unter polnischer und sowjetischer Verwaltung stehenden Gebiete einen endgültigen völkerrechtlichen Status erhalten hätten. Die Sowjets vergaßen zudem nicht zuzusichern, dass es auch den «ehemaligen Nazis» und den Offizieren der Wehrmacht gestattet sein würde, am Aufbau des neuen Staates weiter mitzuarbeiten. Dies hatte die UdSSR im Prinzip bereits Jahre zuvor auch in ihrer Besatzungszone eingeräumt. Die ergänzende April-Note sah dann auch freie Wahlen für ein gesamtdeutsches Parlament vor, die von den vier alliierten Mächten beaufsichtigt werden sollten. Es folgten am 24. Mai und 23. August 1952 noch zwei weitere Noten, die jeweils auf den raschen Beginn der Verhandlungen drängten.

Im Westen ließ man sich auf eine nähere Prüfung der Vorschläge Stalins erst gar nicht ein. Adenauer lehnte das sowjetische Angebot, wie er Pressevertretern gegenüber darlegte, mit dem Argument ab, dies sei lediglich der durchsichtige Versuch, Gesamtdeutschland zu sowjetisieren und darüber hinaus, «im Wege der Neutralisierung Deutschlands die Integration Europas zunichte zu machen [...]».[2] Dies entsprach seit Langem seiner Auffassung und konnte offensichtlich auch durch neue Offerten nicht verändert werden. Ob die sowjetischen Noten ernst gemeint waren, war nach Aktenlage im Jahr 1952 ebenso schwierig zu entscheiden wie heute. Entsprechend harsch war bereits die zeitgenössische Kritik am Kanzler. Noch Jahre später warfen ihm deswegen unter anderem der FDP-Politiker Thomas Dehler und der mittlerweile in die SPD eingetretene Gustav Heinemann in einer «Generalabrechnung» im Bundestag im Januar 1958 vor, in der Wiedervereinigungspolitik versagt zu haben. Die Brisanz des Vorwurfs lag nicht zuletzt darin, dass beide Politiker im ersten Kabinett Adenauers noch vertreten gewesen waren und sich vor allem wegen der Deutschlandpolitik zu harschen Adenauer-Kritikern entwickelt hatten. Das wichtigste Merkmal, das schon für viele Zeitgenossen gegen die Auffassung sprach, dass es sich hier um ernste Angebote handeln könnte, war Stalin selbst. Keiner konnte sich vorstellen, dass gerade er zum Entspannungspolitiker geworden war. Allerdings hatte man bereits 1951 sehen können, dass es Stalin offensichtlich darauf ankam, vor dem Hintergrund des sich global entwickelnden Kalten Krieges insbesondere die ehemaligen großen Gegner des Zweiten Weltkriegs zu neutralisieren. In den alliierten Friedensverhandlungen mit Japan hatte die Sowjetunion bis zuletzt versucht, das Land aus den westlichen Bündnissen herauszuhalten. Ob aber Stalin für das Ziel, die Bundesrepublik nicht zum Verbündeten des Westens werden zu lassen, tatsächlich auch bereit sein würde, die DDR aufzugeben, blieb zweifelhaft.

Ein wichtiger neuer Hinweis, dass die Sowjetunion zu diesem Zeitpunkt tatsächlich eine «Verschnaufpause» brauchte, wie bereits damals der Ostexperte des Auswärtigen Amtes, Boris Meissner, vermutete,[3] eröffnete sich nach dem Ende des Kalten Krieges durch die Freigabe neuer Akten aus Moskauer Archiven. Sie machten überraschend klar deutlich, dass auch die Nachfolger Stalins, die sich nach dem Tod des Diktators am 5. März 1953 zunächst als «Kollektive Führung» konstituierten, gewillt waren, dieselben Angebote noch einmal vorzulegen. Und tatsächlich diskutierte man in Moskau zwischen März und Juni 1953 relativ offen über den Sinn der DDR. Der Volksaufstand in Ostdeutschland am 17. Juni 1953 und die mit ihm verbundene Furcht, nicht nur die Kontrolle über die Entwicklung, sondern auch ein wichtiges Faustpfand zu verlieren, beendete solche Debatten.[4] Immerhin aber «entstalinisierten» die Sowjets ihre Außenpolitik in den folgenden Jahren weiter. So wurde bis 1955 die Aussöhnung mit Stalins Intimfeind Tito vollzogen, und im selben Jahr zeigten die Sowjets, dass sie sogar bereit waren, besetzte Gebiete freizugeben. 1955 wurde Österreich, das immerhin als Teil des Deutschen Reiches den Zweiten Weltkrieg bis zum bitteren Ende mitgeführt hatte, zu einem neutralen Staat, der eigene Truppen besitzen durfte. Umstritten blieb aber auch hier, ob das überhaupt mit dem geteilten Deutschland vergleichbar war. Immerhin wurde Österreich im dazugehörigen Staatsvertrag ausdrücklich ein zukünftiger Anschluss an Deutschland verboten.

Das schlichte Ignorieren der sowjetischen Vorstöße 1952 war aber nicht nur bei der Opposition in der Bundesrepublik, sondern auch etwa in Großbritannien nicht unwidersprochen geblieben. Insbesondere der britische Premier Winston Churchill hatte gedrängt, die Gunst der Stunde zu nutzen. Man solle einen neuen Anfang versuchen, schrieb er am 11. März 1953 an Eisenhower.[5] Tatsächlich war die öffentliche Meinung in Westeuropa durchaus auf Churchills Seite, wie selbst der amerikanische Botschafter in London, Winthrop Aldrich, einräumen musste. Churchills Versuch, die Gelegenheit nach Stalins Tod zu nutzen, um die seit Beginn des Koreakrieges vereisten Fronten des Kalten Krieges zumindest anzutauen, hatte dabei besonderes Gewicht – und dies macht gleichzeitig auch die Vehemenz des Widerstands gegen die Noten verdächtig, wie er von Adenauer, aber insbesondere auch aus der US-Regierung kam. Über die Beweggründe, warum Churchill diese Ambitionen entwickelte, ist viel gerätselt worden. Zu vermuten ist, dass er, der zeitlebens von der charismatischen Kraft der «Vieraugengespräche» überzeugt war, tatsächlich glaubte, dass speziell sein Einsatz für die Entspannung zwischen den Blöcken den Kalten Krieg beenden könne. Warum er dann aber nicht solche Gespräche mit Stalin selbst führte, blieb rätselhaft. Wahrscheinlich hielt er sie nach dem Bruch mit Stalin 1945 schlicht für zwecklos. Bezeichnenderweise hat er selbst als wiedergewählter britischer Regierungschef zwischen 1951 und dem Tod Stalins im März 1953 niemals die diplomatische Initiative ergriffen, um mit Moskau zu verhandeln, sondern jeweils seinen Außenminister Anthony Eden vorgeschickt. Selbst die Stalin-Noten kommentierte er 1952 kaum. Dagegen ist bekannt, dass er unmittelbar nach dem Ableben des sowjetischen Diktators seine Vorstellungen über eigene Verhandlungen mit Moskau und die Entspannung mit der Sowjetunion zunächst intern kursieren ließ. Nur sechs Tage nach dem Tod Stalins machte er in seinem am 11. März 1953 an Eisenhower gesandten Brief deutlich, dass sich nun die Bedingungen grundlegend geändert hätten.[6] Die Niederschlagung des Aufstands vom 17. Juni durchkreuzte dann auch Churchills Vorstellungen und stärkte zudem die Gegner der Verhandlungen mit Moskau, zu denen sich zu diesem Zeitpunkt auch der US-Präsident zählte. Auf der NSC-Sitzung am Tag nach der Niederschlagung des Aufstands in der DDR stellte Eisenhower fest, nun hätten die Aufstände «uns mit Gewißheit das stärkste Argument gegen Herrn Churchill» gegeben.[7] Erwartungsgemäß blieb eine doch noch im Januar/Februar 1954 in Berlin tagende gemeinsame alliierte Außenministerkonferenz über das Deutschlandproblem dann ohne jedes Ergebnis. Ein weiteres Treffen, das auf den Bermuda-Inseln veranstaltet werden sollte, fand nicht mehr statt.

Erst im Juli 1955, nach der bereits vollzogenen Blockbildung,

GENF: «DIE KONFERENZ DES LÄCHELNS» 1955 Das Bild zeigt den sowjetischen Ministerpräsidenten Bulganin, US-Präsident Eisenhower, den französischen Ministerpräsidenten Faure und den britischen Außenminister Eden. Viel mehr als ein freundliches Lächeln kam allerdings nicht heraus.

kam es zu dem über Jahre aufgeschobenen Gipfeltreffen an einem neutralen Ort: Genf war bis 1945 Sitz des Völkerbunds gewesen. Der «Geist von Genf» wurde allerdings im Sommer 1955 nur zum Synonym für eine freundlich zur Schau getragene, politisch jedoch unverbindliche Bereitschaft zur Entspannung. Die Amerikaner präsentierten hier erfolglos das Konzept «Offener Himmel» *(Open Skies)*, den Vorschlag, dass die UdSSR und die USA jeweils die gegnerischen Militäreinrichtungen aus der Luft inspizieren dürften. Die Sowjets konterten ebenso ergebnislos mit einer Neuauflage des mittlerweile fast zehn Jahre alten und schließlich nach endlosen Verhandlungen gescheiterten Baruch-Plans zur Kontrolle der Atomwaffen. Ansonsten blockten die Amerikaner bei der sowjetischen Forderung, «Rot-China» anzuerkennen, die Sowjets bei den amerikanischen Appellen zur Freigabe Ostmitteleuropas. Auch bei anderen harten Themen, wie der Deutschen Frage, gab es in Genf keine Bewegung. Ein «Ende des Kalten Krieges» jedenfalls, wie damals der französische Ministerpräsident Edgar Faure glaubte, war die Genfer Gipfelkonferenz mit Sicherheit nicht. Immerhin fand alles in einer angenehmeren Atmosphäre statt, als nach den Konfrontationen der letzten Jahre zu vermuten gewesen war.

Friedliche Koexistenz, Strategie des Friedens und Neue Ostpolitik

Nach Genf wurde vor allem der XX. Parteitag der KPdSU im Februar 1956 zum Inbegriff eines ersten wirklichen «Tauwetters» im Ostblock. Die Kenntnis der aufsehenerregenden und politisch nicht risikofreien Abrechnung Chruschtschows mit seinem Vorgänger Stalin, die im Ostblock erhebliche Verwirrungen hinterließ und, wie man heute weiß, auch China schon auf Distanz zur Sowjetunion gehen ließ, verband sich im Westen mit der Hoffnung auf Verbesserung der internationalen Beziehungen. Im Koordinatensystem des Kalten Krieges, in dem tatsächliche oder vermeintliche Schwächen des Gegners in der Regel sofort genutzt wurden, schloss dies natürlich nicht aus, dass westliche Dienste unmittelbar danach versuchten, die Geheimrede möglichst umfassend im Ostblock bekannt zu machen, um die dortige Opposition zu stärken. Bedeutungsvoll für die internationalen Beziehungen war insbesondere Chruschtschows Abwendung von Lenins Theorie der Unvermeidbarkeit von Kriegen mit den kapitalistischen Staaten, die nun offiziell durch die Doktrin der «Friedlichen Koexistenz» zwischen den Systemen ersetzt wurde. Obwohl die Formel zeitweilig zum reinen Lippenbekenntnis wurde, öffnete sie langfristig den Weg zu außenpolitischen Konzessionen. In der Sache glaubte Chruschtschow 1956, aus einer Position der Stärke zu argumentieren, und insbesondere die Erfolge der sowjetischen Wissenschaft schienen ihm in den nächsten Jahren sogar recht zu geben.

Ob dies das Ende des Kalten Krieges war, wie der eine oder andere Beobachter auch diesmal glaubte belegen zu können, blieb wiederum umstritten. So richtig an die grundlegende Änderung der sowjetischen Politik glauben wollten im Westen allerdings nur wenige. Dass die Doktrin der Friedlichen Koexistenz tatsächlich keineswegs defensiv gemeint war, unterstrich nicht nur die kurz danach folgende Zweite Berlinkrise 1958, an deren Ende der

SIMPLICISSIMUS

Jahrgang 1956, Nummer 20 — Herausgegeben von Olaf Iversen — München, den 19. Mai 1956

Das Veto der Bombe

„Es wird hier dauernd vom Frieden gesprochen — meine Herren, der Friede bin ich!"

DAS ZENTRALE PARADOXON DES KALTEN KRIEGES: «DER FRIEDE BIN ICH!» Die berühmte Karikatur von Hans Meyer-Brockmann in der in München erscheinenden Satirezeitschrift *Simplicissimus* vom 19. Mai 1956 verdeutlicht die Grundkonstellation des Kalten Krieges auf die wohl einprägsamste Weise. «Die Bombe» war die globale Bedrohung, bot aber auch Sicherheit vor dem Nuklearkrieg.

Mauerbau stand. Auch innerhalb des eigenen Lagers machte der Abbruch der Beziehungen mit China 1960 deutlich, dass das Konzept ganz bestimmt nicht gegenüber abweichenden Meinungen galt. Zudem meinte der Begriff ausdrücklich niemals die Beziehungen zwischen den Kontrahenten des Kalten Krieges in der Dritten Welt. Damit es in dieser Frage kein Missverständnis geben konnte, ließ der sowjetische Ministerpräsident Kossygin dies 1965 noch einmal ausdrücklich in der *Prawda* verbreiten: «Die Politik der friedlichen Koexistenz [...] ergibt sich aus der Unzulässigkeit der Gewaltanwendung bei der Lösung strittiger Fragen zwischen Staaten. Doch das bedeutet keinesfalls, dass das Recht der Völker, mit der Waffe in der Hand einer Aggression Widerstand entgegenzusetzen oder für die Befreiung von ausländischen Unterdrückern zu kämpfen, aufgehoben wäre. Denn es ist ein heiliges und unveräußerliches Recht, und die Sowjetunion hilft ohne Wenn und Aber allen.»[8]

Der amerikanische Gegenentwurf zur Friedlichen Koexistenz, die «Strategie des Friedens», die US-Präsident Kennedy am 10. Juni 1963 in seiner berühmten Ansprache in Washington präsentierte, hatte ebenfalls den Vorrang politischer Lösungen, aber auch die Abrüstung und den Verzicht auf den atomaren Erstschlag in den Mittelpunkt gestellt. Frieden sei das vernünftige Ziel vernünftiger Menschen. Ansonsten sei man bereit, «mit jedem anderen System auf der Erde in einen friedlichen Wettstreit zu treten». Die Lösung zur Beendigung des Kalten Krieges liege letztendlich darin, «vermehrte Kontakte und Verbindungen» mit der Gegenseite zu suchen.[9] Vor allem im geteilten Berlin, das seit dem Mauerbau 1961 besonders unter der festgefahrenen deutsch-deutschen Politik und der fehlenden Annäherung gerade in alltäglichen humanitären Fragen litt, begriff man, dass das, was Kennedy ausgeführt hatte, ein Ausweg sein konnte. Den Willen, die amerikanischen Ideen sogar dann aufzugreifen, wenn sie im Gegensatz zur westdeutschen Bundespolitik standen, machte als Erster der Presseamtschef des seit Februar 1963 in Westberlin unter Willy Brandt amtierenden sozialliberalen Senats, Egon Bahr, deutlich. In einem Vortrag am 15. Juli 1963 im bayerischen Tutzing plädierte er unter Berufung auf Kennedy für die Entspannung zwischen den Blöcken. «Ich sehe nur den schmalen Weg der Erleichterung für die Menschen in so homöopathischen Dosen, dass sich daraus nicht die Gefahr eines revolutionären Umschlags [in der DDR] ergibt, die das sowjetische Eingreifen aus sowjetischem Interesse zwangsläufig auslösen würde. [...] Die Frage ist, ob es nicht Möglichkeiten gibt, [...] dass auch die Auflockerung der Grenzen und der Mauer praktikabel wird, weil das Risiko erträglich ist. Das ist eine Politik, die man auf die Formel bringen könnte: Wandel durch Annäherung. Ich bin fest davon überzeugt, dass wir Selbstbewusstsein genug haben können, um eine solche Politik ohne Illusionen zu verfolgen, die sich außerdem nahtlos in das westliche Konzept der Strategie des Friedens einpasst, denn sonst müssten wir auf ein Wunder warten, und das ist keine Politik.»[10]

Das, was der Senat von Westberlin hier ankündigte und was ab 1969 auf Bundesebene in die «Neue Ostpolitik» der sozialliberalen Koalition mündete, war im Koordinatensystem des Kalten Krieges revolutionär, auch wenn man sich auf die Führungsmacht des Westens berief. Entsprechend heftig wurde dieser «Verrat» gerade von Konservativen bekämpft. Während in Berlin die Erleichterungen – etwa durch das Passierscheinabkommen 1963 – rasch spürbar waren, setzte sich die Einsicht, dass es sich bei der Entspannungspolitik auch um eine bundespolitische Notwendigkeit handelte, in Bonn nur langsam durch. Man wusste dort aber sehr wohl, dass die harte Linie gegenüber der DDR, die außenpolitisch durch die Hallstein-Doktrin symbolisiert wurde, in vielen Fällen unbrauchbar und sogar kontraproduktiv geworden war. Tatsächlich geriet bereits die Große Koalition ab 1966 auf deutschlandpolitischem Gebiet in Turbulenzen, weil Bundeskanzler Kiesinger einerseits einen offiziellen Briefwechsel mit dem Vorsitzenden des Ministerrats der DDR, Willi Stoph, führte, andererseits aber – ebenso offiziell – die DDR nicht als Staat anerkannte.[11] Kritik gegenüber dieser Inkonsequenz kam insbesondere auch von der sich seit 1967 linksliberal profilierenden FDP, die ab 1969 mit der SPD die sozialliberale Koalition unter Brandt bildete. «Aufgabe der praktischen Politik in den jetzt vor uns liegenden Jahren ist es», hieß es in der Regierungserklärung vom 28. Oktober 1969, «die Einheit der Nation dadurch zu wahren, dass das Verhältnis zwischen den Teilen Deutschlands aus der gegenwärtigen Verkrampfung gelöst wird. [...] Zwanzig Jahre nach der Gründung der Bundesrepublik Deutschland und der DDR müssen wir ein weiteres Auseinanderleben der deutschen Nation verhindern, also versuchen, über ein geregeltes Nebeneinander zu einem Miteinander zu kommen. Dies ist nicht nur ein deutsches Interesse, denn es hat seine Bedeutung auch für den Frieden in Europa und für das Ost-West-Verhältnis.»[12]

Der Ostblock und insbesondere die DDR-Führung sahen das Konzept der Neuen Ostpolitik mit einem lachenden und einem weinenden Auge. Gerade für die DDR bot die Annäherung an die Bundesrepublik enorme Vorteile, aber auch bedenkenswerte Risiken. Der Nutzen lag in der Anerkennung als Staat, die Gefahr in einer schleichenden Vereinnahmung. Die SED jedenfalls sah die Entspannungspolitik, wie DDR-Außenminister Otto Winzer nach Bahrs Rede vermerkte, als «Aggression auf Filzlatschen», die im schlechtesten Fall die seit dem Mauerbau mühsam erreichte innere Konsolidierung der DDR zerstören könne.[13] Die Jahre vor dem Beginn der Verhandlungen um den sogenannten Grundlagenvertrag zwischen der Bundesrepublik und der DDR waren dann auch von einer deutlichen Verschärfung der innerdeutschen Beziehungen gekennzeichnet. Ab 1967 behinderte die SED insbesondere die kirchlichen Kontakte, und im nächsten Jahr sperrte man sogar die Transitwege für bundesdeutsche Minister und leitende Beamte, erließ einen Pass- und Visumzwang und verdoppelte den Pflichtumtausch. Ulbricht wollte zwar die internationale Anerkennung der DDR, aber gleichzeitig sollte der Kontakt mit dem «Klassenfeind» im Westen möglichst gering bleiben. Auch bei den anderen ostmitteleuropäischen Regierungen war das Misstrauen gegenüber der Neuen Ostpolitik zu spüren, wenngleich aus anderen Motiven. Hier befürchtete man zwar auch eine allmähliche Aufweichung des Ostblocks, zudem aber eine deutsch-deutsche Annäherung. Zu nah war noch die Erinnerung an den Zweiten Weltkrieg.

Unterstützung für jene im Westen, die eine Entspannungspolitik als Anbiederung an den Feind im Kalten Krieg begriffen, kam 1969. Obwohl der neue, nun wieder von den konservativen Republikanern gestellte US-Präsident Richard Nixon und sein Außenminister Henry Kissinger langfristig die Entspannungsbemühungen fortsetzten, die schließlich in der berühmten «Öffnung Chinas» 1972 gipfelten, stärkte der Wechsel in Washington zunächst die Vertreter der harten Linie im Kalten Krieg. Diese Möglichkeit nahmen die westdeutschen Vertriebenenorganisationen seit 1969 intensiv wahr, und sie konnten tatsächlich bei rechtskonservativen amerikanischen Kongressabgeordneten erfolgreich Stimmung gegen die Brandt'sche Entspannungspolitik machen. Einer der aktivsten Lobbyisten war der Vertriebenenfunktionär Walter Becher. Nachdem er bereits während seiner USA-Reise 1969, zusammen mit dem *Bayernkurier*-Chefredakteur Marcel Hepp, unter Kongressabgeordneten gegen den Atomwaffensperrvertrag Stimmung gemacht hatte, wurden 1972 auch seine intensiven Kontakte mit einem der dezidiertesten Gegner der Entspannungspolitik, dem konservativen US-Senator Strom Thurmond, bekannt. Der Erfolg konnte sich sehen lassen: Insgesamt fünf Senatoren und elf Abgeordnete des US-Repräsentantenhauses sprachen sich schließlich offiziell gegen Brandts Ostpolitik aus.[14] Becher gelang es sogar, Thurmond den konkurrierenden Ostpolitik-Entwurf des CSU-Vorsitzenden Franz Josef Strauß so schmackhaft zu machen, dass der Senator das Papier als Einzeldokument in den *Congressional Record*, das offizielle Veröffentlichungsblatt des US-Kongresses, aufnehmen ließ. Thurmond sorgte später auch dafür, dass ein weiterer konservativer Gegenentwurf zur Ostpolitik, der des Westberliner Verlegers Axel Springer, ebenfalls dort erscheinen konnte. Offen hat Becher später in seinen Memoiren eingeräumt, dass für die Befürworter der Politik der Stärke gegenüber dem Osten «die politische Szene im Washington jener Tage [gemeint ist vor allem das Jahr 1972]» nicht zuletzt deshalb interessant war, «weil viele der Akteure, die in der Ablehnung der Bonner Politik eine angeblich kleine Minderheit bildeten, nachmals wichtige Funktionen in der Administration Reagans übernahmen und gerade im Bereich der West-Ost-Politik das versuchten, was die Brandtsche Mannschaft unterlassen hatte».[15] Alle Bemühungen, mithilfe amerikanischer Organisationen die Ostverträge Brandts zu diskreditieren und scheitern zu lassen, misslangen allerdings. Trotzdem trugen sie nicht nur in der Bundesrepublik und den USA, sondern auch allgemein im Westen dazu bei, die Entspannungspolitik zu desavouieren. Mit dem Regierungsantritt Ronald Reagans 1981 und der offiziellen Renaissance der westlichen Offensivpolitik im Kalten Krieg sahen sich daher auch die Vertriebenenverbände politisch bestätigt. Becher jedenfalls konnte in seinen Memoiren nur Positives über Reagan berichten, den er vor allem wegen seiner Haltung als antikommunistischer Hardliner und Gegner der Neuen Ostpolitik als eigentlichen Schöpfer der Vereinigung Deutschlands 1990 betrachtete. Diese sei nicht durch die «weichen Touren Kennedys und Nixons» entstanden, sondern erst mit der «Revitalisierung Amerikas durch Ronald Reagan». Er habe den Abbau der Mauer nicht nur gefordert, sondern politisch erzwungen.[16]

Die konservative US-Administration um Nixon und Kissinger bewegte sich allerdings bereits 1970 deutlich in Richtung der Brandt'schen Ostpolitik. Was sie störte, war etwas ganz anderes: Die sozialliberale Koalition in Bonn ging fast ohne Rücksprache mit Washington in die Verhandlungen mit dem Ostblock. Dies wurde angesichts der Konstellationen des Konflikts nach wie vor als Ausscheren aus der gemeinsamen Front wahrgenommen. «Offensichtlich war Bahr kein überzeugter Anhänger der westlichen Gemeinschaft wie die Politiker, die wir aus den früheren deutschen Regierungen kannten», vermerkte Kissinger noch in seinen Memoiren verärgert, «er war auch frei von allen gefühlsmäßigen Bindungen an die Vereinigten Staaten. Für ihn war Amerika nur ein Gewicht, das auf die richtige Art und zur rechten Zeit zugunsten der Bundesrepublik auf die Waagschale gelegt werden musste.»[17]

Gegen harte konservative Widerstände wurden bis 1973 die vier Verträge zwischen der Bundesrepublik auf der einen und der Sowjetunion sowie drei ihrer Verbündeten auf der anderen Seite geschlossen: der Gewaltverzichtsvertrag mit der UdSSR (12. 8. 1970), die Grundlagenverträge mit Polen (7. 12. 1970) und der DDR (21. 12. 1972) sowie der Vertrag über die Beziehungen mit der Tschechoslowakei (11. 12. 1973). Zur Durchsetzung der Ratifizierung im Bundestag wandte die sozialliberale Koalition angesichts der innenpolitischen Widerstände einen Trick an: Man koppelte das 1971 geschlossene Vier-Mächte-Abkommen für Berlin, das mehrheitlich auch von den Konservativen gewünscht war, mit den Brandt'schen Ostverträgen, womit es der Opposition unmöglich wurde, das Gesamtpaket abzulehnen. Trotzdem ging der Bruch – wie bereits in der Auseinandersetzung um die Verträge zur Westintegration in den Fünfzigerjahren – quer durch die Parteifronten. Aus der Regierungskoalition schieden allein zehn Abgeordnete aus. Mit ihnen kippte dann auch die sozialliberale Mehrheit im Bundestag. Gleichzeitig gab es Gegner, die verdeckt die Verträge torpedierten. Man hat in den ersten anderthalb Jahren der sozialliberalen Koalition allein 54 Fälle von Geheimnisverrat gezählt, die wahrscheinlich aus der Zusammenarbeit von SED-«Westarbeit» und westlichem Nachrichtendienst resultierten. Mutmaßlich waren sogar der amerikanische Geheimdienst CIA und der deutsche Bundesnachrichtendienst beteiligt, als Geheimpapiere der Regierung gezielt der konservativen Presse zugespielt wurden. Allerdings waren selbst die Christdemokraten nicht geschlossen in ihrer Ablehnung. Das Misstrauensvotum gegen Brandt scheiterte, weil sich zwei CDU-Abgeordnete nicht an die Fraktionsdisziplin hielten. Man weiß mittlerweile auch in diesem Fall, welche Rolle die DDR-«Westarbeit» dabei spielte. Das MfS bestach damals den CDU-Abgeordneten Julius Steiner und konnte damit in der bundesdeutschen Innenpolitik einmal mehr – jedoch wieder nur punktuell – mitmischen. Das Ende der Widerstände war damit noch nicht erreicht. Gegen den Grundlagenvertrag erhob die Bayerische Staatsregierung Verfassungsklage. Als die Verträge schließlich durchgesetzt und bestätigt waren, galten sie bis zu ihrer Ablösung durch den Zwei-Plus-Vier-Vertrag am 12. September 1990. Danach wurden sie durch ein ganzes Bündel von Nachbarschaftsverträgen ersetzt.

Die Erfolge der Ostverträge konnten sich durchaus sehen lassen, wenngleich auch die Neue Ostpolitik – anders als manche Zeitgenossen damals wieder annahmen – noch nicht das Ende des Kalten Krieges bedeutete. Eine «gesamte, in sich geschlossene historische Phase»,[18] wie man damals in der Publizistik erneut meinte, war der Kalte Krieg immer noch nicht. Aber die in Moskau, Warschau und Prag geschlossenen Verträge, in dem sich beide Seiten jeweils zum Gewaltverzicht und zur Grenzachtung verpflichteten, eröffneten nach Kriegsende zum ersten Mal eine vertragliche Basis, die eine allmähliche Normalisierung des Ost-West-Verhältnisses zumindest zuließ. Der Grundlagenvertrag und das Vier-Mächte-Abkommen über Berlin erlaubten es zwar nicht, wie es Brandt gewünscht hatte, Westberlin als eigenes Bundesland anzuerkennen, aber seine spezifischen Rechte und damit auch seine Sicherheit wurden noch einmal ausdrücklich bestätigt. Zudem brachten sie die humanitären Erleichterungen, auf die die Bundesregierung so gedrängt hatte.

Für die DDR, der es vor allem um internationale Anerkennung gegangen war, waren die ersten Jahre nach der Unterzeichnung eine Zeit außenpolitischer Triumphe. Die DDR war, wie die Bundesrepublik, ab 1973 in der UNO vertreten. Ihre Delegationen durften sogar bereits seit Ende 1972 an einzelnen UN-Treffen teilnehmen, so etwa an der Umweltschutzkonferenz. Auch die Aufnahme der DDR in die UNESCO fand bereits im November 1972 statt. Im selben Jahr wurde zwischen der Sowjetunion und den USA vereinbart, dass die DDR auch als gleichberechtigter Verhandlungspartner bei den Verhandlungen über Sicherheit und Zusammenarbeit in Europa (KSZE) teilnehmen dürfe. Der Welle der diplomatischen Anerkennungen folgte dann die von der SED jeweils stolz verkündete Eröffnung zahlreicher westlicher Vertretungen in der DDR. Ein besonderer Prestigeerfolg wurde die Eröffnung der US-Botschaft in Ostberlin. Die Vertretung der westlichen Führungsmacht war nach langen Verhandlungen, an denen auch der damalige UN-Delegierte und spätere US-Präsident George Bush beteiligt war, am 4. September 1974 eingeweiht worden. Für die beiden deutschen Staaten ermöglichte der Grundlagenvertrag allerdings nur die Einrichtung von sogenannten Ständigen Vertretungen, die einerseits Ausdruck der Normalisierung der Beziehungen zwischen beiden deutschen Staaten sein sollten, andererseits aber allein durch ihre Bezeichnung auf den Sonderstatus verwiesen.

Die Probleme, die für die DDR mit der Anerkennung verbunden waren, zeigten sich erst allmählich. Mit der neuen internationalen Rolle ließ sich die innenpolitische Verfolgung von Gegnern und Dissidenten nicht verbinden. Vor allem aber machten einige der neu eingerichteten westlichen Vertretungen, insbesondere die der Bundesrepublik, in den folgenden Jahren erhebliche Sorgen. Sie eröffneten auch unzufriedenen DDR-Bürgern eine ganz neue Möglichkeit, sich über die Zustände in ihrem Land zu beschweren oder sogar die DDR zu verlassen. Dies wurde dann insbesondere in den Achtzigerjahren deutlich. Petitionen zum desaströsen Umweltschutz in Ostmitteleuropa wurden hier übergeben. DDR-Bürger, die in der US-Botschaft um Asyl baten, ließ man sogar umgehend auf persönliche Anordnung Honeckers in den Westen ausreisen. Auch in der Ständigen Vertretung der Bundesrepublik sammelten sich immer wieder die Ausreisewilligen. So waren allein im Juni 1984 dort 59 Personen untergebracht, darunter sogar ein fahnenflüchtiger NVA-Soldat. Auch sie durften später die DDR verlassen. Das Erfolgsmodell der Botschaftsflüchtlinge funktionierte auch über Drittländer. Als im gleichen Jahr ausreisewillige DDR-Bürger in die bundesdeutsche Vertretung in Prag eindrangen – darunter diesmal sogar eine Nichte des Vorsitzenden des DDR-

Ministerrats, Willi Stoph –, konnten auch sie rasch und komplikationslos nach Westdeutschland ausreisen. 1989 waren es dann Hunderte, die über westliche Botschaften ihre Ausreise aus der DDR erzwangen.

Abrüstungskonferenzen

Versuche, internationale Konferenzen zur Verminderung der kontinuierlichen Aufrüstung im Kalten Krieg einzuberufen, hatte es nach der Genfer Konferenz 1955 immer wieder gegeben. Sie betrafen konventionelle wie atomare Waffen, scheiterten aber in der Regel am gegenseitigen Misstrauen. So tagte bis 1957 eine ebenso geheime wie erfolglose UN-Kommission für konventionelle Rüstung. Auch auf dem Gebiet der atomaren Waffen konnten sich die beiden Supermächte 1958 nur auf ein informelles und praktisch ergebnisfreies Teststopp-Moratorium verständigen. Mitten in der eskalierenden Zweiten Berlinkrise war es aber auch 1959 noch möglich, einen Vertrag über das Verbot der militärischen Nutzung der Antarktis abzuschließen. Allerdings blieben danach, bis zum Ende der Kubakrise 1962, alle weiteren Abrüstungsgespräche zwischen den Supermächten, die vor allem in Genf weitergeführt worden waren, ergebnislos. 1960 stellten die Ostblockstaaten ihre Mitarbeit an den Genfer Verhandlungen sogar für einige Monate ganz ein.

Die dramatischen militärischen Eskalationen in Berlin nach dem Mauerbau 1961 und vor allem die Kubakrise 1962 waren dann die Zäsuren, nach denen auch auf internationaler Ebene wieder kleinere Fortschritte in der Entspannung verzeichnet werden konnten. International führten die Erfahrungen der Kubakrise, neben der Einrichtung eines «Roten Telefons» im August 1963, zur Unterzeichnung des ersten wirklichen Vertrags über das Verbot überirdischer Tests atomarer Waffen.[19] Der Abschluss dieses sogenannten *Partial Test Ban Treaty* (PTBT) hatte nicht nur militärische, sondern auch ökologische Gründe, da die Umweltbelastung durch den radioaktiven Niederschlag erheblich geworden war. Die USA und die UdSSR einigten sich darauf, dass nun Versuche im Weltraum, in der Atmosphäre und unter Wasser verboten sein sollten. Von einigen Staaten wurde dies bereits als ungerechtfertigter Eingriff in die nationale Souveränität gewertet. So verweigerten unter anderem Frankreich, das erst 1960 seine erste Atombombe gezündet hatte und nun auf dem Weg zur Entwicklung einer eigenen H-Bombe war, sowie das atomare Schwellenland China, das kurz vor dem Test seines ersten nuklearen Sprengsatzes stand, die Unterschrift. Insgesamt traten aber 114 Staaten bei. Da Kernexplosionen nun erwartungsgemäß nicht nur in erheblichem Umfang unterirdisch durchgeführt wurden, sondern nach wie vor in unbegrenzter Größe stattfinden konnten, ergänzte man das PTBT 1974 zunächst durch den sogenannten Schwellenvertrag. Er beschränkte die Sprengkraft auf 150 Kilotonnen pro Versuch. Zwei Jahre später einigte man sich zusätzlich darauf, dass die unterirdischen Kernexplosionen nur dann erlaubt seien, wenn sie «zu friedlichen Zwecken» durchgeführt würden. Schon dieser «PNE-Vertrag» konnte allerdings nicht mehr ratifiziert werden. Dennoch hielten sich die Unterzeichner an seine Bestimmungen. Ein umfassendes Verbot von Nukleartests konnte dagegen während des Kalten Krieges nicht durchgesetzt werden. Immerhin wurden jedoch in seinem letzten Jahr 1991 zur Überwachung eines möglicherweise kommenden Verbots seismische Stationen eingerichtet.

Anders als Optimisten nach dem Abschluss des Teststoppvertrags prophezeit hatten, war mit dem Jahr 1963 wiederum nicht das Ende des Kalten Krieges erreicht. Für den Rüstungswettlauf erwiesen sich diese und die meisten weiteren Abmachungen sogar als erstaunlich folgenlos. Die atomaren Kapazitäten wuchsen trotz der Verhandlungen und konzentrierten sich regelmäßig auf jene Waffensysteme, die von den Verträgen noch nicht erfasst waren. Der Hintergrund lag nicht nur in dem über Jahre gewachsenen Misstrauen, sondern in dem von beiden Seiten getragenen Verständnis von Entspannungspolitik: Der Kalte Krieg blieb ein Krieg, in dem auch Abrüstungsvereinbarungen nicht die eigene Sicherheit gefährden durften. Warum dennoch im letzten Drittel der Sechzigerjahre kontinuierlich der Wunsch wuchs, über die Lippenbekenntnisse hinaus zu tatsächlicher Abrüstung zu kommen, lag an mehreren Entwicklungen. Für den Warschauer Pakt spielte vor allem die erreichte Parität bei den kostspieligen Interkontinentalraketen eine wichtige Rolle. Diesen Gleichstand wollte man festschreiben. Darüber hinaus bestand die Notwendigkeit, sich mit dem Westen über den Import von einfuhrbeschränkten Produkten zu einigen. Auch der eskalierende Konflikt mit den Chinesen und die Furcht, der Westen könne möglicherweise den Ausgleich mit Peking suchen, um die UdSSR zu schwächen – wie es dann 1971/72 tatsächlich geschah –, ließen den Willen zur Abrüstung in Moskau wachsen.

Im Westen war es ebenfalls ein ganzes Bündel von Motiven, das die reale Reduzierung der Rüstung ermöglichte: eine wachsende «Kriegsmüdigkeit» der Bevölkerung angesichts der ständigen Bedrohung, die hohen Kosten der Rüstung und nicht zuletzt der mangelnde Erfolg der bisherigen Politik der Stärke. In den USA begünstigten nicht zuletzt innenpolitische Probleme das Umdenken. Der Kalte Krieg fraß auch hier Ressourcen, während gleichzeitig soziale Probleme unkontrollierbar wuchsen. Der Krieg in Vietnam spielte eine besondere Rolle, da er nicht nur in den USA, sondern auch in den verbündeten Staaten – nicht zuletzt der Bundesrepublik – umfassende Proteste auslöste und sich als Problem für die Einheit des Bündnisses erwies. Es ist allerdings schwierig, den realen Einfluss dieser «68er-Bewegung» auf die Verhandlungsbereitschaft der Supermächte und die erreichte Abrüstung zu rekonstruieren. Langfristig wichtig wurde jedoch die umfassendere Politisierung der Bevölkerung im Westen. Von den «68ern» führte eine direkte Linie zur neuen Friedensbewegung der Siebziger- und Achtzigerjahre, die sich gegen einen erneuten Rüstungswettlauf wandte und damit ihren Teil zum Ende des Kalten Krieges beitrug.

Offizielle Absichtserklärungen des Warschauer Pakts zur Abrüstung waren zum Beispiel die sogenannte Bukarester Deklaration von 1966 und der Budapester Appell 1967. In der Bukarester «Deklaration über die Festigung des Friedens und der Sicherheit in Europa» war unter anderem vorgeschlagen worden, «Maßnahmen [zu] ergreifen, die geeignet sind, eine Wende zur Minderung der Spannungen in Europa, zur Festigung der Sicherheit, zur Entwicklung einer friedlichen, gegenseitig vorteilhaften Zusammenarbeit zwischen den europäischen Staaten herbeizuführen».[20] Auch im Westen hatte der «Harmel-Bericht» des NATO-Rats über die «zukünftigen Aufgaben der Allianz» vom Dezember 1967 festgestellt, dass «militärische Sicherheit und eine Politik der Entspannung [...] keinen Widerspruch» darstellen müssten, sondern auch als «eine gegenseitige Ergänzung» verstanden werden konnten. Allerdings machte auch dieser Bericht die Grundbedingung klar. Entspannung sei «nicht das Endziel», sondern «Teil eines langfristigen Prozesses zur Verbesserung der Beziehungen» unter Berücksichtigung des globalen Gleichgewichts.[21] Bis zur Verabschiedung des neuen sicherheitspolitischen Konzepts der NATO für die Zeit nach dem Kalten Krieg am 7. November 1991 behielt der hier entwickelte Grundsatz, nämlich Entspannung unter Berücksichtigung gesicherter Verteidigungsfähigkeit, Gültigkeit.

Für die Supermächte begann die Abrüstung mit den Verhandlungen zur Begrenzung der Strategischen Rüstung (SALT). Sie waren bereits 1968 zwischen US-Präsident Johnson und dem sowjetischen Ministerpräsidenten Kossygin verabredet worden, dann aber durch die militärische Niederschlagung des tschechoslowakischen Reformkommunismus im August 1968 wieder durchkreuzt worden. Immerhin hatte es aber noch kurz vor dem Einmarsch der Warschauer-Pakt-Staaten in die ČSSR dafür gereicht, im Juli 1968 ein seit Längerem beratenes Abkommen zur Nichtverbreitung von Kernwaffen (NPT) abzuschließen. Der Atomwaffensperrvertrag, der 1970 in Kraft trat, war zwischen den beiden Supermächten auch nicht besonders umstritten, da es allein darum ging, die nuklearen Waffen in einem exklusiven Kreis zu halten, um die Gefahr des Atomkriegs zu begrenzen.[22] Gerade dies erwies sich dann allerdings doch als Problem. Die Erstunterzeichner, die Atommächte USA, UdSSR und Großbritannien, stießen mit ihrem Versuch, alle Länder – einerlei, ob Besitzer von Nuklearwaffen oder nicht – zum Beitritt zu bewegen, rasch auf Widerstand. Zwar traten bis zum Ende des Kalten Krieges über 140 Staaten bei, doch gerade jene Länder, die auf der nationalen Souveränität auch bei den Atomwaffen beharrten und gleichzeitig eine zusätzliche Stärkung der Supermächte fürchteten, verweigerten sich. Diese nationalen Fronten verliefen dabei quer zur Blockkonfrontation. So traten China und Frankreich erst am Ende und nach dem Kalten Krieg 1991 und 1992 bei. Indien, das damals kurz vor dem erfolgreichen Test einer eigenen Atombombe stand, verweigerte sich ganz und blieb ebenso wie der Rivale Pakistan dem Nichtverbreitungsvertrag auch nach dem Ende des Kalten Krieges fern. Ebenso trat Israel, das seine Atomwaffen vor allem auch als legitimen Schutz gegen jene arabischen Staaten betrachtete, die sein Existenzrecht bestritten, nicht bei. Die Kontrolle des NPT blieb ohnehin problematisch, wie sich bei einigen Schwellenländern

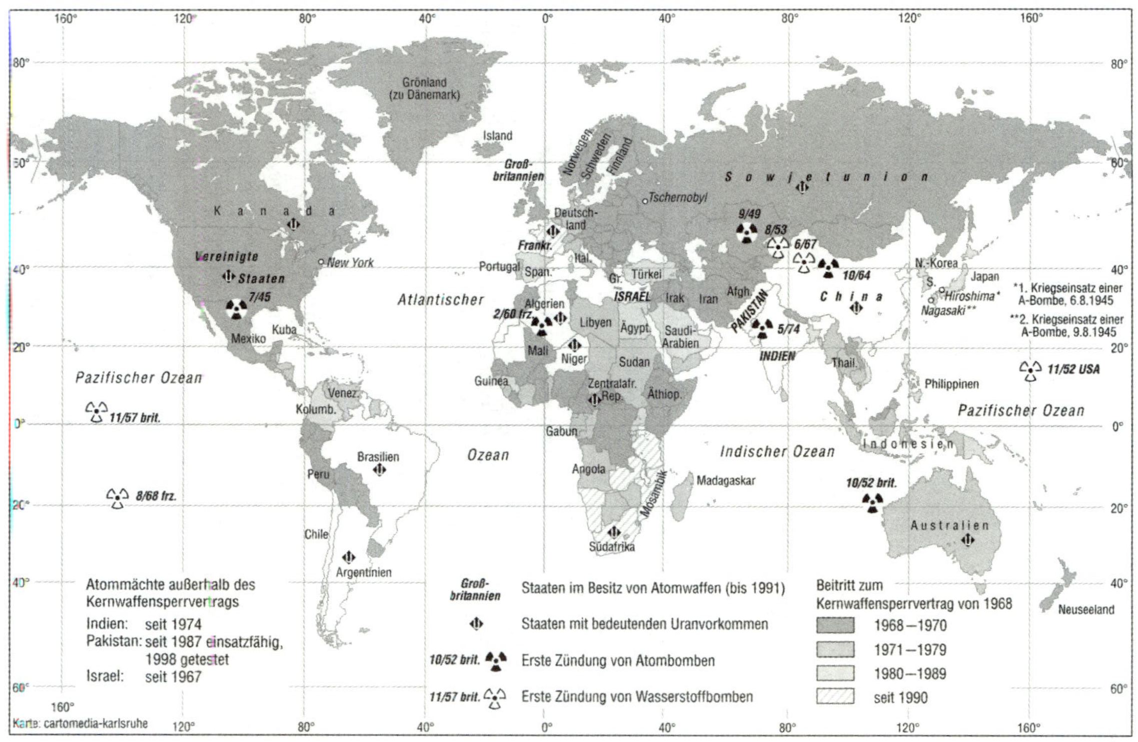

DIE VERBREITUNG VON NUKLEARWAFFEN 1945–1991

zeigte. Dazu wurden Ende der Achtzigerjahre zum Beispiel Libyen, der Iran, der Irak, Südafrika oder Nordkorea gezählt. Zwar fanden seit 1975 alle fünf Jahre Konferenzen über die Wirksamkeit des Vertrags statt. In der Praxis jedoch konnte die Internationale Atomenergiebehörde nur registrieren, dass Staaten, die gewillt waren, die Kontrolleure zu täuschen, in der Lage waren, ihre Produktion fortzusetzen.

Die parallel zum Nichtverbreitungsvertrag begonnenen SALT-Verhandlungen zu den Strategischen Waffen führten dagegen schon 1972 zu ersten Erfolgen: Am 26. Mai wurden durch Nixon und Breschnew in Moskau sowohl der sogenannte ABM-Vertrag über die Begrenzung von Raketen-Abwehr-Systemen als auch der Vertrag über die Beschränkung der Strategischen Offensivwaffen – also see- und landgestützte Interkontinentalraketen – (SALT I) unterzeichnet. Vor allem die Tatsache, dass auch eine Begrenzung der Abwehrsysteme beschlossen wurde, macht deutlich, dass beide Seiten weiterhin von einer friedensbewahrenden Funktion der gegenseitigen Abschreckung ausgingen. Von einem Ende des Kalten Krieges konnte man auch jetzt nicht sprechen. Der Erfolg der ersten SALT-Runde führte aber noch unter Nixon, der allerdings im August 1974 durch die *Watergate*-Affäre zum Rücktritt gezwungen wurde, zu den SALT-II-Gesprächen. Sie wurden am 25. September 1973 wiederum in Genf eröffnet. Die dort verhandelte Begrenzung von mobilen Raketensystemen, vor allem im Mittelstreckenbereich, erwies sich jedoch als wesentlich komplizierter – nicht zuletzt, weil niemand wirklich offenlegte, wie viele Systeme vorhanden waren und was man eigentlich dazu zählen wollte. In diesem Poker um «Ausgewogenheit» blieb über Jahre etwa die Frage ungeklärt, ob sowjetische Bomber, wie die 1975 neu in Dienst gestellte sowjetische Tupolev Tu-26 (NATO-Code: *Backfire*), hinzugezählt werden durften, die – wie die Sowjets versicherten – gar nicht in der Lage waren, mit einer Tankfüllung den amerikanischen Kontinent zu erreichen. Die USA wiederum waren zurückhaltend, wenn es um ihre Marschflugkörper ging. Schließlich konnten aber die Verträge am 18. Juni 1979 von US-Präsident Jimmy Carter und dem sowjetischen Staatsoberhaupt Leonid Breschnew unterzeichnet werden. Doch zu diesem Zeitpunkt – fast sieben Jahre nach Beginn der Verhandlungen – hatte sich die öffentliche Meinung in den USA schon so gegen die Entspannungspolitik gewandt, dass die Ratifizierung durch den Kongress fraglich geworden war. Sie entfiel dann allerdings hauptsächlich wegen des im Dezember 1979 folgenden sowjetischen Einmarschs in Afghanistan.

Zwischen 1971 und 1990 konnten insgesamt 13 wichtige bilaterale Vereinbarungen zur Rüstungsbegrenzung und -kontrolle geschlossen werden, davon allein 11 in den für die Entspannungspolitik besonders produktiven Jahren bis 1979, sowie multilaterale Abkommen. Manche erwiesen sich unmittelbar als Erfolg, andere wurden zwar nicht ratifiziert, aber beide Seiten hielten sich daran, wieder andere konnten bis über das Ende des Kalten Krieges hinaus gar nicht in Kraft treten. Für die atomaren Waffen besonders bedeutsam wurden der INF-Vertrag 1987, der dann tatsächlich den Abbau von Mittelstreckenraketen in Europa regelte, sowie der im Juli 1991 unterzeichnete START-Vertrag, der die Strategischen Nuklearwaffen der Supermächte jeweils um ein Drittel reduzierte. Auch in diesem Fall war allerdings neun Jahre lang verhandelt worden.

Weniger erfolgreich waren im Kalten Krieg die nur einige Monate nach den SALT- und ABM-Abschlüssen am 31. Januar 1973 begonnenen Verhandlungen über «beidseitige und ausgewogene Truppenverminderung» in Europa (MBFR). Sie blieben bis 1990 ohne greifbare Ergebnisse. Erst nach der Vereinigung der beiden deutschen Staaten und knapp ein Jahr vor dem tatsächlichen Ende des Kalten Krieges kamen sie wieder in Fahrt. Am 19. November 1990 konnten 22 europäische Staaten in Wien das bislang umfangreichste Abrüstungs- und Kontrollabkommen unterzeichnen. Der sogenannte «Vertrag über konventionelle Streitkräfte in Europa» (KSE-Vertrag), der dann nach dem Ende des Blockkonflikts 1992 in Kraft trat, legte zum ersten Mal die Obergrenzen auch von nicht atomaren Hauptwaffensystemen nach einem Schlüssel so fest, dass jeder Überraschungsangriff ausgeschlossen sein sollte.[23]

Die Supermächte waren grundsätzlich an solchen europäischen Entspannungsinitiativen weit weniger interessiert als an den großen Abrüstungsverhandlungen, wie auch Henry Kissinger später in seinen Erinnerungen vermerkte.[24] Trotzdem gehörte zu den europäischen Aktivitäten eine jener Konferenzen, die sich langfristig für den Verlauf und das Ende des Kalten Krieges als besonders folgenreich erwies: die «Konferenz über Sicherheit und

Zusammenarbeit in Europa», kurz: KSZE. Die USA zeigten sich zunächst desinteressiert, und die Sowjets hielten sich faktisch nicht an die KSZE-Vereinbarungen. Der pessimistische Grundton, den die *New York Times* im Sommer 1975 zu den bevorstehenden Vertragsunterzeichnungen in Helsinki anschlug, war keine Einzelmeinung: «Die Konferenz der fünfunddreißig Staaten für Sicherheit und Zusammenarbeit in Europa, die jetzt nach zweiunddreißig Monaten semantischer Haarspaltereien ihrem Höhepunkt entgegensieht, hätte am besten gar nicht stattfinden sollen. Noch nie haben so viele Menschen so lange Zeit um so wenig gerungen wie um die einhundert Seiten lange Erklärung guter Absichten in den Ost-West-Beziehungen.»[25] Diese weitgehend negative Wahrnehmung änderte sich auch in den USA erst dann allmählich, als die «Schlussakte von Helsinki» ab 1977 zum wirksamen Hebel der amerikanischen Außenpolitik im Kalten Krieg wurde.

Die Schlussakte von Helsinki

Der Abschluss von SALT I, vor allem aber die von der Bundesrepublik Deutschland mit der DDR, Polen, der UdSSR und der Tschechoslowakei ausgehandelten Ostverträge hatten 1972 auch den Weg zu einer speziellen Serie von Treffen über europäische Sicherheitsfragen geöffnet. Die erste Konferenz über Sicherheit und Zusammenarbeit in Europa, die noch auf den Vorschlag des Ostblocks aus dem Jahr 1967 zurückging, begann am 22. November 1972 und endete am 1. August 1975 mit der sogenannten Schlussakte von Helsinki. Die Treffen waren zunächst wenig spektakulär. In sogenannten «Körben» wurde über verschiedene Themen verhandelt. «Korb 1» beinhaltete unter anderem vertrauensbildende Maßnahmen und Prinzipien der internationalen Zusammenarbeit. Ein zweiter Korb betraf die wirtschaftlich-wissenschaftliche Kooperation. Ein dritter Korb hieß «Zusammenarbeit in humanitären und anderen Bereichen», worunter «menschliche Kontakte», aber auch Informationsaustausch und Zusammenarbeit auf den Gebieten Kultur und Bildung fielen. Die Sowjetunion zeigte vor allem Interesse am ersten Korb, der unter anderem die Regelung von strittigen Grenzfragen versprach. Mit ihrer Unterschrift unter die Schlussakte von Helsinki stimmten die Ostblockstaaten dann aber auch zwangsläufig dem Passus über mehr Freizügigkeit und die Einhaltung von Menschenrechten zu. Diese Unterschrift eröffnete dann eine für den Ostblock besonders unangenehme Front im Kalten Krieg: die Frage der Einhaltung von Menschenrechten in kommunistischen Staaten. Sie war um so unerträglicher, als sich Verletzungen von Menschenrechten propagandistisch schwer entkräften ließen und so das selbstgefällige Bild der «Sozialistischen Menschengemeinschaft» nachhaltig beschädigte.

Die Verknüpfung von Entspannungspolitik und Menschenrechten war 1974 zum ersten Mal aufgekommen. Den Hintergrund bildete zunächst vereinzelte Kritik im US-Kongress an der Euphorie der neuen Zusammenarbeit mit dem Ostblock. Treibende Kraft wurde der demokratische US-Senator Henry Jackson, der sich dadurch auch für den bevorstehenden US-Präsidentschaftswahlkampf zu profilieren suchte. Zusammen mit dem Abgeordneten Charles Vanik brachte Jackson 1974 einen folgenreichen Antrag in den Kongress ein. Das sogenannte *Jackson-Vanik Amendment* forderte, dass sowohl die von der republikanischen Regierung unter Nixon für die wirtschaftliche Zusammenarbeit mit der Sowjetunion vorgeschlagene Meistbegünstigungsklausel als auch die Vergabe von Krediten an Moskau an die Frage geknüpft werden sollten, in welcher Weise sich die sowjetische Regierung gegenüber Ausreiseersuchen von Juden verhalte. Im Jahr 1972 hatte die Sowjetunion ihre Auswanderungsbestimmungen verschärft und forderte seitdem von jedem jüdischen Auswanderer, der in der Regel nach Israel ging, eine hohe Ausreisesteuer. Henry Kissinger vermutete damals, der Sinn dieser Maßnahme sei schlicht gewesen, das Prestige Moskaus in den arabischen Ländern zu steigern.[26] Tatsächlich stimmte der Kongress im Dezember 1974 dem *Jackson-Vanik Amendment* zu. Zum folgenreichen Eklat kam es dann, als Jackson die von den Sowjets akzeptierte Abmachung veröffentlichte und Moskau sich bloßgestellt fühlte. Kurz darauf zog Breschnew nicht nur die Auswanderungsbestimmungen wieder an, sondern stornierte auch das Handelsabkommen mit den USA.

Im US-Wahlkampf 1976 gegen Nixons Nachfolger, Gerald Ford, setzte der demokratische Herausforderer Jimmy Carter dann in seinen außenpolitischen Zielen zentral auf die Menschenrechte. Sie waren für ihn nicht nur die Möglichkeit, die Sowjetunion im

Kalten Krieg auf einem bislang vernachlässigten Gebiet herauszufordern, sondern gleichzeitig die Gelegenheit, eine neue, «moralische» Komponente in die durch Vietnam und den *Watergate*-Skandal diskreditierte US-Politik zu bringen. Aber auch bei den Republikanern war «Moral» der zentrale Begriff, als sie auf dem Nominierungsparteitag 1976 die Entspannungspolitik als den falschen Weg im Kalten Krieg verdammten. Obwohl der von den «Neuen Rechten» um das *Committee on the Present Danger* (CPD) geförderte Kandidat, der ehemalige kalifornische Gouverneur Ronald Reagan, sich dort noch nicht gegen den amtierenden US-Präsidenten Gerald Ford durchsetzen konnte, gelang es, die Parteispitze zu zwingen, vom Begriff der Entspannung *(Détente)* abzurücken und ihn durch den Terminus «Frieden durch Stärke» *(Peace through Strength)* zu ersetzen. Unschwer als Neuauflage der «Politik der Stärke» erkennbar, bestimmte dieses Konzept im Weiteren die republikanische Debatte. Langfristig setzte es sich gegen die Entspannungspolitik in den USA spätestens zu dem Zeitpunkt durch, als Carter außenpolitisch scheiterte.

Die amerikanischen Wähler glaubten 1976 allerdings weniger den republikanischen Beteuerungen eines moralischen Neuanfangs, wenngleich das Ergebnis denkbar knapp ausfiel. Auch in der Bundesrepublik erreichten die Konservativen, die mit dem Slogan «Freiheit oder Sozialismus» in den nicht weniger polarisierenden Wahlkampf gezogen waren, im gleichen Jahr nicht ihr Ziel. Es blieb bei der sozialliberalen Koalition unter Helmut Schmidt. Als Carter 1977 dann als US-Präsident antrat, betonte er zwar den moralischen Neuanfang. Die neue Regierung werde eine Politik betreiben, «die von unseren grundlegenden Wertvorstellungen ausgeht und die Stärke und Einfluss für humane Ziele einsetzt».[27] In der Praxis blieb jedoch vieles beim Alten, weil auch der neue Präsident die bestehenden Fronten des Kalten Krieges ignorieren wollte. Zwar konnte er in bestimmten Regionen, gerade auch in der Dritten Welt, durchaus Pluspunkte sammeln. So wurde der iranische Schah, den die USA über Jahrzehnte als westliches Bollwerk im Mittleren Osten gestützt hatten, fallen gelassen. Andere Diktaturen, die sich ebenso wenig um die Menschenrechte kümmerten, förderte aber auch die Carter-Administration im Zweifelsfall noch weiter. Gegenüber dem nicaraguanischen Somoza-Clan blieb Washington lange Zeit unentschieden, und auch bei der Aufnahme der offiziellen diplomatischen Beziehungen mit der chinesischen Regierung 1979 spielte die Frage, ob Peking die Menschenrechte achtete, keine Rolle.

Gegenüber dem Ostblock wurde die Menschenrechtsfrage aber unter Carter zum zentralen Instrument der Führung des Kalten Krieges. Sie sei ein Teil des «ideologischen Kampfes mit der Sowjetunion», erklärte er am 24. März 1977 während einer Pressekonferenz.[28] Noch im selben Monat wurde der sowjetische Dissident Wladimir Bukowski, der den Einsatz der Psychiatrie gegen Oppositionelle in der Sowjetunion bekannt gemacht hatte, offiziell im Weißen Haus empfangen. Dies war nicht nur ein offener Affront gegenüber Breschnew, sondern auch ein spektakulärer Wandel gegenüber der Politik seines Vorgängers Ford, der noch ein Jahr zuvor solche Treffen strikt abgelehnt hatte. Auch zugunsten Andrej Sacharows oder Alexander Ginzburgs engagierte sich die Carter-Administration. Wie hart der Schnitt dann zum republikanischen Nachfolger Ronald Reagan war, konnte man im August 1983 erkennen, als statt Dissidenten nun auch wieder Vertreter radikaler antikommunistischer Befreiungsgruppen wie der Präsident des in der Frühzeit des Kalten Krieges gegründeten «Antibolschewistischen Blocks der Nationen» (ABN), Jaroslaw Stetzko, ins Weiße Haus eingeladen wurden.

Die Wirkung der neuen Politik stellte sich relativ rasch ein. In den Jahren nach dem Amtsantritt Carters beriefen sich immer mehr der nach Helsinki im Ostblock gegründeten Bürgerrechtsgruppen, etwa die *Charta 77* in der ČSSR, aber auch zum Beispiel Ausreisewillige in der DDR, auf die Schlussakte und setzten damit ihre auf internationale Reputation hoffenden Regierungen unter erheblichen politischen Druck. Aus offizieller Sicht musste es dort provokativ klingen, wenn es im Aufruf der *Charta 77* vom 1. Januar 1977 hieß: «Die Verantwortung für die Einhaltung der Bürgerrechte im Lande obliegt selbstverständlich vor allem der politischen und staatlichen Macht. Aber nicht nur ihr. Jeder trägt sein Teil Verantwortung für die allgemeinen Verhältnisse und somit auch für die Einhaltung kodifizierter Pakte, die dazu übrigens nicht nur Regierungen, sondern alle Bürger verpflichten. Das Gefühl dieser Mitverantwortlichkeit [...] hat uns auf den Gedanken gebracht, *Charta 77* zu bilden. *Charta 77* ist eine freie, informelle und offene Gemeinschaft von Menschen [...], verbunden durch den Willen, sich einzeln und gemeinsam für die Respektierung der Bürger- und Menschenrechte in unserem Lande und in der Welt einzusetzen [...].»[29] Bereits 1977 unterschrieben trotz der Drohung mit staatlichen Repressionen rund 800 Dissidenten den Aufruf, 1989 waren es 1800.

Vor allem Carter selbst bestand trotz heftiger Anfeindungen aus Moskau auf der Einhaltung der Zusagen von Helsinki. Bereits im Januar 1977, also noch im Monat ihres Amtsantritts, protestierte die neue US-Administration offiziell gegen die Verfolgung der *Charta-77*-Aktivisten um den Schriftsteller Václav Havel. Entsprechend heftig entluden sich auf den weiteren KSZE-Treffen die sowjetischen Proteste. Für westliche Journalisten wurde es in den folgenden Jahren nahezu zur Pflicht, den seit Jahren in der UdSSR verfolgten sowjetischen Dissidenten Andrej Sacharow und seine Frau Jelena Bonner von der Moskauer «Helsinki-Gruppe zur Verteidigung der Menschenrechte» etwa zum «Tag des politischen Gefangenen» zu interviewen und ihre Verlautbarungen im Westen zu veröffentlichen.

Es waren speziell diese Publikationen, die von der sowjetischen Regierung auch in den Jahren zuvor regelmäßig als besonderer Affront angesehen worden waren. Sacharow hatte sich schon 1973 direkt an den US-Kongress gewandt, um sich für das *Jackson-Vanik Amendment* einzusetzen. In den Augen der Moskauer Führung war dies eine schier unglaubliche Kampfansage gewesen.[30] Zwar hatte Breschnew noch Anfang der Siebzigerjahre dafür geworben, die Dissidenten für sich zu gewinnen, doch dies war eine vorübergehende Phase gewesen. Neben Sacharow, den das KGB unter dem Decknamen *Asket* kontinuierlich verfolgte, war es vor allem der Literaturnobelpreisträger Alexander Solschenizyn – ihm war der bezeichnende Deckname *Pauk*, «die Spinne» gegeben worden –, der von der sowjetischen Regierung umso mehr überwacht wurde, je stärker die Entspannungspolitik zur offiziellen Linie in Moskau wurde. Schon 1970 hatte der Chef des KGB, Jurij Andropow, dessen sofortige Ausweisung gefordert. «Wenn Solschenizyn nach der Verleihung des Nobelpreises weiter in unserem Land lebt, dann wird das seine Position stärken und ihm die Möglichkeit geben, seine Ansichten noch aktiver zu propagieren.»[31] Nach einer massiven Diskreditierungskampagne wurde der Schriftsteller schließlich am 14. Februar 1974 als Feind der

KONJUNKTUREN DES KALTEN KRIEGES: DIE PARALLELITÄT VON ENTSPANNUNG UND KONFRONTATION Die trotz Krise doch noch vereinbarte Unterzeichnung des SALT-II-Vertrags durch US-Präsident Carter und den sowjetischen Generalsekretär Breschnew am 18. Juni 1979 in Wien. Erleichtert lächelnd schüttelt Carter dem gesundheitlich bereits sichtbar angeschlagenen Breschnew die Hand. Kurz danach beginnt offen die neue Eiszeit in den internationalen Beziehungen, die unter anderem den Kalten Krieg zurück an ihren europäischen Ursprung bringt.

Sowjetunion ausgewiesen und siedelte zwei Jahre später, nach Zwischenaufenthalt in Europa, in die USA über. Auch hier blieb Solschenizyn allerdings der politisch Unbequeme, der nun zu einem Kronzeugen der Konservativen gegen die Entspannungspolitik wurde. Selbst bei öffentlichen Ehrungen warnte er regelmäßig vor Illusionen gegenüber der Sowjetunion. Bei Sacharow dauerte es noch bis 1980, ehe das KGB zuschlug. Im Januar 1980, kurz nach dem sowjetischen Einmarsch in Afghanistan, als sich das politische Klima international schlagartig verschlechterte, wurde er in einer Nacht-und-Nebel-Aktion ins abgelegene Gorki verbannt. Die Moskauer Führung sorgte sogar dafür, dass in der unmittelbaren Umgebung ein eigens eingerichteter Störsender jeden Rundfunkempfang aus dem Westen verhinderte. Auch von Postsendungen wurde Sacharow abgeschnitten. Allen anderen Mitgliedern der Helsinki-Gruppe in der UdSSR drohte man, sie in psychiatrische Anstalten einliefern zu lassen, sollten sie ihre subversiven Tätigkeiten nicht einstellen.[32]

Es waren nicht zuletzt diese von der Sowjetunion als ständige Bloßstellungen interpretierten Veröffentlichungen, die mit dazu beitrugen, dass die Abrüstungsverhandlungen zu SALT II im Jahr 1977 in eine tiefe Krise gerieten, aus der sie auch dann nicht wieder herauskamen, als der Vertrag am 18. Juni 1979 bei einem Treffen zwischen Breschnew und Carter doch noch paraphiert werden konnte. Als 1977 die Stationierung von neuen mobilen sowjetischen Mittelstreckenraketen des Typs RSD-10 Pioner (SS-20 *Saber*) bekannt wurde, die statt bisher einen nun drei Sprengköpfe gleichzeitig ins Ziel bringen konnten, stellte sich im Westen der Eindruck ein, als behandle Moskau die Abrüstungsfragen nun wieder offen als Schlachtfeld der Machtpolitik im Kalten Krieg. Für Carter stellte sich dies umso empörender dar, als seine Regierung ausdrücklich sogar die schon beschlossenen Programme für Strategische Waffen aufgeschoben oder – wie im Fall des B1-Bombers – aufgehoben hatte. Der Kreml betonte dagegen, die Einführung sei nichts weiter als eine legitime Modernisierung und zudem ein notwendiges Gegengewicht zu überlegenen westlichen Flugzeugtypen.

Die Folgen der Einführung der neuen Raketen waren gravierend. Die schärfste Kritik kam allerdings zunächst nicht aus Washington, sondern von den amerikanischen Verbündeten in Westeuropa, die sich nicht nur von den sowjetischen Raketen bedroht sahen, sondern auch von den USA alleingelassen fühlten. «Ich muss diese Frage in aller Offenheit und mit Nachdruck ansprechen, damit Carter endlich kapiert, worum es bei SALT geht, um das strategische Gleichgewicht, auch in Europa», erklärte der westdeutsche Bundeskanzler Helmut Schmidt damals vor Mitarbeitern in Bonn.[33] Schmidt war nicht nur verärgert über die Sowjets und die Amerikaner, die offensichtlich Europa in ihren Verhandlungen nicht genügend berücksichtigten, sondern er war auch überzeugt, dass gegenüber Moskau, trotz der Entspannungspolitik, nur Entschlossenheit helfen konnte. Dazu trug bei, dass die Bundesrepublik zu diesem Zeitpunkt ganz unter dem Eindruck der Entführung des Arbeitgeberpräsidenten Hanns-Martin

Schleyer durch die Rote-Armee-Fraktion stand, bei der vier Begleiter erschossen worden waren. Schmidt war auch in diesem Fall entschlossen, den Forderungen der Entführer, die elf Mitglieder der westdeutschen Terrorszene freipressen wollten, keinesfalls nachzugeben, um sich nicht für die Zukunft erpressbar zu machen. Seine Rede im *International Institute for Strategic Studies* in London am 28. Oktober 1977 – nur zehn Tage, nachdem das Geiseldrama mit der Erstürmung einer entführten deutschen Passagiermaschine in Mogadischu und dem Tod Schleyers seinen blutigen Endpunkt erreicht hatte – wurde zum Bekenntnis, dass auch die Entspannungspolitik keinesfalls bedeuten dürfe, sich erpressbar zu machen. In der Sache forderte Schmidt die Ausweitung der Rüstungsbeschränkung auf Europa – und damit faktisch einen Abzug der sowjetischen SS-20 – oder aber eine «Nachrüstung» bei den mobilen NATO-Mittelstreckenwaffen. Dies alles erwies sich als Wasser auf die Mühlen der Entspannungsgegner auf beiden Seiten. Während in den USA die Republikaner immer lauter den angeblichen Verlust amerikanischer Stärke beklagten, waren auch im Kreml die «Falken» immer deutlicher zu vernehmen. Auch hier argwöhnte man, die andere Seite benutze Entspannungspolitik nur als Waffe im Kalten Krieg. Besonders misstrauisch beäugte Breschnew Carters Sicherheitsberater, den gebürtigen Polen Zbigniew Brzezinski, der sich als Autor des Bandes *Totalitarian Dictatorship* bereits in den Fünfzigerjahren den Zorn der KPdSU zugezogen hatte. Als Carter auf dessen Rat dann tatsächlich 1979 offizielle Beziehungen zu Peking aufnahm, am Ende des Jahres der lange erwartete NATO-Nachrüstungsbeschluss verabschiedet wurde und die Sowjetunion in Afghanistan einmarschierte, war dies gleichbedeutend mit dem einstweiligen Ende der Entspannungsphase. Der Kalte Krieg ging in eine neue, diesmal wieder deutlich offensivere Runde.

11. Afghanistan und Krieg der Sterne: Die Rückkehr zur Konfrontation seit 1978

Der sowjetische Einmarsch in Afghanistan

Das Klima zwischen den Supermächten war bereits weitgehend zerstört, als die Sowjetunion sich am 24. Dezember 1979 dazu entschloss, in Afghanistan einzumarschieren. US-Präsident Carter, der, wie das von den Presseagenturen verbreitete Bild zur Unterzeichnung des SALT-II-Vertrags am 18. Juni 1979 in Wien zeigte, noch erleichtert lächelnd dem sowjetischen Staats- und Parteichef Breschnew die Hand geschüttelt hatte, sah seine jahrelangen Abrüstungsbemühungen diskreditiert. Vor allem aber fühlte er sich persönlich von den Sowjets hintergangen. Trotzdem rang er noch hart darum, dass der Vertrag im US-Kongress ratifiziert werden konnte. Es misslang, weil der Begriff der Entspannung in den USA, aber auch in anderen Ländern des Westens bereits zum Unwort geworden war. Die Gegner hielten sie schlicht für eine Neuauflage der *Appeasement*-Politik der Dreißigerjahre und sahen sich durch das sowjetische Verhalten bestätigt.

Wie stark Carter getroffen worden war, zeigten seine Reaktionen: Schon unmittelbar nach dem sowjetischen Einmarsch forderte er die massive Erhöhung der US-Verteidigungsausgaben um jährlich fünf Prozent. Hochgerechnet hätte dies für 1985 einen Verteidigungshaushalt von 265 Milliarden Dollar bedeutet. Sein ab 1981 amtierender republikanischer Nachfolger Ronald Reagan, der nun die 1976 auf dem Parteitag der Republikaner beschlossene Formel des «Friedens durch Stärke» zu seinem Markenzeichen machte, konnte deshalb an diese Grundsatzentscheidung anknüpfen. Der reale Umfang der Verteidigungsausgaben betrug 1985 knapp 287 Milliarden Dollar.[1] Gleichzeitig veranlasste Carter auch den Einstieg in eine völlig neue Generation von Interkontinentalraketen *(Peacekeeper MX)*, die mit einem einzigen Träger zehn Sprengköpfe ins Ziel bringen konnten. Sie stellten gleichzeitig die bisherigen Abrüstungsabkommen infrage.

Der in den USA von den Verfechtern der harten Linie beklagte Niedergang der amerikanischen Autorität in der Weltpolitik ließ sich ab November 1979 dann über ein Jahr lang Tag für Tag in den Medien verfolgen. Die Besetzung der amerikanischen Botschaft in der iranischen Hauptstadt Teheran, in deren Verlauf die Botschaftsangehörigen als Geiseln genommen und in ihrer Hilflosigkeit vorgeführt wurden, stürzte die USA in eine tiefe innen- und außenpolitische Krise. Die Vorgeschichte dieses Fiaskos reichte weit in die Frühzeit des Kalten Krieges zurück, als die USA 1953 mit einem von der CIA organisierten Putsch nicht nur dafür gesorgt hatten, dass der unerwünschte iranische Ministerpräsident Mohammed Mossadegh beseitigt wurde, sondern sein US-freundlicher Rivale, Schah Reza Pahlewi, zurückkehren konnte. Als dieser nach über einem Vierteljahrhundert diktatorischer Herrschaft gestürzt und am 3. Februar eine Islamische Republik ausgerufen wurde, war allen klar, dass dies nicht nur wegen der Ölversorgung Probleme bereiten würde. Die Unterdrückung oppositioneller Gruppen, aber auch die laizistische Umgestaltung des Iran, die der Schah gegen alle Widerstände durchgesetzt hatte, war letztendlich immer auch den Amerikanern angelastet worden. Zwar rückte die US-Regierung noch kurz vor dessen Sturz vom Schah ab, doch dies konnte die antiamerikanischen Ressentiments nicht mehr schmälern. Dass dem krebskranken Schah aus humanitären Gründen dann im April 1979 Asyl in den USA gewährt wurde, putschte die Stimmung im Iran noch weiter auf. Insofern war es kaum überraschend, dass das neue iranische Staatsoberhaupt, der aus dem Exil zurückgekehrte Ayatollah Khomeini, den «US-Imperialismus» als zentrales Feindbild präsentierte. Die unmittelbaren Auswirkungen überraschten in Washington aber dennoch. Bereits am 14. Februar 1979 besetzten «Studenten» kurzzeitig die amerikanische Botschaft in Teheran. Ein Dreivierteljahr später folgte am 4. November dann die Geiselnahme. Über fünfzig US-Diplomaten und andere Botschaftsangehörige wurden bis zum Januar 1981, also bis zum offiziellen Regierungsantritt Reagans, festgehalten.

Der erniedrigten Supermacht blieben die Hände gebunden, wollte sie nicht einen militärischen Konflikt riskieren, der als eine der Optionen tatsächlich im Gespräch war. Falls man die Situation nicht sofort bereinige, argumentierte Carters Berater Brzezinski, würden zentrale Probleme des Kalten Krieges im Mittleren Osten eskalieren, «mit katastrophalen internationalen Konsequenzen für die Vereinigten Staaten».[2] Es sei abzusehen, «dass unsere Position in der Golfregion ausgehöhlt wird, dass unsere Stellung in der gesamten arabischen Welt bedroht sein wird [...], dass der sowjetische Einfluss in Südwestasien anwachsen wird, dass unsere Alliierten uns als hilflos ansehen werden, dass der Ölpreis ansteigen wird, dass wir vermutlich Aufklärungseinrichtungen und Geheimdienstkapazitäten für SALT verlieren werden und dass es schließlich schwere innenpolitische Rückwirkungen geben wird». Carter entschied sich für zwei Schritte, die sowohl außen- als auch innenpolitisch Entlastung schaffen sollten. Primär an die Sowjetunion gerichtet war die am 23. Januar 1980 verkündete «Carter-Doktrin». Der Versuch einer auswärtigen Macht, die Erdölversorgung des Westens einzuschränken, hieß es dort, werde als «Angriff auf die lebenswichtigen Interessen der Vereinigten Staaten betrachtet» und «unter Einsatz aller notwendigen Mittel, einschließlich militärischer Macht, zurückgewiesen werden».[3] An die US-Bevölkerung dagegen richtete sich der am 24. April 1980 begonnene, dann aber unglücklich gescheiterte Versuch zur Befreiung der Geiseln. Die Art, wie die Aktion missglückte, zeigte, dass Carter nicht zuletzt auch das Quäntchen Glück fehlte. Von den acht Hubschraubern, die von einem Flugzeugträger im Persischen Golf gestartet waren, um mit weiteren Einheiten in der iranischen Wüste zusammenzutreffen, waren allein drei schon vor Beginn der Aktion wegen technischer Mängel ausgefallen. Als ein weiterer Helikopter während einer Betankung zerstört wurde, hatte Carter selbst die gesamte Operation abgebrochen. Das ominöse Scheitern diskreditierte den ohnehin angeschlagenen Präsidenten weiter, der sich nun auch bissige Fragen nach seinen Führungsqualitäten gefallen lassen musste. In der Tat blieb rätselhaft, warum nicht doppelte oder dreifache Kapazitäten bereitgestellt worden waren. Auf der Grundlage eines milliardenschweren Verteidigungsetats sollte man erwarten können, kommentierte die *International Herald Tribune* im Mai 1980 sarkastisch, dass die USA «vielleicht sogar vierundzwanzig funktionierende Hubschrauber zur Verfügung stellen könnten».[4]

In der Region blieb es auch ohne einen direkten sowjetischen Eingriff am Golf brisant. Zwar hatte Carter nach der Iranischen Revolution die Einstellung amerikanischer Waffenlieferungen angeordnet. Aufgrund der über 25 Jahre kontinuierlich erfolgten Waffenlieferungen an den Schah war das Land aber hochgerüstet. Auch dessen traditioneller Rivale, der Nachbar Irak, hatte in den Jahren zuvor Waffen aus dem Westen, aber auch aus dem Ostblock erhalten. Nun – vor dem Hintergrund der Geiselkrise – unterstützte Washington in dem noch 1980 beginnenden iranisch-irakischen Krieg (Erster Golfkrieg) den irakischen Diktator Saddam Hussein. Er erhielt ab Frühjahr 1982 amerikanische Waffen, aber auch Informationen der US-Aufklärung. Wie man heute weiß, lieferte Washington damals auch die Grundstoffe für jene Massenvernichtungswaffen, die nach dem Kalten Krieg von den Amerikanern als erhebliche Bedrohung der eigenen Sicherheit wahrgenommen wurden. Sie waren dann auch eine der Begründungen Washingtons, einen eigenen Krieg gegen Saddam Hussein zu führen. Wie problemlos die traditionellen Mechanismen des Kalten Krieges auch im Ersten Golfkrieg wirkten, zeigte sich sofort. Die Sowjetunion begann unmittelbar danach, nicht nur ihre Hilfen für Bagdad einzustellen, sondern den Iran zu unterstützen.[5] Der iranisch-irakische Krieg endete erst 1988 ohne greifbare Ergebnisse. Entscheidender wurde der nächste Coup Saddam Husseins. Während der Kalte Krieg sich dem Ende zuneigte, entstand aus dem Überfall Iraks auf das benachbarte Kuwait am 2. August 1990 und dem nachfolgenden Krieg der USA und ihrer Verbündeten gegen Bagdad Anfang 1991 (Zweiter Golfkrieg) ein neuer dauerhafter Konflikt in der Region, der auch nicht mit dem Untergang des Saddam-Regimes im Dritten Golfkrieg 2003 beendet werden konnte.

Auch den sowjetischen Einmarsch in Afghanistan im Dezember 1979 konnte man als Ausdruck der amerikanischen Schwäche interpretieren. Trotz fünfmaliger Warnung aus den USA überquerten sowjetische Truppen am 25. Dezember die Grenze und besetzten wenige Tage später die Hauptstadt Kabul. Nach außen beharrte Breschnew auf der auch aus anderen Krisen des Kalten Krieges bekannten Version eines ausländischen Hilfeersuchens an die Sowjets. Als die *Prawda* am 3. Januar 1980 zum ersten Mal über den Einmarsch berichtete, war dort viel von amerikanischen Infiltrationsversuchen die Rede, deren Zweck es sei, näher an die Grenzen der UdSSR zu kommen.[6] Aber auch in Moskau war der Eingriff in den zumindest formal unabhängigen, wenngleich kommunistisch regierten Nachbarstaat nicht unumstritten. Wie man heute weiß, äußerte sich auch die Führung der Roten Armee skeptisch über die Aussichten eines Kriegs in diesem weitgehend unzugänglichen Land. Deutlich stand den sowjetischen Generälen das Beispiel Vietnam vor Augen, das im übrigen auch die Amerikaner von Anfang an mit einer gewissen Boshaftigkeit zitierten. Breschnew ließ sich wohl erst durch das Argument überzeugen, dass sich der islamische Widerstand gegen das gerade an die Macht gekommene kommunistische Regime in Kabul als ernstes Sicherheitsproblem für die angrenzenden Sowjetrepubliken erweisen könne.[7]

Ursprünglich war die seit einem Staatsstreich 1978 amtierende kommunistische Regierung in Afghanistan unter Präsident Mohammed Taraki und Premier Hafizullah Amin, die auch die seit 1973 verfolgte Blockfreiheit beendet hatte, in Moskau als Sicherheitsgewinn im Kalten Krieg betrachtet worden. Die sofort begonnene Sowjetisierung des noch traditionell nach Stämmen gegliederten Landes war jedoch auf umfassenden Widerstand vor allem der islamischen Geistlichen und der Stammesoberhäupter gestoßen. Kontinuierlich wuchs vor allem mit der Bodenreform die Front der konservativ-islamischen Kräfte. Die afghanischen Stämme stellten dann auch die etwa dreißig islamistischen Guerillagruppen, die sogenannten *Mudschaheddin*, die sich langfristig als die größte Herausforderung für die sowjetische Besatzung herausstellten. Zu den Konflikten mit den Islamisten gesellten sich Rivalitäten innerhalb der afghanischen Regierung. Taraki fiel am 8. Oktober 1979 seinem Gegenspieler Amin zum Opfer, der wiederum am 27. Dezember beim Einmarsch der Sowjets durch ein KGB-Kommando liquidiert wurde. Amin war zuvor, insbesondere vom sowjetischen Geheimdienstchef Andropow, verdächtigt worden, das Land gegenüber den Amerikanern zu öffnen. Mit Staunen lasen die Sowjetbürger dann auch am 3. Januar 1980 in der *Prawda*, dass der noch vor Kurzem als aufrichtiger Freund der Sowjetunion gefeierte afghanische Staatschef nun ein «blutrünstiger Agent des US-Imperialismus» sein sollte.[8] Zuvor hatte Amin – zuletzt am 17. Dezember – gebeten, sowjetische Truppen zu schicken, um wirksamer gegen die islamistischen Guerillas vorgehen zu können. Aber auch sein von Moskau gebilligter Nachfolger Babrak Karmal erwies sich als unfähig, diesen Widerstand zu brechen.

Für das labile Gleichgewicht des Kalten Krieges war die Situation äußerst brisant. Bereits im März 1979 war das 1960 nicht zuletzt zur Stabilisierung der Region gegründete prowestliche Bündnis CENTO, dem auch Afghanistan und die USA angehört hatten, zerbrochen. Der Iran unterstützte die *Mudschaheddin*, was wiederum nicht nur die USA, sondern speziell auch Moskau beunruhigte. Man befürchtete dort neben Problemen in den benachbarten islamischen Sowjetrepubliken auch ein Eingreifen des islamischen, jedoch prowestlichen Pakistan in Afghanistan. Pakistan wiederum war nicht nur eng an Washington gebunden, sondern erhielt mehr oder minder offen Unterstützung aus China, das seit der Aufnahme offizieller Beziehungen zu den USA 1979 ausdrücklich seine Zusammenarbeit mit Washington verstärkte. Einige Jahre lang erhielten die antisowjetischen Kämpfer in Afghanistan daher auch chinesische Ausrüstung. Zu einem direkten Konflikt zwischen den USA und der UdSSR kam es jedoch gerade aufgrund der brisanten Situation in der Region nicht. Carter reagierte auf den Einmarsch wiederum auf zweifache Weise. Die offiziellen Proteste gipfelten noch 1980 unter anderem im Boykott des Westens bei den Olympischen Spielen in Moskau, wofür sich die Sowjets vier Jahre später bei den Spielen in Los Angeles revanchierten. Diesmal durften die Ostblockstaaten auf Weisung Moskaus nicht zu den Spielen fahren.

Die inoffizielle US-Reaktion in Afghanistan bestand in der geheimen Unterstützung der *Mudschaheddin*, die – wie man aus den Erinnerungen des Carter-Beraters Brzezinski und amerikanischer Diplomaten weiß – sogar schon vor der sowjetischen Invasion in Afghanistan begann.[9] Zunächst beschränkte sich diese militärische Hilfe, die bereits damals über Pakistan ins Land gebracht wurde, allerdings wohl, wie zuvor in Vietnam, nur auf «Beratung» und ähnliche Unterstützung.[10] Mit dem Übergang zur Reagan-Administration 1981 nahm diese Unterstützung jedoch schlagartig zu. Nun erhielten die antikommunistischen Widerstandsgruppen in Afghanistan kontinuierlich Material. Wie man heute rekonstruieren kann, lieferten schließlich nicht nur die USA und China, sondern auch islamische Staaten, etwa das NATO-Mitglied Türkei, das blockfreie Ägypten, der Iran und das eng mit den USA kooperierende Saudi-Arabien. Über Saudi-Arabien leitete man nicht nur die gigantischen Mengen an Waffen und an sonstiger Unterstützung in die pakistanischen Städte Karatschi und Rawalpindi weiter, von wo aus sie über die Grenze nach Afghanistan geschmuggelt wurden. Darüber hinaus verdoppelte das saudi-arabische Königshaus jeden amerikanischen Dollar Hilfeleistung, der in den Widerstandskampf nach Afghanistan floss. Zusammen schuf dies zumindest einen wesentlichen Teil der materiellen Grundlage für den nach dem Kalten Krieg beginnenden Kampf der fundamentalistischen Gruppen gegen den Westen.

Reagan und die konservative Wende in den USA

Der gescheiterte demokratische Entspannungspolitiker Carter öffnete nicht nur den Weg für den republikanischen Hardliner Ronald Reagan, sondern auch für eine Renaissance der Politik der Stärke. Reagan selbst hat den Rückgriff auf die Fünfzigerjahre und die *Liberation Policy* immer wieder ausdrücklich betont. Am direktesten 1983, als er einem der zentralen Theoretiker der Befreiungspolitik aus der Frühzeit des Kalten Krieges, James Burnham, die höchste zivile Auszeichnung der USA, die *Medal of Freedom*, verlieh. Deutlich sah man seine geistige Verwandtschaft mit John Foster Dulles. Dessen quasi-religiöse Deutung des Kalten Krieges fand sich kontinuierlich auch in Reagans öffentlichen Äußerungen, etwa in seiner berühmten Orlando-Rede am 8. März 1983. Die sogenannte «Reagan-Doktrin» brachte in einer fast auf den Tag genau drei Jahre später gehaltenen Ansprache im US-Kongress zu Problemen der regionalen Sicherheit die Politik der Stärke noch einmal öffentlich auf den Punkt. «Zuerst müssen wir der arroganten sowjetischen Anmaßung, die als Breschnew-Doktrin bekannt ist, gegenübertreten: der Behauptung, dass sowjetische Gewinne unumkehrbar sind [...]. Der zunehmende Reiz von Demokratie, der Wunsch aller Nationen nach wirklicher Unabhängigkeit, sind die hoffnungsvolle Basis für eine neue Welt von Frieden und Sicherheit in das nächste Jahrhundert hinein. [...] Um diese Ziele zu fördern, besitzt Amerika eine Reihe von außenpolitischen Werkzeugen. Unsere Einmischung sollte immer klug und realistisch sein, aber wir sollten im Auge behalten, dass unsere Werkzeuge am besten arbeiten, wenn sie in einer kohärenten Strategie zusammengefasst und konsistent angewendet werden. [...] Die zwei Werkzeuge der amerikanischen Politik, ohne die wenige amerikanische Interessen sicher sein werden, sind unsere eigene militärische Stärke und die Vitalität unserer Wirtschaft.»[11]

Zu einer deutlichen Herausforderung der Sowjetunion wurde bereits Reagans Ankündigung im Jahr 1983, ein amerikanisches Raketenabwehrsystem aufzubauen, die sogenannte Strategische Verteidigungsinitiative (SDI). Der Vorschlag stammte wahrscheinlich von Edward Teller, einem der «Väter» der amerikanischen H-Bombe. SDI setzte, soweit man das heute beurteilen kann, den Ostblock nicht nur deswegen unter erheblichen Zugzwang, weil damit alle eigenen strategischen Systeme schlagartig politisch-militärisch nutzlos geworden wären. Darüber hinaus erkannte man auch in Moskau rasch, dass eine Antwort auf diese wirtschaftlich-technische Herausforderung erneut einen scharfen Einschnitt in die ohnehin angespannten Lebensumstände der Sowjetbürger bedeuten würde.

Nicht nur in Afghanistan, sondern auch in anderen Ländern der Dritten Welt setzten die USA unter Reagan zur Offensive an. Den erfolgreichen Einsatz der an die *Mudschaheddin* gelieferten *Stinger*-Luftabwehrraketen ließ sich Reagan auf Videofilmen im Weißen Haus vorführen. Treibende Kraft hinter dem Versuch, den Islam als antisowjetische Waffe stärker als bisher in den Kalten Krieg einzubinden, war aber auch der 1981 tätige CIA-Direktor William Casey. Casey traf sich noch im selben Jahr regelmäßig mit dem Chef des pakistanischen Geheimdienstes ISI, General Akhtar, um sich über die militärischen Bedürfnisse der afghanischen Guerillas zu informieren, aber auch um sicherzugehen, dass die nun anrollende Materialflut aus dem Westen über die «Afghanische Pipeline» die *Mudschaheddin* auch erreichen werde. Man geht davon aus, dass allein von 1983 bis 1987 die jährliche Menge der Waffenlieferungen für den antisowjetischen *Dschihâd* von etwa 1000 Tonnen auf 65 000 Tonnen anstieg.[12] Allein der pakistanische Geheimdienst erhielt in dieser Zeit monatlich rund 1,5 Millionen US-Dollar, um die Verteilung zu überwachen. Schätzungen gehen davon aus, dass pro Jahr rund fünf Milliarden US-Dollar eingesetzt wurden, um den Guerillakrieg aufrechtzuerhalten. Dass diese Gelder, wie während des Vietnamkriegs, auch aus Schwarzen Fonds und Drogengeschäften stammten, war damals ein offenes Geheimnis.

Unter dem Aspekt der Konfliktlinien des Kalten Krieges war die amerikanische Offensivpolitik in Afghanistan erfolgreich. Trotz erheblicher Summen, die auch die Sowjetunion Jahr für Jahr in das Land pumpte – umgerechnet etwa sechs Milliarden US-Dollar jährlich –, blieben die Fortschritte aus. Zwei Drittel der regulären afghanischen Armee liefen zu den *Mudschaheddin* über. Die Rote Armee selbst büßte allein durch die Lieferung der *Stinger*-Raketen schließlich sogar die absolute Luftüberlegenheit ein. Gleichzeitig rieben sich ihre eigentlich technisch überlegenen Bodentruppen im Partisanenkrieg auf. Dies erinnerte tatsächlich fatal an die amerikanische Erfahrung in Vietnam. Auch die von den Afghanen mehrheitlich als Kollaborationsregierung angesehene Staatsführung in Kabul, die seit 1986/87 unter der Führung Mohammed Nadschibullahs stand, sah sich zunehmend isoliert. Ende 1987 teilte die Moskauer Führung unter ihrem neuen Generalsekretär Michail Gorbatschow der afghanischen Regierung mit, dass sie ihre Truppen innerhalb der nächsten zwei Jahre abziehen werde. Wenig später wurde diese Entscheidung am 8. Februar 1988 auch öffentlich bekannt gegeben. Die Frustration in Moskau ließ sich nicht zuletzt daran ablesen, dass man schließlich sogar auf eine zunächst zentrale Bedingung für den Truppenrückzug verzichtete: den Erhalt der Regierung Nadschibullah. Unter UN-Vermittlung wurde am 14. April 1988 der Vertrag gefertigt, der den sowjetischen Abzug aus Afghanistan offiziell besiegelte und in der Sowjetunion ein tiefes Trauma hinterließ, das weit über das Ende des Kalten Krieges wirkte.

Mit dem Ende der sowjetischen Besetzung im Februar 1989 endete auch die US-Waffenunterstützung nahezu schlagartig. Die langfristigen Folgen zeigten sich erst allmählich und mündeten vor allem in eine Stärkung islamischer Staaten. In Afghanistan waren sich die etwa dreißig unterschiedlichen *Mudschaheddin*-Gruppen, die 1989 so etwas wie eine Gegenregierung zum Nadschibullah-Regime in Kabul bildeten, keineswegs in der Frage einig gewesen, wie denn ein zukünftiger Staat aussehen solle.[13] Für einen islamischen Einheitsstaat hatte die von den USA unterstützte radikale *Hisb-i Islāmī* (Partei des Islam) unter dem ehemaligen Kommunisten Gulbuddin Hekmatyar votiert, der dann 1993 tatsächlich zum Premierminister ernannt wurde. In die gleiche Richtung zielten konkurrierende Gruppen wie die *Dschamīyat-i islāmī* (Islamische Gemeinschaft) unter der Führung des Tadschiken

Ahmed Schah Massud und nicht zuletzt die ebenso radikale, aber von Saudi-Arabien unterstützte Gruppe *Ittihād-i islāmī* (Islamische Einheit) unter Abdul Rasul Sayyaf. Eine weitere radikal-fundamentalistische Gruppe, die *Hisb-i wahdat* (Partei der Einheit) wurde vom Iran finanziert. Auf die Wiederherstellung der afghanischen Monarchie zielten zwei andere Fraktionen, die schiitische Bewegung für die islamische Revolution *(Harakat-i inqelāb-i islāmī)* unter Assef Mohseini und eine als gemäßigt geltende Nationale Befreiungsfront unter Sibghatullah Mudschaddedi. Da sie untereinander völlig zerstritten waren, wurde unter UN-Aufsicht zunächst eine Übergangsregierung unter Mudschaddedi installiert, die allerdings bereits 1992 brach, was das Land endgültig in einen Bürgerkrieg der verschiedenen Fraktionen stürzte. Am Ende stand 1997 ein radikalislamischer «Gottesstaat» Afghanistan unter Kontrolle der sogenannten *Taliban*, der sich nicht nur sowohl westlicher als auch russischer Kontakte entzog, sondern islamische Extremisten weltweit unterstützte.[14] Erst Jahre nach dem Ende des Kalten Krieges wurde so erkennbar, dass die westliche Unterstützung von Islamisten als Waffe gegen den Kommunismus sich gravierend zum Nachteil der USA auswirkte. Öffentlich am deutlichsten zeigte sich dies am 11. September 2001, als Islamisten zwei Passagierflugzeuge in das *World Trade Center* in New York stürzen ließen.

Auch für die umliegenden Staaten zeitigten der Zusammenbruch der sowjetischen Herrschaft in Afghanistan und das Ende der amerikanischen Unterstützung für die *Mudschaheddin* gravierende Folgen. Zum einen nahm in den mehrheitlich islamischen südlichen Republiken der Sowjetunion und später der Gemeinschaft Unabhängiger Staaten der Einfluss radikaler Islamisten deutlich zu. Schon vor dem Ende der UdSSR proklamierte die vorwiegend von islamischen Aserbaidschanern (Schiiten) bewohnte autonome Republik Nachitschewan 1990 ihren Austritt aus dem Sowjetstaat. In Aserbaidschan zerstörten islamische Nationalisten im selben Jahr den Grenzzaun zum Nachbarn Iran, um den Willen zur Wiedervereinigung mit den schiitischen Provinzen Ost- und West-Aserbaidschan zu demonstrieren. Unter anderen Vorzeichen wiederholte sich hier die Situation der Jahre 1945/46, als Stalin versucht hatte, über die kommunistischen Parteien die Autonomie der aserbaidschanischen Gebiete im Iran zu erzwingen.

Zum anderen wurde der bisher als politisch vertrauenswürdig

erachtete Umschlagplatz für den antisowjetischen Krieg in Afghanistan, das Nachbarland Pakistan, nun zum selbständigen Akteur im Export der islamischen, antisowjetischen und antiwestlichen Revolution. Über den militärischen Geheimdienst ISI, der zuvor die Verteilung der amerikanischen Hilfe in Afghanistan organisiert hatte, flossen nun Waffen und finanzielle Hilfen in die islamische Sowjetrepublik Usbekistan, das nördlich an Afghanistan grenzte. Von hier aus erreichten sie weitere islamische Republiken wie Tadschikistan, Kirgisistan, Turkmenistan oder Tschetschenien.[15] Den im letzten Jahr des Kalten Krieges 1991 begonnenen Tschetschenien-Konflikt, der wie in Afghanistan vor allem als Guerillakrieg gegen die sowjetischen (russischen) Truppen geführt wurde, zeichneten vor allem auch seine groß angelegten Terroranschläge auf öffentliche Einrichtungen aus. Bis in den im selben Jahr entstehenden Jugoslawienkonflikt zog sich schließlich die Spur des Geldes, das zunächst als westliche Unterstützung im Kalten Krieg an den antisowjetischen Widerstand in Afghanistan geflossen war. Unter anderem erhielt die islamische Befreiungsarmee im Kosovo (UÇK) diese Hilfe. Über Pakistan wurde aber auch die Unterstützung für islamistische Gruppen in Süd- und Südostasien, in Malaysia und Indonesien organisiert, die ihrerseits nach dem Ende des Kalten Krieges einen *Dschihâd* begannen und Bombenanschläge auf öffentliche Einrichtungen und Touristenzentren verübten. Nicht zuletzt wurde Pakistan nun auch eine der zentralen Ausbildungsstätten für islamistische Gruppen. Fast alle einschlägigen islamistischen Einzeltäter und Gruppen gingen nach dem Kalten Krieg durch Ausbildungslager in Pakistan. Über diese staatlich geförderte Unterstützung des *Dschihâd* hinaus wurde es der pakistanischen Regierung um Staatschef Mohammed Zia ul-Haq durch die enormen Summen, die im Laufe des Afghanistan-Krieges ins Land geflossen waren, nun eben auch ermöglicht, für den Dauerkonflikt mit Indien weiter aufzurüsten. Im vorletzten Jahr des Kalten Krieges glitt 1990 das seit 1947 umkämpfte Kaschmir in einen Bürgerkrieg, als Pakistan zum ersten Mal *Mudschaheddin* aus dem Krieg gegen die Sowjetunion in den Kampf gegen indische Truppen schickte und zeitweilig auch selbst militärisch eingriff. Erhebliche weitere Summen aus der westlichen Unterstützung flossen zudem in den seit 1972 laufenden Versuch, das Land zur Atommacht aufzurüsten.

Nicht zuletzt hatte die finanzielle Unterstützung des antisowjetischen Widerstands in Afghanistan auch für die anderen Geldgeber gravierende Folgen. Neben den USA, die sich im Inland vor allem im Zusammenhang mit den Anschlägen auf das *World Trade Center* in New York in den Jahren 1993 und 2001 mit dem globalen Krieg islamistischer Gruppen konfrontiert sahen, erwies sich für Saudi-Arabien die Unterstützung des islamistischen Widerstands in Afghanistan in Zusammenarbeit mit den Amerikanern als langfristiges politisches Problem. Der aus Saudi-Arabien stammende, zunächst erfolgreich mit den USA zusammenarbeitende Bauunternehmersohn Osama bin Laden, der aufseiten der *Mudschaheddin* an den Kämpfen in Afghanistan teilgenommen und wahrscheinlich auch Kontakte zu amerikanischen Militärberatern unterhalten hatte, entwickelte während dieses Konflikts seinen glühenden Hass auf die Vereinigten Staaten und den Westen. Wann dieser Bruch eintrat, seit wann er sich in einem «Dritten Weltkrieg» mit dem Westen sah,[16] ist nicht mehr genau zu datieren, ebenso wenig die genauen damaligen Gründe. Aus islamistischer Sicht brauchte man dafür allerdings nicht lange zu suchen: Einmischung in innere arabische Angelegenheiten, Unterstützung Israels und natürlich die religiöse Frage. Kurz vor dem Abzug der Sowjets aus Afghanistan gründete bin Laden 1988 das Netzwerk *Al-Qaida*, das nach dem Ende des Kalten Krieges mit groß angelegten Anschlägen gegen westliche Einrichtungen auf sich aufmerksam machte.

Die Rückkehr der Konfrontation nach Europa

Während an den Peripherien des Kalten Krieges kontinuierlich die militärischen Konflikte geführt worden waren, lebte Europa seit dem Mauerbau 1961 in einer Phase relativer Ruhe. Es hatte mehr oder minder erfolgreiche lokale, regionale, aber auch globale Entspannungserfolge gegeben, die selbst durch die militärische Niederschlagung etwa der tschechoslowakischen Reformbewegung im «Prager Frühling» nicht grundlegend beschädigt werden konnten. Bewusst hatte sich der Westen 1968 auch verbal zurückgehalten, als die Warschauer-Pakt-Staaten den Moskauer Grundsatz von der begrenzten Souveränität der sowjetischen Satellitenstaaten in der ČSSR mit Waffengewalt durchsetzten. Infolgedessen war die

Reaktion der europäischen Öffentlichkeit dann um so heftiger, als der Kalte Krieg am Ende der Siebzigerjahre wieder sichtbarer nach Mitteleuropa zurückkehrte. Diese Rückkehr des Kalten Krieges an seinen Ursprung hatte sich schon während der Abrüstungsverhandlungen angekündigt. Zu deutlich war aus westlicher, insbesondere westeuropäischer Sicht, dass die UdSSR die vergangenen Abrüstungsverhandlungen mit den USA dazu genutzt hatte, das labile nukleare Kräftegleichgewicht in Mitteleuropa zu ihren Gunsten zu verändern und jene Waffensysteme auszubauen, die von den Verhandlungen noch nicht erfasst worden waren. Dies war der Hintergrund, vor dem der westdeutsche Bundeskanzler Helmut Schmidt, zunächst im Mai und dann wieder im Oktober 1977, eine westliche «Nachrüstung» für den Fall gefordert hatte, dass die UdSSR ihr Potenzial an Mittelstreckenraketen in Europa weiter ausbauen würde. Der berühmt-berüchtigte «Doppelbeschluss» der NATO hatte dann am 12. Dezember 1979 den Termin für den Beginn der westlichen «Nachrüstung», die Aufstellung neuer Mittelstreckenraketen und Marschflugkörper, auf das Jahr 1983 gelegt. Insofern fiel die Umsetzung automatisch in die Regierungszeit Reagans und wurde so zu einem Teil der offensiven Schlussphase des Kalten Krieges.

Die harsche Entweder-oder-Position des seit 1974 regierenden bundesdeutschen Kanzlers Helmut Schmidt fußte auf einem Sicherheitsdenken, das er wenige Jahre zuvor als «Strategie des Gleichgewichts» bezeichnet hatte.[17] Hier unterschied er sich in seinen Anschauungen auch deutlich von seinem Vorgänger Willy Brandt. Entspannungspolitik im nach wie vor hochgerüsteten Mitteleuropa war nach Schmidts Vorstellung keinesfalls zu jedem Preis erhältlich, sondern nur dann, wenn die eigene Sicherheit nicht gefährdet wurde. Tatsächlich konnte die Einführung neuer Waffensysteme die labile Balance schlagartig verändern. Hier lag er in der Einschätzung nicht weit entfernt von seinem Außenminister Hans-Dietrich Genscher, der die Formel von der «realistischen Entspannungspolitik» prägte und insbesondere die Berlin-Frage als Prüfstein der Entspannung mit dem Osten betrachtete.[18] Zusammen waren sie sich mit anderen führenden Politikern Westeuropas dann auch in der Kritik an Carter einig. Der US-Präsident beharrte nach ihrer Auffassung zu weltfremd auf der Einhaltung der Menschenrechte im sowjetischen Machtbereich und setzte gleichzeitig zu deutlich auf den Moskauer Rivalen China. Der französische Staatspräsident Valéry Giscard d'Estaing tadelte schon wenige Monate nach Carters Amtsantritt öffentlich, dass die Amerikaner aus europäischer Sicht in den Beziehungen gegenüber dem Ostblock zu wenig Fingerspitzengefühl zeigten.[19] Dass diese Kritik ausgerechnet in der bekannten US-Zeitschrift *Newsweek* ausgebreitet wurde, verlieh der Sache zusätzliche politische Brisanz und machte die europäische Position zur Entspannung in der US-Regierung nicht beliebter. Immerhin boten die Franzosen wenig später sogar eine direkte Vermittlung an, die Carter allerdings nicht annehmen wollte.

Man kann die Aufgeregtheiten um die Entspannungspolitik bei gleichzeitiger Forderung nach einer «Nachrüstung» der eigenen Atomraketen, wie sie sich am 22. November 1983 auch in einer leidenschaftlichen Bundestagsdebatte zeigten, kaum politisch und schon gar nicht psychologisch einordnen, wenn man nicht die lang eingeübte europäische Bedrohungswahrnehmung im Kalten Krieg berücksichtigt. Wenn es zur militärischen Auseinandersetzung zwischen den Blöcken kommen würde, so war die einhellige Meinung immer gewesen, werde Mitteleuropa als nukleares Schlachtfeld im Zentrum stehen. Aus der Perspektive der westdeutschen Bundesregierung unter der Führung Schmidts war es daher zwingend notwendig, nicht nur Entspannungspolitik zu betreiben, sondern gleichzeitig das eigene Waffenpotenzial in Mitteleuropa hoch genug zu halten, um jeden Angriff sinnlos erscheinen zu lassen. Aus diesem Grund machte die sozialliberale Regierungskoalition in der Bundesrepublik zwischen 1974 und 1983 immer wieder deutlich, dass sie es nicht hinnehmen könne, wenn Europa sicherheitspolitisch vernachlässigt werde. Dies hatte Schmidt 1974 gegenüber Breschnew ebenso geäußert wie später gegenüber den Amerikanern. Bezeichnenderweise war die Forderung nach Einführung der sogenannten Neutronenbombe ab 1970 in Westdeutschland aufgekommen, da sie sich nach Meinung der Experten gerade zur Abwehr der gefürchteten überlegenen Panzerkräfte des Warschauer Paktes anbot. Als Schmidt dann Mitte 1977 eine «Nachrüstung» einforderte, herrschte auch zwischen der Regierungskoalition aus SPD und FDP und den Oppositionsparteien CDU/CSU – artikuliert durch ihren sicherheitspolitischen Sprecher Manfred Wörner – prinzipielle Einigkeit darin, dass die Neutronenwaffe angesichts der konventionellen Überlegenheit des Ostblocks notwendig sei. Allerdings war die SPD in dieser Frage keineswegs geschlossen. Die US-Regierung zeigte für die westeuropäischen und speziell für die deutschen Sorgen großes Verständnis, wie Carters Sicherheitsberater Brzezinski, der dann auch unter Reagan und Bush aktiv blieb, in seinen Memoiren bestätigte. Die SS-20 und der 1975 eingeführte sogenannte *Backfire*-Bomber – die Tupolev Tu-26 – hätten in Europa kein Gegengewicht gehabt und darüber hinaus die alte Frage, welche Ziele die Sowjets in Europa anstrebten, neu gestellt.[20] Wenig bekannt ist, dass bereits vierzehn Tage vor Schmidts Londoner Rede eine sogenannte *High Level Group* innerhalb der NATO gebildet worden war, die sich ausdrücklich mit Fragen der Modernisierung der taktischen Nuklearwaffen beschäftigte.

Die Ost-West-Verhandlungen, die zwischen dem Doppelbeschluss 1979 und der schließlich 1983 vollzogenen Stationierung von 464 Marschflugkörpern und 108 Mittelstreckenraketen des Typs *Pershing II* in der Bundesrepublik, in Italien und in Großbritannien geführt wurden, verliefen unter diesen Umständen deprimierend schleppend. Auf sowjetischer Seite beharrte man auf der Auffassung, die Aufstellung der SS-20 sei eine «Modernisierung» und in keinem Falle eine zusätzliche Aufrüstung. In der Tat waren die Typen R-12 (SS-4 *Sandal*) und R-14 (SS-5 *Skean*), die ersetzt werden sollten, noch aus der Kubakrise bekannt und – in den Dimensionen des Rüstungswettlaufs gerechnet – Museumsstücke. Dies schmälerte natürlich nicht ihr Zerstörungspotenzial. Keine Seite wollte nachgeben. Eine sogenannte «Null-Lösung», das heißt, der Verzicht beider Seiten auf «Modernisierungen», wurde von den Sowjets 1981 ebenso abgelehnt wie der im folgenden Jahr nachgeschobene US-Vorschlag, die sowjetischen SS-20 hinter den Ural zurückzuziehen und sie damit außerhalb Europas zu stationieren. Das Angebot war im Übrigen auch in den USA nicht durchsetzbar, da mittlerweile Reagan auf der Modernisierung der eigenen Mittelstreckenraketen in Europa bestand. Nach der Stationierung der neuen NATO-Raketen 1983 brach die Sowjetunion dann die INF-Verhandlungen über die Mittelstreckenwaffen in Genf demonstrativ ab. Erst Jahre später, lange nach dem Amtsantritt Gorbatschows, konnte 1987 der Abbau sämtlicher Mittelstreckenraketen in Europa vereinbart werden.

EINER DER ANFÄNGE VOM ENDE DES OSTBLOCKS Der Vorsitzende der Gewerkschaft *Solidarność*, Lech Wałęsa. Das Bild zeigt ihn bei einer Kundgebung am 17. Juni 1983 vor der Lenin-Werft in Danzig.

Die Gründe für die auffallende Zurückhaltung der Sowjets gegenüber den amerikanischen Vorschlägen und für ihren tief verwurzelten Argwohn waren vielfältig. Zum einen war ein prinzipielles Misstrauen gegenüber Vorschlägen aus den USA, an denen der Sicherheitsberater Brzezinski in irgendeiner Weise beteiligt war, schon seit Jahren bekannt. In Moskau hielt man ihn für einen der größten antisowjetischen Scharfmacher in der US-Regierung. Zum anderen befürchtete die UdSSR Nachteile bei den Verhandlungen, sobald Raketen schlicht addiert wurden. Die Amerikaner besaßen nicht nur bei den Strategischen Bombern nach wie vor ein deutliches Übergewicht, sondern lagen auch in der technischen Entwicklung einiger Waffensysteme eindeutig vorn, so etwa bei den technisch aufwendigeren Marschflugkörpern, die nahezu unbemerkt unter dem Radarschirm ins gegnerische Gebiet einfliegen konnten. Reagan forcierte solche sowjetischen Befürchtungen ausdrücklich, als er am 23. März 1983 das weltraumgestützte SDI-Raketenabwehrsystem ankündigte.

Nicht nur auf waffentechnischem Gebiet fühlte sich Moskau herausgefordert. Ermuntert durch die auch während der KSZE-Folgetreffen geführte Diskussion um Menschenrechte und Demokratie, war im Sommer 1980 im Ostblock die erste nicht staatliche freie Gewerkschaft *Solidarność* (Solidarität) in Polen entstanden. Unmittelbarer Auslöser war eine im Juli 1980 von der Warschauer Regierung um Ministerpräsident Edward Gierek verkündete drastische Erhöhung der Fleischpreise gewesen, die unmittelbar danach zu landesweiten Streiks führte. Eine der größten Arbeitsniederlegungen hatte am 14. August auf der Lenin-Werft in Danzig (Gdańsk) begonnen. An ihr nahmen rund 17 000 Arbeiter teil. Die Bewegung war erfolgreich: Nicht nur Gierek war am 5. September 1980 zurückgetreten. Schon eine Woche davor hatte die polnische Regierung in einem Abkommen mit Vertretern der Werftarbeiter in Gdańsk um ihren Sprecher Lech Wałęsa sogar zugestimmt, dass in Zukunft nicht nur eine unabhängige Gewerkschaft, sondern auch Arbeitsniederlegungen legal sein sollten – ein Novum in der Geschichte des Ostblocks. Am 17. September 1980 war dann die Gewerkschaft *Solidarność* offiziell gegründet worden. In einem Aktionsprogramm bekannte sie sich ausdrücklich zu den Prinzipien westlicher Demokratie und den Traditionen des Christentums, aber auch zur Nation und zur sozialistischen Gesellschaftsidee. «In uns lebt das Gefühl der Verbundenheit mit den Generationen von Polen, die für nationale Freiheit und soziale Gerechtigkeit gekämpft und uns die Traditionen der Toleranz und der Brüderlichkeit sowie der Verantwortung der Bürger für die Republik und der Gleichheit vor dem Gesetz überliefert haben», hieß es im Aktionsprogramm der Gewerkschaft im April 1981.[21]

Nicht nur in der Sowjetunion sah man die Entwicklung in Polen mit Sorge. Vor allem die DDR-Regierung befürchtete ein Übergreifen. Es war Erich Honecker, der als Erster in einem Brief an Breschnew am 26. November 1980 «kollektive Hilfsmaßnahmen für die polnischen Freunde bei der Überwindung der Krise» einforderte.[22] Auch andere Ostblockstaaten wurden von Honecker aufgerufen, sich dafür einzusetzen, «die Konterrevolution in Polen ein für allemal zu vereiteln».[23] In Moskau war man von der ostdeutschen Aufforderung, in Polen die Breschnew-Doktrin zu exekutieren, wenig begeistert. Zum einen hatte man ohnehin genügend Imageprobleme. Zum anderen intervenierte man gerade in Afghanistan, und auch dort entwickelte sich die Lage wenig wunschgerecht. Zum Dritten war es nicht unrealistisch, dass ein Einmarsch ein Desaster werden könne. Immerhin hatten die Polen seit 1956 mehrfach gezeigt, dass sie sich nicht widerspruchslos in den Ostblock einfügen wollten. In Polen selbst hatte bereits am 10. Februar 1981 der als Hardliner bekannte Verteidigungsminister General Wojciech Jaruzelski anstelle des Gierek-Nachfolgers Stanisław Kania das Amt des Ministerpräsidenten und dann im Oktober auch das des Parteichefs übernommen. Beides war ein deutliches Zeichen, wie groß der Druck der übrigen Ostblockstaaten war. Während des gesamten Jahres 1981 wurden dann die Argumente für und gegen einen Einmarsch heftig diskutiert. Eine besonders intensive Debatte führte man im Dezember 1981 noch einmal im Politbüro der KPdSU, in dessen Verlauf der für die «Polenfrage» verantwortliche Michail Suslow ausdrücklich vor der Truppenentsendung warnte. Dies, so Suslow, «würde eine Katastrophe sein».[24] Am Ende stand ein Kompromiss: kein Einmarsch, aber die Verhängung des Ausnahmezustands. Seit dem 13. Dezember 1981 stand Polen unter Kriegsrecht. Bis zur Aufhebung im Juli 1983 übernahm ein «Militärrat der Nationalen Errettung» mit 21 Mitgliedern die Führung des Landes, für das nun unter anderem ein Versammlungsverbot und eine Ausgangssperre galten. Schließlich wurde im Oktober 1982 auch die auf rund zehn Millionen Mitglieder angewachsene Gewerkschaft *Solidarność* verboten. Ihre Führer wurden verhaftet und interniert.

Die USA reagierten geradezu lehrbuchartig gemäß ihrer traditionellen Strategie. Faktisch entsprach die Situation in Polen ab 1980 wieder dem seit drei Jahrzehnten in den US-Gremien diskutierten Szenario eines unmittelbar bevorstehenden großen Aufstandes der «Captive People». Am 29. Dezember 1981 wurden Wirtschaftssanktionen sowohl gegenüber Polen als auch der Sowjetunion verhängt. Ihr Zweck sei es, der Sowjetunion klarzumachen, dass es die USA nicht hinnehmen könnten, wenn die Verpflichtungen aus der Schlussakte von Helsinki und der UN-Charta nicht mehr eingehalten würden.[25] Wenig später unterschrieb Reagan im Mai 1982 jene geheime Weisung (NSDD 32), die ausdrücklich die Verstärkung von Verdeckten Operationen im Ostblock sowie diverse diplomatische und ökonomische Zwangsmaßnahmen zur Lockerung des sowjetischen Drucks in Ostmitteleuropa und vor allem in Polen vorsah. Die Antwort von dort blieb nicht lange aus. Vor allem Erich Honecker nutzte die westdeutschen Bundestagswahlen 1982 zu scharfen Angriffen gegen «Hochrüstung und Konfrontation der aggressivsten Kreise des Imperialismus».[26]

In Polen setzten die USA vor allem auf die religiöse Frage, die insbesondere die Republikaner immer als besonders wirkungsvollen Angriffspunkt für die politische Destabilisierung des Ostblocks verstanden hatten. Nun fanden jene direkten geheimen Gespräche zwischen US-Präsident Reagan und Papst Johannes Paul II. statt, in denen die Frage diskutiert wurde, was der Vatikan zur Befreiung Ostmitteleuropas vom Kommunismus beitragen könne. Inwieweit dies oder die allgemein härter werdende amerikanische Haltung die Situation in Polen und im gesamten Ostblock verbesserte oder verschlechterte, ist schwer zu sagen. In Polen blieb die Situation jedenfalls bis zum Ende der Achtzigerjahre extrem angespannt. Erst im Februar 1989 kündigte sich während der Gespräche zwischen Regierung und Opposition am «Runden Tisch» eine allmähliche Lockerung an. Ansonsten zeigte sich jedoch die Entspannungspolitik bei Weitem nicht so beschädigt, wie man hätte vermuten können. Insbesondere die deutsch-deutsche Kooperation blieb erhalten und überlebte auch den Regierungswechsel zu einer christlich-liberalen Koalitionsregierung unter Helmut Kohl am 1. Oktober 1982. Im darauffolgenden Jahr setzte sich sogar der als antikommunistischer Hardliner bekannte bayerische Ministerpräsident und frühere Verteidigungsminister in der Regierung Adenauer, Franz Josef Strauß, für einen Milliardenkredit an die

DDR ein und besuchte Jaruzelski. Tatsächlich erwies sich gerade in dieser kritischen Phase des Kalten Krieges, dass der Wille zur Entspannung zwischen den Blöcken wesentlich stärker war, als ihre Kritiker annahmen.

Öffentliche Meinung und die neue Rolle der Friedensbewegung

Die öffentliche Meinung war von Beginn an einer der maßgeblichen Faktoren im Kalten Krieg. Besonders deutlich zeigte sich dies in den USA, wo die regelmäßigen Umfragen ein zentraler Orientierungspunkt für politische Entscheidungen blieben. Kein US-Präsident im Kalten Krieg konnte und wollte es sich leisten, gegen die öffentliche Meinung zu arbeiten. Zwar war insbesondere Truman als der erste US-Präsident, der sich mit den spezifischen Fronten des Kalten Krieges auseinanderzusetzen hatte, sehr kritisch gegenüber den Demoskopen, was nicht zuletzt mit ihrer spektakulären Fehldiagnose bei den Präsidentschaftswahlen 1948 zusammenhing. Aber auch er orientierte außenpolitische Entscheidungen an der Stimmung unter den Wählern. Auch Reagan hörte in den Achtzigerjahren sehr genau auf den Wandel in der öffentlichen Meinung, was ihn 1984 dazu veranlasste, in einer Fernsehansprache zu erklären, dass man nun wieder bereit sei, mit den Sowjets zu verhandeln.

Im Ostblock war diese Situation prinzipiell ähnlich. Die Rolle der Demoskopie übernahmen hier vor allem die Staatssicherheitsbehörden, die nach Vorstellung von Partei und Regierung Alarm zu schlagen hatten, falls sich eine unerwünschte Stimmung abzeichnete. Wissenschaftlich begleitete Umfragen wurden zum Teil zwar unternommen, blieben allerdings in der Regel unter Verschluss. Wie weit offizielle Wahrnehmung und tatsächliche Bevölkerungsmeinung schließlich auseinanderklafften, konnte man anschaulich in den letzten Jahren vor dem Zusammenbruch des Ostblocks beobachten. «Was mich immer gestört hat», sagte der DDR-Gewerkschaftschef Harry Tisch nach der Öffnung der Mauer 1989, «war, dass wir nie diskutiert haben über die Stimmung in der Bevölkerung, das gab's nie auf der Tagesordnung des Politbüros. Wir haben die Informationsberichte der Ersten Sekretäre gelesen, und wenn es mal einen kritischen Hinweis darin gab, wurde darüber dann auch im Politbüro etwas gesagt – es wurden Hinweise gegeben, es wurde auch manchmal Hilfe gegeben, wenn's um Versorgungsfragen oder andere Probleme ging. Aber über die wirkliche Stimmung in der Bevölkerung wurde nicht diskutiert.»[27]

Versucht man den Wandel der öffentlichen Meinung am Ende des Kalten Krieges zu verfolgen, so zeigt sich, dass insbesondere die Friedensbewegung, vor allem in Westeuropa, in eine neue Rolle hineinwuchs. Der NATO-Nachrüstungsbeschluss 1979 führte hier fast schlagartig zu einer von vielen Gesellschaftsgruppen getragenen Massenbewegung. Ihr gelang es, anders als in den Fünfzigerjahren, sich nachhaltig auch in die parlamentarische Debatte einzuschalten. In der Bundesrepublik war es die 1978 gegründete Partei «Die Grünen», die zum wichtigsten parlamentarischen Sammelbecken wurde. In der Wahrnehmung der Friedensbewegung erhöhten insbesondere die «Nachrüstung» und die wenige Jahre später folgende amerikanische Ankündigung einer Strategischen Verteidigungsinitiative die Gefahr eines atomaren Krieges. Wie quer die politischen Fronten verliefen, zeigte sich darin, dass Helmut Schmidts Einsatz für die Nachrüstung und den Doppelbeschluss seit 1977 auch in der eigenen Partei hoch umstritten war. Die SPD wurde durch ihn zumindest teilweise gespalten, und auch in den Gewerkschaften sowie in den Kirchen wuchs in den Achtzigerjahren erneut der Widerstand gegen die Bündnis- und Militärpolitik der Bundesregierung. Während innerhalb der SPD kurz nach Schmidts Londoner Rede 1977 eine Initiative entstand, die ihn aufforderte, durch politische Verhandlungen die Einführung neuer Waffen überflüssig zu machen, erhielt er Zustimmung aus der CDU. Die christdemokratische Opposition verabschiedete 1977 sogar eine Unterstützungsresolution für die Stationierungsvorschläge des sozialdemokratischen Regierungschefs. Allerdings steigerte sich der Protest erst nach dem konservativen Regierungswechsel 1982 wirklich dramatisch und erhielt von nun an ständig neue Nahrung.

Die Frage, warum die Siebzigerjahre die Voraussetzungen boten, die Friedensbewegung politisch um so vieles stärker zu machen als in den Fünfzigerjahren, ist oft gestellt worden. Kritik an den Mechanismen und den militärischen Szenarien des Kalten Krieges hatte es auch vorher gegeben. Vor allem zwei Aspekte wa-

DER KALTE KRIEG UND DIE ÖFFENTLICHE MEINUNG IM WESTEN Massendemonstrationen der westdeutschen Friedensbewegung gegen die «Nachrüstung». Das Bild zeigt die von mindestens 300 000 Personen besuchte Veranstaltung im Bonner Hofgarten im Oktober 1981.

ren neu. Zum einen hatte der für die USA desaströse Verlauf des Krieges in Südostasien nicht nur ganz allgemein die Stimmung gegen militärische Optionen verstärkt. In den USA warfen selbst hochdekorierte Veteranen des Vietnamkrieges auf Kundgebungen demonstrativ ihre Auszeichnungen in den Schmutz. Wehrdienstverweigerer verbrannten öffentlich ihre Einberufungsbescheide. Auch in der Bundesrepublik wurde Vietnam zum Signum für die Ungerechtigkeiten des Kalten Krieges, in dem die Dritte Welt den Preis zu zahlen hatte. Während bis 1967 in Westdeutschland nur knapp 6000 Männer den Dienst mit der Waffe verweigert hatten, stieg die Zahl ein Jahr später sprunghaft an. 1968 gab es in der Bundesrepublik erstmals fast 12 000 Wehrdienstverweigerer – ein absolutes Novum in der Geschichte der Bundeswehr. Die Zahl der Anträge kletterte bis 1975 auf fast das Dreifache und erreichte 1977, als die mündliche Verhandlung zur Gewissensprüfung mit dem Gesetz zur Änderung des Wehrpflicht- und Zivildienstgesetzes für ein halbes Jahr abgeschafft wurde, das Sechsfache.[28] Nach einer von der Bundeswehr veröffentlichten repräsentativen Umfrage waren Mitte 1973 nur noch die Hälfte aller Bundesbürger davon überzeugt, dass die Streitkräfte «in der heutigen Weltlage» eine «wichtige» bzw. «sehr wichtige» Rolle spielen.[29] Die Ablehnung der Bundeswehr zeigte sich überdies in einem deutlichen Rückgang der Offiziersbewerber und – ein weiteres Novum – in der Entstehung einer Friedensbewegung innerhalb der Streitkräfte. Die sogenannte Friedensforschung wuchs in Westdeutschland in den Siebziger- und Achtzigerjahren sogar zu einer neuen wissenschaftlichen Disziplin heran, die schließlich auch ehemalige Militärs anzog. Einige hochrangige Offiziere, wie Alfred Mechtersheimer oder Gert Bastian, wurden in den Achtzigerjahren zu wichtigen Aushängeschildern der Friedensbewegung.

Der Unterschied zu früheren Friedensbewegungen war zum anderen, dass der gesellschaftliche Umbruch von «1968» ganz allgemein die Akzeptanz und den Zulauf zu außerparlamentarischen Interessen- und Oppositionsgruppen im Westen deutlich gesteigert hatte. Hunderte von «Neuen Sozialen Bewegungen» entstanden, Bürgerinitiativen der Ökologie-, der Frauen- und eben auch der Friedensbewegung. Sie knüpften an Probleme an, die von den etablierten Parteien aus verschiedenen Gründen nicht oder nur unzureichend aufgenommen wurden. Mitte der Siebzigerjahre existierten allein in der Bundesrepublik bis zu 20 000 Bürgerinitiativen und «grün-bunte» Initiativgruppen. Auch die Partei der Grünen kam 1978 aus diesem Kreis. Ihr Erfolg bei der Europawahl 1979 war zu einem großen Teil auf den Pazifismus und den Kampf gegen die «Nachrüstung» zurückzuführen, wenngleich in ihr die Atomkraft und die Ökologie weitere wichtige Themen waren. Der politische Durchbruch kam dann mit dem Bundestagstagswahlkampf 1983, der zentral mit den Themen des Kalten Krieges geführt wurde. Bezeichnenderweise blieb der Erfolg für Die Grünen am Ende des Kalten Krieges dann zunächst aus. Während der ersten gesamtdeutschen Wahlen 1990 fiel der westdeutsche Teil der mit dem ostdeutschen Bündnis 90 fusionierten, nun gesamtdeutschen Partei unter die Fünf-Prozent-Marke, und sie konnte nur dank der Sonderkonditionen, die man für die Ostdeutschen vereinbart hatte, in den Bundestag einziehen.

Nicht nur in den westeuropäischen Bündnisstaaten der USA, sondern auch in den Vereinigten Staaten selbst wuchs der Widerstand gegen den Kalten Krieg. Die sogenannte «*Freeze*-Bewegung» war nicht zuletzt ein Reflex auf die sich ebenso in den USA abzeichnende Müdigkeit angesichts der ständigen Bedrohung durch die atomare Vernichtung. Auch in den USA ging die Zahl derjenigen, die weitere Runden im Rüstungswettlauf befürworteten, seit Reagans Amtsantritt 1981 beständig zurück. Hatten 1980 noch 56 Prozent eine weitere Rüstung befürwortet, so waren es Ende 1981 nur noch 14 Prozent.[30] Reagan trug diesem Protest in seinem Wahlkampf dann tatsächlich Rechnung, als er am 16. Januar 1984 in der bereits angesprochenen Fernsehansprache erklärte, die Meinungsverschiedenheiten mit der UdSSR seien zwar nach wie vor erheblich, aber die US-Rüstung sei mittlerweile ausreichend, um mit den Sowjets zu verhandeln.[31] Dieser Schritt war auch deswegen beachtlich, weil kurz zuvor die Sowjets die Genfer Rüstungskontrollverhandlungen verlassen hatten. 1985 wurde der Haushalt des Pentagon tatsächlich nicht weiter erhöht. Er war allerdings bereits doppelt so groß wie 1980. Wirkliche Rüstungsbegrenzungen wurden in den USA aber erst auf Druck des Kongresses durchgesetzt, der im Sommer 1986 den Präsidenten verpflichtete, Rüstungskontrollen im Bereich der Anti-Satelliten-Waffen, der chemischen Waffen, der Kernwaffen sowie der SALT-II-Obergrenzen einzuführen. Reagan wurde auf diese Weise durch die amerikanische Öffentlichkeit gezwungen, seinen Willen zur Verständigung unter Beweis zu stellen. Der Kalte Krieg war im Westen lange Zeit von der Öffentlichkeit mitgetragen worden, jetzt drang sie darauf, ihn zu beenden.

Dies galt tendenziell auch für den Ostblock. Neu an der Friedensbewegung in der Schlussphase des Kalten Krieges war deswegen auch, dass sie sich anders als in den Fünfzigerjahren nicht mehr allein auf den Westen beschränkte, wenngleich sie sich in den kommunistischen Staaten unter gänzlich anderen Voraussetzungen und in viel kleinerem Umfang entwickelte. Da sich hier die Staatsparteien traditionell selbst als Friedensbewegung verstanden und ihre Kundgebungen von Anfang an konsequent unter das Leitmotiv «Frieden» stellten, war die Entwicklung einer nicht offiziellen Friedensbewegung nicht nur ein absolutes Novum, sondern unter den Bedingungen des Kalten Krieges auch

eine Bedrohung. In der DDR entstanden diese Gruppen vor allem innerhalb oder zumindest im Kontakt mit den Kirchen. Ausgangspunkt waren vor allem Themen, die in der offiziellen Wahrnehmung unerwünscht waren. Neben dem nicht offiziellen Engagement für Abrüstung und Frieden gehörte dazu der Einsatz für Umweltschutz und Menschenrechte. Im letzten Drittel des Jahrzehnts wurden sie auch hier zu einer breiteren Bewegung. In den Achtzigerjahren waren bis zu 500 solcher zum Teil untereinander vernetzten Gruppen bekannt, die etwa 10 000 Aktive, insgesamt aber bis zu 100 000 Personen umfassten.[32]

Der Boom von Friedensgruppen hatte in der DDR 1978 eingesetzt. Äußerer Anlass war das Bekanntwerden des SED-Plans, die «Sozialistische Wehrerziehung» als obligatorisches Schulfach ein-

DIE FRIEDENSBEWEGUNG IN DER DDR: «SCHWERTER ZU PFLUGSCHAREN» Das Symbol «Schwerter zu Pflugscharen», das 1981 von der DDR-Friedensbewegung zum Erkennungszeichen gewählt wurde, ging auf die von der UdSSR gespendete Plastik des sowjetischen Bildhauers Jewgeni Wutschetitsch zurück (links). Rund 100 000 Symbole wurden in der DDR verbreitet, bevor die SED diese 1982 verbot.

zuführen. Aus Sicht der DDR-Führung sollte dies eine Reaktion auf den «subversiven Einfluß» des KSZE-Entspannungsprozesses sein. Ihr Symbol fand die Friedensbewegung in der DDR im November 1980 während der sogenannten Friedensdekade der Evangelischen und der Freikirchen. Die Dekade stand unter dem Bibelspruch «Schwerter zu Pflugscharen» und wurde vor allem durch die massenhafte Verbreitung des zugehörigen Symbols bekannt. Aus SED-Sicht war es besonders perfide, dass man als Zeichen für diese Subversion ausgerechnet die berühmte gleichnamige Plastik des sowjetischen Bildhauers Jewgeni Wutschetitsch auswählte, die Chruschtschow in den Fünfzigern der UNO vermacht hatte und die nun in New York stand. Ein Verbot der massenhaft verbreiteten Symbole war allein schon deshalb nicht ratsam. Zum öffentlichen Ereignis wurde dann die Beteiligung der DDR-Friedensbewegung am europaweit durchgeführten «Olof-Palme-Friedensmarsch», mit dem im September 1987 gegen die Stationierung von Atomraketen im Westen, aber auch im Osten protestiert wurde. Demonstrativ wurde auch hier das Symbol gezeigt. Versuche der SED, die Bewegung wieder auf die parteioffizielle Linie zu bringen («Gegen NATO-Waffen Frieden schaffen»), scheiterten ebenso wie der Versuch, die westdeutsche Friedensbewegung politisch zu instrumentalisieren. Im Gegenteil: Als Petra Kelly von den westdeutschen Grünen im selben Jahr mit Honecker in Ostberlin zusammentraf, trug sie demonstrativ nicht nur ein T-Shirt mit der von der SED jahrelang bekämpften Aufschrift «Schwerter zu Pflugscharen». Sie sprach darüber hinaus auch offensiv die Repressalien an, denen die DDR-Friedensbewegung ausgesetzt war. Die innenpolitische Opposition in Ostdeutschland wäre allerdings wohl trotzdem weiterhin politisch marginalisiert geblieben, wenn sie nicht ihre Schubkraft durch die politische Revolution erhalten hätte, die nun ausgerechnet von der Führungsmacht des Ostblocks ausging. Das durch den neuen sowjetischen Generalsekretär Michail Gorbatschow 1985 zunächst der UdSSR verordnete «Neue Denken» war der Schub, der die Reformbewegungen überall im sowjetischen Machtbereich förderte, damit aber auch – politisch ungewollt – den gesamten Ostblock aus den Angeln hob.

12. Der «Gorbatschow-Faktor»: Die Auflösung des Ostblocks 1985–1991

Gorbatschow und das «Neue Denken»

Viel deutlicher, als man im Westen vermutete, bot die Sowjetunion Ende der Siebziger- und Anfang der Achtzigerjahre im Innern ein desaströses Bild. Breschnew war, wie man heute weiß, seit seinem schweren Schlaganfall 1976 politisch kaum mehr handlungsfähig. Schon Jahre vor dem Einmarsch der Sowjetunion in Afghanistan brodelten die Gerüchte um den Gesundheitszustand des Generalsekretärs der KPdSU unaufhörlich. Meldungen über seine angebliche Absetzung oder über Flügelkämpfe in der Partei kursierten regelmäßig unter den in Moskau akkreditierten westlichen Korrespondenten. Sie konnten allerdings im Mai 1978 zumindest zum Teil ausgeräumt werden, als Breschnew die Bundesrepublik besuchte, um hier unter anderem über die drohende Einführung der Neutronenbombe zu sprechen. Auch bei diesem Besuch war er aber ungewöhnlich früh vom offiziellen Empfang in Bonn aufgebrochen – ohne das Ständchen des Kinderchors abzuwarten. Dies war allerdings dann der Tatsache zugeschrieben worden, dass er sich heimlich aus der von der sowjetischen Delegation mitgebrachten Wodkaflasche hatte bewirten lassen.[1] Dass Breschnew gesundheitlich schwer angeschlagen war, konnte man vielleicht im Westen einige Zeit verheimlichen. In der sowjetischen Führung war dies nicht möglich. Bereits die Entscheidung zum Einmarsch in Afghanistan traf 1979 KGB-Chef Juri Andropow, der dann nach Breschnews zwar lange erwartetem, dann aber doch überraschendem Tod am 10. November 1982 auch die Regierungsgeschäfte übernahm. Die Führungskrise setzte sich jedoch fort. Zwei Jahre nach Breschnews Ableben starb auch sein Nachfolger Andropow (9. 2. 1984), der bereits zum Zeitpunkt seiner Wahl mit 68 Jahren der älteste jemals in der UdSSR bestellte Generalsekretär gewesen war. Nur ein Jahr später starb am 10. März 1985 auch dessen Nachfolger Konstantin Tschernenko. Tschernenkos

Nachfolge trat dann ein im Vergleich mit seinen Vorgängern geradezu jugendlicher Generalsekretär an: der 1931 geborene Michail Gorbatschow.

Nach den als Periode der Lähmung empfundenen Jahren wurde die Wahl Gorbatschows im Frühjahr 1985 nicht nur in der Sowjetunion und im Ostblock, sondern auch im Westen als Neuanfang gesehen. Sowohl Andropow als auch Tschernenko hatten zwar die innen- und außenpolitischen Probleme der Sowjetunion erkannt. Tatsächlich wollte wahrscheinlich bereits Andropow Veränderungen durchsetzen, die das Land vor allem technologisch wieder konkurrenzfähig machen sollten. Unter anderem ging er mit teils drakonischen Maßnahmen gegen die verbreitete Korruption vor. In Andropows Regierungszeit fielen auch einige symbolische Gesten neuer Offenheit. So veröffentlichte die *Prawda* nun die Tagesordnung des Politbüros, und der Generalsekretär bemühte sich ausdrücklich um mehr Kontakt zu den Bürgern. Tschernenko leitete in seiner kurzen Amtszeit immerhin noch eine Bildungsreform ein. Der Umbau der Sowjetgesellschaft und die Forderung nach mehr «Offenheit» waren damit bereits vor Gorbatschow in der Debatte. Außenpolitisch jedoch hielten beide, die aktiv noch am Zweiten Weltkrieg teilgenommen hatten, an den Gegebenheiten fest. Keiner von ihnen war bereit, sowjetische Positionen in der Welt aufzugeben, obwohl diese die finanziellen Möglichkeiten seit Langem überschritten.

Gorbatschow, den noch Andropow als seinen Nachfolger ausgewählt hatte, war der erste Generalsekretär der Nachkriegszeit, der den Zweiten Weltkrieg nicht als Soldat oder Partisan miterlebt hatte. Ideologisch war er durch die Abrechnung Chruschtschows mit dem Stalinismus geprägt worden. Seine politische Karriere hatte er in der Jugendorganisation *Komsomol* begonnen. Die schwere Erkrankung Tschernenkos, die diesen schließlich daran hinderte, die Politbürositzungen selbst zu leiten, machte es dann möglich, Gorbatschow als Vertretung zu nominieren. Führend waren hier die Anhänger des verstorbenen Andropow. In den letzten Monaten Tschernenkos leitete Gorbatschow bereits faktisch die Regierungsgeschäfte. Seine besondere Sozialisation war es wohl, die Gorbatschow unvoreingenommener an die Reform auch der Außenpolitik gehen ließ, in der schließlich selbst der Rückzug aus außenpolitischen Positionen als Erfolg verkauft werden konnte.

Innenpolitisch führte er jenen Weg fort, den seine beiden Vorgänger begonnen hatten. Dies machte Gorbatschows Antrittsrede 1985, insbesondere aber seine berühmte Ansprache auf dem XXVII. Parteitag 1986 deutlich. Hier verkündete er das, was als das «Neue Denken» bezeichnet wurde: eine grundsätzliche «Umgestaltung» *(Perestroika)* der sowjetischen Politik sowie eine neue «Offenheit» und «Transparenz» *(Glasnost)*. Inhaltlich war es der erneute Versuch, den kommunistischen Staat von innen zu reformieren, ohne ihn aufs Spiel zu setzen.

In der Außenpolitik bot Gorbatschow dem Westen sogleich einen Beweis für das «Neue Denken». Einen Tag nach seinem Amtsantritt wurden am 12. März 1985 nicht nur überraschend die Rüstungskontrollgespräche wieder aufgenommen, sondern auch die lange umstrittene Frage der Mittelstreckenraketen in die START-Verhandlungen einbezogen. Auch ansonsten kam Gorbatschow westlichen Forderungen nach. Im Dezember 1986 hob er die vom Westen nachdrücklich und wiederholt angeprangerte Verbannung Andrej Sacharows auf, der im Januar 1980, unter anderem wegen seiner Kritik am Afghanistan-Einmarsch, in Gorki isoliert worden war. Auch andere Dissidenten wurden freigelassen. Innenpolitisch war der Preis für die UdSSR allerdings erheblich, wie sich später zeigte. Gerade Regimekritiker wie Sacharow und andere Radikalreformer gaben sich ganz und gar nicht mit den von Gorbatschow avisierten Änderungen zufrieden. Dass er zwar das Tableau der Möglichkeiten einer demokratischen Zivilgesellschaft aufzeigte, es aber nicht bis zur letzten Konsequenz verwirklichen wollte, erwies sich als der Sprengstoff, der die Sowjetunion schließlich in die Auflösung zwang.

Zunächst aber war es der Westen, der über seinen eigenen Schatten springen musste. Wie aktuell die traditionellen Feindbilder des Kalten Krieges auch dort waren, demonstrierte 1986 ein Interview der US-Zeitschrift *Newsweek* mit dem westdeutschen Bundeskanzler Kohl. Hier kam es zu dem weltweit aufsehenerregenden Vergleich Gorbatschows mit dem NS-Propagandisten Joseph Goebbels. Der neue sowjetische Generalsekretär, so hatte Kohl dort verlautbart, sei zweifellos «ein moderner kommunistischer Führer», der etwas von *Public Relations* verstehe. Allerdings habe auch Goebbels etwas davon verstanden.[2] US-Präsident Reagan wiederum weigerte sich zunächst prinzipiell, überhaupt über Begrenzungen seines SDI-Programms zu diskutieren. Heftige Kritik kam insbesondere auch von den radikalen antikommunistischen Gruppen, die in den Achtzigerjahren eine besondere Aufwertung erfahren hatten. Auch hier sprach man von taktischen Manövern der Sowjets im Kalten Krieg.[3] Gorbatschow hat in seinem 1987 auch in englischer und deutscher Sprache vorgelegten Buch *Perestroika* ausführlich über das Misstrauen gesprochen, das ihm aus dem Westen entgegenschlug. «Offizielle Kreise des Westens und die meisten der westlichen Massenmedien hatten zunächst wenig Vertrauen in die Durchführbarkeit der Reformen [...]. Sarkastische Kommentare überwogen. [...] Hier zeigt sich einmal mehr, wie zäh das Denken des Kalten Krieges sich behaupten kann und wie tief die Wurzeln des antisowjetischen Denkens in gewissen Kreisen gehen.»[4] Trotzdem setzte sich allmählich der Vertrauensvorschuss durch. Reagan reagierte – nicht zuletzt wieder unter dem Druck der amerikanischen Öffentlichkeit – schließlich entgegenkommend, wenngleich der Kalte Krieg auf anderen Gebieten nach wie vor fortgesetzt wurde. Während in Mittelamerika die antikommunistischen *Contras* mit amerikanischer Unterstützung die von der Sowjetunion protegierte sandinistische Regierung in Nicaragua zu beseitigen suchten, sagte Reagan Gorbatschow am 30. September 1986 seine Teilnahme für ein von Moskau vorgeschlagenes Treffen auf Island zu. In der «Revolution von Reykjavik», wie Henry Kissinger die Konferenz später nannte,[5] wurde unter anderem die Beseitigung aller Mittelstreckenraketen in Europa und die Reduzierung aller Strategischen Waffen um fünfzig Prozent vereinbart. Als das INF-Abkommen unterschrieben war, konnten nicht nur alle Kurz- und Mittelstreckenraketen aus Europa abgezogen werden. Die Verhandlungen brachten auch auf anderen Gebieten jahrelang festgefahrene Probleme des Kalten Krieges wieder in Bewegung, so den endgültigen Abzug der UdSSR aus Afghanistan, die Beendigung des Iran-Irak-Krieges und den Rückzug kubanischer und sowjetischer Truppen aus Angola.

Uneigennützig waren Gorbatschows Angebote freilich nicht. Seine Reformen sollten die UdSSR für die Zukunft stärken. Die Sowjetunion stand unter dem Druck der dramatischen Haushaltsdefizite, in denen die Rüstungskosten besonders zu Buche schlugen. Man hat errechnet, dass die UdSSR kurz vor dem Abschluss des

«DIE REVOLUTION VON REYKJAVIK» 1986 Das Treffen zwischen Gorbatschow und Reagan in Reykjavik am 11. und 12. Oktober 1986 war einer der zentralen Wendepunkte des Kalten Krieges. Es machte gleichzeitig erneut deutlich, welche wichtige Rolle die Wahrnehmung spielte. Die Verhandlungen entwickelten schließlich eine Eigendynamik, als Reagan die umfassenden Angebote Gorbatschows noch erweiterte.

INF-Vertrags 1987 kaum weniger Geld in die Rüstung investierte als die wirtschaftlich ungleich stärkeren USA: Umgerechnet 260 Milliarden Dollar pumpte Moskau in das Militär, Washington gab im selben Jahr 290 Milliarden Dollar aus.[6]

Auch der außenpolitische Rückzug der UdSSR, den Gorbatschow schließlich einleitete, war nicht zuletzt eine finanzpolitische Entlastungsmaßnahme, die allerdings einer besonderen Begründung bedurfte. Gorbatschows «Neues Denken» erklärte den außenpolitischen Rückzug als eine Notwendigkeit, um den Sozialismus weiterzuentwickeln. Er sei kein Zeichen der Schwäche, sondern ein Weg, um das Ansehen der UdSSR zu steigern. Ein freier Freund sei nützlicher als ein Vasall. Bereits auf dem XXVII. Parteitag 1986 unterstrich Gorbatschow, auch die Länder der Dritten Welt müssten nun den Sozialismus aus eigener Kraft aufbauen. Die Hilfen an Kuba, an afrikanische und südostasiatische Staaten wurden stark eingeschränkt oder völlig beendet. Für einige Länder bedeutete dies den wirtschaftlichen Bankrott und den Zwang, sich zu öffnen. Kuba ließ marktwirtschaftliche Reformen zu, andere, wie Nordkorea, versuchten, wie bisher weiterzumachen, und kämpften mit dramatischen Versorgungsengpässen. Für eine weitere Gruppe von Staaten, zum Beispiel Kambodscha, bedeutete es langfristig das Ende des Bürgerkriegs, da Moskau auch die Hilfen für Vietnam strich und Hanoi sich deswegen bis 1989 aus dem Konflikt im Nachbarland zurückzog.

Das «Neue Denken» brach aber vor allem mit dem Konzept der «beschränkten Souveränität» der sozialistischen Staaten, der sogenannten «Breschnew-Doktrin», und ersetzte es durch eine Idee, die der Sprecher des sowjetischen Außenministeriums, Gennadi Gerassimow, 1989 im Rückblick ironisch als «Sinatra-Doktrin» («I did it my way») bezeichnet hat.[7] Jedes sozialistische Land habe, erklärte Gorbatschow in verschiedenen Reden seit April 1986, die Freiheit, den «eigenen Weg» zu gehen. Im Rückblick galt vielen die Aufgabe der Breschnew-Doktrin als der eigentliche Anfang vom Ende des Ostblocks.

Kampf um Bürgerrechte und Demokratie

Die Regierungen der «Bruderstaaten» der UdSSR reagierten mit ganz unterschiedlichen Strategien auf den sowjetischen Kurswechsel. Vier unterschiedliche Muster lassen sich erkennen: Ungeteilte Zustimmung kam aus Polen und Ungarn, offene Ablehnung aus Rumänien, Albanien und der DDR. Taktisch reagierten die Regierungen in Bulgarien und der Tschechoslowakei, die zunächst mit eigenen Vorschlägen versuchten, sich als Vorreiter der Reformbewegung darzustellen. Das blockfreie Jugoslawien verwies auf bereits vollzogene Reformen und lehnte weitere Änderungen ab.[8]

Polen und Ungarn waren seit Jahrzehnten die politischen Ausnahmen im sowjetischen Machtbereich. Beide wurden im Sommer 1989 auch Vorreiter der Revolutionen, die das Ende des Ostblocks einläuteten. Ungarns jahrzehntelang praktizierte Strategie bestand darin, kleinere ökonomische Reformen zuzulassen, ohne die grundsätzliche politische Stabilität oder die sowjetischen Anforderungen infrage zu stellen.[9] Der landläufig so bezeichnete

«Gulasch-Kommunismus» unter János Kádár war allerdings Anfang der Achtzigerjahre bereits so heftig an seine Grenzen gestoßen, dass sogar die Kommunistische Partei und die Presse ganz offen über Veränderungen diskutierten, die bisher als absolutes Tabu galten: marktwirtschaftliche Reformen und Annäherung an die Europäische Gemeinschaft. Im Mai 1988 kam der Durchbruch, als die «Außerordentliche Konferenz der Kommunistischen Partei Ungarns» beschloss, mehr als die Hälfte des Politbüros und mit ihr einen Großteil der alten Eliten gegen Reformer auszutauschen. Den langjährigen Partei- und Staatschef Kádár ersetzte man zunächst durch den zum konservativen Reformflügel gehörenden Ministerpräsidenten Károly Grosz, der allerdings bereits sechs Monate später durch den Wirtschaftsexperten und Verfechter eines «sozialistischen Pluralismus», Miklós Németh, abgelöst wurde. Schon nach den ersten freien Wahlen im Frühjahr 1990 waren die Kommunisten im ungarischen Parlament gar nicht mehr vertreten. Die Ungarn setzten wieder dort an, wo sie 1956 gestoppt wurden: Ministerpräsident wurde der ehemalige Vorsitzende des Revolutionsausschusses während des Ungarischen Aufstands, József Antall. Für die Welt wurde der revolutionäre Wandel, den Ungarn durchlebte, vor allem in zwei weiteren Ereignissen erkennbar: Zum einen wurde Imre Nagy, der 1958 hingerichtete Führer des Ungarischen Aufstands, posthum rehabilitiert und am 16. Juni 1989 feierlich in ein Ehrengrab umgebettet. Zum anderen öffnete Ungarn am 2. Mai 1989 erste Abschnitte seiner Westgrenze. Der Eiserne Vorhang war offen. Einige Monate später nutzten vor allem Urlauber aus der DDR diesen Fluchtweg. Am Jahrestag des sowjetischen Einmarschs zur Niederschlagung des Ungarischen Aufstands, am 23. Oktober 1989, erklärte sich Ungarn feierlich zur Republik.

In Polen, dem traditionell politisch unruhigsten Mitglied des Ostblocks, verlief der Wandel dramatischer.[10] Nachdem Jaruzelski am 13. Dezember 1981 das Kriegsrecht verhängt hatte, das für etwa anderthalb Jahre aufrechterhalten wurde, hatte man versucht, zur Normalität zurückzufinden. Die Ermordung des oppositionellen Priesters Jerzy Popiełuszko durch die polnische Staatssicherheit im Herbst 1984, für die Jaruzelski als Regierungschef schließlich die Verantwortung übernahm, zeigte jedoch, wie weit das Land von diesem Alltag entfernt war. Das feierlich geschmückte Grab Popiełuszkos wurde zum Mahnmal gegen die Willkür der polnischen Regierung. Doch auch Jaruzelski leitete bereits kleinere Wirtschaftsreformen ein, die schließlich sogar bei Gorbatschow auf Anerkennung stießen. Im Juni/Juli 1986 beschloß der X. Parteitag der Kommunistischen Partei Polens (PZPR) sogar eine umfassende politische Amnestie. Wenig später bestellte Jaruzelski einen überparteilichen Beraterstab – den sogenannten Konsultativrat –, dem auch Mitglieder der politischen Opposition angehörten. Allerdings lag hier wohl eher der Versuch zugrunde, den politischen Gegner zu vereinnahmen. Vor der in den Augen der Bevölkerung wichtigsten Änderung schreckte die polnische Regierung jedoch zunächst zurück. Die Gewerkschaft *Solidarność*, die bis 1982 auf zehn Millionen Mitglieder angewachsen war, blieb zunächst verboten. Ausdrücklich hatte Jaruzelski sich bei der Verhängung des Kriegsrechts auf sie bezogen und vor ihren «Umsturzplänen» gewarnt. Dass beides – erfolgreiche ökonomische Veränderungen und freie Gewerkschaften – indes eng miteinander verzahnt waren, zeigte die 1987 durchgeführte Volksabstimmung über die Wirtschaftsreformen. Obwohl *Solidarność* noch nicht legalisiert war, konnte die Gewerkschaft erfolgreich zum Boykott der Befragung und zur Einleitung von Reformen nach sowjetischem Vorbild aufrufen. Es folgten weitere, teilweise mit Gewalt niedergeschlagene Streiks, die vor allem das Jahr 1988 bestimmten.

Seit Anfang 1989 kündigte sich während der Gespräche zwischen Regierung und Opposition am «Runden Tisch» eine politische Entspannung an. In ihrem Abschlusskommuniqué vereinbarten die Teilnehmer, 32 Vertreter der Regierung und 25 Angehörige der Opposition, einen Stufenplan zur Umsetzung der demokratischen Reformen. Diese erfolgreiche Verhandlungsform wurde später auch in anderen Staaten übernommen. Die «halbfreien» Parlamentswahlen in Polen im Juni 1989 leiteten dann, wie vereinbart, auch die lange geforderten wirtschaftlich-politischen Reformen ein. Ihr Ergebnis war eine Sensation. Von den 161 frei wählbaren Sitzen im Sejm errang *Solidarność* alle. Auch in Polen konnte sich die Kommunistische Partei als abgewählt betrachten, wie Jaruzelski schließlich einräumte. Er selbst erreichte im Juli 1989 nur noch mit einer Stimme Mehrheit die Staatspräsidentschaft. Ministerpräsident wurde der *Solidarność*-Berater Tadeusz Mazowiecki, der damit der erste nicht kommunistische Regierungschef im Ostblock war. Am 30. Dezember 1989 erklärte sich Polen feierlich zur demokratischen Republik. Die Volksrepublik Polen als Teil des sowjetischen Satellitengürtels hatte aufgehört zu bestehen. Wenige Tage später, am 28. Januar 1990, löste sich die Kommunistische Partei Polens auf. Im Dezember 1990 schließlich wurde der ehemalige Führer der *Solidarność*, Lech Wałęsa, zum ersten frei gewählten Staatspräsidenten Polens.

Die Dynamik des Umbruchs erfasste schließlich alle Staaten des Ostblocks. In Bulgarien und der Tschechoslowakei versuchten die orthodoxen Führungen der Kommunistischen Parteien zunächst durch vorbildhafte Nachahmung der sowjetischen Ideen der befürchteten großen Veränderung entgegenzusteuern. Todor Schiwkow hatte seit 1954 Bulgarien regiert und alle Wandlungen der sowjetischen Politik im Kalten Krieg souverän gemeistert und überlebt. Auch auf Gorbatschow reagierte er taktisch, als er 1987 eine eigene verkürzte Version der *Perestroika* entwickelte, die *Preustrojstwo.*[11] Sie sparte allerdings heikle Themen bewusst aus. Weitergehenden Reformen trat Schiwkow bis 1989 rigoros entgegen, was sich vor allem auch in der massiven Unterdrückung jeder Art von Opposition manifestierte. Nicht nur missliebige Zeitungsredakteure bekamen regelmäßig den Zorn des Partei- und Staatschefs zu spüren, sondern auch Demonstranten. Der Umweltschutz war eines der neuen Themen, die mit den KSZE-Verhandlungen auch nach Bulgarien gekommen waren und auf der Straße gefordert wurden. Offiziell fand dies allerdings kaum Gehör. Nicht ohne Grund tagte deshalb die KSZE-Umweltkonferenz im Oktober und November 1989 in der bulgarischen Hauptstadt Sofia. Obwohl Schiwkow versuchte, jeden Anschein eines Konflikts mit Moskau zu vermeiden, war es ein offenes Geheimnis, dass das Verhältnis zur UdSSR unter Gorbatschow einen Tiefpunkt erreichte. Das lag nicht allein an den Scheinreformen der *Preustrojstwo*. Besonders massiv reagierten die Sowjets auf die von der Regierung in Sofia forcierte Bulgarisierung der türkischen Minderheit, die mit nationalistischen Kampagnen einherging und schließlich sogar in groß angelegte Vertreibungen mündete. Für Beobachter war klar, dass auch Schiwkow den Nationalismus einsetzte, um von den gravierenden innenpolitischen Problemen des Landes abzulenken. In ähnlicher Weise war dies zum gleichen Zeitpunkt im benachbarten Rumänien zu beobachten, wo Staats- und Parteichef Nicolae Ceaușescu versuchte, die Aggressionen auf die deutsche Minderheit zu leiten.

Einen Hinweis auf Schiwkows gespanntes Verhältnis zu Gorbatschow bot im Juni 1989 ein eintägiger Arbeitsbesuch in Moskau, in dessen Nachgang die Sowjets aktiv Schiwkows Ablösung förderten. In einer «Palastrevolte» zweier Minister am 10. November 1989 wurde er schließlich gestürzt. Die Regierung unter dem ehemaligen Außenminister Petar Mladenow setzte nun zügig einen reformkommunistischen Kurs um und konnte dadurch größere Unruhen vermeiden. Schließlich einigte man sich auch hier an einem «Runden Tisch». Er nahm im Januar 1990 seine Arbeit auf und verständigte sich schließlich am 12. März unter anderem auf die Einführung eines Mehrparteiensystems und einen friedlichen Übergang zur Demokratie. Im Mai 1990 konnten in Bulgarien die ersten freien Wahlen stattfinden.

Vergleichbar lavierten die Kommunisten in der Tschechoslowakei. Der moskautreue Parteichef Gustáv Husák befand sich seit 1968 als Nachfolger des nach der sowjetischen Intervention vertriebenen Alexander Dubček im Amt und war neben Honecker einer derjenigen gewesen, die den Einmarsch in Polen vehement befürwortet hatten. Husák stand vor dem speziellen Problem, dass Gorbatschows Reformen den Forderungen des «Prager Frühlings» von 1968 ähnelten und eine Übernahme der Reformpolitik nicht nur den Reformer Dubček rehabilitiert, sondern seine eigene Person infrage gestellt hätte. Im Januar 1987 forderte die sich auf den Helsinki-Vertrag berufende Bürgerrechtsbewegung *Charta 77* um Václav Havel die Bevölkerung auf, sich aktiver an der demokratischen Erneuerung zu beteiligen. Wahrscheinlich war es auch diesmal Gorbatschow selbst, der wie in Bulgarien den internen Machtkampf forcierte. Im Dezember 1987 musste Husák schließlich seinen Posten räumen, nachdem das Präsidium der tschechoslowakischen KP ähnliche Reformen wie in der UdSSR in Aussicht gestellt hatte. Davon war man allerdings noch weit entfernt, da zunächst weiterhin eine orthodoxe Führung an der Regierung blieb. Husáks Nachfolger, Miloš Jakeš, gehörte zu den Konservativen und tat ebenfalls alles, um die Opposition zurückzudrängen. Große Demonstrationen gegen die Prager Regierung, vor allem an den Jahrestagen des Einmarschs der Warschauer-Pakt-Staaten 1968 und der Staatsgründung von 1918, bestimmten das Jahr 1988, in dem die «Samtene Revolution» in der ČSSR begann.[12] Massiver Einsatz von Polizei und Staatssicherheit, Massenverhaftungen und gezielte Gefangennahme von Schlüsselfiguren der Opposition konnten zwar auch hier den Umbruch nicht stoppen, verbreiteten aber erhebliche Unsicherheit. Zwar war rasch deutlich, dass die sowjetischen Truppen auch in der ČSSR nicht eingreifen würden, aber noch am 17. November 1989 – eine Woche nachdem die Mauer in Berlin geöffnet worden war – setzte die Prager Regierung massive Gewalt gegen Demonstranten ein. Nach weiteren Großdemonstrationen mit Hunderttausenden von Teilnehmern und einem zehn Tage später von etwa der Hälfte der Bevölkerung befolgten Generalstreik gab die tschechoslowakische Regierung am 28. November 1989 auf. Im Dezember konnte der kurz zuvor noch inhaftierte Václav Havel zum ersten freien Staatspräsidenten und Alexander Dubček zum Parlamentspräsidenten gewählt werden.

Dass die ČSSR kurz danach zerfiel, war eine für viele unerwartete Folge der Revolution. Die Tschechoslowakei gehörte allerdings zu jenen Staaten hinter dem Eisernen Vorhang, in denen der Kalte Krieg die immer virulent gebliebenen Nationalitätenkonflikte zugunsten äußerer Geschlossenheit unter dem Deckel gehalten hatte. Im antikommunistischen Exil der Tschechen und Slowaken, das sich nach 1945 im Westen gesammelt hatte, war dieses problematische Miteinander im Vielvölkerstaat aber über vierzig Jahre ein kontinuierliches und brisantes Thema gewesen. Am Ende des Kalten Krieges ergriffen die Slowaken nun die Chance, einen eigenen Staat zu gründen. Die offizielle Trennung der Tschechoslowakei erfolgte mit Wirkung zum 1. Januar 1993.

In Rumänien wiederum zeigte sich, dass der Wandel nicht zwangsläufig als weitgehend «friedliche Revolution» verlaufen musste. Hier wurde der despotische *Conducător* (Führer) Nicolae Ceaușescu am 21. Dezember 1989 in einem blutigen Aufstand und in harten Kämpfen mit der rumänischen Staatssicherheit, der berüchtigten *Securitate*, gestürzt.[13] Die Revolution begann mit blutigen Demonstrationen in der Stadt Timişoara (Temesvar), mitten im seit Jahrzehnten unterdrückten ungarischen Landesteil. Hier wandelte sich im Laufe des 16. Dezember 1989 eine Kundgebung für den regimekritischen Geistlichen László Tökes, der im Juli 1989 im rumänischen Fernsehen die alltäglichen Menschenrechtsverletzungen angeprangert hatte, zu allgemeinen Demonstrationen gegen den Despoten in Bukarest. Nachdem Tökes in der Nacht von der *Securitate* abgeholt worden war, begann der Aufstand, der rasch auf weitere Städte übergriff. In Rumänien verlief von nun an alles anders als in den Nachbarländern: Als Ceauşescu am 17. Dezember intern den Rücktritt anbot, wurde dies von den anderen Mitgliedern seiner Regierung abgelehnt. Die Armee, die sich in anderen Ländern auffallend zurückhielt, schoss hier gezielt auf Demonstranten. Es gab Hunderte, möglicherweise Tausende Tote. Am 22. Dezember stürmten aufgebrachte Demonstranten, die zu Tausenden aus den Industriebetrieben am Stadtrand in die Innenstadt von Bukarest gezogen waren, das Gebäude des Zentralkomitees, während Ceauşescu sich im letzten Moment mit einem Hubschrauber retten konnte. Als einziger Machthaber im Ostblock wurde er schließlich nach einem Schnellgerichtsverfahren, das wahrscheinlich am 25. Dezember 1989 stattfand, erschossen.

Der blutigen Revolution waren auch hier persönliche Versuche Gorbatschows vorausgegangen, Reformen in Rumänien voranzubringen. Ceauşescu hatte dies rundweg abgelehnt. Es gilt als wahrscheinlich, dass die innerparteiliche Opposition unter Ion Iliescu bereits im Oktober 1989 mit Billigung Moskaus den Sturz des Diktators plante. Iliescu galt nicht nur als Verfechter der *Perestroika*, sondern er kannte Gorbatschow schon aus gemeinsamen Studienjahren. Er war es dann auch, der am 26. Dezember 1989 zum Nachfolger Ceauşescus bestellt wurde und nach den Wahlen vom 20. Mai 1990 das Amt des ersten freigewählten rumänischen Staatspräsidenten antrat.

Auch in Albanien sperrte man sich zunächst gegen jegliche Reform. Seit 1946 war Enver Hoxha Staatsoberhaupt und galt als einer der konsequentesten Stalinisten, der sich bereits der Entstalinisierung durch weitgehende Abschottung entzogen hatte. Der eigentliche albanisch-sowjetische Konflikt hatte sich dann parallel zum chinesisch-sowjetischen Streit entwickelt und auch inhaltlich deutliche Parallelen gezeigt. Zum Eklat wurde die Moskauer Weltkonferenz am 16. November 1960, in deren Verlauf Hoxha demonstrativ den vom sowjetischen Standpunkt abweichenden chinesischen Vorstellungen gefolgt war. Auf dem XXII. Parteikongress der KPdSU im Oktober 1961 hatte dann Chruschtschow klargestellt, dass er Albanien nicht mehr als Teil des sozialistischen

Lagers betrachte.[14] In den folgenden Jahrzehnten war China dann anstelle Moskaus mit Hilfen eingesprungen. Nach Hoxhas Tod 1985 führte sein Nachfolger Ramiz Alia den Kampf gegen Moskau und die «Revisionisten» zunächst fort. Alia beharrte insbesondere darauf, dass Gorbatschows Reformen nicht auf Albanien anwendbar seien. Unbeeindruckt davon zeigten sich allerdings vor allem die Studenten, deren Demonstrationen 1989 in der Stadt Shkodër zur Verhängung des Ausnahmezustands führten. Die leichten Korrekturen am etatistischen Wirtschaftssystem bewirkten auch hier wenig. Erst Befürchtungen, in Albanien könnte sich eine Revolution wie in Rumänien wiederholen, führten ab Mitte des folgenden Jahres zu erst langsamen, dann stürmischen Veränderungen: Im Mai 1990 wurde das 1967 abgeschaffte Justizministerium wieder eingerichtet, die Religionsausübung erlaubt und die Verhängung der Todesstrafe beschränkt.

Der Druck aus der Bevölkerung, die dringend auf Veränderungen hoffte, wurde dadurch nicht geringer. Als es während einer Demonstration in der Hauptstadt Tirana im Juli 1990 zu Schießereien kam, flohen erstmals 5000 Menschen in westliche Botschaften, um das Land zu verlassen. Es gelang ihnen, ihre Ausreise durchzusetzen. Bilder von Flüchtlingen, die schließlich auf allen möglichen Wegen versuchten, aus Albanien zu entkommen, bestimmten von nun an die Nachrichten. Im Dezember 1990 begann dann die große Wandlung: Die Regierung Alia gab dem Druck nach und erlaubte den Aufbau von Parteien und Organisationen. Die im Februar 1991 entstandene erste nicht kommunistische Demokratische Partei Albaniens übernahm nach weiteren Unruhen und den vorgezogenen Neuwahlen am 22. März 1992 mit einer Mehrheit von fast zwei Dritteln die Regierungsverantwortung. Auch hier hielt die Kommunistische Partei dem Druck freier Wahlen nicht stand: Sie löste sich bereits im Juni 1991 auf.

Die neben Rumänien wohl dramatischsten Erschütterungen gab es am Ende des Kalten Krieges in Jugoslawien, das unter Tito so erfolgreich zwischen den Blöcken balancieren konnte. Der von Serbien dominierte Vielvölkerstaat war der einzige, der auf die ostmitteleuropäische Reformbewegung mit militärischen Operationen reagierte.[15] Wahrscheinlich waren es das aus der Blockfreiheit erwachsene Selbstbewusstsein der jugoslawischen Zentralregierung in Belgrad und die hier besonders verwurzelte Vorstellung, viele Reformen bereits unter Tito verwirklicht zu haben, die den Vielvölkerstaat zu einem der Schlusslichter der Reformbewegung in Ostmitteleuropa machten. Die eigentlichen Ursachen der Probleme, die dann im letzten Drittel der Achtzigerjahre an die Oberfläche kamen, lagen jedoch viel weiter zurück und vermischten sich nur mit den Umwälzungen, die durch die *Perestroika* ausgelöst worden waren. Bereits der Tod Titos am 4. Mai 1980 hatte die traditionellen Rivalitäten zwischen den unterschiedlich starken Republiken wieder sichtbar gemacht. Als im Mai 1987 Slobodan Milošević die Präsidentschaft Jugoslawiens übernahm, eskalierten die Probleme rasch. Milošević trat mit einem unverhüllten serbischen Nationalismus an, der in den anderen Landesteilen auf Bestürzung und Misstrauen traf. Im Sommer 1989 erreichte die nationalistische Mobilisierung Serbiens mit der 600-Jahr-Feier der Schlacht gegen die Türken auf dem Amselfeld *(Kosovo polje)* ihren einstweiligen Höhepunkt. Schon seit Oktober 1988 war die Zentralregierung in Belgrad auch massiv gegen den von der Verfassung garantierten Autonomiestatus der Provinzen Kosovo und Wojwodina vorgegangen. Aufkeimender Widerstand wurde von serbischen Polizei- und Armeeeinheiten rigoros unterdrückt.

Die Infragestellung der von Tito zugesicherten Autonomie wirkte sofort auf die Einzelrepubliken. Auf den ersten Blick hatte dies zwar wenig mit dem Umbruch in Ostmitteleuropa zu tun, doch war durch Gorbatschows Reformen auch in den nicht serbischen Republiken, die nun ebenso um ihre Autonomie fürchteten, das Selbstbewusstsein gewachsen. Slowenien bot 1989 demonstrativ den Kosovo-Albanern seine Unterstützung an. Die Antwort Belgrads folgte auf dem Fuße und ließ die Situation weiter eskalieren. Milošević verhängte einen Handelsboykott, auf den die ökonomisch starke slowenische Teilrepublik wiederum mit einer Einstellung ihrer Zahlungen an die Bundeskasse in Belgrad reagierte. Als überdies die slowenischen Kommunisten im Februar 1990 auf dem Parteitag der jugoslawischen KP demonstrativ aus dem Bund austraten, war die Staatskrise perfekt. Nach den ersten freien Wahlen im April 1990 erklärte sich Slowenien als erster Teil Jugoslawiens am 25. Juni 1991 für unabhängig.

Die Reaktion Belgrads fiel überraschend nachgiebig aus, wenngleich es zu einzelnen Schießereien kam. Mit Vermittlung der Europäischen Gemeinschaft konnte schon zwei Wochen später auf der Insel Brioni ein Friedensvertrag unterzeichnet werden. Diese weiche Linie Belgrads änderte sich wenig später. Im Laufe des Jahres 1990 hatten in allen jugoslawischen Republiken zum ersten Mal seit dem Zweiten Weltkrieg freie Wahlen stattgefunden. Mit Ausnahme Serbiens und Montenegros waren überall die Kommunisten abgewählt worden. Diese freien Wahlen werden allgemein als der Anfang vom Ende Gesamtjugoslawiens betrachtet, da nun in den Einzelrepubliken Politiker an die Macht kamen, die ihrerseits Nationalstaatspolitik betrieben. Die Unabhängigkeitserklärung Kroatiens am 19. Mai 1991 nahm die Zentralregierung in Belgrad nicht mehr hin. Nach vereinzelten Schießereien zwischen Angehörigen der serbischen Minderheit und kroatischen Polizisten seit Ende März eskalierte der Konflikt hier in dem Moment, als die serbischen Gebiete in Kroatien im Dezember 1991 ihren Anschluss an Serbien erklärten. Der sich nun entwickelnde blutige Bürgerkrieg, der allerdings bereits nichts mehr mit den Fronten des Kalten Krieges zu tun hatte, hielt dann über das Ende des globalen Konflikts hinaus an. Die Bundesregierung, die auf dem Zusammenhalt Jugoslawiens beharrte, führte in der Folge auch gegen andere abtrünnige Republiken Feldzüge. Trotz größter Brutalitäten konnte Belgrad aber den Zerfall des Landes in autonome Staaten nicht mehr verhindern. «Rest-Jugoslawien» bestand seit April 1992 nur noch aus Serbien und Montenegro. Insgesamt bot auch der «Fall Jugoslawien» vor allem Anschauungsmaterial für jene internationalen Konflikte, die der Kalte Krieg unter dem Deckel gehalten hatte, weil der Systemkonflikt einheitliche Fronten erforderte, unter denen die traditionellen Rivalitäten zurücktreten sollten. Er zeigte aber auch die Hilflosigkeit der internationalen Staatengemeinschaft – einschließlich der Vereinten Nationen –, solche Konflikte zu verhindern oder gar zu lösen.

Die heftigste Gegenwehr gegen das aus Moskau kommende «Neue Denken» leisteten aber die Kommunisten in China. Seit Frühjahr 1989 waren die aktuellen Probleme des Landes insbesondere unter Studenten verstärkt diskutiert worden. Der Tod des früheren Generalsekretärs Hu Yao-bang am 22. April wurde dann zum politischen Fanal.[16] Auf einer inoffiziellen studentischen Trauerfeier wurde er zum Vorkämpfer der Demokratisierung Chinas erklärt. Wenig später befanden sich rund 100 000 Studenten im Vorlesungsstreik. Die Gründung eines Unabhängigen Studentenverbands und Forderungen nach *Glasnost* und *Perestroika* ließen auch die Pekinger Führung das Schlimmste befürchten. Als sich die Situation im Mai 1989 aufgrund eines Hungerstreiks auf dem Platz des Himmlischen Friedens *(Tiananmen)* verschärfte, griff die Pekinger Führung zum Äußersten. In der Nacht vom 3. zum 4. Juni 1989 schoss die Armee die Studenten- und Arbeiterdemonstration für Demokratie und Bürgerrechte als «Konterrevolution» zusammen. Die Zahl der Toten und Verletzten wurde nicht bekannt, ebenso wenig die Zahl der Verhaftungen und Hinrichtungen. Das Rote Kreuz in Peking ging im Anschluss von rund 2600 Toten aus.[17] Es folgten groß angelegte Repressalien gegen die Reformbewegung.

Die Vereinigung Deutschlands

Der Zusammenbruch der DDR seit November 1989 und ihr Beitritt zur Bundesrepublik 1990 bildeten in der Gesamtgeschichte des Kalten Krieges eine Besonderheit: Nichts hatte den Kalten Krieg mehr symbolisiert als die deutsche Teilung und die militärisch gesicherte Grenze quer durch Deutschland. Nirgends sonst trat ein Angehöriger des Ostblocks einem Mitglied der westlichen Organisationen bei. Und so selbstverständlich, wie dies im Rückblick möglicherweise scheint, war es gerade nicht. Eine «chinesische Lösung» stand im Sommer 1989 zumindest als Drohung im Raum. Die Kampagnen der SED um Erich Honecker sprachen im Juni 1989 eine eindeutige Sprache. Dennoch unterschrieben in der DDR Tausende eine in den Kirchen kursierende Resolution gegen das Massaker in Peking.

Die Hoffnung auf *Perestroika* war in der DDR weitverbreitet. Genauso allerdings die Vorstellung, dass Honecker keine grundlegende Änderung zulassen werde.[18] Manche fühlten sich an Albanien oder gar Rumänien erinnert. Eine direkte Folge dieser Wahrnehmung war die Ausreisewelle, die seit 1988 sprunghaft anstieg. Die Zahl der Anträge erreichte nach Schätzungen der Kirchen in diesem Jahr ungefähr 250 000 und lag damit um das Dreifache höher als zu Beginn der Achtzigerjahre.[19] Als Ungarn seit Mai 1989 einseitig die «Grenzsicherungsgemeinschaft» des Ostblocks aufkündigte und seine Grenzbefestigungen abbaute, liefen DDR-Bürger in ihrem Urlaub in Ungarn zu Tausenden über die Grenze nach Österreich. In Prag und Warschau stürmten Ostdeutsche auf die Grundstücke der westdeutschen Vertretungen, um ihre Ausreise zu erzwingen. Auch sie durften schließlich in den Westen. Als ihre Sonderzüge durch die DDR fuhren, nutzten Tausende diese Nacht vom 4. auf den 5. Oktober 1989, um auf dem Bahnhof Dresden für ihre Ausreise zu demonstrieren. Rund 3000 Menschen stürmten schließlich zu den Gleisen und lieferten sich Straßenschlachten mit der Polizei, die manche an den Aufstand vom 17. Juni 1953 erinnerten.

Die DDR-Führung wehrte sich zunächst mit den bewährten Mitteln. Der Druck auf bekannte Dissidenten nahm beständig zu. Zeitschriften, die über die Reformen berichteten, wurden – wie der sowjetische *Sputnik* im November 1988 – verboten. Die Grundlinie hatte SED-Chefideologe Kurt Hager bereits 1987 in einem Interview mit dem westdeutschen Magazin *Stern* deutlich gemacht: «Würden Sie, wenn Ihr Nachbar seine Wohnung neu tapeziert, sich verpflichtet fühlen, Ihre Wohnung ebenfalls neu zu tapezieren?»[20] Gorbatschow hielt diese Haltung der SED für unakzeptabel, wie er auch beim Staatsbesuch 1989, aus Anlass des vierzigsten Jahrestags der DDR, noch einmal deutlich machte. Hier fiel der berühmte Satz: «Wer zu spät kommt, den bestraft das Leben.» (Im Original: «Es ist gefährlich, das Leben an sich vorbeiziehen zu lassen.») Tatsächlich funktionierten viele der traditionellen Techniken der Machtsicherung bereits vor dem Mauerfall nicht mehr. Weder konnte der brutale Einsatz von Sicherheitskräften während der Feiern zum Jahrestag der DDR die Demonstranten von ihren Veranstaltungen abhalten, noch gelang es, Abstimmungen in gewohnter Weise zu schönen. Über Jahrzehnte hatten die Wahlergebnisse in der DDR immer eine Zustimmungsquote von bis zu 99 Prozent ergeben. Wie dreist Wahlen manipuliert wurden, konnten Oppositionsgruppen zum ersten Mal im Mai 1989 bei den DDR-Kommunalwahlen nachweisen. Obwohl viele solche Eingriffe schon immer vermutet hatten, war die Empörung groß.

Kritisch wurde es für die Führung der DDR allerdings erst in dem Moment, als die Masse der Unzufriedenen nicht mehr ausreisen, sondern dableiben wollte und sich mit den dezidierten politischen Gegnern des Regimes verband. Der politische Widerstand in der DDR hatte sich in den Achtzigerjahren vor allem unter dem

Dach der evangelisch-lutherischen Kirche gesammelt. Im Oktober 1989 gingen die Bilder von den Friedensgebeten in der Gethsemane-Kirche in Ostberlin und der Nikolai-Kirche in Leipzig um die Welt. Zu diesem Zeitpunkt waren sie bereits eine Massenveranstaltung geworden. Auch bei den Leipziger «Montagsdemonstrationen» versammelten sich Zehntausende. Allein in Ostberlin demonstrierten am 4. November 1989 etwa eine halbe Million Menschen auf dem Alexanderplatz für Demokratie.[21]

Die SED hatte bereits im Oktober 1989 mit einem Befreiungsschlag versucht, wieder zur Herrin des Geschehens zu werden. Staats- und Parteichef Honecker war am 18. Oktober gegen seinen ausdrücklichen Willen vom Zentralkomitee von seinen Ämtern entbunden worden – ein Akt, den er als Teil einer groß angelegten internationalen Verschwörung gegen die DDR seit 1987 verstand, wie er später in einem Interview betonte.[22] In dieser bitteren Einschätzung spielte wohl die Erinnerung an seinen eigenen Amtsbeginn 1971 eine wichtige Rolle, als Ulbricht in enger Absprache mit Moskau von ihm gestürzt worden war. Sein Nachfolger und «Kronprinz» Egon Krenz bot allerdings in den Augen derjenigen, die die DDR reformieren wollten, keine Alternative. Auch er setzte wie selbstverständlich auf die bisherige Struktur der DDR und vor allem den verhassten und gefürchteten Staatssicherheitsdienst, der kosmetisch zu einem «Amt für Nationale Sicherheit» umgestaltet wurde. Wie sehr sich die DDR bereits gewandelt hatte, war daran erkennbar, dass die Opposition selbst in diesen sensiblen Bereich eingreifen konnte. Gegen die umfassende Zerstörung von Unterlagen des Staatssicherheitsdiensts, der über Jahrzehnte mit zuletzt über 91 000 Hauptamtlichen und 173 000 Inoffiziellen Mitarbeitern überwacht und manipuliert hatte, bildeten sich in vielen Städten der DDR Komitees, die schließlich die Stasi-Anlagen besetzten und die weitere Aktenvernichtung stoppen konnten.[23] Im Januar 1990 konnte die Opposition bei Verhandlungen mit der DDR-Regierung dann sogar die vollständige Auflösung des Ministeriums für Staatssicherheit durchsetzen. Als ein absolutes Novum in der deutschen Geschichte wurden dessen Unterlagen nicht nur sofort der professionellen Historiografie, sondern vor allem jedem interessierten Bürger geöffnet. Diese Offenheit gab es in keinem anderen ehemaligen Ostblockstaat.

Warum am 9. November 1989 für alle überraschend die Grenze

in Berlin geöffnet und damit endgültig das Ende der DDR besiegelt wurde, blieb lange unklar. Zu unglaublich erschien das bedingungslose Einlenken der DDR-Führung um Krenz. Tatsächlich hatte es dies auch nicht gegeben. Die Öffnung war ein Missverständnis, das nicht wieder rückgängig gemacht werden konnte. Alles hatte mit einem Beschluss des DDR-Ministerrats über eine zeitweilige Übergangsregelung für Reisen und die sogenannte Ständige Ausreise aus der DDR begonnen. Mit ihr wollte man die Welle von Fluchten über Drittländer in geordnete Bahnen lenken. In Umlaufverfahren war die Regelung abgesegnet und kurz vor der am 9. November um 18.00 Uhr angesetzten Pressekonferenz dem designierten Sekretär für Information, Günter Schabowski, auf einem kleinen Zettel mitgeteilt worden. Auf Nachfrage eines italienischen Journalisten hatte Schabowski dann zur allgemeinen Überraschung verkündet, dass nun Genehmigungen für Privatreisen von DDR-Bürgern kurzfristig möglich seien und sogar Visa zur Ständigen Ausreise unverzüglich ausgegeben würden.[24] Kurz danach strahlten verschiedene westliche Sender die umständlichen und von vielen «Ähs» unterbrochenen Ausführungen Schabowskis in der kürzesten Zusammenfassung aus, die möglich war: «Die DDR öffnet nach Angaben von SED-Politbüromitglied Günter Schabowski ihre Grenzen.» Krenz teilte später mit, man habe erstens nicht die Übergänge in Berlin gemeint und sei zweitens davon ausgegangen, dass trotzdem Anträge bei den Verwaltungen zu stellen seien.

Dem unmittelbar folgenden Ansturm von Tausenden Ostberlinern am Abend des 9. November auf die Grenzübergangsstellen in der Mitte Berlins sahen sich die dortigen Beamten rasch nicht mehr gewachsen. Nach hektischer Rücksprache öffneten einige ab 22.00 Uhr ihre Schlagbäume. Am Grenzübergang Bornholmer Straße teilte der zuständige Grenzoffizier um 23.30 Uhr angesichts der sich vor dem Tor drängelnden Menschenmassen lapidar mit: «Ich stelle die Kontrollen ein und lasse die Leute raus.»[25] Kurz nach Mitternacht waren dann alle Übergänge nach Westen passierbar. Tausende strömten noch in dieser Nacht vom 9. auf den 10. November 1989 in den Westteil Berlins. Faktisch war damit die Grenze offen, «die Mauer gefallen». Alle späteren Versuche, doch noch die Initiative zurückzugewinnen, scheiterten. Kurzzeitig hatte DDR-Verteidigungsminister Heinz Keßler am 11. November

wohl noch ernsthaft erwogen, zwei Regimenter der NVA am Brandenburger Tor aufmarschieren zu lassen, um die Besetzung und beginnende Zerstörung der Mauer durch «Provokateure» zu beenden. Die Räumung der Mauer erfolgte dann aber doch durch Polizeieinheiten aus Westberlin. In einem denkwürdigen Gespräch zwischen Gorbatschow und Kohl am Abend des 11. November wurde dann offiziell festgestellt, dass es auch keinen Einsatz der Roten Armee geben werde. Kohls Berater Horst Teltschik notierte: «Nun bin ich endgültig sicher, dass es kein gewaltsames Zurück geben wird.»[26] Aus den ersten freien Volkskammerwahlen in der DDR im März 1990 ging die konservative «Allianz für Deutschland» als Siegerin hervor. Bereits wenig später, am 18. Mai 1990, wurde eine «Wirtschafts-, Sozial- und Währungsunion» vereinbart, die schließlich am 1. Juli in Kraft trat. Damit war faktisch bereits der Beitritt der DDR zur Bundesrepublik vollzogen. Offiziell erfolgte er allerdings erst am 3. Oktober.

Für die Siegermächte des Zweiten Weltkriegs, UdSSR, USA, Großbritannien und Frankreich, war die Vereinigung Deutschlands trotz der Annäherung zwischen Ost und West ein besonderes Problem. Die Teilung Deutschlands war nicht nur der sichtbarste Ausdruck des Kalten Krieges, sondern der durch Deutschland begonnene Zweite Weltkrieg war dessen Ausgangspunkt gewesen. Insofern bedeutete bei allen gewollten Entspannungsbemühungen die Zustimmung der Siegermächte zur Vereinigung eher einen politischen Sprung als einen Schritt. Die Furcht vor einem «Vierten Reich», einem durch die Vereinigung nationalistisch aufgeladenen Deutschland, das möglicherweise Europa dominieren, aber auch destabilisieren könnte, war beträchtlich. Und es war aus den auch psychologisch festgefügten Konstellationen des jahrzehntelangen Kalten Krieges ebenso nachvollziehbar, dass

EIN MISSVERSTÄNDNIS MIT GLOBALEN FOLGEN «Der Fall der Mauer» am späten Abend des 9. November 1989. Das Bild zeigt den zu einiger Berühmtheit gelangten Grenzübergang Bornholmer Straße in Berlin, an dem der zuständige Grenzoffizier sich um halb zwölf entschied, «die Leute rauszulassen». Obwohl bereits Monate zuvor die Ungarn mit dem Abbau von Grenzzäunen begonnen hatten, war die Öffnung der Mauer in Berlin eine der zentralen Zäsuren, die zum Ende des Kalten Krieges führten. Das Image desjenigen, der das Imperium verschenkte, schwächte Gorbatschows innenpolitische Position in der UdSSR enorm.

vor allem die NATO-Länder eine Blockfreiheit eines vereinigten Deutschland verhindern wollten. Neutralität galt auch jetzt noch als politische Unzuverlässigkeit, wie Reagans Nachfolger, der neue US-Präsident George Bush, am 24. Oktober 1989 unmissverständlich deutlich machte.[27] Übereinstimmend wurde zwischen den Westmächten und der Sowjetunion vereinbart, die beiden deutschen Staaten mit in die Verhandlungen einzubeziehen und diese nicht mehr als Viermächtekonferenzen zu führen. Unumstritten war auch dies nie. Der berühmt gewordene Begriff der «Zwei-Plus-Vier-Gespräche», der bereits sprachlich der Bundesrepublik und der DDR eine herausgehobene und eigenständige Rolle einräumte, stammte aus dem Westen.[28] Die Sowjets – Gorbatschow ebenso wie sein Berater Anatoli Tschernajew – beharrten dagegen auf der Formel der «Vier-Plus-Zwei-Verhandlungen», die die Bedeutung der Siegermächte des Zweiten Weltkriegs deutlicher unterstrich. Auch das war natürlich nicht nur Semantik, sondern warf ein bezeichnendes Licht auf die aktuellen politisch-psychologischen Konstellationen, in denen sich der Westen immer deutlicher als Gewinner des Kalten Krieges präsentierte und die Sowjetunion glaubte, immer mehr in die Rolle eines Verlierers zu rücken.

Während der persönlichen Gespräche zwischen Gorbatschow und Kohl im Sommer 1990 waren dann brisante Einzelheiten geklärt worden. Der am 12. September unterzeichnete Zwei-Plus-Vier-Vertrag beurkundete, dass die bisherigen Außengrenzen der beiden deutschen Staaten nun auch die unveränderlichen Grenzen des vereinigten Deutschland darstellen sollten. Er stellte zudem fest, dass das vereinigte Deutschland in der NATO verbleiben könne, legte den stufenweisen Abbau der gemeinsamen Armee auf 345 000 Soldaten fest und bekräftigte erneut den Verzicht auf Herstellung, Besitz und Verfügung von ABC-Waffen. Der Artikel 7 enthielt die Souveränitätsformel: Die vier Siegermächte des Zweiten Weltkriegs «beenden hiermit ihre Rechte und Verantwortlichkeiten in bezug auf Berlin und Deutschland als Ganzes».[29] Die Symbolik blieb auch im letzten Akt unübersehbar. Bei den Feierlichkeiten zur Unterzeichnung des Zwei-Plus-Vier-Vertrags am 12. September 1990 in Moskau saßen Lothar de Maizière für die DDR und Hans-Dietrich Genscher für die Bundesrepublik neben den Vertretern der Siegermächte. Der Zweite Weltkrieg war endgültig zu Ende.

Das Image desjenigen, der durch seine Reformen die Früchte des sowjetischen Sieges im Zweiten Weltkrieg verschenkte, hatte für Gorbatschow schließlich auch dramatische innenpolitische Folgen. Sie zeigten sich öffentlich allerdings erst im August 1991, als konservative Hardliner in der Sowjetunion gegen ihn putschten. Insofern war es kein Zufall, dass Gorbatschow auch während des berühmten Treffens der beiden Supermächte des Kalten Krieges auf der Mittelmeerinsel Malta im Dezember 1989 den US-Präsidenten bat, künftig keine einseitigen Wertungen über Sieger und Verlierer des Kalten Krieges mehr zu verwenden. Bush allerdings hatte nur eingeschränktes Verständnis dafür. Er kommentierte später: «Er [Gorbatschow] kann es nicht verkraften, wenn er den Eindruck hat, dass wir auf dem Vormarsch sind, während er auf dem Rückzug ist.»[30]

Der Gegner verschwindet

Wie in den sowjetischen Satellitenstaaten in Ostmitteleuropa misslang die geplante Reform innerhalb des kommunistischen Systems auch in der UdSSR selbst und führte schließlich zu einem grundlegenden Wechsel, an dessen Ende der Untergang der Sowjetunion am 31. Dezember 1991 stand. Gorbatschow kämpfte innenpolitisch seit dem letzten Drittel der Achtzigerjahre an mehreren Fronten. Zum einen gegen die grundsätzlichen Gegner von *Perestroika* und *Glasnost*. Bis zum Putsch im August 1991 wehrte sich der konservative Partei- und Staatsapparat massiv und konnte über die Medien, die wirtschaftlichen Schaltstellen und vor allem über die Zensur ein deutliches Gegengewicht schaffen. Auch die Befürchtungen der Konservativen gegenüber den Reformen entsprachen jener Lagermentalität, die über Jahrzehnte für den Kalten Krieg nicht nur im Osten konstituierend gewesen war. Einer der Exponenten dieser Gruppe in der KPdSU, Jegor Ligatschow, bis Juli 1990 ZK-Sekretär und Mitglied des Politbüros, fasste sie 1987 in mehreren Stellungnahmen zusammen, die in dem Satz gipfelten: Der Klassenfeind warte nur darauf, dass auf diese Weise das sozialistische Lager geschwächt werde.[31] Ligatschows Kritik wurde nicht zuletzt auch vom KGB sowie von hohen Offizieren der Roten Armee geteilt. Ähnliche Einwände hatten auch die Entstalinisierung ab 1956 und die Entspannungspolitik seit den Sechzigerjahren begleitet. Der konservativen Gruppe stand eine Fraktion derjenigen gegenüber, die Gorbatschows Bemühungen zwar grundsätzlich befürwortete, der aber die Reformen nicht weit genug gingen. Dazu gehörten Reformkommunisten wie der Vorsitzende der KPdSU in Moskau, Boris Jelzin, und bekannte Dissidenten. Auch Andrej Sacharow führte bis zu seinem Tod im Dezember 1989 eine Gruppe von Reformkommunisten im Kongress der Volksdeputierten. Sie drängte auf die uneingeschränkte Einführung des Mehrparteiensystems und vor allem der Marktwirtschaft nach westlichem Vorbild.

Zudem waren auch in der Sowjetunion die zunächst lokalen und regionalen Unabhängigkeitsbewegungen in den Einzelrepubliken immer stärker geworden. Nicht zuletzt diese entwickelten sich schließlich zur Existenzfrage für die Sowjetunion. Nachdem der Oberste Sowjet 1988 nationale Flaggen, Hymnen und Feiertage wieder zugelassen hatte, schienen viele Republiken, die bisher einheitlich auf sowjetische Symbolik gesetzt hatten, geradezu in nationalen Traditionen zu schwelgen. Gerade nicht russische Völker entdeckten ihre Geschichte und vor allem ihre lange unterdrückten Sprachen wieder. Im Laufe des Jahres 1989 konnten die ersten Gesetze zur Förderung nichtrussischer Sprachen erlassen werden. Fast in gleichem Maße verschwand fast überall die sowjetisch-internationalistische Symbolik. Lenin-Denkmäler mussten teilweise vor Beschädigung oder Zerstörung geschützt werden. In anderen Republiken – so im traditionell verfeindeten islamischen Aserbaidschan und dem christlichen Armenien um die Exklave Nagorny-Karabach – brachen nationale Konflikte offen aus. Insbesondere dort wurden die Probleme auch von außen geschürt.

Nachdem bereits seit 1986/87 größere Demonstrationen stattgefunden hatten, forderten ab 1988/89 ganze Staaten ihre Souveränität. Den Anfang machten die Baltischen Republiken Estland, Lettland und Litauen, es folgten Moldawien, Armenien und Georgien, die schließlich sogar das Recht einforderten, eine eigene Armee zu unterhalten. Als erste Republik überhaupt erklärte Litauen am 11. März 1990 seine Unabhängigkeit. Von nun an war der Zerfall der Sowjetunion nicht mehr aufzuhalten. Mitte 1990 kam es zur entscheidenden Unabhängigkeitserklärung, die letztendlich auch das Todesurteil für den Staatsverband der UdSSR war: Am 12. Juni

1990 erklärte sich die Russische Sozialistische Föderative Sowjetrepublik (RSFSR), das Kernland der UdSSR, für souverän.

Seit März 1990 hatte die UdSSR eine Präsidialverfassung. Gorbatschow war mit umfassenden Vollmachten ausgestattet und führte einen verbissenen Kampf gegen die Auflösung der Union. Sein härtester Gegner blieb Boris Jelzin, der ab Juni 1990 als Präsident Russlands amtierte. Dass tatsächlich nicht alle Republiken gegen einen Unionsverband waren, zeigte ein im März 1991 durchgeführtes Referendum, in dem sich über zwei Drittel für eine erneuerte Staatenföderation aussprachen. Sechs Republiken nahmen allerdings gar nicht erst teil. Der wichtigste Streitpunkt betraf die nationalen Rechte der Einzelstaaten. Die Republiken pochten auf ihre Verfügungsgewalt über Grund und Boden, Produktion und Bodenschätze. Aber auch die grundsätzliche Frage, nämlich ob das Unionsrecht über dem nationalen Recht der Republiken stehe, ließ in den letzten beiden Jahren der Sowjetunion Reformen fast unmöglich werden. Gorbatschow wehrte sich gegen die Auflösung der UdSSR schließlich auch mit dem Einsatz des Militärs. Im April 1989 wurde die Armee in Georgien eingesetzt, wo 19 Tote und etwa 200 Verletzte zurückblieben, im Januar 1990 marschierten sowjetische Streitkräfte in Aserbaidschan ein. Hier gab es sogar mehrere Hundert Tote.[32] Gegen Litauen wurde zunächst eine Wirtschaftsblockade verhängt und im Januar 1991 auch militärisch interveniert. In Lettland wurde das Innenministerium gestürmt. Keine dieser Interventionen war jedoch in der Lage, den Zerfall der Union aufzuhalten.

Die schwache Position Gorbatschows in der noch bestehenden UdSSR wurde im Sommer 1991 auch international sichtbar. Als am 18. August Mitglieder der KPdSU unter der Führung von KGB-Chef Krjutschkow und Vizepräsident Janajew gegen Gorbatschow putschten, konnte sich der Präsident der UdSSR nur mithilfe eines weiteren Rivalen, Boris Jelzin, an der Macht halten. Wenige Tage später trat Gorbatschow am 24. August als Generalsekretär der KPdSU zurück. Der Partei wurde wegen ihrer Verwicklung in den Putsch jede weitere politische Tätigkeit untersagt. Jelzin gelang es nun, sich innerhalb kürzester Zeit gegen Gorbatschow durchzusetzen: Unter Umgehung der anderen Republiken wurde am 8. Dezember 1991 von Russland, der Ukraine und Weißrussland der Unionsvertrag der Sowjetrepubliken außer Kraft gesetzt und eine «Gemeinschaft Unabhängiger Staaten» (GUS) gegründet. Am 21. Dezember folgte der offizielle Gründungsakt. Vier Tage später trat Gorbatschow auch von seinem Amt als Staatspräsident der UdSSR zurück. Mit Wirkung vom 31. Dezember hörte die Sowjetunion auf zu bestehen – fast auf den Tag genau 69 Jahre nach ihrer Gründung. Der Kalte Krieg, der zwischen März und September 1947 offiziell erklärt worden war, erreichte mit dem Zusammenbruch der UdSSR sein offizielles Ende.

Innenpolitisch hatten sich alle Versuche, die UdSSR oder eine vergleichbare Union mit Gewalt zusammenzuhalten, nur als hilfloser Rückfall in die Interventionspolitik der Fünfziger- und Sechzigerjahre erwiesen. Außerhalb der UdSSR befand sich die Rote Armee bereits im Abzug. Im Januar und Februar 1991 fielen die Beschlüsse, auch jene Organisationen aufzulösen, die den Ostblock wirtschaftlich-militärisch koordiniert hatten: Am 4./5. Januar wurde der RGW, am 25. Februar auch der Warschauer Pakt für aufgelöst erklärt.

Ein Nachkrieg

Alle geschilderten Charakteristika und die offensichtlich nahezu automatisierten Reaktionen des Kalten Krieges, vor allem aber der Zusammenhang und die Komplexität seiner inneren Beziehungen legen nahe, den Konflikt systemtheoretisch zu erklären – die Teile der Auseinandersetzung eben tatsächlich als Ganzes zu betrachten.[1] Jeder Einfluss, konstatiert die Systemtheorie, der auf irgendeinen Teil des komplexen Systems einwirkt, verursacht Reaktionen in seinen anderen Teilen. An sich begrenzte Veränderungen lösten auch zwischen 1947 und 1991 fast immer komplexe Wirkungen aus. Den Kalten Krieg kann man damit als ein System beschreiben, das ausgehend von der Konstellation des älteren Ost-West-Konflikts zunächst zwei Hauptzentren unterhielt – einen «Ostblock» und einen «Westblock». Die Hauptzentren, die eigentlichen Motoren des Konflikts, waren geografisch durch die USA und die UdSSR markiert und ideologisch durch den unvereinbar und daher «total» erscheinenden Grundkonflikt zweier Gesellschaftsentwürfe gekennzeichnet: liberal-kapitalistische parlamentarische Demokratie auf der einen, staatssozialistisch-diktatorische «Volksdemokratie» auf der anderen Seite. Beide Ideen verstanden sich als absolute Ordnungsentwürfe, woraus sich auch die umfassende Bedrohungswahrnehmung und die totale Inanspruchnahme aller Ressourcen und Lebensbereiche erklären. Da sie militärisch durch den erreichten Stand der (nuklearen) Rüstung zu einem Krieg gegeneinander nicht mehr in der Lage waren, führten sie die Auseinandersetzung so lange auf Ersatzfeldern, bis einer der beiden «Motoren» des Konflikts ausfiel. Viele dieser Ersatzfelder eröffneten gleichzeitig Spielräume für weitere Mächte.

Einer der Vorteile, die mit einer solchen Interpretation verbunden sind, erschließt sich sofort. Die von Traditionalisten, Revisionisten und Postrevisionisten diskutierte Schuldfrage spielt keine Rolle mehr. Für die Organisation und Aufrechterhaltung eines sich schließlich selbsterhaltenden und selbstreferenziellen Systems ist die Antwort auf die Frage, wer mit dem Konflikt angefangen hat, zutiefst sinnlos. Das System endet erst dann, wenn ein lebenswichtiger Teil ausfällt und nicht ersetzt werden kann. Dies geschah im Kalten Krieg mit dem Untergang der Sowjetunion. Die systemtheoretische Vorstellung erleichtert zudem das Verständnis für die «totalen» Reaktionen, die den Konflikt kennzeichneten: Sie macht seine tendenzielle Allgegenwärtigkeit anschaulich, mit dem er nicht nur global die Entwicklung beeinflusste, sondern jeden Winkel des öffentlichen und privaten Lebens zu erfassen suchte. Die radikalen In- und Exklusionen und der Druck, sich zu beteiligen, betrafen Staaten und Bündnisse ebenso wie gesellschaftliche Organisationen oder Individuen.

Die Positionen der anderen Blöcke im System – China, die blockfreien Staaten und die UNO – erschließen sich, wenn man sie als eigenständige, aber vom Hauptkonflikt abhängige Akteure begreift. China orientierte sich bei aller Selbständigkeit deutlich am Verhalten der beiden Hauptkontrahenten, ebenso wie es umgekehrt auch in seinem Verhalten von Washington und Moskau beurteilt wurde. In ähnlicher Weise war der Block der NAM-Staaten abhängig vom Verlauf des bipolaren Hauptkonflikts. So zeigt sich, dass selbst die Politik der Vorzeigestaaten der Bewegung – etwa Ägyptens unter Nasser in den Fünfzigerjahren oder der ölproduzierenden Staaten des Mittleren Ostens in den Siebziger- und Achtzigerjahren – massiv von beiden Supermächten beeinflusst waren. Je nach zugelassenem Freiraum waren sie in der Lage, eigene Chancen wahrzunehmen. Entsprechendes galt für die Vereinten Nationen. Als Organisation funktionierten sie immer nur so gut, wie die Hauptakteure im System es zuließen.

Die Subsysteme des Kalten Krieges – also zum Beispiel die regionalen Mächte mit ihren spezifischen politischen Interessen, Teilungsgesellschaften, die auf ihre Wiedervereinigung zielten, organisierte Religionen oder supranational tätige private Organisationen, aber auch terroristische Gruppen – waren zwar erst recht keine vom Hauptkonflikt autarken Akteure, konnten aber ebenso wie die größeren sekundären Blöcke relativ eigenständig ihre politischen Interessen verfolgen. Die systemtheoretische Herangehensweise erlaubt es, etwa die innerdeutsche Politik als eigenes Untersystem zu beschreiben. Zum Teil gegen den Widerstand der Hauptkontrahenten entstanden hier Entspannungsversuche sowie politische, wirtschaftliche, soziale und kulturelle Zusammenarbeit zwischen den Blöcken.

Heuristisch bietet die systemtheoretische Herangehensweise aber noch mehr. Die Annahme, dass ein System versucht, sein Gleichgewicht zu erhalten und Störungen auszuschalten, erleichtert das Verständnis für die Tatsache, dass Eskalation und Entspannungsphasen einander ablösten und teilweise sogar parallel verliefen. Nicht zufällig sprachen die Beteiligten während des Kalten Krieges von der Balance der Mächte oder einem Gleichgewicht des Schreckens. Der Stilllegung des Kalten Krieges in Europa ab 1961 folgte der militärische Konflikt in anderen Regionen. Fortschritte bei der Abrüstung bestimmter Waffensysteme ließen mit Sicherheit eine Aufrüstung in anderen Waffensystemen folgen. Bezeichnenderweise war die Entspannungspolitik auch im Verständnis der Beteiligten niemals ein Selbstzweck, sondern der Versuch, eine verlorene Balance wiederzuerlangen. Auch die Abrüstungsverhandlungen zwischen den beiden Supermächten waren interessanterweise niemals darauf gerichtet, die Nuklearwaffen insgesamt abzuschaffen – im Gegenteil: Das Gleichgewicht des Systems (oder des Schreckens) sollte in jedem Fall erhalten bleiben, weil es als friedenssichernd galt.

Nicht zuletzt ergibt sich aus der systemtheoretischen Herangehensweise eine Möglichkeit, die lange Dauer des Konflikts zu erklären. Da Systeme nach dem Prinzip der Nützlichkeit arbeiten, werden sie durch positive Ergebnisse und erreichte Vorteile gestärkt. Grundsätzlich schuf der Kalte Krieg bei vielen Beteiligten eine gesellschaftlich akzeptierte Sinnbildung, eine individuelle und kollektive Ordnung sowie politische Disziplinierung. Loyalitätsversicherungen auf der einen und Exklusionen von tatsächlichen oder angeblichen Illoyalen auf der anderen Seite stärkten zwangsläufig den Zusammenhalt, aber auch die Identitätsfindung. Dies betraf nicht zuletzt Teilungsgesellschaften wie Deutschland, Korea oder Vietnam. Auch wirtschaftlich brachte der Kalte Krieg Vorteile. Die enormen Rüstungsprogramme schufen Konjunkturen, die ohne den Konflikt nicht denkbar gewesen wären: Speziell in die Nuklearwaffen- und Raketenprogramme flossen gigantische Summen. Als man nach dem Ende des Konflikts in den Neunzigerjahren die Kosten für die Entwicklung, Herstellung und Unterhaltung allein der amerikanischen Nuklearwaffen zwischen 1940 und 1996 berechnete, kam man auf eine Summe von 5,8 Billionen Dollar.[2] Im Westen sorgte der Wettlauf der Systeme aber auch für hohe Investitionen in die Bildung und nicht zuletzt auch in die sozialen Sicherungssysteme. Deren Umfang wurde für viele erst nach 1991 sichtbar, als im Zuge der Auflösung des globalen Konflikts auch die Sozialsysteme drastisch gekürzt wurden. Auch für bestimmte Entwicklungsländer, nicht zuletzt die blockfreien Staaten, brachte er handfeste finanzielle Vorteile, je nachdem, wie virtuos sie den großen Konflikt für sich zu nutzen verstanden.

Darüber hinaus verhinderte der Kalte Krieg aber auch die Notwendigkeit, nach Lösungen für unbequeme Probleme zu suchen: Die Deutsche Frage blieb nicht nur offen, mit ihr wurden Teile der Vergangenheitsbewältigung, etwa die Frage der Entschädigung von Zwangsarbeitern des Zweiten Weltkriegs, radikal ausgespart. Der nahezu bruchlose Übergang vom Zweiten Weltkrieg in den Kalten Krieg enthob aber gleichzeitig auch viele der ehemals von Deutschland besetzten Staaten – West- wie Osteuropäer – von der Last, ihre «Meistererzählungen» etwa zum eigenen Widerstand gegen den Nationalsozialismus und Faschismus zu hinterfragen.[3]

Den Kalten Krieg in seiner Gesamtheit als ein geschlossenes, selbstreferenzielles System zu betrachten, macht auch verständlicher, dass er erst beendet werden konnte, als das Gesamtsystem infrage gestellt wurde. Die Infragestellung und das Übertreten der bisherigen Regeln des Kalten Krieges durch einen der beiden Hauptbeteiligten hatte zwangsläufig die Zerstörung des Systems zur Folge. Die von Gorbatschow ab 1985 gewählte Strategie der Offenheit nach innen und außen, die wiederum ihre Ursachen in den spezifischen, aber mittlerweile für die Sowjets unbezahlbaren Anforderungen des Systems hatte, hemmte zunächst nur den eingefahrenen Ablauf des Kalten Krieges. Das System wurde aber in dem Moment zerstört, als sich der Westen nach einer Phase der klassischen Reaktionen des Kalten Krieges auf die Angebote Gorbatschows einließ. Kaum jemand erinnert sich heute noch daran, dass das Auftreten des sowjetischen Generalsekretärs zunächst typische Reaktionen des Kalten Krieges auslöste. Der erwähnte berühmt-berüchtigte Vergleich Gorbatschows mit dem NS-Propagandachef Goebbels, den der bundesdeutsche Kanzler Helmut Kohl im November 1986 in einem Interview mit der US-Zeitschrift *Newsweek* lieferte, zeigte schlaglichtartig das tiefe Misstrauen, das genau drei Jahre vor dem Mauerfall noch die internationalen Beziehungen beherrschte.[4] Als historische Ironie blieb, dass der sowjetische Generalsekretär eigentlich angetreten war, die Sowjetunion für die weiteren Runden des Kalten Krieges zukunftsfähig zu machen, nicht aber, um den Systemkonflikt zu beenden.

Das Ende des Kalten Krieges wurde wiederholt offiziell erklärt: Mitte 1990 auf dem NATO-Gipfel in London, bei den Zwei-Plus-Vier-Gesprächen in Bonn im September des Jahres und auch während der Feierlichkeiten zur Unterzeichnung der «Charta von Paris» im November 1990. Das formale Ende der Auseinandersetzung, das gleichzeitig sichtbar machte, dass damit auch der Ost-West-Konflikt seit 1917, in dem der Kalte Krieg die radikalste Phase gebildet hatte, abgeschlossen war, zeigte sich eher unspektakulär. Sechs Tage vor der offiziellen Auflösung der UdSSR wurde am 25. Dezember 1991 auf dem Kreml die rote Fahne der Sowjetunion eingeholt und die weiß-blau-rote Trikolore Russlands aufgezogen. Es blieb die Frage, warum die UdSSR und mit ihr der gesamte Ostblock nach Jahrzehnten teilweise massiver wirtschaftlicher, politischer und ideologischer Auseinandersetzung schließlich sang- und klanglos untergegangen waren. Die US-Regierung war sich ganz sicher: Präsident Bush erklärte vier Wochen nach der Auflösung der UdSSR in seiner Regierungserklärung vom 28. Januar 1992, der freie Westen habe im globalen Konflikt die Diktatur niedergerungen und damit auch den Sieg im Kalten Krieg davongetragen. Ähnlich sah es der Sicherheitsberater seiner Vorgänger, Zbigniew Brzezinski. Gorbatschow, der 1990 den Friedensnobelpreis erhalten hatte, beharrte demgegenüber darauf, dass keine Seite gewonnen habe. Das Ende der Konfrontation sei der gemeinsame Sieg über den Kalten Krieg gewesen. Die unterschiedlichen Auslegungen waren bereits während des im Dezember 1989 veranstalteten sowjetisch-amerikanischen Gipfels auf der Mittelmeerinsel Malta Thema gewesen. Gorbatschow hatte sich dort auch über die als «provokativ» und «beleidigend» verstandenen Äußerungen beklagt, die im Westen über den «Zusammenbruch des Sozialismus» und den «Triumph westlicher Werte» kursierten.[5] Bush und Gorbatschow einigten sich dort schließlich auf die Kompromissformel, in Ostmitteleuropa hätten sich nicht westliche, sondern «demokratische Werte» durchgesetzt.

Versucht man die Erklärungsmuster zum Ende des Kalten Krieges und zum Untergang der Sowjetunion zu bündeln, so zeigen sich zwei Hauptrichtungen.[6] Nach der ersten waren vor allem interne Gründe, die bereits in der Gründungsphase der UdSSR angelegt wurden, für den Zerfall verantwortlich. Die Sowjetunion sah sich nach dieser Theorie aufgrund fehlender intellektueller und wirtschaftlicher Ressourcen nicht in der Lage, die Rolle als ideologischer Wegbereiter der «Weltrevolution» zu spielen, die ihr Lenin zugedacht hatte. Unter Stalin sei der Weg ideologischer Überzeugung zugunsten der Ausübung militärisch-politischen Drucks endgültig verlassen worden. Hieraus seien die Widerstände gegen Moskau und den Kommunismus innerhalb des sowjetischen Machtbereichs – so unterschiedlich sie im Einzelnen auch begründet waren – entstanden. Die zweite Erklärung gibt den externen Gründen die Hauptverantwortung am Niedergang. Nach dieser Deutung hatte der Westen durch seine Offensive gegen den Kommunismus seit dem Beginn des Kalten Krieges, schließlich vor allem auch durch die Ankündigung des SDI-Programms, die Sowjetunion besiegt. Vor allem die US-Präsidenten Reagan und Bush haben immer wieder die «unbeugsame Haltung» des Westens herausgehoben, die den Ostblock schließlich gezwungen habe, nachzugeben. Man kann noch eine dritte Erklärung anbieten, die beide Auffassungen verknüpft, aber die Bedeutung der Entspannungspolitik als eine zahmere Version der Befreiungsidee, wie sie John F. Kennedys *Strategy of Peace* oder Egon Bahrs «Wandel durch Annäherung» letztendlich waren, stärker heraushebt. Beide Ideen beruhten auf der Magnettheorie als Teil der *Liberation Policy*, lehnten aber offensivere Formen der Befreiung vom Kommunismus strikt ab. Kennedy wie Bahr hatten zu Beginn der Sechziger ausdrücklich gezielte Informations- und Handelspolitik, insbesondere menschliche Kontakte als Strategie zur Auflösung des Ostblocks vorgeschlagen. Man kann nicht bestreiten, dass sich dies zumindest für Europa als erfolgreich erwies.

Die Verknüpfung aller drei Thesen trifft wahrscheinlich am ehesten die historische Wahrheit: Die Sowjetunion stand in den Achtzigerjahren innen- wie außenpolitisch vor enormen Herausforderungen. Gleichzeitig schien auf die bisherige Weise keine tragfähige Lösung mehr möglich. Zu den Verstärkern der Krise gehörten neben dem vom Westen angekündigten immens teuren SDI-Programm, das im Fall einer erfolgreichen Einführung die über Jahre angehäuften und modernisierten Nuklearwaffen auf einen Schlag nutzlos gemacht hätte, insbesondere die intensiver geäußerten Konsumansprüche der Bevölkerung im gesamten sowjetischen Machtbereich. Sie waren durch die elektronischen Medien des Westens erheblich forciert worden. Mit ihnen verband sich schließlich die Forderung nach mehr persönlicher Freiheit und politischer Selbstbestimmung, der der Ostblock nach der Unterzeichnung der KSZE-Schlussakte von Helsinki nur wenig entgegenzusetzen hatte. Die Gemengelage der Krise und die Notwendigkeit komplexer Erklärungen für das Ende des Kalten Krieges hat namentlich der ehemalige US-Außenminister Henry Kissinger ausdrücklich betont. Sicher ist aber auch, dass der risikobehaftete Weg der Reformen von der Sowjetunion nicht zwangsläufig hätte beschritten werden müssen. Die UdSSR und der Ostblock hätten in irgendeiner Form weiterbestehen können. Wie lange das gut gegangen wäre, ist eine andere Frage. So war es tatsächlich der «Ausnahmepolitiker» Gorbatschow, der die ausschlaggebende Rolle spielte. Er verwirklichte seine persönlichen Reformvorstellungen, um die Sowjetunion im Systemkonflikt zukunftsfähig zu machen, und er setzte seine Politik fort – selbst, als sich die unbeabsichtigten Folgen zeigten. Gorbatschow gelang es, den sowjetischen Staats- und Parteiapparat zu überzeugen, dass mit den inneren Reformen auch eine grundlegende Neubestimmung der sowjetischen Innen- und Außenpolitik notwendig sei, wenn man nicht alles verlieren wolle. Die *Perestroika* interpretierte zum ersten Mal in der sowjetischen Geschichte den Rückzug aus bereits erreichten außenpolitischen Positionen nicht als Niederlage, sondern als Erfolg und als Notwendigkeit des sozialistischen Modells. Das «Neue Denken» betonte dabei vor allem den überfälligen Wandel von der Klientel- zur Kooperationsbeziehung gegenüber den Satellitenstaaten. Verbunden war dies mit dem gleichzeitigen Abschied von der Vorstellung, jede selbständige Entscheidung in einem der «Bruderstaaten» müsse sanktioniert werden. Ähnliche Vorstellungen herrschten in Moskau auch über die zukünftige Einflussnahme auf die Dritte Welt. Allerdings hatte man zunächst die Hoffnung, auch dort würden Reformkommunisten die Macht übernehmen und so den Bestand des «Sozialistischen Weltsystems» sichern.

Der amerikanische Politologe Myron Rush hat aus der Tatsache, dass Gorbatschow in der Reihe sowjetischer Generalsekretäre der

Nachkriegszeit sowohl durch sein Alter als auch durch seine Reformbereitschaft die absolute Ausnahme bildete, den Schluss gezogen, bereits dessen Einsetzung sei ein «Unfall» des sowjetischen Systems gewesen.[7] Folgt man dieser Auffassung, so war das Ende des Kalten Krieges in erster Linie ein historischer Zufall. Für die These spricht, dass tatsächlich viele der weiteren zentralen Ereignisse des Umbruchs 1989 fast als Glücksfälle zu bezeichnen sind: Man denke nur an die Umstände, die zur Öffnung der Mauer in Berlin führten, oder an die Tatsache, dass es – gemessen an der Dimension und dem politischen Gewicht des Umbruchs – zu relativ wenig Blutvergießen kam. Der Westen musste vor allem über seinen eigenen Schatten springen und Gorbatschow als ehrlichen Verhandlungspartner anerkennen. Gerade in dieser Phase zeigte der Konflikt noch einmal deutlich, was der Kalte Krieg vor allem gewesen war: ein Krieg der absolut gesetzten politischen Ideen, dessen Fronten durch klassische Machtansprüche, aber vor allem auch durch die gegenseitige Wahrnehmung gebildet wurden. Die Fronten lösten sich in dem Maße, in dem die Perzeption sich wandelte. Mit Gorbatschow trat ein Politiker an, der das herkömmliche Bild sowjetischer Generalsekretäre im Westen völlig veränderte. Ihm wurde schließlich persönliche Integrität zugestanden. Insofern wurde der Kalte Krieg nicht durch die Konfrontation oder die Anhäufung von immer mehr und immer ausgereifteren Waffensystemen beendet, sondern letztendlich durch das vorsichtige Aufeinanderzugehen beider Blöcke. Aus diesem Blickwinkel trug tatsächlich die Entspannungspolitik erheblich mehr zur Beendigung des Konflikts bei, als ihr manche zugestehen möchten.[8] Ironischerweise überlebte ausgerechnet Gorbatschow als derjenige, der konsequent auf die Entspannungspolitik gesetzt hatte, politisch das Ende der Auseinandersetzung nicht.

Unabhängig von diesen Deutungen kann man noch eine ganz anders akzentuierte Antwort auf die Frage nach Sieg und Niederlage im Kalten Krieg geben. *We all lost the Cold War*: wir haben alle den Kalten Krieg verloren, lautete die provokante These einer 1994 vorgelegten amerikanischen Untersuchung. Sie stellte sich auf den Standpunkt, dass unabhängig davon, auf welche Strategien und sonstigen Einflüsse der Ausgang des Konflikts zurückgeführt werde, sein krisenhafter Verlauf die Lebensqualität aller nachhaltig beeinträchtigt habe.[9] Im Umkehrschluss folgt daraus, dass die

Beendigung des Kalten Krieges irgendwie alle zu Gewinnern machen musste. Dass dies allerdings bei Weitem nicht so war, sondern die Nachkriegszeit des globalen Konflikts erneut Gewinner und Verlierer, erwünschte wie unerwünschte Erbschaften und nicht zuletzt eine Bandbreite von weiteren Wirkungen hinterließ, die erst längerfristig erkennbar wurden, liegt auf der Hand.

Ohne Anspruch auf Vollständigkeit lassen sich vier zentrale Folgen der Beendigung des Kalten Krieges nennen. Sie sind bis heute mit einer Vielzahl von noch nicht absehbaren Erbschaften belastet. Dazu gehört erstens die politische Neuordnung der traditionellen Zentren des Kalten Krieges. Die in Ostmitteleuropa und auf dem Gebiet der ehemaligen UdSSR entstandene Fülle neuer Nationalstaaten erklärte sich entsprechend ihren historischen Bindungen neuen Ordnungen zugehörig. Am einfachsten war dies für die ehemaligen ostmitteleuropäischen Satellitenstaaten, die sich traditionell Westeuropa verbunden fühlten. Polen, die ČSSR, Ungarn, Bulgarien, Rumänien, die Baltischen Staaten, schließlich auch Teile Jugoslawiens zielten unmittelbar nach Ende des Kalten Krieges auf die Aufnahme in die Europäische Gemeinschaft, die ab 1993 Europäische Union (EU) hieß. Bei vielen dieser Staaten war es einleuchtend, dass der Beginn des Kalten Krieges und die forcierte Blockbindung die Entwicklungshoffnungen nach 1945 jäh unterbrochen hatten. Vielfach waren solche Erwartungen über Jahrzehnte im antikommunistischen Exil im Westen weiter gepflegt worden. Die Erweiterung der EU als Ergebnis der Beendigung des Kalten Krieges brachte 1994 zunächst die Aufnahme der beiden bisher neutralen Staaten Österreich und Finnland, im folgenden Jahr Schweden. Bis 2004 folgten unter anderem Ungarn, Polen, Tschechien, Estland, Slowenien, Lettland, Litauen und die Slowakei.

Als zweites zentrales Ergebnis der Beendigung des Kalten Krieges ist die militärische Neuorganisation der überholten Blockstrukturen zu nennen. Sie beinhaltete nicht zuletzt den Versuch, die Nuklearwaffen der zerfallenden Sowjetunion unter Kontrolle zu halten. Gegen den ausdrücklichen Einspruch Moskaus wurden 1999 Ungarn, Polen und Tschechien in die NATO aufgenommen. Unmittelbar damit zusammen hing die Neuorientierung der westlichen Sicherheitspolitik. Sie mündete unter anderem in das sogenannte «Neue Strategische Konzept», das nicht nur die militärischen Aktivitäten der NATO neu definierte, sondern auch die Beziehungen zu den Staaten des ehemaligen Ostblocks. Dass die NATO tatsächlich kein Verteidigungsbündnis mehr war, das im Falle eines Angriffs auf einen Mitgliedstaat mit dem Einsatz aller reagierte, zeigte sich bereits 1994 im Zuge der Intervention im ehemaligen Jugoslawien, später auch in Afghanistan. Einen der größten gemeinsamen Erfolge für die NATO und den damals noch bestehenden Warschauer Pakt bildete die Abrüstung in Europa, die im 1990 geschlossenen KSE-Vertrag geregelt wurde. Allein hier waren rund 40 000 Großwaffensysteme zu vernichten und etwa 500 000 Soldaten abzuziehen. Vor allem die Abrüstungen im vereinigten Deutschland machten für viele zum ersten Mal die tatsächlichen militärischen Größenordnungen sichtbar. Von den vorhandenen 7133 Kampfpanzern wurden 4166, von den 9598 gepanzerten Fahrzeugen sogar 6152 verschrottet oder in andere Länder verschenkt.[10] Die ungeheuren Mengen ließen den Überblick zeitweilig schwer werden. So wurden die von Deutschland an die Türkei gelieferten Fahrzeuge vertragswidrig gegen kurdische Rebellen eingesetzt und Waffen aus dem ehemaligen Ostblock tauchten bei islamistischen Gruppen in Georgien auf. Noch drängender war die Frage, was mit den Atomwaffen passieren sollte. Mit dem noch im Juli 1991 geschlossenen START-Vertrag wurden neue Rahmenbedingungen für die Zeit nach dem Kalten Krieg gesetzt. Die gemeinsam beschlossene Obergrenze von jeweils 8640 Sprengköpfen und ein Verbot, das untersagte, zukünftig Raketen mit mehr als zehn Sprengköpfen zu entwickeln, sollten nicht nur die Entwicklung kontrollierbarer machen, sondern gleichzeitig das nukleare Gleichgewicht auf niedrigerem Niveau erhalten. 1992 verpflichteten sich Russland und die USA zu einer weiteren Reduzierung auf jeweils rund 3500 Gefechtsköpfe bis zum Jahr 2003. Eine vollständige Vernichtung der Atomwaffen wurde allerdings auch jetzt nicht geplant. Dagegen sprach nach wie vor die als friedenssichernd verstandene Funktion der Nuklearwaffen, aber auch die nach dem Kalten Krieg rascher fortschreitende unkontrollierte Weiterverbreitung. Da während des Kalten Krieges allein von den Supermächten rund 1750 Tonnen hoch angereichertes Uran und etwa 230 Tonnen Plutonium hergestellt worden waren, lagerten in der GUS zu diesem Zeitpunkt bis zu 160 Tonnen Plutonium und etwa 900 Tonnen waffenfähiges Uran.[11] Bereits Mitte 1994 tauchte zum ersten Mal geschmuggeltes Plutonium und hoch angereichertes Uran aus der ehemaligen sowjetischen Bombenproduktion in Deutschland auf. In der Regel war das Material durch unterbezahlte oder arbeitslos gewordene Angestellte von Institutionen verschoben worden, die mit nuklearem Material umgingen. Diese «Hinterbliebenen des Kalten Krieges» zeigten sich als ein besonderes Problem, je mehr sich herausstellte, dass terroristische Gruppen und einige Staaten Interesse an nuklearem Material hatten. Allein Russland übernahm als einer der Nachfolgestaaten der UdSSR 920 Einrichtungen, die mit der Rüstungsforschung und Entwicklung neuer Waffensysteme im Kalten Krieg beschäftigt gewesen waren. Bis 1995 wurden von diesen 270 geschlossen und mit ihnen rund 250 000 Personen entlassen.[12] Tatsächlich kursierten in den Neunzigerjahren immer wieder Informationen, dass russische Techniker in Libyen, im Irak und Iran, in Pakistan und Nordkorea angeworben worden waren. Schon im November 1991 startete deshalb eine Gesetzesinitiative im US-Kongress, die schließlich in einem *Cooperative Nuclear Threat Reduction Program* mündete, die den arbeitslos gewordenen Waffenspezialisten des Kalten Krieges eine neue Perspektive geben sollte.

Als drittes zentrales Ergebnis der Beendigung des Kalten Krieges zeigt sich eine neue, teilweise selbständigere Stellung der ehemaligen Peripherie des Kalten Krieges. Erkennbar ist hier vor allem der weiter ausgebaute Einfluss Chinas, aber auch des politischen Islam. Die enorme politische Bedeutung der Länder an der Peripherie hatte sich während des Konflikts zum Beispiel in der Vergabe von Entwicklungs- und Militärhilfe, aber auch in den «Kleinen Kriegen» gezeigt. Entsprechend deutlich war mit dem Ende des Kalten Krieges 1991 das Interesse für den Nord-Süd-Konflikt und damit auch die finanzielle Unterstützung auf einen historischen Tiefpunkt gefallen. Die Neunzigerjahre, als die erste Nachkriegsdekade des Kalten Krieges, waren deswegen auch das Jahrzehnt einer verheerenden globalen Armutskrise. Bereits die schlichte Betrachtung der Situation aus wirtschafts- und machtpolitischem Blickwinkel macht deutlich, dass dieses durch das Ende des Kalten Krieges hinterlassene Vakuum zwangsläufig Reaktionen auslösen musste. Weltweit gesehen zeigten sich vor allem zwei Trends. Am besorgniserregendsten für die ehemaligen Hauptzentren des Kalten Krieges war zweifellos die massive Zunahme des radikalen Islamismus in der Dritten Welt. Bereits in den letzten Jahren vor 1991 hatte sich gezeigt, dass sich der von den USA in diesem Teil der Welt zunächst als antikommunistische Kraft geförderte islamistische Fundamentalismus nun zunehmend als Kämpfer für die Interessen der Dritten Welt zu etablieren suchte. Es war daher kein Zufall, dass mit dem Ende des antisowjetischen *Dschihâd* in Afghanistan auch eine Art islamische Entwicklungshilfe einsetzte. Sie zeigte sich nicht nur in islamischen Ländern an der ehemaligen Peripherie des Kalten Krieges, so etwa in Indonesien, sondern auch in seinen einstigen Zentren, so etwa in Staaten des ehemaligen Ostblocks mit islamischer Bevölkerung. Ein besonderer Schwerpunkt in Europa wurde Albanien und das zerfallende Jugoslawien. Neben islamischen Staaten tauchten nun auch zahlreiche private islamische Organisationen als Geber auf. Dazu zählte auch das 1988 entstandene Terrornetzwerk *Al-Qaida*.[13] Nicht ohne Grund stieg Osama bin Laden, der von einer US-Spezialeinheit schließlich 2011 in Pakistan getötet wurde (Operation Neptune's Spear), vor allem nach den Anschlägen im September 2001 in Teilen der Dritten Welt zu einer politischen Ikone auf. Dem Islamismus ist es nach dem Ende des Kalten Krieges und der damit einhergehenden politischen Diskreditierung des Kommunismus gelungen, für Teile der nach 1991 von den Supermächten und den reichen Industrieländern alleingelassenen Dritten Welt zum ersten Mal wieder eine Art Integrationsideologie bereitzustellen. Der Politologe Samuel P. Huntington leitete daraus schon 1996 seine These ab, ein neuer, ideologisch aufgeladener Kalter Krieg werde möglicherweise mit dem Islam, eventuell aber auch mit China geführt werden müssen.[14] Tatsächlich bot China wohl den deutlichsten Beleg für die Möglichkeiten einer Neuordnung an der ehemaligen Peripherie des Kalten Krieges. Das Land war bis 1991 eine nuklear bewaffnete Großmacht des Kalten Krieges im Schatten der Supermächte geblieben. Nur zeitweilig war es gelungen, einen aktiven politischen Part im großen Konflikt zu spielen. Auch als selbst ernannter Vorreiter der Blockfreienbewegung konnte Peking im Kalten Krieg nur wenige Erfolge erringen. Während jedoch die Blockfreienbewegung angesichts der Auflösung der Blöcke in eine Sinnkrise rutschte, die vor allem während der Gipfeltreffen in Jakarta 1992 und Cartagena 1995 sichtbar wurde, konnte China, trotz der weltweit verurteilten Niederschlagung der Demokratiebewegung 1989, erfolgreich einen Platz in der Zeit nach dem Kalten Krieg behaupten. Nach 1991 gelang es im Verlauf weniger Jahre, sich als kommunistischer Staat für westliche Industrienationen zu empfehlen, vor allem aber auch, sich als Vormacht in Ostasien zu etablieren. Ähnlich wie die USA in Mittel- und Südamerika konnten die Machthaber in Peking eigene wirtschaftliche Einflusszonen im Süden und im Norden Ostasiens aufbauen, was während des Kalten Krieges undenkbar gewesen war. In die südliche Einflusszone wurden unter anderem Thailand, Laos, Kambodscha, Malaysia und Indonesien einbezogen. Ironischerweise gelang es damit, auch die antikommunistischen Frontstaaten, die zunächst in der SEATO, dann in der ASEAN versammelt waren, als Wirtschaftspartner zu gewinnen. Hier zeigte sich eine der bemerkenswertesten politisch-wirtschaftlichen Konversionen in den ehemaligen Strukturen des Kalten Krieges.[15] Aber auch die Rahmenbedingungen für einen möglichen Konflikt in der Zukunft wurden bereits vorgezeichnet. Die Gründung der APEC 1989, des auf australische Initiative gegründeten asiatisch-pazifischen Wirtschaftsforums, zu dem neben China und einigen südostasiatischen ASEAN-Staaten auch die USA, Kanada, Russland, Japan, Südkorea, Hongkong und Taiwan gehören, machte das deutlich. Man muss kein Prophet sein, um hier eines der zukünftigen Konfliktfelder zwischen der letzten verbliebenen Supermacht USA, der ehemaligen Supermacht Russland und der im Kalten Krieg aufgestiegenen dritten Weltmacht China zu prognostizieren.

Als viertes zentrales Ergebnis aus dem Ende des Kalten Krieges ist der Versuch der USA zu verstehen, nach dem Untergang des Kommunismus eine Weltordnung zu etablieren, die einerseits den Sieg der westlichen Demokratie über die sowjetische Diktatur widerspiegeln und andererseits die Lehren aus der Zeit des globalen Konflikts ziehen will. Daraus ergibt sich aus amerikanischer Sicht nicht nur die Fortsetzung des Kampfs gegen undemokratische Regime – die sogenannten *Rogue States* –, verbunden mit einer tiefen Skepsis gegenüber der UNO, sondern vor allem die Beibehaltung der als erfolgreich verstandenen Strategien des Kalten Krieges für zukünftige «Lange Kriege». Diesen Begriff führte das Pentagon im Februar 2006 in einem dem US-Kongress vorgelegten Strategiepapier ein.[16] Die Richtung zeigten bereits die außenpolitischen Interventionen der USA seit 1991, das heißt vor allem der Verlauf des Zweiten Golfkriegs gegen den irakischen

Diktator Saddam Hussein, die militärischen Operationen gegen das Jugoslawien Slobodan Miloševićs sowie der am Anfang des «Kriegs gegen den Terror» stehende Angriff auf die *Taliban* in Afghanistan nach den Anschlägen in den USA vom 11. September 2001. Wo eine «Befreiung» nicht möglich oder sinnvoll erscheint, wird wie im Kalten Krieg auf die Isolierung, die «Eindämmung» gesetzt. Beispiele dafür sind Kuba und Nordkorea. «Auf dem Höhepunkt des Kalten Krieges», führte der damalige republikanische Mehrheitsführer im Senat, Trent Lott, in der Debatte zu dem von Bushs Nachfolger Bill Clinton unterschriebenen *Iraq Liberation Act*, dem «Befreiungsgesetz für den Irak», am 7. Oktober 1998 dazu aus, «unterstützten wir Freiheitskämpfer in Asien, Afrika und Lateinamerika, die willens waren, für eine demokratische Zukunft zu kämpfen und zu sterben. Wir können und sollten dasselbe nun im Irak tun. [...] Ich glaube, sie beginnen nun das strategische Argument zu verstehen, über Eindämmung [im Original: *«Containment»*] hinaus zu einer Politik der Zurückdrängung [im Original: *«Policy of ‹Rollback›»*] zu gelangen. Eindämmung allein genügt nicht.»[17]

Die Anschläge vom 11. September 2001 verschoben die Optionen innerhalb der traditionellen *Containment-Liberation*-Strategie mehr auf die militärische Befreiung. In einer Unterredung am Standort des Strategischen Luftkommandos in Nebraska sprach CIA-Chef George Tenet am Nachmittag des 11. September zum ersten Mal ausdrücklich davon, dass sich die USA in einem neuen globalen Krieg befinden.[18] Noch am selben Tag wurde vom US-Präsidenten George W. Bush ein offizieller «Kriegsrat» *(War Council)* eingerichtet, und nur zehn Tage später war der Krieg gegen das islamistisch regierte Afghanistan eröffnet, das man als Rückzugsraum der für die Terroranschläge verantwortlichen Organisation *Al-Qaida* betrachtete. Knapp eine Woche später ordnete der US-Präsident auch die Vorbereitung eines weiteren Krieges gegen den Irak an, den man ebenfalls für die Anschläge verantwortlich machte. Kritiker, wie der durch die Enttarnung der *Watergate*-Affäre bekannt gewordene Journalist der *Washington Post*, Bob Woodward, warfen dem Präsidenten zwar vor, hier lediglich eine vermeintlich günstige Gelegenheit zu nutzen, um alte Rechnungen zu begleichen.[19] Dennoch bestand kein Zweifel daran, dass dabei die US-Bevölkerung wie in den Anfangsjahren des Kalten Krieges zunächst mehrheitlich hinter ihrer Regierung stand. Der Dritte Golfkrieg begann am 20. März und fand sein offizielles Ende mit dem Untergang des Regimes um Saddam Hussein am 1. Mai 2003. Erst danach ging der Konflikt in einen anhaltenden Guerillakrieg mit islamistischen Gruppen über. Und wieder waren es die Strategien des Kalten Krieges, die als Leitlinie dienten. «Im Weltkrieg und im Kalten Krieg», hieß es am 19. November 2003 in einer der zentralen Reden des US-Präsidenten zum Krieg gegen den Terror, «haben wir gelernt, dass Idealismus [...] nationale Stärke, moralischen Mut und Geduld für schwierige Aufgaben erzeugt. Und nun braucht unsere Generation diese Qualitäten.»[20] Entsprechend sah es auch der im Jahr 2004 vorgelegte offizielle Bericht der Untersuchungskommission zum Anschlag vom 11. September 2001.[21] Insbesondere der im Dezember 2014 gegen den Willen von US-Präsident Barack Obama veröffentlichte sogenannte Folterreport zeigte darüber hinaus, wie schwach sich die USA angesichts des islamistischen Terrorismus fühlten. Außer der Einrichtung von außerhalb des amerikanischen Rechts stehenden Haftanstalten («Black Sites») genehmigte die US-Regierung unter George Bush bereits 2001, in Ermittlungsverfahren Folter einzusetzen. Die «Black Sites» – wie das besonders berüchtigte Guantánamo – fügten sich nahtlos in eine problematische Tradition seit den Fünfziger- und Sechzigerjahren, als die CIA fragwürdige Menschenversuche unternahm.[22]

Ob die unterschiedlichen Konflikte in Zukunft tatsächlich eine Qualität wie der vergangene Kalte Krieg entwickeln werden, ist nicht abzusehen, obwohl der Begriff des «neuen Kalten Krieges» vielfach benutzt wird. Den 1991 abgeschlossenen Kalten Krieg zeichneten vor allem zwei zentrale Charakteristika aus: ein unüberbrückbarer ideologisch-politischer Dualismus mit jeweils universalem und weltweitem Anspruch sowie die ständige Bedrohung durch einen globalen Nuklearkrieg. Seit dem Untergang der UdSSR und der Annäherung der zwar nach wie vor von einer kommunistischen Partei diktatorisch regierten, aber demonstrativ dem Westen geöffneten Atommacht China ist der Islamismus als ein ideologischer und dem Westen feindlicher Ordnungsentwurf mit universalem und globalem Anspruch auf dem Vormarsch. Möglicherweise stehen einem fundamentalistisch regierten Staat bald auch Nuklearwaffen zur Verfügung. Auch die Auseinandersetzungen mit Russland unter Wladimir Putin, die durch den Syrischen Bürgerkrieg seit 2011 an Schärfe zunahmen, erscheinen manchem wie die Neuauflage des Kalten Krieges. Doch diese Konflikte sind zurzeit noch weit davon entfernt, die Qualität des 1991 abgeschlossenen Kalten Krieges zu erreichen.

Abkürzungen

ABAKO	Assoçiation des Bankongo
ABC	Atomar, Biologisch, Chemisch
ABM	Anti-Ballistic Missile
ABN	Antibolschewistischer Block der Nationen
ADC	Air Defense Command
ADD	Awiazija Dalnewo Deiswija (Strategische Bomberflotte)
ADM	Atomic Demolition Munition
AEC	Atomic Energy Commission
AFB	Air Force Base
AFN	American Forces Network
AGM/S	Arbeitsgruppe des Ministers/Sonderfragen
AID	Agency for International Development
AKP	Afrika-Karibik-Pazifik
ALB	Air-Land-Battle
ALCM	Air-Launched Cruise Missile
ALN	Armée de Libération Nationale
ANC	African National Congress
ANZUK	Australien-Neuseeland-Großbritannien-Pakt
ANZUS	Australien-Neuseeland-USA-Pakt
APEC	Asian-Pacific Economic Cooperation
APO	Außerparlamentarische Opposition
APuZ	Aus Politik und Zeitgeschichte
ARD	Arbeitsgemeinschaft der öffentlich-rechtlichen Rundfunkanstalten der Bundesrepublik Deutschland
ARPA	Advanced Research Projects Agency
Art.	Artikel
AS	Air-to-Surface Cruise Missile
ASEAN	Association of South-East Asian Nations
ASUW	Automatizirovannja sistema upravlenije woiskami (Automatisierte Kommando- und Kontrollsysteme)
ÁVH	Államvédelmi Hatóság (Abteilung für politisches Polizeiwesen; ungarischer Staatssicherheitsdienst)
AWMF	Awiazija Wojenno-Morskowo Flota (Marinefliegertruppe)
AWPWO	Awiazija Protiwo-Wosduschnoi Oborony (Heimatluftverteidigung)
B	Bomber
BBC	British Broadcasting Corporation
BDJ	Bund Deutscher Jugend

BdO	Bund deutscher Offiziere
BMG	Bundesministerium für gesamtdeutsche Fragen
BMVg	Bundesminister(ium) der Verteidigung
BND	Bundesnachrichtendienst
BP	British Petroleum Company
BSP	Bruttosozialprodukt
CARE	Cooperative for American Remittances to Europe
CARICOM	Caribbean Community
CBS	Columbia Broadcasting System
CCF	Congress for Cultural Freedom
CDU	Christlich-Demokratische Union
CENTO	Central Treaty Organization
CIA	Central Intelligence Agency
CIC	Counter Intelligence Corps
CIP	Commercial Import Program
CNW	Central Nuclear War
COMECON	Council for Mutual Economic Assistance
CONAKAT	Conféderation des Associations du Katanga
CONDECA	Central American Defense Council
CPD	Committee on the Present Danger
CPUSA	Communist Party USA
CREST	CIA Records Research Tool
ČSR	Československá Republika (Tschechoslowakische Republik)
ČSSR	Československá Socialisticá Republika (Tschechoslowakische Sozialistische Republik)
CSS	Chinese Surface-Surface
CSU	Christlich-Soziale Union
CWIHP	Cold War International History Project
CZ	Chang Zeng (Langer Marsch)
DA	Dalnaj Awiazija (Fernbomber)
DD	Dokumente zur Deutschlandpolitik
DEFA	Deutsche Film AG
DEFCON	Defense Readiness Condition
DEW	Distance Early Warning Line
DF	Dong Feng (Ostwind)
DFF	Deutscher Fernsehfunk
DFS 904	Deutscher Freiheitssender 904
DIA	Defense Intelligence Agency
DK	Demokratisches Kampuchea
DKP	Deutsche Kommunistische Partei
DLF	Deutschlandfunk
DMZ	Demilitarized Zone
DP	Deutsche Partei
DRV	Demokratische Republik Vietnam
DT 64	Deutschlandtreffen 1964
DW	Deutsche Welle

EAEC	East African Economic Congregation
EAM	Ethnikó Apelevtherotikó Métopo (Griechische Nationale Befreiungsfront)
ECA	Economic Cooperation Administration
ECOWAS	Economic Community of West African States
EDES	Ethnikós Diokratikós Ellinikós Stratosin (Griechische Nationale Befreiungsarmee)
EKD	Evangelische Kirche in Deutschland
ELAS	Ellinikós/Ethnikós Laikós Apelevtherotikós Stratós (Griechische Volksbefreiungsarmee)
ENIAC	Electronic Numerical Integrator and Computer
ERP	European Recovery Program
ESEWM	Edinnaja Sistema Elektronych Wytschislitelnych Maschin (Einheitliches System Elektronischer Rechenmaschinen)
ETA	Euzkadi Ta Azkatasuna (Das Baskenland und seine Freiheit)
EU	Europäische Union
EVG	Europäische Verteidigungsinitiative
EWG	Europäische Wirtschaftsgemeinschaft
FA	Frontowaja Awiazija (Taktische Luftwaffe)
FBI	Federal Bureau of Investigation
FDP	Freie Demokratische Partei
FDJ	Freie Deutsche Jugend
FHO	Fremde Heere Ost
FIFA	Fédération Internationale de Football Association (Internationaler Fußballverband)
FKR	Frontowaja Krylataja Raketa (Taktisches Flügelgeschoss)
FNL	Front National de Libération (Nationale Befreiungsfront)
FNLA	Frente Nacional de Libertação (Nationale Befreiungsfront)
FOFA	Follow-On-Forces Attack
FORTRAN	Formula Translator
FROG	Free-Rocket-Over-Ground
FRUS	Foreign Relations of the United States
FSLN	Frente Sandinista de Liberatión Nacional (Sandinistische Nationale Befreiungsfront)
GATT	General Aggreement on Tariffs and Trade
GRU	Glawnoje Raswedywatelnoje Uprawlenije (Hauptverwaltung Aufklärung)
GULag	Glawnoje Uprawlenije Lagerei (Hauptverwaltung der Straflager)
GUS	Gemeinschaft Unabhängiger Staaten
HAMĀS	Harakat al-Muqāwama al-Islāmīya (Bewegung des Islamischen Widerstandes)
HO	Handelsorganisation
H. R.	House Resolution
HUAC	House Committee on Un-American Activities
HVA	Hauptverwaltung Aufklärung

IBM	International Business Machines
IBRD	International Bank for Reconstruction and Development
ICBM	Intercontinental Ballistic Missile
IMF	International Monetary Fund
INF	Intermediate-range Nuclear Forces
IPPNW	International Physicians for the Prevention of Nuclear War
IRA	Irish Republican Army
ISI	Inter-Services Intelligence
ISS	International Space Station
ITO	International Trade Organization
IWF	Internationaler Währungsfonds
JCS	Joint Chiefs of Staff
JIC	Joint Intelligence Committee
KGB	Komitet Gossudarstwennoi Besopasnosti (Komitee für Staatssicherheit)
KgU	Kampfgruppe gegen Unmenschlichkeit
KI	Komitet Informacii pri Sowet Ministrow SSSR (Komitee für Information beim Ministerrat der UdSSR)
KI	Kommunistische Internationale
KMT	Kuo-min-tang (Nationale Volkspartei)
Kominform	Kommunistisches Informationsbüro
KP	Kommunistische Partei
KPD	Kommunistische Partei Deutschlands
KPdSU	Kommunistische Partei der Sowjetunion
KPI	Kommunistische Partei Italiens
KPÖ	Kommunistische Partei Österreichs
KSČ	Komunistická Strana Československa (Kommunistische Partei der Tschechoslowakei)
KSE	Konventionelle Streitkräfte in Europa
KSZE	Konferenz über Sicherheit und Zusammenarbeit in Europa
KVP	Kasernierte Volkspolizei
LDC	Less Developed Countries
LGM	Ground Launched Missile
LLDC	Least Developed Countries
MAD	Mutual(ly) Assured Destruction
MAKI	Hamiflaga Hakomunistit Hayisraelit (Jüdisch-nationale Kommunisten Israels)
MANIAC	Mathematical Analyzer Numerical Integrator And Computer
MBB	Messerschmidt-Bölkow-Blohm GmbH
MBFR	Mutual Balanced-Forces Reduction Talks
MC	Military Committee (der NATO)
MCCA	Mercado Común Centroamericano (Gemeinsame Handelszone Zentralamerikas)
MCP	Malayan Communist Party
MESM	Malaja Ėlektronnaja Stschetnaja Maschina (Kleine Elektronische Rechenmaschine)

MfS	Ministerium für Staatssicherheit
MGB	Ministerstwo Gossudarstwennoi Bezopasnosti (Ministerium für Staatssicherheit)
MGFA	Militärgeschichtliches Forschungsamt
MID	Military Intelligence Division
MIRV	Multiple Independently Targetable Reentry Vehicle
MI 6	Directorate of Military Intelligence, Section 6
MIT	Massachusetts Institute of Technology
Mk	Mark
MNC	Mouvement National Congolaise
MPLA	Movimento Popular de Libertação de Angola (Volksfront zur Befreiung Angolas)
MRLA	Malayan Races Liberation Army
MRP	Mouvement Républicain Populaire
MTU	Maschinen-Turbinen-Union
MWD	Ministerstwo Wnutrennich Del (Ministerium für Innere Angelegenheiten)
MX	Missile X
NAACP	National Association for the Advancement of Colored People
NAM	Nonaligned Movement
NASA	National Aeronautics and Space Administration
NATO	North Atlantic Treaty Organization
NDR	Norddeutscher Rundfunk
NGO	Non-Governmental Organization
NII.	Nautschno-Ispitalny Institut (Wissenschaftliches Forschungsinstitut)
NKFD	Nationalkomitee Freies Deutschland
NKGB	Narodny Komissariat Gossudarstwennoi Besopasnosti (Volkskommissariat für Staatssicherheit)
NKWD	Narodny Komissariat Wnutrennich Del (Volkskommissariat für Innere Angelegenheiten)
NORAD	North American Air/Aerospace Defense
NORC	Naval Ordnance Research Calculator
NPT	Treaty on the Non-Proliferation of Nuclear Weapons
NRO	National Reconnaissance Office
NSA	National Security Agency
NSC	National Security Council
NSDD	National Security Decision Directive
NTS	Narodno-Trudowoi Sojuz (Nationaler Arbeitsbund)
NVA	Nationale Volksarmee
NWDR	Nordwestdeutscher Rundfunk
O	Ost
OAPEC	Organization of the Arab Petroleum Exporting Countries
OAS	Organization of American States

OAU	Organization of African Unity
ODA	Official Development Assistance
OIK	Organisation der islamischen Konferenz
OLAS	Organization of Latin-American Solidarity
OMI	Otdel Meshdunarodnoi Informacii (Abteilung für Internationale Information)
OPC	Office of Policy Coordination
OPEC	Organization of Petroleum Exporting Countries
OSS	Office of Strategic Services
OUN	Organisation Ukrainischer Nationalisten
PAL	Phase Alternation Line
PCF	Parti Communiste Français
PCI	Partito Comunista Italiano (Kommunistische Partei Italiens)
PD	Presidential Directive
PEN	Poets, Essayists, Novelists
PFLP	Popular Front for the Liberation of Palestine
PLO	Palestine Liberation Organization
PNE	Peaceful Nuclear Explosions
PNI	Partai Nasionalis Indonesia (Nationale Partei Indonesiens)
PPS	Policy Planning Staff
PSI	Partito Socialista Italiano (Sozialistische Partei Italiens)
PTA	Preferential Trade Area for Eastern and Southern Africa
PTBT	Partial Test Ban Treaty
PWO	Protivo-Wozduschnaja Oborona (Heimatverteidigung)
PZPR	Polska Zjednoczona Partia Robotcicza (Polnische Arbeiterpartei)
R	Raketa (Rakete)
RAF	Rote-Armee-Fraktion
RAKAH	Reshimah Komunistit Hadasha (Arabische-internationalistische Kommunisten Israels)
RBI	Radio Berlin International
RFE	Radio Free Europe
RGW	Rat für Gegenseitige Wirtschaftshilfe
RIAS	Radio im Amerikanischen Sektor
RL	Radio Liberty
RSD	Raketa Sredney Dalnosti (Mittelstreckenrakete)
RSFSR	Rossiskaja Sowetskaja Federatiwnaja Sozialistischeskaja Respublica (Russische Sozialistische Föderative Sowjetrepublik)
RT	Raketa T (Feststoffrakete)
RWSN	Raketnye Woiska Strategitscheskowo Naznatschenija (Strategische Raketentruppen)
SAC	Strategic Air Command
SAGE	Semi-Automatic Ground Environment
SALT	Strategic Arms Limitation Talks
SAM	Surface-Air-Missile
SBZ	Sowjetische Besatzungszone (Deutschlands)

SDI	Strategic Defense Initiative
SDS	Sozialistischer Deutscher Studentenbund
SDS	Students for a Democratic Society
SEATO	South East Asia Treaty Organization
SECAM	Système en Couleur à Mémoire
SED	Sozialistische Einheitspartei Deutschlands
SF	Science Fiction
SFIO	Section français de l'Internationale ouvrière
SHAEF	Supreme Headquarter of Allied Expeditionary Forces
SIOP	Single Integrated Operational Plan
SIPRI	Stockholm International Peace Research Institute
SLBM	Sea-Launched Ballistic Missile
SLCM	Sea-Launched Cruise Missile
SM	Standard Missile
SMAD	Sowjetische Militäradministration in Deutschland
SPD	Sozialdemokratische Partei Deutschlands
Speznaz	Spezialnoje Naznatschenije (Truppen zur besonderen Verwendung)
SPG	Special Procedures Group
SS	Surface-to-Surface
SS	Schutzstaffel
SS-N	Surface-to-Surface-Naval
START	Strategic Arms Reduction Talks
SVK	Staatliches Verteidigungskomitee
SWAPO	South-West African Peoples Organization
TAC	Tactical Air Command
TASS	Telegrafnoje Agentstwo Sowetskowo Sojuza (Telegrafenagentur der UdSSR)
TNT	Trinitrotoluol (nukleares Äquivalent: 1 kT = 1000 Tonnen TNT)
UÇK	Ushtria Çlirimtare Kosoves/Ushtrija Çlirimtare Kombëtare (Kosovo-Befreiungsarmee/Nationale Befreiungsarmee)
UdSSR	Union der Sozialistischen Sowjetrepubliken
UNESCO	United Nations Educational Scientific and Cultural Organisation
UN(O)	United Nations (Organization)
UNCTAD	United Nations Conference on Trade and Development
UNITA	Uniâo para la Independência Total de Angola (Union für die völlige Unabhängigkeit Angolas)
UNIVAC	Universal Automatic Calculator
UPA	Ukrainskaja Powstanka Armija (Ukrainische Aufständische Armee)
UR	Uniwersalnaja Raketa (Universalrakete)
USAF	United States Air Force
USAP	Ungarische Sozialistische Arbeiterpartei
USIA	United States Information Agency
USS	United States' Ship

V	Vergeltungswaffe
VfZ	Vierteljahrshefte für Zeitgeschichte
VOA	Voice of America
W	West
WDR	Westdeutscher Rundfunk
WEU	Westeuropäische Union
WWMCCS/ WIMEX	Worldwide Military Command and Control System
WWS	Wojenno-Wozduschnye Sily (Luftwaffe)
X	experimentell (Versuchsstadium)
ZAPU	Zimbabwe Africans People's Union
ZfG	Zeitschrift für Geschichtswissenschaft
ZK	Zentralkomitee
ZOPE	Zentralnoje Obedinenije Poslewojennich Emigrantow iz SSSR (Zentralverband der Nachkriegsemigranten aus der UdSSR)

Anmerkungen

Ideologie und Atomwaffen

1 Diese Kritik bereits bei Nolte, E., Deutschland und der Kalte Krieg, Stuttgart ^{2}1985, S. 9 (^{1}1974).

2 Baruch, B.M., Public Years, New York 1960, S. 80 u. 368 ff. Zur Begriffsgeschichte: Wodianka, St./Ebert, J. (Hrsg.), Metzler Lexikon moderner Mythen. Figuren, Konzepte, Ereignisse, Stuttgart 2014, S. 207–210 (Beitrag Stöver).

3 Foglesong, D.S., America's Secret War against Bolshevism. U.S. Intervention in the Russian Civil War 1917–1920, Chapel Hill 1995, S. 250.

4 Baruch, Public Years, S. 388 (vgl. Einleitung/Anm. 2).

5 Abgedruckt in Deuerlein, E., Potsdam 1945. Quellen zur Konferenz der «Großen Drei», München 1963, S. 375.

6 LIFE, 29. 10. 1945. Am 15. 9. 1949 veröffentlichte *Der Spiegel* die Karte.

7 Masters, D. u. a. (Hrsg.), One World or None, New York 1946.

8 Zit. nach Calaprice, A. (Hrsg.), Einstein sagt. Zitate, Einfälle, Gedanken, München 1997, S. 239.

9 Zitiert nach Holloway, D., Stalin and the Bomb: the Soviet Union and the Atomic Energy, 1939–1956, New Haven 1994, S. 164.

10 Zit. nach Baruch, Public Years, S. 374 (vgl. Einleitung/Anm. 2).

11 Ebd., S. 388.

12 Zit. nach Schwarz, J. A., The Speculator. Bernard M. Baruch in Washington, 1917–1965, Chapel Hill 1981, S. 508.

13 Lippmann, W., The Cold War. A Study in U.S. Foreign Policy, New York 1947.

14 Ebd., S. 25 f. Folgende Wiedergaben ebd.

15 Überblick bei Wiederkehr, St., Die Verwendung des Terminus «Kalter Krieg» in der Sowjetunion und in Russland. Ein Indikator für den historischen Wandel der marxistisch-leninistischen Ideologie und ihrer Überwindung, in: Forum für osteuropäische Ideen- und Zeitgeschichte 7 (2003), H. 1, S. 53–83.

16 Zum Konzept vgl. Jarausch, K./Sabrow, M. (Hrsg.), Die historische Meistererzählung. Deutungslinien der deutschen Nationalgeschichte nach 1945, Göttingen 2002, S. 9–32 (Beitrag K. Jarausch/M. Sabrow).

17 Gardner, L. C., Imperial America. American Foreign Policy since 1898, New York 1976; Kolko, G., The Politics of War. The World and the United States Foreign Policy, 1943–1945, New York ^{2}1990 (^{1}1968); Kolko, J./Kolko, G., The Limits of Power. The World and the United States Foreign Policy 1945–1954, New York 1972; Horowitz, D., Kalter Krieg. Hintergründe der US-Außenpolitik von Jalta bis Vietnam, 2 Bde., Berlin 1969 (^{1}1965).

18 Alperovitz, G., Atomic Diplomacy. Hiroshima and Potsdam. The Use of the

Atomic Bomb and the American Confrontation with Soviet Power, New York 1965.

19 Yergin, D., Der zerbrochene Frieden. Der Ursprung des Kalten Krieges und die Teilung Europas, Frankfurt a. M. 1979; Loth, W., Die Teilung der Welt. Geschichte des Kalten Krieges 1941–1955, München [2]1982.

20 Vgl. z. B. Schweizer, P., Victory. The Reagan Administration's Secret Strategy that Hastened the Collapse of the Soviet Union, New York 1994.

21 Fin de la Guerre Froide, 8. 2. 1949, in: Aron, R., Les articles des politique internationale dans Le Figaro de 1947 à 1977, Bd. 1, La Guerre Froide, Paris 1990, S. 170.

22 Vgl. z. B. Kesting, H., Geschichtsphilosophie und Weltbürgerkrieg. Deutungen der Geschichte von der Französischen Revolution bis zum Ost-West-Konflikt, Heidelberg 1959, S. 156 ff. Begriff wiederaufgenommen u. a. bei Nolte, E., Der europäische Bürgerkrieg 1917–1945. Nationalsozialismus und Bolschewismus, Berlin 1987, S. 6.

23 Jessup, P. C., Should international Law Recognize an Intermediate Status between Peace and War?, in: American Journal of International Law 48 (1954), S. 98–103; hier S. 101 ff. Zu den zeitgenössischen juristischen Debatten vor dem Ausbruch des Kalten Krieges: Grob, F., The Relativity of War and Peace. A Study in Law, History, and Politics, London 1949.

24 Gaddis, J. L., The Long Peace. Inquiries into the History of the Cold War, New York 1987.

25 Gantzel, K. J./Schwinghammer, T., Die Kriege nach dem Zweiten Weltkrieg 1945–1992. Daten und Tendenzen, Münster 1995, S. 50 ff.; Greiner, B. u. a. (Hrsg.), Heiße Kriege im Kalten Krieg, Hamburg 2006.

26 Wehler, H.-U., Absoluter und totaler Krieg. Von Clausewitz zu Ludendorff, in: Politische Vierteljahrsschrift 10 (1969), H. 2/3, S. 220–248. Begriff des «absoluten Krieges» bei Koestler, A., The Yogi and the Commissar and Other Essays, London 1945, S. 256.

27 Zusammenfassend: Rose, K. D., One Nation Underground. The Fallout Shelter in American Culture, New York 2001.

28 Heydte, F. A. v., Kalter Krieg, in: Staatslexikon, Bd. 4, Freiburg [6]1959, Sp. 750–753; hier: Sp. 752 f. Wiederaufgenommen z. B. bei Major, P., The Death of the KPD. Communism and Anti-Communism in West-Germany 1945–1956, Oxford 1997.

29 Rosencrance, R., Bipolarity, Multipolarity and the Future, in: Journal of Conflict Resolution 10 (1966), S. 314–327.

30 Überblick bei Gareis, S. B./Varwick, J., Die Vereinten Nationen. Aufgaben, Instrumente und Reformen, Opladen [2]2002.

31 Schulze, R., Islamischer Internationalismus im 20. Jahrhundert, Leiden 1990.

32 Brühl, T. u. a. (Hrsg.), Die Privatisierung der Weltpolitik. Entstaatlichung und Kommerzialisierung im Globalisierungsprozess, Bonn 2001, S. 91 ff. u. 178 ff.

33 Brzezinski, Z., Power and Principle. Memoirs of the National Security Adviser 1977–1981, New York 1983, S. 189.

34 Sen, Ch., Against the Cold War. A Study of Asian-African policies since World War II, Bombay 1962, S. 259.
35 Höhmann, H.-H./Schröder, H.-H. (Hrsg.), Russland unter neuer Führung. Politik, Wirtschaft und Gesellschaft am Beginn des 21. Jahrhunderts, Bonn 2001, S. 21–31 (Beitrag J. Scherrer).
36 Überblick z. B. Schissler, H., Weltgeschichte als Geschichte der sich globalisierenden Welt, in: APuZ, 2005, B 1–2, S. 33–39.

1. Der Weg in den Kalten Krieg 1917–1945

1 Tocqueville, A. de, Über die Demokratie in Amerika, München (Nachdruck 1976), S. 478 f.
2 18th Congress, 1st Session, Message from the President of the United States to both Houses of Congress at the Commencement of the First Session to the Eighteenth Congress, December, 2, 1823, Washington 1823. Zur Entwicklung der sogenannten «Monroe-Doktrin»: Perkins, D., A History of the Monroe Doctrine, London 21960; Smith, G., The Last Years of the Monroe Doctrine 1945–1993, New York 1994. Zur US-Außenpolitik vor 1917 vgl. Stöver, B., United States of America. Geschichte und Kultur. Von der ersten Kolonie bis zur Gegenwart, München 22013, S. 243 ff.
3 Krakau, K., Missionsbewusstsein und Völkerrechtsdoktrin in den Vereinigten Staaten von Amerika, Frankfurt a. M. 1967.
4 Foglesong, America's Secret War, S. 118 ff. (vgl. Einleitung/Anm. 3).
5 Abgedruckt in: Lott, D. N. (Hrsg.), The Inaugural Address of the American Presidents. From Washington to Kennedy, New York 1961, S. 207.
6 Memorandum abgedruckt in: Hanhimäki, J./Westad, O. A. (Hrsg.), The Cold War. A History in Documents and Eyewitness Accounts, Oxford 2003, S. 8–10; hier: S. 9.
7 Root, E., Presidential Address at the Fifteenth Annual Meeting of the American Society of International Law, April 27, 1921, in: International Conciliation No. 165 (August 1921), S. 11.
8 Zusammenfassend: Breuer, C., Die «Russische Sektion» in Riga. Amerikanische diplomatische Berichterstattung über die Sowjetunion, 1922–1933/40, Stuttgart 1995.
9 Abgedruckt in deutscher Übersetzung in Kennan, G., Memoiren eines Diplomaten. Memoirs 1925–1950, Stuttgart 41968, S. 501–534; hier: S. 516 u. 520.
10 Zit. nach Loth, Teilung, S. 120 (vgl. Einleitung/Anm. 19).
11 Russlands internationale Stellung am Ende des Krieges gegen Deutschland, Mai 1945, in: Kennan, Memoiren, S. 535–552; hier: S. 538 (vgl. Kap. 1/Anm. 9).
12 Stalins Rede zur internationalen Situation und den Aufgaben der kommunistischen Parteien, März 1925, abgedruckt in: Hanhimäki/Westad, Cold War, S. 10–13 (vgl. Kap. 1/Anm. 6).
13 Zit. nach Dülffer, J., Jalta, 4. Februar 1945. Der Zweite Weltkrieg und die Entstehung der bipolaren Welt, München 21999, S. 142.
14 Hildermeier, M., Geschichte der Sowjetunion 1917–1991. Entstehung und Niedergang des ersten sozialistischen Staates, München 1998, S. 506.

15 Paper, L., Brandeis, Englewood Cliffs 1983.
16 Zit. nach Raeithel, G., Geschichte der Nordamerikanischen Kultur, Bd. 3: Vom New Deal bis zur Gegenwart 1930–1995, Frankfurt a. M. [3]1997, S. 41.
17 Gruchmann, L., Völkerrecht und Moral. Ein Beitrag zur Problematik der amerikanischen Neutralitätspolitik, in: VfZ 8 (1960), S. 384–418; hier: S. 395.
18 Zahlen nach Herring Jr., G. C., Aid to Russia, 1941–1946. Strategy, Diplomacy, and the Origins of the Cold War, New York 1973, S. 46 u. 296.
19 Mitteilung des sowjetischen Botschafters Maisky an Außenminister Molotow, 5. 12. 1941, in: Kynin, G. P./Laufer, J. P. (Hrsg.), Die UdSSR und die deutsche Frage 1941–1948. Dokumente aus dem Archiv für Außenpolitik der Russischen Föderation, Bd. 1, Berlin 2004, S. 16–18; hier: S. 17.
20 Zit. nach Fox, J. P., Der Fall Katyn und die Propaganda des NS-Regimes, in: VfZ 30 (1982), S. 462–499; hier: S. 492.
21 Rönnefarth, H. K. G. (Bearb.), Vertrags-Ploetz, Teil II, Bd. 4 A: Neueste Zeit 1914–1959, Würzburg 1959, S. 277–280.
22 Abgedruckt bei Steininger, R., Deutsche Geschichte seit 1945. Darstellung und Dokumente in vier Bänden, Bd. 1: 1945–1947, Frankfurt a. M. 1996, S. 29.
23 Schreiben Molotow an Gusew, 24. 3. 1945, in: Kynin/Laufer, UdSSR und die deutsche Frage, Bd. 1, S. 555 (vgl. Kap. 1/Anm. 19).
24 Truman, H. S., Memoirs of Harry S. Truman, Bd. I: Years of Decisions, Garden City 1955, S. 416.
25 Deane, J. R., The Strange Alliance. The Story of our Efforts at Wartime Co-Operation with Russia, New York 1947, S. 107 ff.
26 Mark, E., Revolution by Degrees. Stalin's National-Front Strategy for Europe 1941–1947 (= CWIHP Working Paper 31), Washington 2001.
27 Zit. nach Kimball, W. F., The Juggler. Franklin Roosevelt as Wartime Statesman, Princeton 1991, S. 169. Folgendes Zitat ebd.
28 Grose, P., Gentleman Spy. The Life of Allen Dulles, Boston 1994, S. 239. Folgende Wiedergaben ebd.
29 Zit. nach Stehle, H., Deutsche Friedensfühler bei den Westmächten im Februar/März 1945, in: VfZ 30 (1982), S. 538–555; hier: S. 550 f. u. 555.
30 Zusammenfassend: Poidevin, R. (Hrsg.), Die Deutschlandpolitik Frankreichs und die Französische Zone 1945–1949, Wiesbaden 1983.
31 Aufzeichnung, 26. 5. 1945, in: Deuerlein, Potsdam, S. 102–107; hier: S. 103 (vgl. Einleitung/Anm. 5).
32 Abgedruckt ebd., S. 136–143.
33 Zit. nach Buhite, R. D., Soviet-American Relations and the Repatriation of Prisoners of War, 1945, in: The Historian 35 (1973), S. 384–398; hier: S. 386. Auch: Elliott, M. R., Pawns of Yalta. Soviet Refugees and America's Role in Their Repatriation, Urbana 1982, S. 80 ff.
34 Zahlen nach Tolstoy, N., Die Verratenen von Jalta. Englands Schuld vor der Geschichte, München 1977, S. 573.
35 Zit. nach Churchill, W. S., Der Zweite Weltkrieg. Mit einem Epilog über die Nachkriegsjahre, Bern 1954, S. 1080.
36 Abgedruckt in: Deuerlein, Potsdam, S. 94–96; hier: S. 95 (vgl. Einleitung/Anm. 5).

37 Zit. nach Bohlen, Ch. E., Witness to History 1929–1969, London 1973, S. 175.

38 Geheimgespräch, 26./27. 5. 1945, in: Czempiel, E.-O./Schweitzer, C.-Chr. (Hrsg.), Weltpolitik der USA nach 1945. Einführung und Dokumente, Bonn 1989, S. 46–49; hier: S. 48.

39 Creuzberger, St./Görtemaker, M., (Hrsg.), Gleichschaltung unter Stalin? Die Entwicklung der Parteien im östlichen Europa 1944–1949, Paderborn 2002, S. 15 ff. (Beitrag Wettig) u. 419 ff. (Beitrag Creuzberger/Görtemaker). Zusammenfassend: Immerman, R. H./Goedde, P. (Eds.), The Oxford Handbook of the Cold War, Oxford 2013, S. 174 ff. (Beitrag Stöver).

40 Zusammenfassend: Büttner, R., Sowjetisierung oder Selbständigkeit? Die sowjetische Finnlandpolitik 1943–1948, Hamburg 2001, S. 110 ff.

41 Zusammenfassend: Rauchensteiner, M., Der Sonderfall. Die Besatzungszeit in Österreich 1945–1955, Graz 1979; Karner, St./Stelzl-Marx, B. (Hrsg.), Die Rote Armee in Österreich. Sowjetische Besatzung 1945–1955, Beiträge, Wien 2005.

42 Überblick: Cronin, A. K., Great Power Politics and the Struggle over Austria, Ithaca 1986; Andrew, Chr./Mitrochin, W., Das Schwarzbuch des KGB. Moskaus Kampf gegen den Westen, Berlin 1999, S. 383 f.

43 Zu den drei «Fällen»: Hacker, J., Der Ostblock. Entstehung, Entwicklung und Struktur 1939–1980, Baden-Baden 1983, S. 125 ff.; Creuzberger/Görtemaker, Gleichschaltung (vgl. Kap. 1/Anm. 39), S. 123 ff. (Beitrag U. Burger); S. 167 ff. (Beitrag M. Stankova); S. 319 ff. (Beitrag J. Rainer).

44 Hacker, Ostblock, S. 110 ff. u. 162 ff. (vgl. Kap. 1/Anm. 43); Creuzberger/Görtemaker, Gleichschaltung (vgl. Kap. 1/Anm. 39), S. 219 ff. (Beitrag J. V. Starič); S. 239 (Beitrag P. Danylow); S. 302 ff. (J. Kocian).

45 Zusammenfassend: Woodhouse, Chr. M., The Struggle for Greece 1941–1949, London 1976.

46 Zusammenfassend: Rémond, R., Frankreich im 20. Jahrhundert, Stuttgart 1995.

47 Kleßmann, Chr., Die doppelte Staatsgründung. Deutsche Geschichte 1945–1955, Bonn ^{5}1991, S. 177 ff.

48 Zit. nach Steininger, Deutsche Geschichte I, S. 108 (vgl. Kap. 1/Anm. 22).

49 Debatten bei Leffler, M. P., A Preponderance of Power. National Security, the Truman Administration, and the Cold War, Stanford 1993, S. 123 ff.

50 Kuniholm, B. R., The Origins of the Cold War in the Near East. Great Power Conflict and Diplomacy in Iran, Turkey, and Greece, Princeton 1980, S. 130 ff.

51 Truman, Memoirs, S. 551 (vgl. Kap. 1/Anm. 24).

52 Abgedruckt in Yegerova, N. I., The «Iran Crisis» of 1945–46. A View from the Russian Archives, Washington 1996 (= CWIHP Working Paper 15), S. 23 f. Auch: Kuniholm, Origins, S. 130 ff., insbes. S. 308 f. (vgl. Kap. 1/Anm. 50).

53 Überblick: Rucker, L., Moscow's Surprise: The Soviet-Israeli Alliance of 1947–1949, Washington 2005 (= CWIHP Working Paper 66).

54 Zusammenfassend: Gallicchio, M. S., The Cold War Begins in Asia. American East-Asian Policy and the Fall of the Japanese Empire, New York 1988.

55 Stalin's Correspondence with Churchill, Attlee, Roosevelt and Truman 1941–45, London 1958, Teil 2, S. 267 f.

56 Walter, D., Die Emergencies in Malaya und Kenya 1948–1960, in: Zeithistorische Forschungen 2/1 (2005), S. 35–53.
57 Eckert, A. M., Kampf um die Akten. Die Westalliierten und die Rückgabe von deutschem Archivgut nach dem Zweiten Weltkrieg, Stuttgart 2004, S. 45.
58 Groves, L., Now It Can be Told. The Story of the Manhattan Project, New York 1962, S. 243 f.
59 Walker, M., Selbstreflexionen deutscher Atomphysiker. Die Farm Hall-Protokolle und die Entstehung neuer Legenden um die «deutsche Atombombe», in: VfZ 41 (1993), S. 519–542.
60 Powers, Th., Heisenbergs Krieg. Die Geheimgeschichte der deutschen Atombombe, Hamburg 1993, S. 10 ff. u. 649 ff.
61 Karlsch, R., Hitlers Bombe. Die geheime Geschichte der deutschen Kernwaffenversuche, München 2005.
62 Henke, K.-D., Die amerikanische Besetzung Deutschlands, München 1995, S. 742 ff.
63 Weinberg, G. L., Eine Welt in Waffen. Die globale Geschichte des Zweiten Weltkriegs, Stuttgart 1995, S. 436 f.
64 Lasby, C. G., Project Paperclip. German Scientists and the Cold War, New York 1971.
65 Henke, Besetzung, S. 745 (vgl. Kap. 1/Anm. 62).
66 Winter, F. H., Rockets into Space, Cambridge 1990, S. 52.
67 Simpson, Chr., Der amerikanische Bumerang. NS-Kriegsverbrecher im Sold der USA, Wien 1988, S. 45 ff. u. 88.
68 Gallup, G. H., The Gallup Poll, Public Opinion 1935–1971, Bd. 1, New York 1972, S. 618 (Umfragen: 13.-18. 12. 1946).
69 Ebd., S. 1521 (Umfragen: 10.-15. 10. 1957).
70 Eisfeld, R., Mondsüchtig. Wernher von Braun und die Geburt der Raumfahrt aus dem Geist der Barbarei, Reinbek 1996, S. 161 u. 178 f.
71 Teske, H., Die silbernen Spiegel. Generalstabsdienst unter der Lupe, Heidelberg 1952, S. 241.
72 Simpson, Bumerang, S. 76 (vgl. Kap. 1/Anm. 67).
73 Zusammenfassend zur OUN/UPA: Bilinsky, Y., The Second Soviet Republic. The Ukraine after World War II, New Brunswick 1964, S. 122 ff.
74 Zusammenfassend: Naimark, N. M., Die Russen in Deutschland. Die sowjetische Besatzungszone 1945–1949, Berlin 1997, S. 259 ff.
75 Steenbeck, M., Impulse und Wirkungen. Schritte auf meinem Lebensweg, Berlin (O) ^{2}1978, S. 161.
76 Riehl, N., Zehn Jahre im goldenen Käfig. Erlebnisse beim Aufbau der sowjetischen Uran-Industrie, Stuttgart 1988, S. 24.
77 Winter, Rockets, S. 58 f. (vgl. Kap. 1/Anm. 66).
78 Zusammenfassend: Diedrich, T., Paulus. Das Trauma von Stalingrad. Eine Biographie, Paderborn 2008, S. 379 ff.
79 Überblick: Lapp, P. J., General bei Hitler und Ulbricht. Vincenz Müller – Eine deutsche Karriere, Berlin 2003.
80 Suckut, S./Süß, W. (Hrsg.), Staatspartei und Staatssicherheit. Zum Verhältnis von SED und MfS, Berlin 1997, S. 129–149 (Beitrag J. Gieseke).

2. Strategien für eine totale Auseinandersetzung 1945–1947

1 NKGB-NKWD-Bericht, zit. nach Zubkova, E., Die sowjetische Gesellschaft nach dem Krieg. Lage und Stimmung der Bevölkerung 1945/46, in: VfZ 47 (1999), S. 363–383; hier: S. 379.

2 Boveri, M., Tage des Überlebens, Berlin 1945, Frankfurt a. M. 1996, S. 328 f.

3 Klemperer, V., So sitze ich denn zwischen allen Stühlen. Tagebücher 1945–1959, Bd. 1, Berlin 1999, S. 181 (20. 1. 1946).

4 Deutscher, I., Reportagen aus Nachkriegsdeutschland, Hamburg 1980, S. 29.

5 Truman, Memoirs, S. 552 (vgl. Kap. 1/Anm. 24). Folgendes Zitat ebd.

6 Überblick: Stöver, B., Die Befreiung vom Kommunismus. Amerikanische Liberation Policy im Kalten Krieg 1947–1991, Köln 2002, S. 64 ff. u. 815 ff.

7 Später zusammenfassend dargestellt in Dulles, J. F., War or Peace, New York 1950, S. 7.

8 Truman-Rede, 12. 3. 1947, in: Schubert, K. v., Sicherheitspolitik der Bundesrepublik Deutschland. Dokumentation, Bd. I, Bonn 1977, S. 62–64; hier: S. 62 f.

9 Schreiben Kennans, 28. 1. 1957, S. 1. Folgende Wiedergabe aus einem Brief v. 8. 11. 1956. Zit. nach Stöver, Befreiung, S. 59 (vgl. Kap. 2/Anm. 6).

10 Die veröffentlichten Quellen zu «Solarium» in: Foreign Relations of the United States (FRUS) 1952–1954, Bd. II: National Security Affairs, Washington 1984, S. 323–442.

11 Stöver, Befreiung, S. 285 (vgl. Kap. 2/Anm. 6).

12 Zusammenfassend: Hildermeier, Sowjetunion, S. 670 ff. (vgl. Kap. 1/Anm. 14).

13 Rede, 6. 2. 1947, in: Molotow, W., Fragen der Außenpolitik. Reden und Erklärungen, Moskau 1949, S. 26–28; hier: S. 35. Folgende Wiedergabe ebd.

14 Rede, 30. 9. 1947, in: Schubert, Sicherheitspolitik I, S. 64–69; hier: S. 65 f. (vgl. Kap. 2/Anm. 8). Folgende Wiedergaben S. 67.

15 Frankfurter Hefte 5 (1950), H. 2 (Febr.), Reprint, Frankfurt a. M. 1978, S. 201.

16 Burnham, J., The Struggle for the World, New York o. J. [1947], S. 1. Folgendes Zitat S. 11.

17 Zit. nach Stöver, Befreiung, S. 851 (vgl. Kap. 2/Anm. 6).

18 Zit. nach Hardach, G., Der Marshall-Plan. Auslandshilfe und Wiederaufbau in Westdeutschland 1948–1952, München 1994, S. 17.

19 Bericht Marshalls, 28. 4. 1947, in: Department of State (Hrsg.), Germany 1947–1949. The Story in Documents, Washington 1950, S. 63.

20 Zit. nach Koefod, P. E., New Concept in the Quest of Peace. Marshall Plan: Aspect of Power Politics, Genf 1950, S. 115. Ausführlich dazu: Dahm, Chr. (Bearb.), George Marshall. Deutschland und die Wende im Ost-West-Konflikt, Bonn 1997, S. 75–88 (Beitrag J. Heideking).

21 Press Release, 4. 6. 1947, in: FRUS 1947, Bd. III: The Britisch Commonwealth, Europe, Washington 1972, S. 237–239; hier: S. 238.

22 Kennan an Acheson, 23. 5. 1947, in: ebd., S. 223–230; hier: S. 229.

23 Parrish, S. D., New Evidence on the Soviet Rejection of the Marshall Plan 1947: Two Reports, Washington 1994 (= CWIHP Working Paper 9), S. 45.

24 Hardach, Marshall-Plan, S. 63 ff. (vgl. Kap. 2/Anm. 18).

25 Ebd., S. 123.

26 Kennan, Memoiren, S. 561 f. (vgl. Kap. 1/Anm. 9).
27 Überblick: James, H., Rambouillet, 15. November 1975. Die Globalisierung der Wirtschaft, München 1997.
28 Zusammenfassend: Stone, R. W., Satellites and Commissars. Strategy and Conflict in the Politics of Soviet Bloc Trade, Princeton 1996.
29 Zit. nach Andrew/Mitrochin, Schwarzbuch des KGB, S. 382 (vgl. Kap. 1/Anm. 42).
30 Ebd., S. 171 f.
31 Gordiewsky, O./Andrew, Chr., KGB. Die Geschichte seiner Auslandsoperationen von Lenin bis Gorbatschow, München [2]1990, S. 492 f.
32 Zit. nach Brockhaus-Weltgeschichte, Bd. 6, Leipzig 1999, S. 12–21; hier: S. 17 (Beitrag E.-O. Czempiel).
33 Charta der Vereinten Nationen vom 26. 4. 1945, in: Opitz, P. J./Rittberger, V. (Hrsg.), Forum der Welt. 40 Jahre Vereinte Nationen, Bonn 1986, S. 318–334; hier: S. 322.
34 Liste der Vetos in: ebd., S. 294 ff.
35 Abgedruckt ebd., S. 341 f., Zitat: S. 342.
36 Kennan, Memoiren, S. 560 (vgl. Kap. 1/Anm. 9).
37 Überblick: Parsons, A., From Cold War to hot peace. UN interventions 1947–1995, London 1995.
38 Gantzel/Schwinghammer, Kriege, S. 89 u. R-257 (vgl. Einleitung/Anm. 25); Opitz/Rittberger, Forum der Welt (vgl. Kap. 2/Anm. 33), S. 143–151 (Beitrag J. Heideking).
39 Proske, R., Erfolg und Misserfolg der UNO, in: Frankfurter Hefte 4 (1949), S. 1 f.; hier: S. 2 (vgl. Kap. 2/Anm. 15).

3. Die Teilung der Welt 1948–1955

1 Abgedruckt in Schubert, Sicherheitspolitik I, S. 69 f.; hier: S. 69 (vgl. Kap. 2/Anm. 8).
2 Reuter, E., Schriften. Reden, Bd. 3, hrsg. v. H. E. Hirschfeld u. a., Berlin (W) 1974, S. 417–424; hier S. 423.
3 Gallup, Gallup Poll, Bd. 1, S. 748 f. (vgl. Kap. 1/Anm. 68).
4 Zit. nach Krieger, W., General Lucius D. Clay und die amerikanische Deutschlandpolitik 1945–1949, Stuttgart [2]1988, S. 388.
5 Millis, W. u. a. (Hrsg.), The Forrestal Diaries, New York 1951, S. 528.
6 Bericht US-Botschafter Douglas, 17. 4. 1948, in: FRUS 1948, Bd. III: Western Europe, Washington 1974, S. 90 f.
7 Überblick bei Campbell, J. C., Tito's Separate Road. America and Yugoslavia in World Politics, New York 1967.
8 Resolution des Informationsbüros über die Lage in der Kommunistischen Partei Jugoslawiens vom Juni 1948, in: Halperin, E., Der siegreiche Ketzer. Titos Kampf gegen Stalin, Köln 1957, S. 373–381; hier: S. 380.
9 Zit. nach Nolte, Deutschland, S. 216 (vgl. Einleitung/Anm. 1).
10 Beschluss des Informationsbüros der Kommunistischen Internationale, abgedruckt in: Halperin, Ketzer, S. 382–386; hier: S. 382 (vgl. Kap. 3/Anm. 8).
11 Stöver, Befreiung, S. 168 u. 483 (vgl. Kap. 2/Anm. 6).

12 Zusammenfassend: Heuser, B., Western «Containment» Policies in the Cold War. The Yugoslav Case, 1948–53, London 1989.

13 Zit. in: Zhihua, Sh., Sino-Soviet Relations and the Origins of the Korean War: Stalin's Strategic Goals in the Far East, in: Journal of Cold War Studies 2 (2000), No. 2, S. 44–68; hier: S. 47. Zusammenfassend: Stöver, B., Geschichte des Koreakriegs. Schlachtfeld der Supermächte und ungelöster Konflikt, München [3]2015, S. 55 ff.

14 Weathersby, K., Soviet Aims in Korea and the Origins of The Korean War, Washington 1993 (= CWIHP Working Paper 8); Goncharov, S. u. a., Uncertain Partners. Stalin, Mao and the Korean War, Stanford 1993.

15 Jian, Ch., The Sino-Soviet Alliance and China's Entry into the Korean War, Washington 1992 (= CWIHP Working Paper 1), S. 29 f.

16 Aussage, 15. 5. 1951, in: Czempiel/Schweitzer, Weltpolitik, S. 57 f; hier: S. 57 (vgl. Kap. 1/Anm. 38).

17 Kirkbride, W. A., Panmunjom. Facts about the Korean DMZ, Elizabeth [12]2004, S. 72. Zu den globalen Folgen und Nachkriegskonflikten vgl. Kleßmann, Chr./Stöver, B. (Hrsg.), Der Koreakrieg. Wahrnehmung – Wirkung – Erinnerung, Köln 2008, S. 161 ff., u. Stöver, B., Geschichte des Koreakriegs (vgl. Kap. 3/Anm. 13), S. 131 ff.

18 Zusammenfassend: Stöver, Befreiung, S. 177 ff. (vgl. Kap. 2/Anm. 6). NSC 68 in: Etzold, Th. H./Gaddis, J. L. (Hrsg.), Containment: Documents on American Policy and Strategy 1945–1950, New York 1978, S. 385–442. Folgendes Zitat ebd., S. 412.

19 Rönnefarth/Erler, Vertrags-Ploetz, S. 355–359; hier: S. 357 (vgl. Kap. 1/Anm. 21).

20 Überblick über die bi- und multilateralen Beistandsverträge in Uschakow, A., Der Warschauer Pakt und seine bilateralen Bündnisverträge. Analyse und Texte, Berlin (W) 1987. Kurzeinführung: Mastny, V./Byrne, M. (Hrsg.), A Cardboard Castle? An Inside History of the Warsaw Pact, 1955–1991, Budapest 2005, S. 1 ff.

21 Steininger, R. u. a. (Hrsg.), Die doppelte Eindämmung. Europäische Sicherheit und deutsche Frage in den Fünfzigern, München 1993.

22 Rönnefarth/Erler, Vertrags-Ploetz, S. 310–315 (vgl. Kap. 1/Anm. 21). Folgende Wiedergaben ebd., S. 312 f.

23 Ebd., S. 336–340, Zitat: S. 337.

24 Ebd., S. 445 f.; hier: S. 445.

25 Überblick in Nohlen, D. u. a. (Hrsg.), Handbuch der Dritten Welt, Bd. 4 u. 5, Bonn 1993.

26 Überblick in Mejcher, H., Sinai, 5. Juni 1967. Krisenherd Naher und Mittlerer Osten, München [2]1999, S. 31 ff.

27 Überblick bei El-Ayouty, Y. (Hrsg.), The Organization of African Unity after Thirty Years, Westport 1994; Rothermund, D., Delhi, 15. August 1947. Das Ende kolonialer Herrschaft, München [2]1999, S. 125 ff. u. 206 f.

28 J. F. Kennedy, 14. 6. 1960, abgedruckt in: Schoenthal, K. (Hrsg.), Der neue Kurs. Amerikas Außenpolitik unter Kennedy 1961–1963, München 1964, S. 18–27; hier: S. 25.

29 Überblick: Hahn, P.L./Heiss, M.A. (Hrsg.), Empire and Revolution. The United States and the Third World since 1945, Columbus 2001, S. 242–268 (Beitrag N. Cullather).
30 Zit. nach Crankshaw, E., Moskau – Peking oder Der neue Kalte Krieg, Reinbek 1963, S. 146.
31 Rönnefarth, Vertrags-Ploetz, S. 330 f.; hier: S. 330 (vgl. Kap. 1/Anm. 21).
32 Überblick: Matthies, V., Die Blockfreien. Ursprünge – Entwicklung – Konzeptionen, Opladen 1994.
33 Abgedruckt in Hanhimäki/Westad, Cold War, S. 349–351 (vgl. Kap. 1/Anm. 6).
34 Überblick: Jackson, R.L., The Non-Aligned, the UN, and the Superpowers, New York 1983.

4. Eskalation und Stilllegung in Europa 1953–1961

1 Überblick: Kleßmann, Chr./Stöver, B. (Hrsg.), 1953 – Krisenjahr des Kalten Krieges in Europa, Köln 1999; Heinemann, W./Wiggershaus, N. (Hrsg.), Das internationale Krisenjahr 1956. Polen, Ungarn, Suez, München 1999.
2 Zit. nach Stöver, Befreiung, S. 91 (vgl. Kap. 2/Anm. 6).
3 Zit. nach ebd., S. 673.
4 Zit. nach ebd., S. 671 f. Folgende Wiedergaben ebd., S. 672.
5 Zum Beispiel Wilhelm Pieck am 9. 7. 1950, in: ders, Reden und Aufsätze. Auswahl aus den Jahren 1908–1950, Bd. II, Berlin (O) ^{4}1954, S. 383–392; hier: S. 386.
6 JCS-Memorandum, 14. 8. 1950, zit. nach Stöver, Befreiung, S. 14 f. (vgl. Kap. 2/Anm. 6).
7 Beschluss abgedruckt in: Kleßmann, Staatsgründung, S. 501–503; hier: S. 502 (vgl. Kap. 1/Anm. 47).
8 Zit. nach Mitter, A./Wolle, St., Untergang auf Raten. Unbekannte Kapitel der DDR-Geschichte, München 1995, S. 72.
9 Flemming, Th., Der 17. Juni 1953, Berlin 2003, S. 78 ff.
10 Bahr, E., Zu meiner Zeit, München 1996, S. 80. Zu den Sendungen: Arnold, K./Classen, Chr. (Hrsg.), Zwischen Pop und Propaganda. Radio in der DDR, Berlin 2004, S. 209–228 (Beitrag B. Stöver).
11 Grose, Gentleman Spy, S. 425 (vgl. Kap. 1/Anm. 28).
12 Überblick bei Lemberg, H. (Hrsg.), Zwischen «Tauwetter» und neuem Frost. Ostmitteleuropa 1956–1970, Marburg 1993, S. 1–11 (Beitrag K. Hartmann).
13 Überblick: Litván, G./Bak, J. M. (Hrsg.), Die Ungarische Revolution 1956. Reform – Aufstand – Vergeltung, Wien 1994, S, 64 f.
14 Zahlen nach Gosztony, P., Der Volksaufstand in Ungarn 1956. Eine Nation wehrt sich gegen die sowjetische Diktatur, in: APuZ 37–38/1996, S. 3–14; hier: S. 12, Anm. 34.
15 Stöver, Befreiung, S. 789 (vgl. Kap. 2/Anm. 6).
16 Corson, W.R., The Armies of Ignorance. The Rise of the American Intelligence Empire, New York 1977, S. 371.
17 Überblick: Lucas, W.S., Divided We Stand. Britain, the US and the Suez Crisis, London 1991.

18 Czempiel/Schweitzer, Weltpolitik, S. 195–201; hier: S. 197 (vgl. Kap. 1/Anm. 38).
19 Pressekonferenz, 15. 6. 1961 in: Rühle, J./Holzweißig, G., 13. August 1961. Die Mauer von Berlin, Köln [3]1988, S. 71–75; hier: S. 73.
20 Zit. nach Harrison, H., Driving the Soviets up the Wall. Soviet-East German Relations 1953–1961, Princeton 2003, S. 173.
21 Kroll, H., Lebenserinnerungen eines Botschafters, Köln 1967, S. 512.
22 Hildermeier, Geschichte der Sowjetunion, S. 766 ff. (vgl. Kap. 1/Anm. 14).
23 Zit. nach Arenth, J., Der Westen tut nichts! Transatlantische Kooperation während der zweiten Berlin-Krise (1958–1962) im Spiegel neuer amerikanischer Quellen, Frankfurt a. M. 1993, S. 72.
24 Umfragen zwischen dem 4. und 9. 3. 1959 in: Gallup, Gallup Poll, Bd. 1, S. 1600 (vgl. Kap. 1/Anm. 68).
25 Folgende Wiedergaben: Senatsrede Kennedys, 14. 6. 1960, in: Schoenthal, Kurs (vgl. Kap. 3/Anm. 28), S. 18–27, passim.
26 Protokoll, 6. 3. 1959, in: Czempiel/Schweitzer, Weltpolitik, S. 219–227; hier: S. 226 (vgl. Kap. 1/Anm. 38). Folgende Wiedergabe ebd.
27 Interview, 9. 12. 1959, in: Dokumente zur Deutschlandpolitik (DD), IV. Reihe, Bd. 3, Frankfurt a. M. 1979, S. 756–760. Folgende Wiedergaben ebd., passim.
28 Strauß, F. J., Erinnerungen, Berlin 1989, S. 388.
29 Überblick: Hertle, H.-H. u. a., Mauerbau und Mauerfall. Ursachen – Verlauf – Auswirkungen, Berlin 2002.
30 Brief abgedruckt bei Prowe, D., Der Brief Kennedys an Brandt vom 18. 8. 1961. Eine zentrale Quelle zur Berliner Mauer und zur Entstehung der Brandtschen Ostpolitik, in: VfZ 33 (1985), S. 373–383; hier: S. 381.
31 Ausland, J. C., Kennedy, Krushchev, and the Berlin-Cuba Crisis 1961–1964, Oslo 1996.
32 Zit. nach Rühle/Holzweißig, 13. August, S. 101 (vgl. Kap. 4/Anm. 19).
33 Brandt, W., Begegnungen und Einsichten. Die Jahre 1960–1975, Hamburg 1976, S. 17.
34 Tucker, Sp. C. (Hrsg.), The Encyclopedia of the Vietnam War. A Political, Social, and Military History, Oxford 2000, S. 267 f.
35 Zit. nach Stöver, Befreiung, S. 828 (vgl. Kap. 2/Anm. 6).
36 Abgedruckt in: DD, IV. Reihe, Bd. 9, Frankfurt a. M. 1978, S. 382–388. Folgende Wiedergaben ebd., passim.
37 Zit. nach Grinevskij, O., Tauwetter, Entspannung, Krisen und neue Eiszeit, Berlin 1996, S. 153.
38 Abgedruckt in: DD, IV. Reihe, Bd. 9, S. 572–575 (vgl. Kap. 4/Anm. 36). Folgende Wiedergaben ebd., passim.

5. Eine Welt in Waffen

1 Überblick zu Rüstung und Atomwaffen: Yenne, B., Secret Weapons of the Cold War. From the H-Bomb to SDI, New York 2005; Hutchinson, R., Weapons of Mass Destruction, London 2003; Miller, D., The Cold War. A Military History, New York 1998; Conway's All The World's Fighting Ships, 1947–

1995, London 1995; Fischer, S./Nassauer, O. (Hrsg.), Satansfaust. Das nukleare Erbe der Sowjetunion, Berlin 1992.

2 Angaben nach Kaiser, K./Schwarz, H.-P. (Hrsg.), Die neue Weltpolitik, Bonn 1995, S. 147–156; hier: S. 148 (Beitrag J. Krause).

3 Zahlen nach Bald, D., Hiroshima, 6. August 1945. Die nukleare Bedrohung, München 1999, S. 75 f.

4 Thoß, B. (Hrsg.), Volksarmee schaffen – ohne Geschrei. Studien zu den Anfängen einer «verdeckten Aufrüstung» in der SBZ/DDR 1947–1952, München 1994, S. 64.

5 Schwartz, St. I. (Hrsg.), Atomic Audit. The Costs and Consequences of U.S. Nuclear Weapons since 1940, Washington 1998, S. 589 ff.

6 Überblick: Fautua, D. T., The «Long Pull» Army. NSC 68, the Korean War, and the Creation of the Cold War U.S. Army, in: The Journal of Military History 61 (1997), S. 93–120.

7 Zahlen nach Peacock, L. T., Strategic Air Command, London 1988, S. 44.

8 Zusammenfassend: Hemsley, J., Soviet Troop Control. The Role of Command Technology in Soviet Military System, Oxford 1982, S. 44 ff.

9 Yenne, Secret Weapons, S. 63 (vgl. Kap. 5/Anm. 1).

10 Fischer/Nassauer, Satansfaust (vgl. Kap. 5/Anm. 1), S. 39–49; hier: S. 49 (Beitrag K. Sorokin).

11 Schwartz, Atomic Audit, S. 86 (vgl. Kap. 5/Anm. 5).

12 Böttcher, K. W., Das Arsenal der Apokalypse, in: Frankfurter Hefte 3 (1948), S. 1055 (vgl. Kap. 2/Anm. 15).

13 Rhodes, R., Dark Sun. The Making of the Hydrogen Bomb, New York 1996, S. 498 ff.

14 Miller, Cold War, S. 81 (vgl. Kap. 5/Anm. 1).

15 Für das Folgende: Norris, J./Fowler, W., NBC. Nuclear, Biological and Chemical Warfare on the Modern Battlefield, London 1997, S. 39 ff.; Miller, Cold War, S. 437 ff. (vgl. Kap. 5/Anm. 1); Yenne, Secret Weapons, S. 129 ff. (vgl. Kap. 5/Anm. 1).

16 Überblick über die Luftwaffen des Kalten Krieges: Angelucci, E., The Illustrated Encyclopedia of Military Aircraft 1914 to the Present, Edison 2001, S. 394 ff.

17 Überblick: Zaloga, St. J., The Kremlin's Nuclear Sword. The Rise and Fall of Russia's Strategic Nuclear Forces, 1945–2000, Washington 2002, S. 22 ff., sowie Podvig, P. (Hrsg.), Russian Strategic Nuclear Forces, Cambridge 2004.

18 Zur Raketenentwicklung anderer Staaten: Twigge, St. R., The Early Development of Guided Weapons in the United Kingdom, 1940–1960, Chur 1993. Zur Atomwaffenverbreitung: IPPNW (Hrsg.), Radioaktive Verseuchung von Himmel und Erde. Atomwaffentests unter, auf und über der Erde: Auswirkungen auf Gesundheit und Umwelt, Berlin 1992.

19 Winter, Rockets, S. 104 f. (vgl. Kap. 1/Anm. 66).

20 Cirincione, J., Deadly Arsenals. Tracking Weapons of Mass Destruction, Washington 2002.

21 Zum Folgenden: Yenne, Secret Weapons, S. 284 ff. (vgl. Kap. 5/Anm. 1).

22 SIPRI Yearbook 1992. World Armaments and Disarmaments, Oxford 1992, S. 76.

23 Brown, A. C. (Hrsg.), Dropshot. The United States Plan for War with the Soviet Union in 1957, New York 1978; Kaku, M./Axelrod, D., To Win a Nuclear War: The Pentagon's Secret War Plans, Boston 1987. Zu den neuen Archivfunden auf beiden Seiten: Parallel History Project on NATO and the Warsaw Pact (http://www.isn.ethz.ch/php).

24 Miller, Cold War, S. 359 (vgl. Kap. 5/Anm. 1); BMVg (Hrsg.), Militärische Planungen des Warschauer Paktes in Zentraleuropa. Eine Studie, Bonn 1992, S. 3; Parallel History Project on NATO and the Warsaw Pact (http://www.isn.ethz.ch/php). Das Manöver «Able Archer», das die NATO 1983 veranstaltete, gehörte nach neueren Forschungen zu den wirkungsmächtigsten. Die Sowjets vermuteten damals, dass es möglicherweise als Deckmantel für den Atomkrieg durchgeführt wurde. Vgl. Greiner, B. u. a. (Hrsg.), Krisen im Kalten Krieg, Hamburg 2008, S. 505 ff. (Beitrag V. Mastny).

25 Kahn, H., On Thermonuclear War, Princeton 1960, S. 7 ff.

26 Überblick: Nägler, F. (Hrsg.), Die Bundeswehr 1955–2005. Rückblenden – Einsichten – Perspektiven, München 2005, S. 293 ff.

27 Überblick: Odom, W. E., The Collapse of the Soviet Military. New Haven 1998, S. 65 ff.; Blair, B. G., The Logic of Accidental Nuclear War, Washington 1993, S. 59 ff.

28 Sokolowski, W. D. (Hrsg.), Militär-Strategie, Köln [2]1965.

29 Siehe auch die *Spiegel*-Ausgabe vom 13. 8. 1984: «Moskaus Feindbild. Die häßlichen Deutschen».

30 Zit. nach Filippovych, D. N./Uhl, M. (Hrsg.), Vor dem Abgrund. Die Streitkräfte der USA und der UdSSR sowie ihrer deutschen Bündnispartner in der Kubakrise, München 2005, S. 27–38; hier: S. 32 (Beitrag M. G. Ljoschin).

31 Zit. nach Odom, Collapse, S. 120 (vgl. Kap. 5/Anm. 27).

32 Kaku/Axelrod, Nuclear War, S. 11 (vgl. Kap. 5/Anm. 23). Folgende Wiedergaben ebd., S. 34 ff.

33 Stöver, Befreiung, S. 371 ff. (vgl. Kap. 2/Anm. 6).

34 Kaku/Axelrod, Nuclear War, S. XI (vgl. Kap. 5/Anm. 23). Zu SIOP auch: Pringle, P./Arkin, W., SIOP. Nuclear War from The Inside, London 1983.

35 Brown, Dropshot, S. 74 (vgl. Kap. 5/Anm. 23).

36 Für das Folgende: Zaloga, Kremlin's Nuclear Sword, S. 16 ff. (vgl. Kap. 5/Anm. 17).

37 Veröffentlicht in: Parallel History Project on NATO and the Warsaw Pact (vgl. Kap. 5/Anm. 24).

38 BMVg, Militärische Planungen des Warschauer Paktes, S. 3 ff. (vgl. Kap. 5/Anm. 24).

39 Für das Folgende: Stöver, Befreiung, S. 494 ff. (vgl. Kap. 2/Anm. 6); ders., CIA. Geschichte, Organisation, Skandale, München 2017. Überblick zur Geheimdienstarbeit im Kalten Krieg: Roewer, H. u. a., Lexikon der Geheimdienste im 20. Jahrhundert, München 2003.

40 Überblick bei Gordiewsky/Andrew, KGB (vgl. Kap. 2/Anm. 31).

41 Sibley, K. A. S., Red Spies in America. Stolen Secrets and the Dawn of the Cold War, Lawrence 2004, S. 191 ff.

42 Gieseke, J., Mielke-Konzern. Die Geschichte der Stasi 1945–1990, Stuttgart 2001, S. 213.

43 Maddrell, P., Einfallstor in die Sowjetunion. Die Besatzung Deutschlands und die Ausspähung der UdSSR durch den britischen Nachrichtendienst, in: VfZ 51 (2003), S. 183–227; ders., Spying on Science: Western Intelligence in Divided Germany 1945–1961, Oxford 2006, S. 53 ff. u. 103 ff.

44 Bailey, G. u. a., Die unsichtbare Front. Der Krieg der Geheimdienste im geteilten Berlin, Berlin 1997, S. 257 ff.

45 Abschusschronologie in: Lashmar, P., Spy Flights of the Cold War. Gloucestershire 1996, S. 217 f.

46 Zum Folgenden: Yenne, Secret Weapons, S. 25 ff. (vgl. Kap. 5/Anm. 1).

47 Cline, R. S., Secrets, Spies and Scholars. Blueprint of the Essential CIA, Washington 1976, S. 131.

48 Zit. nach Heuser, B., Subversive Operationen im Dienste der «Roll-Back»-Politik 1948–1953, in: VfZ 37 (1989), S. 279–297; hier: S. 289.

49 Überblick: Stöver, Befreiung, S. 493 ff. (vgl. Kap. 2/Anm. 6).

50 Überblick: Andrew/Mitrochin, Schwarzbuch des KGB (vgl. Kap. 1/Anm. 42); dies.: Das Schwarzbuch des KGB 2. Moskaus Geheimoperationen im Kalten Krieg, München 2006.

51 Gieseke, Mielke-Konzern, S. 216 f. (vgl. Kap. 5/Anm. 42).

52 Hinweise zur finanziellen Ausstattung im Jahrbuch für Historische Kommunismusforschung 2006, S. 297–310; hier: S. 308 (Beitrag H. Weber).

53 Ceruzzi, P. E., A History of Modern Computing, Cambridge [2]2003, S. 13 ff. Zum spezifischen Zusammenhang von Computern, Atomwaffen und Spieltheorie in der Konfliktsimulation vgl. Poundstone, W., Prisoners Dilemma. John von Neumann, Game Theory, and the Puzzle of the Bomb, New York 1992.

54 Hartcup, G., The Silent Revolution. The Development of Conventional Weapons 1945–1985, London 1993, S. 33.

55 Zum Folgenden: Ebd., S. 32 f., u. Hemsley, Soviet Troop Control, S. 175 ff. (vgl. Kap. 5/Anm. 8).

56 Überblick: Mackenzie, D., Inventing Accuracy. A Historical Sociology of Nuclear Missile Guidance, Cambridge [4]2001.

57 Dazu May, J., Das Greenpeace-Handbuch des Atomzeitalters. Daten – Fakten – Katastrophen, München 1989, S. 11 f. Hier findet sich auch die detaillierteste Auflistung von Nuklearunfällen im Kalten Krieg. Namensgeber war der Air Force-Ingenieur Edward A. Murphy.

58 Siehe die Greenpeace-Homepage (www.greenpeace.de).

59 Zusammenfassung: Hansen, Ch., The Oops List (www.thebulletin. org).

60 Schwartz, Atomic Audit, S. 395 ff. (vgl. Kap. 5/Anm. 5).

61 Liste bei Miller, Cold War, S. 426 ff. (vgl. Kap. 5/Anm. 1); Fischer/Nassauer, Satansfaust (vgl. Kap. 5/Anm. 1), S. 225–241; hier: S. 228 ff. (Beitrag J. Handler).

62 IPPNW (Hrsg.), Plutonium. Tödliches Gold des Atomzeitalters, Berlin [2]1994, S. 75 ff.

63 Hall, J., Lebenszeit, Halbwertszeit. Reportagen aus einer Zeitenwende: Vom Atomzeitalter ins Zeitalter des Atommülls, Frankfurt a. M. 1998, S. 184 f.

64 Folgendes nach Isaacs, J./Downing, T, Der Kalte Krieg. Eine illustrierte Geschichte 1945–1991, München 1991, S. 242 f., und May, Greenpeace-Handbuch, S. 338 ff. (vgl. Kap. 5/Anm. 57).
65 Kötter, W., Inferno aus Versehen, in: Freitag, 24. 6. 2005, S. 8.

6. Gesellschaften im Dauerkonflikt

1 Stöver, B., Volksgemeinschaft im Dritten Reich. Die Konsensbereitschaft der Deutschen aus der Sicht sozialistischer Exilberichte, Düsseldorf 1993, S. 294.
2 Dazu Jarausch, K., Die Umkehr. Deutsche Wandlungen 1945–1995, München 2004, S. 148 ff.
3 Schildt, A./Sywottek, A. (Hrsg.), Modernisierung im Wiederaufbau. Die westdeutsche Gesellschaft der 50er Jahre, Bonn 1993, S. 269 ff.
4 Überblick zu USA: Stöver, United States, S. 525 ff. (vgl. Kap. 1/Anm. 2). Zur UdSSR: Simon, G. (Hrsg.), Weltmacht Sowjetunion. Umbrüche – Kontinuitäten – Perspektiven, Köln 1987, S. 56 ff.
5 Daten zur UdSSR in: Hildermeier, Geschichte der Sowjetunion, S. 921 (vgl. Kap. 1/Anm. 14). Für das Beispiel Bundesrepublik z. B. Schildt, A., Moderne Zeiten. Freizeit, Massenmedien und «Zeitgeist» in der Bundesrepublik der 50er Jahre, Hamburg 1995, S. 308.
6 Arkin, W. M./Fieldhouse, R. W., «Nuclear Battlefields». Der Atomwaffen-Report, Frankfurt a. M. 1986, S. 135.
7 Alle Zitate nach Heimann, J. (Hrsg.), The Golden Age of Advertising – the 50s, Köln 2005, S. 54 ff. Die *Atomic Annie* ebd., S. 202 f.
8 Zahlreiche Beispiele in Schäfer, H. (Hrsg.), SpielZeitGeist. Spiel und Spielzeug im Wandel, New York 1994, S. 53 ff.
9 Weitere Beispiele auf der CD: Atomic Platters. Cold War Music. From the Golden Age of Homeland Security, Bear Family Records (2005).
10 Alac, P., Der Bikini. Geschichte, Mode und Skandal, New York 2002, S. 21 u. 28.
11 Scheuch, E. K./Scheuch, U., Wie deutsch sind die Deutschen? Eine Nation wandelt ihr Gesicht, Bergisch-Gladbach [2]1992, S. 196 ff.
12 Homepage des Bulletin of the Atomic Scientists (www.thebulletin.org).
13 Zum Folgenden: Stölken-Fitschen, I., Atombombe und Geistesgeschichte. Eine Studie der fünfziger Jahre aus deutscher Sicht, Baden-Baden 1995, S. 77 ff. Auch: Schildt, Moderne Zeiten, S. 308 ff. (vgl. Kap. 6/Anm. 5).
14 Koeppen, W., Tauben im Gras, Stuttgart 1969, S. 11 f. ([1]1951). Hervorhebung im Original.
15 Lapp, R. E., Die Reise des Glücklichen Drachen. Eine moderne Odyssee, Düsseldorf 1958, S. 104 ff.
16 Zit. nach Stölken-Fitschen, Atombombe, S. 97 (vgl. Kap. 6/Anm. 13). Folgende Wiedergaben ebd., S. 99 u. 102 f.
17 Ebd., S. 103. Folgende Zitate ebd., S. 96.
18 Zit. nach ebd., S. 103.
19 Weitere Beispiele in Vesper-Triangel, B., Gegen den Tod. Stimmen deutscher Schriftsteller gegen die Atombombe, o. O. 1981 ([1]1964).
20 Abgedruckt in: Public Papers of the Presidents of the United States. Dwight D. Eisenhower 1953, Washington 1960, S. 813–822; hier: S. 820.

21 Zum Folgenden: Radkau, J., Aufstieg und Krise der deutschen Atomwirtschaft 1945–1976. Verdrängte Alternativen in der Kerntechnik und der Ursprung der nuklearen Kontroverse, Reinbek 1983, S. 78 ff.; Clarfield, G. H./Wiecek, W. M., Nuclear America. Military and Civilian Nuclear Power in the United States 1940–1980, New York 1984, S. 177 ff.; Boyer, P. S., By the Bomb's Early Light, American Thought and Culture at the Dawn of the Atomic Age, Chapel Hill 1994.

22 Hall, Lebenszeit, S. 8 u. 176 ff. (vgl. Kap. 5/Anm. 63).

23 Bloch, E., Das Prinzip Hoffnung, 3 Bde., Frankfurt a. M. [3]1990, S. 775 ([1]1959).

24 Zit. nach Brüggemeier, F.-J., Tschernobyl, 26. April 1986. Die ökologische Herausforderung, München [2]1999, S. 205. Folgende Wiedergaben ebd., S. 206.

25 Heimann, Advertising, S. 60 f. (vgl. Kap. 6/Anm. 7).

26 Jungk, R., Heller als tausend Sonnen. Das Schicksal der Atomforscher, Stuttgart 1956, S. 297 f.

27 Hall, Lebenszeit, S. 30 (vgl. Kap. 5/Anm. 63).

28 Ebd., S. 137 ff.

29 Glasstone, S. (Hrsg.), The Effects of Atomic Weapons, Washington 1950.

30 Glasstone, S. (Hrsg.), The Effects of Nuclear Weapons, Revised Edition, Washington 1962. 1964 auch ins Deutsche übersetzt.

31 Veröffentlicht z. B. unter dem Titel *Nuclear Scare Stories of the Cold War* (DVD 2004). Weitere Beispiele in dem Dokumentarfilm *The Atomic Cafe, Amerikanische Atompropaganda der 40er und 50er Jahre* (USA 1982).

32 Aussage des Matrosen J. Smitherman, 1983, in: Hall, Lebenszeit, S. 119 (vgl. Kap. 5/Anm. 63).

33 Einzelheiten bei May, Greenpeace-Handbuch, S. 115 ff. (vgl. Kap. 5/Anm. 57).

34 Zahlen nach Schwartz, Atomic Audit, S. 404 f. (vgl. Kap. 5/Anm. 5).

35 Bericht in Fischer/Nassauer, Satansfaust (vgl. Kap. 5/Anm. 1), S. 133–150; hier: S. 135 (Beitrag H. Kießlich-Köcher). Folgende Wiedergaben ebd., S. 134 ff.

36 Zitate ebd., S. 142.

37 Weart, S. R., Nuclear Fear. A History of Images, Cambridge 1988, S. 132 ff.

38 Überblick: Rose, One Nation Underground (vgl. Einleitung/Anm. 27).

39 Die besten Photos aus LIFE, o. O [5]1981, S. 239.

40 Goldstein, W./Miller, S. M., Herman Kahn: Ideologist of Military Strategy, in: Dissent 10 (1963), S. 75–85; hier: S. 81.

41 Kahn, On Thermonuclear War, S. 113, Tab. 25 (vgl. Kap. 5/Anm. 25). Folgende Wiedergaben ebd., S. 71.

42 Kahn, H./Wiener, A. J., The Year 2000. A Framework for Speculation on the Next Thirty-Three Years, London 1967, S. 316 ff.

43 Heimann, Advertising, S. 69 (vgl. Kap. 6/Anm. 7).

44 Zit. nach Fischer/Nassauer, Satansfaust (vgl. Kap. 5/Anm. 1), S. 146 f. (Beitrag H. Kießlich-Köcher).

45 Zit. nach ebd., S. 147. Zu den Schutzräumen in der UdSSR auch: Blair, Logic (vgl. Kap. 5/Anm. 27).

46 Informationen zu dieser gerüchteweise bekannt gewordenen Anlage etwa unter http://russland. ru/metromoskau.

47 Beispiel Großbritannien: Cocroft, W. D./Thomas, R. J. C., Cold War. Building for Nuclear Confrontation 1946–1989, Swindon 2003; Campbell, D., War Plan UK, London 1983. Zur Bundesrepublik: Bundesamt für Bauwesen und Raumordnung (Hrsg.), Der Regierungsbunker, Berlin 2007. Zur DDR: Bergner, P., Atombunker. Kalter Krieg. Programm Delphin, Zella-Mehlis 2007.
48 Zit. nach Kraushaar, W., Die Protest-Chronik 1949–1959. Eine illustrierte Geschichte von Bewegung, Widerstand und Utopie, Hamburg 1996, S. 55.
49 Zit. nach ebd., S. 23.
50 Flugblatt abgedruckt in ebd., S. 44. Hervorhebung im Original.
51 Zitat nach Stöss, R. (Hrsg.), Parteienhandbuch. Die Parteien der Bundesrepublik Deutschland 1945–1980, Opladen 1986, S. 1408.
52 Zusammenfassend: Rupp, H. K., Außerparlamentarische Opposition in der Ära Adenauer, Köln 1980.
53 Deutsches Manifest, 29. 1. 1955, in: Schubert, Sicherheitspolitik I, S. 196 f.; hier: S. 196 (vgl. Kap. 2/Anm. 8).
54 Zusammenfassend: Bald, D., Die Atombewaffnung der Bundeswehr. Militär, Öffentlichkeit und Politik in der Ära Adenauer, Bremen 1994.
55 Abgedruckt in: DD, III. Reihe, Bd. 3, Frankfurt a. M. 1967, S. 577–579; hier: S. 578.
56 Abgedruckt in: Wagenbach, K. u. a. (Hrsg.), Vaterland, Muttersprache. Deutsche Schriftsteller und ihr Staat von 1945 bis heute, Berlin 1979, S. 139 f.
57 Kleßmann, Chr., Zwei Staaten, eine Nation. Deutsche Geschichte 1955–1970, Bonn [2]1997, S. 159. Folgende Zahlenangaben ebd.
58 Rede im Circus Krone, München, in: Wagenbach, Vaterland, S. 148 f.; hier: S. 148 (vgl. Kap. 6/Anm. 56).
59 Abgedruckt in ebd., S. 156 f.; hier: S. 157.
60 Für das Folgende Gilcher-Holtey, I. (Hrsg.), 1968 – Vom Ereignis zum Gegenstand der Geschichtswissenschaft, Göttingen 1998.
61 Überblick: Borstelmann, Th., The Cold War and the Color Line. American Race Relations in the Global Arena, Cambridge 2001.
62 Zur Geschichte von «1968» im Ostblock: Berman, P., Zappa meets Havel. 1968 und die Folgen – Eine politische Reise, Hamburg 1998.
63 Rede, 30. 10. 1966, in: Wagenbach, Vaterland, S. 238 f.; hier: S. 239 (vgl. Kap. 6/Anm. 56).
64 Zit. nach Junker, D. (Hrsg.), Die USA und Deutschland im Zeitalter des Kalten Krieges 1945–1990. Ein Handbuch, 2 Bde., Stuttgart 2001, Bd. II, S. 750–760; hier: S. 753 (Beitrag Ph. Gassert).
65 Zit. nach Stöver, B., Die Bundesrepublik Deutschland. Kontroversen um die Geschichte, Darmstadt 2002, S. 92.
66 Nirumand, B., Persien. Modell eines Entwicklungslandes oder die Diktatur der Freien Welt, Reinbek 1967.
67 Lübbe, H., Endstation Terror. Rückblick auf lange Märsche, Freiburg 1972. Ob der am Anfang des bundesdeutschen Linksterrorismus stehende Mord an Benno Ohnesorg durch den Westberliner Polizisten Karl-Heinz Kurras, dessen Tätigkeit für das MfS erst 2009 bekannt wurde, eine gezielte Provoka-

tion der DDR war, konnte bislang nicht geklärt werden. Vgl. dazu: Fuhrer, A., Wer erschoss Benno Ohnesorg? Der Fall Kurras und die Stasi, Berlin 2009.

68 Weber, H./Staritz, D. (Hrsg.), Kommunisten verfolgen Kommunisten. Stalinistischer Terror und «Säuberungen» in den kommunistischen Parteien Europas seit den dreißiger Jahren, Berlin 1993, S. 401 ff.

69 Sacharow, A., Mein Leben, München 1991, S. 309.

70 Havemann, R., Fragen, Antworten, Fragen. Aus der Biographie eines deutschen Marxisten, München 1970, S. 118 ff.

71 Gieseke, Mielke-Konzern, S. 55 (vgl. Kap. 5/Anm. 42).

72 McCurdy, H. E., Space and the American Imagination, Washington 1997, S. 72 ff.

73 Raeithel, Geschichte, S. 141 f. (vgl. Kap. 1/Anm. 16).

74 Jungk, Sonnen, S. 320 (vgl. Kap. 6/Anm. 26).

75 Vgl. Brünneck, A. v., Politische Justiz gegen Kommunisten in der Bundesrepublik Deutschland 1949–1968, Frankfurt a. M. 1978, S. 243 ff.

76 Für das Folgende: Volkmann, H.-E. (Hrsg.), Ende des Dritten Reiches – Ende des Zweiten Weltkriegs. Eine perspektivische Rückschau, München 1995, S. 581–605 (Beitrag J. Hermand).

77 Zit. nach Deutscher Bundestag (Hrsg.), Enquete-Kommission «Überwindung der Folgen der SED-Diktatur im Prozeß der deutschen Einheit», Frankfurt a. M. 1999, Bd. IV, S. 1248–1304; hier: S. 1268 (Beitrag S. Lokatis).

78 Habel, F.-B., Zerschnittene Filme. Zensur im Kino, Leipzig 2003, S. 80 f.

79 Borjesson, K. (Hrsg.), Zensor USA. Wie die amerikanische Presse zum Schweigen gebracht wird, Zürich 2004, S. 132–157 (Beitrag M. Jensen-Stevenson).

80 Habel, Zerschnittene Filme, S. 32 f. (vgl. Kap. 6/Anm. 78).

81 Zit. nach Buchloh, St., «Pervers, jugendgefährdend, staatsfeindlich». Zensur in der Ära Adenauer als Spiegel des gesellschaftlichen Klimas, Frankfurt a. M. 2002, S. 159.

82 Maibaum, W. (Red.), Wissenschaft und politische Bildung. Aspekte der Auseinandersetzung mit dem gesellschaftlichen System der osteuropäischen Staaten, der DDR und Chinas, Bonn 1991, S. 24–37 (Beitrag K. Küßner).

83 Schröter, K. (Hrsg.), Thomas Mann im Urteil seiner Zeit. Dokumente 1891–1955, Hamburg 1969, S. 412 ff.

84 Zit. nach Deutscher Bundestag, Enquete-Kommission «Überwindung der Folgen der SED-Diktatur» (vgl. Kap. 6/Anm. 77), Bd. VIII, S. 2338–2390; hier: S. 2358 (Beitrag B. Stöver).

85 Zur Übersiedlung in die Bundesrepublik: Ackermann, V., Der «echte» Flüchtling. Deutsche Vertriebene und Flüchtlinge aus der DDR 1945–1961, Osnabrück 1995. Zur Einwanderung in die DDR: Offizielle Zahlen nach Wendt, H., Von der Massenflucht zur Binnenwanderung. Die deutsch-deutschen Wanderungen vor und nach der Vereinigung, in: Geographische Rundschau 46 (1994), S. 136–140; hier: S. 137. Andere Zahlen bei Schmelz, A., Politik und Migration im geteilten Deutschland während des Kalten Krieges. West-Ost-Migration in die DDR in den 1950er und 1960er Jahren, Opladen 2002, S. 39; Stöver, B., Zuflucht DDR. Spione und andere Übersiedler, München 2009, S. 85.

86 Zit. nach Ackermann, Flüchtling, S. 283 (vgl. Kap. 6/Anm. 85).
87 Zusammenfassend: Hoffman, B., Terrorismus. Der unerklärte Krieg. Neue Gefahren politischer Gewalt, Frankfurt a. M. 2001, S. 13 ff.
88 Stöver, Befreiung, S. 274 ff. (vgl. Kap. 2/Anm. 6); Heitzer, E., Die Kampfgruppe gegen Unmenschlichkeit (KgU). Widerstand und Spionage im Kalten Krieg 1948–1959, Köln 2015.
89 Zusammenfassend: Ganser, D., NATO's Secret Armies. Operation Gladio and Terrorism in Western Europe, London 2005. Speziell zum deutschen Beispiel: Schmidt-Eenboom, E./Stoll, U., Die Partisanen der Nato. Stay-Behind-Organisationen in Deutschland 1946–1991, Berlin 2015.
90 Überblick: Anderson, S./Anderson, J. L., Inside the League. The Shocking Exposé of how terrorists, nazis, and Latin American Death Squads have Infiltrated the World Anti-Communist League, New York 1986.
91 Zusammenfassend: Napoleoni, L., Die Ökonomie des Terrors. Auf den Spuren der Dollars hinter dem Terrorismus, München 2004.
92 Goren, R., The Soviet Union and Terrorism, London 1984, S. 98.
93 Müller, M./Kanonenberg, A., Die RAF-Stasi-Connection, Berlin 1992, S. 238.
94 Viett, I., Nie war ich furchtloser. Autobiographie, Hamburg 1996, S. 7.
95 Zusammenfassend: Clutterbuck, R., Protest and the urban guerilla, New York 1974, S. 58 ff.
96 Hechter, M., Internal Colonialism, The Celtic Fringe and the British National Development 1536–1966, Berkeley 1975, S. 30 ff. u. 264 ff.
97 Zit. nach Sterling, C., Das internationale Terrornetz. Der geheime Krieg gegen die westlichen Demokratien, Bern 1981, S. 166.
98 Zit. nach ebd., S. 171.
99 Andrew/Mitrochin, Schwarzbuch des KGB, S. 478 (vgl. Kap. 1/Anm. 42).
100 McGuire, M., To Take Arms. My Year with the IRA Provisionals, New York 1973, S. 36 ff.
101 Sterling, Terrornetz, S. 177 (vgl. Kap. 6/Anm. 97).
102 Baumann, B., Wie alles anfing, München 1979, S. 65. Dazu zusammenfassend: Aust, St., Der Baader-Meinhof-Komplex, München 1989, S. 103 ff.
103 Zit. nach Jacobsen, H.-A. u. a. (Hrsg.), Drei Jahrzehnte Außenpolitik der DDR. Bestimmungsfaktoren, Instrumente, Aktionsfelder, München 1979, S. 678.
104 Hoffman, Terrorismus, S. 85 (vgl. Kap. 6/Anm. 87).
105 Andrew/Mitrochin, Schwarzbuch des KGB, S. 472 f. (vgl. Kap. 1/Anm. 42).

7. Krieg der Kulturen

1 Überblick: Jarausch, K./Siegrist, H. (Hrsg.), Amerikanisierung und Sowjetisierung in Deutschland 1945–1970, Frankfurt a. M. 1997.
2 Ebd., S. 111–136; hier: S. 130 (Aufsatz M. Kaiser).
3 Zit. nach Kleßmann/Stöver, 1953 – Krisenjahr des Kalten Krieges (vgl. Kap. 4/Anm. 1), S. 199–222 (Beitrag B. Stöver).
4 Junker, USA und Deutschland im Kalten Krieg (vgl. Kap. 6/Anm. 64), Bd. I, S. 612–622; hier: S. 620 (Beitrag J. Gienow-Hecht).
5 Schäfer, SpielZeitGeist, S. 55 (vgl. Kap. 6/Anm. 8).

6 Junker, USA und Deutschland im Kalten Krieg (vgl. Kap. 6/Anm. 64), Bd. I, S. 601–611 (Beitrag J. S. Tent).

7 Polenz, P. v., Geschichte der deutschen Sprache, Berlin (W) 1978, S. 173 ff.

8 Bigsby, Chr./Banham, R., Superculture. American Popular Culture and Europe, London 1975.

9 Zur Sprache: Junker, USA und Deutschland im Kalten Krieg (vgl. Kap. 6/Anm. 64), Bd. II, S. 496–506 (Beitrag H. Kämper). Zur Musik: Rauhut, M., Rock in der DDR 1964 bis 1989, Bonn 2002.

10 Ernsting, St., Der rote Elvis. Das kuriose Leben eines US-Rockstars in der DDR, Berlin 2004.

11 Zusammenfassend: Maase, K., BRAVO Amerika. Erkundungen zur Jugendkultur in der Bundesrepublik in den fünfziger Jahren, Hamburg 1992.

12 Zit. nach Deutscher Bundestag, Enquete-Kommission «Überwindung der Folgen der SED-Diktatur» (vgl. Kap. 6/Anm. 77), Bd. IV, S. 1784–1814; hier: S. 1793 (Beitrag M. Rauhut).

13 Zit. nach Jarausch/Siegrist, Amerikanisierung, S. 17 (vgl. Kap. 7/Anm. 1).

14 Für den Ostblock: Lemberg, H. (Hrsg.), Sowjetisches Modell und nationale Prägung. Kontinuität und Wandel in Ostmitteleuropa nach dem Zweiten Weltkrieg, Marburg 1991.

15 Zusammenfassend: Frey, M., Geschichte des Vietnamkriegs. Die Tragödie in Asien und das Ende des amerikanischen Traums, München ^{6}2002, S. 51 ff. u. 93 ff.

16 Zusammenfassend: Greiner, Heiße Kriege (vgl. Einleitung/Anm. 25), S. 408–441 (Beitrag Th. Scheben).

17 El-Sadat, A., Geheimtagebuch der ägyptischen Revolution, Köln 1957, S. 93 f.

18 Zusammenfassend: Behrawan, A., Iran – die programmierte Katastrophe. Anatomie eines Konflikts, Frankfurt a. M. 1980.

19 Zusammenfassend: Braun, D./Ziem, K., Afghanistan. Sowjetische Machtpolitik – islamische Selbstbestimmung, Baden-Baden 1988.

20 Heuermann, H./Lange, B.-P. (Hrsg.), Die Utopie in der angloamerikanischen Literatur. Untersuchungen zur literarischen Utopie und Dystopie in den USA, Tübingen 1983; Nicholls, P. (Hrsg.), The Encyclopedia of Science Fiction. An illustrated A to Z, London 1981.

21 Lem, St., Sterntagebücher, Berlin (O) ^{2}1982, S. 27.

22 Überblick: Emmerich, W., Kleine Literaturgeschichte der DDR, Leipzig 1996.

23 Zum Kontext: Wolf, Chr., Voraussetzungen einer Erzählung, Darmstadt 1983.

24 Steinhoff, W., George Orwell and the Origins of 1984, Ann Arbor 1976, S. 148 ff.

25 Orwell, G., 1984, Bergenfield o. J., S. 7.

26 Laxness, H. K., Atomstation, Zürich o. J., S. 292. Zur Biografie: Gudmunsson, H., Islander. A Biography of Halldor Laxness, London 2008.

27 Dazu Strömberg, K, Kleine Geschichte der Zuerkennung des Nobelpreises an Halldór Laxness, in: ebd., S. 9–16; hier: S. 14.

28 Zahlen nach Savage Jr., W. W., Comic Books and America, 1945–1954, Norman 1990, S. VI.

29 Abgedruckt in: Siepmann, E. (Red.). Heiß und Kalt. Die Jahre 1945–1969, Berlin [4]1993, S. 199–206.
30 Zusammenfassend: Wright, B. W., Comic Book Nation. The Transformation of Youth Culture in America, Baltimore 2001, S. 180 ff.
31 Überblick: Mallory, M., Marvel. The Characters and their Universe, New York 2004.
32 Zit. nach Hirsch, P., The H-Bomb and You. Portrayals of the Atomic Bomb in Comic Books, 1945–1954 (unveröff. Manuskript, Santa Barbara 2005), S. 2. Für den Hinweis auf «Captain Atom» danke ich Peer Junge.
33 Lindenberger, Th. (Hrsg.), Massenmedien im Kalten Krieg. Akteure, Bilder, Resonanzen, Köln 2006, S. 49–76 (Beitrag B. Stöver).
34 Gallup, Gallup Poll, Bd. 1 (vgl. Kap. 1/Anm. 68), z. B. S. 929 u. 937 (1950), S. 1309 (1955). Zusammenfassend: Stöver, Befreiung, S. 413 ff. (vgl. Kap. 2/Anm. 6).
35 Kelly, C./Shepherd, D. (Hrsg.), Russian Cultural Studies, Oxford 1998, S. 192–222; hier: S. 210 (Beitrag Frank Ellis).
36 Dazu Lindenberger, Massenmedien (vgl. Kap. 7/Anm. 33), S. 235–261; hier: S. 235 (Beitrag Th. Heimann).
37 Zahlen nach: BMG (Hrsg.), SBZ von A bis Z. Ein Tatsachen- und Nachschlagebuch über die Sowjetische Besatzungszone Deutschlands, Bonn [6]1960, S. 119.
38 Zit. nach Schildt, Moderne Zeiten, S. 232 (vgl. Kap. 6/Anm. 5).
39 Lindenberger, Massenmedien (vgl. Kap. 7/Anm. 33), S. 235–261; hier S. 259 (Beitrag Th. Heimann).
40 Gerlof, K., Gegenspieler, Gerhard Löwenthal – Eduard von Schnitzler, Frankfurt a. M. 1999, S. 120.
41 Zahlen nach ebd., S. 132. Folgende Angabe ebd.
42 Schwarz, H.-P. (Hrsg.), Handbuch der deutschen Außenpolitik, München 1975, S. 533–554; hier: S. 552 (Beitrag H. v. Löwis of Menar).
43 Zit. nach Arnold/Classen, Pop (vgl. Kap. 4/Anm. 10), S. 229–248; hier: S. 237 (Beitrag H. Stahl).
44 Honecker, E., Bericht des Politbüros an die 11. Tagung des ZK der SED, Berlin (O) 1965, S. 71.
45 Zit. nach Arnold/Classen, Pop (vgl. Kap. 4/Anm. 10), S. 323–340; hier: S. 329 (Beitrag E. Larkey).
46 Meyer, E.-H., Musik im Zeitgeschehen, Berlin (O) 1952, S. 162.
47 B. Z., 19. 11. 1958, zit. nach Rauhut, Rock, S. 7 (vgl. Kap. 7/Anm. 9).
48 Zit. nach ebd., S. 42.
49 Folgende Zitate nach Ryback, T. W., Rock around the Bloc. A History of Rock Music in Eastern Europe and the Soviet Union, New York 1990, S. 219.
50 Plenzdorf, U., Die neuen Leiden des jungen W., Rostock 1973, S. 20.
51 Ebd., S. 58.
52 Zit. nach Saunders, F. St., Wer die Zeche zahlt ... Die CIA und die Kultur im Kalten Krieg, Berlin 1999, S. 322.
53 Daugherty, W. E., A Psychological Warfare Casebook, Baltimore 1958, S. 602–605; hier: S. 603 (Beitrag J. D. Ratcliff).
54 Zit. nach Krenn, M. L., Fall-Out Shelters for the Human Spirit. American Art and the Cold War, Chapel Hill 2005, S. 167 u. 147.

55 Zit. nach Caute, D., The Dancer Defects. The Struggle for Cultural Supremacy during the Cold War, Oxford 2003, S. 41. Zum deutsch-deutschen Beispiel: Gillen, E., Feindliche Brüder? Der Kalte Krieg und die deutsche Kunst, Bonn 2009.
56 Zusammenfassend: Scheer, Th. u. a. (Hrsg.), Stadt der Architektur. Architektur der Stadt, Berlin 1900–2000, Berlin 2000, S. 239–257 (Beiträge K. v. Beyme u. W. Schäche).
57 Zit. nach Hanauske, D., «Bauen, bauen, bauen ...». Die Wohnungspolitik in Berlin (West) 1945–1961, Berlin 1995, S. 354.
58 Zit. nach Kleihues, J. P. u. a. (Hrsg.), Bauen in Berlin 1900–2000, Berlin 2000, S. 232.
59 Berliner Baubuch 1957, zit. nach Kleihues, J. P. (Hrsg.), 750 Jahre Architektur und Städtebau in Berlin. Die Internationale Bauausstellung im Kontext der Baugeschichte Berlins, Berlin (W) 1987, S. 213–241; hier: S. 221 (Beitrag H. Bodenschatz u. a.).
60 Zusammenfassend: Lowe, B. u. a. (Hrsg.), Sport and International Relations, Champaign 1978.
61 Zit. nach Teichler, H. J./Reinartz, K., Das Leistungssportsystem der DDR in den achtziger Jahren und im Prozess der Wende, Schorndorf 1999, S. 30.
62 Andrew/Mitrochin, Schwarzbuch des KGB, S. 464 (vgl. Kap. 1/Anm. 42). Zur «Desertion» Nurejews: Caute, The Dancer Defects, S. 468 ff. (vgl. Kap. 7/Anm. 55).
63 Edmonds, D., Wie Bobby Fischer den Kalten Krieg gewann. Die ungewöhnlichste Schachpartie aller Zeiten, Frankfurt a. M. 2006.
64 Für das deutsche Beispiel: Balbier, U. A., Kalter Krieg auf der Aschenbahn – eine deutsch-deutsche Beziehungsgeschichte, Potsdam 2005 (unveröffentlichte Dissertation).
65 Zit. nach Kasza, P., 1954 – Fußball spielt Geschichte. Das Wunder von Bern, Bonn 2004, S. 103.
66 Zit. nach ebd., S. 142.
67 Zit. nach Blees, Th., 90 Minuten Klassenkampf. Das Fußball-Länderspiel BRD – DDR am 22. Juni 1974, Frankfurt a. M. 1999, S. 107.
68 Zit. nach Galtung, J., Hitlerismus, Stalinismus, Reaganismus. Drei Variationen zu einem Thema von Orwell, Baden-Baden 1987, S. 116. Folgendes Zitat ebd., S. 119 f.
69 Leebaert, D., The Fifty-Year Wound. The true price of America's Cold War victory, Boston 2002, S. 617 ff.
70 Zusammenfassend: Ende, W./Steinbach, U. (Hrsg.), Der Islam in der Gegenwart. Bonn ^{5}2005, S. 372–383 (Beitrag O. Schumann).
71 Dahm, B./Ptak, R., Südostasien-Handbuch. Geschichte, Gesellschaft, Politik, Wirtschaft, Kultur, München 1999, S. 415–433; hier: S. 431 ff. (Beitrag T. Frasch).
72 Zahlen nach Bütow, H. G. (Hrsg.), Länderbericht Sowjetunion, Bonn 1986, S. 508–518; hier: S. 517 (Beitrag G. Simon). Überblick: Ende/Steinbach, Islam in der Gegenwart (vgl. Kap. 7/Anm. 70), S. 277–318 (Beitrag R. Freitag-Wirminghaus).

73 Besier, G. u. a., Nationaler Protestantismus und Ökumenische Bewegung, Kirchliches Handeln im Kalten Krieg (1945–1990), Berlin 1999, S. 27–321; hier: S. 57 (Beitrag A. Boyens).
74 Zusammenfassend: Ebd., S. 58 ff.
75 Zit. nach ebd., S. 318.
76 Zit. nach Stehle, Friedensfühler, S. 545 (vgl. Kap. 1/Anm. 29).
77 Besier u. a., Nationaler Protestantismus (vgl. Kap. 7/Anm. 73), S. 323–652; hier: S. 348 ff. (Beitrag G. Besier).
78 Grundsatzschrift: Gutierrez Merino, G., Theologie der Befreiung, München 1973.
79 Dazu: Thomas, G./Morgan-Witts, M., Averting Armageddon. The Pope, Diplomacy and the Pursuit of Peace, Garden City 1984.
80 Zit. nach Stöver, Befreiung, S. 861 (vgl. Kap. 2/Anm. 6).
81 Tibi, B., Die fundamentalistische Herausforderung. Der Islam und die Weltpolitik, München [2]1993, S. 73. Zusammenfassend auch: Ende/Steinbach, Islam in der Gegenwart (vgl. Kap. 7/Anm. 70), S. 90–127; hier: S. 103 ff. (Beitrag R. Peters).
82 Heine, P., Terror in Allahs Namen. Extremistische Kräfte im Islam, Freiburg 2001, S. 119 ff.

8. Wirtschafts- und Sozialpolitik in der Systemkonkurrenz

1 Abgedruckt in: DD, IV. Reihe, Bd. 9 (vgl. Kap. 4/Anm. 36), S. 382–388; hier: S. 386.
2 Abgedruckt in: Heimann, Advertising, S. 53 u. 329 (vgl. Kap. 6/Anm. 7).
3 Zit. nach Kraushaar, Protest-Chronik, S. 1723 (vgl. Kap. 6/Anm. 48).
4 Pressekonferenz, 21. 4. 1961, in: The Kennedy Presidential Press Conferences, New York 1978, S. 84–92; hier: S. 87.
5 Zum Folgenden: Stöver, Befreiung, S. 466 ff. (vgl. Kap. 2/Anm. 6).
6 Ebd., S. 475. Zusammenfassend auch: Jackson, I., The Economic Cold War. America, Britain, and the East-West Trade, 1948–1963, New York 2001.
7 Bednarz, K., Mein Moskau. Notizen aus der Sowjetunion, Stuttgart 1985, S. 166.
8 Stöver, Befreiung, S. 862 (vgl. Kap. 2/Anm. 6).
9 Zit. nach Maier, Ch. S., Das Verschwinden der DDR und der Untergang des Kommunismus, Frankfurt a. M. 1999, S. 143.
10 Huber, M., Moskau, 11. März 1985. Die Auflösung des sowjetischen Imperiums, München 2002, S. 90 f.
11 Jarausch, K. H., Realer Sozialismus als Fürsorgediktatur. Zur begrifflichen Einordnung der DDR, in: APuZ B 20/1998, S. 33–46.
12 Die folgenden Wiedergaben zit. nach Stöver, Bundesrepublik, S. 51 (vgl. Kap. 6/Anm. 65).
13 Zit. nach Kleßmann, Staatsgründung, S. 145 (vgl. Kap. 1/Anm. 47).
14 Stern, C./Winkler, H. A. (Hrsg.), Wendepunkte deutscher Geschichte, Frankfurt a. M. 1994, S. 159–192; hier: S. 172 (Beitrag J. Kocka).
15 Hesselberger, D., Das Grundgesetz. Kommentar für die politische Bildung. Bonn [5]1988, S. 163 f.

16 Zusammenfassend: Geschichte der Sozialpolitik in Deutschland nach 1945, 10 Bde., Baden-Baden 2002 ff. Zitat aus der SPD-Parteitagsrede Ludwig Prellers 1952, in: ebd., Bd. 3: 1949–1957, Bundesrepublik Deutschland, Baden-Baden 2005, S. 383.
17 Zit. nach Hertle, H.-H., Der Fall der Mauer. Die unbeabsichtigte Selbstauflösung des SED-Staates, Opladen 1996, S. 73.
18 Roggemann, H. (Bearb.), Die DDR-Verfassungen, Berlin (W) [3]1980.
19 Wendt, Massenflucht, S. 137 (vgl. Kap. 6/Anm. 85).
20 Stöver, Zuflucht, S. 77 ff. (vgl. Kap. 6/Anm. 85).
21 Wendt, Massenflucht, S. 137 (vgl. Kap. 6/Anm. 85).
22 Zusammenfassend: Schmidt, M. G., Sozialpolitik der DDR. Sozialpolitik und Sozialstaat, Wiesbaden 2004, S. 131 ff.
23 Zit. nach Kleßmann, Staatsgründung, S. 251 (vgl. Kap. 1/Anm. 47).
24 Hockerts, H. G. (Hrsg.), Drei Wege deutscher Sozialstaatlichkeit. NS-Diktatur, Bundesrepublik und DDR im Vergleich, München 1998, S. 7–25; hier: S. 24 (Beitrag H. G. Hockerts).
25 Zusammenfassend: Schmidt, M. G., Sozialpolitik in Deutschland. Historische Entwicklung und internationaler Vergleich, Opladen [2]1998, S. 97.
26 Zusammenfassend: Raeithel, Geschichte, S. 409 ff. (vgl. Kap. 1/Anm. 16); Adams, W. P. u. a. (Hrsg.), Länderbericht USA. Bd. II: Außenpolitik, Gesellschaft, Kultur – Religion – Erziehung, Bonn 1992, S. 415–438; hier: S. 422 ff. (Beitrag A. Murswieck).
27 Hoffmann, D./Schwartz, M. (Hrsg.), Sozialstaatlichkeit in der DDR. Sozialpolitische Entwicklungen im Spannungsfeld von Diktatur und Gesellschaft 1945/49–1989, München 2005, S. 11–29 (Beitrag G. A. Ritter).
28 Bernecker, W. L., Port Harcourt, 10. November 1995. Aufbruch und Elend in der Dritten Welt, München 1997, S. 42.
29 Kleines Politisches Wörterbuch, Berlin (O) [7]1988, S. 234 f.
30 Botschaft des US-Präsidenten Kennedy zum Außenhandelsprogramm, 25. 1. 1962, in: Czempiel/Schweitzer, Weltpolitik, S. 286–297; hier: S. 291 (vgl. Kap. 1/Anm. 38).
31 Tabelle in: Machowski, H./Schulz, S., RGW-Staaten und Dritte Welt. Wirtschaftsbeziehungen und Entwicklungshilfe, Bonn 1981, S. 46.
32 Nuscheler, F., Entwicklungspolitik, Bonn [5]2004, S. 29.
33 Wiedergaben nach: CIA Intelligence Handbook. Communist Aid to Less Developed Countries in the Free World, 1974, Washingon 1975 (unveröffentlicht; National Archives Washington D. C., CREST, CIA-RDP79S01091A 000400030001-4); Nohlen, D. (Hrsg.), Lexikon Dritte Welt. Länder, Organisationen, Theorien, Begriffe, Personen, Hamburg 2002, S. 695; Bütow, Länderbericht Sowjetunion (vgl. Kap. 7/Anm. 72), S. 390–420; hier: S. 417 (Beitrag K. v. Beyme). Zum Wettbewerb der Supermächte in Indien auch: Greiner, Heiße Kriege (vgl. Einleitung/Anm. 25), S. 239–272 (Beitrag A. Das Gupta).
34 Tabelle in: Adams, Länderbericht USA II, S. 71 (vgl. Kap. 8/Anm. 26).
35 Abgedruckt in Czempiel/Schweitzer, Weltpolitik, S. 62 (vgl. Kap. 1/Anm. 38).
36 Gleijeses, P., Shattered Hope. The United States and the Guatemalan Revolution, 1944–1954, Oxford 1991, S. 383.

37 Tabelle in Adams, Länderbericht USA II, S. 69 (vgl. Kap. 8/Anm. 26).
38 Zahlen nach Frey, Geschichte des Vietnamkriegs, S. 55 (vgl. Kap. 7/Anm. 15).
39 Tabelle in Adams, Länderbericht USA II, S. 69 (vgl. Kap. 8/Anm. 26).
40 Zusammenfassend: Leimgruber, W., Kalter Krieg um Afrika. Die amerikanische Afrikapolitik unter Präsident Kennedy, Stuttgart 1990.
41 Schwarz, Handbuch der deutschen Außenpolitik (vgl. Kap. 7/Anm. 42), S. 723–739; hier: S. 733 (Beitrag H.-P. Schwarz). Folgende Zahlen ebd.
42 Nohlen, Lexikon Dritte Welt, S. 239 (vgl. Kap. 8/Anm. 33).
43 End, H., Zweimal deutsche Außenpolitik. Internationale Dimensionen des innerdeutschen Konflikts 1949–1972, Köln 1973, S. 155. Zusammenfassend: Gray, W., Germany's Cold War. The Global Campaign to Isolate East Germany, 1949–1969, Chapel Hill 2003.
44 Zit. nach Troche, A., Ulbricht und die Dritte Welt. Ost-Berlins «Kampf» gegen die Bonner «Alleinvertretungsanmaßung», Erlangen 1996, S. 44.
45 Für das Beispiel Afrika: Schulz, B. H., Development Policy in the Cold War Era. The Two Germanies and Sub-Saharan Africa, 1969–1985, Münster 1995.
46 Zusammenfassend: Lamm, H. S./Kupper, S., DDR und Dritte Welt, München 1976, S. 147 ff.; Schleicher, I./Schleicher, H.-G., Die DDR im südlichen Afrika: Solidarität und Kalter Krieg, Hamburg 1997.
47 Greiner, Heiße Kriege (vgl. Einleitung/Anm. 25), S. 315–338; hier: S. 323 (Beitrag J. S. Corum).
48 Gieseke, Mielke-Konzern, S. 223 (vgl. Kap. 5/Anm. 42).
49 Nohlen, Lexikon Dritte Welt, S. 511 (vgl. Kap. 8/Anm. 33).
50 Nuscheler, Entwicklungspolitik, S. 440 (vgl. Kap. 8/Anm. 32).
51 Mejcher, Sinai, S. 159 u. 179 (vgl. Kap. 3/Anm. 26).
52 Abgedruckt in: Czempiel/Schweitzer, Weltpolitik, S. 377–381 (vgl. Kap. 1/Anm. 38).
53 Zusammenfassend: Randall, St. J., United States Foreign Oil Policy Since World War I. For Profits and Security, Montreal [2]2005.
54 Koeppen, Tauben im Gras, S. 9 (vgl. Kap. 6/Anm. 14). Hervorhebung ebd.
55 Brisard, J.-Ch./Dasquié, G., Die verbotene Wahrheit. Die Verstrickung der USA mit Osama bin Laden, Zürich [5]2002, S. 192.
56 Zusammenfassend: Krell, G./Kubbig, B. W. (Hrsg.), Krieg und Frieden am Golf. Ursachen und Perspektiven, Frankfurt a. M. 1991.
57 Überblick: Farouk-Sluglett, M./Sluglett, P., Der Irak seit 1958. Von der Revolution zur Diktatur, Frankfurt a. M. 1991, S. 57 ff.
58 Kissinger, H. A., Memoiren 1973–1974, München 1982, S. 1031.
59 Grass, G., Denkzettel nach der Wahl, Nov. 1976, in: Wagenbach, Vaterland (vgl. Kap. 6/Anm. 56), S. 301 f.; hier: S. 301.
60 Ellwein, Th., Krisen und Reformen. Die Bundesrepublik seit den sechziger Jahren, München 1989, S. 52 ff.
61 Haftendorn, H., Sicherheit und Stabilität. Außenbeziehungen der Bundesrepublik zwischen Ölkrise und NATO-Doppelbeschluss, München 1986, S. 44.
62 Bütow, Länderbericht Sowjetunion, S. 341 (vgl. Kap. 7/Anm. 72).
63 Maier, Verschwinden der DDR, S. 124 (vgl. Kap. 8/Anm. 9).

64 Zit. nach Kenntemich, W. u. a. (Hrsg.), Das war die DDR. Eine Geschichte des anderen Deutschland, Berlin 1993, S. 83 f; hier: S. 83.
65 Ausführlicher dazu: Bernecker, Port Harcourt, S. 9 (vgl. Kap. 8/Anm. 28).

9. Schauplatzwechsel 1961: Krieg in der Dritten Welt

1 Zusammenfassend: Dommen, A. J., The Indochinese Experience of the French and the Americans. Nationalism and Communism in Cambodia, Laos, and Vietnam, Bloomington 2001, S. 113 ff.
2 Frey, Geschichte des Vietnamkriegs, S. 17 (vgl. Kap. 7/Anm. 15).
3 Horlemann, J./Gaeng, P., Vietnam. Genesis eines Konflikts, Frankfurt a. M. ^{3}1967, S. 71.
4 Frey, Geschichte des Vietnamkriegs, S. 28 (vgl. Kap. 7/Anm. 15).
5 Horlemann/Gaeng, Vietnam, S. 97 u. 124 (vgl. Kap. 9/Anm. 3).
6 Zit. nach Biermann, H., John F. Kennedy und der Kalte Krieg. Die Außenpolitik der USA und die Grenzen der Glaubwürdigkeit, Paderborn 1997, S. 34 f.
7 Abgedruckt in: Schoenthal, Kurs, S. 31–41; hier: S. 35 (vgl. Kap. 3/Anm. 28).
8 Zahlen nach Horlemann/Gaeng, Vietnam, S. 111 (vgl. Kap. 9/Anm. 3).
9 Zahlen nach Czempiel/Schweitzer, Weltpolitik, S. 259 (vgl. Kap. 1/Anm. 38).
10 Angermann, Staaten, S. 402 (vgl. Kap. 6/Anm. 4). Zur US-Kriegsführung: Greiner, B., Krieg ohne Fronten. Die USA in Vietnam, Bonn 2007.
11 Überblick: Gaiduk, I. V., The Soviet Union and the Vietnam War, Chicago 1996; Zhai, Q., China & the Vietnam Wars, 1950–1975, Chapel Hill 2000.
12 Shawcross, W., Sideshow. Kissinger, Nixon and the Destruction of Cambodia, London 1993. Zum Verlauf und den Folgen: Stöver, B., Geschichte Kambodschas. Von Angkor bis zur Gegenwart, München 2015, S. 139 ff.
13 Kiernan, B., The Pol Pot Regime. Race, Power, and Genocide in Cambodia under the Khmer Rouge, 1975–79, Chiang Mai 1999, S. 458. Zahlen zu China bei Chang, J./Halliday, J., Mao. Das Leben eines Mannes. Das Schicksal eines Volkes, München 2005, S. 574; Stöver, B., Geschichte Kambodschas, S. 176 ff. (vgl. Kap. 9/Anm. 12).
14 Zahlen nach Gottesman, E., After the Khmer Rouge. Inside the Politics of Nation Building, New Haven 2003.
15 Zit. nach Chandler, D. P., Brother Number One. A Political Biography of Pol Pot, Chiang Mai 2000, S. 183.
16 McNamara, R., Vietnam. Das Trauma einer Weltmacht, Hamburg 1995, S. 425.
17 Knaus, J. K., Official Policies and Covert Programs: The U.S. State Department, the CIA and the Tibetan Resistance, in: Journal of Cold War Studies 5 (2003), H. 3, S. 54–79. Zusammenfassend: Ali, M. S., Cold War in the High Himalayas. The USA, China and South Asia in the 1950s, New York 1999.
18 Vasold, M., Versäumte Gelegenheiten? Die amerikanische China-Politik im Jahr 1949, in: VfZ 31 (1983), S. 242–271.
19 Hermann-Pillath, C./Lackner, M. (Hrsg.), Länderbericht China. Politik, Wirtschaft und Gesellschaft im chinesischen Sprachraum, Bonn ^{2}2000, S. 169–185; hier: S. 172 (Beitrag E. Sandschneider).

20 Für das Folgende: Wolff, D., «One Finger's Worth of Historical Events». New Russian and Chinese Evidence on the Sino-Soviet Alliance and Split, 1948–1959, Washington 2000 (= CWIHP Working Paper 30); Subok, W./Pleschakow, K., Der Kreml im Kalten Krieg. Von 1945 bis zur Kubakrise, Hildesheim 1997, S. 296 ff.

21 Abgedruckt in Czempiel/Schweitzer, Weltpolitik, S. 338–347; hier: S. 340 (vgl. Kap. 1/Anm. 38).

22 Kissinger, H. A., Memoiren 1968–1973, München 1979, S. 182.

23 Gantzel/Schwinghammer, Kriege, S. 58 ff. u. R-215 ff. (vgl. Einleitung/Anm. 25).

24 Leimgruber, Kalter Krieg um Afrika, S. 70 ff. (vgl. Kap. 8/Anm. 40); Stöver, CIA (vgl. Kap. 5/Anm. 39), S. 50 f.

25 Zit. nach Lahrem, St., Che Guevara, Frankfurt a. M. 2005, S. 94.

26 Überblick: Klinghoffer, A. J., The Angolan War. A Study of Soviet Policy in the Third World, Boulder 1981; Offermann, M., Angola zwischen den Fronten. Pfaffenweiler 1988; Ptak, H., Angola, Vom Bürgerkrieg zur neuen Ordnung, Bammental 1991; Wright, G., The Destruction of a Nation. United States Policy Toward Angola since 1945, London 1997.

27 Zusammenfassend: Greiner, Heiße Kriege (vgl. Einleitung/Anm. 25), S. 469–510 (Beitrag P. Gleijeses).

28 Zahlen nach McFaul, M., Rethinking the «Reagan-Doctrine» in Angola, in: International Security 14 (1989/90), Nr. 3, S. 99–135; hier: S. 121.

29 Ebd. S. 107.

30 Anderson/Anderson, League, S. 162 ff. (vgl. Kap. 6/Anm. 90).

31 Zusammenfassend: Nohlen, D., Chile. Das sozialistische Experiment, Hamburg 1973.

32 Überblick: Pastor Robert, A., Condemned to Repetition. The United States and Nicaragua, Princeton 1987; Krennerich, M., Wahlen und Antiregimekriege in Zentralamerika, Opladen 1996.

33 Andrew, Chr., For the President's Eyes Only. Secret Intelligence and the American Presidency from Washington to Bush, New York 1995, S. 465. Zum Weiteren: Woodward, B., Geheimcode Veil. Reagan und die geheimen Kriege der CIA, München 1987, S. 659 f.; McCoy, A. W., The Politics of Heroin. CIA Complicity in the Global Drug Trade. Afghanistan, Southeast Asia, Central America, Colombia, New York [2]2003; Stöver, CIA (vgl. Kap. 5/Anm. 39), S. 71 f.

34 Zusammenfassend: Siddiqi, K., Conflict, Crisis and War in Pakistan, New York 1972.

35 Rothermund, Delhi, S. 14 (vgl. Kap. 3/Anm. 27).

36 Das Akronym ergibt sich aus den Landesteilen Pandschab, Afghanistan, Kaschmir, Sind und Belutschistan.

37 Jackson, Non-Aligned, S. 13 (vgl. Kap. 3/Anm. 34).

38 Überblick: Cirincione, Deadly Arsenals, S. 191 ff. (vgl. Kap. 5/Anm. 20).

39 Zusammenfassend: Ende/Steinbach, Islam in der Gegenwart (vgl. Kap. 7/Anm. 70), S. 336–362 (Beitrag K. Duram/M. D. Ahmed).

40 Überblick: Rothermund, Delhi, S. 52 ff. u. 78 ff. (vgl. Kap. 3/Anm. 27), und

McMahon, R.J., Colonialism and Cold War. The United States and the Struggle for Indonesian Independence, Ithaca 1981.

41 Mommsen, W.J. (Hrsg.), Das Ende der Kolonialreiche. Dekolonisation und die Politik der Großmächte, Frankfurt a.M. 1990, S. 67–88; hier: S. 81 (Beitrag B. Dahm).

42 Zusammenfassend: Kahin, A.R./Kahin, G.McT., Subversion as Foreign Policy. The Secret Eisenhower and Dulles Debacle in Indonesia, Seattle 1997, S. 75 ff.

43 Jackson, R., The Malayan Emergency: The Commonwealth's War, 1948–1966, New York 1991, S. 14; Short, A., The Communist Insurrection in Malaya 1948–1960, Plymouth 1975.

44 Greiner, Heiße Kriege (vgl. Einleitung/Anm. 25), S. 339–375; hier: S. 342 (Beitrag B. Simpson).

45 Zusammenfassend: Matthies, V., Das Horn von Afrika in den internationalen Beziehungen, München 1976; Ottaway, M., Soviet and American Influence in the Horn of Africa, New York 1982; Krech, H., Der Bürgerkrieg in Somalia (1988–1996). Ein Handbuch, München 1996; Hasselblatt, G., Äthiopien am Rande des Friedens. Tigre, Oromo, Eritreer, Amharen im Streit. Streiflichter und Dokumente, Stuttgart 1992.

46 Gieseke, Mielke-Konzern, S. 221 (vgl. Kap. 5/Anm. 42).

47 Brzezinski, Power and Principle, S. 189 (vgl. Einleitung/Anm. 33).

48 Filippovych/Uhl, Abgrund (vgl. Kap. 5/Anm. 30), S. 1–10 u. 121–131 (Beiträge G. Wettig u. H.-J. Rupieper).

49 Rose, D., Guantánamo Bay. Amerikas Krieg gegen die Menschenrechte, Frankfurt a.M. 2004.

50 Zitiert nach Stöver, Befreiung, S. 836 (vgl. Kap. 2/Anm. 6).

51 Greiner, B., Kubakrise. 13 Tage im Oktober: Analysen, Dokumente, Zeitzeugen, Köln [2]1998, S. 19.

52 Chruschtschow, N., Chruschtschow erinnert sich, Stuttgart 1971, S. 493.

53 Filippovych/Uhl, Abgrund (vgl. Kap. 5/Anm. 30), S. 39–63; hier: S. 40 (Beitrag D.N. Filippovych/W.I. Ivkin). Folgende Zahlen ebd., S. 45, u. Zaloga, Nuclear Sword, S. 84 ff. (vgl. Kap. 5/Anm. 17).

54 Zit. nach May, E.R./Zelikov, Ph. D. (Hrsg.), The Kennedy Tapes. Inside the White House during the Cuban missile crisis, Cambridge [2]1997, S. 338 ff.

10. Entspannung und Abrüstung 1953–1981

1 Abgedruckt bei Steininger, R., Deutsche Geschichte seit 1945. Darstellung und Dokumente in vier Bänden, Bd. 2: 1948–1955, Frankfurt a.M. 1997, S. 208 ff.

2 Adenauer, K., Teegespräche 1950–1954, Berlin 1984, S. 227.

3 Meissner, B., Russland, die Westmächte und Deutschland. Die sowjetische Deutschlandpolitik 1943–1953, Hamburg 1953, S. 338 f.

4 Scherstjanoi, E., Die sowjetische Deutschlandpolitik nach Stalins Tod 1953. Neue Dokumente aus dem Archiv des Moskauer Außenministeriums, in: VfZ 46 (1998), S. 497–549.

5 Zit. nach Larres, K., Politik der Illusionen. Churchill, Eisenhower und die deutsche Frage 1945–1955, Göttingen 1995, S. 83.
6 Ebd.
7 Zit. nach Kleßmann/Stöver, 1953 – Krisenjahr des Kalten Krieges (vgl. Kap. 4/Anm. 1), S. 199–222; hier: S. 215 (Beitrag B. Stöver).
8 Prawda, 6. 2. 1965, zit. nach Napoleoni, Ökonomie des Terrors, S. 50 (vgl. Kap. 6/Anm. 91).
9 Rede Kennedys, 10. 6. 1963, in: DD, IV. Reihe, Bd. 9 (vgl. Kap. 4/Anm. 36), S. 382–388, passim.
10 Abgedruckt in: ebd., S. 572–575; hier: S. 575.
11 Zusammenfassend: Bender, P., Die «Neue Ostpolitik» und ihre Folgen. Vom Mauerbau bis zur Vereinigung, München [3]1995, S. 149 f.
12 Abgedruckt in: Archiv der Gegenwart, Sankt Augustin 2000, S. 4880–4890; hier: S. 4881.
13 Zit. nach Bahr, Zu meiner Zeit, S. 157 (vgl. Kap. 4/Anm. 10). Zu den Sorgen der DDR-Führung: Suckut, S., Probleme mit dem «großen Bruder». Der DDR-Staatssicherheitsdienst und die Deutschlandpolitik der KPdSU 1969/70 in: VfZ 58 (2010), S. 403–439.
14 Stöver, B., Pressure Group im Kalten Krieg. Die Vertriebenen, die USA und der Kalte Krieg 1947–1990, in: ZfG 53 (2005), S. 897–911; hier: S. 909.
15 Becher, W., Zeitzeuge. Ein Lebensbericht, München 1990, S. 348.
16 Ebd., S. 345.
17 Kissinger, Memoiren 1968–1973, S. 443 (vgl. Kap. 9/Anm. 22).
18 Benz, W./Graml, H. (Hrsg.), Aspekte deutscher Außenpolitik im 20. Jahrhundert. Aufsätze, Stuttgart 1977, S. 249–286; hier: S. 249 (Beitrag D. Prowe).
19 Zusammenfassend: Buchbender, O. u. a. (Hrsg.), Sicherheit und Frieden. Handbuch der weltweiten sicherheitspolitischen Verflechtungen, Militärbündnisse, Rüstungen, Strategien. Analysen zu den globalen und regionalen Bedingungen unserer Sicherheit, Herford [3]1987, S. 289 ff.
20 Abgedruckt in: Jacobsen, H.-A. u. a. (Hrsg.), Sicherheit und Zusammenarbeit in Europa (KSZE). Analyse und Dokumentation, Köln 1973, S. 81–86; hier: S. 81 f.
21 Abgedruckt in: Görtemaker, M./Wettig, G., USA – UdSSR. Dokumente zur Sicherheitspolitik, Opladen 1987, S. 59–61; hier: S. 60.
22 NPT, 1. 7. 1968, abgedruckt in: Cirincione, Deadly Arsenals, S. 371–376; hier: S. 371 (vgl. Kap. 5/Anm. 20).
23 Grafik in: Buchbender, O. u. a. (Hrsg.), Wörterbuch zur Sicherheitspolitik, Herford [3]1992, S. 80.
24 Kissinger, H. A., Jahre der Erneuerung. Erinnerungen, München 1999, S. 513.
25 Zit. nach ebd., S. 515.
26 Kissinger, Memoiren 1973–1974, S. 298 (vgl. Kap. 8/Anm. 58).
27 Zit. nach Hacke, Chr., Zur Weltmacht verdammt. Die amerikanische Außenpolitik von Kennedy bis Clinton, Berlin 1997, S. 214.
28 Zit. nach ebd., S. 217.
29 Abgedruckt in: Gasteyger, C., Europa zwischen Spaltung und Einigung 1945 bis 1993, Bonn 1994, S. 353–356; hier: S. 355 f.; Thomas, D. C., The

Helsinki Effect: International Norms, Human Rights, and the Demise of Communism, Princeton 2001.

30 Brief abgedruckt in: Sakharov, A. D., Sakharov Speaks, London 1974, S. 212–215.

31 Zit. nach Andrew/Mitrochin, Schwarzbuch des KGB, S. 403 (vgl. Kap. 1/Anm. 42).

32 Bednarz, Moskau, S. 167 (vgl. Kap. 8/Anm. 7).

33 Zit. nach Haftendorn, Sicherheit, S. 13 (vgl. Kap. 8/Anm. 61). Folgende Wiedergabe ebd.

11. Afghanistan und Krieg der Sterne: Die Rückkehr zur Konfrontation seit 1978

1 SIPRI Yearbook 1987. World Armaments und Disarmament, Oxford 1987, S. 124.

2 Memorandum, 18. 1. 1979, zit. nach Hacke, Weltmacht, S. 249 (vgl. Kap. 10/Anm. 27). Folgende Wiedergabe ebd., S. 250.

3 Carter-Doktrin, 23. 1. 1980, in: Czempiel/Schweitzer, Weltpolitik, S. 377–381; hier S. 380 (vgl. Kap. 1/Anm. 38).

4 Zit. nach Hacke, Weltmacht, S. 254 (vgl. Kap. 10/Anm. 27).

5 Greiner, Heiße Kriege (vgl. Einleitung/Anm. 25), S. 376–407; hier: S. 382 (Beitrag H. Fürtig).

6 Zit. nach Bednarz, Moskau, S. 161 f. (vgl. Kap. 8/Anm. 7).

7 Mitrokhin, V., The KGB in Afghanistan, Washington 2002 (= CWIHP Working Paper 31), S. 6.

8 Zit. nach Bednarz, Moskau, S. 162 (vgl. Kap. 8/Anm. 7).

9 Brzezinski, Power and Principle, S. 429 (vgl. Einleitung/Anm. 33).

10 Amstutz, B., The First Five Years of Soviet Occupation, Washington 1986, S. 202; Hubel, H., Das Ende des Kalten Krieges im Orient, München 1995, S. 69; Stöver, CIA (vgl. Kap. 5/Anm. 39), S. 64 ff.

11 Abgedruckt in: Czempiel/Schweitzer, Weltpolitik, S. 434–441; hier: S. 437 (vgl. Kap. 1/Anm. 38).

12 Napoleoni, Ökonomie des Terrors, S. 143 f. (vgl. Kap. 6/Anm. 91). Folgende Zahlen ebd.

13 Zusammenfassend: Ende/Steinbach, Islam in der Gegenwart (vgl. Kap. 7/Anm. 70), S. 264–277; hier S. 270 ff. (Beitrag A. Poya).

14 Zusammenfassend: Rashid, A., Taliban. Afghanistans Gotteskrieger und der Dschihad, München 2001.

15 Napoleoni, Ökonomie des Terrors, S. 156 ff. (vgl. Kap. 6/Anm. 91). Zu den externen Einflüssen: Ende/Steinbach, Islam in der Gegenwart (vgl. Kap. 7/Anm. 70), S. 277–306; hier: S. 289 ff. (Beitrag R. Freitag-Wirminghaus).

16 Heine, Terror in Allahs Namen, S. 152 (vgl. Kap. 7/Anm. 82).

17 Schmidt, H., Strategie des Gleichgewichts. Deutsche Friedenspolitik und die Weltmächte, Stuttgart 1969.

18 Zit. nach Sywottek, A. (Hrsg.), Der Kalte Krieg – Vorspiel zum Frieden, Münster 1994, S. 102–127; hier: S. 107 (Beitrag K. Wiegrefe).

19 Zit. nach Loth, W., Helsinki, 1. August 1975. Entspannung und Abrüstung, München 1998, S. 190; ders. in aktualisierter Fassung: Die Rettung der Welt. Entspannungspolitik im Kalten Krieg 1950–1991, Frankfurt/M. 2016.

20 Brzezinski, Power and Principle, S. 307 (vgl. Einleitung/Anm. 33).
21 Aktionsprogramm, 17.4.1981, in: Gasteyger, Europa, S. 350–353; hier: S. 351 (vgl. Kap. 10/Anm. 29).
22 Zit. nach Kubina, M./Wilke, M. (Hrsg.), «Hart und kompromisslos durchgreifen». Die SED contra Polen 1980/81, Berlin 1995, S. 122 f.
23 Zit. nach CWIHP Bulletin 5, Washington 1995, S. 121.
24 Suslow, 10.12.1981, zit. nach ebd.
25 US-Statement, 29.12.1981, in: Public Papers of the Presidents of the United States, Ronald Reagan 1981, Washington 1982, S. 1209.
26 Neues Deutschland, 16./17.10.1982, S. 1.
27 Zit. nach Kenntemich, DDR, S. 101 (vgl. Kap. 8/Anm. 64).
28 Nägler, Bundeswehr (vgl. Kap. 5/Anm. 26).
29 Weißbuch 1975/76, Zur Sicherheit der Bundesrepublik Deutschland und zur Entwicklung der Bundeswehr, hrsg. v. Bundesminister der Verteidigung, Bonn 1976, S. 140.
30 Stöver, Befreiung, S. 864 (vgl. Kap. 2/Anm. 6).
31 Zit. nach ebd.
32 Kenntemich, DDR, S. 209 (vgl. Kap. 8/Anm. 64).

12. Der «Gorbatschow-Faktor»: Die Auflösung des Ostblocks 1985–1991

1 Bednarz, Moskau, S. 50 (vgl. Kap. 8/Anm. 7).
2 Zit. nach Der Spiegel, 10.11.1986, S. 19.
3 Haffman, B., «Glasnost» und «Perestroika» as Tactics – Continuing Soviet Pressure in Europe, in: ABN Correspondence, Vol. XXXIX, No. 3, May/June 1988, S. 14–17.
4 Gorbatschow, M., Perestroika. Die zweite russische Revolution. Eine neue Politik für Europa und die Welt, München 1987, S. 160.
5 Washington Post, 18.11.1998, S. A19.
6 SIPRI Yearbook 1987, S. 124 (vgl. Kap. 11/Anm. 1).
7 Zit. nach Beschloss, M. R./Talbott, St., Auf höchster Ebene. Das Ende des Kalten Krieges und die Geheimdiplomatie der Supermächte 1989–1991, Düsseldorf 1993, S. 176.
8 Zusammenfassend: Altmann, F.-L./Hösch, E. (Hrsg.), Reformer und Reformen in Osteuropa, Regensburg 1994; Brown, J. F., Surge to Freedom. The End of Communist Rule in Eastern Europe, Durham 1991.
9 Zusammenfassend: Pállinger, Z. T., Die politische Elite Ungarns im Systemwechsel 1985–1995, Bern 1997.
10 Überblick: Rakowski, M. F., Es begann in Polen. Der Anfang vom Ende des Ostblocks, Hamburg 1995.
11 Überblick: Höpken, W. (Hrsg.), Revolution auf Raten. Bulgariens Weg zur Demokratie, München 1996.
12 Wheaton, B./Kavan, Z., The Velvet Revolution. Czechoslovakia, 1988–1991, Boulder 1992.
13 Überblick: Gabanyi, A. U., Systemwechsel in Rumänien. Von der Revolution zur Transformation, München 1998.
14 Zit. nach Hacker, Ostblock, S. 662 (vgl. Kap. 1/Anm. 43).

15 Überblick: Weithmann, M. (Hrsg.), Der ruhelose Balkan. Die Konfliktregionen Südosteuropas, München 1993; Volle, A./Wagner, W. (Hrsg.), Der Krieg auf dem Balkan. Die Hilflosigkeit der Staatenwelt, Bonn 1994.
16 Zusammenfassend: Nathan, A.J./Link, P., Die Tiananmen-Akte. Die Geheimdokumente der chinesischen Führung zum Massaker am Platz des Himmlischen Friedens, München 2001, S. 122 ff.
17 Ebd., S. 608.
18 Überblick: Bahrmann, H./Links, Chr., Chronik der Wende, 2 Bde., Berlin 1994/95.
19 Zahlen nach Kenntemich, DDR, S. 223 (vgl. Kap. 8/Anm. 64).
20 Zit. nach ebd., S. 224 f. Folgende Zitate ebd.
21 Zahlen nach Bahrmann/Links, Chronik der Wende, Bd. 1, S. 77 (vgl. Kap. 12/Anm. 18).
22 Andert, R./Herzberg, W., Der Sturz. Honecker im Kreuzverhör, Berlin ^{4}1991, S. 21.
23 Zahlen nach Gieseke, Mielke-Konzern, S. 70 u. 113 (vgl. Kap. 5/Anm. 42).
24 Zit. nach Hertle, H.-H., Chronik des Mauerfalls. Die dramatischen Ereignisse um den 9. November 1989, Augsburg 2003, S. 142 ff. Folgendes Zitat ebd., S. 149.
25 Zit. nach ebd., S. 166.
26 Teltschik, H., 329 Tage. Innenansichten der Einigung, Berlin 1991, S. 28.
27 Abgedruckt in: Gransow, V./Jarausch, K. (Hrsg.), Die deutsche Vereinigung. Dokumente zu Bürgerbewegung, Annäherung und Beitritt, Köln 1991, S. 81.
28 Plato, A. v., Die Vereinigung Deutschlands – ein weltpolitisches Machtspiel, Bonn ^{2}2003, S. 220 ff.
29 Vertrag abgedruckt in: Münch, I. v. (Hrsg.), Dokumente zur Wiedervereinigung Deutschlands, Stuttgart 1991, S. 372–377; hier: S. 377.
30 Zit. nach Beschloss/Talbott, Auf höchster Ebene, S. 220 (vgl. Kap. 12/Anm. 7).
31 Zit. nach Simon, G./Simon, N., Verfall und Untergang des sowjetischen Imperiums, München 1993, S. 62.
32 Huber, Moskau, S. 135 u. 147 f. (vgl. Kap. 8/Anm. 10).

Ein Nachkrieg

1 Überblick zur Systemtheorie z. B. Krieger, D. J., Einführung in die allgemeine Systemtheorie, München ^{2}1998. Dazu: Jarausch, K., «Die Teile als Ganzes erkennen». Zur Integration der beiden deutschen Nachkriegsgeschichten, in: Zeithistorische Forschungen 1 (2004), S. 10–30; Kleßmann, Chr./Lautzas, P. (Hrsg.), Teilung und Integration. Die doppelte deutsche Nachkriegsgeschichte, Bonn 2005, S. 20–37 (Beitrag Chr. Kleßmann); Herbst, L., Komplexität und Chaos. Grundzüge einer Theorie der Geschichte, München 2005, S. 211 ff.
2 Schwartz, Atomic Audit, Figure 1 (vgl. Kap. 5/Anm. 5).
3 Flake, M. (Hrsg.), Mythen der Nationen, 1945 – Arena der Erinnerungen, Berlin 2004.

4 Der Spiegel, 10. 11. 1986, S. 17–24, Zitat: S. 19.
5 Zit. nach Beschloss/Talbott, Ebene, S. 213 (vgl. Kap. 12/Anm. 7).
6 Summy, R./Salla, M. E. (Ed.), Why the Cold War ended. A Range of Interpretations, Westport 1995; Schild, G., Wer gewann den Kalten Krieg? Reflexionen in der amerikanischen Literatur, in: ZfG 43 (1995), S. 149–158.
7 Rush, M., Fortune and Fate, in: The National Interest 31 (1991), S. 19–25.
8 Zur Forschungskontroverse: Westad, O. A. (Hrsg.), Reviewing the Cold War. Approaches, Interpretations, Theory, London 2000, S. 326–342 (Beitrag J. M. Hanhimäki).
9 Lebow, R. N./Stein, J. G., We All Lost the Cold War, Princeton 1994.
10 Angaben nach: Buchbender, Wörterbuch zur Sicherheitspolitik, S. 131 (vgl. Kap. 10/Anm. 23).
11 Angaben nach Albright, D. u. a., World Inventories of Plutonium and Highly Enriched Uranium, Oxford 1993, S. 39 u. 57 ff.
12 Zahlen nach Urban, K., Das heiße Erbe des Kalten Krieges: Hinterlassenschaften und Hinterbliebene, München 2000, S. 129 f.
13 Brisard/Dasquié, Wahrheit, S. 113 ff. (vgl. Kap. 8/Anm. 55). Zum Folgenden: Stöver, United States (vgl. Kap. 1/Anm. 2), S. 629, u. ders., CIA (vgl. Kap. 5/Anm. 39), S. 111.
14 Huntington, S. P., Der Kampf der Kulturen. The Clash of Civilizations. Die Neugestaltung der Weltpolitik im 21. Jahrhundert, München 1996, S. 334 ff. u. 355 ff.
15 Zusammenfassend: Herrmann-Pillath/Lackner, Länderbericht China (vgl. Kap. 9/Anm. 19), S. 515–533; hier: S. 530 ff. (Beitrag J. Glaubitz). Zur neueren Entwicklung: Wagner, W., Wenn der rote Riese lockt, in: Der Spiegel, 7. 11. 2005, S. 140–146.
16 Quadrennial Defense Review, 6. 2. 2006, S. 9.
17 Establishing a Program to Support a Transition to Democracy in Iraq (Senate-Oct. 7, 1998), S. 11811.
18 Zit. nach: The 9/11 Commission Report. Final Reports of the National Commission on Terrorist Attacks Upon the United States, New York 2004, S. 326.
19 Woodward, B., Bush at War, New York 2002, S. 329.
20 Veröffentlicht in: www.whitehouse.gov/news/releases/2003/11.html.
21 The 9/11 Commission Report, S. 377 (vgl. Kap. Ein Nachkrieg/Anm. 18).
22 Vgl. Stöver, CIA, S. 104 f. (vgl. Kap. 5/Anm. 39).

Bildnachweis

S. 13 aus: Kahn, E. J. Jr., The World of Swope, New York 1965 **S. 39** © Master and Fellows of Churchill College, Cambridge **S. 70** © Bettmann/Corbis **S. 75** picture-alliance/dpa © dpa-Report **S. 91** © SV-Bilderdienst: AP **S. 95** © AP Photo **S. 101** aus: Stöver, B., Der Kalte Krieg, München 2003 **S. 107** © SV-Bilderdienst **S. 114** aus: Stöver, B., Der Kalte Krieg, München 2003 **S. 121** Landesarchiv Berlin **S. 127** © SV-Bilderdienst: H. Betzler **S. 131** © bpk/Herbert Fiebig **S. 137** © SV-Bilderdienst: AP **S. 141** © bpk/Will McBride **S. 150** © Corbis **S. 171** © picture-alliance **S. 192** © John van Hasselt/Corbis **S. 193** aus: Delgado, J. P., Ghost Fleet: The Sunken Ships of Bikini Atoll, Hawaii 1996, S. 167 **S. 201** aus: Heimann, J. (Ed.), The Golden Age of Advertising – the 50s, Köln 2005 **S. 204** © Voxphoto **S. 208** © Corbis **S. 209** © AP, U.S. Naval Institute **S. 211** aus: Fischer, S.,/Nassauer, O. (Hrsg.), Satansfaust. Das nukleare Erbe der Sowjetunion, Berlin und Weimar 1992 **S. 215** aus: Heimann, J. (Ed.), The Golden Age of Advertising – the 50s, Köln 2005 **S. 222** picture-alliance/dpa © dpa-Bildarchiv **S. 263** Archiv Bernd Stöver **S. 265** aus: Heimann, J. (Ed.), The Golden Age of Advertising – the 50s, Köln 2005 **S. 284** Archiv C. H. Beck **S. 285** Archiv C. H. Beck **S. 298** © picture-alliance/Photoshot **S. 301** picture-alliance/dpa © dpa-Report **S. 342** aus: Stöver, B., Der Kalte Krieg, München 2003 **S. 345** Archiv Bernd Stöver **S. 354** © AP Photo/stf **S. 378** aus: Stöver, B., Der Kalte Krieg, München 2003 **S. 379** aus: Stöver, B., Der Kalte Krieg, München 2003 **S. 385** © picture-alliance/akg-images/Erich Lessing **S. 387** bpk/Dietmar Katz **S. 399** © Angelika Solibieda/cartomedia-karlsruhe **S. 407** picture-alliance/dpa © dpa-Bildarchiv **S. 425** © Ullstein Bild – AP **S. 431** © SV-Bilderdienst: Werek **S. 434** picture-alliance/dpa © dpa-Bildarchiv **S. 435** picture-alliance/dpa © dpa-Bildarchiv **S. 441** © Ullstein Bild – Camera Press Ltd. **S. 456** © Ullstein Bild

Namenregister